변형심리학

John H. Coe · Todd W. Hall 공저
김용태 역

Psychology in the Spirit
Contours of a Transformational Psychology

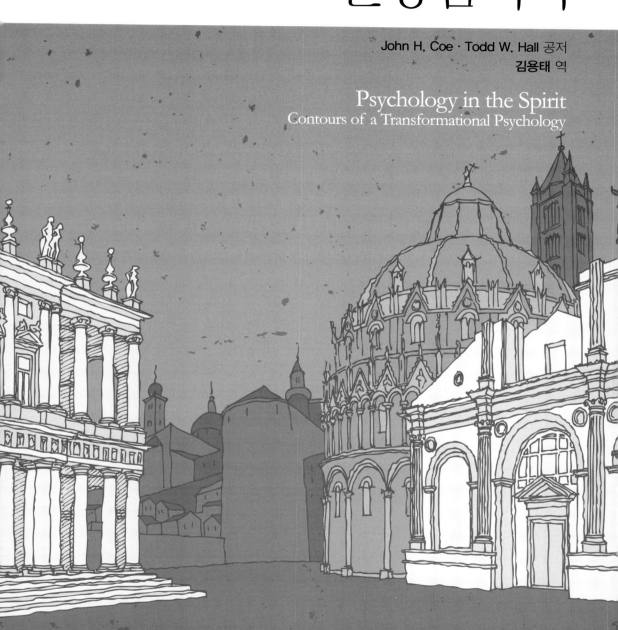

학지사

Psychology in the Spirit: Contours of a Transformational Psychology
by John H. Coe and Todd W. Hall

역자 서문

　어렵고 까다로워 번역을 잘 하지 않는 내가 변형심리학을 번역하기로 마음을 먹었을 때는 중요한 이유가 있었다. 현재 초월상담 이론을 개발 중인 나는 변형심리학의 모델이 어떻게 개발되었는지를 자세하게 알고 싶었다. 혹시 내가 개발 중인 초월상담학을 위해서 하나의 이론 개발서의 모델이 되지 않을까 하는 마음에서 번역을 시작하였다. 또한 앞으로 이론을 개발하고 싶은 많은 상담학도에게 도움이 될 수 있으면 더 좋을 것 같은 마음도 들었다. 이러한 나의 마음은 번역을 하면서 점점 더 확고해졌다. 이론을 개발하는 사람들은 자신 나름대로의 생각의 흐름과 관점을 가지고 있다. 나는 변형심리학을 번역하면서 이러한 과정을 자세히 살펴보고 많은 생각을 하게 되었다. 그리고 존 코우(John H. Coe)와 토드 홀(Todd W. Hall)의 생각의 크기와 방대한 지식에도 많은 감탄을 하게 되었다.

　변형심리학은 현재 기독교 상담 이론의 모델들이 개발되고 있는 시점에서 나온 또 다른 모델이다. 현재 목회 상담이 오랜 역사를 가지고 있으나 기독교 상담은 상대적으로 짧은 역사를 가지고 있다. 목회 상담이 일반 심리학을 수용하면서 발전한 분야라면 기독교 상담은 목회 상담의 수용을 비판하면서 발전한 분야다. 목회 상담은 교구의 회원들을 돕기 위한 방편으로 정신분석이나 인본주의 심리학을 도입하면서 시작되었고 1960년대에 들어서서 많은 발전을 이루었다. 그러나 제이 애덤스는 목회 상담이 정신분석이나 인본주의 심리학으로 대변되는 세속심리학을 무분별하게 받아들였다고 비판하면서 성경만으로 상담이 가능하다는 권면적 상담을 주창하였다. 제이 애덤스가 지나치게 심리학을 배척하였기 때문에 일단의 복음주의 학자들은 심리학과 기독교의 대화가 필요함을 주장하면서 여러 모델을 개발하기 시작하였다. 이러한 흐름 속에서 기독교 상담의 모델로 권면적 상담이 변화한 성경적 상담, 기독교 심리학, 재건 심리학, 평행 심리학이 2000년에 출간된 『네 가지 견해의 심리학과 기독교』에 소개되어 있다. 이 책이 출판된 뒤 10년 후에 네 가지 견해가 다섯 가지 견해로 확장되면서 변형심리학의 모델이 이 책에 소개되었다.

처음에 변형심리학 책을 접했을 때, 나는 철학자 존 코우와 심리학자 토드 홀이 현재 심리학계뿐 아니라 학계에서도 별로 논의되고 있지 않은 '하나님께 영광과 사랑'이라는 주제를 논리적으로 전개하고 있음에 주목하였다. 처음에는 좀 이상한 느낌도 들었지만 한 문장씩 그리고 한 단어씩 번역하면서 점차 이들의 생각과 사상을 더 이해할 수 있게 되었다. 그리고 같은 그리스도인으로서 가장 중요한 삶의 목적으로 삼고 있는 하나님께 영광과 사랑이라는 논제를 학문적으로 이렇게 발전시킬 수 있구나 하는 점에 대해서 놀라웠다. 그리고 번역을 하면서 이들의 '하나님께 영광과 사랑'이라는 기독교의 근본적 가치에 대한 깊은 헌신을 느꼈다. 존경스럽고 훌륭하다는 생각이 있었고 이들의 깊은 헌신에 대해서 감사한 마음이다. 내용적으로는 이 책을 번역하면서 많은 생각을 하게 되었다. 이 책을 번역하면서 현재 학자로서의 위치나 학문의 흐름들을 자세히 살펴볼 수 있었고, 이러한 흐름들이 기독교의 진리와 어떤 관련을 갖는지도 많은 생각을 하게 되었다. 상담학을 공부하는 학도나 전문가 모두에게 이 책이 많은 도움이 되리라고 생각을 한다. 우리는 상담학을 하고 내담자들을 도우면서 우리가 어떤 위치나 입장에서 우리의 일을 하는지를 이 책을 읽으면서 알 수 있으리라고 생각한다. 특히 철학자 존 코우의 분명한 입장을 접하면서 다시 한 번 우리는 우리의 학문적 위치를 발견할 수 있으리라고 생각한다.

이 책을 번역하면서 많은 사람들에게 고마움을 표하지 않을 수 없다. 무엇보다도 횃불트리니티 박사과정을 수료한 김은영 선생은 번역된 내용을 전체적으로 조율하고 총괄하는 역할 및 출판사와도 조율하는 역할을 맡았다. 김은영 선생과 같이 번역 작업에 참여한 김승희 선생, 이소영 선생, 박영남 선생, 안인숙 선생, 김은미 선생에게 또한 고마운 마음이다. 우리는 번역된 내용을 서로 돌려 읽으면서 문장을 다듬고 또 다듬었다. 물론 내용은 정말 좋지만 참으로 지루한 작업이고 많은 인내를 요하는 일들을 불평 없이 해 준 이들에게 마음 깊은 곳에서 감사를 표한다. 이러한 지루한 작업 끝에 이렇게 한국어판으로 탄생할 수 있어서 기쁘다. 이러한 귀한 열매를 횃불트리니티 박사과정 학생 모두와 나누고 싶다. 마지막으로 이 책이 이렇게 번역되어 나올 수 있도록 도움을 준 학지사 김진환 사장님에게 감사한 마음이다.

2015년 겨울
김용태

통합의 요청과
기독교세계관 통합시리즈

인생은 짧고 우리 모두는 바쁘다. 만일 당신이 대학생이라면, 정말 바쁘다. 풀타임 같은 파트타임 직장, 사회생활 그리고 교회가 있다. 게다가 당신은 학교에 가고, 책을 읽고, 시험을 보고, 리포트를 써야 한다. 이런 모든 것을 하는 동안에도 당신의 전공을 신앙과 연결시키려고 하면서 통합에 대한 무엇인가를 듣게 된다. 이때 몇 개의 질문이 떠오를 것이다. '도대체 통합이란 뭐지? 그냥 잠시 지나가는 유행인가? 왜 내가 그것을 신경 써야 하지? 관심이 있더라도 어떻게 해 나가야 할지에 대한 실마리가 없어. 어떻게 해야 하지?' 이런 것들은 좋은 질문인데, 서론에서 차례로 얘기해 보려고 한다. 우리는 당신이 전공이나 진로의 이슈나 생각들을 기독교적 신념과 통합하면서 배우고 익숙해지도록 도울 열정을 가지고 있다.

🪧 통합이란 무엇인가?

'통합하다(integrate)'라는 단어는 형태나 내용을 전체로 만들기, 또는 합치기다. 우리 인간은 다양성 뒤에 있는 일치를 자연스럽게 찾는다. 응집성은 합리성의 중요한 표시다. 통합에는 개념적 통합과 개인적 통합이 있다. 개념적 통합에서 한 사람의 신학적 신념, 특히 성경에 대한 신중한 연구에서 출발한 신학적 신념은 전문직과 대학 전공의 중요하고 합리적인 아이디어와 혼합되고 하나 되어 학문적으로 통일성 있고 기독교세계관에 적합하게 된다. 어거스틴(Augustine)은 "우리는 [비평가들이] 믿을 만한 출처에서 나온 사물의 본성에 대해서 보여 주는 그 무엇과도 성경이 충돌하지 않는다는 것을 증명해야 한다."[1]라고 충고한다. 개인적 통합에서 사람은 통일된 삶을 추구한다. 예를 들면, 혼자 있을 때나 사람들 앞에 있을 때나 일치되게 행동하고, 성격의 다양한 측면이 서로 일관성을 유지하고, 예수님의 제자로서의 풍성한 삶에 기여하는 삶을 추구한다.

두 종류의 통합은 깊게 관련되어 있다. 모든 조건이 동일하다면, 우리는 더 진실하고 더 완벽해질수록 예수님과 성경에 충실하게, 그리고 학문적으로 정직하게 개념적 통합을 더 많이 할 수 있어야 한다. 모든 조건이 동일하다면, 우리는 개념적으로 통합할수록, 우리의 신념은 더 일치되고, 기독교세계관의 진실에 대해서 더 확신할 수 있다. 사실, 개념적 통합은 아주 중요해서 왜 중요한지에 대해 생각할 만한 가치가 있다.

---

1) *Augustine De genesi ad litteram* 1.21. Ernan McMullin, 「How Should Cosmology Relate to Theology?」 in *The Sciences and Theology in the Twentieth Century*, ed. Arthur R. Peacocke (Notre Dame, Ind.: University of Notre Dame Press, 1981), p. 20에서 인용함.

통합이 중요한 7가지 이유

성경의 가르침은 진리다

통합의 첫 번째 정당성은 가장 중요하지만 종종 간과되었다. 그리스도인들은 성경이 제대로 해석되고 가르쳐질 때 진리라고 믿는다. 이는 두 가지 의미가 있다. 성경이 학문적인 논제와 관련된 것을 가르친다면, 그 논제에 대한 성경의 관점은 진리이기 때문에 성경은 학문에서 하는 일들에 풍부한 자원을 제공해 준다. 우리의 연구나 직업 분야의 논제들을 생각할 때, 성경 속에 있는 관련 진리의 자원들을 배제한다면 무책임한 일이다. 더욱이 우리 분야의 주장이 마치 성경의 주장이 잘못된 것처럼 보이게 한다면, 이때 발생되는 긴장은 해결되어야 한다. 아마도 성경에 대한 우리의 해석이 잘못되었거나, 아니면 성경에 제기된 문제들에 관해 말하고 있지 않을 수도 있다. 또는 우리 분야의 주장이 잘못되었을 수도 있다. 어떤 경우이든, 성경적 진리에 헌신하고자 한다면 통합은 피할 수 없다.

세속적 인본주의자임을 자부하는 스탠퍼드 공대 교수인 아돌포 로페즈-오테로(Adolfo Lopez-Otero)는 세상에 영향을 끼치고 싶어 하는 지적인 그리스도인들에게 충고한다. "그리스도인 교수가 기독교인이 아닌 형이상학에 뛰어난 동료를 만난다면, 그들은 그리스도인 교수처럼 지적인 사람이 이미 오래전에 신빙성을 잃은 것을 아직도 믿고 있다는 사실을 이해하지 못할 것이다."[2] 그가 계속해서 말하기를, "그리스도인 교수가 신앙 없는 동료들과 영적이고 진실한 대화를 원한다면, 이를 뒷받침할 만한 내용을 찾기 어

---

[2] Adolfo Lopez-Otero, 「Be Humble, but Daring」, *The Real Issue 16*(September/October 1997): 10.

려울 것이다. 그것은 그들이 그리스도인이라고 선언하면서 지불해야 하는 대가다."[3] 로페즈-오테로의 충고는 기독교인 교수들을 향하고 있지만, 그의 초점은 모든 지적인 그리스도인에게 적용된다. 만일 우리의 기독교 관점이 진실이라고 주장한다면, 우리는 다른 학문분야의 다양한 생각과 상호작용하면서 그것을 뒷받침해야 한다. 간단하게 말하면 우리는 기독교를 우리의 분야나 우리가 믿는 소명과 통합해야 한다.

우리의 소명과 제자도의 거룩한 특성이 통합을 요구한다

우리는 제자로 성장하면서 예수님이 하나님 나라와 우리의 신분에 적합한 태도로 행했던 대로 보고, 느끼고, 생각하고, 바라고, 믿고, 행동하도록 배운다. 나는 하나님의 도움으로, 예수님이면 행했을 것처럼 살기를 추구한다. 다시 말하자면, 마치 예수님이 호프의 남편이자 애슐리와 엘리슨의 아버지인 바이올라대학교의 철학교수인 것처럼, 또는 프랭키와 결혼한 베일러대학교의 정치철학자인 것처럼 말이다.

제자도의 성격 속에는 두 가지 중요한 함의가 있다. 한 가지는 그리스도의 주인 됨이 전부다. 신앙생활은 세속적 삶의 일부인 어떤 특별한 영역이 아니다. 오히려 신앙생활은 인생 전체다. 삶의 모든 영역에서 그리스도가 삶의 주인이 되도록 하는 삶이 기독교인으로 살기다. 예수님를 따르는 사람들의 삶에 성스러움과 세속적임의 구별은 없다. 내가 소그룹에서 교제할 때 함께하시는 것과 같이, 내가 연구나 일을 하며 관점을 발전시킬 때에도 예수 그리스도는 전적으로 나의 행동이나 생각에 함께하셔야 한다.

더욱이, 예수님의 제자로서 나는 단순히 직업을 가진 사람이 아니라 그리스도인 교수로서 소명을 가진 사람이다. 직업이란 나 자신과 내가 책임지고

---

3) 위의 책 p. 11.

있는 사람들을 지지하는 수단이다. 그리스도인에게 직업(vocare, '부르다'의 라틴어)은 하나님으로부터의 소명이다. 해리 블래마이어스(Harry Blamires)는 일반소명과 특별소명을 다음과 같이 구별하였다.

> 모든 그리스도인의 일반적 소명은 모든 남성과 여성에게 동일하다. 우리는 모든 일에서 하나님의 뜻에 순종하면서 그의 자녀로 살도록 부르심을 받았다. 그러나 하나님의 뜻에 순종하는 방식은 불가피하게 여러 다른 모습이 있다. 아내가 순종하는 모습은 수녀의 모습과 다르고, 농부가 순종하는 모습은 성직자의 모습과 다르다. 그러므로 특별소명에 의해서 우리는 특정 활동영역에서 하나님을 섬기도록 하나님의 부르심을 받는다.[4]

특별소명을 발견하고 탁월해지고자 한다면, '예수님은 역사 선생님, 화학자, 운동감독, 수학자가 되는 일에 어떻게 접근하실까?'라고 질문해야 한다. 대답하기가 항상 쉬운 건 아니지만, 제자로서 최선을 다하는 모습이 직업적으로 요구된다.

그러나 우리가 무엇을 하든지, 예수님 자신이 언급한 논제들에 대해서 권위 있게 말했던 지적이고 유능한 사람으로서의 예수님의 이미지를 우리 문화에 접목시키는 일은 중요하다. 골로새서 2장 2~3절에서 바울은 헬라인이나 유대인들의 모든 지혜는 결국 예수님 자신 속에 들어 있다고 말을 하고 있다. 바울과 예수님의 제자들에게는 예수님이 죄로부터 인류를 구원하는 구세주일 뿐만 아니라 지금까지 자신들이 보았던 사람들 중 그 누구보다도 더 똑똑하고 현명하며 매력적인 사람이었다.

흥미롭게도 초기 기독교 역사에서 교회가 예수님을 불신자들에게 소개한 이유는 예수님이 아리스토텔레스, 플라톤, 모세나 다른 어떤 누구보다도 더

---

4) Harry Blamires, *A God who Acts*(Ann Arbor, Mich.: Servant Books, 1957), p. 67.

지혜롭고, 덕이 넘치며, 더 똑똑하고, 더 매력적인 성격을 가진 사람이었기 때문이다. 지혜의 삶, 지식, 아름다움, 선과 같은 바람직한 삶을 추구하기 위해서 초기 교회는 스스로 영적 삶이 중요하다고 여기고 있었다. 교회는 이렇게 이해를 하고 있었기 때문에 예수님으로 인한 제자도와 영적 삶은 진선미를 얻기 위한 최고의 방법이었다. 더욱이, 제자도의 삶은 가장 지혜롭고, 가장 합리적인 형태의 삶으로 묘사되었고, 불신자의 삶은 어리석고 미련하게 여겨졌다. 학교가 철저한 기독교 교육을 하려고 한다면, 예수님 따르기의 폭넓은 이해를 다시 포착하여 전파하여야 한다.

그리스도인의 삶에서 마음의 역할에 관한 성경적 가르침과 성경 외적인 지식의 가치는 통합되어야 한다

성경에서는 하나님이 우리가 삶의 모든 측면에서 그와 같이 되기를 원하고, 우리의 지적 삶을 포함한 삶의 전부를 하나님께 헌신하기를 바란다고 분명히 말하고 있다. 우리가 명령을 받기로는, 우리 마음의 모든 영역을 새롭게 하여 영적으로 변형되고(롬 12:1-2), 우리의 경건한 삶에 하나님에 대한 지적인 사랑을 포함해야 하고(마 22:37-38), 우리가 믿는 것을 왜 믿냐고 묻는 사람들에게 합리적인 대답을 할 수 있도록 준비해야 한다(벧전 3:15). 18세기의 위대한 그리스도인 철학자이면서 영적 거장인 윌리엄 로우(William Law)는 "비합리적이고 어리석은 삶의 방식은 …… 진실로 하나님에 대한 죄"[5]라고 했다. 우리가 하나님으로부터 위임받은 명령은 성경의 가르침에 대한 확신을 키우면서 배우는 일이다. 하지만 많은 현대의 기독교인들은 성경 이외의 영역에 있는 많은 지식이 이런 명령과 관련되어 있음을 알지

---

5) William Law, *A Serious Call to Devout and Holy Life* (1782. reprint, Grand Rapids: Eerdmans, 1966), p. 2.

못해 왔다.

하나님은 자기 자신과 성경 밖의 수많은 논제에 대한 다양한 진리를 계시해 오고 있다. 기독교인이 역사를 통해서 상식, 논리, 수학 등을 알아 왔듯이, 우리는 예술, 인문학, 과학 그리고 다른 학문영역이 일반적인 삶과 세심한 주의를 요하면서도 삶과 관련된 기독교인의 세계관의 발달과 관련한 중요한 진리를 포함하고 있다는 사실을 안다.

존 웨슬리(John Wesley)는 1756년에 열렸던 성직자 모임에서 성직자들이 사역을 어떻게 즐겁고 능숙하게 수행해야 하는지에 대해서 연설을 했다. 그 연설에서 웨슬리는 하나님을 영화롭게 하고 영혼을 구원하기 위한 성품의 함양, 성경에 대한 지식 그리고 유사한 생각들을 우선순위에 놓았다. 그러나 그의 목록 첫 번째에 있는 것은 대부분의 목회자 청빙위원회가 거의 가치를 두지 않는 것이었다. "목회자는 먼저 올바른 이해, 분명한 견해, 합리적 판단력, 추론의 능력을 가지지 않아도 되는가?"[6]

웨슬리는 연설 도중에 반복적으로 오늘날의 보통 회중에게는 이상하고 거의 이교도처럼 들릴 만한 논리, 형이상학, 자연 신학, 기하학, 철학사에서 중요한 인물들의 사상 등을 알아야 한다고 훈계하였다. 웨슬리는 그리스도인으로서 신학적 논제나 성경의 구절들을 생각할 때, 철학과 기하학과 같은 영역의 연구가 명확하게 사고하고 가치 있는 습관을 기르는 데 도움이 된다고 주장했다. 웨슬리는 성경 외적인 정보와 불신자들의 글에 대한 연구는 성장과 성숙을 위해 결정적 가치가 있다고 주장하였다. 그 밖에 다른 곳에서 그는 "죄로부터 구원받은 사람을 제외하고 당신들을 가르칠 수 있는 사람이 없다고 상상하는 것은 아주 엄청나고 위험한 실수다. 한순간이라도 그런 생각을 하지 마라."[7]라고 말했다.

---

6) John Wesley, 「An Address to the Clergy」 in *The Works of John Wesley*, 3rd ed.(Grand Rapids: Baker, 1979), p. 481.

웨슬리의 발언은 그 당시에는 특별하지 않았다. 한 세기 전인 1667년에 위대한 개혁목사인 리처드 백스터(Richard Baxter)는 교회 안에서의 미지근함과 교회 밖에서의 불신앙에 맞서기 위해 책 한 권을 썼다. 그는 그 책에서 영혼과 내생이 존재한다고 주장하기 위해서 성경 밖에 있는 철학, 논리학 그리고 일반지식을 사용했다. 백스터가 소그룹이나 찬양가사 대신에 철학과 성경 외적인 지식에 의지했다는 사실은 숙고할 만한 가치가 있다. 사실, 수많은 교회사를 통해서 예수님의 제자들은 성경과 성경 외적인 진리를 지향하는 올바른 이성을 칭송하고, 쌍둥이 협력자로 여겼다.

교회의 역사를 보면 우리의 형제와 자매들은 성경 외적인 지식을 평가하기 위해서 그저 상식과 성경 자체를 기준으로 삼아 왔다. 성경에서는 여러 차례 이스라엘 외의 많은 문화, 즉 이집트(사 19:11-13), 에돔(렘 9:7), 페니키아(슥 9:2)의 지혜를 인정하였다. 인간의 지혜가 낳은 놀라운 성취는 욥기 28장 1~11절에서 인정되고 있다. 솔로몬의 지혜는 '동방의 사람들'과 이집트에 비교되었는데, 이는 솔로몬의 지혜가 연륜과 충분한 자격을 갖춘 사람들의 지혜를 능가함을 보여 주기 위함이었다(왕상 4:29-34). 바울은 이방인 철학자들을 인정하여 언급하였고(행 17:28), 유다는 정경이 아닌 책 『모세승천기(The Assumption of Moses)』를 인용하였다(유 9). 잠언서는 지식, 심지어 도덕적이고 영적인 지식조차도 자연의 것(예, 개미)을 연구함으로써 얻을 수 있음을 증명하는 예들로 가득 차 있다. 예수님도 구약성경을 근거로 하기보다 해와 비가 어떻게 주어지는지를 주의 깊게 살펴봄으로써 우리가 원수를 사랑해야 할 사람들임을 알아야 한다고 가르쳤다(마 5:44-45).

교회 역사를 보면 우리의 형제와 자매들은 성경 외적인 지식을 평가할 때, 일반계시의 가치에 관한 성경적 가르침을 실천하였다. 우리는 하나님이 성경과 특별계시의 하나님이신 것처럼, 창조와 일반계시의 하나님이심을 잊

---

7) John Wesley, *A Plain Account of Christian Perfection*(London: Epworth, 1952), p. 87.

어서는 안 된다.

그리스도인들은 자신이 주력하고 있는 영역에서 중요하고 의미 있는 지식을 얻고 가르치기 위해서 최선을 다해야 한다. 인생이라는 정류장에 맞게 그리스도인은 이 관념의 세상에 정통한 지성인이 되도록 부름받았다.

통합에 대한 소홀함 때문에 세속과 신성함 사이에 막대한 분리가 생긴다

실제로 이렇게 말하는 사람은 몇 명 되지 않겠지만, 이제 신앙은 맹목적 의지라고 생각된다. 맹목적 의지란 이성과 상관없이 결정하려고 하거나 자신이 믿으려고 노력하는 그 형편없는 것이 증거가 부족함에도 불구하고 보상받기 위해서 믿으려고 결정하는 행위다. 이와 반대로 성경적 믿음은 하나님 나라의 성격에 부합되게 행동하려는 힘 또는 방법이며, 우리가 믿으려고 하는 이유를 옳다고 확신하는 마음이다. 우리가 이런 식으로 믿음을 이해한다면, 믿음은 이성과 지식 위에 서 있게 된다. 우리가 기독교에 온전히 헌신하기 전에 기독교가 진리라는 생각에 대해서 타당한 이유를 가져야 한다. 성경 말씀을 적용하기 전에 성경 본문에 대한 우리의 이해가 정확하다는 탄탄한 증거가 있어야 한다. 우리는 통합하기 위한 지적인 주장들을 성경과 신학에서 가져오기 때문에 단순한 신념이나 신앙적 가정을 차용하지 않는다.

불행하게도, 우리 시대는 믿음과 이성을 서로 양극단에 있는 것으로 치부한다. 몇 년 전에 나는 한 교회에 복음주의 설교를 연속적으로 하려고 뉴욕에 갔다. 집회는 한 고등학교 체육관에서 열렸는데, 몇몇 신자들과 불신자들이 매일 밤 그 집회에 왔다. 첫날 저녁에 나는 과학과 철학에 기초해서 하나님의 실존에 대해서 논증하였다. 기도로 마치기 전에 청중에게 몇 가지 질문을 받았다. 한 그리스도인 여성이 내가 하나님의 존재를 논리적으로 입증하려고 한다며, 신앙에 대한 여지가 없다고 주장을 하면서 내 설교에 대해 불평을 했다. 나는 그녀의 말이 옳다면 지금 있는 하나님에 대한 증거들이 사라지고, 반박되어서 신앙의 여지가 훨씬 더 많이 생기도록 기도해야 한다고 말했다. 명백하게 믿음에 대한 그녀의 시각은 이성과 완벽하게 유리되어 있었다.

신앙과 이성 사이에 깊은 연관성이 있다면, 학생들과 선생들은 하나님의 말씀에 견주어서 그들의 지적인 삶 전체를 탐구할 필요가 있다. 만일 신앙과 이성이 아주 극단의 반대 개념이라면, 우리의 연구나 가르침의 논제는 제자도의 발전과 발달에 별 관련이 없다. 신앙과 이성에 대한 이런 관점으로 인하여 기독교 가르침과 수행(practice)이 개인화되면서 기독교적 삶은 세속적인 삶과 분리되어 왔다. 이렇게 신앙과 세속을 분리해서 그리스도의 제자들을 양성하려고 했기 때문에 결국 기독교 공동체가 공공의 영역으로부터 멀어지게 되었다. 종교는 개인적이고 사적이면서 개인이 사물에 대해서 어떻게 느끼는지를 다루는 영역이 되었다. 종종 성경 과목과 특정 기독교 활동은 기독교 학교에서조차 심각한 학문적 활동으로 여겨지지 않고 또한 세속적 영역의 가르침에 포함되지도 않는다.

통합적인 일을 다시 포착하기에 지금처럼 좋은 시기가 없다. 유일신론이 사라지면서 진리의 단일성을 믿는 기반이 약화되었다. 따라서 단일성에 기반을 둔 대학들(universities)이 종합성에 기반을 둔 대학들(multiversities)로 바뀌고 있다.[8] 기독교의 유일신론을 제쳐두면서 종합대학에서는 문제가 발생했다. 일관성이 있는 교과목을 만들지 못하거나 교육목적을 분명하게 정의하기 어려워지는 문제를 안게 되면서 세속교육은 파편화됐다. 이런 결정적인 시간에 기독교 교육자들은 희귀하면서도 드문 것을 제공할 수 있는 그 무엇을 가지고 있는데, 그것이 바로 통합에 대한 생각이다.

---

8) Julie Reuben, *The Making of the Modern University*(Chicago: University of Chicago Press, 1996).

영적 전쟁의 특성상 통합은 필수적이다

오늘날 영적 전투는 광범위한 오해를 받고 있다. 간단하게, 영적 전투는 사람들, 즉 육체를 떠난 악의적인 존재들(사탄이나 악마), 인간과 하나님 간의 갈등이다. 여기까지는 좋다. 두 진영에 있는 사람들의 갈등에 생각의 충돌이 있다는 점은 종종 간과되어 왔다. 왜냐하면 갈등은 통제와 관련이 있기 때문이다. 사람들은 특정한 신념이나 감정이 더 적절하고 바람직하며 좋다고 받아들이게 함으로써 다른 사람들을 통제하게 된다. 이는 정확하게 사탄이 일차적으로 인간을 파괴하고, 역사에서 하나님의 일을 방해하기 위해 주로 사용하는 방법이다. 즉, 문화적으로 사고 구조에 영향을 끼친다. 이것이 바로 바울이 생각의 전쟁을 영적 갈등의 중심이라고 한 이유다. "우리가 육신으로 행하나 육신에 따라 싸우지 아니하노니, 우리의 싸우는 무기는 육신에 속한 것이 아니요, 오직 어떤 견고한 진도 무너뜨리는 하나님의 능력이라. 모든 이론을 무너뜨리며 하나님 아는 것을 대적하여 높아진 것을 다 무너뜨리고 모든 생각을 사로잡아 그리스도에게 복종하게 하니."(고후 10:3-5, 개역개정)

영적 전쟁이 전부는 아니라도 대체로 생각의 전쟁이고, 우리는 더 좋은 생각들로 나쁘고 거짓된 생각들과 싸운다. 이는 성경과 일반계시, 둘 다로부터 진리, 이성, 논쟁 등은 싸움에서 주된 무기임을 의미한다. 교육기관은 생각을 다루는 중심이기 때문에 영적 전쟁의 주 장소가 된다. 그래서 굳건한 지적 통합은 영적 전쟁에 참여하기 위한 우리의 의무다.

영성 만들기는 통합을 요구한다

통합과 영적이고 헌신적 삶 사이의 관계를 조명하는 일은 결정적으로 중요하다. 무엇보다도 진실하면서도 삶을 변형시키는 영성에 대한 굶주림이 우리 문화에 광범위하게 퍼져 있다는 사실을 인식해야 한다. 말씀을 전달하는 사람들이 삶에 어떤 영향을 주지도 못하면서 단지 믿으라고만 주장하는 것에 대해서 사람들은 진절머리를 낸다. 우리가 이야기하는 이러한 맥락뿐만 아니라 전반적으로 다른 모든 것 중에서 통합은 영적 활동이다. 우리는 심지어 영적 훈련이라고 부르기도 한다. 종종 기독교 교육자들은 통합의 영적 측면을 송영(doxology)의 각도에서 언급한다. 기독교 통합론자들은 불신자들이 하나님께 찬양을 덧붙이는 형태로 통합을 받아들이는 방식을 믿으면서 가르치는 입장을 취하고 있다. 그래서 그리스도인 생물학자는 자신의 분야에서 광범위하게 받아들이고 있는 관점을 가르치면서 단지 살아 있는 세상의 아름다움과 복잡성에 대해 하나님을 찬양하면서 수업을 마친다.

찬양적 접근은 더할 나위 없이 좋지만, 불행하게도 통합의 영적 영역을 모두 담기에는 충분하지 않다. 영적 변형의 과정에서 신념의 역할에 관해 생각할 때, 우리는 이 영역의 핵심에 더 가까이 다가간다. 신념은 삶이 달려가는 철길이다. 우리는 대부분 자신이 믿는 것에 따라 행동한다. 우리가 믿는다고 말하는 것이나 다른 사람들이 우리가 믿는 대로 생각하기를 원하는 것, 그런 것들은 중요하지 않다. 고무바퀴가 도로에 닿으면 우리는 우리가 실제로 믿는 신념에 따라서 행동을 한다. 바로 그런 이유로 행동이 신념의 중요한 지표다. 영적 진보를 위한 믿음의 구심점은 구약의 지혜서의 가르침과 새롭게 변화된 마음의 역할에 대한 신약의 가르침에 명백히 나타난다. 그러므로 통합의 영적 목표는 구조화된 지적 마음이다. 우리는 이런 마음을 가지고 세상을 있는 그대로 볼 수 있으면서 예수님의 제자로서 개인적이면서 협력적인 삶을 살도록 말해 줄 수 있는 믿음의 구조를 강화할 수 있다.

또한 통합은 기독교인의 삶의 여정에 있어서 결정적인 신념을 불신자들이 받아들일 수 있도록 도우면서 신자들에게는 신앙에 관한 확신을 유지하고 발달시키도록 돕는다. 통합의 이러한 측면은 우리가 가지고 있는 신념 구조의 개연성(plausibility)을 생각할 때 분명해진다. 개인이 변화를 초래하는 신념을 품는(entertain) 마음이 없다면 결코 자신의 삶을 바꿀 수 없을 것이다. 신념을 품는 것은 신념이 진짜일 가능성을 고려하는 마음이다. 만일 누군가 동료 직원을 미워하고 심술궂게 대한다면, 그 사람은 동료를 다르게 대하기 전에 동료에 관해 가지고 있는 신념을 바꾸어야 한다. 그러나 동료가 친절하게 할 만큼 좋은 사람이라는 생각을 품을 수 없다면, 미움으로 가득 찬 사람은 변하지 않을 것이다.

사람의 개연성의 구조는 그 사람이 아마 진실이라고 품거나 품으려 하지 않는 생각의 세트다. 예를 들면, 평평한 지구를 옹호하면서 강의에 오는 사람은 거의 없을 것이다. 왜냐하면 이 생각은 흔한 개연성 구조의 일부가 아니기 때문이다. 대부분의 사람들은 이러한 생각을 단순하게 품을 수 없다. 더욱이, 사람의 개연성 구조는 대체로 (배타적으로가 아니라) 이미 알려진 신념의 기능이다. 기독교인들이 신념을 수용하거나 유지하기 위해서 삶에 적용할 때, 그레샴 메이첸(J. Gresham Machen)은 다음과 같이 말함으로써 이러한 점을 분명히 하였다.

> 일반적으로 하나님은 우리의 마음이 어떤 조건 속에 있을 때, 그 힘을 발휘하신다. 우리는 하나님의 도우심을 받아서 우리가 복음을 받아들일 수 있는 그러한 우호적 조건을 만들어 내도록 하여야 한다. 잘못된 생각들은 복음을 받아들이는 데 있어서 가장 큰 장애물이다. 만일 우리가 저항할 수 없는 논리의 힘에 의해서 기독교는 단지 해를 끼치지 않는 망상이라고 어떤 나라나 전 세계가 집단적으로 생각하도록 허용한다면, 우리는 개혁자의 열정으로 설교할 수 있지만 그래 봐야 겨우 낙오자 한 명씩을 여기저기서 건질 수 있을 뿐이다.[9]

만일 어떤 문화가 기독교의 주장이 그 문화의 개연성의 일부조차 될 수 없는 지점에 이르면, 점점 더 적은 사람들이 기독교적 주장이 진리일지 모른다는 가능성조차 품을 수 없게 될 것이다. 그런 맥락에서 낙오자들이 믿음으로 나아가는 것은 혼자라는 느낌을 가지게 하고, 회심의 진정성이 의심을 받을 수도 있다. 그리고 신자들은 영적 삶에서 더 많은 진보를 가질 수 없다. 왜냐하면 그런 과정에서는 필수적인 통합된 관념적 구조나 확신의 깊이를 가질 수 없기 때문이다. 이것이 통합의 이유이며, 영성에 아주 결정적인 이유다. 메이첸이 그것을 호의적 상태라고 언급했던 것과 같이, 사람의 마음에 그럴듯한 구조를 만들 수 있다. 그리스도인으로서 우리의 목표는 우리의 논제와 관련된 기독교적 생각들이 진실하고, 아름답고, 선하고, 합리적으로 보이게 만들어 문화 개연성의 구조 안에 기독교적 생각의 순위를 높이는 것이다.

통합은 현재의 세계관 투쟁과 현대의 지식의 위기에 있어서 아주 결정적이다

언젠가 루터가 우리가 현재 공격받고 있는 논점을 제외하고 다른 모든 점에서 그리스도를 변호한다면, 우리는 전혀 그리스도를 변호하고 있지 않을 것이라고 말했다. 그리스도인들은 문화를 지배하고 있는 경쟁적 세계관과 기독교의 주장 사이에 있는 긴장감을 명심해야 한다. 이러한 경계심을 가지고 있는 현대의 그리스도인들은 기독교세계관 통합시리즈(Christian Worldview Integration Series: CWIS)가 주목해야 할 통합에 대한 명령을 수행하게 된다. 이 시리즈의 책들이 직면해야만 할 아주 중요한 문화적 사실이 있는데, 그 사실은 우리 문화의 지적 기관들을 작동시키기 위해 제대로 확립되어 있으면서도 널리 받아들여질 만한 윤리적이고 종교적 지식이 없

---

9) 그레샴 메이첸(Gresham Machen)의 1912년 9월 20일 Princeton Theology Seminary의 101번째 회기 개회에서 이루어진 연설. *What Is Christianity?*(Grand Rapids: Eerdmans, 1951), p. 162에 재인쇄됨.

다는 점이다. 정말로, 윤리적이고 종교적인 주장들이 프랜시스 쉐퍼(Francis Schaeffer)의 '상층 이야기(upper story)'라고 불렸던 것으로 종종 자리매김되고, 그런 것들은 특히 같은 기관들에서 지식과 현실의 한계를 정의하는 과학의 권위와 비교하면, 인식론적 권위가 거의 없거나 적다. 이런 사실은 긴급한 질문을 가져온다. 기독교는 지식 전통인가 아니면 단지 믿음 전통인가? 진리이기는 하지만 진리임을 알 수 없으니 지식보다 약한 인식론적 상태를 기반으로 받아들여야 하는 하나의 관점인가? 우리 분야에서 비경험적인 지식이 있는가? 우리 분야에서 비물질적인 현실(예, 언어적 의미가 논란의 여지가 있고, 비물질적이고, 영적인)의 증거가 있는가? 기독교의 생각들은 우리 분야에서 어떤 진지한 지적인 작업을 하도록 하기 때문에 그것들을 고려하지 못하는 사람들은 우리 분야와 관련된 현실세계를 적절하게 이해할 수 없게 되는가?

적어도 두 가지 이유가 그리스도인이 자신의 학문에서 일할 때 마음에 두어야 할 중요한 질문이 될 것이다. 첫째, 기독교는 지식 전통을 주장한다. 그리고 지식은 선포와 제자도의 중심이다. 예수님의 가르침을 포함하면서 구약과 신약은 기독교가 진리이면서 동시에 여러 가지의 도덕적이고 종교적인 주장들이 진리임을 말하고 있다.

둘째, 지식은 사회에서 책임감 있는 행동의 근거가 된다. 변호사가 아닌 치과의사가 우리의 입에 손을 넣을 권위를 가진다. 왜냐하면 그들은 진실한 신념뿐만 아니라 책임감 있게 행동할 수 있는 적절한 지식을 가지고 있기 때문이다. 만일 그리스도인들이 신학적이고 윤리적인 주장이 단지 전통의 일부이고, 요동하지 않는 세속적 논제들에 '신학적 시각'을 더하기 위한 출처라는 시각을 바꾸지 않는다면, 그들은 부주의하게 기독교의 사회적 소외에 기여하게 된다. 왜냐하면 그들은 소외됨을 막기 위해 필요한 권위인 도덕적이고 종교적인 지식을 주는 합법적인 주장을 강탈하는 동시대의 흐름을 반박할 수 없기 때문이다. 지적인 그리스도인들은 교회의 안과 밖에서 예수님의 지적 권위를 잃어버렸기 때문에 이를 염두에 두고 학문적 작업을 수행하여야 한다.

우리는 윤리적 유일신론(특히 기독교 유신론), 후기 근대주의 그리고 자연적 과학주의라는 세계관이 학문이나 대중의 영역에서 서로 갈등하고 있다는 시각을 가진 사람들의 의견에 동의한다. 그리스도인 지식인들은 자신들이 학문 분야에서 지식 전통으로서 기독교를 개선시키려고 할 때, 그들이 만들어 낸 업적이 이러한 갈등에 미치는 영향이 무엇인지를 생각하여야 한다. 지면 때문에 후기 근대주의를 많이 언급하기는 어렵다. 후기 근대주의는 여러 가지 뉘앙스를 가진 다양한 색깔의 옷을 입고 있다. 후기 근대주의는 현실, 진리, 가치, 심리학적 의미가 아닌 인식론적 의미로서 이성의 객관성을 거부하고, 또 현실-비현실, 진리-거짓, 합리적-비합리적, 옳고-그름에 대한 이분법적 사고를 거부하며, 의도적으로 의식의 대상을 만든다고 믿기 때문에 그리스도인들은 이러한 후기 근대주의에 저항해야 한다. CWIS는 포스트모더니즘을 향한 이 입장을 취할 것이다.

과학적 자연주의 또한 아주 다양한 모습으로 들어오는데, 그 주요한 형태를 살펴보면 자연과학에서 연구하는 물리학적 대상을 포함하는 시공간적 우주는 존재하는 모든 것이라는 관점이다. 자연과학은 지식의 유일한 출처이거나 비과학적 분야와 비교해서 인식론적으로 정당화하는 신념을 내세우는 데 엄청나게 우월하다. 과학적 자연주의와 관련하여 어떤 사람들은 현대 과학의 등장으로 인해서 과학적인 실험이나 테스트의 영역이 아닌 윤리나 종교의 영역에서 지적인 권위가 상실되는 데 기여했다고 주장하고 있다.

극단적인 형태의 후기 근대주의와 과학적 자연주의는 비경험적인 지식이 없으며, 특히 비물질적 현실에 대한 지식이 없고 신학적이거나 윤리적 지식이 없음에 동의한다. CWIS의 저자들은 이런 주장과 이에 수반되는 개인화와 종교적/윤리적 신앙과 신념의 비지적인 취급을 약화시키고자 한다. 그래서 이 시리즈의 각각의 책에는 중요하게 취급될 세 가지의 통합적 과제가 있을 것이다.

🎯 어떻게 통합에 참여하나?
세 가지의 통합 과제

앞에서 언급했듯이, 통합이라는 단어는 '전체가 되기 위해서 섞거나 만드는' '하나로 만들기'의 의미다. 기독교 유신론에 대한 개념적 적절성과 인식론적 정당화를 유지하거나 증가시키기는 통합의 목적 중 하나다. 어거스틴의 조언을 반복하면 "우리는 비평하는 사람들이 믿을 만한 출처에서 나온 사물의 본성에 대해서 보여 주는 그 무엇과도 성경이 충돌하지 않는다는 것을 증명해야 한다."[10] 우리는 통합을 정당화시킬 수 있는 세 가지 다른 측면인 직접적 방어(direct defense), 논박(polemics), 기독교적 설명(Christian explanation)을 구별할 수 있다.

직접적 방어

직접적 방어에서 우리는 우리의 학문영역에 적합한 기독교세계관의 측면에 의해서 비롯된 명백한 제안이나 기독교 유일신에 대한 합리적 타당화를 직접적으로 향상시키거나 유지하려는 의도를 가지고 통합에 참여한다. 우리는 기독교에서 본질적으로 중요하거나 현재 비난이 집중되고 있는 토픽에 우선적으로 관심을 기울일 것이다. 이후로 우리는 이러한 논제들은 단순히 기독교 신론(Christian theism)이라고 언급할 것이다. 이렇게 하는 이유는 간결성 때문이다. 기독교 신론에는 통합 과제에 적절하다고 여겨지는 연구의

---

10) Augustine, *De genesi ad litteram* 1. 21.

특정 분야가 포함될 것이다. 예를 들면, 인지행동치료는 "너의 마음을 새롭게 함으로 변화를 받아"(롬 12:2)라는 성경의 명령을 적용하는 중요한 수단이다.

직접적 방어에는 부정적인 형태와 긍정적인 형태 두 가지가 있다.[11] 둘 중에 덜 논쟁적인 것은 기독교 신론에서 패배요인(defeater)을 제거하는 부정적 직접방어다. 만일 당신이 어떤 제언인 P에 관련된 정당화된 신념이 있는데, 이러한 신념의 정당성을 약화시키거나 제거하는 그 무엇이 곧 패배요인이다. 패배요인은 두 유형으로 나타난다.[12] 반박하는 패배요인은 not-P를 믿는 것에 대해서 정당성을 부여하는데, 이 경우에 기독교 유신론은 거짓이다. 예를 들면, 가족의 성경적 개념이 역기능적이고 잘못되었거나, 동성애가 세포나 뇌 상태에 따라 필연적이기 때문에 도덕적 판단을 하는 적절한 대상이 아니라고 보여 주는 시도는 반박하는 패배요인의 경우다. 약화시키는 패배요인은 not-P를 믿는 것에 대한 정당성을 부여하지 않지만, 오히려 처음에 P에 대한 믿음의 정당성을 제거하거나 약화시킨다. 하나님의 존재를 찬성하는 논의에 대해서 비평하기는 패배요인의 예다. 패배요인들이 기독교 유신론에 대항하여 일어날 때, 부정적 방어를 통해서 패배요인들을 논박하거나 약화시키고자 한다.

반대로, 긍정적 직접방어는 기독교 유신론을 위한 긍정적 사례를 구축하려는 시도다. 하나님의 존재, 객관적 도덕성, 영혼의 존재, 덕목의 성격과 가치 그리고 기적의 가능성과 인식 가능성을 찬성하는 논의들이 그 예다. 모든 그리스도인 지식인들이 통합을 위한 이 과제를 수용하지는 않는다. 예를

---

11) 로널드 내시(Ronald Nash)의 *Faith and Reason*(Grand Rapids: Zondervan, 1988), pp. 14-18를 참고하라.

12) 패배요인의 다양한 유형에 대한 유익한 토론을 보고 싶다면, 존 폴록(John Pollock)의 *Contemporary Theories of Knowledge*(Totowa, N. J.: Rowman & Littlefield, 1986), pp. 36-39, 랄프 배어겐(Ralph Baergen)의 *Contemporary Epistemology*(Fort Worth, Tex.: Harcourt Brace, 1995), pp. 119-224를 참고하라.

들면, 대강 개혁주의 인식론이라고 불리는 여러 종파들은 긍정적 직접방어를 위한 온건한 역할을 보기만 하는 데에서부터 성경의 권위와 하나님에 대한 믿음을 정당화하면서, 일부 영역에서는 이러한 노력 자체에 대한 거부를 하는 데까지 전 영역에 걸쳐 있다. CWIS는 부정적이고 긍정적인 두 방법 모두에 참여하고자 한다.

논박

논박에서는 기독교 신론과 경쟁하는 관점을 이렇게 또는 다른 방식으로 비판하고자 한다. 과학적 자연주의, 물질주의, 범신론, 교육목표에 대한 행동주의 모델, 본문에 대한 저자 불명의 접근, 마르크스주의의 경제이론에 대한 비판이 논박의 모든 예다.

기독교적 설명

우리가 설명할 필요가 있는 자료들을 가지고 있으면서 그 자료들을 전반적으로 적절하게 가장 잘 설명할 수 있다고 가정해 보자. 질문이 있는 각각의 항목에 대해서 설명을 하게 되면 전반적 설명에 대해서 어느 정도의 확신을 갖게 된다. 예를 들면, 어떤 본질적인 장르의 진술이 성경의 본문에 대한 다양한 자료를 설명한다면 이러한 사실은 그 진술이 그 본문을 바르게 해석하고 있다는 믿음을 확인해 준다. 지금, 그리스도인 유신론자들(theists)은 자신들의 학문에 꼭 필요한 것에 대해 설명하는 믿음을 사용하여 세상을 탐구하는 일에 정진해야 한다. 다르게 말하면, 우리는 지식적인 문제들을 풀어 가야 한다. 그리고 우리는 우리 세계관의 설명력을 사용함으로써 난제의 영역에 빛을 비추어야 한다.

예를 들어, 기독교 신론의 진리는 자연 도덕의 법칙, 의식의 환원될 수 없는 정신적 특성, 자연적 인간의 권리, 또는 인간의 번영은 성경적으로 제시된 윤리적이고 종교적인 수행으로부터 온다는 사실은 수용하는 사람들에게 이러한 현상에 대해서 충분한 설명을 제공해야 한다. 이러한 사실을 기독교 신론에 대해서 어느 정도 확신을 제공한다. CWIS는 다양한 학문에서 기독교적 아이디어의 설명력을 보여 주고자 한다.

🚏 통합 문제를 분류하기 위한 모델은 무엇이 있는가?

그리스도인들은 문제영역이 드러날 때 기독교 신론의 합리적 권위를 강화할 필요성을 견지하면서 동시대 문화의 개연성 구조 속에 확실하게 자리를 잡고 문제의 이슈를 심각하게 생각할 필요가 있다. 일차적으로 특별 계시로부터 나온 기독교세계관의 일부로 보이는 어떤 기독교 생각을 나타내기 위해서 '신학'이라는 단어를 사용해 보자. 누군가가 이와 같은 갈등의 문제를 이야기하면 신학이 신학 밖의 학문의 이슈들과 상호작용할 수 있는 수많은 다른 방법이 생기게 될 것이다. 그런 상호작용이 일어나는 여러 다른 방식의 일부가 여기에 있다. 이러한 방식은 통합에서 어떤 특정한 어려움을 다루는 다른 전략이다. 이런 전략은 시리즈의 저자들에 의해 각 사례별로 적절한 곳에서 다루어질 것이다.

두 영역의 관점

신학과 다른 학문의 방법론, 이론, 제안은 서로 구별되면서 겹치지 않는 연구영역을 갖기도 한다. 예를 들면, 천사나 대속의 범위에 대한 토론은 유기화학과 거의 관련이 없다. 유사하게, 신학은 메탄분자 안에 수소원자가 세 개인지 또는 네 개인지는 거의 관심이 없다.

보완적인 시각

신학과 다른 학문 분야에서 전제, 이론 또는 방법론은 같은 현실에 대한 두 가지의 다르면서 보완적이지만 상호작용하지 않는 접근을 가지고 있다. 교회 성장의 사회학적 측면이나 회심에 대한 어떤 심리학적 측면은 교회 성장이나 회심에 대한 신학적 기술을 보완하는 사회학적 또는 심리학적 기술일 수 있다.

직접적 상호작용 관점

신학과 다른 학문의 방법론, 이론, 제안은 직접적으로 상호작용해서 한 연구의 영역이 다른 연구에 합리적 지지를 제공하거나 한 연구의 영역이 다른 영역에 대한 합리적 어려움을 야기한다. 예를 들면, 영혼의 존재에 관한 신학적 가르침은 영혼의 존재를 거부하는 철학적 또는 과학적 주장에 합리적 문제가 생기게 한다. 진화의 일반이론은 창세기를 이해하는 방식에서 다양한 어려움을 야기한다. 어떤 사람은 빅뱅이론이 우주는 시작이 있다는 신학적 전제를 지지하는 경향이 있다고 주장한다.

추정 관점(presupposition view)

신학은 어떤 학문 분야의 추정을 지지할 수도 있고, 그렇지 않을 수도 있다. 과학의 많은 추정들(예, 진리의 존재, 합리적이고 질서정연한 현실의 특성, 외부세계를 알아 가기 위한 적합한 도구로서의 감각과 인지적인 능력의 적합성)이 이치에 맞고, 제시된 기독교 신론을 정당화하기 쉽다고 말하는 사람도 있지만, 어떤 사람들은 기독교 신론은 자연주의적 세계관과 궁극적으로 맞지 않다고 말하기도 한다. 이와 유사하게, 인식론적 회의주의에 대한 철학적 비평이나 이론과 관련 없이 실재하는 세상의 존재와 이에 따른 진리에 대한 이론을 방어하여 신학의 몇몇 가정들을 정당화할 수 있다고 생각하는 사람도 있다.

실용적 적용 관점

신학은 다른 학문의 일반적 원리에 세부사항을 채우고, 덧붙이고, 그 원리들을 실제적으로 적용할 수 있도록 돕는 역할을 한다. 그 역도 성립한다. 예를 들면, 신학은 아버지가 자녀들에게 분노하지 말아야 한다고 가르치고, 심리학은 이것이 의미하는 것을 가족체계, 분노의 특성과 원인 등의 정보를 제공함으로써 신학이 의미하는 것에 중요한 세부사항을 덧붙일 수 있다. 심리학은 사람이 성숙한지 성숙하지 않은지 평가하는 다양한 검사를 개발할 수 있고, 신학은 성숙한 사람이 무엇인지에 대한 규범적인 정의를 심리학에 제공할 수 있다.

당신 앞에 놓인 책

우리는 『변형심리학(Psychology in the Spirit)』을 당신에게 선물해서 매우 기쁘다. 이것은 때로는 혼란스러운 영역인 기독교와 심리학을 통합하는 데 더할 나위 없는 안내서다. 그러나 코우와 홀은 심리학을 독자적 학문으로 여기기 때문에 단순히 심리학과 기독교를 연관시키려는 시도를 하지 않았다. 그들은 최우선적으로 영성 형성에 대한 원리를 가지고 심리학 자체에 대한 재해석을 구석구석까지 제시하였다. 결과적으로 변형심리학은 사람에 대한 관계적 시각, 성령의 능력 그리고 십자가에 일차적으로 초점을 맞추는 심리학을 변형시킨 내용이다. 개인 심리학자나 기독교 관점으로 심리학을 하는 과정, 그러한 과정으로부터 나오는 결과물들을 검토하여 독특하게 기독교 방식으로 심리학을 변형시키는 과정이 완성되었다.

　우리는 우리가 이 책에 관해 흥분했던 이유를 당신이 발견하기를 희망한다. 아무리 바쁘고 시간 때문에 이리저리 끌려다닐지라도, 당신이 이 책을 읽을 수 없다고 생각하지 않는다. 씨름하고, 생각하고, 기도하고, 성경과 생각을 비교하고, 다른 사람들과 책에 대해서 이야기하고, 그리고 즐겨라.

🏋 마지막 도전

　무신론자인 철학자 퀸틴 스미스(Quentin Smith)는 2001년에 결정적으로 통합 과제와 결정적으로 관련된 놀라운 통찰력 있는 논문을 발표했다. 스미스는 50년에 걸쳐, 꽤 많은 그리스도인 교수들이 그 공동체에 있었음에도 불구하고, 학문공동체가 점점 세속화되어 무신론화된 현상에 주목했다. 어떻게 이럴 수가 있을까? 스미스는 기독교인들이 그들의 믿음과 삶을 구분하고 있고, 일과 기독교적 생각을 통합하지 않고 있다고 했다. 그는 다음과 같이 말하였다. "다양한 학문 분야의 학자들 중 어느 누구도 자신의 개인적 삶에서 종교적 믿음이 진리라고 믿는 유신론자인 현실주의 유신론자가 아니라고 말하지는 않지만 그들 대부분은 자신의 출판물과 가르침에서 유신론을 배제하였는데…… 왜냐하면 유신론이 자신들이 지키고 있는 존경할 만한 학문적 위치의 기준을 충족시키지 못할 정도로 인식론적 수준이 낮다고 여기기 때문이다."[13] 스미스는 계속해서 주장하기를, 기독교인들이 철학의 분야에서 상당한 영역을 되찾아 오고 있는 반면에, "다른 분야에서 유신론자들은 학문적 업적과 유신론적 믿음을 구분하여 칸을 막는 경향이 있고, 학문적 작업에서 유신론을 거의 전제하지 않으며, 유신론을 찬성하는 입장에서 결코 논쟁하지 않는다."라고 하였다.[14]

이런 일은 멈춰져야 한다. 당신이 위기에 잘 대처하고, 그리스도의 명분을 위해서 당신의 연구 분야에서 잃어버렸던 영역을 되찾아오는 데 도움이 되기를 기도하면서 이 책을 제공하는 바다.

---

13) 퀸틴 스미스(Quentin Smith)의 *The Metaphysics of Naturalism*, Philo 4, no. 2(2002):1을 참고하라.

14) 위의 책, p. 3. 철학에서의 진전에 대한 똑같은 관찰이 마크 놀(Mark A. Noll)의 *The Scandal of the Evangelical Mind*(Grand Rapids: Eerdmans, 1994), pp. 235−238에 잘 알려져 있다.

감사의 글

이 책은 기독교 신앙과 대학의 학문적 훈련관계를 새로운 방법으로 모색하고자 하는 시리즈에 대한 J. P. 모어랜드(J. P. Moreland)와 IVP 직원들의 초기 비전의 결과로 시작되었다. 이는 총 35년에 걸친 기독교 심리학 세계로부터의 우리의 생각과 경험을 집필하면서 탐험하는 풍부한 기회가 되었다. 우리는 로즈미드 심리학과에 있는 동료들에게 감사하고 싶은데, 그들의 우정과 우리의 신학적이고 개인적인 성장에 큰 영향을 주었기 때문이다. 그들은 우리를 성장시킨 토양이다. 특히, 가족에게 감사하며, 아내와 아이들에게 감사한다. 그들은 우리의 기쁨이고 사랑이며, 이런 수고를 더 인내하였다. 특별히 자녀들은 다른 책이 쓰여지기 위해 아버지와의 관계에 대한 욕구를 양보할 수 없었다.

나(존)는 IVP의 편집자인 짐 후버(Jim Hoover), 스콧 세비어(Scott Sevier), 그리고 부족하고 필요한 부분을 읽어 주고 통찰을 주었던 로즈미드 심리학과의 동료인 스티브 포터 박사(Dr. Steve Porter)를 포함하여 이 책이 출판될 수 있도록 도와준 사람들에게 정말 감사한다. 또한 교정을 도와준 영성 형성연구소에 있는 제자들인 앤드루 캠프(Andrew Camp), 스티브 지오이엘리(Steve Gioielli)와 데이브 메릴(Dave Merrill)에게 감사한다. 학문적 여정에서 만났던 스승들, 동료들과 친구들에게 특별한 감사를 드린다. 먼저, 로즈미드 대학 심리학과의 전 학과장 키스 에드워즈(Keith Edwards)에게 감사하고 싶다. 그는 약 20년 전에 파릇하게 싹트기 시작한 통합을 채용하는 위험을 감수했다. 그 과정에서 많은 대화에 감사한다. 특히 누구보다도 내가 심리학적으로 생각하도록 자극하였고, 나 자신, 죄 그리고 성장에 대한 편협한 사고방식을 뛰어넘도록 도왔던 브루스 내러모어 박사(Dr. Bruce Narramore)에게 감사한다. 어떻게 해도 감사한 마음을 다 표현할 수 없다. 탈봇 신학교에 있는 로버트 소시 박사(Dr. Robert Saucy)에게 감사한다. 그는 신학, 철학, 심리학과 신앙의 문제에서 성경적이고 비판적으로 사고하도록 나를 계속해서 격려하였다. 특별히 성령 안에서 삶을 탐험하는 새로운 관점을 열어 주었던 존 핀치 박사(Dr. John Finch)에게 감사한다. 당신의 깊은 사랑을 기억한다. 이 과정에서의 모든 학생에게 "여러분을 가르치고, 배우면서 나 또한 성장하는 기쁨이 있었다."고 전하고 싶다. 마지막으로 그레타(Greta)와 애나(Anna), 크리스타(Krista), 우리 딸들에게 "진심으로 너희를 사랑한다. 너희는 다양한 방식으로 나의 진정한 멘토다."라고 말하고 싶다.

　나(토드)는 IVP의 편집자인 짐 후버에게 감사하고 싶은데, 그는 편집하는 과정에서 신중하게 조언했고, 통찰과 지혜를 가지고 우리가 책을 만들도록 도왔다. 또한 이 책을 위해 개인적인 격려를 해 준 또 다른 편집자인 J. P. 모어랜드에게 감사한다. 기독교 심리학자들로서 성장하는 놀라운 공동체를 제공하는 로즈미드 대학의 나의 동료들에게 감사를 표현하고 싶다. 먼저, 키스 에드워즈 박사에게 감사하고 싶다. 그는 많은 시간 동안 정서와 애착에 대한 나의 이해가 더 깊어지도록 대화해 주었고, 배우고 발전하도록 계속해서 나를 격려해 주었다. 베스 브로코우 박사(Dr. Beth Brokaw)에게 감사한다. 그는 하나님 이미지에 관한 나의 초기 연구를 이끌었으며, 변형심리학의 모델을 구체화한 사람으로 놀라운 본보기가 되었다. 이 책을 같이 쓰는 특권을 주었던 존 코우 박사에게 깊은 감사의 빚을 졌다. 대학원에서 나의 통합훈련 상당 부분을 형성해 주었고, 자신의 영적인 여정을 통하여 나를 가르치는 것을 계속했던 존에게 감사한다. 나의 스승이고, 동료였던 고 랜디 소렌슨(Randy Sorenson)은 완전한 기독교 심리학자의 훌륭한 본보기였다. 그는 로즈미드에서 함께 지냈던 수년 동안 나를 가르쳤고, 격려했고, 멘토가 되었음에 감사한다. 또한 로즈미드에서 가르쳤던 수업에서 나에게 영성지도를 처음 소개한 애니타 소렌슨 박사(Dr. Anita Sorenson)에게 감사한다. 마지막으로 지속적인 지지와 격려로 이 작업을 가능하게 만든 나의 아내, 리즈 홀 박사(Dr. Liz Hall)에게 깊이 감사한다.

차 례

제15장 신앙 안과 밖에서의 건강과 전인됨의 변형심리학 모델 369

Section IV 영적 심리학과 영혼돌봄의 실제(수준 4)

제16장 심리치료와 우리가 살아가는 영적 이야기 403

제17장 고대와 근대의 영혼돌봄: 마음과 영성 사이의 분리 개선을
     향하여 433

개관: 고백의 심리학
John Coe and Todd W. Hall

"죄를 지었으니 용서해 주세요."

가톨릭 고해성사의 첫 번째 말

심리학은 하나님의 면밀한 조사와 주의 깊은 검토 아래에 있다. 타락 이후 신학, 물리학, 철학과 같은 인간의 모든 노력도 마찬가지다(시 94:8-11). 그 이유는 아주 간단하다. 사람과 사람에 대한 인식으로 이해되는 '심리학'은 (넓은 의미에서)[1] 시작부터 하나님과 현실에 대한 반란이었다. 즉, 아담과 하와가 하나님으로부터 자율성을 선언한 첫 범죄 이후로 인간은 더 이상 자신들의 삶을 스스로 지탱할 수 없게 되었다. 인간은 타락의 결과로 하나님의 구속의 은혜와 멀어짐으로써 죄 속에 있는 자신의 실제 상태나 은혜 속에 있을 수 있는 자신의 상태 모두를 있는 그대로 보려고 하지 않았다. 우리는 회개하고 하나님의 진리에 우리 자신을 개방하지 않기 위해 전체가 아닌 부분적으로 이러한 것을 보려고 한다.

---

1) 우리는 '사람과 사람의 지각'으로 심리학을 이해하는 것이 심리학의 표준정의로 부적절하다고 생각한다. 우리가 심리학에 대해서 사람과 사람의 지각이라고 사용하는 이유는 심리학은 궁극적으로 자신과 타인의 경험에 관한 그 무엇이라는 점을 분명히 하기 위함이다. 우리는 이러한 점을 분명하게 하기 위해 많은 노력을 한 탈봇신학교의 영성연구소(Institute for Spiritual Formation)와 로즈미드(Rosemead) 대학 심리학과에 있는 우리의 동료 스티브 포터(Steve Porter)에게 감사한다.

따라서 우리 자신과 타인에 관한 지각인 심리학은 왜곡 덩어리다. 하나님과 별개로 사람이 잘살고 행복해지기 위해서 생각할 수 있는 모든 논제를 담고 있는 수많은 심리학 책들을 서점에서 발견할 수 있다. 이는 통찰은 있으나 불행하게도 반쪽짜리 진리일 뿐이다. 무엇이 진짜인지에 대한 이런 아주 흔한 속임수는 거짓된 인식과 삶의 수많은 잘못된 방식으로 우리를 에워싸고 있는 깊은 종류의 애착장애의 산물이다. 창조주로부터 공통적으로 주어진 은사로 인해 우리는 분명히 선한 행위를 하기도 하고 하나님과 상관없이 진리를 인식하기도 하지만, 그것에는 속임과 죽음의 흔적이 묻어 있다. 이것은 우리가 원죄의 수치와 죄에서 태어나 지불하는 인식론적 대가이며, 자신의 실체를 직면할 수 없게 하여 삶을 기만하고 진리를 거짓으로 덮고 숨기게 한다.

이 왜곡 성향은 원죄로 인해 하나님을 두려워하여 숨으려고 하는 것과 관련될 뿐 아니라 어린 시절의 잘못한 행동으로 부모나 다른 사람의 눈살을 찌푸리게 했던 우리의 반응이기도 하다. 죄와 어린 시절의 관련된 경험 때문에 우리는 진실을 숨기고 덮는다. 우리의 삶의 자리에서 자기를 방어하고 자기를 인정하기 위한 관찰과 반영이 종종 왜곡되는 것은 당연하다. 이것은 신자나 불신자 모두 마찬가지다. 진짜 심리학은 여기까지다.

오직 십자가에서만 가능한 용서와 신자들에게 스며든 하나님의 사랑만이 우리를 숨지 않게 하고, 방어와 덮는 것으로부터 자유롭게 하며, 실재적이고 진실한 것들을 제대로 보고 반추하게 한다. 개인의 덕(virtue)과 건강한 양육태도와의 관계가 아무리 선하고 훌륭하다고 해도 충분할 수 없다. 이론과 신학과 건강한 인간관계조차도 진리로부터 훌륭한 방편이지만, 그것들은 궁극적으로 심중(heart)이 마땅한 것을 경험하고 '보도록' 하는 것에는 미치지 못한다. 십자가에서 행하신 일에 기반한 그리스도의 사랑은 충분히 강력하기 때문에 단 한 번만 경험해도 우리의 깊은 광기와 숨겨진 욕구들을 확실히 언급하고, 우리 자신과 하나님과 하나님의 세계에 대해 알 수 있는 것들로부터 우리와 타인을 속이려는 신경증적 전략을 내려놓도록 하기에 충분하다. 인간의 사랑은 이러한 길을 보여 준다. 그러나 하나님의 사랑을 경험해야만 우리가 마땅히 알아야 하는 것들을 알아 가는 능력이 성장하도록 열어 줄 수 있다. 즉, 심리학을 잘하기 위해서는 하나님의 사랑 안에 있어야 한다.

그래서 우리가 우리의 근본적 정체성을 발견하는 것은 창조만이 아니라 구속에도 있다.[2] 창조, 인간적 사랑, 자연적 선에 의해서 우리는 '자기'를 발견한다. 구속과 변형에 의해서 우리는 우리의 자율적 자기를 천천히 죽이고 하나님 안에서 자기(self-in-God)로서 새로운 정체성을 열 수 있다. 창조와 인간 사랑이 그 길을 가리킬 수 있음은 의심할 여지없다. 그러나 하나님의 구속적 사랑만이 그리스도로 옷 입은 우리의 적나라한 진실에 눈 뜨게 할 수 있다. 구속받은 자라 할지라도 이 땅의 삶에서 진리를 향한 우리의 개방성은 '부분적'이다. 왜냐하면 우리는 여전히 거짓과 밀착되어 있기 때문이다. 우리의 마음에서 하나님의 계속되는 작업이 부족하다면, 우리는 하나님에 의한 전반적 노출로부터 뒤로 물러서고 반항할 것이다. 그런 경우, 심리학은 우리의 범죄를 정당화해 줄 자기를 제공해 주는 반역의 협력자가 될 것이다. 아리스토텔레스, 로저스, 스키너와 프로이트가 그러하다. 또한 심리학과 기독교의 관련성을 찾는 우리들에게도 부분적으로는 사실이 아닌가? 우리는 여전히 죄인이고, 자신과 타인을 기만하는 것에서 누가 면제될 수 있겠는가?

성령으로 심리학을 구원하고 변형시키려는 이 책의 목적은 이 생에서는 실현 불가능하다. 궁극적으로 우리는 기독교에 심리학을 연관시키는 방법을 찾거나 그저 새로운 모델을 주장하려는 것이 아니라, 오히려 심리학과

---

2) 나(존)는 탈봇신학교의 존경하는 동료인 로버트 소시(Robert Saucy)에게 감사한다. 그는 수년 동안 이 고백에 반추되는 무엇이 사람이 되게 하는가에 대한 나의 생각에 영향을 주었다. 또 이 책과 관련된 신학의 성격, 십자가, 창조와 통합에 관해 많은 도전이 되는 대화들을 했던 형제이자 젊은 신학자인 피터 앤더스(Peter Anders)에게도 감사한다.

과학을 하기 위한 새로운 변형모델(transformational model)을 주장하고 있으며, 이것은 원래부터 그리고 본질적으로 이미 기독교적이며 성령에 열려 있다. 우리는 실제로 우리가 누구인지, 이웃이 누구인지, 그리고 하나님의 빛으로 우리가 무엇이 될 수 있는지를 알기를 원한다. 우리를 판단하시는 하나님, 우리를 구속하시는 하나님, 우리를 성화시키시고 채우시는 하나님도 마찬가지다. 우리는 하나님 안에서 그리고 현실 속에서 우리 자신과 다른 사람을 '보는' 또는 복잡하지만 하나이며, 통일된 과학을 발달시키기를 원한다.

그러나 우리가 잘못되어 있기 때문에 성령 안에서의 변형심리학의 작업은 아주 어려울 것이다. 하나님과 우리를 구원하신 예수 그리스도의 십자가를 믿을지라도, 우리는 아직도 성령과 별개로 살려고 하는 인간성을 가지고 있다는 점은 사실이다. 그리고 우리가 죽음과 죄의 매임으로부터 그리스도 안에서 자유를 얻었을지라도, 우리는 여전히 스스로 진실을 보기 어려워한다. 우리는 스스로 모든 것을 보고 싶어 하지 않는다. 그것은 너무 고통스럽고, 너무 무거운 짐이다. 우리는 우리가 견딜 수 있거나 환경, 주님, 다른 사람들의 도움으로 인해서 볼 수 있는 우리의 일부분만을 본다. 우리는 연약함과 방어로 인해서 하나님 사랑의 빛 안에서 우리 이웃을 제대로 보지 못한다. 결과적으로, 우리의 심리학은 왜곡되었다. 일부의 통찰, 단절, 반쪽 진리 그리고 사각지대(맹점)가 포함된다. 이것은 과거에 '심리학을 했던' 사람들 모두와 지금 자기를 이해하고 싶은 사람이나 심리학자인 사람 모두에게 마찬가지다. 다른 사람들을 이해하면서 돕고 삶 속에서 하는 것뿐만 아니라 우리가 하는 것도 놀라운 일이다. 그렇지 않으면 우리는 전혀 잘하고 있지 못하는데도 잘하고 있다고 생각해 버릴 수 있다.

그럼에도 불구하고 우리는 이 심각한 문제에 절망하지 않는다. 나약함 때문에 강함을 발견할 수 있고, 성령으로 그리스도 안에서 하나님에게 의존할 수 있다. 우리 주님은 우리가 그를 떠나서는 "아무것도 할 수 없다(요 15:5)."

고 말씀하셨다. 우리는 '아무것도'에 대해 너무 많은 것을 하고 있는 듯하다. 그러나 '우리의 필요'와 '하나님의 사랑'의 인식에서 우리는 하나님이 이미 우리 안에 거하심을 발견한다. 이 발견에서 실패조차도 그 안에 거하며, 그래서 더 자신과 이웃의 진리에, 사랑에, 그리고 성령 안에서 하나님의 일에 가까이 다가갈 수 있다는 것을 안다. 이것이 성령 안에서 심리학을 하도록 한다. 우리의 필요와 그의 사랑이 구속이나 변형심리학의 기반을, 하나님 안에서 사랑받아야만 하는 모든 것을 사랑하고 이해하는 기반을, 그리고 성령으로 그리스도 안에서 다른 사람들을 돕기 위한 기반을 형성한다. 만일 우리가 예수님 안에서 더 이상 정죄함이 없다면, 우리가 이러한 현실로부터 탄생시키려는 심리학도 정죄받지 않는다. 우리는 진리를 알기 원하지만, 하나님은 우리가 사실로 인정하는 것에 무엇이 잘못되었는지 알고 계신다. 우리의 삶은 기껏해야 이 땅에서의 삶의 실재의 근사치다. 또한 이것은 심리학에 있어서도 사실이다.

🔧 이 책의 개관

신학과 심리학의 세계로의 여정은 복음주의 신학과 교회, 기독교 상담 그리고 현대의 영적 성장과 형성에서 중요한 어떤 것이 빠져 있다는 깊은 확신을 가져 왔다. 우리의 바람은 왜곡되고 빠져 있는 것을 변형(transform)하고, 구속하고(redeem), 새롭게 주장하기다(reclaim). 다시 말해, 성령에 근거하는 심리학과 개인에 대한 급진적인 관계적 관점이다. 결과적으로 이 책은 세속심리학과 신학으로부터 오는 통찰을 통합하려고 하지 않는다. 이런 중첩된 개념들이 주는 통찰이 가치가 있고 이 책에 포함되기는 하겠지만, 이 책에서 말하고 싶은 핵심은 심리학 하기, 즉 성령 안에서 변형심리학 하기에 있어서의 특징적 모델의 윤곽이나 본성(우리가 그렇다고 생각하는 것)을 꿰

뚫고자 하는 시도다. 우리의 모델은 영적 형성과 교회의 영적인 요구를 도와주려는 목적으로 심리학에 관계적인 접근을 한다. 우리는 이 분야에서 초보이고, 성령 안에서 이 삶에 다른 여행자들이 더 많이 나올 것을 기대하는데, 아마도 당신이 될지 모른다.

변형모델심리학의 중심 특징: 사람, 과정 그리고 산물

다음의 세 가지의 질문이 변형심리학의 발달을 끌고 갈 것이다. 이 질문들은 심리학, 신학과 철학 이론을 합친 보다 일반적인 접근과 함께 성령 안에서(이에 대한 이론들도) 우리 삶에 녹아져 있는 것들로 나타난다.

1. (a) 사람의 이해와 관련된 모든 자료에 열려 있으면서, 성령 안에서 과학이나 심리학을 하는 사람과 (b) 심리학 하기의 목적이 성령으로 하나님과 연합되어 예수님의 형상으로 빚어지기와 이웃과 하나님을 사랑하기인 사람은 어떻게 보일까?
2. 만일 우리가 성령 안에서 진지하게 과학과 연구를 한다면, 심리학 하기의 과정은 어떠할 것인가?
3. (a) 우리가 성령의 채우심에 의해 하나님과의 연합과 사랑의 목적으로 하나님의 이미지 안에서 창조된 인간이라는 진실과 (b) 이 지식의 산물이 교회의 영적 형성의 필요를 섬기기 위한 것이라는 진실을 받아들인다면 심리학의 이론 또는 산물은 어떠할 것인가?

이 변형심리학은 사람들의 특별한 목적이나 목표—성령이 충만하고, 성령과 하나 되어 예수님의 형상을 닮아 가면서 이웃을 사랑하고, 하나님께 영광을 돌림—를 위해 창조되었다는 현실 위에 기초한다. 단지 인간의 노력으로는 달성할 수 없지만 하나님의 충만하심으로 채워진 결과(엡 3:16-19)가 그리스도의 형상으로 변형되는 목적이다. 인간성의 본질과 목적으로서 하나님과 연합하고 채워지는 역량은 자신이나 타인과의 급진적인 관계적 잠재력뿐만 아니라 본질적으로 모든 여타의 관계를 넘어서는 하나님과의 관계를 보여 준다. 바꾸어 보면 이 모든 것은 과학의 산물, 과학의 과정과 태도, 과학을 하는 사람에 대해서 많은 함의를 갖는다. 우리는 그 사람이 기초하고 있는 인성과 심리학 하기의 과정과 산물에 대해서 논의를 할 것이다. 즉, 정직과 용기와 같은 덕목 가운데 성장하면서 하나님의 사랑 안에 있는 사람은 악으로 인해서 거짓되거나 왜곡될 필요를 느끼지 않으면서, 그 사람에 대해서 알려질 수 있는 모든 것에 열린 채로 남아 있기를 배우는 중이다. 이것이 변형심리학 모델의 심중(heart)이다. 우리의 목표는 이 모델에 대한 이와 같은 함의를 끌어내는 일이다.

그러므로 이 책은 단순히 심리학과 신학의 학문적 분야의 통합을 시도하지 않는다. 우리의 초점은 학문적인 심리학과 신학이 무엇인지 또는 이들의 관계에 대해서 무엇을 말하려고 하는지에 대해서 검토하지 않는다. 사실, 변형모델은 기독교에 관련된 심리학이 아니라 본질적으로 기독교인 그리고 하나님의 세상에 있는 사람의 현실에 대한 탐구인 과학과 심리학 하기에 관한 것이다. 심리학을 하는 사람의 특징은 그 사람에 관한 진실과 모든 현실에 열려 있고, 정직함을 유지함으로 이런 전체적인 과정과 산물의 근거가 되고, 과정과 산물을 유지하며 안내한다.

이 책은 대학과 교회에 다음을 제공한다. (a) 학문을 하려는 목적에서 일반적으로 과학과 심리학 하기에 대한 영적으로 변형되는 접근, 그리고 (b) 교회의 목적에서 사람에 대한 심오한 이해와 죄의 역동과 하나님 안에서의 성장, 특히 사람에 대한 이해, 심리학 하기의 과정과 산물에 관련된 변형심리학에 대한 기초와 윤곽을 제공하고자 한다. 이것이 심리학을 공부하는 대학생과 대학원생들 그리고 그리스도 안에서 사람을 이해하고 기독교와 심리학의 관계 탐구에 관심을 가지는 목사들과 교수들에게 도움이 되기를 희망한다. 물론 지면의 제한 때문에 변형모델에 포함된 것에 대해 가장 간략하게 제공할 것이다. 또한 장들은 각각의 토픽에 관해 집필될 수 있었다.

🪧 부(Section)로 구성된 책

우리의 논의는 처음 두 장에서는 개인적 · 학문적이고 직업적인 여정에 대해 간략한 설명을 하는 것으로 시작한다. 이 두 장은 심리학을 성령과 타인에게 여는 것과 관련되는 우리의 경험과 사고를 만드는 중요한 역할을 한다. 개인적인 여정이 심리학 하기에서 우리 자신의 과정, 산물과 영적인 성장에 깊은 영향을 줌에 따라 그것들은 이 책의 핵심 메시지를 반추한다. 우리는 성령 안에서 변형심리학을 하는 것이 무엇인지 본질적인 부분으로서 우리의 여정을 검토한다.

제I부에서는 심리학의 변형모델의 기초적 문제 중 일부와 일반적 윤곽이 소개된다. 제I부에서는 진실한 기독교 심리학자들이 기독교와 심리학의 공통 부분을 어떻게 접근하는지를 역사적 조망을 통해 설명하고, 제3장부터 시작된다. 우리는 각 모델 또는 '보는 방식(way of seeing)'을 논의하는데, 그것들의 다양한 약점과 통찰의 핵심 등이 포함된다. 또 각각이 실험적으로, 그리고 이론적으로 성령 안에서 심리학 하기의 모델과 구별되고 더 보완할 수 있도록 기여한다. 함께 통찰의 핵심을 가지고 각 모델 또는 '보는 방식'을 논의한다.

제4장에서 존은 변형심리학에 대해서 이 모델이 독특하고 구별되는 점이 무엇인지를 보여 주면서 기초와 윤곽을 설명한다. 그는 다른 모델의 통찰을 포함할 뿐 아니라 몇 개의 다른 모델이 가리키는 것을 수행하면서 변형심리학 모델이 틀 또는 '보는 방식'을 어떻게 제공하는지 설명할 것이다. 이 장

은 심리학의 내용 또는 산물에 대해 주요하고 결정적인, 성령 안에서 사람의 특성과 발견의 과정에 주목한다. 앞에서 주목했듯이, 왜곡하고 거짓되게 할 어떤 필요도 없이 인격이 정직과 용기를 제공하고 있는 한, 우리는 사람의 인격이 심리학 하기의 과정과 산물을 뒷받침하고, 지키고, 안내한다는 점을 논의할 것이다. 궁극적으로 우리는 단순히 기독교에 심리학을 연관시키는 새로운 모델 또는 길을 논의하지 않을 것이다. 오히려 우리는 심리학 하기, 과학 하기를 위한 새로운 모델을 논의할 것이다. 그래서 본질적이면서 고유하게 성령 안에서 기독교와 관련될 것이다.

제5장에서는 변형심리학의 과정과 사람 사이의 관계에 대한 논의를 시작한다. 성격 특질적으로 심리학자들이 머무르고 있는 영적 · 인식론적 학문을 탐험하고, 성령 안에서 심리학과 과학 하기 과정을 지원하고 격려한다. 사람, 특히 사람의 특성은 과학과 심리학 하기의 결정적 요소이기 때문에 사람의 건강과 발달에 결정적인 영적 훈련이 있다. 그것은 알아 가는 과정에 직접 관련되는 성품에 의해서다.

제II부에서는 변형심리학모델의 기본적인 방법론적 문제, 개입방법과 관심사 등을 제시한다. 제6장에서 현대심리학과 과학을 괴롭히는 몇 개의 인식론적이고 방법론적인 문제들과 복잡성을 간략하게 탐험한다. 이것들은 사람, 윤리 그리고 비물질적 대상과 하나님(예, 마음, 의식, 체험적 경험), 일반적인 상식의 믿음으로 설명할 수 없는 것들이다. 우리는 알 수 있는 것(자연과 기독교)을 두 영역으로 분리시키고 두 개의 분리된 방법론(과학과 믿음)을 논의한다. 또 불필요하게 나누어 놓은 근대주의적 접근에 대해서 논의한다. 반대로 변형모델은 그 범주 안에 있는 사람에 관해 알 수 있는 모든 현실을 포함하는 통일된 그러나 여전히 복잡한 과학의 시각을 논의한다. 이 모델은 이런 양분문제를 극복한 심리학과 과학에 대한 비근대주의(nonmodernist) 또는 고전적 현실주의 접근을 논의한다. 그리고 심리학과 관련된 사람들의 성품, 윤리 그리고 비물질적 대상과 하나님으로 통찰을 제공하고 설명한다.

제7장과 제8장에서는 변형심리학의 성경적 모델을 구약의 지혜서로부터 발달시킨다. 여기서 우리는 구약의 현자들이 심리학을 하기 위해 사람이 어떻게 과정과 방법을 발견하고 보존하는지에 대한 성경적 본보기, 결국 심리학의 산물이 사람에 관해 알 수 있는 모든 것에 진실로 열려 있음을 보증하는 본보기임을 논할 것이다. 구약의 현자는 하나님의 사랑 안에서 성서와 창조로부터 사람을 이해하는 모든 유용한 자료에 열려 있는 과학자 모델이다. 그러므로 심리학과 기독교의 다른 모델과 비교되는 이 접근에 관해 독특하거나 구별되는 것을 이해함이 중요하기 때문에 상당한 지면을 이런 기초적인 인식론과 방법론적인 문제에 할애하였다. 또한 우리는 현대 세속심리학에서 나타나고 있는 일부 문제에 주의를 기울일 것인데, 변형심리학으로부터의 통찰을 기반으로 이러한 난제를 풀도록 기독교적 접근법으로 독자들을 자극하기 위해서다. 제9장에서는 토드가 제공한 인식론과 관계된 접근들로 방법론의 토의를 결론짓는다.

제Ⅲ부에서는 두 가지 별개의 도메인과 방법론으로 알려질 수 있는 것의 세계를 두 갈래로 나누지 않는 변형심리학의 내용의 일부를 굵은 필체로 그리기 시작한다. 오히려 변형심리학의 방법론적 범위는 사람에 관해 알 수 있는 모든 실재를 포함한다. 존은 제10장에서 성서만이 제공하는 독특하고도 기초적인 현실과 진리에 대해서 간략하게 소개한다. 세속심리학은 진리로의 접촉경로가 없기 때문에 그 이론들을 특정한 왜곡으로 이끈다. 제11장에서 존은 사람의 정체성, 자유와 관계성을 위한 수용력 관점에서 사람의 성품을 이해하기 위해 독특하고 가장 기초적인 것을 주장한다. 토드는 제12장에서 인간애착과 관계성에 초점을 맞춤으로 인간의 성품에 대한 논의를 계속한다. 존은 이 논의를 제13장에서 인간의 관점에서 관계성을 뛰어넘어 근본적으로 하나님과 연합하는 독특한 관계를 만들기까지 가는 사람에 대한 이해를 제공한다. 이것이 변형심리학의 핵심이다. 원칙적인 측면에서

한 사람은 성령의 충만함으로 가득 채워졌을 때 온전한 인간이며, 그래서 심리학 하기를 포함한 모든 인간 기능에 영향을 준다. 성령과 떨어져서의 모든 활동에는 어떤 역기능이 있다. 제14장과 제15장에서 존은 변형심리학 모델에서 죄, 정신병리와 건강의 역동과 성격을 간단하게 살펴본다.

제IV부는 인간돌봄과 활용을 위한 변형심리학의 함의를 토론한다. 토드는 제16장에서 심리학의 연구와 일치하면서도 변형적 심리학에 함축되어 있는 정신병리와 인간돌봄의 관점을 제시한다. 제17장에서 토드와 존은 어떻게 하면 변형적 모델이 영적인 방향에 대한 전통적 접근을 이해하도록 할 수 있는지, 또한 영혼돌봄에 대한 새로운 접근을 발달시켜 확장시킬 수 있는지에 대한 힌트를 제공한다.

마지막으로, 제V부 제18장에서는 기독교 대학에서 심리학 훈련을 위해, 그리고 기독교 대학과 신학대학의 변형을 위해 변형모델이 갖는 함의를 펼친다. 우리의 희망은 이제 막 싹을 틔우면서 믿는 치료자들, 연구자들과 심리학자들이 이 책에서 보여 준 과제(프로젝트)들을 수행하는 신학적인 관심과 하나님의 사랑으로 북돋워지기를 희망한다.

개관의 생각을 마무리하기

이 책은 분명히 전형적인 심리학 교과서는 아니다. 이 접근이 기독교 심리학에 관련된 모든 문제를 고르게 설명하지도 않고, 또 자아나 치료를 이해하는 현대심리학적 접근과 통합에 대한 다른 학파들 모두를 설명하지도 않는다. 다만 이 모델의 독특성과 구별을 분명하게 하기 위해 다른 접근들을 간략하게 건드릴 뿐이다. 우리의 초점은 성령 안에서 과학과 심리학 하기의 독특한 모델을 제공하기인데, 이를 통해 교회의 영적 형성에 필수적이라고 믿는 다양한 문제에 통찰이 제공되기를 희망한다.

우리는 또한 이 책이 심리학 연구 또는 심리치료 수행을 합법화나 정당화하기 위해 기독교 심리학에 대한 어떤 변증을 제공하려는 것이 아님을 분명하게 하고 싶다. 비록 그런 내용이 있을지라도, 이 책은 기본적으로 기독교가 올바르게 하는 것을 재주장하려고 했다. 즉, 성령 안에서 자기(심리학)의 과학을 하는 거친 방법, 교회와 영적 형성을 뒷받침할 죄와 변형, 사람에 대한 변형심리학의 윤곽을 제공한다. 그러므로 이 작업은 변증이라기보다는 대학과 신학대학의 학생들이 성령 안에서 심리학을 하도록, 교회의 구원과 성장을 위해서 자기와 사람의 본성을 더 깊이 이해하도록 하는 비전이나 의무에 대한 것이 더 많다. 이 책은 심리학 하기를 위한 이론적인 비전을 제공하려고 했을 뿐 아니라 하나님에게 열려 있으면서 진리를 향한 독자의 마음을 열고자 했다.

책의 구성을 보면, 독자들이 깊이 있는 논제들이 의미하는 세부적인 것에 빠져들지 않고 다양한 개념에 관해 고무되도록 하기 위해서 몇 장을 제외하고는 대부분 짧은 장으로 구성하였다. 목적은 하나님 안에서 자신을 경험하고 이해하는 의미 있으면서도 진정한 방법을 시작하도록 돕는 생각할 만한 토론을 제공하는 것이며, 심리학에서 연구를 계속해야 하는 비전을 제공하는 것이다. 각각의 장에 관련된 모든 문제를 적절하게 다루기 위해 책들이 앞으로 저술될 수 있다.

마지막으로, 이 책은 심리학의 열매로부터 많은 유익을 얻고 배운 바 있는 철학자이자 신학자인 존과 임상가이자 심리학 연구자이며 신학대학원에서 공부한 토드가 집필하였다. 우리는 교회에서 영성 형성을 하기 위해 성령 안에서 심리학 하기와 배우는 것에 관심이 있는 대학과 신학대학 청중에게 가능한 한 적절한 통찰을 주고자 했다. 자연스럽게, 우리는 다른 학문 분야와 전문적 훈련 차이 때문에 약간의 다른 시각이 있는 논제도 있었다. 그러나 우리는 개별적으로 장을 나누어서 저술했고(각 장을 누가 썼는지를 밝혔다), 우리는 기독교와 심리학을 위한 새로운 구별된 패러다임과 일치하는 시각을 제공하기 위해 우리의 관점을 통합하고자 하였다. 이 모험에서 우리의 특별한 훈련과 경험의 중요성을 가지고 제2장에서 변형심리학을 향한 우리 자신의 개인적 여행에 대한 간략한 설명으로 논의를 시작한다.

변형심리학으로의 여행

John Coe and Todd W. Hall

"우리 미래에서 그리스도는 흥하고
심리학은 쇠하여만 한다."

어느 신학대학원의 교수

앞장에서 진술했듯이, 신학과 심리학 세상으로의 우리의 여행, 특히 임상심리학과 신학대학원에서의 영적 성장과 형성에 대한 노력이 있었음에도 불구하고, 기독교 심리학, 복음주의 신학, 교회에서 중요한 무언가를 놓치고 있다. 우리의 바람은 이런 놓친 것과 왜곡된 것을 되찾거나 보완하는 것이다. 그것은 바로 사람에 대한 관계적인 관점과 영에 기초한 변형심리학이다. 우리는 기독교 심리학 세상과 신학 그리고 교회를 거치는 일시적인 체류자 같은 느낌으로 우리 자신의 여행에서 경험했던 것을 일부 강조하면서 이 글을 썼다.

변형심리학을 향한 철학자이자 신학자의 여행

내(존)가 신학과 철학학위를 받은 이유는 기독교 대학의 임상심리학과와 신학교에서 영성 형성을 가르치기 위해서다. 나는 신학과 철학 대학원 공부가 이론적으로 풍성했고 도전이 되는 세계여서 좋았다. 그것들은 그리스도 안에서의 내 인생의 새로운 기초를 형성했고, 삶의 모든 영역에서 기독교적으로 사고할 수 있는 능력의 기초가 되었다. 나는 조직신학, 변증론, 그리스어, 구약과 신약, 철학, 과학철학, 고대철학, 인식론, 윤리, 아퀴나스(Aquinas)와 아리스토텔레스(Aristotle)와 사랑에 빠졌다. 그것은 정말 중요해 보이는 개념들로, 지적이면서도 의미 있는 여행이었다. 박사학위를 하는 동안에도 하나님은 나에게 심리학 세상을 소개하면서 놀라운 환경을 주셨는데, 그것은 대학원생들에게 심리학과 신학을 가르칠 기회와 심리학과 통합에 관해 더 배울 기회를 주신 것이다. 벌써 20년 전의 일이다. 나는 지금도 처음 읽었던 카렌 호나이(Karen Horney)의 『신경증과 인간성장(Neurosis and Human Growth)』을 떠올릴 수 있다. 그러면서 하나님과 이웃과 관련된 내 영혼과 개인사를 탐험하는 새로운 여행을 시작했다.

대부분의 신학자들과 그리스도인들은 탐험할 기회가 적은 반면에, 나는 심리학을 배우는 기독교 대학원에서 자아에 대한 이해와 통합의 풍성한 세상을 발견했고 혜택을 입었다. 신학과에만 있었더라면 생각지도 못했던 방법으로 심리학과 동료들로부터 많은 것을 배우면서 지난 20년 동안 자아의 이론을 발달시키고 심리학과 상호작용하는 제삼자로서 성장하려는 '엿보는 사람'이었다. 그것은 심리학을 읽는 일이었고, 또 하나는 심리학자들이 관심 있어 하는 이슈를 이해하면서 신학의 세부사항에는 흥미가 적은 학생들을 가르치고 신학이 그들의 일상과 치료적 만남에 더욱 도움을 줄 수 있는 방법을 가르치기 위해서 심리학자들과 협력하는 일이었다.

이론적으로나 경험적으로 풍성한 기독교 심리학 '정글'로의 여행은 인생의 특별한 경험이었다. 내가 나 자신과 다른 사람을 경험했던 방식과 마찬가지로 내 마음과 생각에 얼마나 큰 영향을 미쳤는지 모른다. 그것은 거칠고도 흥미진진한 여정이었는데, 사람, 사람을 끌고 가는 관계적 역동, 죄와 정신병리, 치유와 성장에서 인간관계 역할의 깊고 풍부한 이론으로의 여정이었으며, 처음 가르치기 시작했을 때에는 상상했던 것 이상이었다. 이것은 어린 시절의 관계에서 시작되어서 선과 악에 대해 깊은 영향을 준 역동과 잘못된 방식으로 삶을 몰아가는 죄의 역동을 이해하도록 내 마음을 열었다. 이전의 나의 연구에서는 주장하지 않았던 방식으로 사람의 성품과 나 자신에 관해 더 많이 이해하게 되면서 동료들과 학생들과 함께 성장하고 배우는 놀라운 시간이었다. 이것은 하나님이 그의 주권으로 나를 심리학자들과 학생들 사이에 놓고, 그래서 개인적 삶과 학문적 과정을 바꿀 수 있는 행로에 있게 한 놀라운 선물이었다.

신학, 철학, 특히 통합적 심리학의 여정이 깊어지자, 이런 탐구의 풍성함은 시간이 지날수록 내 마음에 있는 깊은 영적 좌절로 인해 빛이 바래지기 시작했다. 시간이 지나면서, 기독교 심리학과 통합세계에 대한 경험은 점점 더 혼란스러워졌다. 반면, 심리학과 통합은 내 안에서 삶이나 다른 사람들과의 관계에서 잘못된 부분이 더 분명하게 보이도록 하고, 나 자신과 애씀에 대해서 알아 가게 하는 신선한 시각을 열었다. 심리학은 내 죄와 성장에 대한 실제 삶의 역동에 통찰을 주면서 나를 도왔다. 마찬가지로 신학과 철학에서 주장되지 않았던 방식에서 다른 사람들을 돕고 이해하는 것에서 나를 도왔다.

반면에, 나는 점점 더 하나님으로부터 멀어지고, 나의 죄된 습성에 저항하는 성품을 더 인식하게 되고, 죄책감과 수치심으로부터 덜 자유롭게 됨을 인식하는 느낌이었다. 우리의 통합론은 죄책감과 수치감으로부터의 자유를 말했지만 내 경험에서는 더 멀어지게 만들었다. 더 중요한 것은 하나님의 영이 사람의 깊은 곳에서 어떻게 일하는지에 대한 나의 느낌이 점점 줄어들었다. 심리학과 통합의 세상은 여행을 위한 내 마음을 준비했지만, 내 마음이 성령 안에서 삶에 대해 갈망하는 지혜나 생수의 강물을 마시는 방법을 제공하지는 않았다. 통합적 심리학이 내 죄와 악에 대한 정신병리 역동, 그리고 유년시절로 인한 인간관계의 영향에 대한 통찰을 제공할지라도, 그것이 성령 안에서 살아 있는 신학의 심리적인 역동을 보여 주지는 못했다.

결과적으로 나는 나 자신, 내 연구 그리고 심지어 심리학과 믿음의 통합의 가르침에 점점 더 실망했고 좌절했다. 나는 인간관계와 통찰을 통해서 일어났던 변형경험에 대해서 절망하기 시작했다. 나에게 변형 안에서 인간관계와 통찰의 역할은 명료했던 반면에, 성령의 역할은 의심스럽고 어떻게 일하는지 모호했다. 그러나 나는 성경이 둘 다 말하고 있음을 알았다. 말씀과 교회에서는 성령의 변형시키는 역할이 줄어들지 않았다. 후자는 성령에 의한 성장을 의미하지만 개인 내부에서 성령에 의해 하나님의 사랑의 깊이와 넓이를 아는, 그래서 하나님의 충만하심으로 채워지는, 바울이 말했던(엡 3:17-19) 변형적 경험에 대한 대체는 아니었다. 일상생활에서 하나님에 대한 나의 갈망은 하나님을 발견하지 못하는 절망으로 들어가게 되었다. 나는 내가 알고 경험했던 것에 대해 무기력해지면서 극단적으로 좌절했고 혼동되었다. 이것은 내 여행과 관찰에서 아주 특별한 경험이었다. 다른 사람들은 다른 경험을 했다. 그럼에도 불구하고 나의 동료들과 학생들 중 일부는 동일한 내용을 말하고 있다.[1]

즐거움을 주는 심리학자들, 철학자들과 신학자들과 의기투합하였던—신학, 철학 그리고 심리학과 신학의 통합—가르침과 배움의 세상에서 나의 방

---

1) 나는 심리학과 대학원에서 수많은 박사학위 논문을 읽게 되는 특권을 가졌는데, 학생들과 교수들은 대학원 공부 동안 학생들에게 미치는 영적인 영향과 마찬가지로, 이론적이고 실험적인 통합에 대해 만족과 불만족을 연구하였다. 자세한 내용은 리처드 뮬리스(Richard Mullis)의 「Minding and Measuring Changes in Graduate Students' God Images Across Three Years of a Religiously Based Program in spiritual Formation」(Psy. D. diss., Rosemead School of Psychology, 2007), 랜디 소렌슨(Randy L. Sorenson)의 「Doctoral Students' Integration of Psychology and Christianity: Perspectives via Attachment Theory and Multidimensional Scaling」*Journal for the Scientific Study of Religion* 36, no, 4(1997): 530-485, 리베카 피어스(Rebecca Pearce)의 「The Impact of Graduate School Training in Psychology on students concept of God: A Qualitalive study」(Psy. D. diss., Rosemead school of Psychology, 1996), 션 호퍼(Shawn L. Hofer)의 「The Impact of Life on Former Students' God Concepts: a Nine Year Longitudinal Study」(Psy. D. diss., Rosemead School of Psychology, 2004), 또한 랜디 소렌슨(Randy L. Sorenson)의 *Minding Spirituality*(Hillsdale, N. J.: Analytic Press, 2004)를 보라.

황은 이제 좌절감을 맛본 여정이 되었다. 하나님으로부터의 사랑과 자유를 절실히 바라는 바람만 남았다. 심리학은 여전히 불만족스럽지만, 내가 이전에 알지 못했던 것에 마음을 열게 했다. 신학과 철학은 결국 내 마음에 건조하고 추운 것을 남겼지만, 기독교의 진리와 마음의 인생을 탐험하는 풍부한 세상을 제공하였다. 나의 멘토들은 통찰력 있는 안내를 했으나, 그 시간들을 뒤돌아보면 마치 우리가 성령 안에서 삶의 지혜를 제공받기에 부족한 훈련과 가르침, 교육모델에 고착되어 있었다. 마치 우리가 학문적 모델에서 훈련받는다면 지식의 내용과 전문적 기술의 발달이 심리학, 철학, 신학이든지 관계없이 교육의 중심이 될 것 같았다. 그래서 우리 교육의 '형태'가 내용의 차이에도 불구하고 유사했다. 비록 심리학이 통찰과 인간관계에 의한 사람의 변형에 신선하게 관심이 있었을지라도, 성령 안에서 삶을 열어 가는 방법에 극히 적은 부분을 제공했다. 그러나 놓친 것이 있는데, 그것은 우리의 연구와 성장의 과정이 내주하는 성령님의 사역에 마음을 여는 이론적이고 실험적인 훈련이었다.

다행스럽게도, 내 인생에서 분수령이 되는 사건이 일어나서 미래를 바꾸었다. 나는 성령님과 한 멘토에 이끌려 1994년에 3주 동안 심리학−영성 리트릿에 참석했다. 거기서 나는 하나님, 자기, 타인에 대항했던 거짓과 나의 죄에 대해 깊은 회개를 가졌고, 결코 전에 경험해 보지 못했던 성령의 사랑을 경험하게 되었다. 나는 내 영의 깊은 곳에서 일하는 다른 사람(Person, 인격체), 마치 당신이 내 앞에 서 있을 때 내가 느꼈을 만한 그런 분명하고도 내면으로 깊이 있는 하나님의 영의 임재에 대해서 알게 되었다. 내게 값진 선물이었던 성령님의 외적 증거들이 있었고, 이것은 사랑받는 자와 온전한 연합으로 들어갈 만큼 한 인격과의 아주 깊은 사랑의 내적 경험이었다. 내가 그토록 바라고 원하던 것들이 만나졌는데, 그것은 생수를 갈망하는 허기진 영혼을 만족시키는 경험이었다. 하나님과 그의 일, 내 죄를 보여 주시는 성령의 빛으로 나를 위해 십자가에서 돌아가신 그의 일을 묵상하면서 몇 시간을 기뻐서 울었던 기억이 난다. 나는 다시 한 번 주님과 그의 놀라운 정의로움과 나를 위해 희생하신 일들에 사랑을 느꼈다.

그리스도 안에서 여전히 내 죄가 진실이지만—선과 악, 수치심과 죄책감에서—새로운 사람으로서 사랑받은 경험은 새롭고 심오한 방법으로 성령 안에서 인생을 이론적이고 존재적으로 탐험하기 위한 경험적 기초가 되었다. 이것은 철학, 신학 그리고 심리학의 연구와 가르침을 성령 안에서 삶과 이론으로 연관시키는 신선한 여행과 새로운 지평을 열었다. 이론은 한 번 더 실존적으로 살아나게 되었다. 시간이 지나면서 내가 배웠던 신학, 철학과 심리학은 하나도 버려지지 않았고, 성령으로 내 마음에서 변형되고 구속되었다. 여전히 계속되고 있다. 이 전환(분수령) 경험은 교회의 영성 역사를 읽으면서 장 칼뱅(Jean Calvin)이 자기 자신과 가족, 학생들을 위해 '이중지식'이라고 불렀던 것인 영혼과 성령에 대한 이해를 경험하고 통합하도록 했고, 이제 14년이 되었다. 나는 과거의 영적 저자들의 이론이 경험과 성경에서 비롯되었음을 발견했다. 나는 여전히 서툴고 배우는 입장이지만 다른 동료들과 함께 영성연구소를 만들게 되었다. 영성연구소는 오래된 학교 형태일지라도 현대복음주의 아카데미다. 이곳에서는 교회의 사역과 세상의 유익을 위해 성령 안에서 삶에 대한 이론적이면서 경험적인 접근으로 심리학, 철학, 신학의 세상을 잘 통합하고자 한다.

지난 14년 여행의 결과로서 나는 이론적인 훈련과 기독교 심리학 교육의 미래에 흥미도 있고, 염려도 있다. 염려는 죄 때문에 우리 모든 영혼에 숨어 있는 가능성, 잠재적인 불균형과 무능력이 영혼과 성령의 세상으로 들어오는 것이다. 그럼에도 흥미는 그리스도와 성령 안에서의 삶의 경험을 심리학, 철학과 신학으로부터의 이론적인 통찰과 연합시킬 수 있다는 가능성이다. 이 책과 관련하여 우리(토드와 나)는 많은 성도들에게 알려진 세상인 심리학의 미래에 열광한다. 심리학은 여전히 성령과의 관련성 속에서 우리 자신을 알도록 돕는 데 유익하다. 이 점에서 심리학—본질적으로 변형심리학—은 교회와 영적 형성에서 중심 역할을 차지한다. 우리의 목표는 이 역할을 격려하고 강화하는 것이다.

🪧 변형심리학을 향한 심리학자의 여행

　여러 면에서 나(토드)는 기독교인 심리학자로서 내 여행이 원점으로 돌아온 듯한 기분이다. 유년 시절에 교회는 내 삶에서 주된 역할을 했다. 나의 그리스도인 삶의 초반에는 영적 성장이 어떻게 일어나는지, 이 과정에서 다른 사람들을 어떻게 도울 수 있는지 알고 싶었다. 고등학교와 대학 시절에 내가 하나님을 찾았던 이유는 내 가족의 고통스러운 현실을 다루고, 통제하고, 멈추고 싶었기 때문이다. 하나님은 당신과 나의 관계에서 어떤 기초를 세우도록 나를 도왔는데, 여러 면에서 하나님에 관한 내 지식이 증가할수록 하나님에 대한 나의 마음은 점점 닫혀 갔다. 이것은 모든 사람이 하나님을 추구했을 때 일어나는 결과는 아니고, 단지 내 마음에서 일어난 것이다. 사실, 이런 일이 누구에게는 일어나고 누구에게는 일어나지 않는지에 대한 이유와 관련된 요인들을 탐색하고 밝히기가 이 책의 중심에 있다. 이런 나의 영적인 노력은 교회에서 리더로 활동하고 신학을 부전공으로 하면서도 대학 생활 내내 계속되었다. 나는 하나님에 대해서 알았지만 그를 경험하지는 않았다. 메마르고 거리감이 있었다. 대학에서 심리학을 전공했지만, 정신과 병원에서 환자들을 통제하고 막기 위해 매트리스를 사용하는 일을 하고 싶지는 않았다. 분명했다. 나는 임상심리학이 하나님과 나 자신, 영적 성장에 관한 무언가를 정리해 주도록 도울 수 있음을 짐작했고, 그래서 내 연구의 방향을 결정했다.

　기독교 통합프로그램에 있는 나의 임상심리학 대학원 훈련은 나에게 영성과 심리학에 관한 관계적 관점과 심리치료의 새로운 세계를 열도록 하였다. 나는 인간 본성의 위대한 퍼즐의 다양한 조각으로서 내 영혼에 울림이 있었던 수업을 기억할 수 있다. 종이 울리는 것 같았고, 새로운 생각들이 나의 뇌와 배 속에서 연결되는 것 같았다. "이것은 하나님에 관한 것이다. 이것은 삶에 관한 것이다. 이것은 영적이고 정서적인 노력을 분명하게 한다." 내가 표현할 수 있는 이상의 무언가가 내 영혼을 울렸다.

이런 새로운 생각들은 시작에 불과했다. 나를 바꾸었던 지식은 단순히 머리로만 아는 지식(주입된 지식)이 아니었다. 내담자에게 심리치료를 하면서 그리고 내가 심리치료를 받으면서 이 지식은 아주 많은 관계경험으로 깊어졌다. 관계가 어떻게 움직이는가에 대한 원칙들이 나의 심리치료 경험과 연결되면서 나는 나 자신과 어느 정도까지 하나님에 대한 새로운 경험을 하게 되었다. 인간관계의 내적 활동은 밝혀졌다. 나는 그들이 변화하는 아름다움과 힘을 보았고, 비록 더디고 고통스러웠을지라도 나 스스로 이 변화를 경험했다. 또한 내담자와도 이것을 경험했다.

이것은 나의 여행에서 아주 놀라운 시간이었다. 나는 나 자신이 내면으로부터 밖으로 변화하고 있음을 보고 있었다. 수업시간에 배운 것들이 실제의 심리치료에서 내 삶에 작동했다! 나의 내담자에게도 이런 일은 일어났다. 내담자들이 몇 달 후, 또는 몇 년이 걸려서 그들이 스스로에 대한 느낌이나 다른 사람들과 관계 맺는 방법이 유의미하게 변한 것을 기억한다. 그것은 아주 황홀한 일이었다. 실제로 무언가가 사람들의 삶을 바꾸었다. 나와 내담자가 어느 정도 만났을 때, 그들 안에 있는 모든 것이 달라지는 순간을 경험했다. 그들의 영혼은 재정비되는 가구 같았고, 그들의 전체 삶이 변화되었다. 나는 아침에 눈을 뜨는 기분이었고, 내 삶을 헌신할 만한 가치가 있음을 깨달았다. 내담자와 그런 순간을 경험했을 때, 하나님의 기쁨이 느껴졌다.

나는 이 이야기를 통해 당시에 심리학과 심리치료가 내게 얼마나 활력이 되었는지, 그래서 결과적으로 하나님을 뒷전에 두기가 얼마나 쉬운지 설명하고자 한다. 분리를 의도하지는 않았더라도, 나의 훈련의 결과로 분리가 있었고, 어쨌든 그것은 건강하지 않은 분리였다. 전에는 변화의 종류를 경험하거나 본 적이 없다. 나의 가족 어느 누구도 이 유의미한 변형을 통과하지는 않았다. 학생과 교회 아이들에게서 본 적이 있지만, 여전히 난 사라지지 않을 것 같은 마음 깊이 비어 있는 통증이 느껴졌다. 하나님은 실제 변화에 관여하지 않는 듯했다. 심리치료와 관계성에 대한 나의 통합적 이해는 오히려 나에게 고통, 고난 등을 더 잘 설명했다. 그 당시의 것을 생각하는 것이 확실하지는 않지만 아마도 나는 그때 하나님이 필요하다고 느끼지는 않았던 듯하다.

내 안에서 일어났던 변화들은 잠시 동안 하나님이 함께함을 잊을 정도로 아주 흥분하게 했고 심오했다. 지금 나는 내가 졸업했던 대학원 프로그램에서 학생들을 가르치고 있는데, 이 집중프로그램을 통해 학생들이 비슷한 경험을 하고 있음을 보게 된다. 정상 발달 과정임에도 불구하고, 과정에서 이 단계의 한계는 인간관계를 통한 이해에 열중하고 본능적 경험에서 실제 변화에 몰입하는 것이 신성한 다른 존재와의 관계에 쟁점을 흐리게 한다는 점이다. 하나님과 함께 작업하는 것 같지 않았다. 아니면 사막에서 내 뒷모습을 발견하기 두려워서 하나님과 관련되었음을 보는 것이 두려웠을지도 모른다. 하나님과 나의 관계를 활성(회복점프 스타트)시키는 것이 필요했지만 나는 영적인 충전을 할 수 있는 어떤 연결점(점프 케이블)도 없었다.

나와 하나님과의 관계에서 나는 변하기 위한 방법이 준비되었다고 믿었는데, 오히려 하나님과의 관계는 몇 년 동안 거리를 유지했다. 이렇게 된 이유는 나에게도 있지만, 심리학, 영적 성장 또는 성화 그리고 사역과 치료 사이에 만들어진 교회와 학교의 인위적인 구별과도 관련이 있다.

🪧 결론

우리 각자의 여행은 심리학과 기독교의 현재 모델을 초월할 필요가 있다는 것에 동의하게 만들었다. 심리학과 신학 그리고 심리적 성장과 영적 성장 사이에 있는 비실제적인 구별이 교회, 학교, 기독교 대학과 심리학에 분명히 있었다. 이것이 우리가 이 책에 기대하는 바다. 우리는 결코 확정적인 답을 줄 수는 없지만 심리학과 기독교에 관해 생각하고 경험하는 독특한 방법을 자극하기를 희망한다.

제3장은 심리학 하기의 변형모델의 필요성과 발달이 직면하는 기본적인 이슈들에 대한 토론으로 시작한다. 우리는 심리학과 기독교와 관련된 기존의 이론들에서 어떤 통찰이 있는지, 통찰이 어떤 연구 가치와 진가를 만드는지, 그러나 어떤 부족함이 있는지 등을 논의할 것이다. 우리의 시도는 대부분의 이론의 통찰을 설명하는 새로운 패러다임을 이해하고, 심리학 하기에 대한 기독교 또는 변형적 접근의 발달 쪽으로 진전시키려는 것이다. 심리학에 대한 이런 전체적 접근은 성장의 목적과 교회를 위해서 우리 영 안에서 일하는 하나님의 영과 인간 영혼의 역동, 둘 다를 이해하도록 시도한다.

변형심리학을 위한 기초

Foundations for a Transformational Psychology

Psychology in the Spirit

제3장

기독교와 심리학을 보는 방식

Todd W. Hall and John Coe

> "은혜는 본성을 손상하지 않고 완전함에 이르게 한다.
> 의지를 꺾는 타고난 사랑이 자비에 이르듯
> 타고난 이성은 믿음을 지원해야만 한다."
>
> 토마스 아퀴나스, 신학대전. IQ. I A. 8

영적으로 변형시키는 심리학 또는 변형심리학을 위한 장을 펼치기 위해서 다른 학자들이 심리학과 기독교를 연관시키려고 한 방식, 즉 기독교와 심리학을 보는 방식의 동향을 살펴보면 도움이 될 것이다. 이 것은 우리에게 이전 접근법들의 통찰과 한계를 확인할 기회를 제공할 것이다. 또한 다음 단계의 논의를 향상시키면서 다른 관점들을 가장 잘 설명할 수 있는 가장 구별되고 새로운 변형적 모델의 길을 지정하게 될 것이다.

우리가 이러한 다양한 접근방법을 평가하기 전에 우리 두 사람이 교육을 받았고, 익히 알고 있는 성경적 상담, 통합심리 그리고 기독교 심리를 포함한 몇 가지 모델들에 대해 개인적으로 이야기해 보자. 우리는 각 모델을 평가하고 논의할 것이다.[1] 우리는 논의할 모델들 각각을 존중하지만 그 모델들에 모호성이 있다고 생각하며, 그것들이 이 책을 통해 명확해지기를 바란

---

1) 에릭 존슨(Eric Johnson)과 스탠턴 존스(Stanton Jones) 등의 심리학과 기독교를 바라보는 네 가지 관점에 대해 기본적이지만 사려 깊고 공정하게 소개한 책 *Psychology and Christianity: Four Views*(Downers Grove, Ill.: InterVarsity Press, 2000)를 보라.

다. 우리는 각 관점들의 핵심적 진리를 논의하고, 그 가치를 제공할 것이며, 이론들이 고수하고 있는 점들을 설명함으로써 도움이 될 만한 내용을 반추할 것이다. 당신이 만일 이러한 관점을 삽화나 쉬운 논평이 없이도 이해할 수 있는 인내심이 있다면, 각 관점들이 가진 심리학과 신앙과 인간의 상태에 관한 심오한 견해를 발견할 수 있을 것이다. 각 관점으로부터 배울 만한 것은 분명히 있다. 그러나 우리는 그것들이 어떤 식으로든 부족하다고 생각한다. 이 책은 우리에게 신앙과 심리학 관련 이론의 다양한 전반적인 비판을 제공할 만한 지면을 허락하지 않는다.[2] 오히려 우리의 목적은 관점들에 대해 간략히 소개함으로써 '보는 방식'에 대한 잘된 점은 수용하여 변형 모델의 방향을 전환하고, 더 탄탄한 변형적 접근법을 모색하는 것이다. 이제 이러한 최근의 경향에 대해 알아보자.

🔧 모델 세우기, 혼란 그리고 통합의 유형들

이제까지 적어도 세 개의 통합의 물결이 있어 왔다.[3] 첫 번째 물결은 1975년 이전에 조직적 시도로 구성되었다. 두 번째 물결은 1975년과 1982년 동안 모델활성화 구축기간에 만들어진 『심리학과 신학 저널(Journal of Psychology and Theology)』에 의해 촉진되었다. 앞의 두 가지 경향은 서로 다른 두 학문을 하나로 묶기 위한 철학적 기초를 찾으려는 메타통합의 노력이다.[4] 제3의 물결은 학자들이 치료이론과 기독교 가치를 통합하는 학문

---

2) 심리학과 기독교의 통합의 역사에 대한 최근의 개관이나 분석을 보려면 데이비드 엔트휘슬(David Entwhistle)의 *Integrative Approaches to Psychology and Christianity*(Eugene, Ore.: Wipf & Stock, 2004)를 보라.

3) 에버렛 워딩턴(Everett L. Worthington)의 「A Blueprint for Intradisciplinary Integration」, *Journal of Psychology and Theology* 22, no. 2(1994): 79-86을 보라.

4) 예를 들면, 존 카터(John D. Carter)의 「Secular and Sacred Models of Psychology and religion」, *Journal of Psychology and Theology* 5, no. 3(1977): 197-208, 존 카터(John D. Carter)와

내의 통합으로 자신들의 중점을 이동하기 시작하면서 모델개발은 둔화되었다.[5]

　이러한 물결들이 각각 진보를 이루었음에도 불구하고, 모델들이 많아지면서 용어와 통합의 다양한 방식에 대한 혼란을 가져왔다. 스티브 부마-프레디저(Steve Bouma-Prediger)는 문헌조사를 통해 '통합'에 대한 다양한 개념들을 자세히 서술하였다.[6] 예를 들어, 통합은 심리학과 기독교의 통합, 심리학과 신학의 통합, 기독교 신앙과 과학의 통합, 이론과 실제의 통합, 그리고 믿음과 생활양식의 통합을 지칭하는 데 사용되어 왔다. 또한 문헌들에서는 다양한 통합의 유형에 대해 다루어 왔는데, 몇 개의 예를 들어 보면 학문 간 통합(개념/이론), 학문 내 통합(이론과 실제 사이의 일관성)[7] 및 전문성과 임상[8] 경험과 구체화된 통합 등이 있다.

　통합의 방식들은 중첩되는 면이 있기 때문에 상세하게 기술하기에는 어려운 면이 있지만, 문헌들에는 두 개의 광범위하고 고차적인(higher-order)

몰린(R. J. Mohline)의 「The Nature and Scope of Integration: A Proposal」, *Journal of Psychology and Theology* 4(1976): 3-14, 존 카터(John D. Carter)와 브루스 내러모어(Bruce Narramore)의 「Beyond Integration and Back Again」, *Journal of Pastoral Counseling* 3, No. 2 (1975): 49-59, 개리 콜린스(Gary R. Collins)의 *The Rebuilding of Psychology: An Integration of Psychology and Christianity*(Wheaton, Ill.: Tyndale House, 1977), 개리 콜린스(Gary R. Collins)의 *Psychology and Theology: Prospects for Integration*(Nashville: Abingdon, 1981), 로렌스 크랩(Lawrence J. Crabb)의 「Biblical Authority and Christian Psychology」, *Journal of Psychology and Theolgy* 9, no. 4(1981): 305-311 등이 있다.

5) 스탠턴 존스(Stanton L. Jones)와 리처드 버트먼(Richard E. Butman)의 『현대 심리치료와 기독교적 평가』(이관직 역, 대서, 2009)와 엘리자베스 루이스 홀(M. Elizabeth Lewis Hall)과 토드 홀(Todd W. Hall)의 「Integration in the Therapy Room: An Overview of the Literature」, *Journal of Psychology and Theology* 25, no. 1, (1997): 86-101을 참고하라.

6) 스티브 부마-프레디저(Steve Bouma-Prediger)의 「The Task of Integration: A Modest Proposal」, *Journal of Psychology and Theology* 18, No. 1 (1990): 21-31.

7) '임상적 통합'에 대해서는 홀(Hall)과 홀(Hall)의 「*Integration in the Therapy Room*」을 참고하라.

8) 통합의 유형에 대해서는 부마-프레디저(Bouma-Prediger)의 「The Task of Integration」과 커크 판스워스(Kirk E. Farnsworth)의 「The conduct of Integration」, *Journal of Psychology and Theology* 10, no. 4 (1982): 31-19를 참고하라.

종류가 등장한다. 한 유형은 인간 본성과 기능에 대한 개념적인 아이디어를 주로 다루고, 두 번째 유형은 개인의 영적 · 정서적 성장(이에 연관된 모든 함의)에 대해 다룬다. 통합의 여러 유형 사이의 상호관계에 대한 자세한 내용은 이 장의 범위를 벗어나지만, 이런 기본적인 구분은 우리의 목적을 위해 필요하다. 우리가 심리학 하기의 영적 변형모델에 있어서 이러한 두 가지 통합유형을 연결시키는 작업을 할 것이기 때문이다. 이것을 명확히 하기 위해 우리는 이 고차적인 유형들을 각각 '개념적 통합'과 '경험적 통합'으로 부른다.

개념적 통합모델

통합의 광범위한 유형들을 명료화하는 과정이 이루어졌음에도 불구하고, 개념적 통합 내의 방법과 모델에 대한 혼란은 지속되었다. 워딩턴(Worthington)에 의해 기술된 통합의 두 번째 물결의 대부분은 개념적인 수준에서의 통합에 초점을 맞추고 있다. 즉, 우리가 심리학과 신학, 두 개의 독립된 분야의 개념을 어떻게 합칠 것인가에 대한 것이다. 한 분야가 다른 분야보다 우선하는가? 그것들을 분리하여 동등하게 처리해야 하는가? 두 분야에서 함께 개념을 합칠 수 있는 다른 방법이 있나? 그리고 만약 그렇다면, 그들은 모두 똑같이 유효한가? 작업의 상당한 분량은 개념적 통합에 대한 기본적인 인식의 문제를 해결하기 위해 최선의 노력을 기울여 왔다. 혼란을 초래했던 많은 모델들과 중첩된 용어들이 이미 밝혀졌다. 예를 들어, 모델에는 기독교에 위배되는 심리학, 기독교 심리학, 평행모델, 상관모델, 신뢰모델, 교환모

---

9) 심리학과 신학을 통합하기 위한 모델들에 대한 개관을 위해서는 존 카터(John D. Carter)와 브루스 내러모어(Bruce Narramore)의 *The Integration of Psychology and Theology: An Introduction* (Grand Rapids: Zondervan, 1979)을 참고하라.

델, 조화모델, 양립모델, 보완모델, 통합모델 등이 있다.[9]

이러한 상황을 명확히 하기 위한 노력의 일환으로, 브라이언 엑(Brian Eck)[10]은 개념의 통합에 있어서 도움이 될 만한 틀을 조직하는 방법을 제공하였다. 개념 통합에 초점을 둔 통합이론들을 기반으로 엑은 데이터 검증을 정의하는 세 개의 통합 패러다임을 밝혔다. 이것은 개념적 통합모델을 위한 가장 광범위한 틀의 조직방법으로 비통합적 패러다임, 조작적 통합 패러다임과 비조작적 통합 패러다임 등이 있다.

비통합적 패러다임(Non-Integrative Paradigm)

비통합적 패러다임은 다른 학문의 데이터를 거부하는 학파다. 그러므로 이 패러다임에서는 통합이 불가능하다. 성경적 상담 관점의 특정 분파가 이 패러다임의 좋은 예다.[11] 이 관점은 언뜻 보기에는 기독교인들에게 아주 '성경적'으로 느껴질 것이므로 이해하기도 쉽고, 아마 가장 쉽게 다가갈 수도 있다. 성경적 상담을 하는 사람들은 (a) 성경이 인간의 상태를 이해하는 기본 (또는 일부의 경우, 유일한) 자료이며, (b) 인간의 성장을 이해하는 데 있어서 구원과 성령의 역사가 가장 중요함을 확신한다. 데이비드 포울리슨(David Powlison)은 성경적 상담에 대해 좀 더 학문적이고 사려 깊은 방식으로 지지하였다. 그는 심리학이 수많은 현상들을 언급하기 위해 사용된 언어라고 주장하였다. 가장 기본적이고 논란의 여지가 적은 '심리학'은 인간

---

10) 브라이언 엑(Brian Eck)의 통합을 위한 다양한 접근법과 'transformer model'에 대한 그의 견해가 담긴 탁월한 논문을 참고하면 영성 형성과 심리학과 기독교의 변형모델에 대한 것을 배울 수 있다. 브라이언 엑(Brian Eck)의 「Integrating the Integrators: An Organizing Framework for a Multifaceted Process of Integraion」 *Journal of Psychology and Christianity* 15, no. 2 (1996): 101-115.

11) 성경적 상담이 모든 심리학적 데이터나 지식을 거부하지는 않지만 일반적으로 이 관점이 강조하는 점은 인간에 대하여 관찰과 반추를 통해 발견한 것과 같은 규범적이고 성경 외적인 삶의 지혜에 중점을 두지 않을 뿐 아니라 허락하지 않는다는 것이다.

영혼의 기능과 인간 기능에 대한 세밀한 관찰에서 나온 지식을 의미한다.[12]

그러나 심리학이란 인간의 성격과 영혼의 본질에 대한 수많은 이론은 물론, 종종 서로 상충되는 죄와 성장과 개입을 이해하는 치료적 모델을 의미한다. 논란의 여지가 적은 관찰에 있어서도 이론적 관점에 따라 왜곡될 수 있으며, 이론을 개발하기 위한 의식적인 반추를 포함하는 관찰 또한 마찬가지다. 성경적 상담자에 의하면, 이것이 이론을 자동적으로 조정하지는 않지만 개인의 이론은 인식하지 못한 추정에 의해 좋거나 나쁘게 영향을 받기 쉽다고 한다.

따라서 성경적 상담의 관점은 성경의 인간관을 거부하는 이론 만들기, 반추, 관찰에 대해서 회의적이거나 의심을 하고 있다. 인간은 하나님의 형상으로 창조되었고 죄 가운데 태어났기 때문에 그리스도와 성령의 역사를 통해서만 진정한 건강을 찾을 수 있다. 성경적 상담자는 성장과 변화 과정을 제대로 이해하기 위해서 성경에 초점을 둔다.

성경적 상담의 입장을 평가하자면, 우리는 성경적 상담이 인간의 상태를 이해하는 데 성경이 핵심적 역할을 한다고 보는 점과 성경이 현실의 여러 차원에 대한 하나님의 권위적 해석이라고 바르게 보는 점을 깊이 존중한다. 또한 이 관점은 인간의 상태에 대한 원죄의 영향을 심각하게 받아들이며, 세속적인 심리학과 기독교 심리학 사이, 기독교인과 비기독교인 사이에 어떠한 순수한 '중립적' 또는 '일반적' 입장에도 맞선다. 또한 참되고 완전한 인간의 변화와 번성 그리고 인간의 상태에 대한 개념적 이해를 위해 성령의 사역과 회심의 필요성에 대해 제대로 강조하고 있다.

그러나 성경적 상담 관점은 하나님께서 우리가 인간에 대한 관찰과 반추를 통해 발견할 수 있도록 주신 지혜를 간과하였다.[13] 같은 맥락에서, 비기

---

12) *Psychology and Christianity: Four Views*, ed. Eric Johnson & Stanton Jones(Downers Grove, Ill.: InterVarsity Press)에 있는 데이비드 포울리슨(David Powlison)의 「A Biblical Counseling View」를 참고하라.

독교인들 또한 진리를 어느 정도까지는 인식할 수 있다는 점에 대해 지나치게 부정적이어서 기독교인들이 사람에 대한 이해를 통합하는 데 도움이 될 만한 것들까지 막고 있다. 성경적 상담은 모든 지혜를 지나치게 성경에 의존하므로 인간 경험의 실제 역동을 적용하는 방법에 미숙하고, 자신들의 논의를 피상적으로 만들어 버리는 경향이 있으며, 지나치게 인지행동적이기 때문에 인간 실존에 있어서 변화와 성장이 실제로 일어나는 것을 통합하는 데는 적절하지 못하다.

조작적 통합 패러다임(Manipulative Integration paradigm)

조작적 통합 패러다임은 각 분야가 진리를 포함하고 있다는 견해를 갖는다. 하지만 한 분야의 데이터를 통합 과정에 직접적으로 받아들이는 것이 아니라 어떤 방식으로든 다른 분야의 방식으로 변경하거나 여과되어야 한다.[14] 이러한 입장은 한 학문이 다른 학문의 데이터를 자신들이 믿고 있는 신념에 따라 걸러서(조작하여서) 통제하는 의미이기 때문에 위계적 모델이다. 이 패러다임에서는 각 분야의 데이터를 상관시키는 두 개의 변인 또는 '과정'이 있다. 재구성 모델(reconstruct model)은 하나의 분야에서 진리가 다른 분야에도 포함될 수 있다고 보는데, 그렇다고 해서 한 분야의 진리에 다른 분야의 진리를 더해서 증식시키는 방식은 아니다. 변환모델(transforms model)은 한 분야의 데이터에 다른 분야의 통제신념을 적용하여 여과하거나 조정한다. 성경적 상담 입장의 일부 분파는 조작적 통합 패러다임일 수 있다. 그들이 심리학을 통해서도 진리를 발견할 수 있음을 인정해야 하겠지만, 성경을 근거로 한 지식에 추가를 하지 않거나 성경의 통제신념(control

---

13) 구약의 지혜자들이 삶의 지혜에 접근한 것과 같이 자연법을 통해 얻은 성경외적 지혜의 역할에 관해 기술한 제7장을 참고하라.

14) 브라이언 엑(Brian Eck) 의 「Integrating the Integrators」.

belief)을 통해 여과할 필요가 있다.

비조작적 통합 패러다임(Non-Manipulative Integration Paradigm)

엑(Eck)의 틀 안에 있는 비조작적 통합 패러다임에는 상관모델과 일치 과정이라는 두 가지 모델 또는 과정이 있다. 상관모델(Correlate Model)에는 두 개의 하위유형이 있는데, 그 두 유형은 한 학문의 자료와 틀이 다른 학문에 직접적으로 영향을 미치지 못하도록 하는 공통점을 가지고 있다. 각 학문은 현실에 관한 타당한 관점을 가지고 있으면서 그 학문 속에 있는 내적 체계를 통해서 자체적으로 기능을 한다. 이런 관점은 과학과 신학을 진지하게 보도록 하며, 각각은 인간 본성의 이해에 관한 무엇인가를 제공할 수 있도록 한다. 설명수준관점이라고도 불리는 상관관점에 대해서 데이비드 마이어스(David Myers)는 인간에 대해서 심리학적 이해와 성경적 이해가 어떻게 관련이 있을까라고 질문을 하면서 이 두 방향으로부터 인간 본성에 대한 지도를 그리기 위해서 인간 본성에 관한 심리학적 기술과 종교적 기술을 연결하려 한다고 말하였다.[15]

상관모델: 설명수준.   상관모델의 첫 번째 유형에서는 각 학문의 데이터와 개념이 설명수준(Correlates-Levels Model, 상관수준 모델)의 차이로 배열될 수 있다. 예를 들어, 우리는 한 수준에서는 신경생물학적인 성장과정으로 보고, 다른 수준에서는 정서적 과정으로 보며, 또 다른 수준에서는 영적 과정으로 설명할 수 있다. 또한 심리학은 종교를 심리학으로 축소시키지 않더라도 종교 현상과 경험(예, 회심)을 가져오는 특정 역동에 대한 설명을 제공할 수 있다. 다양한 설명수준들은 인간의 본성이 갖는 다양한 내용의 영역을

---

15) 데이비드 마이어스(David G. Myers)의 「A level-of-Explanation View」 in *Psychology and Christianity : Four Views*, ed, Eric Johnson and Stanton Jones(Downers Grove, Ill.: InterVarsity Press, 2000), p. 60.

다룬다. 이 모델의 핵심은 다양한 수준에서의 성장 프로세스에 대한 설명이 서로 영향을 주지 않는다는 점이다. 그들은 별도로 그러나 동등하게 유효한 설명으로 볼 수 있다.

상관모델: 연계. 상관모델의 두 번째 유형에서는 한 분야의 개념이 다른 분야의 개념과 '연계'되어 있으면서 그 내용은 서로 중첩된다(Corre-lates-Linkages Model, 상관 연동 모델). 예를 들어, 우리는 성경에 근거한 성화의 과정을 그리스도의 몸 안에서의 관계의 중요성에 초점을 둠으로써 애착이론과 정신분석이론에서의 관계적 성장과정의 개념과 연계시킬 수 있다. 그들은 내용적 영역에서 중복되는 점에 대해서 다른 분야의 창(때로는 다른 설명수준으로 말하기도 함)으로 볼 수 있다. 그러나 그 창은 하나님의 진리로 새롭게 통합된 창으로 만들어지기 위해 합성되지는 않는다.

때때로, 심리학은 인간 경험의 신학적 설명에 일치되기도 하고 반대되기도 한다. 이 경우, 기독교 심리학자는 이런 모순이 해결되지 않는다 하더라도 결국 모든 진리는 하나님의 진리임을 이해해야 한다.

상관모델은 과학적 노력의 진실성을 유지한다는 장점이 있다. 이것은 자연에 대한 철저한 관찰과 반추를 약화시키지 않고 성경이 주는 정보를 전적으로 인정한다. 다시 말해서, 이 모델은 신학적 틀이 포함하는 가설을 통제하기 위해 인간의 상태에 대한 진실을 섣불리 간과하지 않는다. 특히 일부의 경우 성경적 상담 분야에서는 성경이 인간의 상태를 이해하기에 정말 좋은 '커닝페이퍼(cheat sheet)'라고 하며, 사람을 이해하는 데 있어서 모든 가능성을 알 수 있는 적절한 관찰이나 반추를 결코 하지 않을 것으로 본다.

상관관점은 창조에 대한 관찰과 반추 및 신앙적 행위를 포함하는 고유한 기독교 심리학이 가지고 있는 통찰을 간과하였다. 따라서 상관관점은 신앙 안에서 과학 하기가 아닌 과학 하기와 신앙적 활동(doing faith)을 불필요하게 분리하는 다른 관점들과 같아 보인다.

일치모델. 비조작 패러다임의 두 번째는 일치과정인데, 이는 통합관점과 기독교 심리학 관점의 두 가지의 하위유형 또는 강조점을 가지고 있다. 일반적으로 일치모델은 "각 학문으로부터 통합된 진리를 통해서 하나님의 창조되고 계시된 진리의 일치와 완전성을 반추하는 진리의 일치된 세트를 만들어 내는 것이다."[16)

일치모델: 통합.   통합관점은 복잡한 이론이다. 우리가 현세에서 우리 삶의 모든 부분에 그리스도가 있게 하도록 부름을 받았기 때문에 그리스도는 자연과 '통합'되어야 하며, 신앙은 현실의 삶과 친밀한 관계에 있도록 통합되어야 할 필요가 있다. 통합된다는 것이 정확하게 어떤 것인지, 이 통합이 어떻게 나타날지 그리고 최종 목표는 무엇인지에 대해서는 통합에 따라 다르다. 어떤 사람들에게 통합은 한 심리이론을 신학이나 기독교 신앙생활 또는 다른 종교와의 통합을 의미한다. 일반적으로 통합은 실존적으로나 이론적으로 분리되어 떨어져 나온 무언가를 합치는 것으로 생각된다. 이러한 분리는 타락이 원인이며, 하나님 안에 통합된 것을 이해할 수 없는 부족함으로 여겨진다. 다른 사람들에게 통합은 이론적인 것뿐만 아니라, 삶으로 실천하고, 삶에서 하나님 나라를 통합하며, 점점 더 전인적으로 성장함을 뜻한다. 우리는 이 점에 대해서 이 장의 끝과 제4장의 끝에서 더 다룰 것이다.

어느 쪽이든 하나님의 나라가 사물의 세계, 특히 인간과 연결하듯이 하나님의 나라가 이론이나 (또는) 실존과 하나 됨이 통합이라는 점에 일반적으로 동의할 것이다. 올바른 모든 과학이 그렇듯이, 각자의 이론을 형성하는 데 있어서나 세속이론을 가져오는 데 있어서 주의를 기울이고 신중해야 한다. 그러나 통합주의자들은 신자들과 불신자들이 모두 하나님의 형상으로 창조되었기 때문에 거짓 주장과 참된 주장을 판결하고 진리를 발견하는 데 있어서 이들이 공유하는 가능성과 잠재적 지속성을 강조하는 경향이 있다. 그러므로 통합주의자들은 다른 이론들의 악한 점에서 선한 점을 찾아낼 수 있

---

16) 브라이언 엑(Brian Eck)의 「Integrating the Integrator」, p. 109.

고, 진실과 거짓을 분별할 수 있으며, 통합된 사람으로 성장할 수 있는 자신들의 능력에 대해 낙관적인 경향이 있다.

통합적 관점은 신앙과 과학의 열매를 온전히 통합하려고 시도하면서 일관성이 있는 이론과 인간 성장을 위한 실제를 합체한다. 이론적으로 주장하는 점과 달리 실질적으로 통합주의자들은 성경 말씀과 관찰, 즉 반추를 심리학적 범주와 조화되어 하나 되게 하기보다는 세속심리학의 체계를 가지고 시작하여 성경 말씀을 이미 존재하는 체계에 끼워 맞추려고 한다는 비판을 받고 있다. 표면적으로는 이론 자체에 대한 비판보다는 수행에 대한 비판이다. 그러나 깊이 잠재되어 있는 이론적 함의에 대한 논의를 나중에 표면화시킬 것이다.

사실 통합적 관점은 상당히 합리적이고 성경적 의도를 가지고 있기도 (제7장 참고) 하지만, 이에 대해 이론의 뭔가가 잘못되어 있다고 보는 사람들이 있다. 비평가들, 심지어 '우호적인' 비평가들까지도 (다음의 기독교 심리학 관점을 참고하라.) 신앙 안에서 심리학 하기에 있어 기독교적인 무엇인가가 분명히 있다고 주장한다. 단순히 분리된 두 개의 분야로부터 이론이나 관찰을 통해 얻은 것들을 통합하기보다 근본적인 그 무엇이 필요하다. 즉, 신앙 안에서 심리학 하기는 그저 통합적 작업이 시사하는 것보다는 더 인식론적이고, 존재론적인 기반이나 근본적인 것이 존재한다. 이 비평에 대해서는 제4장과 제6장에서 더 다루어 보기로 한다.

일치모델: 기독교 심리학.　기독교 심리학 관점은 일치과정의 또 다른 분파다. 이것은 각각 부분적으로 통합과 성경적 상담의 관심사에 의해서 영향을 받은 것으로 보인다. 성경적 상담과 같이 이 모델은 전문적이고 학문적인 심리학이 19세기에 시작되었다고 해서 단지 심리학을 현재 진행되고 있는 심리학과 치료학파로 국한되어서는 안 된다고 주장한다. '심리학'은 사람의 건강을 위해서 사람 속에서 변화를 유도하기 위한 조력, 측정, 평가, 이해를 시도하는 사고와 실재, 즉 하나의 체계로 이루어진 일관성이 있는 하

나라는 개념적 구상이다. 성경적 상담과 같이 기독교 심리학은 이러한 점들에 대해서 특히 기독교 관점을 심각하게 고려한다. 심리학은 단순히 세속적 심리학의 이론을 가지고 시작을 하면서 그 이론을 받아들이려고 하지 않고, 마치 컬트를 만들듯 기독교 신학을 가지고 간격들을 채우려고 한다. 그러나 기독교 심리학 관점은 19~20세기 심리학의 통찰과 신앙의 통찰을 하나로 묶을 때 유익이 있다는 통합관점의 관심사에 동조한다. 이러한 점은 기독교인들이 신앙과 연계해서 이교도들의 통찰을 통해 배우면서 혼합하려고 했던 시대와 비슷하다.

기독교 심리학은 아주 넓은 의미에서 심리학 하기, 즉 인간의 성장, 손상, 본성에 대한 일체성이 있는 사고와 실제의 집합체를 제공하기 위해서 기독교 전통을 심각하게 고려하기를 원한다. 광야의 교부들부터 에바그리우스 (Evagrius), 어거스틴(Augustine), 아퀴나스(Aquinas), 칼뱅(Calvin)에 이르기까지 신앙과 심리학은 '원래 하나(original union)'로 보는 사람들이 많았다.[17] 그러므로 그들은 필요에 의해서 통합을 시도한 것이 아니라 하나님 안에서 삶 전체에 들어 있는 사람을 이해하려고 했다. 물론 그 안에도 통합은 존재한다. 어거스틴은 플라톤의 심리학과 통합하였고, 아퀴나스는 아리스토텔레스와 회교도 철학자 및 신학자들과 통합하였다. 어쨌든 그들의 근본적인 과제는 하나님 또는 신앙 안에서 심리학적 통찰의 전통을 가져오는 것이었다.

따라서 기독교 심리학 관점에는 주로 두 종류의 작업이 있는데, (a) 심리학의 기독교 전통을 발견하고 보존하는 데 충실하기와 (b) 현대의 독자들에게 심리학이라고 알려진 것을 신중하게 제시하기다. 현대심리학 이론과 신앙을 통합하는 통합적 과제는 이차적이다. 통합의 일차적 과제를 할 때, 기독교 심리학은 성경만이 아닌 하나님, 창조, 죄, 계시와 구속 같은 실재들을

---

17) *Psychology and Christianity: Four Views*, ed. Eric Johnson and Stanton Jones(Downers Grove, Ill.: InterVarsity Press, 2000)에 실려 있는 로버트 로버츠(Robert Roberts)의 기독교 심리학 관점의 글 「A Christian Psychology View」(pp. 148, 152)를 참고하라.

이해했던 사람들인 성경 해석자들로부터도 지식을 수집하는 데 관심을 많이 가지고 있다. 기독교 전통의 진리에만 머물면서 '기독교 심리학'을 동시대의 사람들에게 심리학으로 인정하지 않으려는 학자들과 질문, 내용, 영역들의 틀을 짜기 위해서 현대심리학을 활용하면서 타협하려는 학자들 사이에 긴장이 있다. 로버트 로버츠(Robert Roberts)가 말한 것처럼, "우리가 우리(기독교인들) 심리학의 실체를 왜곡하지 않고, 심리학의 형식을 쟁취하는 데 실패하지도 않으려면 따라야 할 훌륭한 방침이 있다."[18]

기독교 심리학의 관점에서 덕은 인간이 하나님의 형상으로 창조되었으며, 그러한 맥락에서만 인간이 온전하고 올바르게 이해될 수 있다는 전제하에 진정한 기독교적이거나 실제적인 인간의 관점을 발견하려고 한 점이다. 그러나 기독교 심리학은 이 기본적인 작업을 해내지 못하였고, 전통에 크게 의존하여 순수하게 전통에 머무르는 실수를 저질렀다. 또한 기독교 심리학은 사람에 대해 관찰하고 반추하는 우선 과제를 충분히 진지하게 다루지 못한 결과, 인간의 상태에 대해 하나님이 자연을 통해 배울 수 있도록 허락하신 통찰과 지혜를 얻지 못했다. 동일한 관점에서 기독교 심리학은 일반은총을 통해 이교도 심리학자들에게도 정당하게 주어진 통찰을 끌어내지 못하였고, 현대 세속심리학에 대해 지나치게 비판하는 위험을 감수하였다. 이 지나친 현대심리학에 대한 비판은 몇 세기 동안 이루어진 관찰과 반추에 대해 (과학이 마땅히 해야 할) 적절한 비평을 하지 못하는 결과를 낳았고, 최근에 이루어진 인지적 기술적 발전에 대한 지식과 심오한 통찰(비록 한계가 있지만)을 인정하는 데 실패하였다. 마지막으로, 우리는 기독교 심리학이 마땅히 갖추어야 할 기독교 심리학적 모습을 갖추지 못했다고 주장한다. 이 모델은 중점을 두고 통합함에 있어 기독교 심리학으로 구분될 과정과 방식이

---

18) 로버트 로버츠(Robert Roberts의 「A Christian Psychology View」, p. 157. 흥미롭게도 로버츠(Roberts)는 그의 많은 기독교 심리학 동료들이 실제적 진리에 머무르거나 인정받을 만한 심리학을 제공하는 데 있어서 타협하는 경향이 있다고 인정하였다.

미흡하다고 볼 수 있다.

개념적 통합모델의 한계

한 걸음 더 나아가서 엑(Eck)은 통합을 위한 틀을 짜는 데 있어서 일치통합 접근법의 목표를 다음과 같이 정의하였다. "심리학에 나타난 하나님의 세계와 신학에 나타난 하나님 말씀의 근본 진리를 추구하려면 한 사람의 삶 속에서 이 두 가지가 성육신적으로 살면서 하나가 되어야 한다."[19] 이 정의에는 두 가지의 구성요소가 있다. 일치과정의 첫 번째는 본질상 개념적으로 보인다. 엑의 정의에서 두 번째 구성요소인 한 사람의 삶 속에서 성육신적으로 살아 내기는 경험적 통합, 신앙과 실천의 통합, 임상적 통합의 요소들을 결합하게 된다. 이러한 모든 것은 개념적 통합보다는 본질적으로 덜 이론적이다. 엑은 이 정의의 요소를 판스워스(Farnsworth)의 '일체통합(embodied integration)'의 개념과 연관시킨다. 일체통합은 '하나님의 진리를 앎과 더불어 하나님의 진리를 살기'로 정의된다."[20]

이미 기술한 바와 같이 각 개념 통합모델은 장점을 가지고 있다. 하지만 일치과정은 우리가 노력해야 할 가장 완성된 개념 모델이라는 점에 대해서 어느 정도 합의가 된 것 같다.[21] 이것은 각 학문들의 기저에 흐르는 존재론

---

19) 브라이언 엑(Brian Eck)의 「Integrating the Integrators」, p. 109.

20) 커크 판스워스(Kirk E. Farnsworth)의 *Whole-Hearted Integration: Harmonizing Psychology and Christianity through Word and Deed*(Grand Rapids: Baker, 1985), p. 317.

21) 이 점은 다음과 같은 사람들이 주장하였다. 존 카터(John D. Carter)와 브루스 내러모어(Bruce Narramore)의 *The Integration of Psychology and Theology: An Introduction* (Grand Rapids: Zondervan, 1979), 제임스 포스터(James D. Foster), 데브라 혼(Debra A. Horn) 그리고 스티브 왓슨(Steve Watson)의 「The Popularity of Integration Models, 1980-1985」. *Journal of Psychology and Theology* 16, no. 1 (1988): 3-14, 시앙-양 탠(Siang-Yang Tan)의 Integration and Beyond: Principled, Professional, and Personal」, *Journal of Psychology and Christianity* 20, no. 1 (2001): 18-28.

적 수준에서 하나님의 진리는 통합론자들이 이해하기를 추구하는 제안들의 통일된 세트라는 원리에 근거하고 있다.[22] 이 점에 대해서는 추상적인 수준의 합의는 이루어졌지만, 통합에 대한 접근에는 많은 문제와 한계가 존재한다. 이러한 한계와 문제는 곧 통합에 영성 형성의 필요성을 대두시킨다. 이 점을 우리는 변형심리학이라고 부른다.

첫째, 제임스 포스터(James Foster)와 그의 동료들은 1980~1985년에 심리학과 신학 학술지에 실린 통합논문들을 분류하여 거의 3분의 2의 논문들이 조작적 통합패러다임을 적용하였음을 알아냈다.[23] 이것은 우리의 이상적인 통합모델과 실제로 행해지고 있는 개념 통합모델 사이의 간극을 시사한다. 이와 같이 간격을 가져오는 두 가지 이유는 하나는 실천적 측면이고, 다른 하나는 우리가 여기서 말하고 있는 한계점이다. 우리가 관찰한 바로는 심리학자들 중에는 신학에 익숙한 사람들도 있지만, 통합을 하는 사람들 중 대다수는 신학보다는 심리학에 훨씬 더 익숙하다. 그렇다면 현재 활발히 활동하고 있는 학파들 중 둘은 고사하고 하나의 학파에 속하여 통달하는 것도 어려울 것이라는 점은 당연하다. 기독교 심리학의 결과물은 일반적인 심리학과 기독교 사이의 관계를 보여 주기는 하지만, 신학적으로는 빈약하고 현대(세속) 심리학 분야—성격이론, 심리치료, 발달심리, 신경심리학 등—에 대해서는 왕성한 전형적 틀을 가지고 있다. 이 점이 통합의 결과물을 가져오지 못하게 하고 있다. 이 간극은 또한 통합모델에 대한 대부분의 논의가 일원화된 개념적 진리에 이르는 과정을 직접적으로 다루지 못함을 반추한다. 두 번째는 다른 학자들도[24] 동의하는 바인데, 완성된 통합모델이 되려

---

22) 카터(Carter)와 내러모어(Narramore) 이외에 스티븐 클린턴(Stephen M. Clinton)의 「A Critique of Integration Models」, *Journal of Psychology and Theology* 18, no. 1 (1990): 13-20을 참고하라.

23) 포스터(Foster), 혼(Horn) 그리고 왓슨(Watson)의 *The Popularity of Integration Models*.

24) 카터(Carter)와 내러모어(Narramore)의 *The Integration of Psychology and Theology*, 엑(Eck)의 「Integrating the Integrators」, 판스워스(Farnsworth)의 「The Conduct of

면 개념적인 차원을 넘어서야 한다. 즉, 어떤 일치적 개념 통합이라 할지라도 경험적 통합을 그 기반으로 가지고 있어야 한다. 더욱이 우리는 기독교 심리학자들에게 인간 본성에 대한 일치된 개념적 진리에 이르기는 도달해야 할 최종 목표가 아니라 통합에 있어서 영성 형성 접근의 심장에 이르게 하는 지점임을 주장한다.

다수의 통합주의자들은 통합하기에서 사람의 중요성을 한목소리로 강조한다. 존 카터(John Carter)와 브루스 내러모어(Bruce Narramore)는 "아무리 사소한 개념적 통합도 개인의 통합이 어느 정도 이루어지기 전에는 불가능하다."[25]고 하였다. 그들은 일치된 개념 통합을 위한 필수조건으로 몇 가지 태도와 속성을 강조하고 있는데, 이는 겸손, 유한성에 대한 자각, 모호함에 대한 인내, 인지와 정서의 균형 잡힌 표현, 자신의 불안과 두려움에 대한 개방성 등이다. 시앙 – 양 탠(Siang-Yang Tan) 역시 개인의 통합을 강조하였는데, 특히 통합하는 사람의 영성을 강조하였다. 그는 영성이 통합의 가장 근본적이고 기초적인 범주이고, 견고한 개념적 통합에 이르는 필수조건이라고 보았다.[26] 어떤 의미에서 보면 경험적 통합이 실질적인 개념적 통합을 이루는 데 필수적이지만 어떻게 경험적 통합이 개념적 통합에 기여를 하는지 좀 더 확대해서 보면 이 두 가지 유형의 통합이 어떻게 서로 영향을 주는지에 대해서 관심이 적었다. 다시 말해서, 우리의 통합패러다임은 우리 활동의 최종 목표인 하나님 안에서 사람을 보기, 성령 또는 하나님의 사랑 안에서 심리학 하기에 대한 강력하고 전인적 접근법을 제시하는 데 실패하였다. 우리는 심리학자의 삶과 성격에 대한 초점이 어떻게 심리학과 기독교를 연결시

Integration」, 시앙-양 탠(Siang-yang Tan)의 「Intrapersonal Integration: The servant's Spirituality」, *Journal of Psychology and Christianity* 6, no. 1 (1987): 34-39, 탠(Tan)의 「Integration and Beyond」.

25) 카터(Carter)와 내러모어(Narramore)의 *The Integrations of Psychology and Theology*, p. 117.
26) 탠(Tan)의 「Interpersonal Integration」 「Integration and Beyond」.

키는 모델이 되는가에 관심을 갖는다.

에릭 존슨(Eric Johnson)과 스탠 존스(Stan Jones)는 심리학과 기독교를 통합하는 네 가지 관점에 대한 주요 저서에서 심리학을 신앙과 연결시키기 위해서는 이론적 요소와 경험적 요소를 함께 가져올 필요가 있음을 주장하였다.[27] 또한 그들은 과거 10여 년 동안에 개발된 신앙과 심리학을 통합하는 다양한 이론이 지나치게 인지적이고 지식적이라고 비판하였다. 그들은 기독교인으로서 심리학을 하는 데 있어서의 윤리 또는 '삶'의 요소를 강조하였다. 존재적 윤리는 신앙 안에서 심리학을 이해하는 데 영향을 끼치는 필수적이고 무시할 수 없는 요소다. 그럼에도 불구하고 그들은 다음과 같이 결론을 맺었다.

> 하지만 이러한 윤리적·영적·경험적 작업은 신앙을 심리학의 과학과 치료에 연결하려는 지적 과제인 진리를 위한 추구를 대체할 수 없다. 이러한 윤리적 소명은 (다른 사람들과 같이) 별개의 접근을 구성하지 않는다고 우리는 이제 결론을 내린다.[28]

존슨과 존스의 초기 직관은 모든 접근에 영향을 미치게 될 영적·존재적 요소에 호소하는 그 무엇인가가 있다고 한다. 하지만 그들은 이것은 별개의 '견해'로 간주되도록 심리학을 신앙에 연결하는 지적 과제를 충분히 변경하지 않는다고 궁극적으로 주장하였다. 그래서 그들은 기독교와 심리학의 새로운 모델을 이해할 수 있는 함의에 대한 생각을 더 따르거나 작업해 내지 못하였다.

---

27) 존슨(Johnson)과 존스(Jones)의 *Psychology and Christianity*를 참고하라. 특히 서론에 있는 좀 더 경험적 모델에 집중하고 있는 최근의 개발에 대한 간략한 논의를 보라.
28) 존슨(Johnson)과 존스(Jones)의 *Psychology and Christianity*, p. 245.

🔨 변형심리학을 구축하기 위한 새로운 기초

우리의 변형심리학 모델은 인간의 본성과 심리학 하기의 과정에 관해서 이론적 산물보다 더욱 인식론적이고 존재론적으로 근본적인 무엇인가가 있다고 주장한다. 이전의 모델들도 이 방향성을 지니기는 했지만, 우리는 성령 안에서 전인적 심리학 하기의 과정과 사람, 그 속에 기초하고 있는 심리학과 기독교를 연결하는 전반적인 이론을 만들기 원한다. 무엇보다도, 인격의 질이 왜곡할 필요없이 진리와 진짜인 것에 열려 있으면서 정직한 정도를 결정하기 때문에, 우리는 심리학자 또는 사람의 인격이 심리학과 과학의 산물과 과정을 지키고 보전하며 기초 다지기를 한다는 점을 논의할 것이다. 이는 정직성과 용기가 과학을 하는 데 있어서 결정적이다. 사람에 대한 이러한 초점을 유지하면 기독교 심리학자들은 통합론자들이나 기독교 심리학자들이 그랬던 것처럼, 단지 전통에만 의존하지 않으면서 하나님 안에서 새로워진 심리학을 하는 데 있어서 정직할 수 있다. 비록 통합론자들이 사람에 초점을 맞출 필요가 있다는 힌트를 주기는 했지만 우리는 심리학과 과학의 전체 작업이 사람이라는 원리에 기초하고 있다고 믿는다.

둘째로, 기독교와 심리학을 연관시키는 데 있어서 어떤 결과물보다도 과정이나 방법론이 근본적임을 논의하면서 제안할 것이다. 우리는 많은 기독교 심리학자들이 심리학을 하는 데 있어서 근대적 과학 접근법을 너무 쉽게 채용하였다고 생각한다. 근대적 과학 접근법은 과학과 종교의 분리, 과학과 도덕의 부적절한 분리를 조장하였다. 이렇게 함으로써 마치 현실과 방법론이 분리된 것 같이 구별된 두 가지 방법론들과 다른 두 영역들을 하나로 합치려는 결과를 초래하게 되었다. 일부 통합주의자들과 기독교 심리학자들은 이 긴장을 인식하여 아예 심리학에 대해 더 독특한 '기독교적'인 접근법을 사용하거나, 두 영역으로 나누어진 부분을 극복하기 위해서 '통합된 사람'

또는 '통합적인 삶'으로 가려고 한다. 우리는 이것이 올바른 방향으로 우리를 인도한다고 보기는 하지만, 몇 가지 문제를 해결하는 데에는 충분하지 못하다고 생각한다. 우리는 이러한 점을 다음 장들에서 논의를 할 것이다.

셋째로, 변형모델은 기독교의 독특한 현실과 가치관을 신학이나 철학으로 내쫓아 버리지 않으면서 그 이해의 범위에서 이것들을 포함하는 심리학 또는 과학을 하는 방법론을 논의하게 될 것이다. 이 경우, 기독교 심리학자들의 과제는 분리된 두 학문 분야나 영역—심리학과 신학, 과학과 신앙, 심리학과 기독교, 묘사적인 것과 규범적인 것—을 연결시키는 작업이라기보다는 사람을 이해하는 것과 관련된 모든 실재—인간의 감정과 관계에 대한 연구, 신경심리학, 죄, 가치, 그리스도 안에서의 삶, 성령이 충만하다는 것—에 대한 하나의 일치된 과학과 심리학을 하는 것이다. 그러므로 우리의 변형모델은 단지 기독교에 심리학을 연결시키기보다는 성령 안에서 본질적으로 기독교적인 과학과 심리학 하기다. 변형심리학을 하다 보면 일치 접근이 추구하는 바와 같다는 점을 알게 된다.

결론

신세대 기독교 심리학자들의 시야의 변화에 대한 증거가 있다. 그들은 선배들의 어깨에 기대면서 신앙과 심리학을 연결하는 데 있어서 좀 더 전인적이고 관계적이며 경험적 모델을 추구하고 있다. 일부는 신경과학, 감정이론 및 애착이론의 새로운 모델에서 통찰을 얻고, 다른 사람들은 영혼돌봄에 관해 전승되어 온 영적 전통에서, 그리고 영성 형성에 대한 과학적 모델을 통하거나, 이해와 경험 그리고 지지를 통해 통찰을 얻기도 한다.[29] 이번에는

---

29) 심리학과 신앙을 연결시키는 새롭고 흥미로운 관점의 예들은 다음과 같다. 데이비드 베너(David

이러한 변화로 인해서 훈련 중인 학생들은 탐색할 수 있는 새로운 문을 열고 있다. 이 모든 것은 칭찬받을 만하다. 우리는 전인적·일체적·실존적 모델을 향한 움직임이 믿음과 성령 안에서 심리학 하기를 위한 특징적인 변형 모델을 개발하는 다음 단계의 예견자라고 믿는다. 다음 장에서는 이 모델의 기초와 윤곽 그리고 교회를 위해서 심리학 하기의 산물이나 과정 그리고 사람을 위한 함의를 탐색할 것이다.

G. Benner)의 *Care of Soul: Revisioning Christian Nurture and Counsel*(Grand Rapids: Baker Books, 1998), 데이비드 베너(David G. Benner)의 *The Gift of being yourself. The Sacred Call to Self-Discovery*(Downers Grove, Ill.: InterVarsity Press, 2004), 게리 문(Gary w. Moon)과 데이비드 베너(David G. Benner) 등의 *Spiritual Direction and the Care of Souls: A Guide to Christian Approaches and Practices*(Downers Grove, Ill.: InterVarsity Press, 2001), 에릭 존슨(Eric L. Johnson)의 *Foundations for Soul Care: A Christian Psychology Proposal* (Downers Grove, Ill.: InterVarsity Press, 2007). 스티븐 에번스(C. Stephen Evans)의 「The concept of the Self as the Key to Integration」 in *Psychology and Christianity Integrations: Seminal Woks that Shaped the Movement*, ed. Daryl H. Stevenson, Brian E. Eck and peter C. Hill(Batavia, Ill.: Christian Association for Psychological Studies, 2007), pp. 170-175, 마크 맥민(Mark R, McMinn)의 *Psychology, Theology, and Spirituality in Christian Counseling*(Wheaton, Ill.: Tyndale House, 1996), 랜달 레만 소렌슨(Randall Lehmann Sorenson)의 「Where Are the Nine?」, *Journal of Psychology and Theology* 24, no. 3 (1996): 179-196, 랜달 레만 소렌슨(Randall Lehmann Sorenson)의 「The Tenth leper」, *Journal of Psychology and Theology* 24, no. 3 (1996): 197-211, 그레이 문(Gary W. Moon)의 「Training Tomorrow's Integratiors in Today's Busy Intersection: Better Look Four Ways before Crossing」, *Journal of Psychology and Theology* 25, no. 2 (1997): 285-293, 다이앤 랜드버그(Diane Langberg)의 「The Spiritual Life of the Therapist: We Become What We Habitually Reflect」, *Journal of Psychology and Theology* 25, no. 3 (2006): 258-266.

변형심리학의 기초와 윤곽

John Coe

"진실로 생명의 원천이 주께 있사오니
주의 빛 안에서 우리가 빛을 보리이다."

시 36:9

"무엇보다도… 하나님이 정해 놓은 인간의 목적은
이성적 이해를 초월한다."

토마스 아퀴나스, 신학대전 IQ.1A. I

이 장에서 우리는 과학 그 자체의 성격뿐만 아니라 기독교에 관련된 심리학을 생각하는 전통적인 방식을 재발견하고 재설계할 수 있도록 논의하려고 한다. 과학 하기, 즉 심리학 하기는 궁극적으로 사랑의 한 형태다. 13세기 수도원의 과학자들인 사상가나 광야의 교부들이 아닌 일반적인 대학교육을 받은 사람들에게 이러한 설명은 이상하게 들릴 것이다. 우리는 수도승들과 심리학은 어울리지 않는다고 생각하여 과학을 분리하는 경향이 있다. 고대 교부들과 중세 수도승들은 영성과 지식의 연관성에 대한 통찰(주의 빛 안에서 우리가 빛을 보리이다, 시 36:9)을 제공하였지만 과학에 대한 세속적이고 근대주의적 접근은 이 통찰을 쉽게 버렸다.

우리의 목표는 심리학과 기독교에 대한 영성의 형성(spiritual formation), 혹은 변형적 접근에 대해 기초를 놓고 이에 대해 논의를 하는 것이다. 변형적 접근은 심리학자들의 영적·정서적 변형을 성령 안에서 심리학을 하는 과정과 산물을 이해하고, 보존하고, 보호하는 것에 대한 기초로 본다. 이는

일반적으로 과학, 특히 심리학 하기에 대해 새로운 지평을 열 것이다. 이 장
에서는 변형모델에 대한 일반적인 개요를 제공하고, 기존 접근들의 약점은
피하되 그들의 통찰과 새로운 방향성에 대해서는 수용하고 정립함으로써
기존 접근들과의 차별성을 보여 주려고 한다. 우리는 심리학과 기독교를 연
관시키는 데 있어서의 새로운 방향성이 변형모델을 향하고 있다고 믿고, 변
형심리학자들이 근간으로 하는 과학활동으로 이해한다. 변형모델은 심리학
을 신앙과 연결시키는 모델이라기보다 변형심리학과 과학 그 자체를 본질
적으로 신앙과 사랑의 행위 같은 것으로 본다. 이러한 점은 하나님과의 관
계 밖에서 심리학을 할 수 있도록 만들면서 심리학은 죄가 들어오기 전의
세상에 먼저 있었다고 한다. 이 장에서는 변형모델의 기초와 윤곽을 제시하
는데, 이는 책의 나머지 부분의 개요다. 우리는 성령 안에서 심리학 하기를
위한 기초인 사람(the person)으로 시작한다.

변형적 과학과 심리학의 과정과 비전

심리학에 대한 변형적 설명은 고대의 영적 저자들이나 다른 신학적 혹은
심리학적 전통의 산물(기독교 심리학의 수준에 대한 비판)을 답습하지는 않는
다. 대신 이는 신앙 안에서 심리학을 하는 것이 무엇인지에 대한 비전과 과
정의 본성에 통찰을 얻게 되는 사람에 초점을 맞추고 그로부터 시작될 것이
다. 심리학 하기의 비전의 요소들은 다음과 같다.

1. 심리학의 역사 혹은 전통 안에서 심리학을 하는 사람
2. 성령 안에서 새로운 심리학을 하는 사람
3. 현실, 특히 신앙이라는 현실에 근거하여 심리학을 하는 사람
4. 창조된, 그리고 차별적인 기독교적 현실에 대해 하나의, 그렇지만 복합

적인 연구로서 심리학을 하는 사람

변형모델은 자신을 위한 심리학 하기의 개인적 과정을 방해하거나 제한하는 방식이 아니면서 다른 전통에 열려 있고, 현실과 믿음에 근거하여 성령 안에서 새로운 심리학을 하는 각 세대와 어떤 의미에서는 각 심리학자에게 그 초점을 두고 있다. 이 장을 진행하면서 우리는 이러한 주장과 우리의 모델에 그 주장의 중요성을 더욱 분명하게 할 것이다.

전통 안에서 심리학과 과학 하기

우리는 진리의 전통 안에서 과학 하기의 적법성을 존중하면서 앞의 1번에서 의미하는 것을 오해하지 않기를 바란다. 우리는 진리를 위한 인식론적 기초가 없다거나 진리가 사회적 형태, 즉 전통 속에 있는 사람들이 진리라고 동의해서 진리가 된다는 것을 의미하지 않는다.[1] 오히려 우리는 (데카르트의 의심의 방법에서와 같이) 의심할 수 없는 어떤 분명한 확실성을 찾으면서, 모든 주장에 급진적으로 회의적인 입장을 견지한 상태에서 진리인 것에 대한 과거의 합의로부터 동떨어진 과학을 하지 않는다는 점을 분명히 하기 위해서 그 용어를 사용하였다. 키르케고르의 말처럼, 어떤 사람에게 무엇인가에 대해 철저하게 회의하도록 가르치기는 군인에게 등을 꼿꼿이 펴고 차렷자세를 취하도록 가르치기와 같다.

우리는 그동안 해 왔던 과학의 역사 속에서 진리에 열린 과학을 한다. 그것은 현재의 과학 하기를 지배하는 방식이 아니라, 우리가 하고 있는 과학 속에서 설명되어야 할 필요가 있는 역사다. 우리는 사람에 대한 이해, 특히

---

1) 진리와 합리성을 전통에 의존한 것이라고 주장하는 사람 중 하나인 앨라스데어 매킨타이어(Alasdair MacIntyre)의 『덕의 상실 (After Virtue)』(이진우 역, 문예출판사, 1997)을 참고하라.

신앙 안에서 과학을 하는 사람들에 대한 이해에 있어서 우리 이전에 있었던 사람들의 주장을 신중하게 취하고 그들로부터 배운다. 하지만 그들의 발견을 맹종하거나 그들의 작업을 단지 흉내 내지는 않는다.

성령 안에서 새로운 심리학과 과학 하기

변형모델에 따르면, 전통 안에서 과학 하기는 성령 안에서 새롭게 과학을 하는 일차적 과제에 비해 이차적이다(앞의 2번). 이것은 다른 이들이 좋은 심리학이라고 말한 것의 전통과 심리학 역사의 베일의 뒤쪽(behind the veil)[2]을 취하기 위한 사고 실험이나 급진적 시도를 포함한다.

베일 뒤에서 심리학 하기는 사고 실험을 할 때 우리는 더 이상 기독교적이든 세속적이든 심리학 하기에 역사적 접근에 대한 헌신을 보류함을 의미한다. 이것은 우리가 곧 토론하게 될 기독교 믿음과 같은 모든 진리의 주장에 대한 판단을 유보함을 의미하지 않는다. 오히려 심리학에 대한 일차적 작업을 하는 변형심리학자들이 전통이 가르치는 진리를 판단할 여지를 남겨 둠을 의미한다. 물론 일부 전통과 동떨어져서 완전히 새로운 심리학을 하는 것은 현실적으로 불가능하다. 왜냐하면 누군가가 전통에 의존하여 배우거나 베일 뒤에 가려진 새로운 것을 밝혀내거나 스스로 관찰하고 반추하는 데에는 나선형 학습(learning spiral)[3]이 분명히 존재하기 때문이다. 그럼에도 불구하고, 사고 실험을 통해 우리는 전통을 과잉 의존하고 있다는 자각이 필요하다. 우리는 확증된 다른 전통의 대부분을 틀림없이 유지할 것이

---

2) 'Behind the veil'은 하버드의 정치 철학자인 존 롤스(John Rawls)가 사용하는 용어로, 그는 사고 실험을 통해 사회적인 기존의 이론과 윤리적 관습과 예절이나 윤리적으로 전통을 앞서는 것이 있는가에 대한 상상을 통해 윤리적 전제를 찾는 시도를 하였다. 『정의론』(황경식 역, 이학사, 2003) 참고.

3) 역자 주 - 나선형 학습 (learning spiral)에 대한 자료 출처: http://learnweb.harvard.edu/alps/thinking/design_learning_spiral.cfm.

다. 그러나 여기서의 목적은 심리학을 하는 과정과 그 끝의 산물에 대한 윤
곽을 재경험하고, 재설계하기 위해 우리의 코스를 출발시키는 것이다. 이 과
정에서 우리는 멘토들이 우리를 이끌었던, 우리에게 익숙한 전통 및 하나님
과 타인과 현실에 개방되어 있고자 한다. 이것은 전통 안에서 과학을 하려
는 우리의 이차적 움직임과 대치되지는 않지만, 심리학을 새로운 방식으로
하고자 하는 일차적 움직임과 함께 그 이차적 움직임에는 인식론적-방법
론적 긴장이 있다.[4)]

　우리의 목표는 기존의 전통을 따르기보다는 각 세대가 성령 안에서 현실
과 신앙을 받아들일 수 있게 하는 것이다. 저자들은 물론 독자들도 이미 과
학을 하는 방식과 심리학을 이해하는 데 있어서 문화와 전통에 잠겨 있을
수밖에 없다. 그렇지만 각 세대는 문화와 전통은 물론, 그 문화와 전통이 유
래된 기본적 원리들을 재고해야 한다. 각 세대는 신앙 안에서 과학을 하고,
전통 안에서 발견되는 현존하는 진리를 찾아내어 통합해야 한다.

　그러므로 플라톤, 아리스토텔레스, 아퀴나스, 프로이트, 왓슨, 스키너, 엘
리스, 로저스, 보울비, 클라인, 위니컷 등과 같은 이들의 이론을 생각하기에
앞서 신앙 안에서 심리학 하기를 먼저 생각해야 한다. 이는 이론과 기독교
신앙을 통합하려는 이론가들에게도 적용된다. 각 세대는 전통으로부터 배워
야 하지만 이미 존재하는 것, 즉 베일의 뒤쪽으로 가서 지금 성령이 능력 주
시고 허락한 지혜 안에서 심리학을 하고 다시 전통과 상호작용하는 것이 필
요하다. 다른 사람들의 심리이론, 특히 신앙을 벗어나 있는 이론을 너무 자

---

4) 나선형 학습(learning spiral)에 대해 사려 깊은 견해를 남겨 준 저자, 로즈미드(Rosemead)와 탈봇
(Talbot)의 동료인 스티브 포터(Steve Porter)에게 감사한다. 심리학을 새로운 방식으로 하거나
전통적으로 하는 것 사이에는 동일한 긴장감과 나선형 학습(learning spiral)이 존재하며, 기독교
전통 내에서 신앙으로 가는 통로, 심리학적 전통 내에서 신앙으로 가는 통로와 같은 실재들에
적용된다. 더 깊은 관찰과 반추를 위해 세상을 바라보는 방식을 알려 주는 지도이자 닻이라는 점에서
전통은 도움이 된다. 물론 전통은 우리의 눈을 가리기도 한다. 그러므로 우리는 살아감에 있어서도
심리학을 하는 데 있어서도 진짜가 무엇인지를 제대로 볼 수 있는 통로를 찾기 위해 전통 안에
의식적으로 머물러야 한다.

세히 들여다보는 것의 결과는 퀼트로 만든 작품과 같을 때가 많다. 아리스토텔레스와 로저스, 프로이트, 엘리스의 이론을 엮어서 기독교 교리와 억지로 합쳐 놓은 꼴이 되기 쉽다. 이런 경우에 신앙의 어떤 측면들은 최대한 포함되어야 하지만, 어떤 측면들은 이론적으로 재구성되거나 타당성의 문제로 제외되기도 한다.

　심리학 이론이나 전통 중에는 다른 이론들보다 유용하고 인간을 이해하는 데 있어서 더 나은 통찰을 주는 것들이 분명히 존재한다. 다른 사람들의 생각을 이해하거나 지혜와 진리를 이해하기 위해 다른 분야의 교사들이나 학자, 멘토들로부터 배워야 할 것들도 많다. 이것이 심리학 하기의 일부다.

　변형적 접근법은 새롭게 심리학을 할 사명이 있다. 사람의 심리를 신앙 안에서 발견해 나가는 작업을 시작으로, 성령이 성경을 통하여 진리를 열어 보여 주시는 경험으로부터 자신과 인간을 관찰하고 반추함을 통해 새롭게 심리학을 한다. 그러므로 신앙 안에서 심리학 하기는 다른 사람들의 글이나 가르침을 통해서만 심리학 하기가 아니라, 우리가 성령에게 열려 있어서 성령 안에서의 현실과 정보를 수용하고, 이 과정으로부터의 성장을 경험하는 것이다. 다차원적인 인간을 이해하는 데 통찰을 주고 도움을 주는 이론들을 통합한 연구자들이 많이 있다. 하지만 어떤 교육이나 이론에 대한 경험을 기반으로 통합을 시도했는지 알 수 없는 경우들이 있다. 각자가 훈련받아 온 심리이론의 맥락이나 다양한 전통적 카테고리 안에 머무르지 않고 베일 뒤에 가려진 것을 좀 더 의식적으로 연구하고 개발하는 것이 필요하다. 기존의 이론들은 사고의 새 지평을 여는 데 도움을 주기에 충분하지만, 모든 이론은 또한 다른 차원의 현실을 발견하는 데 방해가 되기도 한다. 이런 관점에서 성경적 상담이나 수준 접근법(levels approach)과 같은 비통합모델들이 이런 경향성을 배제하려 하였고, 성경과 과학 분야를 분리하여 통찰하려고 했던 이유를 이해할 수 있다. 나중에 논의되겠지만, 심리학을 새롭게 하기는 심리치료사들과 심리학자들에게 새로운 방식으로 심리학을 하는 것이 무엇인지에 대한 경험을 하기 전에 비판단적으로 전통을 끌어안지 않도록 수련과정에서 필요한 조언을 해 준다.

신앙의 현실과 현실에 근거한 심리학과 과학 하기

영성 형성 모델은 하나의 이론보다는 성장과 발견의 경험이나 과정에 의해서 사람을 이해하고, 과학 하는 방법을 발견하여 취합하려는 시도다. 그러나 영적 또는 변형적 모델은 앞의 3번에 따라서 특히 기독교 신앙의 현실과 같은 현실에 근거를 두고 있다. 우리는 역사, 경험, 현실에 대한 경험 부족이 작업의 지평을 제한함을 알고 있으며, 이는 진정한 실체의 근사치를 찾는 과정일 수밖에 없다.

그럼에도 불구하고 각 세대와 심리학자들은 전통 안에서 작업을 하지만 현실과 잘 맞고 기독교적 신앙의 현실(기독교적 현실을 잘 반추하는 핵심적인 신학적 신념)과 잘 맞는 심리학 과학의 과정, 산물 그리고 그것을 할 수 있는 사람의 종류에 대한 윤곽을 새로운 방식으로 찾아야만 한다. 나는 현실이 조사의 방법과 과학을 좌우하는 한 발견이라는 용어를 사용한다. 그러나 조사방법이나 과학은 현실을 좌우하지 않는다.[5] 이것은 특히 신앙적 교리에 반추된 현실에 적용된다. 변형심리학은 단순히 특정 기독교적 신념을 가정하고, 그것으로 일관성 있는 통합시스템을 구축하는 것이 아니다. 오히려 기독교적 현실은 우리의 존재와 공동체의 본질에 영향을 미치고, 변화시키며, 우리의 신념에 반추된다.

---

5) 이것은 아리스토텔레스와 후설(Husserl)이 과학의 본질과 대상을 이해하는 데 있어서 아주 중요한 요소로 꼽는 것이다. 모더니즘적인 방식에서는 물론 포스트모더니즘적 경향에서도 이 구분은 주요하다. 이 주제를 이해하기 위해서는 댈러스 윌러드(Dallas Willard)의 *Logic and the Objectivity of Knowledge*(Athens: Ohio University Press, 1984)를 참고하라. 제6장과 제7장에서 방법론에 대해 더 논의할 것이다.

신앙의 현실에서 시작하는 심리학

결과적으로, 변형심리학의 중심은 다른 진리를 넘어서는 기독교적 현실로부터 시작하는 데 있다. 이 현실은 단순히 신념체계로서 신앙 형성을 넘어서서 바로 우리 존재의 근간이 되는 현실을 반추한다. 이러한 신념은 하나님의 사랑을 받은 자, 그리고 무한한 사랑을 추구하는 마음의 깊이를 반추하여 구속받은 자로서의 삶을 이루고 보여 준다. 어떤 면에서는 이런 기독교적 현실은 지금의 나의 존재의 기반이기 때문에 나의 존재보다도 더 소중하고 진짜다. 그리고 신앙의 현실은 현실에 근거한 심리학 하기의 가능성을 되찾아 주지 단순히 우리의 환상이나 인지된 필요성을 따르지 않는다.

여기서 명확히 할 것은 이 책은 기본적으로 불신자들을 위해 집필되지 않았다는 점이다. 그랬다면 이후의 내용들은 철저히 변증이나 변호를 위한 것이어야 한다. 우리가 독자들을 역사적인, 정통 기독교의 기독교인들이라고 가정하기 때문에 신앙을 형성하는 현실과 신념이라고 단언할 수 있다.

주어진 기독교의 현실은 심리학적 변형모델의 기초가 되는데, 이것은 (a) 성령 안에서의 생명의 강과 신앙의 현실을 경험하는 우리의 잠재성과 (b) 사람들을 연구하고, 이해하고, 돕는 모험의 전반적인 측면을 연결하기 위해 가장 우선시되는 점이다. 다음은 공유된 신앙의 현실과 진리의 핵심으로 과학과 심리학 하기에 대한 윤곽뿐 아니라 우리의 참된 존재를 형성하도록 돕는다.

1. 하나님은 존재하신다. (히 11:1-2)
2. 우리는 하나님의 형상으로 창조되었고, 근본적으로 관계적 존재다. (창 1:26, 2:18)
3. 우리는 그리스도가 십자가에서 마치신 일을 통해 은혜로 구원을 얻은 죄인이다. (롬 5:6-10)
4. 우리는 이제 그리스도 안에서 새로운 피조물이다. (고후 5:17)

5. 우리는 근본적으로 관계적 존재이며, 그리스도 안에서 관계적 존재로서 우리의 궁극적인 종착점과 삶의 목적은 하나님과 이웃을 사랑하고, 하나님이 만유 안에 계시도록 하여 그를 영화롭게 하는 것이다. (고전 10:31, 15:28)

6. 이것은 내주하시는 성령을 통해 그리스도의 형상으로 변화됨으로써만 완성된다. 성령은 우리의 영과 연합하셔서 하나님의 충만하심으로 충만하게 하시고(엡 3:17-19, 5:18), 우리의 삶의 모든 부분이 그의 영광을 위하게 하신다.

변형심리학에서 기독교적 현실이 갖는 인식론적이고 존재론적인 가치

독자들이 우리가 말하는 기독교적 현실과 근본 교리의 의미에 대해 오해 없이 보기를 바란다. 가정이나 가설에 의해 진리라고 알고 있는 어떤 것을 상정할 때, 우리는 교리나 신념을 전제조건으로 말하지 않는다. 후기 근대주의 인식론은 바로 이것을 주장하는데, 현실에 대한 실재와 참을 우리는 알 수 없으므로 우리가 가정하거나 전제한 시작점에 일관성이 있다면 참인 것에 대한 가정(상정)은 모두 정당하다. 우리는 이것이 잘못되고 비현실적 주장이라 생각하며, 과학에 대한 영적, 성경적, 그리고 인식론적으로 불성실한 접근이라고 생각한다. 이에 대해서는 제6장에서 좀 더 다루기로 한다.[6]

반면에 우리가 그렇게 가정하기 때문에 기독교 교리가 진리가 된다고 생각하지 않는다. 교리가 진리가 되는 이유는 현실적인 경험에서 나왔고, 이와

---

6) 몇몇 기독교인들조차도 의롭게 됨(justification)이나 회의론(skepticism)과 같은 문제에 쉽게 접근하기 위해 포스트모더니즘적 인식론에 매료되어 있는 것은 놀라운 일이다. 이것은 개방적 태도이기는 하지만 이론적으로 부적절하고 유감스러운 일이다.

일치하기 때문이며, 신앙으로 철저하게 검토된 논제이기 때문이다. 우리의 지식과 경험을 통해서 확신할 수 있는 것은 교리가 기독교인으로서의 우리 존재의 경험적이고 이론적인 조건이자 토대가 된다는 점이다. 교회사는 이 것이 기독교의 가르침과 현실이 진리임을 인간이 영적으로 경험하도록 돕는 성령의 사역이며, 모든 진리 주장과 같이 합리적이고 정경(canons)과 적합한 보증절차임을 보여 준다. 이 책에서 우리가 하려는 것은 기독교 신앙에 대한 우리의 주장이나 지식을 옹호하기 위해서 깊이 있는 인식론이나 변증법을 제공하는 것은 아니다. 이런 일은 다른 책을 참고하기 바란다.[7]

신앙의 핵심적 교리는 피조물을 관찰하는 것만으로는 얻을 수 없는 과학적 기원이나 목적에 대한 정보를 줄 뿐 아니라 과학과 심리학을 하는 사람 그리고 전체 과정과 결과를 아우른다. 이런 핵심적인 실재와 교리는 변형심리학에 포함되어 그 핵심을 구성하기 때문에 심리학자의 영적·정서적 발달은 인간의 본성에 대한 깊은 진리에 도달(개념적 산물이나 통합)할 수 있는 토대가 되며, 이 과정에서 성령 안에서 인생의 목적이 되는 하나님의 사랑을 찬양하게 된다(구체화된 산물 또는 통합). 변형모델은 사람의 변화가 심리학 하기의 과정과 거기서 비롯된 산물에 있어서 결정적이고 근본적인 요소임을 명확히 하고 있다. 바로 이 점이 변형심리학을 다른 모델의 장점을 인정하고 포괄적인 틀을 형성하는 구별된 새로운 모델로 볼 수 있는 요인이다.

우리는 성령 안에서 현실에 개방되어 있으며 심리학의 과정과 산물에 기초하는 새로운 종류의 심리학과 심리학자들의 출현을 보기 원한다. 즉, 심리

---

7) 인식론적 관점을 이해하려면 다음 책을 참고하라. 스티브 포터(Steve L. Porter)의 *Restoring the foundation of Epistemic justification: A Direct Realist and Conceptual Theory of Foundationalism*(Lanham, Md.: Lexington, 2006). 객관적 지식에 대한 옹호에 대해 더 깊이 이해하려면 다음 책을 참고하라. 폴 보고시안(Paul Boghossian)의 *Fear of Knowledge: Against Relativism and Constructivism*(New York: Oxford University Press, 2006). 포스트모더니즘적 인식론에 대한 연구와 비평에 관해서는 다음 책을 참고하라. 앨런 소칼(Alan Sokal)과 장 브리크몽(Jean Bricmont)의 『지적 사기』(이희재 역, 민음사, 2000), *Fashionable Nonsense: Postmodern Intellectuals' Abuse of Science* (New York: Picador, 1998).

학을 하는 사람들의 특징은 심리학자가 현실을 왜곡하거나 진리를 조작하지 않고 현실과 진리에 열려 있도록 도움으로써 과정을 보호하고 유지하는 것이다. 이와 같은 선상에서 우리는 심리학 하기에 대한 역사적 접근의 베일 뒤에서부터 과학에 접근하고 다른 사람들을 돕는 새로운 종류의 심리학도들을 보기 원한다. 이 접근법은 성령 안에서의 인간성의 근본적인 현실(개인의 삶, 성격, 타인에 대한 경험)과 삶을 토대로 하며, 이에 대해 열려 있다.

창조된 그리고 구별된 기독교적 실재에 대해 심리학 혹은 과학 하기

변형심리학은 심리학의 연구 범위에서 기독교 현실을 배제하지 않는 심리학을 위한 과학 혹은 방법론을 발달시키는 데 전념한다. 구별된 기독교적 현실(예, 비물질적 대상, 죄의 현실, 구원, 변형에 있어서의 성령의 내주적 사역)이란 용어는 이것들과 창조된 현실을 부적절하게 양분하기 위한 것이 아니라, 둘 다 하나님의 세계에 속한 현실들이다. 이 용어는 세속적인 현대과학이 연구에서 배제시켰던 이런 현실들을 다루기 위해 사용되었다. (이 논제에 대해서는 제6장에서 다룬다.) 기독교 심리학자들이 직면해야 할 질문은 다음과 같다. (a) 구별된 기독교적 현실을 다루는 데 있어서 심리학이 어디까지 얼마나 적합한가? 또는 (b) 기독교 심리학자들은 기독교적 현실을 심리학과 과학과 연관시킬 때 심리학이나 과학이 아닌 다른 무엇인가를 하고 있는 것은 아닌가? 즉, 이것은 심리학/과학과 기독교를 연관시키는 것은 과학인가? 또는 이것은 기독교인이 두 가지 방법론을 사용하여 상호배타적인 두 가지의 분리된 연구를 어느 정도 결합시켜야 하는 것인가?

우리는 변형심리학이 이미 창조된 현실과 기독교적 현실 모두에 대한 심리학을 제공할 수 있는 독특한 방법론 혹은 과학이라고 주장한다. 즉, 이 심리학은 사람에 대한 자연현상뿐 아니라, 과학의 합법적인 데이터로서 하나님에 의해 갖게 된 우리의 능력과 인간의 영, 가치, 죄의 본성, 성경의 내용과 같은 구별된 기독교적 현실을 포함한다. 이 모든 현실은 과학적인 그리고 심리학적인 이론과 연구에 대한 우리의 변형적 접근의 범위 안에 있다. 이 경우에 변형적 심리학의 과제는 구별된 두 영역(자연적 · 심리학적 현실과 기독교적 현실) 혹은 두 개의 구별된 방법론(과학 · 심리학과 신학) 사이의 관계에 대한 것이 아니라, 이러한 기독교적 현실에 대한 복합적이나 단일화되고 일치된 과학 혹은 심리학을 하는 것이다(예, 죄, 가치 및 성령 충만과 같은 인간의 정서, 관계).

변형심리학의 기초

변형심리학은 신앙의 관점에서, 즉 창조세계의 현실과 기독교적 신앙의 현실의 관점에서 심리학을 하는 과정, 산물, 사람을 강조하고자 한다. 이런 현실들과 교리는 이미 주어진 진리뿐 아니라 사람에 대한 과학이 함의하는 것을 드러내는 시작점을 제공한다. 특히, 베일 뒤의 신앙에서 심리학 하기의 모델을 발달시키는 데 핵심적인 몇 가지 주장들이 있다.

1. 최종 목적 또는 목표 논제 그리고 기독교적 최종 목적 논제: 존재에 하나의 궁극적 목표나 목적이 있다면, 모든 사람이 추구하는 자신에게 좋은 목표나 수단은 궁극적이거나 최종적인 수단을 이루게 된다는 것이다. 최종 목적은 정의 자체로 참이다. 왜냐하면 그 최종 목적은 다른 어떤 것을 위해서 좋거나 수단으로 결코 추구된 적이 없으며, 모든 것은 그 최종 목적을 위해서 추구되거나 좋은 것이기 때문이다.

2. 기독교인의 최종 목적 논제: 우리는 자신과 타인 그리고 근본적으로 하나님과의 관계 안에서 살도록 창조되었다. 그러므로 인간 존재는 궁극

적으로 인간의 영이 하나님의 영과 연합하는 것이며, 이는 그리스도가 십자가 위에서 하신 일에 근거하여 하나님을 사랑하고 하나님의 영광을 위해 이웃을 사랑함으로써 건강한 자아를 형성한다(엡 3:17-19, 벧후 1:4, 골 1:28). 이것이 인간의 궁극적인 목적이라면 모든 인간은 하나님을 영화롭게 하고 하나님과 이웃을 사랑함으로써 하나님과의 연합한다는 목표를 추구해야 한다.

3. 변형심리학 논제: 인간의 한 활동으로서 심리학 하기는 하나님을 영화롭게 하고 하나님과 이웃을 사랑함으로써 하나님과 연합한다는 목적을 성취하기 위한 수단이다. 그러므로 우리는 a) 성령 충만으로, 그리스도의 형상으로 점점 더 변화되어 가고(사람), b) 하나님 안에서 우리의 능력을 활용하여 사람에 대한 현실을 관찰하고 반추하며(과정), c) 심리학자로서의 변화의 결과(외적 산물)를 위해서는 물론 세상과 교회를 위하여 사람과 죄, 안녕에 대한 지식과 지혜의 체계(이론적 산물)를 만들기 위해 심리학을 제대로 할 수 있다.

4. 인식론과 과학의 영성 윤리 논제: 기독교 신앙과 죄와 타락에 대한 관점은 신앙과 창조의 현실에 대한 개방성이나 폐쇄성과 그러한 능력의 발달에 의존하는 관찰자의 심리학적 건강이나 능력 모두에 의해서 충분히 또는 약하게 영향을 받음을 의미한다.

최종 목적 또는 목표 논제 그리고 기독교의 최종 목적 논제

무엇보다도 성경과 교회사가 명백하게 보여 주듯, 사람은 본질상 관계적인 존재이고 하나님과 이웃을 사랑하기, 또는 하나님께 영광 돌리기는 기독교인의 삶(기독교인의 삶의 구성적 목적이라고 불리는)의 목표나 최종목적을 구성하거나 만들기 위해서 결합하는 현실의 모임을 형성한다. 그리고 논리적으로 볼 때, 삶에서 다른 목적이나 추구는 비록 각자에게 좋을지라도 결국에는 이 궁극적 목적을 위한 수단일 수밖에 없다.

한 걸음 더 나아가서 단순히 인격을 함양하는 자신의 힘으로 그리스도와 연합하거나 하나님을 사랑하고 영광을 돌리는 목표가 가능하지 않다는 점은 신약에 나타난 사도 바울의 가르침의 핵심이다. 그리스도가 십자가에서 하신 일로 의롭다 함을 입은 그리스도 안에 있는 사람만이 성령 하나님이 내주하여 충만해지고, 하나님과의 연합이 더 깊어 감으로써 성령으로 성격이 변화되고, 사랑의 삶을 경험하는 것이 가능하다. 그러므로 성령 안에서 성령 충만함으로 하나님과 연합하여 성장하는 삶은 하나님을 사랑하고 영화롭게 하는 삶일 뿐 아니라 그리스도의 형상을 닮아 가고 이웃을 사랑하는 삶이다. 이런 삶이 삶의 최종 목적이자 건강한 자아를 형성하는 요소다.

변형심리학 논제: 가장 근본으로서 변형된 사람

이 변형심리학 논제는 기독교와 심리학의 변형모델의 핵심을 포함한다. 기독교인의 최종 목적이 관계, 즉 먼저 하나님과의 연합과 변형이며 이웃을 사랑하는 관계로 주어져 있기 때문에 심리학 하기 또한 이런 관계적 수단이 된다. 이러한 진리들이 의미하는 것은 왜 심리학 하기가 인간의 변화를 기반으로 하는지에 대한 핵심을 설명해 준다. 우리는 인간이 성령 안에서 점점 더 변화되어 가도록 심리학을 한다. 결국 이런 활동의 목표는 이웃 사랑이고 궁극적으로 사랑과 하나님으로 채워진다. 다르게 표현하자면, 심리학 하기는 사람을 연구하는(과학적 연구의 대상이 무엇이든 간에) 그 자체가 묵상을 하고 하나님을 사랑하는 방식이다. 또한 이것은 하나님 안에서 이웃을 사랑하는 방식이기도 하다. 건강한 부모 역할이나 유아기의 관계 또한 심리학 하기의 핵심이다. 이러한 기초적인 관계가 심리학을 잘할 수 있는 심리적·현상적 기반이 되기 때문이다. 이런 면에서 불신자들은 심리학을 온전히 해낼 수 없고, 심리학자는 부분적으로 역기능적일 수밖에 없다. 이유는 명확하다. 하나님을 사랑하고 하나님 안에서 이웃을 사랑하는 존재로서의 목표를 자각하지 않고서는 제대로 연구를 할 수 없기 때문이다. 물론 이 말은 현대 과학적 관점에서는 아주 이상하게 들릴 것이다.

변형심리학 논제: 사람이 과정을 결정한다

변형심리학은 심리학을 하는 사람의 상태와 경험, 인성이 과정의 질을 결정한다고 주장한다. 즉, 심리학자의 기반이 되는 인성이 심리학자가 현실과 진리에 대해 어떠한 왜곡도 할 필요가 없도록 개방적이라면 심리학 하기의 과정은 제대로 이루어지고 유지된다. 이런 면에서 선한 사람은 과학이나 심리학을 하기에 가장 유리하다. 왜냐하면 성령으로 변화된 인성과 건강한 관계는 모든 (내적, 외적) 실재에 대해 개방적이지만 왜곡을 하게 되는 병리적 욕구나 특정 사실을 간과하는 것에 폐쇄적이지 않음을 보장해 주는 요소이기 때문이다. 인간은 본성적으로 관계적 존재이므로 현실과 제대로 된 연관성을 가져야 하는 지식의 경험이나 과정도 관계적으로 볼 수 있다. 이러한 관계성과 지식의 연관성에 대해서는 제9장에서 다루게 된다. 우리의 (이전의, 그리고 지금 진행 중인) 인성과 관계성의 성장은 인식론과 지식과 긴밀한 연관성을 가지고 있는데, 이에 대해서는 다음의 네 번째 논제에서 자세히 논의된다. 물론 선함만으로 심리학 하기의 과정이 제대로 이루어진다는 보장은 없다. 하지만 개인이 성장을 통해 지니게 된 선함은 하나님의 사랑 안에서 올바른 동기를 갖게 하기 충분할 뿐 아니라, 자신의 욕구나 환상에 끼워 맞추지 않고, 있는 그대로의 현실에 열린 태도를 가지게 한다. 물론 이런 과정은 실제 삶에서 이루어지는 성장의 과정에 대한 대략적 설명일 뿐이다.

변형심리학 논제: 사람과 과정이 결과를 결정한다

변형심리학은 사람이 과정을 결정하고 이것이 심리학 하기의 결과를 결정한다고 주장한다. 변화의 과정에 있는 선한 사람은 하나님의 사랑 안에서 인간의 상태에 대해 관찰하고 반추하는 능력이 잘 발달되어 현실에 대하여 개방을 잘하여 심리학 연구에 관한 최선의 결과를 내는 잠재력을 지니고 있다. 그러므로 심리학 하기는 관찰과 반추의 과정에서 많은 노력과 훈련 및 실습을 필요로 할 뿐 아니라 연구결과를 다른 사람들이 이해하기 쉽게 잘 전달할 수 있는 의사소통능력 또한 필요로 한다.

결국 심리학자가 가진 하나님 안에서의 성장이라는 방향성이 심리학적 지식체계를 이룩해 가는 데 가장 기본이 된다. 심리학자 개인의 선함, 진리 안에서 자신을 볼 수 있는 힘, 하나님 안에서 현실을 올바르게 관찰하고 관계할 수 있는 개방성 등이 세상과 교회를 위해서 인간의 상태에 대해 사려 깊고 존재적 의미에 있어 충분한 지식과 이해를 준다. 또한 이런 특성들은 심리학자가 심리학 하기를 통해 하나님의 사랑 안에서 그리스도의 형상으로 변화되는 궁극적인 결과를 가져오기에도 충분하다. 이것 또한 삶을 아우르는 성장이라는 아주 이상적인 모습의 근사치다.

인식론과 과학의 영성 윤리 논제

마지막으로, 과학과 심리학 하기가 심리학자의 선함, 즉 관찰자의 개방성과 정직성에 의존하기 때문에 자유와 죄라는 기독교적 현실의 측면에서 문제가 발생한다는 점은 자명하다. 이것은 심리과학에 있어서 더더욱 문제가 된다. 연구의 대상이 자아이고, 연구자와 같은 사람이자 자아의 존재이기 때문이다. 심리학자의 자아나 사람에 대한 관찰이나 반추 그리고 이론화에 있어서 자유로움으로 잘되거나 잘못될 수 있고 정직하거나 그렇지 못할 수도 있다. 그러므로 심리학을 얼마나 잘할지, 그리고 사람을 얼마나 잘 이해할지는 관찰자가 어떤 사람인지에 달려 있다. 심리학자의 심리적 건강 여부와 인성의 발달 정도에 따라 그가 사람을 어떤 존재로 보며, 사람을 진심으로 이해하려는 마음을 갖는 데 영향을 끼친다.[8]

심리학과 과학 하기에 있어서 거룩함과 덕의 인식론적 역할

변형모델에서 하나님과의 연합과 그리스도의 성품을 닮아 가는 여정은 심리학 하기의 목적일 뿐만 아니라, 심리학의 과학을 하기 위한 결정적인 요인이며 척도다. 우리의 경험적 성장은 깊이 있고 통합적이며 개념화된 심리학을 발달시키기 위한 기초다. 그 이유는 기독교 신앙의 논리 안에서는 명확하지만, 현대적 관심에서는 벗어나 있기 때문이다. 거룩함과 영적 건강은 인간의 본성, 죄, 건강이라는 현실에 대해 개방적으로 볼 수 있는 정직함을 갖게 한다. 거룩함과 영적 건강은 인간의 현실과 실체에 대해 무엇이 진짜이고 참인지를 이해하지 못하거나 왜곡하지는 않는다. 물론 이것은 삶 전체를 걸쳐 이루어지는 과정으로 이해되어야 한다.

앞에서 언급한 것처럼, 한 사람의 심리적 건강이 탁월한 과학적 성과를 보장하지는 않지만, 건강하지 않은 열정으로 인한 왜곡으로부터 과학자를 보호해 준다. 한 사람의 정신병리는 그 사람의 경험의 지평을 제한하여 관찰과 반추, 이론화가 제대로 이루어지지 못하게 한다. 이는 심리학이 모든 과학 중에서 가장 흥미 있어 하는 부분이다. 자기 자신을 이해하고 표현하는 데 심리학은 다른 과학에 비해 왜곡의 기회가 더 많을 수밖에 없다. 비

---

8) 인성과 지식의 관계를 더 깊이 이해하기 위해서는 다음 책을 보라. 제이 우드(W. Jay Wood)의 *Epistemology: Becoming Intellectually Virtuous*(Downers Grove, Ill.: InterVarsity Press, 1998).

합리적이고 비논리적인 사고로 인해 한 사람의 성격에 대해 거부감이나 의문을 가짐으로 지나치게 단순화된 인신공격의 오류를 범할 수도 있다. 이런 상황은 재평가되어야 한다. 한 사람의 현실과 연관시켜서 다룰 수 있는 과학자의 성향의 문제, 즉 진실에 대해 얼마나 개방적이며, 무엇을 보고 싶어 하는지 그리고 과학적 태도—성령에 대해 열려 있는지 아닌지—와도 관련이 있다.

우리는 어떤 사람이 자신의 삶에서 전혀, 또는 잘 실현화되지 않은 본성의 어떤 차원에 대해서 보려고 하지 않을 때 자신의 관찰과 반추를 왜곡하려는 인간의 유혹을 예시할 수 있다. 이는 과학에서 가장 가슴 아픈, 부정직함의 악이고 속임수이며 자기기만에 대한 학술적 측면이다.

하나님이 존재한다는 사실에 대해 세속적 심리학자들은 하나님을 믿는 사람들의 경험을 초자연적이거나 병리적인 것으로 치부하거나 건강하지 못한 사람들로 간주하여 사실을 왜곡시킨다. 그렇지 않다면, 최소한 하나님에 대한 이야기를 어린 시절의 내면화된 타인과의 관계 경험으로 축소시키려 한다. 인간은 하나님 앞에서 근본적인 죄인으로 태어났고, 수치스럽고 죄인인 상태인데, 믿지 않는 심리학자에게 이것은 죄책감과 수치심을 억압하기 위해 하나님과의 관계를 가져온 것이 된다. 그 결과, 세속적 심리학자가 자신의 내면의 실재적 사실에 대해 직면하려는 의지가 없는 한, 하나님과 사람 앞에서의 수치심과 죄책감을 관찰하거나 반추하는 데 있어서 왜곡은 불가피하다. 물론 이 점은 하나님과의 관계에서 자아에 대해 진리와 연관된 자신의 실체를 제대로 직면하지 않으려고 하는 기독교인들에게도 마찬가지로 적용된다.

심리학과 과학을 함에 있어서 경험의 확장된 지평을 위한 인식론적 필요

일반적으로, 다양한 현실에 대한 경험, 혹은 경험의 부재는 종종 기독교인은 물론 비기독교인에게도 이론화의 지평을 제한한다. 이런 이유는 현실을 왜곡하여 자신에게 맞추고자 하는 사람의 경향성뿐만 아니라, 심리학에서 자신의 자아가 관찰과 반추를 위한 주요 자료이기 때문이기도 하다. 예를 들면, 만일 기독교 심리학자가 성령의 경험이나 성령과의 연합의 가능성에 대한 경험이나 의식이 부족하거나 없다면, 그의 경험 부족은 인간의 영혼과 하나님을 경험함에 관한 이론을 만드는 지평을 제한한다. 또한 자기 자신에 대한 이해가 부족한 심리학자는 자신의 분노나 두려움에 대해서 분노나 두려움 또는 인간의 본성과 그 변화의 과정의 특정한 차원에 대해서 전혀 볼 수 없다. 인지나 대인관계로 변화를 시도하는 접근법을 공부한 기독교 심리학자는 성령의 역할이나 기도의 적절한 사용, 영적 분별, 또는 영성훈련을 치료에 적용하는 것에 대해 열려 있을 수도 있고 아닐 수도 있다. 악령에 대한 경험이 전혀 없는 심리학자라면 인간관이나 치료에 있어서 정신병리나 성장에 미묘하게 영향을 끼치는 사탄의 현실에 대한 이해는 전혀 없을 것이다.

하지만 기도를 통해 성령의 임재를 충분히 경험한 기독교 심리학자는 이 경험을 더 민감하게 이해할 뿐 아니라 연구와 이론을 통해 더 탐구해 나갈 것이며, 적절하다면 내담자들과 함께 공유하기도 할 것이다. 이런 기독교 심리학자들은 이런 현상을 왜곡하거나 다른 현상으로 환원하지 않고 있는 그대로 볼 가능성이 크다.

연구분야에서는 자아의 확대를 동반한 부정직함으로 인해 이론가나 연구자들이 자기 이론에 대해 반대의 증거들이 존재함에도 불구하고 부적절한 독단화나 애착을 나타내기도 한다. 그리고 다른 현실에 대해 전부 눈을 감아 버리기도 한다. 이런 경우들은 심리학자의 심리적 건강 혹은 역기능뿐만 아니라, 그로 인한 경험 혹은 결핍(인간 존재적 구성요소)이 성령 안에서(경험 과정 구성요소) 사람의 과학을 하는 올바른 방식을 위해서는 물론, 적절한 이론화(산물 – 이론적 구성요소)를 위해 아주 중요하다는 사실을 보여 준다.

심리학 하기의 핵심으로서의 심리학자의 삶

개인의 심리적 건강과 정직성이 심리학 하기를 결정한다면, 심리학자는 자신을 제대로 아는 사람이고, 자신을 제대로 아는 사람이 심리학자라는 말은 틀린 말이 아니다. 앞서 말한 대로, 하나님과의 관계에 흥미가 없는 사람이 인간의 종교적 차원을 심리학적으로 이론화한다면 그 이론은 완전히 뒤틀릴 것이다. 기독교인이라 하더라도 만일 내면의 질투와 분노라는 깊은 이슈에 열려 있지 않다면, 이러한 영역에서 그 사람이 변형을 이해하는 데 있어 제한적 요소가 될 것이다. 심지어 이러한 현실에 대해 이론화하거나 말하는 것조차 지혜가 부족하고, 실제 삶에 대해 어떠한 언급도 없는 말뿐일 것이다.

그 경우에 아마도 이 격언은 다음과 같이 확장될 수 있다. 심리학자는 온전히 건강해지고 있는 사람이고 온전히 건강해지고 있는 사람은 심리학자다. 폭넓은 심리적 건강을 경험한 사람만이 경험의 어떤 요소가 삶과 이론에 빠져 있으면 어떤 결과를 초래하는지, 무엇이 진정한 건강을 허락하고 만드는 것인지, 사실상 병리적인 것, 경험될 수 있는 것들의 한계적 조건을 알 수 있다. 만일 자신의 두려움, 화, 죄책감, 수치심 그리고 성령의 필요를 다루지 않는다면, 이런 것들이 아마도 자신의 심리 속에서 왜곡 또는 제외되거나 다른 것으로 축소될 것이다.

심리학과 과학 하기에 있어서 영적 훈련의 역할

만일 정직하고 통찰력 있는 과학의 과정과 산물이 하나님과의 연합과 그리스도의 성품을 닮아 가며, 이웃 사랑의 결과로 나타나는 선한 성품에 의해 보호되고 더욱 실현된다면, 다음과 같은 놀랄 만한 함의를 가지게 된다. 선한 성품과 하나님과의 연합을 촉진하는 영적 훈련은 과학과 심리학을 제대로 하는 데 핵심적이다. 그래서 심리학자의 성품이 현실에 대한 자신의 개방성과 그 연구를 위한 기초가 됨은 더욱 중요하다. 그 경우에 영적 훈련은 심리학을 하는 사람의 변화, 심리학을 제대로 하는 과정 그리고 심리학을 하는 것의 최종 결과물과 연결된다. 심리학 하기와 영적 훈련에 있어서도 앞서 논의한 나선형 학습으로 나타난다. 영적 훈련이 심리학 하기를 보호하지만, 우리는 또한 심리학으로부터 영적 훈련의 본질과 태도가 제대로 되는지 그렇지 않은지에 대해 통찰을 얻을 수 있다. 우리는 심리적 성장을 위해 의식적으로 심리학의 한 학파에 속해서 공부할 뿐 아니라 개인의 성장과 성령의 인도하심을 통해 하나님과 더욱 연합하기 위해 기도와 영성 훈련의 삶을 사는 것이 어떠한지 상상해 볼 수 있다. 변형심리학 모델에서는 이러한 각 요소들이 심리학 하기와 그 결과 및 최종 목표에 있어서 결정적이다.

심리학 하기의 실존적 영역은 논리적인 면에서 모든 과학으로 확장될 수 있다. 심리적 건강은 과학 하기를 보호해 준다. 하나님과의 연합의 결과로 오는 개인의 정직성과 덕성은 학자의 관찰과 반추의 과정을 실수, 기만, 불편한 진실에 대한 억압, 현실에 가려 보지 못하게 하는 것들로부터 보호해 주며, 진리를 발견하고 하나님을 영화롭게 하는 것보다 인기와 성공을 목표로 자기중심적 이론을 만들어 가는 것으로부터도 보호해 준다. 하버드나 예일, 코넬, 버클리, 스탠퍼드 같은 훌륭한 세속대학들에서 과학을 잘하기 위해 영혼에 대한 작업과 영적 훈련을 해서 묵상과 그리스도의 연합, 이웃 사랑에 기여한다고 상상해 보라. 얼마나 영광스러운 일인가!

🛐 변형심리학과 다른 모델들

변형심리학을 기독교와 심리학을 접목시킨 다른 모델들과 비교함에 있어서 변형모델의 차별성이 무엇인지 말할 필요가 있다. 변형모델과 다른 모델들과의 차이가 미묘해서 일반적으로는 별로 중요하지 않아 보인다. 하지만 이 차이점은 심리학 하기나 수련을 하는 데 있어서 광범위한 영향을 끼친다. 제3장에서 논한 것과 같이, 각 모델은 특수하고 독창적인 통찰과 함께 취약성을 포함하고 있다. 여기서는 다른 모델들과 변형모델이 공유하는 장점들을 찾고 그것들이 변형모델과 어떻게 다른지 개관해 보기로 한다.

변형심리학과 성경적 상담모델

먼저 우리는 이 변형심리학이 인간의 조건을 이해하는 데 구속, 타락, 죄, 성령에 의한 성화 등을 강조함으로써 성경적 상담모델의 핵심적 명제와 통찰의 대부분을 공유한다고 본다. 또한 심리학을 하는 사람의 성품이 그 사람이 무엇을 하고자 하는가, 하나님과 인간성에 대해 무엇을 지각할 수 있는지에 대해 결정적이라는 생각에도 일치한다. 그러나 변형모델은 성경이 하나님 안에서 잘 살기 위한 지혜를 찾는 단 하나의 방법이라는 관점에는 동의하지 않는다. 이에 대해서는 제7장에서 창조, 특히 인간과 상황에 대한 관찰과 반추로부터 지혜를 얻는 것도 성격적 모델이 될 수 있고, 비기독교인과의 대화나 그들의 부분적으로 왜곡된 관점도 성경적 관점에서 볼 수 있는 여지가 있다는 점을 논의할 것이다.

변형심리학과 상관-설명수준 모델

변형모델은 상관모델의 어떤 요소에 대해서 동의를 한다. 변형심리학은 상관-설명수준 모델이 과학적 노력의 통합을 유지하는 관점과 일치한다. 변형모델은 성경이 주는 정보가 자연, 특히 인간 존재와 그 복잡한 상황에 대한 엄중한 관찰과 반추의 효력을 제거하지는 않는다는 점에서 과학적 노력을 전적으로 존중한다. 다시 말해서, 신학적 틀 속에 깊이 박혀 있는 가정을 통제함으로써 인간 조건에 대한 진리를 졸속으로 걸러 내지 않는다.

그러나 우리는 상관모델이 과학 하기의 목적이 어떤 대상을 연구할 때 하나님을 묵상하거나 하나님 안에서 대상을 묵상함으로써 하나님을 사랑하기라는 통찰에 대한 설명을 하지 못한다고 생각한다. 그러므로 과학 혹은 심리학 하기는 신앙의 행동이자 창조에 대한 관찰-반추의 행동이기도 하다. 이는 사람이든 과정 또는 결과이든 왜곡을 적게 하는 결과를 가져온다. 변형모델은 상관모델이 신앙 안에서 과학 하기보다는 과학 하기와 신앙을 불필요하게 분리하고 있다고 본다.

변형심리학과 통합-기독교 심리학 모델

기독교 심리학과 통합모델로부터 변형모델을 구분해 내기가 가장 어렵다. 사실상 변형모델은 두 모델과 아주 비슷하다. 그러나 몇 가지의 일치점과 불일치점을 언급하는 것만은 간신히 허용된다. 첫째, 변형심리학은 기독교인이나 하나님의 형상으로 창조되어서 그 맥락 안에서만 제대로 이해할 수 있는 사람에 대해 특별히 알고자 한다는 면에서 기독교 심리학에 동의한다. 그러나 기독교 심리학의 관점은 이 점에 대해 심리학적으로만 작업을 함으로써 앞서 논한 개요에서 벗어난다. 그저 전통적인 심리학에만 온전히 기대는 것이 문제다. 그러다 보니 인간에 대해 직접적으로 관찰하고 반추하는 과제를 제대로 해내지 못하고, 하나님이 자연에 관한 연구를 통해 가능하게 하신 인간 조건에의 모든 통찰과 지혜를 잃어버리는 위험을 안게 된다.

더욱 유의할 점은 기독교 심리학과 통합모델이 심리학을 신앙에 연결하려는 모델의 중심으로서 기독교 심리학의 결과만을 지나치게 강조한다는 점이다.[9] 우리는 앞서 인간의 존재적 변화가 현실과 하나님에게 직결되어 있고, 신앙 안에서 심리학 하기의 과정과 결과보다 더 핵심적이고 근본적임을 강조하였다. 그러므로 사람에게 초점을 둠으로써 변형심리학 모델은 기독교 심리학의 관점과 구별된다. 또한 기독교 심리학이 목표로 하는 기독교 신앙에 적합한 과정과 결과라는 목표보다 더 나은 목표를 가지고 있다고 생각한다. 이 과정과 결과는 심리학을 하는 과정에서 사람의 변화를 가져오는 것이어야만 한다. 그리고 우리는 하나님 나라 안에서, 성령에 열려 있으면서 심리학을 할 수 있게 하는 것은 신앙이라고 확신한다.

둘째, 변형모델은 통합주의자들이 하나님의 나라는 피조물과 특히 인간과 연관되어 있다는 현실을 이론이나 인간의 경험과 통합할 필요가 있다는 일반적인 주장에 동의한다. 통합적 관점은 인간의 성장을 위해 이론을 논리 정연하게 하고 실습을 함으로써 신앙과 과학의 열매를 통합하는 시도를 성공적으로 해냈다. 이렇게 함으로써 그들은 불신자들과 건강하게 상호교환을 할 수 있게 하였다.

그러나 이러한 이론에도 불구하고 통합주의자들은 실제에서 성경과 관찰-반추가 심리학의 범주 안에 일치되고 조화를 이루도록 하기보다는 세속적 현대심리학의 범주를 그들의 이론적 기초로 하여 시작하려는 경향이 있으며, 이미 존재하는 체계에 성경을 통합하려 했다는 점 때문에 비판을 받아 왔다. 게다가 기독교 심리학의 관점과 같이, 통합적 관점은 그 모델의

---

9) 통합주의자들에게 결과란 확연히 구분된 두 가지 지식(신학과 심리학)의 통합이거나, 치료에 신앙을 접목시키는 접근법이거나, 또는 통합을 함으로써 좀 더 통합된 사람이 되는 것과 같은 것일 수 있다.

핵심으로서의 결과물에 일차적인 초점을 두는 실수를 범하였다. 결국 그 결과가 두 가지 다른 지식의 영역(신학과 심리학)의 통합인지, 치료에 신앙을 통합시키는 접근법인지, 통합하는 결과로서 통합된 사람을 뜻하는지 알 수 없게 되었다. 만약 그들이 심리학을 하는 사람과 과정에 더 많이 초점을 두었더라면, 그들은 통합모델의 핵심이 세속적 심리학의 전통을 끌어안기라는 비판을 피할 수 있었을 것이다. 사실상 사람 – 심리학자의 변화에 대한 강조는 이 잠재적 불균형으로부터 우리를 보호할 수 있다. 왜냐하면 이것은 심리학을 함에 있어서 축소하거나, 편향되거나 혹은 편견을 갖는 것을 피하도록 심리학자가 정직성과 하나님과 가치 및 창조된 현실에 전체적 개방성을 가질 수 있게 하는 성품이고, 영적 – 인식론적 훈련이며 미덕이기 때문이다.

　기독교 심리학에 대한 우리의 비평과 같이, 우리는 변형모델이 통합접근의 목표나 의도를 최고로 잘 설명한다고 생각한다. 사실, 다수의 통합주의자들은 이론적 통합과 함께 일체적 통합을 강조하는 속에 명백하게 변형모델을 지칭하고 있다. 카터와 내러모어는 1979년에 이미 통합을 하는 사람의 성향과 지식과 심리학 하기의 결과와의 관계에 대해 논하였다.[10] 그들은 사람의 성격으로서 겸손과 한계에 대한 자각, 모호함에 대한 관용, 과학자로서 자신의 공포와 불안에 대한 개방성 등의 덕목을 통합하는 데 있어서 본질적인 것으로 꼽는다. 탠(Tan) 또한 개인적 통합과 통합하는 사람의 영성이 통합작업에 있어서 가장 근본적인 요소라고 하였다.[11] 『네 가지 견해』라는 책에서 개인적 · 경험적 모델에 대한 이야기를 한 존슨과 존스의 제3장에서의 논의를 참고하기를 권한다.

---

10) 존 카터(John D. Carter)와 브루스 내러모어(Bruce Narramore)의 *The Integration of Psychology and Theology: An Introduction*(Grand Rapids: Zondervan, 1979), p. 117.

11) 시앙-양 탠(Siang-Yang Tan)의 「Integration and Beyond: Principled, Professional, and Personal」, *Journal of Psychology and Christianity* 20, no. 1 (2001): 18-28과 「Interpersonal Integration: The Servant's Spirituality」, *Journal of Psychology and Christianity* 6, no. 1 (1987): 34-39.

경험적 통합이 통합과 기독교 심리학 관점에게 분명히 어느 정도 중요하지만 어느 쪽도 사람에게 초점을 두면서 어떻게 신앙 안에서 심리학 하기가 되는지에 대한 함의를 가져오지 못했다. 과학과 신앙은 두 개의 분리된 활동이 아니다. 즉, 심리학을 제대로 하는 것은 신앙 안에서 하는 것이고, 하나님의 사랑 안에서 하는 것이며, 하나님 안에 있는 대상과 대상 안에 있는 하나님을 묵상하는 것이다. 이것만이 우리가 적어도 이론작업을 축소하지 않게 도와주고, 또한 하나님이 우리가 과학을 할 수 있는 능력을 갖도록 창조하셨다는 결론을 깨닫도록 도와준다.

우리 모델에서도 과학과 신앙은 어떤 비과학적 방법론으로 통합될 필요가 있는 서로 다른 두 방법론에 의해 연구되는 각각의 현실이나 영역에 대한 것이 아니다. 이 장의 앞부분에서 제안한 바와 같이, 변형심리학은 그 범위나 한계로부터 기독교적 현실을 배제하지 않고, 과학이나 심리학의 방법론을 발달시키는 데 전념하고 있다. 성경적 상담이나 상관모델은 과학과 종교가치라는 두 영역을 구분하려고 노력한다. 통합주의자들과 기독교 심리학 모델은 이러한 도메인을 하나의 세계관이나 더 커다란 틀에 일치시키려고 하지만 과학적 방법과 기독교적 현실 사이의 관계에 대한 논제들은 불분명하게 남겨 둔다.

그러나 우리는 기독교 현실 속에서 심리학을 할 수 있으면서 신앙과 심리학을 연결시킬 수 있는 일치되고 이론적으로 응집적인 접근을 제안하기 위해서 변형심리학에서 과학적 방법론이라는 중요한 논제를 구체적으로 언급하고자 한다. 치료, 연구, 심리학 이론의 경계 속에 하나님 안에 사는 역량, 죄, 가치 그리고 성경이 치료, 연구, 심리학 이론의 경계 속에 있듯이 우리는 우리 심리학 속에 이러한 것들을 과학의 적법한 자료로 포함시킨다. 이 경우에, 변형심리학의 과제는 과학으로서의 심리학과 신학이라는 두 가지 분리된 분야를 연관시키기보다는 이들 기독교 현실의 심리학과 과학 하기다. 우리는 이것을 제6장과 제7장에서 더 논의할 것이며, 구약의 지혜서로부터 이러한 종류의 과학의 모델을 제공할 것이다.

우리는 변형심리학이 다른 모델로부터 뚜렷이 구분되면서 다른 모델들에게 가장 잘 적응할 뿐만 아니라 다른 모델의 목적을 드러내고 완성시킬 수 있다고 본다. 우리는 사람에게 초점을 둠으로써 성격문제로 인한 왜곡이나 타락되거나 기형적인 결과나 과정을 보호함으로써 신앙 안에서 심리학 하기의 핵심에 도달을 한다. 우리는 심리학 하기의 방법론, 또는 독특한 과정에 초점을 두어서 심리학(과학)과 기독교 현실의 연구를 하나님 안에서 복잡하지만 단순한 연구인 하나의 비과학으로 묶음으로써 이들이 서로 다른 두 행위로 보이지 않게 한다. 교회와 세상에 대한 섬김과 연구의 대상 속에 있는 하나님을 사랑하면서 하나님 사랑과 이웃 사랑 안에서 심리학자의 변형이 곧 이 과학의 목적이다. 이것이 과학에 대한 겸손한 인간적 목표다. 아마도 통합모델과 기독교 심리학 모델이 최우선적으로 지적하고 있는 것이 곧 이러한 내용이다.

이외에 변형모델이 다른 모델들과 뚜렷이 구별되는 점이나 함의는 심리학자들의 훈련에 미치는 효과다. 심리학자의 변화와 성장이 심리학 하기의 핵심이기 때문에 대학에서 심리학의 과정과 결과인 사람의 변형이라는 점을 고려하여 심리학자의 훈련에 대한 급진적 재고가 필요하다. 하나님께 영광을 돌리기 위해서 예수님과 연합되고 사랑을 위해서 하나님과 하나 됨이 인간 실존의 궁극적 목적이라면 심리학 하기(모든 다른 대학의 연구영역)와 과학을 포함하는 모든 다른 추구와 목표는 예수님의 형상으로 사람의 변형과 하나님과 하나 됨이라는 궁극적 의미를 갖는다. 간단히 말해서 심리학(물리학이나 신학 등을 포함) 하기의 목표는 하나님 사랑이다. 그 경우에 진정한 심리학 연구는 이론과 실제에 있어서 최종 목표와 수단으로서 반드시 변화를 가져와야 한다. 놀라운 것은 이것이 일반적인 과학에도 적용된다는 점이다. 이런 관점에서 중세 사상가들의 '창조과학은 신앙의 시녀이고, 과학자들의 목적은 신앙을 위한 것'이라는 생각은 옳다.

학부는 물론 대학원의 기독교 심리학은 교육과정의 목표에 대해서 어떻게 하나님의 사랑 안에서 교수와 학생들이 변화를 도울 것인가에 대해 고민을 해 봐야 한다. 나(존)는 기도와 영적인 작업 안에서 교과과정이 이루어진다면 학생과 교수 모두 전 과정을 통한 변화라는 목표를 도울 수 있다고 생각한다.[12] 물론 이것은 어떻게 훈련이 변화의 과정이 될 수 있는지에 대한 시작에 불과하다. 하지만 이런 생각은 윤리와 종교를 이론으로부터 분리시키고 이론과 심리적 건강을 궁극적 목표로 삼아 버린 세속적인 심리학이나 과학에서 볼 때는 전적으로 이질적인 것이다. 누군가는 이러한 영적 변형적 접근이 심리학부나 대학에 받아들여진다면 어떨까 상상해 볼 수 있다. 학생과 교수에게 있을 수 있는 변형적 경험은 과연 어떨까!

변형심리학의 윤곽을 그리기

변형심리학의 본질에 대한 근본적인 이해를 했다면, 성령 안에서 심리학하기가 어떤 것인지 전체 윤곽을 그려 볼 필요가 있다. 심리학 잘하기에 결정적인 사람의 관계적이고 변형적 요소에 근거를 하면서 연결된 약간 다른 구조와 방향성 내에서 이전의 이론들이 가지고 있는 대부분의 통찰은 유지될 것이다. 심리학에 대한 영적 혹은 변형적 접근의 윤곽에 대해서는 [그림 4-1][13]에 개관되어 있다.

변형심리학의 각 수준(1~5)은 상호연관되어 있고 상호의존적이다. 각 수

---

12) 존 코우(John Coe)의 「Intentional Spiritual Formation in the Classroom: Making Space for the Spirit in the University」, *Christian Education Journal* 4(2000)를 참고하라. 이에 대해서는 제18장의 기독교 대학과 신학대학원에서의 변형심리학에서 좀 더 깊이 다룰 것이다.
13) 이 도표는 단지 윤곽이 어떠할지에 대한 예시일 뿐이다. 변형심리학 모델은 근본적인 약속과 원리들은 유지하되 윤곽은 달라질 수도 있다.

준은 실제 경험에서는 함께 상쇄되거나 흘러가기도 하지만, 어떤 의미에서 근본적으로 서로 연관되어 있다. 그럼에도 불구하고 그 상호관련성에 대해 추상적인 방식으로 논할 수 있다. 이 변형적 접근에 따르면 연구와 과학의 분야에는 다음과 같은 논리적 흐름이 있다. a) 과학을 방법론적으로 잘할 수 있도록 과학자와 심리학자를 격려하고 보호하는 영적 학문에 의해서 영적으로 변형됨으로부터, b) 이론의 결과가 적절하게 나타나게 되어, c) 하나님과 이웃 사랑 안에서 과학자와 심리학자의 변형과 영혼돌봄이라는 실천의 열매를 맺게 된다. 각 수준에 대해서 간략하게 제시할 것이고 다음 장들에서 이 모델이 아우르고자 하는 전반적인 이론에 대해 보여 줄 것이다. 이러한 다양한 수준을 인식론적으로 묶도록 도울 수 있는 관계적 접근법은 제9장에서 다룰 것이다.

수준 1: 영적–인식론적 훈련과 덕에 의한 심리학자들의 변형

수준 1은 변형심리학의 기초로서 모든 다른 수준에서 성령 안에서 심리학 하기의 결과와 과정을 유지하고 보호하도록 돕는 영적 – 인식론적 훈련과 덕에 의한 심리학자들의 변형에 초점을 둔다. 과학은 인간의 노력이므로 인간의 성품은 과학 하기의 과정과 결과에 영향을 미친다. 이것은 특별하게는 심리학이고, 일반적으로는 과학의 목적이 하나님의 사랑을 위해서, 그리고 하나님의 사랑에 의해서 그 본질상 변형적이기 때문에 보다 더 사실적이다. 그러므로 영적 훈련은 사람이 자아의 실체를 볼 수 있게 하고, 자신이 연구하는 것의 현실과 건전한 연구과정에 열려 있을 수 있게 한다. 영적-인식론적 훈련은 또한 연구자를 연구의 과정에서 병리적 영향으로부터 보호해 준다. 훈련은 자신의 실체를 보지 못하게 막는(기만), 현실에 개방적인 것을 방해하는 악에 의한 것, 거짓된 의도, 환상, 과대망상, 자만, 소심함 등 수많은 것들로부터 연구자를 보호한다. 이런 훈련에 대해서는 제5장에서 다룬다.

수준 5: 심리학자와 교육을 위한 영적-변형적 목표			
하나님과의 연합	그리스도를 닮아 감	사랑	하나님을 영화롭게 함
(하나님 안에서 심리학 대상을 묵상)			
수준 4: 영혼돌봄으로서의 성령 안에서 심리학의 실제			
20세기 심리치료 개입법 (정신역동, 심층관계, 실존, 인본 주의, 인지행동 등)	영성지도		새로운 패러다임?
수준 3: 지식군의 발달과 이론화			

자아의 본질

1. 영으로서의 자아
2. 본성을 가진 자아

3. 관계적 자아

4. 관계를 넘어서 하나님과
   연합된 자아

죄와 정신병리

1. 원죄
2. 마음의 죄

3. 죄의 희생자

4. 악령

심리적 건강

1. 그리스도가 없는 건강
2. 하나님의 변형적 사랑을 위
   한 모델로서의 부모 사랑
3. 성령에 의한 그리스도 안에
   서의 건강
4. 성령 안에서 하나님과 이웃
   을 사랑할 수 있게 만드는 십
   자가 구속
   a. 영성발달
   b. 영적 훈련과 분별

수준 2: 하나님 안에서 심리학 하기 연구, 방법론 [사회 과학 모델로서의 구약의 현자(sage)]		
하나님의 사랑 안에서 창조와 말씀에 대한 관찰	하나님의 사랑 안에서 창조와 말씀에 대한 반추	하나님의 사랑 안에서 다른 사람들의 반추와 상호작용
수준 1: 영적-인식론적 훈련과 덕에 의한 심리학자들의 변형		

현존 (presenting)	기억 (recollection)	정직한 고백	분별	관상기도

[그림 4-1] 변형심리학 모델의 윤곽

결과적으로 과학과 심리학 하기에는 자유와 자유의 남용과 관련된 과학에 내재된 윤리, 혹은 영성이 존재한다. 이것은 놀랄 일이 아니라 과학 하는 죄인이라는 영적인 함의의 경험 세계가 존재하며, 십자가와 성령 앞에서 우리의 편견과 방어를 다룰 필요가 있다는 점은 예상가능한 일이다. 현대과학은 점점 세속화되고, 합리성이 오류와 기만을 찾아내는 데 충분하다고 믿고 있기 때문에 이러한 현실들을 위한 자리가 없다. 현대과학은 합리성이 교만, 억압, 왜곡 그리고 악한 마음의 주인을 경배하는 데 사용될 수 있다는 죄의 근본적 속성을 보지 못한다.

수준 2: 하나님 안에서 심리학 하기, 연구, 방법론

수준 2에서 과학과 심리학 하기의 과정과 방법은 현실을 탐구하는 현실주의자의 접근에 기초한다. 변형심리학은 우리가 알 수 있는 외적 세계가 존재한다는 점을 알고 있으며, 그 외적 세계는 발견될 수 있는 역동적 구조를 포함한다(일반적으로는 자연법칙, 특별하게는 인간심리학의 역동). 이러한 점은 제6장부터 제9장에서 분석할 것이다. 관찰과 반추에는 목적이 있는데, 구약의 현자들은 고대 과학자로서 사물을 다스리는 자연의 기능과 생물들의 성장역동에 대해 이해하기 위해서 자연의 구조, 특히 인간의 본성과 같은 역동적인 법칙을 관찰하였다. 이러한 고대 현자들은 사회적으로 구성된 이론을 조립하기보다 하나님이 발견할 수 있도록 창조하신 세상과 그 구조에 근접해 가는 방식을 찾고 있다고 생각했을 것이다. 이러한 점은 변형적 과학자로서 구약 속 현자의 남다른 과제였다. 물론 발견의 근접과정은 참이나 합리적인 것의 보증된 주장들을 정당화하기 위해서 다른 사람들과 대화나 면밀한 조사에 열려 있지만 본질상 결정적이다.

한 걸음 더 나아가서, 구약의 현자는 하나님이 이미 성경 속의 현실의 어떤 차원에 대해 권위 있는 해석을 주셨음을 안다. 하나님의 해석은 창조상에서 자신의 반추와 관찰과 지속적인 대화를 하면서 변형하고 근거가 될 필요가 있는 하나님이 저자인 반추의 기본원리를 심리학자에게 제공한다. 그리고 이것은 하나님에 대한 경외와 사랑 안에서 이루어진다. 구약의 지혜서는 우리에게 이 자연법칙의 방법에 대한 통찰과 하나님 안에서 과학을 잘할 수 있도록 목표와 안전장치를 제공하며, 나쁜 성품과 무절제한 욕구로 인한 거짓을 피할 수 있게 한다.

수준 3: 지식군의 발달과 이론화

변형과학자의 중심적 목표 중 하나는 하나님과 이웃을 사랑할 목적을 달성할 수 있도록 현실에 근접하는 이론군 만들기다. 이것은 성령 안에서 과학자가 행한 개념작업의 결과다. 그러므로 영적-변형적 목표는 이론의 전체 스펙트럼에 걸쳐 있고, 이론의 일부 요소는 다른 부분보다 더 실존적인 연관성을 지닌다. 그럼에도 불구하고, 아르곤의 원자구조 혹은 기억과 관련된 신경생리학적 과정을 묵상하는 것에서부터 질투, 악의 그리고 자신과 이웃과 하나님에 대한 사랑의 심리학적 역동을 이해하는 것까지 이 모든 것은 다음과 같은 목적을 갖는다. (a) 하나님의 사랑이라는 맥락 안에서 이해하려는 목적과 (b) 하나님과 연합함으로써 일어나는 성품의 변화와 하나님의 사랑과 영광 안에서의 궁극적인 인간의 삶에 더해 가려는 목적이다.

변형심리학의 주요 이론적 내용의 영역은 제10장에서부터 제15장에 나온다. 우리가 이러한 내용의 영역에 관련된 모든 것을 자세하게 다루는 것은 불가능하다. 다만, 우리는 이런 영역의 개략적인 윤곽과 변형적 접근법으로 사람에 대한 이론을 개발하는 데 관심이 있는 사람들에게 도움을 줄 만한 자료를 제공할 수 있다. 이런 면에서 전체 심리학자들을 위해 그저 하나의 연구 개요를 제공하는 것이다.

수준 4: 영혼돌봄으로서의 성령 안에서 심리학의 실제

영성 형성의 심리학 모델에는 변형이론에서 변형적 실제로, 이해에서 치료로, 자기에서 이웃으로, 반추에서 타인의 사랑으로의 논리적 움직임이 있다. 만일 사람에 대한 이론을 발달시키는 목적이 하나님과 이웃에 대한 사랑이라면, 이런 이해와 변화의 과정에는 다른 사람을 도와줄 방법이 있어야 한다. 역사적으로 세속과 기독교 모두는 멘토링과 교육, 훈련, 개인지도와 가르침의 형식을 다양하게 개발해 왔다. 19세기와 20세기에 출현한 심리학은 인간 기능과 정신병리를 제기할 목적으로 다양한 유형의 관계적, 인지적 그리고 행동적 개입과 심층치료의 형태로 다른 사람과 함께하는 방식과 멘토링의 독특한 형태를 제공하였다.

토드는 이러한 다양한 전통을 깊이 있게 탐구하기보다 제16장에서 폭넓은 관계적 패러다임인 주목할 만하고 유망한 심리치료의 비전을 제시한다. 그는 애착이론, 대상관계, 감정신경과학에 초점을 맞추어 어떻게 이 패러다임이 다양한 영역과 학과를 수렴하여 보여 주는지에 대해 논의하고, 몇 가지 전통적 치료의 부족한 점에 대한 오늘날의 과학적 관점을 제공할 것이다.

이러한 치료와 영혼돌봄의 관계적 패러다임 또한 간략하게 탐구할 것이다. 이 탐구는 사람의 성장을 돕는 전통적인 기독교 방식인 영성 지도와 제자훈련에 있어서의 최근의 발달을 수렴하는 데 중점을 둔다. 영혼돌봄을 위한 이러한 전통방식의 이면을 들여다봄으로써 하나님과 이웃 사랑은 물론 심리학적이고 영적 성장을 장려할 수 있는 적용가능한 새로운 패러다임에 대한 힌트들을 얻게 될 것이다.

수준 5: 심리학자와 교육을 위한 영적-변형적 목표

궁극적으로 모든 과학, 이론과 실제의 목표는 하나님과 이웃 사랑 안에서의 변형이다. 과학과 이론화 그리고 이웃 사랑을 위한 실천적 적용 등의 활동, 그 자체가 모두 관련된 사람들의 변형이라는 최종 결과를 위한 것이다. 이것은 특히 심리학자, 치료사, 연구자들에게 더욱 그렇다. 그것이 연구조사의 과정이든, 이론화의 과정이든, 사람을 돕는 실천과정이나 초보심리치료사의 수련이든 이 모든 것은 성령님께 열려 있어서 과학이라는 바로 그 대상에 대한 묵상 안에서 하나님을 사랑하려는 태도를 가지고, 이것이 교회와 세상에 있는 이웃을 사랑하는 데 어떤 영향을 미칠지를 생각하며 이루어져야 한다. 심리학자들은 사람과 변형의 역동의 본질에 대해 하나님 안에서 묵상할 수 있는 기회를 갖게 된다. 그리고 성령과 연합되어 감에 따라 하나님의 사랑 안에 있게 되고, 타인의 영혼을 돌봄으로써 자신과 타인을 이해함을 통해 하나님의 충만하심으로 채워질 수 있는 기회를 얻는다. 이것이 심리학자가 실천과 삶을 통해 현실적으로 타인을 진심으로 사랑할 수 있게 됨으로써 얻게 되는 사랑과 묵상의 유익함이다. 이것이 과학과 심리학의 변형적 접근법을 통해 하나님과 연합하기 위한 과정의 전부이며, 이 땅의 삶에서 우리가 스스로에게 줄 수 있는 모든 과제의 진실이다. 이에 대해서는 제13장과 제15장 그리고 제18장에서 다루게 된다.[14] 이런 일들을 제대로 해낼 사람은 없지만, 이것이 건강한 변형심리학의 목적이다.

  마지막으로, 우리는 제18장에서 앞서 논한 심리학적 작업과 훈련이 대학에서는 어떤 모습일지와 그런 영적 성장과 탐구가 치열한 학문적 틀 안에서 이루어질 때 시간이 흐른 후에 어떤 결과를 얻게 될지에 대해 볼 것이다. 우리는 그것이 현재 학부생과 대학원생들이 경험하는 것과 상당히 다를 것으로 예상한다. 또한 우리는 건강한 영적, 혹은 변형적 심리학이 하나님 안에서의 자기이해를 통해 모든 대학과 신학교 그리고 교회에 영향을 끼칠 수

---

14) 제13장과 제15장은 과학자, 심리치료사, 심리학자를 포함한 건강한 사람의 궁극적 목적과 목표에 대해 논하게 된다. 제18장에서는 특별히 심리치료사나 심리학자로서 훈련을 받고 있는 사람들과 관련된 주제를 다룬다.

있을 것인가에 대해서도 간단히 다루어 볼 것이다.

결론

다음 장들에서는 심리학과 과학을 하는 데 있어서의 변형적 접근법의 윤곽에 대한 묘사와 소개를 위해서 앞서 논의된 다양한 수준에 대한 설명이 상세히 이루어진다. [그림 4-1]에 나타난 변형모델의 다양한 수준은 책을 위한 윤곽이자 이 접근법의 일반적 윤곽이기도 하다. 제2부에서는 독자들이 이론을 정립할 수 있도록 이 모델의 기본적인 방법론적 문제 및 개입 방법과 관심사에 대해 중점적으로 다룬다. 이러한 장들은 현대 세속심리학에 맞서는 핵심 문제와 난제에 대한 답이 될 것이다.

심리학자의 변형과
영적-인식론적 훈련과 덕(수준 1)

John Coe

"신학자는 진정으로 기도하는 사람이며
진정으로 기도하는 사람은 신학자다."
에바그리우스, 4세기

"심리학자는 자기 자신을 진정으로 아는 사람이며
자신을 진정으로 아는 사람은 심리학자다."

만일 영적 훈련과 인격을 심리학과 과학 하기에 섞는 것이 지적으로 맞지 않거나 부적절해 보인다면, 우리는 그것을 통해 과학으로부터 성령 안에서의 삶을, 지식으로부터 신학을, 사실로부터 가치를, 그리고 개념, 덕과 선의 추구로부터 대학을 분리하는 현대의 학풍에 영향을 받아 왔음을 알 수 있다. 앎의 방식 또는 세속적 인식론의 도덕적 실패의 가장 중심에 이러한 현실의 양분이 있다. 또한 이 점은 십자가와 성령에 의해서 다시 되찾아야 할 심리학과 과학이 있음을 우리에게 알려 준다.

변형심리학은 심리학자의 성품이 하나님 안에서 심리학을 잘하기의 심중(heart)이라는 점을 제4장에서 강조하였다. 덕이기도 하고 악이기도 한 심리학자의 기질이 자신의 현실에 얼마나 개방적인가의 정도를 결정하기 때문에 이러한 점을 가장 중요하게 강조하였다. 이것은 모든 과학 분야에 해당된다. 그 점에서 한 사람의 성격이 심리학 하기의 과정을 좌우하고, 심리학 하기의 결과물을 좌우한다. 이것은 놀라운 일이 아니다. 다른 심리학자들도 믿음으로 심리학을 하는 과정에서 인격과 영적 삶이 중요하다고 제3장에서 제안했기 때문이다. 독특하고 새로운 점은 우리는 이 부분을 심리학자들과 상담자들의 훈련과 전체 모델에 대한 기초로서 분명하게 만들고 싶다는 것이다. 사람의 성격에 대한 이러한 기초는 심리학과 기독교를 연결하는 근거일 뿐 아니라 기독교 자체에 있는 고유한 변형심리학을 하기 위한 근거도 된다. 하나님과 현실에 열린 상태로 심리학 하기의 필요한 덕을 발달시키면서 과학자인 심리학자의 변형을 돕는 핵심적이면서, 기초적인 영적-인식론적 학문이 있다. 우리의 변형모델은 자기 기만과 왜곡에 대항하도록 돕는 영적-인식론적 학문에 초점을 맞춤으로써 이 부분을 명백하게 만들고 싶다. 자기 기만과 왜곡은 사람과 알아 가는 과정을 혼미하게 하고, 과학 하기를 변질시킬 수 있다. 그래서 우리는 영성과 지식, 성격 특성과 과학, 영적 훈련과 인식론 사이의 관계와 더불어 변형모델의 윤곽을 논의하면서 출발한다.

도덕적-영적 인식론: 덕과 악

변형심리학 모델은 현실세계를 알 수 있으면서 아는 자의 특성을 진정으로 책임지려고 시도하는 도덕적-영적 인식론에 헌신되어 있다. 기독교를 구성하는 믿음의 교리가 사실이라면, 교리는 알아질 수 있는 현실의 부분이다. 더욱이 제4장에서 언급했던 바와 같이 교리는 모든 인간 지식의 목적인 하나님의 사랑이며, 하나님의 사랑 안에서 실재를 아는 것이다. 그러므로 과학은 궁극적으로 사랑의 한 형태다. 즉, 알아 가면서 하나님을 사랑하는 방식 그리고 모든 것에 대한 연구와 하나님 안에서 그들을 묵상하고 이해하면서 현존하는 모든 것을 사랑하는 방법이다. 이러한 점에서 하나님을 사랑하는 형태로서 심리학과 과학 하기, 그리고 알아 가기에는 몇 개의 악과 덕이 연관된다.

먼저, 하나님의 사랑과 현실 그리고 뜻 이외의 무언가를 알고 싶어 하거나 알려고 하는 '호기심(라틴어로 curiositas)'은 중세시대에서는 인식론적 악이었다. 사도 바울에 의하면, 모든 창조된 것이 선하다고 했는데, 만일 그들을 하나님이 주신 은사로 받아들일 수 있다면, 넓게 본다면 알려고 하는 것도 선한 것이다(딤전 4:4-5). 창조된 선한 것과 창조의 지식을 하나님으로부터 온 은사로써 감사하게 받아들이지 않는다면 알아 가는 경험은 하나님의 의도에서 무언가 빗나가게 된다. 구약 지혜서의 저자는 지혜의 말씀과 지식의 추구는 궁극적으로 하나님을 더 깊이 신뢰할 수 있도록 이끌기 때문에 선하다고 하였다(잠 22:17-19).

지적인 미덕과 악덕에 관한 논의에서 아퀴나스는 호기심이 악덕이 되는 최소한 두 가지의 형태를 제시하였다.[1]

1. 알려지면 안 되는 것을 알고 싶어 함(예, '악한 영에 대해 알아보는 것과 같은').
2. 알려지면 안 되는 방식으로 그 무엇을 알고 싶어 함(이름하여, 하나님 사랑과 하나님의 영광을 위해서가 아니라 단지 자신의 목적을 위해서).

첫 번째 호기심의 형태에 관해서 하나님의 뜻과 이웃 사랑 외의 것들에 한해서 알지 말아야 할 것이 있다. 예를 들어, 점성술이 정보나 지식의 자원이 될 수 있지만 구약에서 하나님에 의해 금지되었기 때문에 점성술은 호기심이 악이 되는 본보기다(신 4:19, 18:9-14, 사 47:13-14). 점성술에 기초한 지식이 있을 수 있지만, 그것이 하나님에 대한 믿음을 방해하는 지식이 될 수 있다. 또한 포르노, 배아연구, 유전공학의 어떤 형태, 다른 사람들에 의해

---

1) 토마스 아퀴나스(Thomas Aquinas)의 *Summa Theologica* 22 q. 167 a. 1-2(*Summa Theo logiae*, ed. Thoms Gilby, trans. Blackfriars[London: Eyre and Spottiswoode, 1972], 44: 201-205).

가려진 비밀들과 관련된 지식을 알려고 해야 하는지 또는 알려고 하면 안 되는지에 대한 논쟁들도 있다.

두 번째 유형의 호기심은 하나님 사랑과 분리되어서 무언가를 아는 것과 관련된다. 현대의 거의 모든 대학모델은 아는 것이 영성과 하나님에 대한 헌신과는 분리되어 있는 악의 형태다. 이런 지적인 덕에 관해 아퀴나스는 다음과 같이 말하였다.

> 하나님의 지혜와 거리가 먼 세상의 진리와 피조물에 관해 알고 싶을 때, 어거스틴은 "우리는 유한적인 세상과 피조물에 관한 호기심을 키우면 안 된다. 하지만 우리는 이와 반대되는 영원하고 소멸되지 않는 것을 탐구해야 한다."라고 말했다.[2]

두 가지 호기심의 형태가 현대 대학에 적용되고 있음은 의심할 여지가 없다. 그러나 우리의 변형심리학과 더 관련된 것은 앎의 '절대 선'과 하나님 사랑하기의 진정한 목적과 분리되어 우리의 지적인 능력을 실행하면서 하나님과 상관없이 무엇인가를 알 수 있다고 보는 호기심의 두 번째 형태다. 고대에 이런 종류의 앎 또는 호기심은 지적인 악으로 이해되었고, 알아 가는 과정을 경험하기에는 피조물 자체가 부족한 존재로 이해되었다. 이런 악의 호기심은 관찰과 반추의 모든 지적인 행동을 형성하는 하나님에 대한 사랑과 열린 자세가 없는 경우다. 결과는 '인식론적 병리' 또는 아는 것의 왜곡이다. 따라서 심리학자, 물리학자, 심지어 신학자들까지도 더 작은 목표를 가지고 연구하고 가르치라는 유혹을 받을 수 있고, 더 협소해진 지식의 종

---

2) 토마스 아퀴나스(Thomas Aquinas)의 *Summa Theologica* 2 2 q. 167 a. 1(*Aquinas Ethicus: Or, The Moral Teaching of St. Thomas. A Translation of the Principal Portions of the Second part of the Summa Theologica*, trans. And notes by Joseph Rickaby, S. J. (London: Burns and Oates, 1892), p. 372.

류는 변형과 하나님의 영광과는 분리됨을 초래한다.

이는 하나님과 상관없는 자율성의 지식을 추구하는 대학에 있는 인식론적 앎과 죄에 대한 전면적 고발이다. 하나님에 대한 감사 없이, 그리고 창조주의 사랑과 이웃을 향한 사랑 안에서 알아 가는 것이 아니라면 삶에서 알아 가는 복을 누리는 것보다 더 악하고 교묘한 게 있을까?

진정한 앎은 하나님의 사랑과 연결되었다는 점에서 영적-인식론적 덕이다. 이것은 변형을 돕고 다양한 인식론적 병리나 악으로부터 사람들을 보호하는 특성이 있다. 정직함, 하나님께 열린 자세, 하나님께 나아가는 것을 연습하는 덕은 속임, 자만, 질투, 자기애와 자기확대와 같은 악으로부터 사람을 지킨다. 그러나 선한 의도를 가진 기독교인 과학자들도 쉽게 괴롭힘을 당한다. 하지만 앎의 추구에서 이런 인식론적 덕, 또는 신실함과 정직함의 습관은 하나님을 향해 마음을 연다. 덕 자체가 과학자를 위대하게 만들어 준다고 오해하지는 마라. 위대해지는 것에는 재능, 시간, 노력과 다른 여러 가지 이유가 있다. 그러나 덕은 심리학 분야의 전문가들을 기만으로부터 보호하고 과학자가 혼동하지 않도록 보호한다. 그리고 지식 추구에서 지속적으로 하나님 앞에 열려 있으면서 정직하도록 돕는다.

영적-인식론적 훈련들: 지식이 포함된 사람 안에 덕 형성하기

더 나아가, 지식 속에 포함된 덕들은 몇몇 종교적 은둔자들에 의해서 행해진 일단의 난해한 실천들이 아닌 영적-인식론적 훈련의 틀에 의해서 형성되고 보호될 수 있다. 오히려, 이들은 지식 추구에서 하나님의 뜻에 순종하는, 성경적이고 정직한 반추의 논리를 드러낸다. 이러한 덕은 사람이 인생에서 무엇을 추구하고 살아야 하는지에 대한 성경적 사고에 맞는 논리를 제시한다. 그러므로 다음의 훈련들은 지식과 과학의 추구에서뿐 아니라, 인생의 모든 추구에서 기본이 된다.

자신을 하나님께 드리는 영적–인식론적 훈련[3]

무엇보다도 하나님께 드리는 영적 훈련은 온전한 자신으로 하나님을 예배하는 행위다. 거기서 사랑 안에서 하나님에게 자신을 의식적으로 드리기 위해(롬 12:1-2) 하나님의 뜻으로 자신이 찔림을 받도록 하는 방식인 활동 속에서 자신을 하나님께 드린다. 이것은 하나님 뜻에 대해서 깊이 잠들지 않도록 의지를 보호한다. 과학자 또는 심리학자(또는 신학자 등)는 사도 바울이 자신을 하나님 앞에 산 제물로 드리라는 충고를 들어야 한다. 과학자들은 천지창조를 연구하면서 자신을 하나님께 드리며, 자기 자신에 대해서, 그리고 창조 안에서 발견한 진리에 가능하면 의식적으로 자신의 의지가 순종되도록 용인한다. 이런 발견에서 그들은 더 깊이 하나님을 향하고 영 안에서 어떻게 반응해야 되는지를 배우고 경험한다. 이는 "하나님, 제가 자연으로, 그리고 말씀으로 당신의 진리를 듣습니다. 제가 여기 있습니다."라고 의도적으로 말하는 것이다. 하나님께 나아가는 이런 훈련은 과학자들이 일에서 영적으로 잠들지 않도록 보호하며, 그들의 연구에서 하나님께 둔해지지 않도록 보호한다. 또 그들의 열정이 과학적 추구에 지배되지 않도록 하고 그들의 발견을 왜곡하지 않도록 보호한다. 이제 막 피어나는 심리학자들은 성령에 의존하기보다 스스로 자율성을 가지고 자신의 일을 하지 않도록 하기 위해서 대학원에서 이런 기본적인 영적–인식론적 훈련을 배울 필요가 있다.

---

3) 나는 이런 영적인 훈련들이 인식론적 또는 알아 가는 과정과 관계가 있다고 주장하기 위해서 영적–인식론적 훈련들이라고 부른다. 그러나 일반적으로 영적 훈련은 영적인 삶을 위한 것이다.

회상기도에 대한 영적-인식론적 훈련

두 번째로, 회상기도[4]는 꾸준하고 변함없는 하나님의 사랑(빌 3:7-10) 안에 거하며, '우리 속에 있는 그리스도'의 현실을 가지고 '예수님 안에(십자가에서 완전한 수용과 용서를 가진), 있고, 구속 안에서 자신이 진정한 정체성을 가진 존재임을 상기하는 훈련이다. 기도는 우리가 추구하는 모든 것에 하나님을 사랑하는 목표를 향한 우리의 길을 지켜 주는 핵심이다. 왜냐하면 그리스도 안에 머무르지 않고서는 아무것도 할 수 없기 때문이다(요 15:5). 이런 기본적인 훈련은 과학자나 심리학자가 자신의 저서나 지식, 연구업적 등으로 중요한 존재가 될 필요가 없이 모든 삶이 은혜인 것을 상기하도록 한다. 우리의 진정한 정체성은 그리스도 안에 있다. 이것은 우리의 삶을 도덕주의로부터 보호하고, 잘못된 의사결정으로부터 보호하며, 수치심이나 자기애로 가고자 하는 욕구 그리고 자신의 힘으로 해결하고자 하는 마음으로부터 우리를 지켜 준다.

과학자들과 어떤 분야(물리학, 신학, 문학)를 탐구하면서 알아 가고자 하는 모든 사람은 자신의 업적에서 초점을 상실하는 유혹이나, 그 안에서 자신의 정체성을 찾으려고 잘못된 방법으로 힘을 쏟거나, 고통스러운 자기인식을 피하거나 또는 알게 된 결과를 왜곡하는 유혹을 받는 자리에 서게 된다. 이는 하나님의 사랑 안에 있는 사람들의 눈에는 정말 인생을 허비하고 있는 것처럼 보인다. 회상기도는 우리의 동기, 의도, 우리의 작업 그리고 심리학과 과학을 구원할 필요를 우리에게 직면시킨다. 단지 신자로서 우리가 이런 일을 하기 때문에 자동적으로 되지는 않는다. "하나님께서 지으신 모든 것이 선하매, 만일 감사하는 마음으로 받으면 버릴 것이 없나니 하나님의 말

---

4) 이런 구체적인 기도의 형태 리처드 포스터(Richard Foster)의 *Prayer: Finding the Heart's True Home* (San Francisco: HarperSanFrancisco, 1992), pp. 155-166을 보라.

씀과 기도로 거룩하여짐이라."(딤전 4:4-5)라고 바울이 디모데에게 편지했 듯이, 모든 창조된 것은 선하고 즐길 만하다. 이는 창조 노력이 그 자체로 선 하기 때문에 그것이 나에게도 반드시 선하다는 의미는 아니다. 그림을 그리 거나 신학을 하는 것은 선하지만 각각은 그것을 감사로 받고, 기도와 말씀 으로 경험하면서 하나님 안에서 그것들을 거룩하게 하려고 하는 목적적 행 동이 요구된다. 그러나 내가 만일 정체성을 찾으려고 내 힘으로만 이런 창 조활동을 한다면, 우상을 숭배하는 행동이 된다. 심리학 하기와 치료하는 활 동에서도 마찬가지다.

그러므로 신자인 과학자들은 우상숭배나 잘못된 정체성을 새롭게 해야 한다. 이런 잘못된 노력에 빠져 있는 현실을 조명하며 진정한 정체성에 열 려야 한다. 이것이 기도의 핵심이다. 나의 핵심은 치료자가 아니고, 신학자 도 아니며, 중요해지고 싶은 누군가도 아니다. 내가 하는 일을 인정받아야 하는 누군가도 아니다. 오히려 나는 주님 안에 있고 완전히 용서받은 사람 이다. 나는 그의 의로움 안에서 사랑받는 자로 받아들여졌다. 나는 영(성령) 안에 있다. 이런 기도는 나에게 예수 그리스도—나는 완전히 용서받았고, 완전히 그 안에 받아들여졌으며, 그리고 나의 정체성이 그 안에 있다는—안 에서 진리를 경험하도록 나를 인도하였다. 나는 내 일을 나의 힘으로 혼자 하지 않고 하나님과 함께하고 싶다. 그리스도 안에 있는 우리의 진정한 정 체성을 마음에 두는 회상기도는 우리의 열정에 의해서 밀려다니는 연구의 잘못된 동기, 거짓, 왜곡을 줄이는 데 도움을 줄 수 있다. 회상기도는 우리의 열정이 요구하는 방식대로 데이터를 거짓으로 만들어 내도록 우리를 움직 이거나 고통스러운 진리의 발견을 피하고 싶어 하는 자기애와 자기과정의 정도를 억제할 수 있다. 이 기도는 우리의 연구와 이론에 역행하거나 고통 스러운 어떤 진리를 발견하도록 개방하고 직면하도록 격려할 수 있다. 이것 은 사회학자, 물리학자, 예술가 그리고 신학 해석자와 조직신학자에게도 마 찬가지다. 지적인 추구를 하는 사람은 누구나 열정으로 인한 인식론적 왜곡의 가능성으로부터 자유로울 수 없다.

　회상기도는 진실을 받아들이는 마음을 담대하게 한다. 과학자들은 "하나님, 제가 무엇을 하든지 이 일을 그리스도 안에서 하고 싶습니다. 혼자서 하고 싶지 않아요. 제가 발견한 것을 두려워하고 싶지도 않습니다."라고 기도하길 권한다. 기도는 마음이 그리스도 안의 진정한 정체성 안에서 성령으로 다시 모아지도록 하는 것이 목적이다. 막 피어나는 모든 치료사, 심리학자, 연구자는 매일 자신의 마음을 기억하며 잘못된 동기를 드러내고, 그들의 진정한 정체성을 상기하면서 심리학적으로 풍부한 연구와 작업을 하게 되는 길이 축복의 길이 될 것이다.

참됨과 정직의 영적-인식론적 훈련

　세 번째, 마음으로부터 정직과 참됨(라틴어, veritas)의 훈련은 우리의 마음을 진리와 현실에 여는 역량과 관련이 있다(시 15:1-2). 여기에는 두 차원이 있다. 첫째, 정직은 인생의 과제들을 추구할 때 우리 마음에서 진정으로 진행되고 있는 것에 열려 있도록 할 뿐 아니라 하나님과 함께 솔직함으로 들어가게 할 수 있다. 성령 안에서의 영적-인식론적 정직훈련의 이런 측면은 우리의 연구와 과학적 작업을 거만함, 폐쇄성, 인위성, 자기애성과 시기심 그리고 다른 악들로부터 보호한다. 이런 경우 과학자는 자신의 마음을 진리에게 거울처럼 비추게 될 것이며, 하나님 앞에 열린 자세로 있을 수 있다. 우리는 이기심과 자만심으로 인해 과학적 조사를 하면서 자기중심적인 결론을 내리거나 다른 연구들을 하고 싶은 유혹이 있을 수 있기 때문에 이런 훈련들은 정말 중요하다. 진리인 하나님 안에서 지식을 사랑하는 올바른 행로 위에 우리 마음을 머물게 할 수 있다.

　정직 또는 베리타스(veritas)의 두 번째 차원은 (진리인) 현실에 지적 개방의 영적-인식론적 덕인 참됨과 연관이 된다. 이것은 진짜인 것에 동의하는 열린 자세를 말한다. 이는 정당한 것, 분명하게 옳다고 생각되는 믿음, 확신의 다양한 정도 등에 대한 합리적인 접근에 열려 있는 자세다.

　현대적 마음은 특히 다음과 같은 요소에게 열려 있게 될 때 이런 종류의 참됨과 정직을 필요로 한다.

1. 참인 것을 알 수 있는 다중의 방식
2. 우리가 아는 것을 어떻게 알았는지에 대해 다중의 합리적인 정당화의 절차
3. 감각으로 분별할 수 있는 것을 넘어서서 하나님과 창조질서를 포함함으로써 존재하는 다중의 현실
4. 알려진 어떤 것이 믿음의 움직임과 동의 속에서 하나님의 마음으로 도움을 받는다는 사실

　참됨의 부재는 지식의 경계에 관하여 대학 내에서 급진적 왜곡과 단절을 초래해 왔다. 그것은 하나님의 사람에 의해서 조력을 받지 않은 채로 자율적인 사람들의 동의에 의해서만 합법성을 인정받으면서 오직 물리적 차원에만 한정된 인식론이다. 더군다나 과학은 과학적으로 명백한 진리로 옷을 입은 강렬한 독단을 가진 정당화되지 않은 추정들을 주장하거나 (모두 다 회의론에 빠질 수 있는) 상식의 엄격하고 불가능한 기준을 도입하는 사이를 왔다 갔다 한다.

　믿음의 현실에 따라서 신자인 과학자와 심리학자는 이성과 믿음에 대한 동의 둘 다에 열려 있어야 한다.[5] 이성의 동의는 앎의 대상(숫자, 물리적 대상, 생각과 제안, 다른 마음과 천사의 존재, 자연적 계시 안에서 하나님의 존재)에 마음

---

5) 현실주의 – 기독교 인식론에 대해 더 많이 언급한 것이 있다. 믿음의 동의에 대해 더 많은 통찰을 얻기 원한다면, 앨빈 플랜팅가(Alvin Plantinga)의 *Warranted Christian Belief*(New York: Oxford University Press, 2000)를 보라.

을 여는 것과 관련이 있다. 여기서 앎의 대상이 앎의 대상에 관한 제안의 진리에 동의를 하도록 마음을 움직인다. 마음이 2 더하기 4가 6이라는 것을 이해할 때, 동의를 억제하면서 그 사람의 감정이나 느낌을 움직이는 다른 열정이 있지 않는 한 그 마음은 그 진리에 동의하지 않을 수 없다. 이것이 단순한 감각적 앎을 넘어서는 현실의 진리에 대한 우리의 동의다.

그러나 성령이 내주하는 신자는 믿음의 동의에도 관여한다. 앎의 행위는 마음과 생각이 믿음의 궁극적 대상인 하나님의 사람에게 열려 있을 때 일어난다. 하나님의 사람은 사랑 안에서 그 뜻을 움직이고, 그래서 제시된 믿음의 대상과 관련된 진리(예, 하나님이 함께함의 현실, 성경의 진실성, 이성의 견지에서 성경을 정확하게 해석한 제안의 진리)에 동의하도록 자유롭게 움직일 수 있다. 따라서 성령에 의해서 움직이는 현실 속에서 예수 그리스도가 하나님이라고 믿거나 동의하는 신자는 완전한 인식적 보증을 가지고 동의한다. 사실상 창조주 하나님이 사랑 안에서 그 뜻을 펼쳐서 마음이 거부할 수 없게 진리에 동의를 하도록 움직였다는 현실 또는 사실이 곧 이러한 보증이다.

우리는 창조주가 진리라고 알고 있는 것과 우리의 의지와 하나 되어 동의가 일치되도록 우리 마음을 움직이는 것을 사랑 안에서 동의한다. 물론 이 방법이 다른 사람들에게 인식론적 확신으로 좋은 것이 아닐 수 있지만, 경험을 한 사람에게는 이보다 더 좋은 것이 없다. 이는 아퀴나스가 이 '믿음의 동의'는 개혁주의 신학자들이 '성령의 조명'이라고 불렀던 것에 포함된다. '성령의 조명'은 더 이상 경험적으로 설명할 수 없다(고전 2:14-16).[6] 여기에 포함된 미묘하고 함축적인 이슈들로 책 한 권을 채울 수도 있지만, 이 책의 목적상 이정도로 충분하다. 신자인 심리학자들은 성령 안에서 심리학

---

6) 믿음의 동의를 더 보고 싶으면, 토마스 아퀴나스의 *Summa Theologiae* 1. q.1a. 1-3(Gilby, *Summa Theologiae*, 1:7-19)을 보라. 성령의 조명의 개혁주의 관점을 더 보고 싶으면 칼뱅의 *Institutes of the Christian Religion* 1. 7.4(trans. Ford Lewis Battles, ed. John T. McNeil (1960; reprint, Louisville: Westminster John Knox Press, 2006), p. 78을 참고하라.

하기에 있어서 믿음과 이성의 동의에 모두 열려 있는 참됨을 훈련할 필요가 있다는 점이다. 결국 이러한 훈련으로 인해서 우리는 비판적 검토에 열려 있으면서 부분적으로 성령에 의해서 보증된 종교적 경험과 성경의 진리에 열려 있게 된다.

결론적으로, 심리학자와 과학자는 발견될 수 있는 것의 진리와 마음의 진리 모두에 열려 있도록 의도한다. 자신의 열정을 만족시키고 자신의 환상을 채우기 위해서 연구와 반추를 조장하는 것은 인식론적으로 부정직하다. 오히려 과학자들은 이런 덕과 훈련으로 인해서 그 대가와 관계없이 현실에 마음을 열게 된다. 오히려 심리학자들은 과학을 할 때 자신의 느낌의 현실에 열려 있어서 자신의 느낌이 현실을 이해하는 데 도움이 되는지, 아니면 건강하지 못한 열정으로 인해서 현실을 이해하는 데 방해가 되는지 탐색하여야 한다. 느낌은 우리가 지식을 추구할 때 우리 상태의 진리를 보게 하는 훌륭한 창이 될 수 있다.

나는 주요 세속대학의 대학원생일 때, 개인적으로(동료들과 교수들에 의해서도 목격된 바) 관찰과 결론에 대해서 그 당시의 유행을 따르고, 관찰에 대해서 최초가 되고자 하면서 요란을 떨고, 엘리트들에게 받아들여지게 하고, 자료나 논쟁을 강요하면서 고집부리거나, 자신의 관점의 약점을 인정하는 데 가까워지려고 하지 않거나, 증거가 부족한 지점에서 유행을 타거나 이미 인정된 권위를 인용하려고 하거나, 추론에 있어서 간극을 인정하지 않으면서 단호하게 밀어붙이는 등의 학문의 유혹을 경험했다. 정직함의 훈련은 건강한 느낌이나 증거, 이유보다는 건강하지 못한 열정에 의해서 동기화될 수 있는 우리의 가정뿐만 아니라 현실에 대해서도 있는 그대로 말하도록 돕는다. 이는 과학 특히 심리학의 작업에서 매우 결정적이다.

고백하는 과학자에게 특히 중요한 것은 다른 사람들이 말하는 내용이나 어떤 시기에 유행하는 내용인지에 상관없이 마음이 현실에 열리고, 마음이 열린 상태에서 정직하게 반추하는 태도다. 앎의 과정은 마음을 기만하는 열정에 의해 아주 깊숙이 영향받거나 왜곡될 수 있다. 인식론적 사업에서 실재로 있는 것을 발견하려는 중심과 마음의 깨끗함이 중요하다. "하나님, 실재로 있는 것에 관해서 내 마음 안에서 무엇이 진행되고 있습니까?" "이러한 실재로 존재하는 것에 내가 열려 있습니까?" "나 자신을 속이지 않도록 하기 위한 나의 느낌과 생각은 무엇입니까?" "나는 누구에게 좋은 인상을 주려고 합니까?" "교수들이나 동료들에게 반대하는 것으로 보일 때조차 진리인 것을 볼 수 있습니까?" 이러한 것들이 정직함의 심중에 있는 의도들이다. 다시, 전반적인 과학적 추구뿐만 아니라 학부나 대학원의 훈련에 있어서 영적 훈련에 관한 심중에 기도로 의도적 다지기는 변형적이다. 전반적인 과학적 추구뿐만 아니라 학부나 대학원에서 훈련을 하기 위해서 변형적이다. 누구라도 이러한 영적-인식론적 훈련들이 휘튼과 바이올라에서뿐만 아니라, 하버드, 코넬, MIT에서 연구 프로젝트를 어떻게 변형시키는지 상상할 수 있다.

분별력의 영적-인식론적 훈련

네 번째로, 분별력은 우리가 하나님의 움직임에 더 잘 협력하는 방법, 우리의 의지 또는 사탄의 의지만으로 일하고 있는 것과 하나님의 의지가 우리 안에서 일하는 것, 우리 안에서 하나님이 하고 계시는 것을 지켜보면서 하나님에게 우리의 심중 열기를 배우는 영적 훈련이다. 우리는 심리학과 과학을 하도록 부름을 받은 일을 하듯이, 우리 안에서 진행되는 하나님의 일에 어떻게 반응해야 하는지에 대한 지혜를 구한다. 분별력은 우리의 삶에서 행할 무엇에 대해서 죄책감의 그릇된 부름, 거만함, 악마 같은 짓, 환상에 반응함으로부터 우리를 보호한다.

과학자들, 연구자들, 심리치료사들과 영혼의 학생들은 하나님의 뜻과 시기를 분별하지 못하고 엄청난 일을 하는 속에서도 그러한 일들을 장님처럼 하게 되는 유혹의 지배 아래에 있다. 이 프로젝트에 얼마나 많은 시간을 들여야 하지? 얼마만큼의 노력을 쏟을까? 더 해야 되나, 덜 해야 되나? 나는 왜 저 프로젝트를 하지 않고 이 프로젝트를 하고 있지? 이 일이 다른 일에 신경을 못 쓰게끔 하는 건가? 내가 하나님의 존재 앞에서 치료를 하고 있는가, 또는 나 혼자 힘으로 하고 있는가? 나는 하나님이 이 일에서 나에게 알려 주고자 하는 것에 열려 있는가? 여기서 특히 심리학자인 과학자는 단지 자신의 일만이 아니라 하나님의 일과 하나님을 기다리기를 배운다. 이런 방식으로 과학자는 그 또는 그녀 자신을 성령 하나님과 동역자로 이해한다. 분별력이 있을 때 우리는 다음과 같은 질문들을 일 가운데서 묻는다. "하나님, 지금 나의 인생에서 당신은 무엇을 하고 있나요?" "주님, 내가 일을 하면서 당신에게 어떤 사람으로 응답해야 하는지요?" "이 일에서 당신의 일을 하기 위해 내가 무엇을 해야 하고, 또 어떤 사람이 되어야 합니까?"

묵상의 영적-인식론적 훈련

다섯 번째, 묵상은 과학적 일의 맥락 속에서 하나님과 하나님의 사랑 속에 있는 목적에 모든 지식을 가져오려는 훈련이다(잠 9:10, 눅 10:27). 올바르게 무언가를 안다는 것은 제대로 되고 선한 과학의 모든 근거가 되는 창조와 하나님의 실재라는 맥락 속에서 그 무엇을 아는 것이다(잠 21:30, 22:17-19). 그러나 무언가를 정확하게 아는 것은 또한 성령으로 충만하여 사랑의 하나님의 맥락에서 그것을 아는 것이다(마 22:37-38, 엡 5:18). 그렇지 않으면, 개인의 지식은 자신의 힘으로 과학을 하려는 자율성의 유혹이 된다. 심리학에서의 지식은 그 자체로 선할지라도, 하나님 사랑의 궁극적 목적에 의해 형성되고 전달되어야 한다. 그러므로 그것이 하나님으로부터 분리될 때 알아 가는 경험의 구조에서 역기능이 발생한다. 비록 부분적으로는 정확할지라도, 그것은 망상이며 자기기만이 된다(사 47:10). 만일 묵상과 하나님의 사랑이 우리의 삶에 모든 목적이 된다면, 하나님에 대한 묵상은 과학과 심리학의 목적이 된다. 다른 방식으로 보면, 과학과 과학자들이 연구의 대상을 놓고 하나님을 묵상하면(연구 대상 안에서 하나님을 묵상하면) 그들의 묵상 또는 그들의 목적이 하나님 사랑 안으로 들어오게 된다.

영적-인식론적 훈련과 삶의 결론적 사고

우리가 믿음 안에서 성장함에 따라서 일반적으로 현실과 하나님에게 우리 자신을 정직하게 맡기기, 성령에 열려 있기, 그리스도 안에서 진정으로 누구인지를 회상하기, 그가 우리를 무엇으로 부르는지를 분별하기, 사실상 모든 것이 하나님 안에 있듯이 하나님 안에서 모든 것을 묵상하는 데 열려 있기 등과 같은 영적 훈련은 우리 삶의 중심이 된다. 물론 이런 훈련이 이상적이기 때문에 배운 바와 같이 다할 수는 없다. 다만 이런 훈련을 시작하면서 우리는 얼마나 작은 부분까지 스스로 하나님에게 나아갔는지, 얼마나 부정직했는지, 얼마나 우리 마음이 자신에게 집착하면서 하나님에게 기도하지 않았는지, 하나님이 우리 인생에서 하시는 것에 대해 얼마나 조금밖에 듣지 못했는지, 우리 일에서 그를 드러내기 위해서 얼마나 침묵했는지 등을 발견할 수 있다. 아는 것에서 만족하는 것이 아니라 우리는 하나님에 대한 우리의 필요를 더 깊이 열어야 한다. 이런 훈련은 우리 인생의 중심이 되어야 하고, 또 과학자들의 일상적 훈련의 중심이 되어야 하는데, 그 이유는 마음이 있는 그대로의 현실을 발견하기 위해서이고, 또 현실이 발견되어야만 하는 방식, 즉 하나님의 사랑으로, 하나님 사랑과 이웃 사랑을 목적으로, 그리고 하나님의 영광에 이르는 영혼의 변형을 위해서 이루어져야 하기 때문이다.

결론

　이제 변형심리학 모델의 방법론의 논제들을 소개하는 제2부로 넘어가고
자 한다. 제6장은 제7장과 제8장에서 제시하는 변형심리학 방법론에 대한
서곡으로서 현대심리학이 만나는 다양한 방법론적 문제들과 복잡한 문제들
을 탐색함으로써 논의를 시작할 것이다.

Section II

영으로 변형심리학 하기를 위한 방법론 (수준 2)

Methodology for doing Transformational Psychology in the Spirit
(Level 2)

과학으로서의 현대심리학이 직면하는 방법론 문제들

John Coe

"여호와께서는 사람의 생각이 허무함을 아시느니라"
시 94:11

"네 지혜와 네 지식이 너를 유혹하였음이라.
네 마음에 이르기를 나뿐이라,
나 외에 다른 이가 없다 하였으므로"
사 47:10

데카르트 이래로 근대와 현대심리학에서 인간에 대한 연구가 왜 이론적으로 그렇게 문제가 있어 왔는지에 대해 과학의 역사에서 긴 이야기가 있다. 수량화나 측정의 보편적 방법에 대한 현대과학의 헌신과 방법론이 그 어려움과 관련이 있다. 물리적 물체들과 그것의 움직임을 측정하는 데 있어서 천문학의 노력(설명을 위한 인과적 원인에 대한 호소)은 너무 성공적이어서, 17~18세기의 근대성은 이것을 모든 지식을 위해서는 아니지만 물리적 지식의 주요 언어로 삼기를 원했다. 그래서 과학은 물리적 물체들과 그것의 움직임을 측정하는 방법으로 조사연구의 몇몇 분야에서 공부하는 분야와 모든 대상을 위해서 과학을 하는 보편적인 방법으로 성공적이었던 소위 '수량화'를 채택하였다. 그러나 과학을 위한 이러한 헌신으로부터 주요한 문제들이 특히 심리학에서 초래되었다.

과학에 있어서 방법론에 수반하는 간단한 논의는 다소 난해하고 모호할지 모르지만 서구문화 자체와 심리학, 윤리, 과학의 특성상 더 멀리 손을 뻗치는 효과들을 갖는다. 사실상 이것은 심리학이 심지어 맨 먼저 기독교 신앙과 결별하게 된 이유와 현대 기독교 심리학자들이 지난 30년에 걸쳐 심리학과 신앙의 관계에 대해 논쟁해 왔던 이유의 일부를 설명해 준다. 과학과 심리학에 대한 우리의 변형적 접근은 이러한 점을 교정하고, 원래 기독교에 속한 과학과 심리학 하기의 모델과 방법론을 되찾게 한다. 이 장은 제7장과 제8장에서 토론하게 될 방법론 절의 도입부 역할을 한다. 제9장의 절의 끝에서 토드는 이 변형심리학에 근본적인 관계적 인식론을 더 깊게 발언함으로써 방법론상에서 이러한 토론을 한데 묶을 것이다.

근대 과학−심리학과 그것의 수량화의 보편적 방법을 위한 문제들

과학이 조우했던 특별한 어려움은 어떤 종류의 지식언어가 윤리학과 비물질 대상들을 탐색하고 설명하는 데 사용될 수 있는가와 관련이 있었다. 즉, (아마도 틀림없이 신, 천사, 영혼이나 정신, 숫자, 아이디어, 명제, 양심 그리고 느낌−감정−사고의 일인칭 경험의 질을 포함하는) 공간 속에서 측정될 수 있는 움직임이나 확장이 아닌 '대상'뿐만 아니라 가치(선과 악), 삶에 대한 도덕적 처방(도덕적 '의무'와 금지), 성격 특성(덕과 악)에 대해 어떤 지식언어가 지적으로 대화하는 데 사용될 수 있었는가였다. 수량화의 과학적 방법은 순전히 공간 속에 있는 대상들과 그것들의 확장을 측정하는 기술적 방법이었다. 그러나 윤리의 경우, 과학에 대한 이러한 새로운 접근은 고대 그리스에서 중세까지 거슬러 올라가는 자연법칙의 이론들에 기초했던 옛 과학에서와 같이 더 이상 도덕성, 가치, 성격에 대한 이해를 제공할 수 없었다.[1] 한 걸음 더 나아가서 새로운 과학이 단지 공간 속의 물질적 대상들을 명확히 말하거나 측정할 수 있는 한, 과학은 전통적으로 비물질적 대상들의 지식이 되기 위해 필요한 언어를 더 이상 제공할 수 없었다.

　이 새로운 보편적 방법의 출현과 수용으로 인해 과학자들은 윤리와 비물질적 대상들에 관해서 몇 가지 선택지를 내놓았다. 홉스(Hobbes)와 같은 유물론적 과학자들과 철학자들에게 이것은 윤리와 비물질적 대상들의 지식은 없고, 따라서 그것들의 과학도 없다는 또 하나의 '증거'가 되었다. 유신론적 자연법 과학자들에게 이 문제는 매우 복잡했다. 그들은 (a) 새로운 과학이 수량화와 공간 안에 있는 물리적 물체와 그것의 운동이나 확장을 설명하는 순수한 기술적 연구로 제한된다는 사실을 받아들이는 한편, (b) 윤리는 실재하는 것과 관련이 되며, 그래서 발견될 수 있고, 비물질적 대상들 또한 존재한다는 견해를 공통적으로 유지하기를 인정하는 경향이 있었다. 그들에게 출현한 방법론적 난제는 과학에 새로운 접근이 지식에 대한 보편적 언어라면, 우리가 '가치의 과학' '비물질적 대상의 과학'을 가질 수 있는지가 분명해야 하는데, 그렇지 않다는 것이다. 그러나 윤리가 실재하는 것과 비물질적 대상이 존재한다는 것에 대한 분야이기 때문에, 이러한 것들을 알기 위한 다른 종류의 방법이나 언어가 있다고 보거나 애초에 과학에 대한 새로운 접근은 잘못되었다고 볼 수 있다. 대부분의 세속적인 개신교 과학자들은 새로운 접근을 수용했는데, 이러한 접근들이 천문학과 화학 같은 분야에서 승승장구했기 때문이다. 몇몇 가톨릭 과학자들은 토마스-아리스토텔레스 모델 안에 있는 보다 고전적이고 자연법 과학으로 돌아가기를 원하면서 새로

---

1) 우리는 독자가 아리스토텔레스까지 거슬러 올라가는 고대의 과학에 대한 자연법적 접근의 관점과 그것이 어떻게 중세를 통해 확증되었고 근대 철학과 과학에 의해 배척당했는지 잘 모를 수 있다고 생각한다. 이러한 변화의 역사에 대한 개관적 논의를 보려면 앨러스데어 맥킨타이어(Alasdair MacIntyre)의 『덕의 상실(After Virtue)』(Notre Dame, Ind.: University of Notre Dame Press, 1984), pp. 1-121을 보라. 맥킨타이어는 근대주의자 철학자들과 지식과 방법론에 대한 그들의 접근법을 사려 깊게 비평했다. 그러나 궁극적으로 그는 알아 가기에 대해 사회구성주의나 후기근대주의적 접근을 취하였다.

운 접근법을 거부하는 경향이 있었다. 흥미롭게 개신교도들은 '새 과학' 속에서 17, 18세기에 가톨릭주의의 자연법 철학으로부터 멀어질 수 있는 더추가된 방식을 보았고, 성경만이 윤리와 비물질적 대상들에 대한 통찰을 제공할 수 있는 윤리와 종교에 대한 오직 성경(sola scriptura)의 접근을 확증하는 방식으로 보았다.[2]

근대 과학과 가치 및 정신대상의 문제

과학에 있어 새로운 방법론의 수용으로 윤리학과 비물질적 대상들에 관한 지식의 본질은 큰 영향을 받았다. 새로운 입장들이 다음과 같이 출현했다. (a) 우리는 과학을 가지고 있지 않고 따라서 윤리와 비물질적 대상들에 대한 지식이 없다(홉스), (b) 우리는 윤리와 비물질적 대상들에 대한 지식이 있지만 그것은 과학 이외의 다른 방법을 통해서 얻는다(데카르트), (c) 우리는 과학적 방법에 대한 또 다른 접근법을 개발할 필요가 있다. 논쟁에 의해서가 아니라 발달하고 있는 기술상에서 물리적 실체들과 그것들의 움직임의 방법에 관한 '자연과학(hard sciences)'과 천문학에 있어서 실용적 성공과 모양 그리고 철학적 – 과학적 의견일치에 의해서 이러한 이슈들이 더 적절하게 해결되었음을 과학철학의 역사는 보여 준다.

결과적으로 가톨릭의 범위 내에 있는 사람들을 제외하고 대부분의 유신

---

2) 이 논의에 속하는 세부적 내용은 많이 있다. 이 주제에 대한 재미있는 논의는 데이비드 린드버그(David Lindberg)와 로널드 넘버스(Ronald Numbers) 편저인 『하나님과 자연: 기독교와 과학의 만남에 대한 역사적 글들(God and Nature: Historical Essays on the Encounter Between Christianity and Science)』(Berkeley: University of California Press, 1986)에서 볼 수 있다. 특히 윌리엄 애쉬워스(William Ashworth Jr.)의 『가톨릭주의와 초기 근대 과학(Catholicism and the Early Modern Science)』, pp. 136-166, 개리 디슨(Gary Deason)의 『개혁 신학과 자연에 대한 기계적 개념(Reformation Theology and the Mechanistic Conception of Nature)』, pp. 167-191. 찰스 웹스터(Charles Webster)의 『청교도주의, 분리주의와 과학(Puritanism, Separatism and Science)』, pp. 192-217을 보라.

론적 과학자들과 유물론적 과학자들은 유사하게 수량화로써 과학에 대한 접근을 일반적으로 수용하게 되었다. 결과적으로 윤리와 비물질적 대상들의 존재에 대한 지식이 새 과학의 문제가 되었다. 데카르트는 이미 과학이 더 이상 이러한 논제를 다룰 수 없으며 철학과 신학의 영역으로 밀려 나야 한다고 주장했다. 이것은 사상과 대학의 역사에 매우 극적인 영향을 미쳤다. 수량화의 '과학'은 천천히 대학에 속한 지식의 언어가 되었고, 윤리, '사람(단지 신체가 아니라)', 하나님에 대한 연구가 조금씩 대학 밖으로 밀려 나게 되었다. 우리의 논의와 관련하여 이것은 특히 심리학의 학문을 위해서 문제가 되었다. 대학에서 둥지를 틀려는 변방 학과가 된 것이다.

근대 과학과 심리학의 문제: 정신대상

우리가 19, 20세기 심리학에 접근하면서 '과학적' 심리학을 발달시키려는 시도는 문제가 되었다. 심리학이 수량화 측정에 대해 새롭고 순수하게 기술적인 방법을 채택하면서 여전히 모든 사람이 정신 및 비물질적 대상들을 이해하는 심리적 건강과 병리, 마음, 양심, 1인칭의 감정과 느낌에 대한 전통적 이해를 어떻게 아직도 유지할 수 있을까? 어떤 심리학자들은 오래된 정신대상을 간직하려고 했고, 또 어떤 사람들은 오래된 정신대상을 설명하려고 물리적 언어를 차용하려고 했으며, 또 다른 사람들은 정신대상을 모두 포기하고 정신대상에 대한 담화를 물리적 대상으로 환원시켰다(환원주의).[3]

---

3) 토머스적 관점(물질-이원론)에 맞서는 마음과 정신대상에 대해 유물론적-환원주의 설명을 더 알고자 한다면 모어랜드(J. P. Moreland)와 스콧 래(Scott Rae)의 『육체와 정신: 인간의 본성과 윤리학의 위기(Body and Soul: Human Nature & the Crisis in Ethics)』(Downers Grove, Ill.: InterVarsity Press, 2000)를 보라.

근대 과학과 심리학의 문제들: 가치와 윤리

선-악, 옳음-그름, 덕—악과 같은 개념은 '개인적 건강과 병리'라는 의학적 용어에서는 점차 사라지고 있으며, 건강이 지나치게 처방적으로 들리는 한 건강에 대해서도 점점 더 적게 논의되고 있다. 그러나 심리학과 심리치료에서는 특히 임상장면에서 인간의 조건을 '건강하지 않음' 또는 '정신병리'로 분명히 언급하기를 피할 길이 없는 경우에는 결코 순수하게 기술적이 될 수 없었다. 이 문제로 심리학은 사람들을 심리적 위기나 심리적 필요에 놓인 것으로 설명하려고 하는 임상적 심리학과 자료를 평가하는 보다 나은 측정법을 개발하기 위하여 정신대상(마음)과 정신병리를 신경생리학이나 행동주의적 설명(환원주의)으로 환원하려는 경향이 있는 보다 강경한 '과학적' 실험적 심리학 사이의 긴장에 쫓기면서 21세기에 들어섰다. 심리적 위기나 심리적 필요에 놓인 것으로 설명하려고 시도하는 오늘날의 심리학의 긴장을 이해하기 위해서 세부적 내용이 매우 중요하고 흥미롭기는 하지만 지금은 넘어가고, 여기서 제시되는 변형모델이 암시하는 방법론에 대해 포괄적으로 이해하는 데 초점을 맞추려 한다.[4] 우리는 다음의 장들에서 이 문제를 다시 다루겠다.

---

4) 과학철학의 역사에서 이 주제를 쓰려면 책 한 권이 더 필요하다. 과학적 방법론과 대상의 4대 원인에 대한 고대의 시각(설명이나 이해)과 물질적이고 능률적 원인들을 제외한 4대 원인에 대한 새로운 과학의 비평과 관련이 있다. 이 논의가 많은 사람에게 난해하겠지만 심리학 훈련에 대한 직접적이고 극적인 암시를 갖고 있어서 그 결과 오늘날 심리학에서 보이는 긴장뿐 아니라 과학과의 관계에 대해 많은 것을 설명해 준다. 보다 깊은 논의는 에티엔 길슨(Etienne Gilson)의 『아리스토텔레스부터 다윈까지 그리고 다시 거슬러: 최종적 인과관계, 종 그리고 진화의 여정(From Aristotle to Darwin and Back Again: A Journey in Final Causality, Species, and Evolution)』(Notre Dame, Ind.: University of Notre Dame Press, 1984)에서 볼 수 있다. 또한 줄리우스 모라베실라(Julius Moravesila)의 『합당한 이유에 대한 아리스토텔레스(Aristotle on Adequate Explanations)』, 통권 28(1974)을 보라.

과학의 두 경쟁하는 방법론:
고전적 사실주의 대 근대주의자의 수량화

　　고대 근동의 현자들, 구약의 지혜자, 플라톤과 아리스토텔레스를 포함한 그리스인들, 스토아학파들, 다수의 중세 사상가들, 아퀴나스와 기타 사상가들[5]로 대표되는 고대와 중세의 고전적 사상가들은 과학적 방법론에 대해 근대성과는 전혀 다른 접근을 했다.[6] 그 차이를 이해하기 위해 먼저 과학을 하는 근대주의자 모델의 구조를 스케치하려고 한다.

　　근대주의자 '새 과학' 모델에 따르면, 보편적 측정방법으로 과학적 탐구를 시작할 때에는 먼저 그 방법으로 어떤 종류의 대상을 연구·발견하고 탐구할 수 있는지 미리 결정한다. 고전적–사실주의 접근은 그 과정을 반대로

---

5) 과학철학의 역사에서 생겨난 고전적–사실적 과학모델, 그것의 역사와 이슈에 대한 더 많은 정보는 크롬비(A. C. Crombie)의 『중세와 초기 근대 과학(Medieval and Early Modern Science)』, 2권(Cambridge, Mass.: Harvard University Press, 1963), 에드워드 브랜트(Edward Brant)의 『중세시대 근대 과학의 기초(The Foundations of Modern Science in the Middle Ages)』(Cambridge, Mass.: Cambridge University Press, 1996), 라이젠호스트(C. Leijenhorst), 크리스토프 루시(Christoph Luthy), 요한스 타이젠(Johannes M. M. H. Thijssen) 편저인 『고대로부터 17세기까지 아리스토텔레스 자연 철학의 역동(The Dynamics of Aristotelian Natural Philosophy from Antiquity to the Seventeenth Century)』(Leiden: E. J. Brill, 2002), 데이비드 린드버그(David Lindberg)의 『서구과학의 시작: 선사시대부터 1450년까지, 청학, 종교, 제도 맥락에서 유럽과학 전통(The Beginnings of Western science: The European Scientific Tradition in Philosophical, Religious and Institutional Context, Prehistory to A. D. 1450), 2nd ed.』(Chicago: University of Chicago Press, 2007), 윌리엄 월리스(William Wallace)의 『우연성과 과학적 해명(Causality and Scientific Explanation)』, 2 vols.(Ann Arbor: University of Michigan Press, 1972)을 보라.

6) 현실과 과학 이해에 접근하는 고대의 고전적 방법을 다룬 책은 많다. 고대 이집트, 바빌로니아, 히브리 현자들이 어떻게 현실을 반추했는지, 앎과 과학의 과정은 어떠했는지 알고자 한다면 헨리 프랑크포트(Henri Frankfort,), 프랭크포트(H. A. Frankfort), 존 윌슨(John A. Wilson), 토킬드 제이콥슨(Thorkild Jacobsen)의 『철학 이전: 고대인의 지적 모험 (Before Philosophy: the Intellectual Adventure of Ancient Man)』(Chicago: University of Chicago Press, 1946), 월터 아이히로트(Walther Eichrodt)의 『구약의 신학(Theology of the old Testament)』, 2권(trans. J. A. Baker, Philadelphia: Westminster Press, 1967), pp. 81-101을 보라.

했다. 탐구대상에 따라 접근방법을 결정했다. (근대주의 과학모델 대 고전적 사실주의 과학모델은 [그림 6-1]과 [그림 6-2]에 나타나 있다.)

고전적 사실주의 과학적 방법론

과학적 인식론적 방법론에 대한 고대 – 중세의 접근은 다음의 요소를 포함한다.

1. 과학은 대상에 대해 일상적 안면(acquaintance)으로 시작한다.
2. 대상의 본질에 대하여 더 많이 배우고자 하는 목적을 위해
3. 따라서 탐구의 대상이 더 깊이 탐구할 최선의 방법을 결정하기를 허용하면서
4. 결과적으로 대상에게 적합한 연구방법이 발달하게 된다.

이러한 과학적 방법에 대하여 실재가 방법론, 즉 앎에 이르는 길을 결정하는데, 이는 사전에 그 방법을 결정해서 무엇이 실재인지를 결정하는 것과는 사뭇 다르다. 다시 말하면, 존재론이 인식론을 결정한다. 미리 추정된 인식론이 존재를 결정하지 않는다. 고대인에 따르면, 사람은 존재하는 것을 적절하게 인지할 때 비로소 존재하는 것을 연구할 최선의 방법을 알 수 있다.[7] 이 방법론은 공정하고 선이론적 개방성 또는 실재하는 것에 대한 인지를 포함한다. 따라서 과학자가 공정하고 실재에 열려 있기 위해서는 제4장에서 논의된 대로 영적 – 인식론적 훈련이 중요하고, 변형모델은 그것의 중요성을 보여 주고 있다. 그런 관점이 암시하는 바에 대학은 주저하고 있다.

---

7) 대상을 인지하게 되면 어떻게 방법론이 결정되는지에 대한 방법론 문제에 관한 논의를 더 알고 싶으면 댈러스 윌러드(Dallas Willard)의 『논리와 지식의 객관성 (Logic and the Objectivity of Knowledge)』(Athens: Ohio University Press, 1984)을 보라.

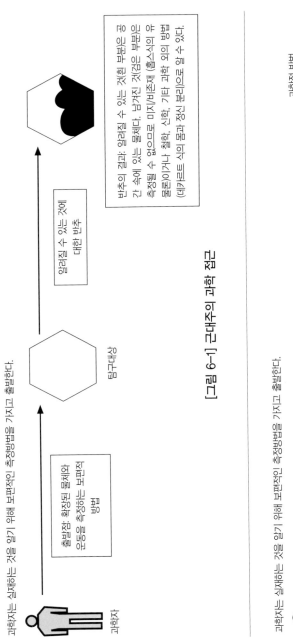

과학자는 실재하는 것을 알기 위해 보편적인 측정방법을 가지고 출발한다.

출발점: 확장된 물체와 운동을 측정하는 보편적 방법

탐구대상

일러질 수 있는 것에 대한 변주

반주의 결과: 일러질 수 있는 것들 속에 있는 것이다. 낡겨진 것(검은 부분)은 측정될 수 없으므로 이지/비존재 (흩슨식의 유물론)이거나 철학, 신학, 기타 과학 외의 방법(데카르트 식의 몸과 정신 분리)으로 알 수 있다.

과학자

[그림 6-1] 근대주의 과학 접근

과학자는 실재하는 것을 알기 위해 보편적인 측정방법을 가지고 출발한다.

출발점: 과학의 대상에 대한 일반적 인지

탐구대상

대상의 본질과 그것을 연구하는 최선의 방법 변주

과학적 방법

반주의 결과: 어떤 방법이든 대상에 대한 정보를 준다. = 대상과 관련한 '과학'의 방법. 대상에 대한 진지한 과학이 뒤따른 다(물리적 대상, 정신적 대상, 가치, 신 등).

과학자

[그림 6-2] 고전적 '사실주의' 과학 접근

변형심리학에 의해 함의된 고전적 사실주의

심리학에의 변형적 접근으로 볼 때, 실재하는 것이 탐구대상을 관찰하거나 반추하는 최선의 방법을 결정한다. 심리학의 함의는 극적이다. 예를 들어, 의식을 연구하고자 하는 사람은 분명히 뇌를 조사하고 뇌가 정신현상과 갖는 상관관계에 관심을 가질 것이다. 그러나 그 정신현상을 '과학'으로 연구하는 가장 좋은 방법을 결정하려면 사적인 1인칭의 경험, 3인칭 경험보고서, 상관된 행동에 대한 관찰, 경험에 대한 합리적 반추와 같은 정신대상과의 안면(acquaintance)이 더 중심이 된다. 도덕성, 가치, 성격의 경우, 개인적 반추와 타인의 삶을 반추하는 것에서 우리의 의식적이고 편만한 목적(우리가 건강한 삶이라고 상상하는 것)을 반추하는 것이 합당한 '과학'이다. 여기서부터 우리는 윤리를 탐구하는 데 있어서 접근이나 충분한 자연법 과학을 발전시킬 수 있다.

이러한 과학에 대한 고전적-사실주의 방법론적 접근이 오늘날 진지하게 받아들여진다면 윤리와 비물질 대상, 종교, 신학(덕-악, 옳음-그름, 선-악, 정신대상, 신, 천사, 영혼, 수, 명제)의 논제를 철학, 문학, 종교의 영역으로 밀어내지 않고 우리 대학 내에서 더 깊은 이해를 끌어내는 활기찬 과학적 탐구의 영역이 형성될 것이다. 이것은 대학에서 전체 학문적 풍경을 변화시킬 것이다. 특히 심리학은 인격, 정신병리, 건강한 자기의 과학으로서 안전한 둥지를 가지게 될 것이다.

경고: 심리학을 하는 기독교인들에게 미치는 근대 과학적 방법론의 영향

다음과 같은 의문이 생긴다. 근대성은 기독교 심리학과 치료에 어떤 영향을 미쳤는가? 과학과 심리학에 대한 근대주의 접근에 노출된 세속대학 출신의 신자들은 치료에 있어 무엇을 정당하게 알고, 이론화하고, 연구하고, 적용할 수 있을지, 과학적 및 심리학적 방법론의 경계선상에 있는 중심 이슈에 직면하고 도전을 받았다.

1. 과학적 방법론과 종교적 현상: 심리학이 종교적 현상, 특히 기독교적 현상(예를 들어, 인간 경험 내의 성령의 사역, 사단적인 것, 개인에게 미치는 영성 훈련의 영향)에 대해 설명하려 할 때, 신앙의 지지자가 되는 시각으로부터 또는 신앙 밖의 중립적이고 객관적인 견해로부터 분명히 언급하기가 과학적으로 정당한가, 또 그것은 어떤 차이가 있는가?

2. 과학적 방법론과 성경: 사람, 정신병리, 건강의 본질을 성경이 인간의 비물질적 영혼에 대해 확증하는 것의 견지에서 확실히 언급하기가 과학적으로 정당한가?

3. 과학적 방법론과 비물질적 대상들: 사람의 역동과 본성을 인간 영혼의 비물질적 본질과 하나님과 한 영혼이 되려는 역량에 대한 기독교적 견해의 견지에서 확실히 언급하기가 과학적으로 정당한가?

4. 과학적 방법론과 죄로서의 정신병리: 정신병리를 하나님과 타인과의 관계(원죄, 개인적 죄와 죄 된 상태에 있기)의 견지에서 죄라고 확실히 언급하기가 과학적으로 정당한가?

5. 과학적 방법론과 그리스도 안에서 도덕적 가치로서 정신병리적 건강: 정신병리적 건강을 도덕적 가치와 그리스도의 형상을 이루어 가는 특성의

견지에서 확실히 언급하기가 과학적으로 정당한가?

6. **치료와 그리스도**: 죄, 믿음, 회심, 가치, 기도, 성령의 사역과 마귀의 역사
   의 문제를 치료에 가져오기가 정당한가?

과학적이면서 동시에 기독교적이 되는 **통합**을 유지하는 방법, 한편으로
기독교의 현실에 심리학을 관련시키면서 다른 한편으로 심리학을 과학적
방법론의 경계선에 관련시키는 방법과 이런 문제들이 관련이 있음을 주목
하라. 거기서 생겨나는 긴장은 분명하다. 과학에 대한 근대주의자의 접근과
치료는 앞의 각 질문에 대하여 "아니다."라고 거듭 말할 것이다. 과학으로서
의 근대주의자의 수량화 접근은 성경을 심리학의 정당한 원천자료로 포함
하거나 비물질적 대상들, 죄, 그리스도 안에서의 삶, 이론, 연구, 치료에서의
가치를 확실히 언급하기가 정당하지 않다. 그러나 각 질문은 신앙을 가진
심리학자, 연구자, 치료자, 교수들이 분명하게 확증하고 있는 기독교 현실을
반추하고 있다.

기독교 심리학자들이 당면한 질문은 그래서 (a) 정당한 심리학이 이러
한 기독교 현실을 확실히 언급할 수 있는 정도와 여부와, (b) 기독교 심리학
자들이 심리학과 기독교를 관련지을 때 '심리학'이나 과학 이외의 다른 어
떤 것을 하는지의 여부다. 성경적 상담과 상관관계(Correlates) 모델은 과학
의 가치와 종교의 가치를 상당히 분리하고 있으면서 근대적 과학의 관점을
유지하는 경향을 보였다. 통합모델과 기독교 심리학 모델은 이 영역을 보다
큰 세계관 혹은 틀로 단일화하고 싶어 했지만, 그들은 과학적 방법론과 기
독교의 현실의 관계성의 문제를 다소 모호하게 남겨 두었다.

우리는 기독교 현실의 심리학을 하고, 심리학과 신앙을 연결할 수 있는
이론적으로 일관성 있는 관점을 발견하기 위하여 변형심리학에 속한 '과학
적 방법론'이라는 중요한 이슈를 분명히 언급하기를 원한다. 이 심리학은 성
경을 정당한 과학적 자료로 수용하고 비물질적 대상들, 가치, 죄, 하나님의

내주하시는 능력을 심리학 이론, 연구, 치료의 경계 내로 받아들인다. 그리고 다시 건강한 변형심리학을 하는 과정은 인간 이해와 관련하여 실재하고 진짜인 것에 기꺼이 열려 있음으로써 이 과정을 통합하려는 심리학자들에게 중요한 기반으로 제공된다. 그래서 우리는 제7장과 제8장에서 인격에 대한 성경적 모델과 앞의 1~6번까지의 질문에 분명하게 대답할 수 있는 변형적 접근의 과정을 탐구해 보려고 한다.

결론

　과학의 본질로 들어가는 방법론적 서막을 구축한 후, 우리는 이제 제7장에서 2단계로 주의를 돌려 성경적 모델에 초점을 맞춤으로써 신앙 안에서 심리학을 하는 과정과 방법을 알아보고자 한다. 우리의 영적, 혹은 변형적 심리학 모델은 윤리와 하나님과 정신대상에 대한 지식으로 돌아가는 기반으로서 오래되고 낡은 방법론(고전적－사실적 과학)을 제안하는 한편, 기독교 현실주의 심리학을 하기 위하여 이러한 논제들을 '과학'의 세계로 재도입하기를 제안한다. 그리고 다시 제8장에서는 성경적 모델 또한 신앙 안에서 심리학을 하는 과정의 기초가 되며, 그것을 지키고 보호하는 것이 무엇인지에 대한 한 가지 관점을 제공한다. 구약의 지혜문서는 우리의 변형심리학 모델에 통찰력 있는 성경적 모델을 제공한다.

변형 과학과 심리학을 위한 구약모델

John Coe

"여호와께서 지혜로 땅에 터를 놓으셨으며
명철로 하늘을 견고히 세우셨고"

잠 3:19

"지혜가 제일이니 지혜를 얻으라
네가 얻은 모든 것을 가지고 명철을 얻을지니라"

잠 4:7

우리가 제6장에서 논의했듯이, 실재(존재론)가 과학적 방법론(인식론)을 결정한다는 생각을 신중하게 받아들일 때 우리는 거룩한 실천으로서 우리의 변형심리학과 치료를 접근하게 되고, 하나님 안에서의 모든 실재 가운데 발견 가능한 진리에 개방적이게 된다. 우리는 하나님의 사랑 안에서 모든 것을 묵상하는 데, 그리스도 안에서 우리의 정체성에 대한 진리 안에, 실재에, 그리고 하나님에 대한 심중(heart)과 마음을 정직하게 열기 위해서 기초적인 영적 – 인식론적 분야에(제5장) 우리 자신을 두려고 노력할 것이다. 그런 의미에서 하나님 안에서 인간의 인격은 과학과 심리학의 산물이고 과정이 되는 기초가 될 것이다. 인격적으로 건강한 사람(또는 건강한 모습에 근접해 가고 있는 사람)은 하나님이 용납하시는 어떤 자원에서든지 진리 발견하기를 두려워하지 않고, 건강하게 알기에서 벗어나서 노력하는 실재의 왜곡(예, 점성술, 외설 문학)을 연구하는 호기심을 피할 것이다. 더욱이, 건강한 사람은 근대적 혹은 물리적인 방법론에 의해 정의된 양적 방법론에 제한되지 않고, 신자에게 알려질 수 있는 모든 것을 아우르면서 본질적으로 좀 더 깊고, 좀 더 총체적인 지식의 형태에 개방될 것이다.

변형심리학의 모델로서의 구약의 현자

우리는 구약의 지혜서(잠언, 욥기, 전도서, 아가서)에서 특정하게는 심리학 그리고 일반적으로는 과학의 전체적이고 실재적 추구에 대한 훌륭한 성경적 예증을 갖는다.[1] 우리는 구약의 지혜자들이나 현자들의 과학적 접근법을 심층적으로 논의할 것이다. 왜냐하면 그들의 방법은 알기(knowing)에 대해 미리 결정된 방법이나, 접근에 의해 만들어지거나, 왜곡되지 않은 실재를 연구하는 실재주의자 접근에 기반하기 때문이고(제7장), 이러한 알기는 하나님과의 관계에 의해 지배되고 구속될 뿐 아니라 다양한 도덕적 신학적 제약도 받기 때문이다(제8장). 결국, 구약의 심리학자로서의 현자는 수준 1과 2에서 우리의 변형심리학을 위한 개인적-방법론적 유사성과 성경적 기반이 될 것이다.

구약의 현자에 의하면, 만약 인간이 실재에 정직하고 열려 있다면 그 실재는 하나님이 창조하신 외적인 세상이 알려질 수 있고 그 세상의 역동적 구조(자연법칙과 인간의 심리학적 역동)가 발견될 수 있다는 사실에 관하여 사람에게 알게 해 줄 것이다. 고대 과학자로서 현자는 인간 존재를 다스리는 성장구조, 기능, 역동적 과정을 이해하고 반추하기 위해서 본성의 구조, 특정하게는 인간 본성과 같은 이러한 역동적 법칙을 관찰했다.[2] 이것으로부터

---

1) 나는 여기 나오는 구약의 지혜서에 대한 토론에 반추된 핵심사상과 관련하여 30년 전에 바이올라 대학교의 학생으로 있는 동안 들었던 과목과 존 세일해머(John Sailhamer) 박사에게 아주 많은 빚을 졌다.
2) 구약의 현자는 인간의 역동적 구조와 기능에 대해서 연구했을 뿐 아니라, 식물, 땅의 동물, 새, 파충류, 물고기에 대해서도 연구했다(왕상 4:33).

현자는 무엇이 건강하지 않은 삶과 건강한 삶으로 인도하는지, 그리고 무엇이 인간 본성의 씨앗을 거스르면서 빈약하게 살도록 하는지, 또는 인간 본성과 일치하여 잘 사는지 이해하고 싶어 했다. 이것은 미덕 – 악덕, 선함 – 악함 그리고 잘 살기 위한 자연적 당위 등을 위한 자연법을 이해하기 위한 기초였다.

따라서 구약의 현자는 자연에 관한 사실로부터 가치에 관한 사실, 특히 인간의 행동적, 관계적 그리고 심리내적 현상에 대한 사실들을 누군가는 발견할 수 있다고 확신했다. 이것은 사실이 가치로부터 분리되고, 과학이 삶을 위한 윤리적 처방을 제공하지 못한다고 전적으로 주장하는 현대과학적 접근에 상반된다. 흥미롭게도, 이것은 또한 창시자인 제이 애덤스(Jay Adams)를 포함한 많은 성경적 상담의 초기 지지자들의 관점이기도 하다. 그는 근대성으로부터 유래된 과학의 견해에 부분적으로 근거를 두면서 본성에 대한 연구로부터 가치와 윤리에 대한 지식을 얻을 가능성을 명백하게 거부했다.[3] 이것은 또한 기독교와 심리학의 상관-설명 수준 모델의 견해가 되는 듯 보이는데, 이는 사람에 대한 과학적 연구로부터 윤리에 대한 지식 얻기를 불가능하게 하는 전적으로 기술적이고 현대과학적인 견해를 승격시킨다. 이 문제에 대해서, 통합과 기독교 심리학의 입장은 창조에 대한 연구로부터의 가치에 대한 이해를 얻을 수 있다고 전반적으로 확신하는 성경적 모델에 더 가깝다. 하지만 이것은 우리가 창조에 대한 사실로부터 오는 가치에 대한 사실을 발견할 만한 방법을 설명하는 과학적 방법론과 과학철학에 대한 형성적이고 활기찬 접근을 발달시키는 데 도움이 되기도 한다. 다시 말해서, 우리의 변형모델은 일차적으로 과학의 결실을 취하고 이들을 기독교와 통합시키는 방법이 아니라, 하나님 안에서 하나님의 세계를 연구하는 변형심리학자들에게 기반을 둔 내재적으로 기독교인 심리학과 과학을 하는 전체

---

3) 제이 애덤스(Jay Adams)의 *Competent to Counsel*(Grand Rapids : Baker Books, 1972).

적 접근을 발전시키는 방법이다. 구약의 현자가 우리의 성경적 모델이다.

　구약의 현자에 의하면, 과학적 작업은 가치의 보증되지 않은 스키마나 일련의 소망과 편견을 세상 속에서 읽어 내는 것이 아니다. 오히려 그 작업은 깊이를 발견하고, 가늠할 만하도록 근접한 모양으로 하나님이 창조하신 창조물들의 본성과 세상을 발견하고 수용하는 일이다. 이것은 모든 과학과 현실적 존재론, 인식론, 윤리의 기초다. 이것은 또한 우리의 영적 심리학 방법론의 심중이기도 하다. 우리는 이 속에서 모든 존귀와 신실함과 기쁨으로 하나님과 그의 세계로 나아가며, 또한 이러한 방법론은 우리가 하나님의 영광에 이르도록 가르치고 정보를 제공하며 변형시킨다. 물론 이러한 발견의 과정은 우리의 왜곡하는 경향과 약함 그리고 사실상 비판적이기 때문에 이러한 삶에 근접할 뿐이다. 따라서 이러한 과정을 하기 위해서는 진리인 것의 보증된 주장을 정당화하기 위한 절차로 볼 때 다른 사람들과의 대화와 면밀한 조사에 열려 있어야 한다.

　한 걸음 더 나아가서, 사람을 이해하기 위한 모든 관련된 자료에 열린 비판적 현실주의자로서 영적 또는 변형적 심리학자는 창조주 하나님이 창조 상에서 우리의 반추의 근저를 형성하는 성경 속 현실의 어떤 차원에 대한 권위적 해석을 제공했음을 인정해야 한다(잠 29:18). 그리고 이런 연구는 하나님을 경외하고 사랑함으로써 이루어진다(잠 1:7). 현자 또는 영적 심리학자는 마음속에 하나님을 품고, 손에는 성경을 들고, 특히 어떤 것이 인간의 선함과 성장에 관련될 때 어떤 것 그 자체를 이해하기 위해서 그 어떤 것이 창조된 세계, 특히 인간성으로 들어가야 한다. 그래서 구약의 지혜서는 과도한 갈망과 빈약한 인격으로 인한 기만을 피하고, 과학을 잘하기 위한 안전장치와 안전장치의 목표와 방법론에 대한 통찰을 우리에게 제공한다. 이런 경우에 현자들의 많은 성경적 설명은 부분적으로는 인간 본성의 과학으로서 사회과학을 위한 일차적이고 대략적 모델을 제공하는데, 이는 과학이 그저 기술적이고 사실로부터 가치를 얻을 수 없다고 생각하는 사람들에 반대

된다.

🔔 과학과 심리학을 하기 위한 구약의 현자의 접근

과학, 특히 가치의 과학에 대한 구약의 현자의 접근방식은 다음과 같은 논제들을 포함한다.[4]

1. 가치 논제의 객관적 출처: 특히 인간 관찰과 반추에 의해서 발견될 수 있는 인간 현상에 있어서 본성의 역동적 구조와 패턴에 있는 가치 및 지혜는 성경적 원천뿐만 아니라 성경 외의 원천에도 존재한다.
2. 가치 논제의 과학 또는 심리학: 삶을 위한 가치와 지혜는 특히 결과적으로 과학과 심리학을 가능하게 하는 인간의 행동적·대인관계적·심리 내적 현상과 관련된 사실인 본성의 사실로부터뿐만 아니라 성경 속에서도 발견될 수 있다.
3. 규범적 논제로서 자연: 가치의 객관적인 자료와 과학은 모두 이론적으로 히브리 우주론과 창조과학에 기반을 두고 있다. 그것은 (a) '본성'은 원래 창조물이므로 선하게 창조되었다는 규범적 개념이고, (b) 하나님의 형상대로 지음 받은 인간은 타락 이후에도 그 본성과 분별력을 부분적으로 가지고 있다.

이 장의 나머지와 다음 부분은 앞의 논제들을 명료화하는 시도를 하면서,

---

4) 이 논제들은 창조에 있어서 가치를 발견하면서 심리학을 하는 과정을 위한 구약의 현자에게 있는 성경적 모델을 제공한다. 제8장에서는 하나님 안에서 과학자로서 일을 하는 데 중심적인 구약의 현자의 인격을 반추하는 논지들을 개발할 것인데, 과학자로서의 일은 다양한 도덕적 및 신학적 제한과 함께 하나님과의 관계에 의해서 좌우된다.

구약의 현자가 그러한 논제들을 인정하고 있음을 논의하고, 이를 통해 변형 모델의 과학적 방법의 타당성을 보여 줄 것이다. 이것은 우리 모델—영적인 부분의 심리학을 하는 과정과 방법—의 수준 2의 핵심이다. 만일 이 논의가 성공적이라면, 과학적으로 순수하게 기술적 견해에 헌신한다고 주장하는 성경적 상담의 지지자들은 역설적으로 그들의 입장이 비성경적임을 증명하게 될 것이다. 다음으로 이것은 교회의 다양한 부문 속으로 심리학을 지혜롭게 말하게 되는 성경적 권한 부여와 새로운 도전을 열어 주게 될 것이다.

가치 논제의 객관적 출처

먼저, 성경과 특별히 구약의 현자는 하나님 아래에 있는 삶의 모든 영역에 있어서 삶을 잘 사는 지혜의 원천은 성경과 성경 외적 모두에 있다고 인정한다. 물론 한 출처는 제안된 형식인 성경 속에 담겨 있는데, 성경 속에서 하나님은 거룩한 연설행위(divine speech-act)와 별개로 알아질 수 없는 특정한 구속적 신비들뿐만 아니라 잘 살기 위한 원칙들을 알도록 만든다. 잠언에 의하면, 하나님의 말씀은 공동체의 안녕(well-being)의 중심이다. "절제하지 않는 백성은 비전(또는 계시)이 없으나 율법을 지키는 자는 행복하다(잠 29:18)."[5] 구약의 현자들에게는 이런 계시의 가장 중요한 것들이 토라에 담겨 있는 반면에 우리에게는 신약과 구약 전체에 담겨 있다.

---

[5] 트렘퍼 롱먼(Tremper Longman)에 의하면, 비전(Heb., hazon)이라는 생각은 'hzh'라는 동사에서 나오며, 종종 선지자들의 계시적 경험을 묘사하기 위해 사용되었다(사 1:1, 2:1, 암 1:1 등). 롱먼은 이에 대해 어떠한 논의도 하지 않았지만, 그는 그것이 여기서 이러한 의미로 사용되었다고 생각하지 않는다(Tremper Longman III, *Proverbs: Baker Commentary on the Old Testament Wisdom and Psalms* [Grand Rapids: Baker Academic, 2006], p. 507). 그러나 현자가 잠언 29장 18절에서 비전 혹은 계시와 율법을 병렬적인 동의어로 사용하는 만큼 나는 이러한 점은 적절하다고 생각한다. 그 경우에 이 구절은 하나님께로부터 계시가 없으면 백성은 멸망하는 반면, 하나님의 율법과 계시를 지키는 사람들은 행복하리라고 주장한다. 롱먼은 이 비전 혹은 예견이 지칭하는 바가 무엇이든 율법 지키기가 안전장치라는 점에 동의하였다.

　　한편 구약의 현자와 성경은 또한 세상의 역동적 구조와 패턴 내에 묻혀 있는 자명한 지혜의 비제안적 원천을 확인한다. 하나님은 선지자 예레미야를 통해 자신이 스스로 자연에 명백한 법칙과 그의 언약을 향한 신실함이 씌어진 토라에 있는 법칙과 자신의 언약의 신실함에 견주어서 표현하고 있다.[6] 더군다나 구약의 현자는 이론적·실제적·기술적 지식의 견지에서뿐만 아니라 지혜와 도덕적 지식의 견지에 있어서도 자연과학과 사회과학 모두를 위한 출처와 데이터베이스로서 이러한 자연법칙이나 우주적 질서를 피력한다. 특히 인간의 행동적·대인관계적·심리내적 역동은 심리학자와 구약의 현자에게 성공적 삶을 위한 일반적 원리를 발견할 수 있게 풍부한 자료를 제공한다. 이러한 자연적 가치와 원리는 잠언에 잘 표현되어 있다.

---

6) 자연에 있어서 구조와 같은 자연법칙에 대한 이스라엘의 믿음은 다음에 명백하다. 여호와께서 이와 같이 말씀하시니라 "너희가 능히 낮에 대한 나의 언약과 밤에 대한 나의 언약을 깨뜨려 주야로 그때를 잃게 할 수 있을진대 내 종 다윗에게 세운 나의 언약도 깨뜨려 그에게 거의 자리에 앉아 다스릴 아들이 없게 할 수 있으며 내가 나를 섬기는 레위인 제사장에게 세운 언약도 파할 수 있으리라." 여호와께서 이와 같이 말씀하시니라 "내가 주야와 맺은 언약이 없다든지 천지의 법칙을 내가 정하지 아니하였다면 야곱과 내 종 다윗의 자손을 버리고 다시는 다윗의 자손 중에서 아브라함과 이삭과 야곱의 자손을 다스릴 자를 택하지 아니하리라 내가 포로된 자를 돌아오게 하고 그를 불쌍히 여기리라(렘 33:20-21, 25-26)." 그리고 다시금, 여호와께서 이와 같이 말씀하셨느니라 "그는 해를 낮의 빛을 주셨고 달과 별들을 밤의 빛으로 정하였고 바다를 뒤흔들어 그 파도로 소리치게 하나니 그의 이름은 만군의 여호와니라. 이 법도가 내 앞에서 폐할진대 이스라엘 자손도 내 앞에서 끊어져 영원히 나라가 되지 못하리라. 여호와의 말씀이니라(렘 31:35-36)." 예레미야에 의하면, 야훼의 이스라엘과의 언약과 그것을 지배하는 도덕적 법칙들은 지정된 시간들과 고정된 패턴들을 가진 우주와의 언약만큼 영원하고 고정되어 있다. 고정된 패턴들에 대한 예레미야의 용법은 특별히 관심을 끈다(렘 31:35, 36, 33:25에서 '새기다'라는 동사에서 파생된 hoq와 그 여성형태인 huqqah를 사용해서 관습, 풍습, 법령, 법규를 의미함을 참고하라). 이 용어는 율법서 전반에서 특별히 하나님의 기록된 율법을 의미하는 데 사용되었는데, 다음과 같은 구절에서 그러하다. "너희는 너희가 거주하던 애굽 땅의 풍속을 따르지 말라. 내가 너희를 인도할 가나안 땅의 풍속과 규례도 행하지 말고 너희는 내 법도를 따르며 내 규례를 지켜 그대로 행하라 나는 너희의 하나님 여호와이니라(레 18:3-4, 출 12:17, 민 19:2, 31:31)." 그렇다면 성경에 나오는 하나님의 규례는 그 백성들에게 구속력이 있으며, 천지의 골격 안에서 그의 규례 혹은 고정된 패턴은 전체 우주에 구속력을 갖는다. 여기서 나의 요지는 자연현상을 지배하는 이 패턴들은 자연 및 사회 과학에 대한 구약의 현자의 연구에서 존재론적 토대를 마련한다는 점이다.

자연의 질서 있는 구조를 위한 창조적 원천으로서 하나님의 지혜

첫째, 구약의 현자는 자연의 질서 있는 구조를 여호와의 지혜와 분명히 연관시킨다. 그는 다음과 같이 정확히 말한다.

> 여호와께서는 지혜로 땅에 터를 놓으셨으며,
> 명철로 하늘을 견고히 세우셨고,
> 그의 지식으로 깊은 바다를 갈라지게 하셨으며,
> 공중에서 이슬이 내리게 하셨느니라. (잠 3:19-20)

하나님의 지혜는 존재론적으로 자연과학이 근거를 삼고 있는 질서정연한 구조, 역학 그리고 인과적 법칙을 책임진다. 이런 우주적으로 질서정연한 구조는 자연을 이해할 수 있는 객관적 데이터를 제공한다.

하나님의 지혜는 자연의 질서 있는 구조에 내재되어 있다.   이것은 우리의 논의에 더 적합한 두 번째 내용으로, 구약의 현자는 이런 질서 있는 구조를 우주의 구조 안에 묻힌 하나님의 지혜 또는 우주적 지혜와 동일시한다. 즉, 창조에 내재된 질서 있는 구조는 하나님의 질서 있는 지혜로 특징지어지고, 그것은 모든 자연과 인간의 현상을 결합할 뿐 아니라 객관적으로 현자의 지혜원칙을 기반으로 한다. 이것에 대한 가장 명백한 언급은 잠언 8장에 있는데, 거기서 현자는 '우주적 지혜'를 소중히 여기는 사람에게 모든 좋을 것을 제공하게 된다고 의인화하였다. 이런 주장을 정당화하기 위하여 현자는 우주적 지혜는 자연과 인간 현상의 명백한 원인이자 결과이면서 심은 대로 거두는 원칙(Sow-reap)들의 원천으로서 자격을 천명한다고 한다. 하나님의 지혜를 의인화하면서 우주적 지혜는 다음과 같이 말한다.

> 여호와께서 그 조화의 시작 곧 태초에 일하시기 전에 나를 가지셨으며,

> 만세 전부터, 태초부터, 땅이 생기기 전부터 내가 세움을 받았나니,
>
> 아직 바다가 생기지 아니하였고, 큰 샘들이 있기 전에 내가 이미 났으며,
>
> 산이 세워지기 전에, 언덕이 생기기 전에 내가 이미 났으니,
>
> 하나님이 아직 땅도, 들도, 세상 진토의 근원도 짓지 아니하셨을 때에라.
>
> 그가 하늘을 지으시며 궁창을 해면에 두르실 때에 내가 거기 있었고,
>
> 그가 위로 구름 하늘을 견고하게 하시며, 바다의 샘들을 힘 있게 하시며,
>
> 바다의 한계를 정하여 물이 명령을 거스르지 못하게 하시며,
>
> 또 땅의 기초를 정하실 때에 내가 그 곁에 있어서 **창조자가 되어,**
>
> 날마다 그의 기뻐하신 바가 되었으며, 항상 그 앞에서 즐거워하였으며,
>
> 사람이 거처할 땅에서 즐거워하며 **인자들을 기뻐하였느니라.** (잠 8:22-
>
> 31, 강조는 저자)

현자의 우주론에 따르면, 우주적 지혜는 원천적으로 자율적 존재론을 갖지 않는다. 오히려 그것은 하나님의 창조하는 속성 속에서 그 원천을 갖는다.[7] 하나님의 지혜는 [그림 7-1]에서 예시하듯이, 자연적 질서의 전반적 구조와 경계선, 자연적 인과법칙을 담당하는 조물주 또는 장인으로서의 기능을 한다.

---

7) 데렉 키드너(Derek Kidner)는 잠언 8장에서 현자가 우주적 지혜를 본질로서가 아니라 은유로 이해한다고 언급하였는데, 즉 지혜 없이 아무것도 해서는 안 된다면, 하나님 자신도 지혜 없이 아무것도 하지 않으셨음을 강조하여 말하고 있다. 세계가 올바르게 사용되도록 한 지혜는 그것이 존재하도록 한 지혜다. 키드너의 *The Proverbs: An Introduction and Commentary*(Downers Grove, Ill.: InterVarsity Press, 1964), p. 79에 그에 따르면, 잠언에서의 이 인격화된 지혜는 명백히 그리스도에 대한 유형 혹은 은유가 아니며, 오히려 만물을 창조하신 하나님의 지혜를 일컫는다. 그러나 바울은 그리스도와 연결 지으며 이 창조의 지혜가 그리스도 안에서 모든 지혜와 지식의 보고가 되며(골 2:3), 그에 의해 만물이 창조되었다고 주장한다(골 1:16).

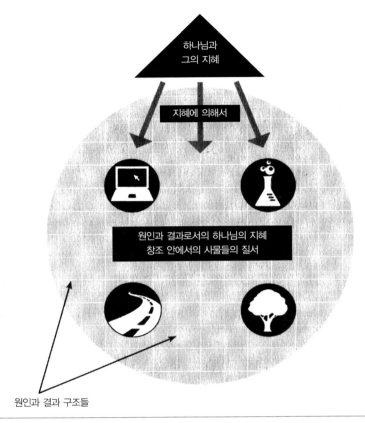

[그림 7-1]

[그림 7-1]은 하나님의 지혜는 창조뿐만 아니라 패턴, 방식과 역동적 법칙(우주적 지혜)—사물의 구조와 같은—에 따른 자연 안에 각인되고 새겨져 있다는 현자의 주장을 예시한다.[8] 이런 질서와 인과구조는 모든 사물의 디자인과 본성을 담당하고 있다. 그것은 또한 자연의 정보를 자연과학으로 인

---

8) 발터 아이히로트(Walther Eichrodt)는 "구약의 지혜서를 읽으면서 누군가에게 충격을 주는 첫 번째 요점은 지혜의 개념이 급진적으로 확장되는 방식이다. 실제적 일에 있어서 오래된 기술뿐 아니라 우주에서 분별될 수 있는 목적과 질서는 이제 지혜의 효과로 간주될 수 있다."라고 말했다. 발터 아이히로트의 *Theology of the Old Testament*(Philadelphia: Westminster Press, 1967), 2:83.

식할 수 있도록 한다. 결과적으로, 구약의 현자에 의하면 장인의 지식과 솜씨뿐만 아니라 자연의 이론적이고 실제적 지식을 가지는 모든 지혜는 하나님의 창조적 지혜에 기반을 두고 있으며, 이는 자연의 질서 있는 구조와 일치한다.[9]

지혜자는 자연과학과 사회과학을 포함한 모든 자연현상의 질서 있는 구조를 연구하는 데 관심이 있다. 원형적 지혜자인 솔로몬은 그의 관심을 다음과 같이 표현했다. "초목에 대하여 말하되, …… 백향목으로부터 담에 나는 우슬초까지 하고, 그가 또 짐승과 새와 기어 다니는 것과 물고기에 대하여 말하였다(열왕기상 4:29-33)." 그러나 그 지혜자는 특별히 잠언과 인간의 본성에 각인되어서 인간의 상황을 지배하는 지혜 구조에 자명한 인간의 사회과학에 특별히 관심을 갖는다(잠 8:31). 이런 질서 있는 구조를 관찰함으로써 그는 도덕적 지식과 삶의 모든 영역에서 잘 사는 데 필요한 도덕적 지식과 기술을 발견한다.

인간의 질서 있는 구조에 내재된 하나님의 지혜. 지혜를 발견하기 위해 인간의 질서 있는 구조에 대해 관찰하는 것은 잠언 8장에서의 지혜자의 결론적 논의를 명백하게 한다. 거기서 그 지혜자는 지혜가 인간의 본성에 각인되어 있고 인간의 상황을 담당한다는 사실에 대한 적용과 실존적 함의들을 설명하는 우주적 지혜를 가진다. 지혜는 다음과 같이 명료하게 말한다.

내가 그 곁에 있어서 창조자가 되어……
인자들을 기뻐하였느니라.

9) 솔로몬의 자연과학에 대한 관심사를 보기 위해서는 열왕기상 4장 29-34절을 보라. 또한 기술적이고 기능적 지식과 기술의 예로 출애굽기 28장 3절, 35장 10, 25절, 사사기 40장 18-20절, 28장 23, 29절, 31장 1-2절을 보라. 예를 들어, 현명한 농부는 이러한 질서 있는 구조의 한계 속에서 일하는 사람이며, 그에 반하지 않는다. 그는 하나님으로부터의 지혜로 건강한 식물 성장의 특성과 땅의 기경 그리고 계절의 방식을 이해한다(사 28:23-29). 그래서 자연에 대한 약간의 조작을 일부 포함하는 기술적 진보도 자연적으로 질서 있는 구조 속에서, 또한 그 토대 위에서 일어난다.

아들들아, 이제 내게 들으라.

내 도를 지키는 자가 복이 있느니라.

훈계를 들어서 지혜를 얻으라.

그것을 버리지 말라.

누구든지 내게 들으며,

날마다 내 문 곁에서 기다리며,

문설주 옆에서 기다리는 자는 복이 있나니,

대저 나를 얻는 자는 생명을 얻고,

여호와께 은총을 얻을 것임이니라.

그러나 나를 잃는 자는 자기의 영혼을 해하는 자라.

나를 미워하는 자는 사망을 사랑하느니라. (잠 8 :30-36, 강조는 저자)

우주적 지혜가 비인간적 자연현상을 지배하는 인과적 법칙을 대표하는 방식으로, 그녀(지혜)는 또한 어떤 의미에서의 인간대리인을 지배하는 뿌린 대로 거두는 의사 – 원인적 법칙(quasi-causal laws of sow-and reap)을 대표한다.[10]

---

10) 크렌쇼(J. L. Crenshaw)는 질서의 개념이 지혜사고의 핵심에 있다는 주장을 더 이상 정당화할 필요가 없다고 하였다. 이 결론은 고대 근동 지혜문서의 맥락 내에서 이스라엘의 지혜에 대한 광범위한 분석에 달려 있다고 일소하는 주장을 한다. J. L. Crenshaw, 「Prolegomenon」 *in Studies in Ancient Israelite Wisdom* (New York: KTAV, 1976), p. 28. 지혜를 생각해 내는 잠언 8장과 관련해서는 토이(C. H. Toy)의 *Proverbs*(Edinburgh: T & T Clark, 1899), p. 172를 참고하라. [강조는 저자]. 롤랜드 머피(Roland Murphy)는 짐멀리(W. Zimmerli)에 의해 처음 제기되었고, 폰 라드(von Rad)에 의해 절정에 이른 이 창조신학에 이의를 제기한다. 롤랜드 머피의 「Wisdom-Theses and Hypotheses」 *in Israelite Wisdom: Theological and Literary Essays in Honor of Samuel Terrien*, ed. John G. Gammie et al., (Missoula, Mont.: Scholars Press, 1977), p. 36. 그는 명백히 말하기를, 이 견해에 대해서 내가 기본적으로 가진 어려움은 주가 모든 것의 일차적 원인이라는 이스라엘의 근본적 태도를 고려하는 데 실패한 점이다. 이것은 질서를 유지하는 데 있어서 산파(Koch의 용어)로서의 역할에 대해 여지를 두지 않는다. 이것은 여기서 적절히 다룰 수 없는 깊은 이슈를 제기한다. 자연질서의 특성 또는 존재론과 관련된 이 논쟁은 오랜 역사를 가지고 있다는 정도로만 언급하겠다. 예를 들어, 어거스틴과 아퀴나스는 짐멀리와 폰 라드의

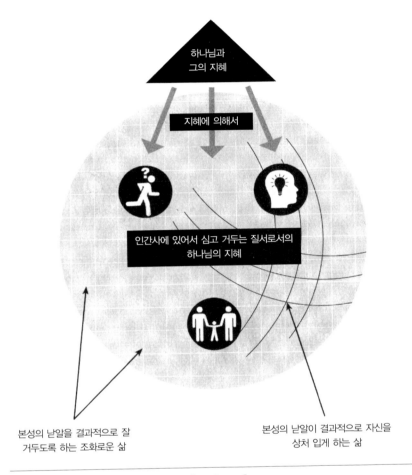

[그림 7-2]

우주적 지혜(Cosmic Wisdom) 관점과 일치하는 섭리로서의 질서를 강조하였고, 여러 종교개혁
자들은 머피의 주장과 일치되는 하나님의 마음으로서의 질서를 주장하였다. 그러나 나는 두 견해가
자연에서 질서정연한 구조는 사람의 마음속에 자명하기 때문에 자연 및 도덕 법칙은 발견될지도
모른다는 사실과 일치된다고 합리적으로 주장할 수 있다고 생각한다. 구약의 현자는 지혜를
"하나님께서 세상을 창조하셨을 때 함께하고, 모든 인간 삶의 방향을 제시하며, 따라서 철학적
우주성과 유대적 신적 믿음을 결합하는 개념으로" 이해했다.

따라서 구약의 지혜자에 따르면, 우주적 지혜는 그녀(지혜)가 모든 인간의 행동적·대인관계적·심리내적 현상을 지배하는 만큼 인간들에게 지혜를 듣도록 간청한다. [그림 7-2]는 이런 역동적 인간의 질서 있는 구조에 대한 본성을 나타내려고 한다.

자신의 본성의 이런 질서 있는 구조와 조화롭게 사는 것은 현명하고 일반적으로 잘 살게 한다. 이런 질서를 파괴하고 자신의 본성의 낟알(grain)에 대항해서 살기는 어리석고 일반적으로 자기손상의 결과를 가져온다(잠 8:35-36).[11] 심은 대로 거두는 이런 구조는 각각 지혜/생명의 길과 어리석음/멸망의 행로를 전형적으로 예증한다.

인간의 지혜 가치는 사람의 구조에 내재된 하나님의 지혜에 기반을 둔다.   결과적으로 잘 살기 위한 모든 지혜와 기술은 하나님에 의해 창조된 자연적이고 인간적 기능하기를 지배하는 우주적 지혜에 근거를 두면서 상응한다. 즉, 인간은 하나님의 지혜로 특정한 본성으로 만들어졌고, 그런 본성에 따른 삶은 결과적으로 하나님의 창조된 질서 속에서 잘 살아갈 지혜를 가져온다. 이것은 우리의 대인관계적이고 심리내적으로 기능하기(하나님과 선함에 순종하는)의 창조되고 의도된 질서 있는 구조와 조화롭게 사는 삶의 선택을 포함한다. 우리의 창조된 '방식'을 위배하거나 상반되게 행동하기는 인간적 기능하기와 상황의 어느 측면(죄와 악인)에 있어서 손상과 피해를 가져오게 된다. 예를 들어, 인간의 본성의 낟알과 상반되게 아이들을 양육하면 아이를 해치게 된다. 더욱이 내가 계속해서 싸우고 있는 악함과 죄들은 하나님

---

11) 아이트켄(K. T. Aitken)은 현자는 선하고 성공적 삶이 사람의 선함과 축복을 위해서 하나님의 세계에서 그에 의해 인침을 받은 사물의 질서에 순응적으로 사는 삶이라는 점을 의심하지 않는다고 명백히 말하였다. 아이트켄의 *Proverbs*(Philadelpia: Westminster Press, 1986), p. 4. 커티스(E. M. Curtis)는 현자를 따르면 하나님의 질서에 대한 인식은 사람이 그 원칙과 조화롭게 살 수 있는 세계로 짜여 들어가게 하고, 그의 성공에 기여하며, 많은 지혜의 재료들이 사람들의 그러한 질서를 추구함을 반추한다는 점에 동의하였다. E. M. Curtis, 「Testament Wisdom: A Model for Faith-Learning Integration」, *Christian Scholars Review* 4(1986): 220.

에 의해 창조된 나의 본성의 낟알에 반하는 삶의 습관화된 패턴의 결과다. 내가 이런 죄들로 인해 하나님의 은혜와 용서를 경험한다 할지라도, 나의 습관화된 본성이 변하지 않고 유지되는 한, 나는 성품적으로 자연적 법칙을 위반하는 부정적 결과를 계속 거두게 된다. 즉, 본성과 자연법칙은 용서하지 않으며, 그저 심은 대로 거두는 패턴대로 기능한다. 우리의 죄를 되갚지 않고 용서하시는 하나님께 감사하라.

태고부터 현명한 사람들은 지혜를 얻기 위해 그들이 행하거나 그렇지 않던 것들을 아는가와 상관없이 자연적으로 질서 있는 구조를 관찰해 왔다. 이 속에는 19, 20세기 심리학으로부터의 지혜도 포함한다. 우리의 모델은 이런 과정과 질서 있는 구조를 명백하게 만들기를 원한다. 그래서 변형심리학자들에게 인간의 경험을 지배하는 자연적 법칙의 역동의 이해는 아주 중요하다. 왜냐하면 이런 구조들은 영(the Spirit)이 어떻게 사람을 변화시키는지의 근저에 있기 때문이다.

가치 논제의 과학 또는 심리학

한 걸음 더 나아가서, 구약의 현자와 같이 인간 본성의 이러한 역동적 구조를 이해하고, 이를 사람의 조직화된 과학으로 그려 내는 것이 변형심리학자들의 특별한 임무다. 구약의 현자는 그가 자연 내에서 우주적 지혜의 반추와 관찰로부터 인간 본성의 일반적 설명과 삶을 위한 원리를 발견할 수 있는 만큼 가치의 심리학이나 과학(우리의 두 번째 논제)이 존재함을 인정한다. 결과적으로 현자는 사실과 가치의 구분을 인정하는 인간현상을 연구하기 위한 실증주의적이거나 순수하게 기술적인 접근을 거부한다. 대신에 현자는 가치의 과학을 개발하는 데 여념이 없다.

인간의 질서 있는 구조에 대해 관찰하고 반추한 내용을 하나님 아래에 있는 삶의 모든 영역에서 잘 살아가기 위한 원리로 번역하는 것이 도덕적 형태의 사회과학자의 목표다. 특별히 잠언은 인간의 현상을 규제하는 심는 대로 거두는 의사 – 원인적 법칙을 그려 내는 시도를 대표한다. 결과적으로, 그 일은 창세기에 씌어 있는 하나님의 뜻이나 자연적 토라뿐만 아니라 성문화된 토라에 있는 지혜 모두를 관찰하기를 포함한다. 현자는 성경이 우리가 창조된 '방식'에 의해 조화롭게 사는 방법에 대한 권위 있는 정보의 중심적 원천임을 대표한다는 사실을 인정하지만, 성문화된 토라를 해석하는 공식적 임무는 토라에 대한 권위를 가진 이스라엘 성직자들의 것이지 자신의 것이 아님을 안다. 현자가 자신의 조언(counsel)과 삶의 원칙들을 발전시켜 나가기 위해 인간의 핵심적 차원에 대한 하나님의 권위 있는 해석인 성경으로부터 도움을 얻는다는 점은 분명하다. 그렇지만 하나님 아래에 있는 삶의 모든 영역에서 잘 살아가기 위한 이스라엘의 위계질서 안에서 조언을 넘어서는 권위로서의 그의 일차적 지시(렘 18:18, 겔 7:26)는 자연 그 자체, 특히 인간의 본성에 명백히 드러나 있는 질서 있는 구조를 분별하고 따르는 일이다.[12] 일반적으로 잠언은 이런 시도를 대표한다.

창조로부터 지혜를 발견하는 심리학의 성경적 모델로서의 잠언 24장. 구약의 현자의 임무의 가장 명백한 표현이나 인간현상과 사물의 자연적 방식으로부터 가치를 발견하는 과정이 잠언 24장에서 발견된다. 이것은 지혜와 도덕적 지식을 이해하는 데 있어서 현자가 커튼을 뒤로 제치면서 자신의 방법을 노출시키는 잠언에서 내가 인식하고 있는 유일한 구절이다. 그는 다음과 같이 명백하게 말하였다.

---

12) 아이트켄(K. T. Aitken)은 우리는 현자가 제사장이나 선지자와는 다른 각도로 삶을 살펴보기를 발견하려고 잠언서를 아주 깊이 파고들 필요는 없다고 주목하였다. 놀랄 만하게 그는 믿음의 풍성함이나 예배의 건강함을 가지면서 하나님의 백성으로서의 사람들의 특권에 적은 관심을 가졌다. 오히려 현자는 극히 평범하게 세상에 살고 있는 평범한 개인과 평범한 삶의 일상 속 그들의 태도와 행동에 있어서의 지혜와 어리석음에 관심을 가졌다(Aitken, *Proverbs*, p. 4). 나는 아이트켄과 동료들이 현자가 이스라엘의 언약적 삶에 대한 관심이 부족하다고 과장되게 표현했다는 생각과 달리, 선지자, 제사장 그리고 현자 사이의 차이는 명백하고 논쟁거리가 되지 않는다고 생각한다.

내가 게으른 자의 밭과 지혜 없는 자의 포도원을 지나며 본즉

가시덤불이 그 전부에 퍼졌으며 그 지면이 거친 풀로 덮였고 돌담이

무너져 있기로

내가 보고 생각이 깊었고 내가 보고 훈계를 받았노라.

네가 좀 더 자자, 좀 더 졸자, 손을 모으고 좀 더 누워 있자 하니

네 빈궁이 강도 같이 오며 네 곤핍이 군사 같이 이르리라 .

(잠 24:30-34, 강조는 저자)

비록 현자가 어디서든 성경을 지혜의 출처로 인정한다 할지라도, 여기서 그는 우리에게 그의 반추와 관찰이 이러한 실제적이고 도덕적 지혜의 일부를 발견하기에 충분하다고 우리에게 알리고 있다. 사실상, 이런 패턴은 토라나 한 걸음 더 나아간 몇몇 하나님의 계시에 명백하게 의존하지 않는 많은 그의 잠언들과 잘 들어맞아 보인다. 그래서 제사장과 선지자와 대비되는 현자의 특별한 임무는 물론 하나님 계시에 대한 견해와 더불어서 하나님을 두려워하는 마음으로 자연적, 특히 인간현상을 해석하기 위한 반추와 관찰에 있어서 예리함을 포함한다. 그의 반추는 자연과학을 위한 이론적이고 기술적 지식뿐만 아니라, 특히 인간과학을 위한 도덕적 지식을 초래하게 된다(잠언에서 본 바와 같이). 앞의 경우(잠언 24장)에서 관찰과 반추에 기초하여 현자는 게으름이 재정적 파멸과 자기손상으로 인도함을 발견하였다.

창조에 관한 사실로부터 가치에 관한 사실을 발견하는 심리학.   구약의 현자는 특히 인간현상에 관한 질서 있는 구조를 반추하고 관찰함으로써 그는 인간 상황을 지배하는 의사–원인적, 심는 대로 거두는 법칙을 발견하리라고 확신하였다. 이런 관찰로부터 그는 삶의 지침과 지혜, 즉 도덕적 지식을 얻으리고 선언적으로 주장하였다.[13] 현대 사회과학의 실증주의적이고 환원적

---

13) 스콧(R. B. Y. Scott)에 의하면, 지혜가 선한 사람이 경험을 통해서 세워진 도덕적 질서인 삶에서

인 모델을 고수하는 어떤 기독교적 입장과 심리학에 대한 근대주의자들과는 대조적으로 구약의 현자는 인간현상에 대한 사실로부터 가치에 대한 사실을 발견할 수 있다고 지속적으로 주장하였다.[14] 그런 까닭에 현자는 과학의 고전적 – 실재주의자의 방법론을 더 인정하며, 전적으로 기술적이고 반복할 수 있는 '실험적' 사실에 그들의 발견을 제한시키는 사회과학에 대한 환원주의적이고 근대주의자 접근의 경우처럼 자연에 대한 사실이 기계적이고 엄격하게 원인적 현상으로 제한된다는 견해를 거부하였다.

가치에 관한 사실을 발견하는 데 있어서 '목적론'의 역할. 구약의 현자는 존재하는 '사실들'에 대해 근대 과학보다 더 견고한 견해를 갖는다. 도덕적 지식과 가치의 과학을 발달시키기 위해서 필수적인 인간의 삶과 행동의 역동적이고 목적론적인 본성과 관련된 사실이 변형심리학과 현자의 특별한 관

만족을 찾아야 한다는 것을 통하여 실제적 종교를 가르쳤다고 한다. 그 지혜로운 사람은 인생에 있어서 통일된 구조적 원리를 찾았다. 경험으로부터 일반화를 통하여 그들은 이런 도덕적 삶의 구조의 지표로서 그리고 그 방식의 지침으로서 규칙을 제의했다. 반추와 논의를 통해서 그들은 일반적 신앙의 골격 안에서 인간의 실체와 지적이고 도덕적 문제에 대한 합리적인 설명에 도달하려고 시도했다. 스콧의 *Proverbs*(Gardner City: Doubleday, 1965), p. xvii. 커티스(E. M. Curtis)는 인간의 호된 시련경험으로부터 어떤 수준의 지혜가 나온다고 결론짓는다. 인간이 타락을 한 후조차도 그의 세계와 그 세계 속에 있는 인간을 주의 깊게 그리고 예리하게 연구를 할 때 그러한 지혜는 사람에 의해서 인식될 수 있다. 그는 자연적 세계가 운행되는 많은 원리들을 확인할 수 있다. 그는 성공을 가로막는 많은 것들뿐만 아니라 삶에서 성공하는 데 기여하는 많은 것들을 밝힐 수 있다. … 이것은 또한 이스라엘이 이웃과 나누는 일상의 도덕적 가치의 일부를 설명할 수도 있다. 커티스, 「Old Testament Wisdom」, p. 219.

14) 누군가는 자연에서 삶을 위한 처방과 가치를 발견할 수 있다고 생각하지 않는 기독교 견해를 위해서는 다음을 보라. 마틴 밥건(Martin Bobgan)의 *Competent to Minister: The Biblical Care of Souls*(Santa Barbara, Calif.: East Gate Publishers, 1996), 마틴 밥건의 *How to Counsel from Scripture*(Chicago: Moody Press, 1985), 마틴 밥건의 *Pshchoheresy: The Psychological Seduction of Christianity*(Santa Barbara Calif.: East Gate Publishers, 1987), 마틴 밥건의 *Prophets of Psychoheresy*(Santa Barbara Calif.: East Gate Publishers, 1989). 또한 제이 애덤스(Jay Adams)의 *Competent to Counsel* (Grand Rapids: Baker, 1972)도 보라. 일반적으로, 게르하르트 폰 라드(Gerhardt von Rad)는 사실/가치 분리가 구약의 현자에게 이질적이라고 통찰력 있게 지적하였다. 그는 우리에게 익숙한, 한편으로는 인간사회를 위한 규칙을 그리고 다른 편으로는 자연을 위한 규칙들의 이원론은 고대 사람들에게 알려지지 않았다. 인간 위에 있는 도덕적 법칙들을(우리가 말하려고 하는) 통해서 세상 질서가 이루어지듯이 그 세상 질서는 자연을 지배한다. 게르하르트 폰 라드의 *Wisdom in Israel*(Nashville: Abingdon, 1972), p. 159.

심사다. 이러한 목적론적 사실(건강한 삶으로 인도하는 인간 행동의 자연적 목적과 목표와 관련되어 있는 사실)은 과정, 성장과 발달의 관점으로부터 인간의 본성과 행동을 반추한다.[15] 인문 또는 사회과학으로부터 오는 사실의 이런 유형을 배제하게 되면 건강하고 자연적으로 기능하기를 다스리는 지혜의 구조와 인간 본성의 이해에 중심적인 그러한 사실을 무시하게 된다. 그래서 물리학을 패러다임으로 삼는 사회과학에 대한 근대주의자의 접근은 구약의 지혜 신학, 특별히 잠언에 내재된 가치의 과학과 상반되고, 우리의 변형심리학 모델과도 상반된다.

심리학과 살아가기를 위한 자연적 '의무'를 발견하기.   구약의 현자의 가치과학을 대표하는 잠언은 우주적이고, 인간의 질서 있는 구조를 반추하는 지혜 원리를 담고 있으며, 지혜 자체에 내포된 처방 또는 '의무' 법칙과 같은 구조를 갖는다. 일반적으로, 이러한 원리들은 인간현상을 관찰하고 반추함으로써 발견될 수 있는 의사－원인적 또는 심은 대로 거두는 법칙의 예증을 시도하는 진술들인 조건절 '만일 …하면'과 같은 형식을 취한다.[16] 이것은 윤

---

15) 한스－주르겐 허미션(Hans-Jurgen Hermission)은 잘 알려진 바와 같이, 지혜는 질서의 지식을 추구한다. 또는 이것이 너무 엄격하게 보이는 사람들을 위해서 지혜는 세상의 다양성 내에서 어떤 규칙성을 추구한다. 고대의 지혜는 인간과 역사적－사회적 영역 안에서의 질서는 인간 외적 현상의 영역 안에서의 질서와 원칙적으로 다르다는 확신으로부터 시작한다. 그러므로 '자연지혜'와 '문화지혜'가 처음에 보이듯이 그렇게 멀리 떨어져 있게 보이지 않는다. 한스-주르겐 허미션의, 「Observations on the Creation Theology in Wisdom」 in *Israelite Wisdom: Theological Essays in Honor of Samuel Terrien*, ed. J. G. Gammie et al.(Missoula, Mount.: Scholars Press, 1977), p. 44. 현자는 삶의 내러티브와 사람의 자연적·문화적 맥락을 진지하게 받아들임으로써 인간현상을 연구하는 데 큰 관심을 가진다. 현자는 그래서 연구된 인간 경험의 사실은 반복될 수도 없고, 엄격하게 기계적일 수도 없으며, 본성적으로 실험적이지 않다고 인정한다.

16) 게르하르트 폰 라드(Gerhard von Rad)는 이스라엘 또한 인식할 수 있는 '필연적 법칙'으로 설정된 사건과 발생을 분별하는 데 어려움을 갖는 이러한 인과구조에 대해서 언급한다. 설명되었어야 하는 이전의 어떤 주어진 사건이 가질지도 모르는 것에 관해서 조사하기가 다음에 할 가장 분명한 것이다. 더 나아가 폰 라드는 인과적 법칙은 영혼의 숨겨진 영역 속으로 바로 더듬어 들어간다고 잠언 13장 12절, 15장 13절, 17장 22절로부터 통찰력 있게 지적한다. 라드의 *Wisdom in Israel*, pp. 124-125. 허미션에 의하면, 하나님이 '지혜로' 창조하신 것은 또한 이해될 수 있고 지혜의 문장들로 진술될 수 있다. 허미션의 「Observations on the Creation Theology in Wisdom」, p. 44. (강조는 저자)

리학의 자연법 이론을 위한 성경적 기반이다. 물론 현자는 그런 과장된 형식으로 그의 도덕적 관찰과 가치과학을 명시적으로 기록하지는 않는다. 오히려 그는 기억을 돕고, 스스로 발견하게 하는 목적을 위하여 히브리 시(평행적 구조와 심상)를 인용한다.[17]

결과적으로, 구약의 현자는 사람들이 분별할 수 있기를 가정하는 자연적 의무나 처방을 대부분 그의 잠언들에 있는 시와 묘사적 형태 아래에 놓고 있다. 현자가 자연에서 발견한 건강한 삶을 위한 이런 지혜와 도덕적 원칙의 일반적 구조는 다음의 조건적 진술로 포착된다.

> 보편적이거나 U-조건부: 만약 사람 S가 일반적으로 삶을 존중하면서 (성공적으로) 잘 살려고 한다면, S는 인간의 상황에서 자명한 사물의 의사-원인 법칙을 가지고 조화롭게 살아야(ought) 한다(must, should, needs to).
>
> 특정한 또는 P-조건부: 만약 사람 S가 특별한 임무, 종말, 목표 p를 존중하면서 (성공적으로) 잘 살려고 한다면, S는 x를 해야 한다.

U-조건부는 일반적으로 자연적 의무나 의사-원인적 구조를 반추하도록 되어 있으며, 현자는 믿는 자와 믿지 않는 자 똑같이 모든 사람에게 적절한 인간 사건을 지배하는 자연적 의무나 원인적 구조를 인정한다. P-조건부는 인간 상황의 특정한 측면에 적절하게 내포된 처방이나 일부 충고를 담고 있는 어떤 특정한 잠언 뒤에 놓여 있는 자연적 의무나 의사법칙(quasi law) 같

---

17) 현자가 행동에 대한 형식적 처방으로는 현저하게 부족한 시적 형식 속에 있는 그의 인간과학과 교육적 문헌을 기록했음은 흥미롭고 어쩌면 교훈적이다. 즉, 현자는 (a) 시적 심상에 의해서 마음과 정서 모두를 움직이고, (b) 가치로운 창조물로서 그의 청중이 잠언에 묻혀 있는 충고와 처방적 요점을 얻는다고 신뢰하기보다 지성 한 가지에 처방적 요점을 두려고 하는 데 관심이 명백하게 덜하다.

은 구조를 반추한다. 예를 들어, 앞에서 인용한 잠언 24장의 경우, 만약 사람이 잘 살고 재정적 재앙을 피하려면 그 사람은 부지런히 일해야 한다. 두 조건부 모두에서 '의무'나 처방적 요소는 인간의 의견이나 욕망에 의해 단순히 만들어지지 않고 관찰과 반추에 의해 발견되는 가치처럼 신적 계명이 아닌 인간현상의 질서 있는 구조 속에 기반을 두고 있다.[18] 이것은 '자연적 의무'의 특성이다. 대부분의 식물이나 동물의 행동뿐만 아니라 무생물을 포함하는 사건들은 사물에 내재되거나 사물을 지배하는 질서 있는 구조 또는 목적론, 자연적 방식과 일치하면서 전형적으로 그리고 어느 정도로는 자동적으로 기능한다.[19] 그러나 동식물이나 무생물의 힘이 자연적으로 질서 있는 구조와 대항하거나 조화롭게 행하도록 선택해야만 하는 만큼 인간은 필연적으로, 본능적으로 그들의 자연적 방식이나 '편만한 목적론'을 따르지 않는다.[20] 어떤 실존주의자들의 말에 의하면, 인간은 본성의 편안과 반하여 선택하도록 저주를 받았다. 현자에 의하면, 선택의 본성은 사람이 지혜와 성공의 삶 아니면 어리석음과 자기손상의 삶을 수확할지를 결정한다.

변형심리학과 가치.   결과적으로 사람과 상담에 대한 구약의 지혜자와 변형심리학의 접근은 심리학과 치료(사실상 모든 과학)에 가치가 잠재되어 있다고 인정하는 과학철학자들과 현대심리학자들 그리고 후기 근대주의자들에 동의한다. 확실히 이것은 가치로운 창조물로서 심리학자와 치료자는 중

---

18) 아이트켄(K. T. Aitken)에 따르면, 구약의 현자의 우주적 지혜 개념은 그들이 세상의 경험을 통해서 배운 선하고 지혜롭게 살아가기의 규칙들은 처음부터 세상의 구조와 질서 속에 씌어 있었고, 그러므로 경험의 지혜는 세상을 창조한 거룩한 지혜에 달려 있음을 아마도 표현하려고 고안되었다. 아이트켄의 *Proverbs*, p. 86.

19) 비인간적 현상을 포함하는 그런 경우들에서 역기능은 일반적으로 외적 방해와 생리학적 부패의 결과다(낙하하는 바위를 멈추려는 장애물이나 혹은 낙하의 결과로서 신경의 손상을 입은 침팬지와 같은).

20) 편만한 목적론의 개념은 하나의 사물이 동종의 번창하는 사물이 되기 위해서 움직이는 것을 위한 내재적 목적과 관련이 있다. 이것은 개인적 의지의 의식적 목표와 관련이 있는 의식적 목적론과 구별된다.

요한 것을 발견하기 위한 연구에서 자신들의 가치를 피할 수 없고, 또한 그들의 방법론, 진단, 처치와 예후의 측면과 관련된 치료에서도 자신들의 가치를 피할 수 없음을 최소한으로 의미한다. 이러한 것들은 모두 그들이 인간의 가치와 건강 그리고 병리성과 관련을 짓는 만큼 가치는 잠재된 생각이다.

그러나 사회과학자로서의 구약의 현자는 그가 단순히 그의 가치를 그의 과학으로 가져온다거나, 가치를 만들거나, 그가 추론하는 데 있어서나 청중에게 가치를 부여하려고 생각하지 않는다. 오히려, 그는 후기 근대주의자와 근대주의 과학자들과 상반되게 인간의 현상에 대한 그의 관찰과 반추로부터 가치를 발견한다고 생각한다. 그는 이러한 자연법 가치는 편견이 있는 이론과 방법론 또는 간섭하는 열정으로 인해서 닫히지 않고 하나님과 현실에 열린 마음과 심중에게 분별될 수 있는 방식으로 하나님이 세상과 사람들을 만들었다고 믿는다. 따라서 구약의 지혜자와 변형심리학자는 그들이 생각하는 변화의 기제뿐만 아니라 인간 본성, 건강, 병리 그리고 가치의 이론이 성경뿐만 아니라 인간 상황의 연구로부터 객관적으로 분별되는 그들의 심리학과 상담상황으로 의식적으로 나아가도록 한다. 근대주의 심리학과는 다르게(대부분 성경적 상담의 입장 지지자들조차도), 이 변형심리학은 삶에 대한 방식이 그들의 눈을 열려고 하는 사람들에게 유용하다고 확신한다. 그리고 비록 통합과 기독교 심리학의 입장이 창조 혹은 '자연계시'의 연구로부터 얻어지는 삶을 위한 지혜가 있음을 확신하는 경향이 있다 하더라도, 창조에 대한 사실로부터 가치에 대한 사실을 분별할 수 있는 이런 능력을 설명하는 것, 심리학을 하는 과정 또는 과학적 방법론의 이론이다. 창조로부터 가치를 분별하려는 변형적 접근은 근대주의 심리학이 심리학적 건강과 정신병리학에 대해 말하지 않을 수 없었음을 위한 정당성과 기반을 제공한다. 우리의 모델은 단순히 이것에 대해서 명백해지기를 원한다.

변형심리학과 종-기반(species-based) 가치.　여담으로서, 지혜와 도덕적 지식의 과학에 대한 이러한 접근은 제기될지도 모르는 특정한 윤리적 궁

지나 특정한 문화뿐만 아니라 전체적으로 종에게 적용가능한 병리성과 건강의 일반적 원리와 관련이 있다는 것에 주목하는 것은 흥미롭다. 결과적으로 이 자연기반 윤리학은 인간의 안녕, 건강한 인간의 인격과 전반적인 선한 삶(덕과 악에 대한 고대의 견해)에 초점을 맞추고 있다. 따라서 구약의 현자의 지혜는 종-기반이며 방향에 있어서 개별적이거나 개인 관련이 아니다.[21] 특정한 개인과 상황에 이러한 원리를 적용하려면 물론 특정한 개인이나 그 개인이 속한 상황에 대한 이해를 포함하는 지혜의 일반적이고 보편적 원리에 대한 이해를 넘어서야 한다. 이러한 점을 놓치게 되면 욥의 친구들이 한 실수를 되풀이하게 된다. 그러나 우리는 윤리학에 대한 이러한 종-기반 자연적 법칙의 접근을 오해하지 말아야 한다. 이것은 모든 인간에게 적용되지만, 불신자들은 진정으로 이 원리를 따를 수 없다. 하나님의 사랑이 그들에게 빠져 있는 한 누군가의 덕으로는 불완전과 단절이 항상 있게 될 것이기 때문이다. 신자와 불신자의 덕과 악에 대해서는 제14장에서 이러한 원리에 대해서 더 말하게 될 것이다.

변형심리학과 권위: 성경과 창조에 나타난 하나님의 지혜.   그렇다면 성경과 구약의 현자는 성경과 창조라는 두 가지 도덕적 권위에 의존하고 있으며, 도덕적 과학을 인정하고 있음이 명백해야 한다. 첫째, 씌어 있는 계시 안에서 하나님은 자신과 관계하기 위한 인간의 역량과 특별히 관련하여 창조된 인간의 질서 있는 구조와 조화를 이루는 윤리적 규범과 지혜를 주신다. 따라서 제사장과 사람들 그리고 현자는 하나님께서 말하신 근거로 쓰인 '말씀

---

21) 히브리 현자의 가치과학은 부분적으로 인간의 본성에 대한 설명에 근거하고 있기 때문에 그의 지혜와 도덕적 지식에 대한 접근은 전부는 아니지만 상당 부분 현대의 윤리와 도덕성에 대한 접근에 날카로운 대조를 이루고 있다. 대부분 윤리에 대한 현대적 접근들은 여전히 사실과 가치의 구분을 인정하며, 그 결과 보편적이고 종-개방 관점으로부터 사람들을 위해서 병리적인 것과 나쁜 것으로부터 건강한 것과 좋은 것을 구분하려고 시도하는 어떤 윤리적 이론에 대해서 일반적으로 회의적이다. 대신에 현대시대의 윤리적 토의는 개인이 선한 삶에 대한 자신의 개념을 추구하기 위한 개인의 권리를 유지하는 도덕적 원리와 특별하게는 특정한 상황과 궁지 속에서 떠오르는 명백한 권리갈등을 해결하는 데 필요한 도덕적 원리를 개발하는 데 초점을 맞추고 있다.

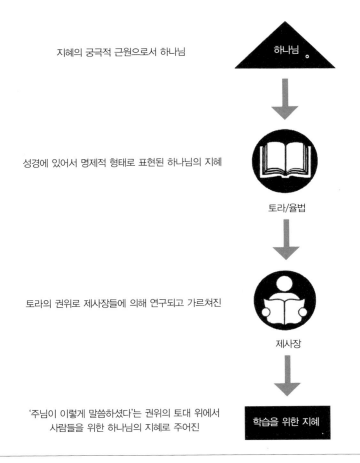

지혜의 궁극적 근원으로서 하나님

하나님

성경에 있어서 명제적 형태로 표현된 하나님의 지혜

토라/율법

토라의 권위로 제사장들에 의해 연구되고 가르쳐진

제사장

'주님이 이렇게 말씀하셨다'는 권위의 토대 위에서
사람들을 위한 하나님의 지혜로 주어진

학습을 위한 지혜

[그림 7-3]

(Word)'을 받는다. 성경, 특히 구약의 토라에 담긴 이러한 권위구조는 [그림 7-3]에 예시되어 있다.

일반적으로, 성경은 지혜의 근원으로 자연에 대한 관찰이나 반추와 같은 인간 경험에 호소하지 않으며, 지혜가 진리라는 입증을 위해서도 인간 경험에 호소하지 않는다. 이것은 구약의 지혜서를 제외하고는 구약성경과 신약성경에 있어서 사실이다. 그래서 성경은 일반적으로 하나님께서 주셨다는 사실에서 그 권위를 찾는다.

　그러나 성경은 구약의 현자가 그의 현명한 원리를 호소하는 또 다른 지혜의 출처를 확인한다. 물론, 믿는 공동체의 한 구성원으로서 히브리 현자는 하나님이 모든 지혜의 궁극적 근원이고(잠 2:6), 그와의 관계는 전적으로 현명한 삶을 위한 필수조건이며(잠 1:7), 성경이 한 공동체의 정신건강에 필요함(잠 29:17, 30:5-6) 등을 확인한다. 하나님의 말씀은 그가 우리에게 알리기를 원하는 현실의 특정한 차원에 대한 창조주의 권위 있는 해석이다. 그래서 하나님을 마음에 품고, 성경을 손에 들고, 현자는 사물의 자연질서에 뛰어들어 자연과 인간현상에 표현된 지혜를 분별하려고 한다.[22]

　구약의 현자 그리고 우리의 변형심리학의 폭넓고 통합적인 권위구조는 [그림 7-4]에서 이해될 수 있다. 현자와 심리학의 변형모델은 어떻게 잘 살 수 있는가에 대해 우리에게 정보를 주는 한, 지혜의 근원으로서 성경과 창조에 호소한다. 그러나 현자의 통찰력과 도덕적 원리에 대한 순종은 토라의 경우와 같이 하나님께서 말씀하셨다는 토대 위에서 요청되거나 요구되지 않는다는 사실에 주목하라. 오히려, 그는 경험과 반추의 토대 위에서 청중에게 호소한다. "내 아들아, 네가 만일 나의 말을 받으며 나의 계명을 네게 간직하며(잠 2:1)" "내 아들아, 내 지혜에 주의하며 내 명철에 네 귀를 기울여서(잠 5:1)."[23] 즉, 그는 그 자신의 인간 본성과 사물의 우주적 질서와 조화를 이루

---

22) 발터 아이히로트(Walther Eichrodt)는 헬레니즘의 종교와 문화가 '더 깊은 지혜'를 구하려다가 함정에 빠졌지만 현자가 자연으로부터 지혜를 분별하려는 상식적 접근과 모든 고등지혜는 하나님으로부터 온다는 믿음 때문에 이스라엘은 함정에 빠지지 않았다고 흥미롭게 논평하였다. 그가 분명하게 언급하였듯이, "유대인들은 '감추어진 것'과 '과잉정보'를 탐구할 필요가 없었고, 그러한 것들로 인해서 그들의 상상과 환영이 호기심의 끊임없는 갈망을 오류로 인도했다." 아이히로트의 *Theology of the Old Testament*, p. 92를 참고하라. 아마도 사고하기의 이러한 유형은 헛된 철학과 토의를 피하라는 바울의 권고를 배경으로 한다(골 2:8-10, 딤전 4:7, 6:4, 딤후 2:23). 이것은 성경 외적 원천으로부터 도덕성, 사상 그리고 현실의 특성에 관한 진리의 합리적이고 상식적인 발견을 금한다고 바울을 해석하는 반철학적/심리학적 입장보다 더 적합한 해석처럼 보인다.

23) 스콧(R. B. Y. Scott)은 분명히 언급하기를, "그들(구약의 현명한 사람들)은 야훼를 향한 경건함에

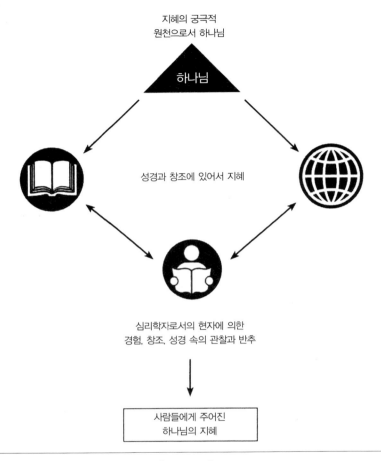

지혜의 궁극적
원천으로서 하나님

하나님

성경과 창조에 있어서 지혜

심리학자로서의 현자에 의한
경험, 창조, 성경 속의 관찰과 반추

사람들에게 주어진
하나님의 지혜

[그림 7-4]

대한 때때로의 권고들(잠 16장)이 수용된 신념을 전제로 함에도 불구하고, 계시된 종교의 권위에 직접 호소하지 않는다. 그들은 일차적으로 개인으로서 사람들에게 그리고 사람들에 대해서 말한다. 그들이 주로 호소하는 권위는 좋은 사람들의 훈련된 지성과 도덕적 경험이다." 스콧의 Proverbs, p. xvi을 보라. K.T. 아이트켄은 "더군다나 선지자와 제사장이 그들의 가르침을 위해 신적 권위에 대해 결정적 호소를 하는 반면, 인간 경험의 입증된 정경인 좋은 기호와 상식에 대해 호소를 하면서 현자는 자신의 설명을 하도록 하거나 그의 잠언들이 스스로 말하도록 하기에 만족한다."라고 말하였다(강조는 저자). 아이트켄의 Proverbs, p. 4를 보라.

며 살아온 사람들과 그렇지 않고 대조적으로 어리석게 살아온 사람들 모두의 삶에서 관찰해 온 것에 근거해서 젊고 경험이 부족한 사람들, 아들과 딸에게 호소한다.[24] 그는 자신이 보고 경험한 것을 토대로 그들로 하여금 자신의 말을 따르도록 간청한다. 권위의 이러한 견해는 우리 변형심리학의 권위와 같을 것이다.

가치과학과 기독교적 현실 속에서 견고한 방법으로서의 변형심리학.   심리학하기의 구약성경적 모델은 과학을 하는 데 있어서 굳건한 방법론적 접근을 제공해 준다. 구약의 현자의 심리학은 통합의 행위가 아님을 주목하라. 오히려 복잡하지만 하나의 과학을 하는 단일행위이며, 가치 그리고 창조된 현실과 '종교적' 현실의 과학 또는 심리학을 하는 행위다. 신앙의 연구와 심리학과 결부 그리고 과학 사이에 분리가 없다. 창조된 현실의 과학과 계시된 진리와 현실의 신앙적 연구 사이에 분리가 없다. 오히려 영(Spirit)에 의한 인간변형, 죄, 한 사람에 대한 연구는 이성의 동의와 신앙의 동의(제5장 참조)가 성령에 의해 아름답게 섞여 있으면서 현실에 대한 탐구에서 사랑과 지혜로 신자를 인도하는 하나의 단일적이지만 복합적인 과학이다. 이것은 과학에 대한 새로운 접근은 아니며, 우리 시대에 새롭게 들릴 뿐이다. 오히려 이것은 베일 뒤에 있는 방법론이고, 그 속에서 신자는 영(Spirit)으로 관찰과 이성에 의해서 모든 현실을 연구할 역량이 있다.

경고(Caveat): 영감의 교리와 잠언.   아마도 성경적 잠언의 특성과 영감의

---

24) 현자의 지혜를 듣기 위한 정당화로서 그의 경험에 호소함의 증거는, 잠언 1장 1절, 2장 1절, 3장 1절, 6장 1절, 7장 1절에서 확인해 보라. 물론 신적 계시와 토라에 호소하면서, 정당화를 위한 하나님의 권위에 호소하는 잠언들이 있다(아래 토론을 보라). 더군다나, 하나님의 지혜가 성경뿐만 아니라 자연에 자명하다는 주장은 일반적으로 특별한 신적 계시의 행위가 하나님과의 관계를 재정립하는 방법에 대해서 사람들에게 알려 줄 수 있다는 그의 신념으로부터 이탈하지 않는다. 인간의 본성을 포함한 타락한 본성은 스스로를 구원할 수 없다. 즉, 하나님의 재창조(re-creation)의 역사와 별도로, 어떠한 사람이라도 자신 스스로의 이해나 기술에 근거해서 하나님과의 관계를 잘 형성할 수 없다. 그럼에도 불구하고, 자연 속에 포함된 이론적·기술적·실질적·도덕적 지식의 보상적 가치와 총계는 현자의 중심적 일을 동기화시킨다.

교리에 관해서 간단한 부가적 노트가 적절하다. 성경적 잠언의 몇몇이 현자의 관찰과 반추의 결과라는 주장은 결코 잠언이 하나님의 영감에 의해서라는 주장과 갈등을 일으키지 않는다. 이러한 경우, 하나님 아래에 있는 삶의 모든 영역에서 성공적으로 살아가기 위한 일단의 원리와 영감이 있는 관찰을 만들어 내기 위해서 하나님은 현자의 경험을 통하여 일한다. 많은 수의 잠언들이 사람들을 향한 하나님의 방식과 하나님에 관한 통찰을 사용하는데, 그러한 통찰은 자연 하나만으로는 얻어질 수 없다. 아마도 이러한 것들의 일부는 기록된 토라에서 통찰을 빌려 왔거나 하나님으로부터 직접적 계시의 결과다(예, 잠 2:17, 3:12, 32). 그러나 잠언 24장 30-34절의 경우에는 하나님이 이러한 통찰을 현자에게 주면서 직접적으로 개입했다는 증거가 전혀 없다.

  일반적으로, 현자는 잠언에 포함된 영감의 과정에 관해서 우리에게 알려주지 않는다. 그래서 영감이 진행되는 모양은 다음의 방식 속에서 다양하게 있는지 모른다. 현자에게 통찰을 주는 방식에는 하나님의 직접적 개입, 현자에게 편집적 재가를 하나님이 주는 방식(잠언 25장 1절에 있는 '히스기야의 사람들'에 대한 작업), 많은 신약의 저자들의 경우에서와 같이 현자의 마음에 하나님이 협력하시는 작업 등이 있다. 이러한 제안의 모두는 사색적(speculative)이다. 그러나 잠언 24장에 예시되었듯이, 지혜를 발견하는 현자 자신의 경험이 단지 직접적 신적 개입으로부터 오지 않고 자신의 개인적 관찰과 반추에 근거하고 있다는 점은 분명히 사실이다. 잠언 전체 속에 담긴 많은 지혜뿐만 아니라 잠언 24장에서 그가 발견한 지혜는 현대의 미국이나 고대 근동 아시아의 세속적 현자에 의해서 발견되어 올 수 있었다는 점은 자명해야 한다.[25] 물론, 하나님의 특별계시나 씌어진 토라를 통해서만 알려진 구속사

---

25) 커티스(E. M. Curtis)는 잠언에 있는 지혜는 궁극적으로 하나님으로부터 선물이지만 그 지혜 중 상당수는 단지 전적으로 이차적 감각 속에 있다고 논평하였다. 그는 잠언의 많은 부분은 자신 주

적 진리에 의존하는 그러한 잠언들에는 적용되지 않는다.

경고: 변형심리학과 구약성경에 있어서 인식론적 이슈들.   구약의 지혜서에 있어서 권위에 대한 앞의 논의는 지면의 제약으로 인해 여기서는 충분히 논의할 수 없어서 단지 간단하게 언급하겠지만, 다수의 깊고도 흥미로운 인식론적 이슈들을 제기한다. 첫째, 믿지 않는 심리학자들도 만일 그들이 이러한 논제에 열려 있다면, 믿는 과학자들이 하듯이 모든 종류의 도덕적이고 과학적 진리를 알 수 있는 창조에 대해서 반추하고 관찰할 수 있는 역량을 가지고 있다는 점은 분명히 해야 한다. 물론, 그들은 그들이 알아야 할 의무가 있는 진리로는 알지 못한다. 즉, 그들은 하나님이 준 자율성 속에서 단지 호기심의 한 부분으로 그것들을 알게 된다. 그들이 아는 지식은 진정한 하나님의 섭리와 존재에 의해서 이러한 지식이 악영향을 받지 않는다는 망상 때문에 부분적으로는 역기능적이다. 더군다나, 믿지 않는 사람들은 창조의 적절한 맥락 속에서의 이러한 진리와 그것들이 어떻게 하나님 세계의 거대한 계획 속에 맞아떨어지는지에 대해서 전혀 알지 못한다. 그들은 일부가 잘린 지식을 가지고 있다. 그들은 '알지'만 알아야만 하듯이 알지는 못한다. 그들의 지식은 하나님의 사랑 안에서 그 목적을 발견하지 못한다. 우리는 이교도 현자에게서도 많은 것들을 배울 수 있지만 하나님의 사랑 안에서와 창조와 구속의 맥락 안에서의 앎에 의해서 지속적으로 해석을 하게 되는데, 이를

___

변의 세상을 주의 깊게 관찰하는 어떤 통찰력이 있는 사람에 의해서 확인될 수 있는 원리를 분명하게 언급하고 있으며, 사실상 이스라엘과 그의 이웃들이 한 사람의 성공에 기여하는 동일한 다수의 원리를 확인하는 데 나타난다고 계속해서 말한다. 이것은 한 사람의 성공에 기여하는 방식과 근면성의 유익을 깨닫는 데 하나님으로부터 직접적 계시(신학자들이 특별계시라고 전통적으로 불러 왔던 것)를 요구하지 않는다. 나쁜 성질이 무분별한 판단이나 헌신을 하는 데 있어서 포함된 위험이나 인내의 가치 또는 사람을 위해서 생산해 낼 수 있는 문제에 대해서도 동일하다. 커티스의 「Old Testament Wisdom」, p. 217을 보라. 신성한 hokma에 참여함으로써 자신들을 기술하는 이방민족에 의해서 소유된 진리를 인정하는 가능성을 제공했기 때문에 지혜의 이러한 개념의 발달이 중요성을 얻었다. 지혜는 이미 창조 속에 알려진 이래로 그녀는 모든 사람에게 자연적으로 접근 가능하다고 선언적으로 주장한 발터 아이히로트를 또한 보라(강조는 저자). 아이히로트의 *Theology of the Old Testament*, pp. 86-87.

통해서 진정으로 좀 더 완전한 이해를 위한 적절한 맥락에서 진리를 설정하게 된다. 우리가 생각하기에 이것은 통합모델을 넘어서는 관심사이고 성경적 상담자의 주저함의 부분인데, 통합모델은 재해석이 없이 세속적 이론이나 통찰을 도입하려고 하거나 빨리 무비판적으로 '통합하려고' 할지도 모른다.

둘째, 구약의 현자가 일반적으로 방법론과 결과에 관해서 근대 과학철학에서 그렇게 전형적인 회의적 질문에 의해서 불편해하거나 관심을 표명하지 않는다는 점을 전달하는 것은 흥미로운 일이다.[26] 즉, 그는 확실성과 정당화를 위한 근대적 추구에 관심이 없다. 그는 인간이 자연적 및 특정한 인간현상 속에 있는 창조의 가치와 진리(비자연적이고 나쁜 것과 구분된 자연적이고 좋은 것)를 인정할 수 있으며, 사실상 인정한다는 사실에 더욱 강한 인상을 받은 것으로 보인다.[27] "그러나 당신이 안다는 사실을 어떻게 아는가?"라는

---

[26] 현자의 가치과학에 적합한 현대의 회의론적 질문의 유형들은 보다 최근에 종-기반 가치과학을 위해서 매슬로의 유사비전에 반하는 바이스코프(W. A. Weisskopf)의 비평에서 제기되어 왔다. 매슬로(South Bend, Ind.: Regnery/Gateway, 1959)가 편집한 *New Knowledge in Human Values*에서 바이스코프의 글 「논평」(pp. 199-223)을 보라. A. H. Maslow, ed., 「Psychological Data and Value Theory」 in *New Knowledge in Human Values* (South Bend, Ind.: Regnery/Gateway, 1959), pp. 119-136. 매슬로는 '사실적 가치'와 규범적 가치를 구분함으로써 사실과 가치의 분리를 우회하려고 했다. 즉, 매슬로는 그의 가치과학이 사람으로 하여금 무엇을 해야 하는지에 대해 알려 준다고 생각하지는 않지만, 그럼에도 불구하고 사실상 정신적으로 건강한 사람이 무엇을 하는지에 대해서는 알려 준다고 생각한다. 또한 그는 이러한 건강한 사람들의 인격과 활동에 관련된 기술이 종-기반이며, 단순히 문화적으로 상대적이 아니라고 생각한다. 그러나 건강해지기를 원한다면, 특정 종(species)의 성격적 성향과 잠재성을 작동시킬 필요가 있고, 그렇게 해야만 한다는 매슬로의 주장에는 내포된(조건적) 처방이 있음을 주목하라. 이러한 내포된 처방은 사실상 구약의 현자의 U-조건 및 P-조건과 아주 긴밀하게 부합한다. 그러나 바이스코프가 매슬로 또는 다른 어떤 종-기반의 가치과학에 대항해서 제기한 명백한 회의적 질문들은 인간현상에 자명한 '자연적(사실적, 건강한, 선한)' 필요와 경향 그리고 '비자연적(명백한, 병리적, 나쁜)' 필요와 경향들 사이를 구분하는 데 사용될 수 있는 객관적 기준을 결정하는 데 관련된 문제들과 연관성이 있다. 이것은 물론 방법론과 정당화에 관한 현대의 회의적 질문들을 야기한다.

[27] 게르하르트 폰 라드(Gerhard von Rad)는 잠언 1장 20-33절, 그리고 잠언 8장 35절로부터 "이 원시적 질서는 단지 피조물에게만 존재하지 않는다. 이 질서는 도움을 주면서 사람에게 향한다. 인간에 대해 관심을 가지며, 사실상 분명하게 인간을 언급한다. 이러한 언급은 단지 인간만이 분별할 수 있는 신비가 아니다. '가장 소란한 곳에서' 온전히 공적으로 발하여진다(잠 1:20 이하). 이 모든 진술은 이러한 언급이 조금의 어려움도 없이 인간에 의해 이해될 수 있음을 우리에게 의심의 여지가 없도록 한다(강조는 저자)." 라드(Rad)의 *Wisdom in Israel*, pp. 161-162을 보라.

회의적 질문과 주장에 대한 엄밀한 정당화를 시도하려는 충동은 현자에게
는 일어나지 않아 보인다.

구약의 현자는 사실상 (a) 스스로의 관찰과 반추, 또한 (b) 선함과 악함
을 심고 거두는 견지에서 우주적 질서와 관련된 그의 청중의 경험에 암묵적
이고 종종 명시적 호소 속에 담긴 것 이상으로 그의 지혜를 위한 더 많은 정
당화를 하려고 하지 않는다. 현자는 지혜로운 성인과 부모가 자신의 경험을
마주 보면서 반추하고 이해할 때 그의 지혜가 적절성과 정당화의 견지에서
분명할 것처럼 글을 쓰고 있다.28) 현자는 인간현상에 자명한 심고 거두는
구조나 가치를 인식하는 자신이나 청중의 능력에 대해서 의심하는 경향을
반추하지 않는다. 그러한 창조의 기술을 가진 것은 인간이 다스리면서 가치
를 가진 피조물로서 하나님의 형상대로 창조되었다는 구약의 주장과 일치
한다. 물론, 젊고 순진한 사람들은 이러한 능력을 개발하기에 충분한 경험이
없지만, 현자는 더 나이가 많고 더 현명한 사람들이라는 근거 위에서 현자
와 부모의 충고를 신뢰하도록 그들에게 권고한다. 더군다나, 일반적 지혜는
명백하고 분명할지 모르지만, 일반적 지혜의 특정한 적용은 더 많은 경험과
기술을 필요로 할 것이다.

지혜와 가치의 학문을 위해서 정당화하는 절차에 이러한 학문을 적용할
영적 심리학 접근을 위한 좋은 이유가 있다고 우리는 생각하지만, 가치과학
전부의 개발을 희생시키면서까지 이러한 접근을 진행하면 안 된다.29) 즉, 구

---

28) 스콧(R. B. Y. Scott)은 구약의 현자에 대해 진술하기를, "그들(구약의 지혜로운 사람들)은 계시된
종교의 권위에 직접적으로 호소하지 않는다. … 그들이 주로 호소하는 권위는 선한 사람들의 절제된
지성과 도덕적 경험이다(강조는 저자)." 스콧의 *Proverbs*, p. xvi. 아이트켄(K. T. Aitken)은 "더군다나
선지자와 제사장은 그들의 가르침에 대해 신적 권위에 명확히 호소하지만, 현자는 인간 경험, 좋은
기호, 상식이라는 입증된 규범에 호소하면서 자신의 말을 스스로 증명하게 하거나 말하는 데 만족한다."라고
진술하였다(강조는 저자). 아이트켄의 *Proverbs*, p. 4.
29) 비록 구약의 현자가 그의 도덕과학에 있어서 엄격한 정당화 절차를 포함하고 있지는 않지만,
현대의 가치과학은 사회과학에서의 품질관리를 담보하기 위해서 이것을 요구한다. 많은 수의
다양한 세계관과 개인적 가치헌신이 관찰과 이론 세우기에 작동하기 위해서 들어오는 다원화된

약의 현자는 현대시대의 사회과학자들로 하여금 이러한 종류의 학문에 참여하기를 방해하는 회의적 질문을 조심하도록 충고하게 된다. 몇몇 근대인들이 주장하듯이, 데카르트의 '의심의 보편적 방법'을 지식에 대한 유일한 길로 포용하는 것은 키르케고르가 말한 대로 병사로 하여금 더미 위에 눕게 함으로써 바로 서도록 가르치는 것과 같다. 그것은 병리적이다. 비록 의심과 비판적 반추의 어떤 형태들이 개인적 성숙뿐만 아니라 과학에 중심적이지만, 의심의 보편적 방법은 그 성격상 세상에 대해서 신념과 지식을 형성하는 경험적 맥락으로부터 우리를 멀어지게 한다. 제4장에서 토의한 영적-인식론적 학문과 더불어 하나님에 대한 일반적 믿음은 실재하는 것에 대한 개방을 확실하게 하며, 누군가가 생각하고 생산하는 것들에 대한 분석과 비평을 초대한다. 이것은 대두되는 과학에 있어서 비현실적이고, 비합리적이고, 회의적 질문들을 잠재우는 데 충분해야 한다.

그래서 회의주의는 우리가 실재하는 것에 관련하고 이해할 수 있도록 창조된 방법에 견주어 보면 인식론적-심리적 역기능의 한 형태다. 불행하게도, 이 급진적인 회의론적 방법에 대한 비상식적 접근은 일반적으로 과학과 교육의 철학에 있어서 많은 토론에 특유하다. 이 문제는 이 시대에 전형적인 교육을 받은 사람들 중 몇몇을 대표하는 200명의 하버드 교수진에 의해 운영되는 정부에 대해 윌리엄 버클리(William Buckley)가 어떻게 생각하는지에 대한 질문을 받고 그가 보인 반응에서 우스꽝스럽게 제기되었다. 그는 이러한 방식의 정부 구성은 확실히 나라를 망치게 되며, 보스턴 전화부에서 200명을 찾아 정부를 구성하는 것을 더 선호한다고 대답했다. 현실의 어떤

사회에서 이것은 특히 사실이다. 히브리 현자는 비록 다른 문화와 세계관으로부터 고립되지는 않았지만, 보다 더 동질적 세계관을 공유하고 일반적으로 성경을 규범적으로 받아들이는 문화 속에서 일하는 사치를 누렸다(왕상 4:29-34, 10:1-10, 23-29, 대하 9:1-9, 22-24). 더군다나 정당화의 절차와 비판적 반추는 좋은 학문과 건강한 개인적 발전을 방해하는 죄가 많고 병리적 영향과 개인적 안건으로부터 우리 자신을 학대하지 않도록 하면서 우리의 가치과학으로부터 보증되지 않은 견해를 캐내는 데 있어서 중요하다.

차원으로부터 그들을 가로막는 심리학적으로 동기화된 회의론적 인식론과 이념으로 인해서 상식으로부터 멀어지도록 교육을 받지 않은 사람들이 다스리면 더 나으리라고 요약된다.

요약하면, 구약의 현자를 따르면서 우리의 영적 변형심리학은 가치과학을 포함하는 인문 및 사회과학에 대한 접근을 뒷받침한다. 이것은 고전적 - 사실주의자 전통 안에서 고대 근동 현자로부터, 구약의 현자, 아리스토텔레스, 아퀴나스에 이르기까지 주의 깊은 관찰자는 인간현상의 연구로부터 종- 기반의 가치와 건강 개념을 발견할 수 있음을 인정한다. 그것은 또한 상식과 일치하면서 그러한 도덕적 구별을 만들어 낼 역량이 있는 길거리의 사람과 의견의 일치를 보게 된다. 더군다나, 다음 절에서는 이 접근은 창세기의 하나님에 의해서 계시된 우주론에 근거한 이점을 더해 주는데, 이는 가치과학에 통찰을 주고, 존재론적으로 가치과학을 뒷받침해 준다.

규범적 논제로서 자연

우리의 세 번째 논제인 규범적 논제로서 자연에 따르면, 구약의 현자의 지혜 신학과 우리의 변형심리학에 창조의 연구로부터 발견될 가치가 있다는 사실은 궁극적으로 창세기에 계시된 히브리 우주론에 근거하고 있다.

'규범으로서 자연': 창조에서 가치를 발견하기 위한 존재론적 근거.　맨 먼저, 자연―사실로부터 가치―사실이 발견될 수 있다는 견해는 '자연'이 규범적 생각이라는 히브리 관점과 일치한다. 비록 타락하고 저주를 받았지만, 피조물은 부분적으로 질서가 있는 구조와 그것을 다스리는 역동적 법칙(사물의 본성)을 보유하고 있는데, 그것들은 분별될 수 있다. 창세기와 잠언의 히브리 창조 신학에 따르면, 야훼는 창조할 때 그가 비유기적 및 유기적 세계가 선하다고 고려한 만큼 가치―풍요 세계를 창조한다(창 1:10, 12, 18, 21, 25, 31). 원래의 창조, 조직화된 구조(우주적 지혜) 그리고 일반적 기능하기는 하나님을 기쁘시게 했다. 그래서 그 본래의 '자연', 사물의 방식 또는 정돈된 구조는 창조를 위한 하나님의 본래 의도를 기쁘게 하면서 선한 것에 대한 존중을 하는 점에서 규범적 생각으로 작용을 한다. 특히, 본래의 자연이나 사람들의 질서 있는 구조, 그들의 성장과 성숙 기능, 경향, 욕구, 바람 또한 규범적이며, 따라서 현자가 발견하려고 하는 모든 자연적 인간가치를 객관적으로 근거한다. 이것은 창조와 윤리학에 대한 자연 – 법 접근에 대한 성경적 및 존재론적 근거이고 이해다. 일반적으로 신적 명령은 자연법과 하나님께서 우리를 만드신 방식(예, 하나님을 사랑하기, 이웃을 사랑하기, 간음하지 않기 등)에 따라 건강한 자기가 되기에 대한 명제적 서술자(descriptor)이기 때문에 이것은 선하고 악한 것에 대한 하나님의 계시된 의지에 반추되어 있다.

심리학을 하는 데 있어 창조의 기술을 위한 근거로서 하나님의 형상. 둘째, 사람이 하나님의 형상대로 지음을 받았다는 사실은 하나님의 창조로서 현실을 관찰할 수 있는 현자의 창조기술을 설명하기 위한 존재론적 근거다. 즉, 과학자들이 이것에 열려 있다면 그들은 피조물에 있어서 질서 있는 구조로서 사물의 규범적 본성, 사람의 심리적 역동, 피조물에서 하나님의 작품, 즉 신체와 몸으로서의 인간, 하나님을 사랑하고 하나님께서 거하실 수 있는 사람의 역량, 인간의 영혼 속에서 성령의 역사, 기적 그리고 더 많은 목록을 발견할 역량을 갖게 된다. 다음으로, 하나님의 형상은 인류에게 땅을 다스리는 데 필요한 이론적이고, 기술적이고, 실질적이고, 도덕적 지식을 발견할 수 있는 기술을 제공한다(창 1:26-30). 성경적 상담 관점을 지지하는 사람들은 본래 창조와 관련해서 '자연이 규범적'이라는 데 동의할지 모르지만 타락(Fall)의 설명에 의거해서 자연, 특히 인간 본성이 급격하게 변경되고, 그들의 기저에 흐르는 구조는 회복할 수 없을 정도로 뒤틀려서 인간의 본성이 더 이상 규범적이지 않거나 인간은 더 이상 타락한 인간 본성으로부터 인간 본성을 구분할 역량이 되지 않는다고 주장할지 모른다. 이것은 중요해서 분명히 정리할 필요가 있는데, 왜냐하면 거듭나지 않은 사람들이나 혹은 심지어 타락한 신자가 피조물을 관찰하고 반추하기가 적절한가, 혹은 성경만으로 살아가기를 위한 지혜를 제공할 수 있는가를 결정하기 때문에 그러하다.

인류의 타락은 규범적 인간의 본성을 왜곡하지만, 전적으로 소멸시키지는 않는다. 타락은 물론 피조물을 급진적으로 변경해서 죽음의 원리와 부패가 피조물의 인간 질서에 편만하다. 그러나 구약의 현자의 작품은 죄와 타락의 현실에도 불구하고, 인간현상 안에서 인간의 건강하고 기능적 경향들('자연적'이고 생명과 관련된 것)과 함께 건강하지 못하고 역기능적 경향('비자연적'이고 죽음과 관련된 것)의 존재를 분별할 수 있는 능력에 의존한다. 이것은 또한 나중의 기독교 교부의 교리와 상응하기도 하는데, 그 교리는 악과 죄는 독립된 존재론을 갖지 못하고 단지 사물의 자연스러운 기능하기(선한 것), 또는 존재 또는 본성의 부패, 박탈로서 존재한다고 인정한다. 우리는 인간 기능하기의 박탈과 존재론 그리고 죄와 관련한 중요한 토론은 제14장에서 다시 하게 될 것이다.

히브리 우주론과 기독교 교리에 따르면, 타락하고 죄악된 본성과 행동이 여전히 규범적 성질을 가지며, 그렇게 연구될 수 있는 인간 본성의 현존을 완전히 제거한다고 생각하는 것은 전적으로 잘못된 생각이다. 타락한 인간 본성은 마치 암이 인간 조직의 부패이지 그것의 근절이 아니듯이, 단지 인간 본성의 부패를 나타낸다. 타락 속에서 인간의 의지는 구속과 성화와 분리되어 자신의 본성을 살아 낼 수 없지만, 원리상 여전히 규범적 인간 본성이 현존한다.

결과적으로, 사람에게는 두 가지 충동이 있다. (a) 자신과 타인의 본성을 침해하는 부자연스럽고 죄악된 죽음의 충동(역기능). (b) 부분적으로 타인뿐만 아니라 자신의 인간 본성과 조화를 이루면서 살려는 '자연적'이고 '도덕적' 생명의 충동('정상적'이거나 건강하게 기능하기)이 있다. 우리는 '자연적' '도덕적' 그리고 '정상적'에 인용표시를 했는데, 그 이유는 인간이 진정으로 창조의 본성대로 살아 내고 도덕적 선을 행하기는 부분적으로만 진리이기 때문이다. 사실, 진정한 인간 본성에 부분적으로 조화를 이루는 비신자의 모든 행위는 새롭게 태어나기 전에는 부분적으로 역기능적이며, 암과 같은 요소를 갖고 있으며, 비자연적(타락한 또는 죄악된) 특징을 가지고 있다. 여기서 빠진 것은 모든 진정한 '자연적' 혹은 '정상적' 인간 기능에 명백히 드러나야 할 하나님 사랑의 메타기능이다(이에 대해 더 보려면 제14장을 보라). 이런 점에서 불신자들은 하나님의 형상을 가지고 있으면서도 타락하고 역기능적인 본성과 회심(즉, 하나님을 사랑할 역량) 이전에는 그 일부가 작동을 하지 않지만, 규범적이고 자연적으로 기능하기의 가능성을 포함한다는 점에서 규범적 본성 모두를 갖는다. 우리의 행위들이 하나님의 사랑 안에서 선한 잠재력을 가질 수 있기는 하지만, 성령 안에서 충만한 우리의 존재에 있어서 박탈뿐만 아니라 이러한 역량들을 행사하는 데 아직도 많은 박탈이나 악이 있을 수 있기 때문에 또한 기독교인들에게도 많은 것들을 동일하게 말할 수 있다.

인류의 타락은 가치과학을 행할 인간의 능력을 완전히 소멸시키지는 않지만 왜곡시킨다.   셋째로, 히브리 우주론에 의하면, 하나님의 형상에 포함된 인간 본성과 자연적 기능하기의 역량이 타락 속에서 완전히 삭제되었다라고 하면 이는 동일하게 잘못 생각하고 있는 것이다. 사실상, 창세기 저자는 명백하게 인간이 하나님의 형상을 유지할 뿐만 아니라(창 5:3, 9:6), 문화를 건설할 실제적 기술과 이론적 지식의 충분한 창조 능력을 가지고 있고, 아직도 그렇게 할 의도를 가진다(창 4:16-24, 10:10-12, 11:1-9)라고 분명하게 하고 싶어 한다. 물론, 그들의 문화는 그들의 역량이 그러한 만큼 역기능적이다. 일부가 잘려서 하나님의 사랑 안에 더 이상 있지 않고 본성적으로 부분적으로 기능한다. 그 결과, 그들의 문화는 교만과 폭력에 의해 특징지어지는 한 하나님 보시기에 또한 창세기 저자의 눈에 실패로 보인다(창 4:23-24, 6:11-13, 11:4). 많은 것들이 그렇게 많이 변화되지 않았다.

　　그럼에도 불구하고, 타락한 인간성과 문화의 부분에서 도덕적 실패는 타락한 사람들이 도덕적 지식을 확인할 역량이 되지 않는다는 점을 반드시 내포하지는 않는다. 오히려, 자연에 있는 이러한 가치를 확인하는 인간의 능력은 인간이 하나님의 형상대로 지음받았다는 히브리 견해와 일치한다. 타락한 인간들은 하나님의 형상을 유지하며, 따라서 비자연적이고 악한 것으로부터 자연적이고 선한 것을 분별할 역량, 즉 능력(부분적으로 타락했지만)과 인간 본성을 유지한다. 인간이 이것에 열려 있으면, 그들은 여전히 이론적 · 기술적 · 실질적 지식을 발견할 수 있다는 사실에 비추어 볼 때, 비자연적이고 역기능적인 것으로부터 '규범적으로 자연적'인 것을 분별할 수 있다. 비록 기독교나 히브리 전통에는 익숙하지 않지만, 비자연적이고 건강하지 못한 것 또는 어리석음으로부터 자연적이고 건강한 것의 지혜를 분별해 내는 역량이 있는 사람들에 대해서 이교도의 문헌에서 분명한 예가 있다. 심리학과 철학에 있어서 현대시대의 이교도 현자들의 경우에도 마찬가지다. 물론, 그들 중 다수는 죄로 인해 이러한 이해를 억누르고 왜곡하며, 그들의 열정에 의해 타락한 관찰과 반추를 허용함으로써 결과적으로 여러 가지 왜곡을 초래하게 된다(롬 1:18-32). 그러나 현실에 대한 약간의 개방성을 나타내는 사람들로부터 우리는 그들의 사상 전반에 흐르는 왜곡 또는 암을 인정하면서도 그들로부터 배울 수 있다.[30] 이것이 동시에 그들을 축복하는 한편, 부분적으로 그들이 그들의 삶에 책임을 지고 책무를 다하게 하는 인류에게 주어진 하나님의 일반은총이다.

---

30) 물론 자연현상에 있어서 지혜구조를 확인한 이러한 최선의 세속적 설명조차도 자연에 반드시 그렇게 자명하게 존재하는 이러한 구조의 창조주를 확인하는 데 충분할 만큼 정직하지 않았다(롬 1:18-23).

결론

가치와 인간의 학문을 하면서 구약의 현자는 우리의 변형적 모델 내에서 성령 안에 있는 심리학을 하는 과정의 모델이 된다. 우리는 (a) 성경 그리고 피조물 안에서 사람의 연구로부터 살아가기를 위한 통찰을 발견할 수 있고, (b) 관찰과 반추를 포함하는 양적이 아닌 방법론을 통한 통찰을 발견할 수 있다는 점은 성경에 있는 예가 뒷받침해 준다. 이 두 가지 통찰은 근대 또는 후기근대 접근에 반한다. 성령 안에서 심리학을 할 우리의 역량은 하나님에 의해 가능하도록 만들어졌을 뿐만 아니라 현자와 하나님에 의해서 부여된 권한이기도 하다. "지혜를 획득하라!" "지혜를 저버리지 마라." "지혜를 사랑하라." "지혜를 소중히 여기라." "교훈을 붙잡으라. 가도록 내버려 두지 마라. 지혜를 지키라. 왜냐하면 지혜는 너의 생명이기 때문이다"(잠 4:5-8, 13). 앞서 토의한 대로, 잠언 8장에서 우리는 지혜에 귀를 기울이도록 권고를 듣는다.

> 대저 나를 얻는 자는 생명을 얻고 여호와께 은총을 얻을 것임이니라.
> 그러나 나를 잃는 자는 자기의 영혼을 해하는 자라.
> 나를 미워하는 자는 사망을 사랑하느니라. (잠 8:35-36)

변형심리학자는 교회가 지혜와 하나님에 대한 심리적 건강에서 자라 가도록 돕고, 악, 사랑 없음, 심리적 자기파괴의 함정을 피하도록 도울 기회를 갖도록 한다. 그러나 사람을 연구해야 하는 이 과제와 권한부여는 살아가기를 위한 지혜와 지식의 추구에 있어서 심리학자들을 현명하게 다스려야 하는 특정한 영적이고 인격적 제한을 갖는데, 이 점은 우리가 가야 할 방향과 우리의 모델에 중심적인 것이다.

제8장

변형심리학에 대한 신앙과
현실의 제약

John Coe

"지혜로도 못하고, 명철로도 못하고,
모략으로도 여호와를 당하지 못하느니라."

잠 21:30

성경과 구약의 현자는 성경과 피조물의 연구로부터 가치의 심리학이나 전인적 과학을 인정하지만, 그들은 또한 잘 살아가기 위한 지혜나 지식에 대한 누군가의 추구와 심리학자를 다스려야 하는 제한과 제약 그리고 어떤 자질들을 확인한다. 사람과 가치의 심리학 하기의 과정 사이에는 관계성이 있는데, 전자는 보존하고 후자는 기초를 만든다. 만일 구약의 현자가 사람과 가치의 심리학 하기의 과정을 위한 모델이라면, 그는 또한 사람과 인격이 모든 거짓말로 움츠러들지 않고 하나님 안에서 현실에 개방됨으로써 과정을 보존하는 방법을 위한 모델이 된다고 판명된다. 우리는 이러한 제약들이 변형심리학의 기초가 되며, 다음의 논제들에 반추될 수 있다고 생각한다.

1. 심리학 하기에서 개인적 – 도덕적 타락의 제약: 구약의 현자나 변형심리학자는 그의 작업에 역으로 영향을 주는 죄와 죽음으로 인해서 그러한

창조능력의 도덕적이고 신체적 타락을 고려하는 방식으로 관찰과 반추의 기술들을 도입한다.

2. 심리학 하기에서 영적 – 언약적 제약: 구약의 현자와 변형심리학자의 정체성과 작업은 자의식적으로 언약적이며 이것은 변형심리학 모델의 기초다. 그리스도의 구속을 통하여 하나님과 언약 안에 있는 심리학자의 존재는 산물, 과학의 과정 그리고 심리학을 하는 역량과 창조능력을 제약하고 육성하며 전적으로 안내하게 된다.

3. 심리학 하기에서 신학적 – 성경적 제약: 성경이 개인적 대리권의 특성, 사탄, 하나님의 주권과 타락의 근본적 속성과 효과에 대하여 가르치는 바를(특히 욥기와 전도서에서) 과학이 설명할 책임이 있어야 하는 한 어떤 제약과 보호장치 그리고 자질이 가치과학 안에서 명백하게 분명히 언급되어야 한다.

🪧 심리학 하기에서 개인적–도덕적 타락의 제약

먼저, 현자나 변형심리학자가 관찰과 반추의 기술에 상당히 의존한다고 하더라도 그는 또한 그들의 작업에 역으로 영향을 미치는 창조능력의 도덕적이고 육체적인 타락을 자각한다(잠 19:21, 21:2, 28:26). 즉, 우리 모두가 스스로 항상 옳다고 생각하거나 사물을 정확하게 이해한다고 생각하는 경향이 있지만, 하나님은 우리의 왜곡을 통해서 바르게 보실 수 있다. 자신의 과학적 노력에 역으로 영향을 미칠지도 모르는 자신의 동기, 피로와 관련된 일반적 요인과 인격, 나약함, 자만심, 편견 그리고 수많은 부패한 개인적 안건들을 자각하고 신학적으로 의심할 때조차 사회과학자는 조심해야 한다. 이것은 제5장에서 논의된 영적─도덕적 훈련과 인식론의 도덕적─영적 차원상에서 우리의 장과 온전히 일치한다.

심리학 하기에서 영적-언약적 제약

둘째, 히브리 현자와 같이, 사회과학자의 정체성과 작업은 자의식적으로 언약적이게 된다. 이것은 변형심리학자들의 삶과 일을 이해하는 열쇠이며, 우리 심리학모델의 기반이다. 현자에 따르면, 하나님에 대한 두려움과 사랑은—언약 안에서 하나님의 자기계시의 기초상 하나님과의 관계—지혜를 알고 얻는 일의 시작이요, 근본이며, 주요 특징이다. 그러한 경우, 자기가 아닌 하나님의 신뢰와 믿음을 믿는 심리학자의 작업에 중심을 둔다. 구약의 현자는 다음과 같이 말한다.

> 너는 마음을 다하여 여호와를 신뢰하고
> 네 명철을 의지하지 말라.
> 너는 범사에 그를 인정하라.
> 그리하면 네 길을 지도하시리라. (잠 3:5-6)

심리학자로서 현자는 전적으로 자신의 능력과 추론 속에서가 아니라 하나님과의 신뢰관계 속에서 전인적 가치과학을 한다. 심리학자는 관찰과 반추를 도입하지만, 누군가가 그것들 속에서 자신의 정체성을 찾거나 신뢰를 발견하는 방식으로는 아니다. 이것은 매우 어려울 것인데, 이는 심리학과 과학을 하면서 통찰하고 숙달되는 만큼 타락한 인생은 관찰과 반추를 신뢰하도록 유혹을 받을 것이기 때문이다.

심리학자의 일차적 정체성과 사람에 대한 이해는 언약적이고, 그러한 정체성과 이해는 단지 이차적으로 피조물 속에서 발견된다. 즉, 그리스도 안에서 구속을 통하여 하나님과 언약 속에 있는 우리 존재는 우리의 능력과 자기를 이해하는 가장 근본적인 방식이지 단지 역량과 어떤 창조능력을 가진 피조물 속에 있는 사람이 아니다. 이 경우, 타락, 원죄, 하나님의 구속사역은 심리학자의 자기이해와 작업의 기초가 되며, 사람과 인간활동을 반추해 주는 렌즈가 된다. 변형심리학자는 본성과 피조물의 기술을 부인하지는 않는다. 그러나 누군가는 그러한 피조물의 활동에 무분별하게 맡기는 식으로 자기 삶과 일에 접근하지 않는다. 오히려 이러한 역량과 능력은 하나님과 이웃 사랑의 관계 속에서 우리의 죄와 욕구 그리고 자유를 자각함으로써 구속받고 다스려져야 한다. 이러한 경우에 변형심리학자는 어떻게 이런 일이 성령 안에서 그리고 진리 안에서 또는 자율성 안에서 그리고 모든 거짓 안에서 이루어질 수 있는지에 대해서 열려 있으면서 근본적으로 신앙 안에서 일한다.

동일한 선상에서 사회과학자도 자신의 일, 특히 상담이 본질적으로 하나님의 지혜와 성경말씀과 대립되지 않도록 주의를 기울여야 한다. 구약의 현자는 "지혜로도 못하고, 명철로도 못하고, 모략으로도 여호와를 당하지 못하느니라(잠 21:30)."라고 말한다. 누군가 자신의 환경, 약점 그리고 강점은 진실이고 건강하고 정신병리적으로 생각되는 것에 관한 자신의 도덕과학(심리학)을 너무 쉽게 모두 색칠할 수 있다. 심리학 하기의 과정을 보존하고 기초를 제공해서 현실에 열려 있도록 하면서 실재하는 것으로부터 움츠러들지 않도록 하는 것은 변형심리학자의 하나님과의 관계다. 더군다나, 누군가의 작업과 조언은 진리뿐만 아니라 심리학자, 연구자 그리고 다른 사람들을 위한 하나님의 더 깊은 경험에 목표를 맞추어야 한다(잠언 22장 17, 19절에서 말하듯이, "너는 귀를 기울여 지혜 있는 자의 말씀을 들으며… 내가 네게 여호와를 의뢰하게 하려 하여."). 일반적으로, 사회과학자와 하나님의 관계는 어떤 면에서 그 사람의 동기와 작업에 색을 입히고 틀을 제공한다. 이것은 우리 변형적 모델의 심중이다.

현자에 따르면, 하나님과 우리의 언약적 관계에 대한 한층 더 깊은 함의는 삶의 모든 것을 세속적/비세속적으로 나눌 수 없을 만큼 종교적 용어들로 조율된다는 점이다. 시장에서 올바른 행위는 성전에서 올바른 행위와 같이 거룩하며 하나님을 기쁘게 한다(잠 11:1, 21:3). 이 통찰을 심리학과 정신치료와 관련되는 용어로 번역하면 인간에게 있어 정신적 차원과 영적 차원 간에는 구별이 없다.[1] 삶의 모든 것은 종교적으로 또는 영적으로 내포되어 있다. 우리가 하는 모든 것은 하나님 그리고 그의 창조된 규범적 질서와의 관련 속에 있으며, 그것과 조화를 이루거나 거스르게 되며 또는 이 둘의 어떤 조합일 수도 있다. 종교적으로는 중립적이면서 심리적으로는 기능적이지 않으며, 자연적-중립적이며 영적으로는 기능적이지도 않다. (믿는 자에게) 하나님의 영이나 (불신자에게) 하나님을 믿을 잠재력은 모든 인간의 기능하기 속에 내포되어 있다. 그리고 인간의 기능하기는 내주하는 성령의 모든 사역 속에 내포되어 있다.[2] 그것들은 분리될 수 없다.

결과적으로, 정신적이고 영적인 차원이 인간현상을 중시하면서 같이 확장된다는 신념은 피조물이나 인간 역동과 이러한 역동을 가지고 잘 사는 데 중요한 창조지혜 또한 건강하게 또는 건강하지 않게 작업하는 중에 있다는 현실을 부정하지 않는다. 잠언에 따르면, 많은 개인적 치유와 성장은 하나님의 **개별적 간섭**(언약 속에서)과 하나님의 **섭리적 돌보심**(창조 속에서), 둘 다의 설명 속에 발생한다. 후자는 사람들이 (a) 인간현상을 다스리는 지혜와 질서를 세우는 구조를 분별하고 따를 때, (b) 직접적인 인간적 개입으로 돌봄과 양육을 경험할 때 분명해진다.[3] 이것은 결코 성령의 역할을 축소시키지

---

1) 토드 홀(Todd W. Hall)의 「Christian Spirituality and Mental Health: A Relational Spirituality Framework for Empirical Research」, *Journal of Psychology and Christianity* 23 (2004): pp.66-81을 보라.

2) 영성과 교회의 역사에서 인간의 기능하기가 다소 하나님과의 연합과 성령의 충만함으로 '고양'되거나 '강화'되는가에 대한 의문이 있다. 이것은 그럴 수 있을지 모르지만, 여전히 사람과 인간의 기능하기를 포함한다.

3) 게르하르트 폰 라드(Gerhard von Rad)는 구약의 지혜문서가 만물의 자연질서 속에 세워진 일종의 섭리적 징벌에 주의를 기울이는 만큼 '신적 심판' 교리에는 주의를 기울이지 않는다고 지적한다. 그는 잠언의 많은 구절들을 언급하면서 "이 문장들은 신적 심판행위와 뒤이어 나타나는 인간의 복과 벌

않으며, 성령은 신자로 하여금 두 번째 아담인 그리스도의 형상으로 새로워
지도록 하기 위해서 신자의 심리적 구조와 기능하기 내에서 그리고 자연적
지혜와 연동해서 일을 한다(요 14:17). 성령의 사역은 하나님과 현실에 불신
자들의 심중을 열도록 하여 확신을 하도록 하는 입장에서 불신자의 삶에 영
향을 주기조차 한다(요 16:8). 그래서 우리의 변형심리학은 인간의 문설주와
피조물 현상으로부터 그들을 지켜보시는 하나님의 지혜뿐만 아니라 신자
자신의 삶 속에서 일하시는 성령의 사역과 지혜에 참여하도록 격려한다(잠
8:34-35).

🧭 심리학 하기에서 신학적-성경적 제약

셋째, 성경이 개인적 대행의 성격, 사탄, 하나님의 주권, 타락의 급진적인
속성과 결과에 대해 가르치는 것을 과학이 설명해야 하는 만큼 구약의 현
자는 심리학에 의해서 명백하게 분명히 언급되어야 하는 어떤 제약과 보호
장치를 확인한다. 이러한 요소들은 지혜를 모으면서 심리학 하기를 위한 성
경적 보호장치와 제약들을 제공하는 욥기와 전도서에 특히 잘 드러나 있다.

믿는 자나 지혜로운 사람이 하나님 안에서 신뢰함으로부터 얻어진 지혜
보다 자연에 대한 그의 연구로부터 얻어진 지혜를 더 신뢰하려고 할지도 모
르면서 달려 나가는 피조물의 지혜에 대항하여 보호장치나 균형으로서 욥
기나 전도서는 구약의 지혜서 속에 잘 들어맞는다.[4] 구약의 현자는 사물의

을 다루는 데 집중하는 것이 아니라 인생에서 경험할 수 있는 삶의 질서에 관심을 기울인다."라고
말하였다. 게르하르트 폰 라드의 *Wisdom in Israel*(Nashville: Abingdon, 1972), p. 129를 보라.
그러나 크렌쇼(J. L. Crenshaw)는 창조된 질서 속에 자명한 지혜의 이러한 판단은 자연적 질서
속에 일하시는 신적 정의의 사실을 증거한다고 수정하였다. 크렌쇼의 「Prolegomenon」in *Studies
in Ancient Israelite Wisdom* (New York: KTAV, 1976), pp. 33-34를 보라.
4) 아마도 욥기와 전도서가 잠언 속에서 '낙관적 지혜문서'에 대해 균형으로 이해될지도 모르는 방법에

창조된 질서로부터 진지하게 지혜를 연구하고 끌어모으는 사람이 멀어 보이는 것, 때로 신비하고 거리감이 있어 보일지 모르는 하나님보다는 가깝고 지혜롭다고 할 만한 아름다운 것, 마음을 찬란하게 비추는 것을 신뢰하는 큰 유혹에 빠질 수 있다고 확인한다. [그림 8-1]에 예시되어 있듯, 잠언에 나와 있는 하나님 아래에 있는 일반적으로 지혜로운 삶의 구조를 주목하라.

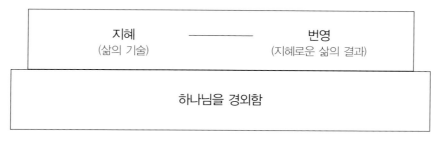

[그림 8-1]

잠언에 있는 구약의 현자에 따르면, 현명한 삶이란 일반적으로 번영에 이르는 지혜로 구성된다. 즉, 자연법칙에 따라서 씨를 뿌리거나 살아가는 기술은 결과적으로 많은 인간의 선함을 수확하게 된다. 더군다나, 이러한 지혜로운 삶은 근본적으로 하나님과 진실하고 사랑하는 관계에 기초하고 있다. 이 계획이 선명하고 진솔하게 보이는 만큼, 구약의 현자는 지혜로운 조언을 따르는 사람들과 구약의 심리학자로서 현자 모두에게 유혹이 많음을 확인한다.

일반적으로, 구약의 현자는 하나님보다 심은 대로 거두는 원리와 자연적 지혜를 더 신뢰하는 사람들에게 관심을 가진다. 즉, 믿는 심리학자와 따르는

대한 발터 아이히로트(Walther Eichrodt)의 흥미로운 논의를 보라. 발터 아이히로트의 *Theology of the Old Testament*, vol. 2(Philadelphia: Westminster Press, 1967), pp. 88-89. 그래서 구약의 지혜문서는 하나님 신뢰하기와 경험에서 얻은 지혜 사이의 현실적 긴장을 그림처럼 묘사하고 있다. 그러나 나는 몇몇 사람들이 주장하듯이, 이러한 책들을 서로 다투는 위치에 두는 것은 잘못이라고 생각한다.

사람은 (a) 하나님과의 관계를 떠나서 피조물의 지혜를 신뢰할 뿐 아니라, (b) 하나님과의 의존적 관계를 떠나 올바른 삶을 살고 바른 인격을 개발하고 여전히 믿지 않는 사람들처럼 자연적 산물을 풍성하게 거두려고 하는 큰 유혹을 경험한다.

욥기: 하나님의 지혜가 우리의 심리학에서 번영과 지혜를 위해서 충분한가?

구약의 현자는 우리 모두가 하나님을 진실로 신뢰하기보다 지혜를 심고 번영을 거두려는 유혹에 강하게 끌린다는 사실을 알고 있다. 부분적으로, 욥기는 이 유혹을 설명하기 위해 씌어졌다. 모든 일에서 지혜로웠으며, 그 지혜로 넘치도록 번창했으나 어느 날 그 번창함을 빼앗김으로써 지혜로운 삶의 모든 증거를 잃어버린 사람의 한 예로 욥의 삶을 보여 준다.

욥기에 있는 여러 목적 중 한 가지는 지혜로운 삶을 살았던 번영의 증거들이 모두 사라졌을 때 과연 하나님의 사랑만이 잘 사는 삶의 충분한 지혜이며 보상인가라는 질문을 던진다. 엄청난 비극 속에서 욥은 다음과 질문에 직면해야 한다. 다른 모든 것이 실패한 듯할 때, 하나님에 대한 사랑과 두려움이 잘 살기 위한 충분한 지혜이며 번영인가? 또는 신자는 지혜로운 삶에서 비롯되는 번영(좋은 인격, 좋은 삶, 물질적 축복)을 위해서만 하나님을 사랑하는가? 동일한 질문을 다른 식으로 묻는다면, 하나님의 사랑은 신자인 우리에게 진실로 가장 깊이 있는 지혜인가 또는 불신자의 경우처럼 번영이 지혜의 진정한 목적인가? 신자의 지혜와 불신자의 지혜 간에는 차이는 없는가? 우리는 정말 하나님의 사랑 그 자체만을 위해 하나님을 사랑하는가?(이 마지막 예가 욥기 1장 9절에서 질문의 틀을 짜는 사단의 방식이다.) 욥의 목적과 의미 구조는 [그림 8-2]에서와 같이 예시될 수 있다.

이런 경우, 욥은 모든 세상적 번영, 즉 지혜의 모든 증거를 잃었다. 그는

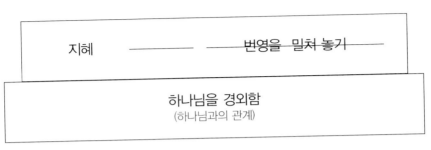

[그림 8-2]

이제 하나님의 사랑만이 삶의 충분한 지혜이자 번영인가의 문제에 직면한다.

욥기 1, 2장은 앞의 질문에 대해 욥의 입을 통해 하나님의 사랑만이 지혜로운 삶을 살기에 충분하다고 인정하면서 대답한다. 욥은 그의 모든 소유물을 재난으로 빼앗기고 자신의 건강도 심하게 나빠졌으나 그 원인을 알지 못했다. 욥은 어떤 정보도 얻지 못했으나 독자는 이 재난의 경로가 사실은 하나님이 목적을 가지고(욥 1:8, 2:3) 사단을 도구로 사용하셔서 부추기시고 허락하신 사건임을 안다. 욥은 단지 재난이 닥쳐왔고, 하나님은 그 속 어딘가에 계시며, 그가 주신 모든 것은 전적으로 선함을 알고 있을 뿐이다. "주신 이도 여호와시요, 거두신 이도 여호와시오니, 여호와의 이름이 찬송을 받으실지이다(욥 1:21)." "우리가 하나님께 복을 받았은즉 화도 받지 아니하겠느냐(욥 2:10)."[5] 현자와 변형심리학에 따르면, 진정한 지혜란 하나님과 깊은 관계를 기르는 데 있으며 번영의 징표가 표면적으로 사라진다 할지라도 하나님의 사랑이 여전히 삶에서 충분한 지혜가 된다는 데 있다. 그러므로 하나님이 아닌 본성적 지혜와 번영만을 신뢰하는 일은 어리석다. 왜냐하면 본성적 지혜와 번영은 하나님의 주권적 목적과 사단의 역사로 우리가 실패할

---

5) 물론 욥은 욥기서 전체를 통하여 이 교훈을 배워 가고 있는데(욥 3~42장), 고통의 날들이 지속되는 동안, 고통을 통한 하나님의 잠재적 목적과 고통으로 인해 지쳐 가는 것이 시험이기 때문이다. 욥은 시간이 흐를수록 많은 것을 배우지만 그것은 여기서 우리의 목적을 비껴간다.

수 있기 때문이다. 진리는 하나님이 결코 우리를 실패하게 하지 않는다는 사실이다.

욥기: 심리학적 설명에 있어서 하나님의 주권과 사단

욥기의 두 번째 목적은 인간 경험과 비극의 원천이나 원인을 발견하려고 집중하는 애송이 현자나 변형심리학자에게 또한 교훈적이다. 그 논제는 욥기 3장에서 수집되어서 이 책의 마지막 장(욥기 42)까지 지속된다. 욥은 3장에서 역경이 얼마나 힘든지 한탄하기 시작하는데, 왜냐하면 그것이 감당할 수 있다고 생각하는 범위를 넘어서서 계속되었기 때문이다. 신실한 친구들은 욥이 침묵하는 동안은 매우 훌륭한 애도자였다. 그러나 욥이 자기의 생일을 저주하고—그가 그날의 빛을 알기도 전에 유산되었더라면 좋았을 것이라(욥 3:1-11)—자신의 죄가 아니라 하나님이 이 재앙을 가져오셨다고 주장하기 시작하자 친구들은 욥의 고통이 아니라 그 말에 반응하기 시작한다. 이것은 모든 상담자에게 교훈이 된다. 대화가 계속되면서 욥은 자신의 죄가 아니라 하나님이 이 모든 비극을 제공했다고 생각하고(욥 6:4) 이 일을 하나님 앞에 가져가기를 원한다는 사실이 분명해진다(욥 7:19-21). 이에 친구들은 스스로 하나님 편에서 변호하고 있다고 여기면서 하나님이 그런 일을 하시지 않으며 욥이 자신의 삶 가운데 이러한 혼란을 겪을 만한 잘못을 저질렀음에 틀림없다고 말한다(욥 8:1-7).

엄격하게 자연적 해석을 경계할 심리학의 필요

욥기의 이러한 장들을 통해서 배울 수 있는 많은 교훈들 중에 우리는 두 가지에 초점을 맞추기 원한다. 첫째, 욥이 하나님과의 만남에서 확인하게 된 것처럼 우리에게 불공평하고 불친절하게 보일지라도(욥 42:1-3), 하나님은 그의 목적과 주권 안에서 무엇이든지 할 수 있음을 확인하는 것이 우리 지혜의 부분이다. 따라서 누군가의 삶이나 내담자들에게서 언제나 엄격하게 인과적 설명을 찾는 것은 현명하지 못하다.

지나치게 단순한 해석을 경계할 심리학의 필요

둘째, 현자는 '인색한' 해석을 향한 끝없는 갈망을 확인한다. 즉, 최소한의 요소를 가정하면서 찾는 설명이다. 그러나 인색이나 단순성을 향한 이러한 경향은 어떤 경우들에 있어서 하나님의 주권과 사탄을 배제하는 일부가 잘리거나 부정확한 자연주의적 설명들을 초래하게 된다. 이것이 세 명의 지혜자들이나 욥의 친구들에게서 자명하다. 그러나 욥기의 저자와 독자는 책의 등장인물들이 아무도 모르는 사실을 안다. 그것은 하나님과 악마들은 때로 사람들이 그렇게 되리라고 미처 깨닫지 못하는 방법으로 인간사에 관여한다는 사실이다. 바람, 번개, 암 같은 종기가 들끓는 등 모든 것이 욥의 친구들에게는 자연스럽게 보였다. 이에 반응하여, 욥기 28장에서 내레이터의 간주는 우리가 깊이를 모르는 인간사의 사건 속에서 하나님이 목적을 가지고 있을지 모르는 자연적 사건의 모든 설명적 요인을 우리가 다 진정으로 모른다는 사실에 대해서 현자는 항상 열려 있어야 한다고 지시한다(욥 28:12, 13, 23-28). 그러한 해석을 하는 경우, 모든 일에 있어서 하나님과 관련을 지으면서 그를 신뢰하기가 곧 우리의 지혜다.

기계적 설명과 이론을 경계할 심리학의 필요

자연적 설명을 하기 위해서 탐욕스러운 갈망에 대한 추론은 인간의 조건을 취급하고 이해하기에 대해 협소하고 기계적이며, 법칙적 접근으로 인도하는 피조물에 대한 누군가의 관찰과 반추를 허용하려는 유혹이다. 구약의 현자는 인간 행동을 다스리는 의사-원인적 법칙을 발견하는 의도를 갖는다. 사실상, 인간현상을 지배하는 질서 있는 구조와 역동과 심고 거두는 원리가 그들의 완성도에 있어서 아주 가능성이 있고 엄정할 수 있다고 관찰하기 때문에 현자는 그의 가치과학에 철저하게 헌신하고 있다는 것이다(잠 1:31-33).

이러한 라인과 더불어 나는 사람들을 다스리는 역동, 특히 정신병리에 대해서 아주 통찰력이 있는 심리학자로부터 유익을 얻게 되는 기회를 가졌었다. 수년 동안 심리학 교수들과 함께 치료했던 경험이 나 자신의 역동을 이해하는 데 굉장한 도움을 주었다. 그러나 어떤 경우에 있어서 심리학적 설명과 여러 다양한 이론가들을 너무 가깝게 지냈기 때문에 설명에 있어서 어떤 이상이 있음에도 불구하고 마치 그것들이 꼭 그렇게 되어야만 하는 것처럼 너무 폐쇄되고, 너무 왜곡하듯 보이는 의사-원인적 설명을 취할 수 있다. 이것이 프로이트에 의해 자주 제기되는 비평이었다. 현자의 가치과학과 인간의 심리적 역동에 대한 이해가 과도하게 우연적·기계적·법칙적으로 되어 버리는 유혹에 빠져들 수 있다.

그러나 신중한 가치과학과 인간 본성은 어떤 이론이나 관찰, 반추도 인간 영혼의 깊이를 완벽하게 들여다보는 창을 제공할 수 없음을 인식하게 할 것이다. 그러한 이론이나 관찰 그리고 반추가 아주 통찰력이 있을지도 모르지만 이러한 문제들에 있어서 현자는 항상 겸손히 따라야 한다. 한 걸음 더 나아가서 인간의 자유, 신적이고 사탄적인 대리권, 타락과 저주의 역효과들, 그리고 하나님의 사적 의도들과 같은 인간현상의 다양한 비기계적 측면들이 있는데, 이들의 각각은 설명에 있어서 수많은 복잡한 역동들을 제공하고 사물의 원인적 또는 심고 거두는 질서를 혼란하게 만들 수 있다.

변형심리학과 신중한 해석: 심리학 하기에 있어서 겸손과 분별

　결과적으로, 단지 아주 가능성이 높은 심리학적 법칙과 행동을 위한 처방과 예견은 신중한 변형심리학에서 가능하다. 하나님을 제외하고 누구도 자연적이고 인간사를 지배하는 역동과 자신이나 타인의 영혼을 들여다볼 깨끗한 창을 갖고 있지 못하다(렘 17:9-10). 겸손과 분별력은 전지의 망상으로부터 변형심리학자를 보호하는 데 도움을 준다. 언약의 사람으로서 현자는 자연적 지혜의 구조들이 인간의 삶에 영향을 미칠 때 비인간적이고 맹목적이며 용서할 수 없는 심고 거두는 그러한 구조에 저주받은 상태가 아니라는 점에 대해서 하나님께 감사를 드린다. 인간 경험에 치유를 가져오는 차원을 덧붙여 죄의 용서, 사랑, 자비를 제공하면서, 인간사에 개인적 개입을 하시는 지혜롭고 사랑하는 하나님 아버지를 가진 사람이 또한 생각이 깊다.

　결과적으로, 인간 본성, 건강 또는 정신병리에 대한 어떠한 설명도 진단, 처치 그리고 예후의 견지에서는 인간 조건을 결정적으로 그리고 절대적으로 이해할 수 없을 것이다. 기껏해야 처치, 가치 그리고 설명의 과학에 대한 시도와 잠언이 살아가기를 위한 처방과 도움을 줄 수는 있으나 보증하지는 못한다. 불순종의 처벌과 순종의 직접적 축복에 관한 성경에서의 하나님의 분명한 약속들만이 절대적 보증과 확실을 사람들에게 가져오게 한다. 그의 약속들로 인해서 신자들은 그들이 진정한 인간의 본성과 조화를 이루면서 살고 모든 면에서 진정한 인간이 될 때, 그들의 부활과 영화에 대해 확실성을 가지고 기대할 수 있다. 그러나 건강하게 살거나 정신병리의 설명을 위한 사회과학자의 원리 속에 내재된 성공과 안녕의 약속은 기껏해야 아주 그럴 듯하지만 포함될지도 모르는 모든 기저에 깔린 요인을 고려해 보면 확실하지 않다. 그래서 사회과학자는 욥의 경우에 있어서와 같이, 인간의 건강, 병리, 진단, 처치 그리고 예후에 관한 그 큰 그림이 어떤 주어진 환경에서 누군가의 관찰과 반추, 체계의 시야를 넘어설지도 모른다는 점을 알고 겸손을 가지고 병리, 건강, 설명의 심리학에 참여하여야 한다.

전도서: 순수하게 자연주의적 심리학과 삶을 위한 지혜에 맞선 논쟁

마지막으로, 신자들이 하나님과의 관계를 떠나서 자율성 속에서 행해질 수 있는 자연적으로 뿌리는 지혜와 거두는 번성 계획, 자신의 지혜 능력을 신뢰하려는 신자의 유혹에 맞서는 아마도 가장 큰 제약 또는 보호장치를 지혜서에서 제공한다. 전도서의 의미 구조와 목적을 이해하기에 적절한 [그림 8-3]을 주목하라.

지혜자는 타락한 상태에서는 신자들조차도 하나님과의 관계를 떠난 지혜의 삶의 열매를 원하는 큰 유혹에 사로잡힌다는 사실을 안다. 즉, 우리 모두는 이 세상에서 행복하게 살기 위해서 우리의 삶에서 하나님의 힘이 없이 기독교적으로조차 어리석게 그리고 현명하게 살기 위한, 즉 자율적으로 살려는 유혹을 받는다. 전도서는 그저 피조물의 지혜, 번영, 거둠과 심음—자연주의적 통찰이 있는 심리학의 결과—의 삶이 정말 현명한 삶인지 여부를 결정하는 일종의 사상실험서다. 이것은 지혜문서의 최고봉인데, 왜냐하면

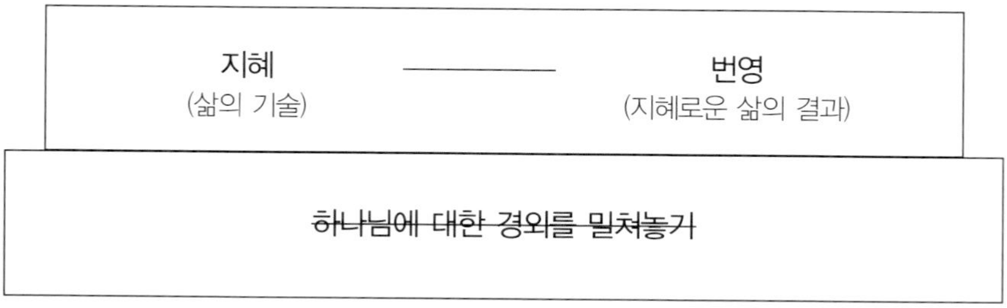

지혜 (삶의 기술)	————	번영 (지혜로운 삶의 결과)
하나님에 대한 경외를 밀쳐놓기		

[그림 8-3]

그 속에서 현자는 피조물의 지혜와 심리학이 그 자체로 일반적인 통찰을 할 수 있으나 하나님과의 관계를 떠났을 때는 가장 깊고 궁극적인 관심사를 설명할 수 없다고 평가하고 있기 때문이다. 현자는 여기서 삶에 대해 심리학자의 훈련과 삶을 위하여 우리에게 말할 많은 것을 가지고 있다.[6]

전도서는 현자가 자연주의적 지혜와 번영을 과신하지 못하도록 설득하는 4개의 논의로 시작한다. 논리를 제공하는 각 행들은 히브리 운문양식으로 기술되어 있지만 이해를 위하여 보다 직접적이고 분명하게 논쟁을 펼칠 것이다.

자연과 인간의 삶의 의미를 설명하는 데 심리학과 자연주의적 지혜의 실패. 인간 지혜, 관찰, 반추가 삶과 자연의 전체적 측면을 이해하기 위한 열쇠를 제공할 수 없다는 점이 첫째 논의의 간단한 요점이다. 즉, 계시나 초월적 견해를 얕잡아 본다면 자연 속에서 관찰과 반추의 어떤 설정도 자연 자체에 대한 전체적 의미를 제공할 수 없다(전 1:3-11). 자연과 삶의 관찰과 반추는 단지 자연에 대한 명백한 방향이 없는 상태에서 자연의 끝날 줄 모르게 보이는 형성과 재형성을 우리에게 알려 줄 뿐이다. 만일 자연적 지혜만 신뢰한다면, 당신은 그것의 많은 축복을 누릴지는 모르지만 전체로서 자연과 삶에 대한 초월적 의미를 아는 축복을 누리지는 못한다.

삶의 부당함과 '고초'를 설명하는 데 심리학과 자연주의적 지혜의 실패. 첫 논의가 큰 그림으로부터 자연을 보는 반면, 둘째 논의는 반대 방향으로 가면서 본질적으로 부정의의 갈라진 틈을 이해하기 위한 삶의 세부내용과 자연적 지혜의 무능에 초점을 맞춘다(전 1:12-18). 전체적으로, 자연적 지혜는 인과와 뿌림과 거둠의 용어들로 자연적 인간 존재의 많은 심리적 역동들

---

6)　전도서에 있는 현자의 목적에 대한 데렉 키드너(Derek Kidner)의 탁월하고 간결한 처치를 보라. Derek Kidner, *The Message of Ecclesiasters: A Time to Mourn and a Time to Dance*(Downers Grove, Ill.: interVarsity Press, 1986).

을 이해할지도 모른다. 그러나 본질적으로 깊은 부정의와 불공평 그리고 삶
의 고초들을 설명하기에는 전적으로 가능하지 않다. 예를 들어, 왜 나(존)는
적당하게 건강하지만 신경증적인 노스 다코타의 노르웨이 가문에서 태어났
으며, 내가 알고 있는 다른 사람들처럼 매우 악랄하고 학대하는 부모의 가
정에서 태어나지 않았는가? 다른 사람은 전적인 빈곤과 굶주림 속에서 태어
났는데, 나는 왜 아닌가? 다른 사람은 차량 충격으로 인해서 우연적으로 죽
는데, 나는 왜 아닌가? 다른 누군가는 왜 암에 취약한 유전자 구조를 가지고
있는가? 자연적 과학과 지혜는 우리에게 어떤 신체유형이 다른 신체유형보
다 질병에 취약한가를 알려 주지만 어떤 사람이 왜 다른 가문의 계통이 아
닌 그러한 가문의 계통에서 태어나야만 하는지를 대답하지는 못한다. 이러
한 경우에 있어서 삶의 현실로 침투해 들어오는 자연적 지혜는 진짜로 시달
려야 할 쓰리고 슬픈 짐인데, 왜냐하면 자연적 지혜는 삶의 비참함에 대한
모든 만족할 만한 설명을 제공하지 않은 채로 우리가 그것들을 관찰하도록
개방하기 때문이다(전 1:18).

현명한 삶이 궁극적으로 어리석은 삶보다 더 나은 이유와 죽음을 설명하는 데
심리학과 자연주의적 지혜의 실패.   자연적 지혜의 모든 충분함을 반대하는
세 번째 논의는 좀 더 극적이다. 일반적으로, 자연적 지혜는 현명하게 심으
면 일반적으로 좋은 상품을 거두고 어리석게 심으면 일반적으로 어리석음
이나 자기파괴의 열매를 거둔다는 점을 인정한다. 이러한 심고 거두는 구조
가 삶의 현실을 통하여 일관성이 있다면, 지혜의 삶을 심는 사람은 삶의 끝
에서 번성의 보상을 수확하여야 한다는 점을 따라야 한다. 그러나 이것은
그런 경우 같지 않다. 오히려, 현명한 사람이나 어리석은 사람이 같은 결말
을 수확하게 되고, 둘 다 비슷하게 죽는다(전 2:1-23). 둘 다 누리는 삶의 중
단과 죽음이라는 나쁜 결말을 거두는 듯 보인다.

심고 거두는 자연적 지혜가 이러한 삶에서는 이해할 만하지만, 삶의 전
체를 바라볼 때 이러한 삶의 내적 구조는 붕괴한다고 판명된다. 심음과 거

둠이라는 용어 속의 자연적 지혜의 약속이 어리석은 삶의 위에 현명한 삶을 살아갈 어떤 궁극적 유익에 대해서 우리에게 알려 줄 내세의 지식이 없다면, 심음과 거둠이라는 용어 속의 자연적 지혜의 약속은 진짜로 환영이다(전 2:15). 이 논의는 자연적 지혜와 심리학의 갑옷에 있는 또 하나의 틈새를 보여 주는데, 그것은 하나님과 계시를 떠난 지혜로운 삶이 종국에 정말로 보상을 받을 것인가의 여부를 말해 줄 수 없다는 것이다.

이 삶에서 확실성을 제공하는 데 심리학과 자연주의적 지혜의 실패. 네 번째 논의는 심음-거둠의 구조가 생애 전체에 작용하는지의 여부는 돌보지 않고, 그것이 이 생에서 보상이 되는지의 여부에만 관심이 있을지 모르는 세속적으로 '현명한 녀석'에 대해서 확실히 언급한다. 즉, 그는 "자, 나는 생애 전체에 대해서는 모를 수 있어. 하지만 자연적 지혜가 이 생에서 작동한다면, 이대로 가는 것이 지혜로운 거지. 나는 기회를 잡을 거야."라고 보고할지 모른다. 그러나 이러한 전략조차도 끝이 있다.

현자는 인생을 위한 '지정된 때'를 확립한 주권자로서 하나님에 대한 서늘한 진리를 계시로 소개한다(전 3:1-9). 자연적 지혜를 믿는 사람이나 심지어 신자인 현자조차 지혜에 따른 우리의 계획과 전략이 그 길을 인도하리라고 생각하려는 유혹에 빠질지도 모른다. 그러나 사실, 그 흐름을 인도해 나가는 것은 인생에 있어 정해진 때이고, 그것은 갑자기 예기치 못하게 우리를 이끈다. 그런 일이 일어날 때, 지혜는 일어난 것들을 변경시키기 위해서 할 수 있는 것은 없다. 우리는 그저 순종하고 그들의 인도를 따를 뿐이다. 죽을 시간이 왔다면, 그저 그것일 뿐이다. 사업을 일으켜 세울 때가 있으나 그것이 당신이 희망하고 지혜가 예견했던 방식대로 가지 않을 때, 그것은 무너질 때다. 그게 그렇다. 번영의 날에 큰 기쁨에 취하여 춤출 때가 있는 반면, 비극이 오고 애통할 때가 있다. 그게 그렇다.

하나님은 우리를 향해 이미 보이지 않는 목적을 가지고 정해진 때에 우리의 삶을 위한 무늬를 놓은 융단을 이미 펼쳐 놓았다는 사실이 진리다. 현자가 말하듯이, "하나님이 모든 것을 지으시되 때를 따라 아름답게 하셨다(전 3:11)." 이 구절은 또한 하나님이 우리 안에 미래를 알고 싶은 욕망—"또 사람들에게는 영원을 사모하는 마음을 주셨느니라."—을 갖고 있지만 미래를 알 수 없는 방식으로 넣어 두셨고, 그래서 우리는 하나님이 시작부터 끝까지 무엇을 하실지 알 수 없다고 이야기한다. 우리는 미래에 잘 거두기 위해서 현재에 지혜롭게 잘 심으려고 수고하며 일한다. 그러나 현재 우리의 수고의 분량이 미래의 선함의 수확을 절대적으로 결정하지 못한다. 하나님이 정해 놓은 때 중 하나인 우리가 예측할 수 없는 노상의 구부러진 길이 다가올지 모르고, 그러면 우리는 거기에 맞춰 춤을 추게 될 것이다. 아마도 당신은 사업을 시작해서 잘 나가다가도, 그 다음에 경제가 몰락할 수 있다. 그게 그렇다. 현자가 말하듯이, 하나님은 번영의 날(잘 심어서 번영으로 귀결되는 때)과 역경의 날(잘 심었는데 재난을 거두는 때), 둘 다를 만드셨으며, 어떤 경우에 이런 일에 있어서 아무것도 하나님의 의지와 일하심을 변경할 수 없다(전 7:13-14). 누군가는 어떤 것도 보장되지 않는데도 왜 모든 계란을 자연적 지혜라는 바구니에만 담는가(전 3:9-11)? 염려청구서를 쌓아 둔 채 왜 끊임없이 삶은 일을 하도록 만드는가? 자연적 지혜만으로 살기는 사실상 어리석다. 오히려, 잘 심고 궁극적으로 우리의 춤을 인도하시며 우리를 실망시키지 않으실 하나님을 신뢰하라.

　실패하지 않을 변형심리학과 지혜: 하나님을 신뢰하고 현재를 누려라. 전도서는 잘 살기 위한 기술을 제공할 자연적 지혜와 심리학의 내재적 나약함을 가장 현명한 방식으로 인정한다. 자연적 지혜와 심리학은 그 자체로 어떤 확실성도 없어서 어떤 보장도 하지 못하고 단지 가능성만 제공한다. 그러나 이것조차도 옳지 않은 이유는 인생이란 가능성이 아니라 하나님이 각각의 사람을 위해서 계획을 가진 개인적이고 주권자 하나님의 정해진 때에 따르기 때문이다. 우리를 실패하지 않게 하실 하나님에게로 우리를 향하게 하는 변형적 지혜와 심리학이 있다.

현자에 따르면, 우리는 하나님 안에서 인생을 위한 두 가지 확실성과 두 조각의 충고를 발견한다. 첫째, 계시로부터 진정한 지혜는 모든 사람은 죽고 심판에 직면하리라는 확실성을 확인하고, 그래서 두려움과 사랑으로 하나님과 올바른 관계를 발전시키라고 충고한다. 우리는 계시로 이것을 확실히 안다(전 12:13-14). 둘째, 진정한 지혜는 현재 순간이 이생에서 하나님의 선물이지만 하나님의 정해진 때만 지속된다는 또 하나의 확실성을 확인한다. 그래서 지혜는 우리가 하나님 그리고 다른 사람들과 함께 그 순간을 즐기기를 배우도록 격려한다(전 2:24-26, 3:12-15, 5:18-20, 9:7-10의 구절들을 보라). 현재 순간은 지금 하나님의 선물이다. 그렇다. 심고 거두는 일에 지혜롭고 열심을 내되 그러나 이것을 신뢰하지는 마라. 하나님을 신뢰하라. 그러면 불안과 다툼으로 현재의 기쁨을 잃어버리지 않고 하나님 안에서 즐거워할 수 있을 것이다. 이것이 이생의 지혜다. 피어나는 현자, 심리학자들과 내담자들은 이 지혜에 귀를 기울이면 지혜롭게 된다.

결론

지금까지 현자의 구약모델에 근거한 제약뿐만 아니라 가치과학의 방법론과 신앙 안에서 심리학을 하는 사람의 영적 – 인식론적 토대(수준 1)를 개괄했다. 이제 각각의 수준 내에 포함된 알아 가는 과정과 상호적으로 영향을 주는 각 수준을 연결시키는 데에 대한 전체적 접근으로 우리의 주의를 돌려보자.

가치과학에서 지식의 나선순환

Todd W. Hall

> "직관적 마음은 성스러운 선물이고,
> 합리적 마음은 충실한 종이다.
> 우리는 종을 존중하는 사회를 만들었으나
> 선물을 잃어버렸다."
>
> 알베르트 아인슈타인(Albert Einstein)

지금까지 우리는 수준 1과 수준 2의 윤곽에 대해서 논의를 하였다. 우리는 심리학자의 영적 – 인식론적 훈련을 포함하는 변형심리학의 기초적 수준에 대해서 논쟁을 하였다. 변형심리학자들의 영적 – 정신적 건강은 개념적 원칙을 추구함에서 있어서, 그리고 하나님을 사랑하는 맥락에서 심리학을 함에 있어서 여러 방식으로 제한요인으로 작용한다. 한 걸음 더 나아가서 우리는 다음과 같은 방법론을 고수해 왔다. (a) 특히 인간의 본성에 대한 구조 안에 인간이 어떻게 기능을 해야 하는지를 말해 주는 하나님의 자연법칙에 깊이 묻혀 있는 객관적 가치에 근원이 있다. (b) 인간의 본성 안에 내재되어 있는 이 가치들은 규범적이다. (c) 논리실증주의의 수량적 방법론만으로는 포착될 수 없는 가치의 과학을 가능하게 하면서 우리는 이러한 가치들을 성경과 자연(예, 인간 행동)에 대한 관찰과 반추를 통해서 배울 수 있다.

하나님의 사랑을 위하고 하나님의 사랑 안에서 모두 된 상태에서 이것을

제3장에서 논의되었던 언어와 변형모델로 연결시키기 위해 인간의 성장과 발달에 대한 개념적 원리를 확인하는 데 포함된 관찰과 반추의 과정을 위한 기초로서 경험적 지식이 다소간 기능할 수 있다는 점을 제안하고 있다. 그러나 이것이 실제로 어떻게 작동을 하며 어떤 모양일까? 이것을 풀기 위해서 우리는 알기의 이러한 두 가지 방식과 연계된 지식의 나선순환과 (명시적이고 암시적) 알기의 다른 방식에 대한 최근의 발달을 간략하게 제시할 것이다. 이것은 수준 1에서 영적 성장으로부터 기인한 지식의 종류가 어떻게 수준 2에서 인간의 본성에 대한 현대의 현자들의 관찰과 반추에 영향을 미치는가에 대한 이해의 기초를 제공할 것이다.

알아 가기의 두 가지 방식: 머리 지식과 직감-수준 지식

신경과학자들과 감정연구가들은 우리 자신과 다른 사람들에 대해 아는 근본적으로 다른 두 가지 방법이 있음을 발견하였다. 과학자들은 우리의 모든 지식은 하나의 단일한 형태로 존재한다고 생각하곤 했다. 즉, 그들은 우리의 지식이 오직 뇌를 통해서만 처리된다고 믿었다. 그러나 우리는 이제 알기를 관장하는 두 개의 다른 뇌의 회로가 있음을 안다. 신경과학자들은 이러한 뇌의 회로를 '상위경로'와 '하위경로'라고 부른다.[1] 이러한 뇌의 회로는 이웃이지만 서로 다른 언어를 사용하고, 그들은 서로 직접적으로 대화를 하지 않는다. 그들에게는 통역하는 사람이 필요하다. 상위경로는 논리와

---

[1] 상위경로와 하위경로는 감각정보가 편도체에 도달하는 서로 다른 통로를 지칭하는데, 이는 조지프 르두(Joseph LeDoux)에 의해서 발견되었다. 지식과 기억의 다른 유형에 대한 신경과학은 이것보다 훨씬 더 복잡한 반면, 르두의 발견은 감각시상으로부터 곧장 편도선에 도달하는 급하고, 감정적 과정을 하는 회로와 감각시상으로부터 신피질과 그리고 편도체에 도달하는 더 느리고, 좀 더 지적 과정을 하는 회로 사이에 구별을 드러낸다. 조지프 르두의 *The Emotional Brain*(New York: Touchstone, 1996)을 보라.

단어의 언어를 말한다. 하위경로는 감정의 언어를 말한다. 그래서 (특히 인간의 본성에 관한) 학문적 지식과 관계 그리고 우리들의 대화에 있어서 직감과 감정의 행간 언어로 말하는 하위경로 이야기와 단어와 논리의 언어에서 말하는 상위경로 이야기가 있다. 당신은 이러한 두 가지 알기의 유형을 '머리 지식'(또는 명시적 지식)과 '직감-수준 지식'(또는 암시적 지식)으로 생각해 볼 수 있다. 하위경로가 뇌회로라는 특성상 글자 그대로 '말이 없기' 때문에 우리의 학문적 지식이나 다른 사람들과 하나님과의 관계를 할 때 말할 수 있는 것보다 더 많은 것을 알고 있음이 판명되었다. 이 둘의 독특한 뇌의 회로에서 증명되었듯이, 이 둘의 알기의 방식이 차이가 나는 반면, 이 둘은 알기의 전체적 방식으로 인도하는 나선형 지식을 통해서 서로 연결될 수 있다.

이제, 이 알기의 전체적 모델은 영적 변형심리학모델을 위해서 몇 가지 면에서 중요하다. 만약 변형심리학자의 영적-감정적 건강(수준 1)이 인간의 영적 발달에 관한 개념과 원칙을 발달시키는 과정(수준 2)에 무엇보다도 중요하다면, 우리는 (a) 수준 1에서의 변형심리학자의 영성 내에서의 발달, (b) 수준 2에서의 현대 현자들의 관찰과 반추에 포함된 과정, (c) 수준 1에서의 발달이 어떻게 수준 2의 활동들을 촉진하고 정보를 제공하는지 이해할 필요가 있다. 제5장에서 개관했던 영적-인식론적 훈련에 의해서 중재되었듯이, 이 앎의 두 가지 구별된 방식 그리고 이들 사이의 나선 같은 연결은 수준 1 내에 포함된 성장과정을 이해하게 한다. 구약의 현자의 발견방법의 창으로 인도하는 이 알기의 방법은 과학적 발견과정에도 동일하게 적용될 수 있다. 그리고 마지막으로 이 알기의 과정은 두 수준 사이의 연결고리를 밝혀 준다. 이는 하나님과 자신에 대한 개인적이고 관계적인 지식(수준 1)이 어떻게 영적 성장에 관한 개념적 원칙을 발달(수준 2)시키는지 알려 준다.

상위경로: 머리 지식

리처드가 치료를 위해 나(토드)를 보러 왔다. 그는 매일매일 삶을 사느라 분투했다. 그도 알듯이 삶은 다 허물어져 가고 있었다. 아내는 최근 그를 떠났고, 몇 명의 자녀와는 연락이 단절되었다. 그로 인해 그는 직장에서 일을 잘 수행하지 못하고 있었다. 그는 매우 우울했다. 그가 직장을 잃게 되는 것은 단지 시간문제일 뿐으로 보였고, 나는 그의 일이 더욱 악화될까 싶어 두려웠다. 리처드는 그리스도인이었다. 그는 하나님이 모든 일을 주관함을 믿었다. 논리적으로 당연히 그의 환경도 하나님의 주권에 포함된다. 그리고 리처드는 하나님이 선함을 믿었다. 만약 우리가 이 진리를 따라서 논리적 결론에 이른다면, 이는 리처드가 그의 상황 위에서 불안해하거나 우울해질 이유가 없음을 의미한다. 어떻게든지 하나님은 그의 상황으로부터 선을 이끌어 내리라. 어쨌든 하나님은 이 엉망진창인 상태에서도 리처드와 함께 있었다. 그러나 리처드는 매우 우울하고 불안해하였다. 그는 매일매일 거의 제대로 살지 못했고, 하루에 고작 두세 시간밖에 자지 못했으며, 거의 아무것도 먹지 못했다. 일하는 중에는 앉아서 컴퓨터를 바라보고만 있었다. 왜? 하나님이 선하다는 리처드의 지식은 곧이곧대로 머리에 있을 뿐이었고, 뇌의 상위경로로만 이동하고 있었다.

머리 지식은 직선적이고, 논리적이고, 언어에 기초하고, 의식적 알기의 분석적 방법이다. 이것이 직선적이라는 말은 지식의 한 부분이 다른 부분에 순차적으로 따르면서 정보의 각각은 한 번에 하나씩만 뇌에서 처리됨을 의미한다. 어떤 전제는 필연적으로 어떤 결론에 이르며, 우리는 어떻게 이러한 결론에 도달했는지 분명하게 설명할 수 있다는 것을 의미하면서, 머리 지식은 논리적이다. 머리 지식이 언어(또는 적어도 쉽게 언어로 전환될 수 있는 이미지)로 존재하고 처리됨을 의미하면서, 머리 지식은 언어에 기초하고 있다. 마지막으로, 이 알기의 유형이 인식적이라는 말은 이것이 뇌 안에서 처리되기 위해서 의식적 주의를 요구한다는 의미다.[2] 이 알기의 방법은 뇌 안의 특별한 회로, 주로 대뇌피질 또는 뇌의 윗부분에서 처리된다. 바로 그 이유 때문에 뇌의 '상위경로'라고 불린다. 상위경로의 정보는 뇌의 행정센터인 전두엽 피질 안에서 처리된다. 의미를 평가하고 관계적 경험을 처리하는 뇌의 감정센터로부터 중요한 정보를 입력받는 동안, 상대적으로 적은 입력정보를 뇌의 감정센터로 되돌려 보낸다. 우리는 상위경로를 알아차리고 지시를 내릴 수도 있지만, 다음에 나오듯이 우리는 하위경로에서는 이렇게 할 수 없다.

하위경로: 직감-수준 지식

알기의 두 번째 방법은 직감-수준 지식이다. 이는 직관과 감정에 기반을 두고 있고, 우리의 심리적 반응을 포함한다. 우리는 종종 어떤 것에 대해 '직감'이 있다고 말한다. 우리는 어떤 것을 안다고 생각하지만, 우리는 그것을 단어나 논리로 알게 되지 않고, 심지어 우리는 그것을 어떻게 알게 되었는지 전혀 아이디어가 떠오르지 않을 수도 있다. 그 지식은 바로 우리의 인식에 새겨지게 한다. 직감은 글자 그대로 우리 몸의 생리적 반응이고, 이는 우리 뇌에 기록된다. 다른 사람들의 정서적 상태의 변화를 확인하기는 알기의 직감-수준 방식을 포함한다. 즉, 이러한 확인은 생리적이고 정서적 상태의 변화와 얼굴 표정에서 미묘한 변동의 지각에 기초를 한다. 이것에 대해 매료시키는 것은 직감-수준의 알기가 머리 지식을 관장하는 체계와 구별되는 뇌의 관장체계라는 것이다. 알기의 두 가지 방법은 뇌 안에서 다른 회로를 갖는다. 앞서 말한 바와 같이 직감-수준 지식체계는 뇌의 '하위경로'[3]

---

2) 윌마 부치(Wilma Bucci)는 정보가 (비언어적으로 상징하는) 이미지들 또는 (언어적으로 상징하는)단어들로 상징화됨을 의미하는, 상징하는 부호로 이러한 종류의 과정 하기를 지칭한다. 윌마 부치의 *Psychoanalysis and Cognitive Science*(New York: Guildford, 1997)를 보라.

3) 대니얼 골먼(Daniel Goleman)의 *Social Intelligence: The New Science of Human Relationships* (New York: Bantam, 2006)을 또한 보라.

와 관련되어 있다. 이 회로는 주로 뇌의 아랫부분 및 오른편과 관련되어 있다. 특별히 하위경로는 우리의 경험에 의미를 붙이는 편도체를 통해 정보를 보낸다.

머리 지식과 반대로 직감‑수준 알기는 직선적이 아니다. 오히려, 전체적이고, 비언어적이며, 매우 빠르고 감정에 기초하며, 그것은 우리의 의식 밖에서 자동적으로 작동한다. 정보의 조각을 차례로 하나씩 더하는(직선적) 대신, 알기의 이 방식은 시각적, 생리적, 청각적, 그리고 개념적 체계와 같은 뇌의 다른 체계로부터 오는 (주로 비언어적) 정보의 많은 자료들을 통합시킨다. 직감‑수준 지식은 근본적으로 단어로 존재하지 않는다. 만약 이러한 알기의 다른 방법들을 마치 정보 또는 다른 '부호'를 전송하는 방식들이라고 생각한다면, 언어적 부호(머리 지식)와 감정, 직감적 의미, 생리적 감각을 통해서 정보를 전달하는 비언어적 부호가 있다. 감정연구자들은 이것을 '하위상징 부호(subsymbolic code)'[4]라고 지칭한다. 다시 말해서, 단어와 같은 상징을 사용하지 않는 체계 안에서 처리된 정보다. 당신의 위가 조여드는 감각과 같은 정보는 언어이자 부호이면서 상징 아래에 존재한다. 이는 상징적 지식보다 더 직접적이고 즉각적이다. 이 체계는 우리의 의식적 자각에 준비되듯이 접근할 수 없으며, 그래서 우리는 이 방식대로 그것들을 알 수 있는 방법을 위한 근거를 분명하게 언급하기가 쉽지 않다. 다시 말해서, 우리는 이 알기의 유형을 '생각 없는 알려짐(unthought knowns)'[5]이라고 생각할 수 있다. 이는 우리가 우리 자신과 하나님, 다른 사람들에 대해 아는 것을 포함하지만, 우리는 그러한 것들을 단어로 생각하지 않는다. 정말로 우리는 말할 수 있는 것보다 더 많은 것을 알고 있다.

직감‑수준 지식은 '일차 감정' '카테고리 감정' 그리고 이미지로 지칭되

---

4) Bucci, *Psychoanalysis and Cognitive Science*.
5) 이 어절은 크리스토퍼 볼라스(Christopher Bollas)의 *The Shadow of the Object: Psychoanalysis of the Unthought Known* (New York: Columbia University Press, 1987)에 있다.

는 것을 포함한다. 우리가 한 걸음 더 나아가기 전에 감정에 대해서 많은 오해가 있기 때문에 감정이 의미하는 바가 무엇인지를 정의하면 도움이 될 것이다. 감정은 우리가 경험의 의미를 평가하는 무의식적이고 자동화된 방식이다.[6] 감정은 정보의 강력한 출처를 제공한다. 그리고 그것들은 우리의 직접적 통제 밖에서 자동적으로 처리되기 때문에 우리의 감정적 반응은 우리 영혼의 가장 깊은 단계로 향하는 가장 선명한 창, 즉 우리 삶의 관계 및 사건과 관련된 의미를 제공한다. 우리는 우리가 사건에 부여한 감정적 의미를 조작할 수 없고, 그래서 그것은 우리의 관계적 세계 속에서 우리 자신과 다른 사람들에 대해 직감 – 수준에서 진짜로 믿고 있는 것을 드러낸다. 만약 우리는 우리가 누가인가의 바로 그 핵심에서 변형되기를 원한다면, 우리의 감정적 반응은 그 시작점이 되어야 한다.

기본적 뇌의 층들에서 전환을 포함하는 일차 감정은 감정의 가장 기본적 형태다. 이는 너무 분산되어 있어서 '분노'나 '슬픔'과 같은 하나의 라벨로 주어질 수 없다. 사건은 이러한 기본적 감정의 방식으로 인해 우리의 뇌에 의해서 좋음이나 나쁨과 같은 초기의 의미가 붙여진다.[7] 뇌는 그러고 나서 슬픔, 분노, 행복, 놀람과 같은 카테고리에 그것들을 넣음으로써 더 정교한 의미를 부여한다. 모든 문화에 걸쳐 보편적으로 발견되어 온 이러한 카테고리 감정은 일곱 가지가 있다.[8]

지면상의 이유로 어떻게 이 처리과정이 수준 1에서 이뤄지는지 정교하게 설명하지 못하지만, 나는 하나님과 다른 사람들과 관계적 성장과정에서 알아 가기의 이러한 두 가지 방식의 역할을 간략하게 예시하려고 한다. 이것

---

6) 대니얼 시걸(Daniel J. Siegel)의 *The Developing Mind*(New York: Guildford, 1999).
7) 뇌가 초기에 방향성을 갖는 반응에 대한 대니얼 시걸의 토론을 보라. *The Developing Mind*, pp. 124–25.
8) 폴 에크먼(Paul Ekman)의 「An Argument for basic Emotions」, *Cognition and Emotion* 6(1992): 169–200.

을 예시하는 한 가지 방식은 스피드 데이트하기(6분간의 대화에 근거해서 데이트하고 싶은지를 결정하는) 현상과 관련이 있다. 스피드 데이트하기에 대해 흥미로운 것 중 하나는 그들이 데이트 상대에게 원하는 것을 말로 하는 것과 실제로 그 순간 매력을 느끼는 사람과 비교해 보면, 그 둘은 종종 부합하지 않는다는 점이다. 우리의 의식적 이상은 항상 우리의 직감-수준 지식과 부합하지 않는다. 김(Kim)은 연애관계의 어려움으로 치료를 위해 나를 찾아왔는데, 그녀는 이러한 끊김을 보였다. 그녀는 거절을 매우 불안해하고 두려워했는데, 하지만 그녀를 거부하고 있는 남자와 관계를 맺고 있었다. 그녀가 만나고 싶어 했을 때, 그는 그녀를 밀어냈다. 이것이 그녀가 원했던 관계가 아니라는 사실에도 불구하고(머리 지식), 그녀는 더욱 그에게 끌리면서 그를 더욱 찾게 되었고(직감-수준 지식에 기초하여), 그녀는 이것이 그녀를 위해서 좋지 않음을 알았다.

이제, 어떤 것이 진짜 김일까? 자신을 살펴 주는 남자를 원하는 사람 또는 거절하는 남자에게 즉각적으로 빠져드는 사람? 어떤 의미에서는 둘 다 맞지만, 우리의 직감-수준 지식이 우리가 실제로 다른 사람들과 관계를 맺을 때 직감-수준 지식이 승리한다는 점은 주목할 만하다. 비록 우리의 머리 지식과 일치하지 않더라도, 우리의 직감-수준 지식은 우리가 어떻게 관계적 세계의 의미를 구성하는지를 드러낸다. 이것은 변형의 어떤 깊은 수준을 위한 시작점이다. 요약하면, 직감-수준 지식은 관계에서 알아 가기의 기초적 방식이다. 우리가 실질적으로 다른 사람들과 관계하는 방법을 몰아가는 것은 머리 지식이 아니라 알아 가기의 이러한 직감-수준 지식이다. 그 직감-수준 지식은 사랑을 위한 우리의 역량이다. 그 이유는 알아 가기의 이러한 방식은 우리의 직접적 통제 아래에 있지 않고 자동적이기 때문이다. 머리 지식은 중요하지만, 하나님과 다른 사람들을 사랑할 우리의 능력에 영향을 미치기 위해서는 머리 지식과 직감-수준 지식이 통합되어야 한다.

흥미롭게도, 나는 과학을 하는 데 있어서 여기에 평행적 유사성이 있다고 믿는다. 직감 - 수준지식이 어떤 면에서 수준 1에서 단지 관계적 돌파구를 위해서 뿐만 아니라 수준 2에서 개념적 돌파구를 위해서도 기초적이라고 판명된다. 그러나 수준 1과 2 모두에 있어서 돌파구와 과정은 실제적으로 우리가 지식 나선순환으로 생각할 수 있는 나선 같은 모양에서 알아 가기의 이러한 두 가지 방식을 연결하는 결과가 된다.

지식의 나선순환

직감 - 수준 지식과 머리 지식 간의 지식의 나선순환은 이론발달에 포함된 과학적 발견과정(수준 2)과 영적 변형(수준 1), 둘 다에 있어서 매료시키는 평행적 유사성을 갖는다. 발견과정에 있어서 준비, 배양, 조명, 반추/해석이라는 네 국면이 확인되어 왔다.[9] 이 국면들은 서로 겹치기도 하고, 각 국면 사이의 경계가 애매하기도 하다. 이 과정은 준비국면에서 머리 지식이 포함된 명시적 진행을 시작하고, 배양과 조명에서 직감 - 수준 진행으로 움직이며, 그리고 나서 반추/해석 국면에서 명시적 진행으로 돌아온다.

준비

일반적으로 과학적 발견의 과정에서 준비는 지속적으로 평생 동안의 지식습득인데, 이것을 통해서 현대 현자(심리학자)는 그 또는 그녀의 영역에서 전문성을 발달시키게 된다. 하나의 특정한 문제를 해결하기 위한 특수한 준비는 과학자에게 머리 - 지식 체계로부터 알아 가기의 직감 - 수준 지식으로 문제를 '역 - 번역하기'를 요구한다. 과학자는 문제를 언어적/개념적 형태로 듣게 되는데, 이는 뇌의 상단 - 좌측 회로들에 의해서 처리된다. 그리고 나서

---

9) 과학적 발견과정의 토론을 위해서는 부치(Bucci)의 *Psychoanalysis and Cognitive Science*를 보라.

누군가는 말하자면 마음의 뒤에서 과학적 모드로 문제를 명상하기 시작하는데, 이는 하단-우측 뇌의 회로들에 의해서 처리된다. 과학자는 당분간 문제상에서 적극적으로 작업을 할지도 모르는데, 그러고 나서 어둠 속에서 비틀거리면서 어디로 갈지 모르게 된다. 이것이 알아 가기의 직감-수준 체계로 작업하는 것 같은 느낌이다. 당신은 어떠한 명백한 지시나 기존에 정의 내린 범주 없이 탐색을 한다.

이것은 정확히 우리 모델의 수준 2(이론발달)인 구약의 현자가 관찰-반추 과정에서 살폈던 과정의 시작이다. 그러나 이것은 하나님과 다른 사람들과 우리와의 관계의 직감-수준 과정하기 또는 변형심리학자의 영성(수준 1)에도 또한 적용된다. 영적 변형과정에서 준비는 영적 성장과정을 시작하는 하나의 방식이다. 일반적으로, 영적 공동체의 맥락 안에서 하나님과 다른 사람들과 관계적 연결을 지속적으로 평생 추구하는 것이 준비다. 다른 말로 하면, 더욱 그리스도를 닮아 가려는 목적을 위해, 현자나 변형심리학자를 위해, 인간 본성의 진리의 좀 더 완전한 그림에 자신을 개방하기 위해 영적 훈련에 지속적으로 평생 참여하는 것이 곧 준비다. 준비과정의 많은 부분은 우리의 공동체 내에서 하나님 그리고 다른 사람들과 언제나 우리의 진화하는 이야기 나누기를 포함한다.

예를 들면, 준비는 당신이 머리 지식을 사용함으로 언어화할 수 있는 방식으로 영적으로 '성장하는 가장자리', 즉 당신이 영적으로 막혔다고 느끼는 어떤 특정한 영역을 확인함으로 시작될 수 있다. 그러면 당신은 논제에 대해 반추하고, 명상하고, 이야기하기를 시작함으로 이것을 당신의 직감-수준 체계 안으로 번역하게 된다. 우리의 삶에서 우리의 관계와 사건의 감정적 의미들은 이야기 형태로 존재한다. 이 때문에 우리의 성장하는 가장자리에 대한 다른 이야기의 줄거리를 내레이팅 하기는 우리가 우리의 직감-수준 과정하기 체계(하단-우측 뇌 회로들)에 접속하면서 애를 쓰는 논제들을 '역-번역하는' 일차적 방식들 중 하나다. 이것은 수준 1에서 영적 변형과정으로 들어가는 시작점이지만, 당신은 다음 국면인 배양에서 명확하지 않은 직감 – 수준 경험들로 또한 시작할 수 있다.

배양

준비국면은 배양국면으로 유동적으로 흐른다. 과학자 – 현자의 직감 – 수준 과정하기는 자각 밖에서, 그리고 배양국면에서 의도적 통제가 없이 대부분 일어난다. 그러한 사람은 문제로부터 그의 관심을 종종 돌리지만, 일단 우뇌의 직감 – 수준 과정하기 체계가 준비되고 활성화되면, 그것은 계속해서 문제를 작업하게 된다. 그것은 과학자가 자각하지 못한 채로 의식적으로는 따를 수 없는 그것 자신의 단서와 연결을 따른다. 퍼맷(Fermat)의 마지막 정리를 푼 영국의 수학자 앤드류 와일스(Andrew Wiles)는 정리를 풀기 위한 7년 과정에 꽉 막혔을 때 그는 자신이 했던 것을 다시 세었다. "내가 꽉 막히고 다음으로 무엇을 할지 모르면, 나는 산책을 하러 나가곤 했다. 나는 종종 호숫가를 걷곤 했다. 산책은 당신이 긴장을 완화시키는 상태에 있도록 하는데 좋은 효과를 갖지만, 동시에 당신의 잠재의식이 일을 하도록 허락하게 된다."[10]

돌파구는 종종 배양국면에서 문제로부터 돌아선 후에 나타나곤 한다. 통찰의 이러한 유형은 처음에는 전적으로 관계가 없는 듯 보였던 질문들과 개념들(수준 2에 포함된 과정들) 사이의 관계를 포함한다. 다른 말로 하면, 이것들은 머리 – 지식 체계에서 만들어질 수 있는 논리적이고 선형적인 연결이 아니다. 직감 – 수준 과정하기 체계는 그 자체의 연결을 만들고, 문제가 배양되는 동안 새로운 차원과 카테고리를 만든다.

이와 유사하게, 배양은 하나님과 다른 사람들 그리고 우리 자신과 관련해

---

10) Bucci, *Psychoananlysis and Cognitive Science*, p. 111.

서 영적 변형과정(수준 1)에 있어서 결정적 국면이다. 이것은 통합의 바닥 –
위 유형의 시작인데, 이것은 직감 – 수준 경험들이 자각의 바깥에서 비언어
적 형태로 있으며, 궁극적으로 나중의 국면에서 의식적이며 언어적 형태로
분명하게 말하게 된다. 배양국면에서 당신의 직감 – 수준 체계는 하나님에게
연결된 당신의 감각, 하나님과 다른 사람들에 대한 당신의 직감 – 수준 기대
그리고 당신이 일상의 근거에서 확실한 것을 위해서 당신의 분투를 동기화
시키는 당신의 가장 깊게 자리 잡은 신념과 가치인 당신의 관계적 경험들을
처리한다. 이러한 과정하기를 다스리는 규칙들은 알려져 있지 않았고, 이러
한 모든 것은 항상 우리의 자각 밖에서 그리고 장면 뒤에서 일어난다. 그것
은 우리가 하나님과 사람들에게 누구인지에 관한 우리의 경험적 의미의 새
로운 연결을 구성하는 곳이다. 새로운 이야기 줄거리가 발전되는 곳이다. 어
떤 점에서 배양은 다음 국면인 조명으로 그 형태를 바꾸게 된다.

조명

배양국면에서 구축되고 있었던 연결들은 마치 외부로부터 오는 것처럼
조명에서 분명하게 스스로 드러난다. 프랑스 수학자인 포앵카레(Poincare)
는 돌파구 중 하나를 회상한다. "내가 계단에 발을 올려놓은 순간에 그 발
상이 떠올랐다. 그렇다고 해서 마치 그것을 위해 길을 포장해 놓은 것 같은
예전 생각들에 있었던 것은 아니었다."[11] 조명은 마치 외부 원천으로부터
오듯이 과학자 – 현자에 의해 경험되지만, 그것은 성령에 의해 인도되어 직
감 – 수준 처리체계로부터 온다. 그러나 조명은 오직 머지않아 문제를 푸는
데 필요한 재료들로 자신의 마음을 장식한 과학자 – 현자들에게 온다. 준비
와 배양국면에서 수많은 기초 작업이 조명을 위한 길을 예비해 왔는데, 이는

---

11) 부치(Bucci)의 *Psychoananlysis and Cognitive Science*, p. 225에서 인용하였다.

문제를 보는 새로운 방식을 포함한다. 이러한 새로운 연결들이 과학자 – 현자의 자각을 때릴 때, 이것은 직감 – 수준 처리과정이 머리 – 지식 체계에 연결되는(바닥 – 위 통합) 지점이다. 이는 과학자 – 현자가 궁극적으로 통합적 과정(수준 2)에서 인간 본성에 관한 개념적 진리에 도달하는 방법이다.

사랑할 우리의 역량을 변형시키는 맥락에서 조명은 우리 자신, 하나님과 다른 사람들에 대해서 새로운 직감 – 수준 의미가 명확해지도록 힌트를 준다. 새로운 이야기의 줄거리가 우리의 자각 속에서 모양을 갖추기 시작한다. 이것은 우리의 영혼을 변화시키고 하나님과 다른 사람들을 사랑할 우리의 역량을 변형시키게 된다. 이러한 새로운 의미들 또는 직감 – 수준 여과기들은 좀 더 애매한 상태로 잠시 있을지도 모르지만 이제 그것들이 우리의 의식적 자각 속에서 좀 더 분명한 초점을 갖게 된다. 새로운 자각은 영상이나 그림으로 시작될지 모르지만, 영상들은 그들 속에 묻혀진 이야기들을 갖는다. 이러한 새로운 의미들은 그러고 나서 인간 본성에 본성을 이해하기 위한 변형심리학자의 지평을 넓힌다. 좀 더 응집된 전체 속으로 자기의 부분들을 통합시키기는 인간의 조건을 이해하기 위한 새로운 전망을 제공한다. 그리고 나서 이것은 반추와 해석의 새로운 국면으로 인도한다.

반추와 해석

수준 2에 포함된 반추와 해석국면에서 과학자 – 현자는 의식적이고 분석적(머리)인 지식을 사용하여 그것과 상호작용함으로써 누군가의 새로운 자각을 분명하게 한다. 이는 일차적으로 자각 안에서 일어난다. 누군가 이것을 할 때, 이것은 새로운 직감 – 수준 돌파구에 좀 더 정밀함을 가져오게 한다. 누군가는 이제 이것이 그러한 것처럼 자신의 마음의 눈(분석적 머리 지식)으로 이러한 새로운 자각을 유지할 수 있으며, 그리고 그것을 조작하고, 다른 것들과 이것을 대화시키고, 다른 각도로 이것을 보며, 다른 개념들과 이것의 관계를 조사하여 그것의 경계를 날카롭게 한다. 이것이 추상적이며 분석적 사고하기의 힘이다.

비슷하게, 우리의 영적 변형과정에서(수준 1) 직감수준 의미에 관하여 우리는 배양되어 오고 조명으로 이끌면서 또는 힌트를 주는 점이나 조명으로 인도하는 직감수준 처리과정을 분명하게 한다. 우리는 이를 위해 새로운 직감-수준 경험을 단어와 개념 그리고 궁극적으로 하나님과의 관계에서 하나의 새로운 이야기 속으로 변형시키려는 시도를 한다. 우리는 그 조명에 모양과 형태를 주는데, 이는 하나님과 다른 사람들에게 새로운 이야기를 말하도록 허락하고, 우리들 안에서 이러한 새로운 직감-수준 의미에 좀 더 접근하도록 한다. 변형의 바로 그 과정은 진행되는 이야기를 구성하는 우리 안의 의미를 좀 더 커다란 망으로 그리고 영적 공동체와 기도를 통하여 하나님과 다른 사람들과 직감-수준 의미를 연결함으로써 이것를 변형시킨다.

알아 가기의 두 가지 방식을 나선적으로 앞과 뒤로 연결하기는 가치과학을 발달시키는 데 있어서 포함된 관찰-반추 수준 2의 구약의 현자 모델과 수준 1의 영적 인식론적 훈련에 포함된 과정을 조명한다. 수준 2에서 이것은 인간 본성과 관련된 개념과 양적 자료, 질적 자료를 따라다닌다. 게다가 지식의 나선순환은 그 두 수준 사이의 연결을 조명한다.

자신과 다른 사람들의 직감-수준 지식은 우리의 체계를 통해서 오는 감정적 정보의 흐름을 걸러 낸다.[12] 고통스러운 직감-수준 경험과 명백한 머리-지식 체계 속에 있는 이러한 경험들의 의미의 상징화를 잘라 냄으로써 이것을 한다.[13] 우리 자신의 병리로 인해 우리가 접속할 수 없는 어떤 직감-수준 경험이 있다면, 이것은 개념적으로 분명한 체계 속에 잠재적으로 분명히 표현될 수 있었던 인간 본성에 대한 아주 중요한 정보의 원천을 잘

---

12) Siegel, *The Developing Mind*.
13) 지식의 다른 측면들이 분리되거나 해체될 수 있는 방법에 대한 도움이 되는 논의를 위해서는 부치의 *Psychoanalysis and Cognitive Science*를 보라.

라 내어 버리게 된다.

방어기제에 의해 보호된 이러한 분리된 처리과정 체계 간의 연결은 인간 본성의 좀 더 전체적인 개념을 이끌어 내기 위한 지식의 나선순환 속에서 필요한 정밀한 과정이다. 이것은 수학과 같은 분야에서는 다를지 모르지만, 인간 본성과 기능하기에 대한 전체적 개념화에 도달할 때, 우리는 암시적이고 경험적 지식이 없이는 더 멀리 갈 수 없다. 경험적 지식은 인간 본성에 대한 좀 더 깊은 진리들을 달성하는 데 긴급하다. 이러한 새로운 그리고 더 깊은 진리들은 참조적 나선순환에서 우리의 암시적 지식을 촉진하면서, 탐색을 위해 한 걸음 더 나아가는 대로들을 열어 주도록 하면서 우리의 직감 – 수준 처리과정에 이상적으로 영향을 미칠 것이다. 사실, 이 작업은 구약의 현자의 알아 가기 과정 안에 있는 지혜개념의 내재적 요소일 수 있다.[14] 이 과정은 우리 영혼의 바로 그 핵심, 하나님과 다른 사람들과 관계하는 방법 그리고 인간 본성에 대한 우리의 개념을 변형시킨다.

마지막으로, 직감 – 수준 지식과 머리 지식의 통합으로부터 유래하는 하나님과의 관련 속에서 자신에 대한 보다 전체적인 지식은 인간과 영적 발달에 관련된 개념적 원리에 대한 사료(fodder)를 제공한다. 사실상, 학계에 만연한 논리실증주의에도 불구하고, 연구의 실질적 실제에서 실험을 위한 가설을 가장 흔하게 제공하는 것은 연구자의 자기에 대한 지식이라는 점은 논쟁거리가 될지도 모른다. 우리는 심리학적 기능하기에 관하여 전적으로 연구문헌의 선형적 처리과정으로부터만 우리의 개념을 발달시키는 경향을 가지고 있지 않다. 우리의 직감 – 수준 감각에 의해서 삶이 우리를 위해서 작동하는 방법이 가장 자주 심각하게 알려지기도 한다. 그러나 한쪽으로 치우칠지 모르지만, 연구자의 과학적 가설 안에서 명시적으로 잘 풀어내지기는 종종 자기의 직감수준 처리과정이다. 그래서 이러한 과정을 안내하고 정보

---

14) Hall, *Christian Spirituality and Mental Health*, pp. 66-81.

를 제공해 줄 지식의 나선순환을 허용하고 우리의 이론 만들기와 개념적 작업에 대해서 좀 더 자의식적이 되기는 결정적이다.

변형심리학에 지식의 나선순환을 적용하기

이 장에서 제안된 이론적 골격에 비추어 몇몇의 실제적 함의가 있다. 첫째로, 수준 1에서 누군가 자기의 경험적 지식을 추구하기는 인간 본성에 관한 엄청난 분량의 직감-수준 지식을 처리할 역량으로 인도한다. 이는 수준 2에서 더 높은 수준의 일치된 관찰과 반추의 과정과 직접적으로 관련되어 있다. 우리가 습관적으로 우리 자신을 방어하는 관계적 경험과 성령에 좀 더 개방될 때만 인간 본성과 기능하기의 전체적 견해를 반추하는 개념이 가능할 것이다.

둘째로, 우리는 심리학, 신학에서 영성을 깊이 있게 탐구하는 작업을 해야 한다. 많은 이들이 이것의 중요성에 대해 토의를 했지만,[15] 이러한 두 학문에서 깊은 학식에 근거한 변형심리학의 예들은 얼마 되지 않는다. 많은 이들이 또한 두 학문을 숙달하는 어려움에 주목했고, 이는 계속해서 성령 안에서의 변형심리에 대한 주요한 장애가 되고 있다. 따라서 우리의 이론적 관점에서는 변형심리학자들이 그들의 고유하지 않은 학문에 있어서 적어도 어느 정도의 깊이를 가지고 훈련하는 것이 긴급하다. 요약하면, 격려될 필요가 있는 또 다른 대로는 심리학과 신학의 학자들 사이의 지속적 대화다. 나는 이것이 누군가의 고유하지 않은 학문에 있어서 유익할 직감-수준 처리과정으로 인도하는 충분한 깊이를 얻기 위하여 심리학자들, 신학자들, 그

---

15) 에버렛 워딩턴(Everett L. Worthington)의 「A Blueprint for Intradisciplinary Integration」, *Journal of Psychology and Theology* 22, no. 2 (1994): 79-86을 보라.

리고 철학자들 사이에서 오래 유지되는 대화를 취할 것이라고 믿기 때문에 '지속적'을 강조한다. 다른 말로 하면, 우리의 고유하지 않은 학문들에 있어서 오래 유지되는 학문 간의 대화를 통해 우리의 마음의 필요를 마련해 줄 가능성이 있을지도 모른다. 변형심리와 관련된 협회들과 기관들은 그러한 지속적 대화를 촉진시키는 방식을 고려할 필요가 있다.

셋째로, 이 이론적 관점은 변형심리의 방법으로서 내러티브와 사례연구 사용의 중요성을 제안한다. 윌마 부치는 우리의 삶에 대한 이야기를 말하기는 우리가 언어의 형태로 우리 자신의 직감-수준 본능적 표상을 대화하도록 할 수 있게 하는 가장 가까운 방식이라고 강력히 주장하였다.[16] 대니얼 시걸은 이 원리를 반향한다. "이야기하기는 우리가 언어적으로 우리 자신뿐만 아니라 다른 사람에게 우리가 암시적으로 기억하는 우리 마음의 숨겨진 내용을 전달하는 하나의 일차적 방식이 될 수 있다."[17] 다른 말로 하면, 우리는 우리의 관계적 경험의 직감-수준 지식과 단어로 직접적으로 대화할 수 없다. 그렇지만 우리는 에피소드 형태나 이야기의 부호를 통해 우리의 암시적인 관계적 지식에 대해 '말할' 수 있다. 내러티브는 언어나 우리 삶의 감정적 의미를 전달하는 매체나 언어로 개념화될 수 있다. 이것이 성인 애착 인터뷰(Adult Attachment Interview)가 개인의 관계적 애착에 유력한 창을 제공하도록 발견되는 이유다.[18] 초기 애착 내력에 대한 이야기를 말하게 하는 작업은 자동적으로 애착체계를 활성화시킨다. 우리의 애착조직은 이제 언어적 형태로가 아니라 우리가 이야기를 말하는 방법, 즉 이야기 그 자체로 '전달된다'. AAI 상에서의 '마음상태' 척도는 이러한 차원을 측정하는데,

---

16) Bucci, *Psychoanalysis and Cognitive Science*.
17) Siegel, *The Developing Mind*, p. 333.
18) 에릭 헤세(Erik Hesse)의 「The Adult Attachment Interview: Historical and Current perspectives」 in *Handbook of Attachment: Theory, Research and Clinical Applications*, ed. Jude Cassidy and Philip R. Shaver(New York: Guildford, 1999), pp. 395-433.

현재나 미래의 관계성숙을 가장 잘 예측한다고 밝혀져 왔다.

　내러티브는 우리의 '암시적으로 기억하는 마음'을 전달하고 대화할 뿐 아니라, 그것들은 또한 뇌반구 간의 통합을 통해 지식의 나선순환을 요구하고 촉진한다. 좌반구는 언어와 상징적(또는 명시적) 처리과정과 연관되어 있다. 이 부분은 해석과 설명을 제공하지만, 우반구 없이는 감정적이고 관계적인 맥락이나 정보의 의미를 처리할 수 없다. 우반구는 정신상태와 사회적 감정정보의 처리과정을 강조한다.[19] 감정적으로 의미 있거나 논리 정연한 내러티브들은 뇌의 양쪽 반구 모두의 참여와 통합을 요구한다.

　그러면 어떻게 내러티브의 방법이 변형심리학의 과업을 촉진하는가? 우리의 이야기를 말하기 또는 사례연구에 대해 읽거나 대화하기는 관련되어 있는 두 가지의 목적을 달성한다. 첫째로, 이는 우리로 하여금 암시적인 관계적 지식에서 이끌어 내어진 인간 본성에 대한 지식에 접속할 수 있게 한다. 둘째로, 이는 해석작업을 하는 좌뇌와 맥락과 감정적 의미작업을 하는 우뇌의 통합으로 지식의 나선순환을 가능하게 한다. 내러티브의 맥락에서 개념적 논제들을 고심하기는 우리가 변형심리에 접근하는 길의 결실이 많은 방향으로 보인다. 사례연구들에 대한 학제 간의 대화는 변형심리에 접근하는 하나의 도움이 되는 내러티브가 될지 모른다. 셋째로, 내러티브상에서 이러한 관점은 변형심리를 공부하기 위한 인터뷰를 사용하는 중요성을 제안한다.[20]

　넷째로, 발견의 과정에 적용된 것으로 지식의 나선순환은 변형심리학을 하기 위해서 몇 가지 실질적인 적용을 제안한다. 이 과정은 직감-수준 직관이 어디로 그들을 데리고 가든지, 누군가 어둠 속에서 휘슬을 부는 것같

---

19) 앨런 쇼어(Allan Shore)의 *Affect Regulation and the Origin of the Self: The Neurobiology of Emotional Development*(Hillsdale, N. J.: Lawrence Erlbaum Associates, 1994). 시걸의 *The Developing Mind*를 보라.

20) 홀(Hall)의 *Christian Spirituality and Mental health*, pp. 66-81을 보라.

이 느껴질지라도, 직감-수준 직관을 따르면서 준비에 참여하도록 하는 필요를 변형심리학자들에게 제안한다. 진행이 막히게 되었을 때 우리의 직감-수준 처리과정 체계가 그 작업을 계속하는 동안, 우리는 문제로부터 돌아서서 그것을 배양하도록 허락할 필요가 있다. 배양은 조명으로 인도할 것이다. 한 인상이 어떤 새로운 무엇을 형성할지도 모른다. 기존의 생각과 관련 없는 듯 보이는 한 이미지가 갑자기 나타날 수 있다. 아인슈타인은 이러한 나선과 같은 처리과정의 유형을 강조했다.

> 글로 씌어 있든 아니면 말로 하든, 언어의 단어들은 나의 사고기제에서 아무런 역할도 하지 않는 듯하다. 사고에 있어서 요소로 작동하는 듯 보이는 정신적 실체는 '자발적으로' 재생되어 결합될 수 있는 다소 명확한 이미지들이나 어떤 신호들이다.
>
> 물론 그러한 요소들과 적절한 논리적 개념 간의 분명한 연결은 있다. 또한 논리적으로 연결되어 있는 개념에 최종으로 도달하고자 하는 갈망은 앞에서 언급된 요소들과 오히려 이렇게 희미한 역할의 감정적 근거임은 명백하다. 그러나 심리학적 견지의 점에서 보면, 이렇게 결합하는 역할은 다른 사람들에게 소통될 수 있는 다른 종류의 신호나 단어로 된 논리적 구성과 연결되기 전에는 생산적 사고에 있어서 필수적 특징이 되는 듯 보인다.[21]

---

21) 자크 아다마르(Jacques Hadamard)의 *An Essay on the Psychology of Invention in the Mathematical Field*(Princeton, N. J.: Princeton University Press, 1949), p. 17.

결론

추가적 반추는 인간 본성과 기능하기에 대한 더 깊은 개념적 진실에 대한 명확한 설명으로, 증가된 경험적 지식으로, 그리고 탐구될 새로운 대로로, 이는 그리스도와의 연합과 그 안에서의 실현 그리고 그를 위해서 궁극적으로 추구된 통합의 나선으로 이상적으로 인도될 것이다.

수준 1, 2에서 성령으로 심리학을 하는 방법론의 이러한 배경을 가지고 우리는 이제 수준 3에 초점을 맞춘 다음 부, 성령 안에서 심리학의 내용으로 넘어가도록 하자.

변형심리학의 내용 (수준 3)

The Content of a Transformational Psychology
(Level 3)

변형심리학과 성경의 유일성을 위한 자료

John Coe

"내 눈을 열어서 주의 율법의
놀라운 것을 보게 하소서."

시 119:18

"주의 법도들로 말미암아 내가 명철하게 되었으므로
모든 거짓 행위를 미워하나이다."

시편 119:104

이제 방법론에서 심리학에 대한 변형적 접근의 내용으로 옮겨 가면서 우리의 정보의 원천에 대한 논제가 다시 집중을 받는다. 구약의 지혜모델은 신진 심리학자가 자기이해와 성장 속에서 다른 사람을 지원하기 위한 행로를 성령으로 분별하고 이해하는 창조의 자연적 법칙뿐만 아니라 성경 속의 계시를 연구하도록 한다. 근대주의자 접근과 대조되는 변형심리학에 따르면, 심리학과 기독교는 지식과 방법 면에서 급진적으로 분리되고 구분되는 도메인의 용어를 사용하지만 심리학과 기독교 사이에 분리는 없다. 이는 하나님의 우주이고, 변형심리학자는 하나님 안에서 성령에 의해 사람의 이해를 위한 모든 원천을 탐색하는 데 열려 있음으로써 이러한 방법론에 기초를 한다. 그러나 그 방법론이 과학을 위한 원천에서 오면, 우리는 창조와 하나님 말씀 둘 다에 있는 정보의 원천이 권위적이라고 인정하지만 모든 정보가 같은 인식론적 발판에 있지는 않다.

맨 먼저 사람, 죄와 역기능, 심리학적 건강과 인간의 운명을 이해하기 위해서 결정적 정보에 대해 이성적으로나 심리학의 동의로부터 접근할 수 없는 창조나 사건에 대한 권위적 정보와 해석을 성경은 담고 있다. 다른 경우에 있어서 성경은 이러한 실재들에 대해 이성만으로는 제공할 수 없는 보다 명확한 견해를 제공한다. 한 걸음 더 나아가서, 성경과 과학 모두가 명확하게 언급하는 영역에 있어서조차 정보의 부분이나 원천의 접근에 대한 다른 성격들 때문에 모든 정보의 원천이 동일한 권위적 무게를 갖지 않는다.

일반적으로 성경의 널리 알려진 권위는 성격상, 그리고 피조물의 연구로부터 얻어진 것보다 더 힘이 있는 중요한 방식 둘 다에서 고유하다. 우리는 먼저 널리 알려진 성경의 유일성과 권위를 토론하고 나서 변형심리학에 결정적이면서 동시에 성경에서 발견되는 부분들에 초점을 맞출 것이다.

성경의 인식론적 유일성과 권위

실재 해석으로서 성경의 명확함

먼저 성경으로부터 우리가 받는 정보가 자연의 특정한 측면에 대한 신적 해석인 한, 피조물로부터 받는 정보의 해석과는 다른 권위를 갖는다. 원천-자료로서 자연은 가공되지 않고 해석되지 않아서 해석을 요하는 자료임에 반하여, 심리학을 위한 원천-자료로서 성경은 이미 명제 또는 문장 형태로 된 자연 측면의 해석이다. 비록 사람이 자연을 해석하듯이 성경을 해석할 필요가 있을지라도, 그것은 다른 종류의 해석적 과업이다. 성경 신학자들의 해석적 과업은 성경에서 하나님에 의해 일차 해석이 된 상태로 이차 해석을 하는 주로 문자적 과업이다. 해석되지 않은 자료의 일차 해석을 하면서, 피조물의 과학자는 원자료에 명제들을 적용하는 더욱 어려운 과업을 한다.

따라서 하나님이 인류에게 매우 분명하게 하기 원하신 아이디어나 본문들에 있어서는 자료의 대상으로서 성경에 자연을 넘어서는 특정한 명료함이나 명확함이 있다. 물론 성경의 몇몇 본문이 우리의 맥락에서 이해하기가 매우 모호하고 어렵다는 현실이 배제되지는 않는다. 하지만 대부분은 인류의 복지를 위해서 하나님에 의해 분명하도록 의도되었음이 아주 명백하다.

실재 신적 해석으로서 성경의 명확함

두 번째, 그 해석이 신적 해석인 한, 성경은 피조물에 대한 우리의 반추의 해석보다 더 생생하고, 인식적으로 더 강한 원저작 또는 해석의 권위를 갖는다. 성경은 창조주로서 자연과 사건을 해석할 최상의 원천인 하나님에 의해서 궁극적으로 저작되었다. 사건과 자연의 인간해석은 사실일 수 있지만, 그것들은 단지 창조의 일부분인 유한한 자원에 근거한다. 비록 유한한 사람이 앞에서 언급한 대로 성경을 해석해야 할 때조차라도, 하나님으로부터 온 많은 일차 해석이 하나님의 해석으로 보일 수 있는 우리의 이해를 돕기 위해 분명하게 의도적으로 만들어졌다. 어떤 의미에서는 하나님의 진실된 명제가 여타 다른 명제들보다 더 진실할 수는 없다. 하지만 정보의 원천이 신뢰할 만할수록 관찰자에게 더 높은 수준의 확실성을 제공한다.

성경에 관하여 영에 의한 믿음의 동의와 확실성

세 번째, 성경으로부터 얻어진 정보의 진실 – 가치는 (a) 신자들에게 확신 또는 심리학적 신념을 제공하는 다른 태도를 가지고 있고, (b) 더 큰 설득력과 인식적 힘으로 그렇게 한다. 성경과 신학의 역사는 진리를 수반하면서 비슷하지만 다른 심리학적 역동을 갖는 진리에 동의하는 두 가지 유형이 있음을 우리에게 알려 준다(이것에 대해서는 제5장을 참고하라). 전에 언급한 대로, 믿는 과학자와 심리학자는 이성의 동의와 신앙의 동의 둘 다에 열려 있다. 이성의 동의는 알기의 대상(숫자, 물리적 물체, 아이디어와 명제, 다른 사람, 하나님의 존재의 자연스러운 계시, 천사)에 대한 마음의 개방성과 관련이 있는데, 알기의 대상들은 자신에 관한 명제의 진리에 동의하도록 마음을 움직이게 한다. 예를 들면, 마음이 자의식 속에서 자신을 성찰할 때, 몸이 변화하는 시간 가운데서 마음도 시간을 따라가는 자신의 존재에 대한 진실에 동의할 수밖에 없다. 동의를 방해하는 개인의 욕망이나 느낌에 따라 움직이는 다른 열정이 없다면 더욱 그렇다. 이것은 감각을 넘어서 창조된 현실의 진리에 대한 상식적 동의다. 이미 알려진 것들에 대해 널리 인정된 보증이나 널리 알려진 접근에 의지하면서 이러한 동의는 좀 더 작은 범위로부터 큰 범위로 분포된 상당한 정도의 심리학적 확신이나 명료함을 제공한다.

하지만 신자들은 내주하시는 성령의 사역으로 인해 믿음에 관한 동의에 관여할 수 있다. 이 동의 가운데 그들은 사랑 안에서 의지를 움직이는 궁극적 믿음의 대상, 하나님의 사람에게 그들의 가슴과 마음을 열고, 그 사랑이 차례로 제시된 신앙의 대상(예, 사랑 안에서 하나님의 임재의 실재, 성경의 진실성, 이성의 빛에 의해 성경에서 올바르게 해석된 명제의 진실)에 관련된 진실을 동의하도록 자유롭게 성도들의 마음을 움직인다. 불신자에게 이것은 증거도 없고, 증거에 위배되는 그 무엇을 믿는 의지와 열정에 의해 마음이 움직이는 소망하는 생각처럼 보일지 모른다. 그러나 예수 그리스도가 하나님임을 믿거나 동의하도록 성령에 의해 움직이는 현실 속에 신자가 있다면, 신이 우리를 속이기를 원하지 않는 한 우리가 어떻게 더 좋은 동의를 가질 수 있겠는가? 신자는 현실 속에서 창조주 하나님이 어떤 진리를 동의하도록 하는 사랑 안에서 우리의 의지를 움직이신다는 사실이 보증되는 한, 신자는 완전히 알려진 보증을 가지고 동의한다. 칼뱅과 아퀴나스가 말하곤 했듯이, 우리의 정신적 역량에 의해서가 아니라 그것들을 창조한 역량을 움직이는 바로 그 하나님에 의해서 보증되기 때문에 더 이상 경험적으로 보증되거나 동의될 수 없다.

과학을 위한 성경으로부터의 유일한 자료

네 번째, 성경은 우리가 이성의 동의만으로 얻을 수 없는 사건과 피조물에 대한 권위적 해석과 정보를 담고 있으며, 삶에서 우리의 자연법칙의 반추에 대한 통찰을 주고 틀을 조성하도록 하는 데 중요하다는 사실이 이 장에서 특히 중요하다. 또는, 다른 경우에 있어서는 성경이 이성에게만 맡겨질 때보다 이러한 현실의 몇몇에 대해 좀 더 분명한 견해를 제공한다. 인간이 결코 접근해 본 적이 없는, 또는 더 이상 접근할 수 없는, 그리고 비록 접근했었지만 그러한 현실의 중요성이나 해석에 접근할 수 없는 어떤 현상이 있다(예, 창조, 창조자 하나님의 형상대로 지음받은 우리의 존재, 성정체성에 대한 하나님의 관점, 타락과 저주, 인간의 부정과 관련된 장면에서 신과 사탄의 만남, 세상 정부 뒤에 있는 사탄, 십자가의 중요성, 심판과 관련된 인간의 운명, 천국과 지옥). 이 사건들과 현실—몇몇은 사람의 변형적 이해를 도우며 틀을 조성하는 특별한 위치를 갖는다—은 성경에 기록되고 해석되어 있다. 그런데 심리학은 인간에 대한 이해와 변형을 위한 이러한 믿음의 함의를 끌어내려고 하지 않았다는 면에서 동강 나 있다.

⚗ 변형심리학에 필요한 성경의 고유한 자료

변형심리학을 위하여

그렇다면 우리의 변형심리학은 관찰과 반추를 함에 있어서, 계시로만 알수 있는 진리와 사람의 이해에 인식론적으로 결정적 요인인 진리 내에 몰입함이 절실하다. 지면의 제약으로 인해 우리는 단지 계시에 의해 유일하게 또는 분명하게 알려진 이러한 중요한 진리의 몇몇 적절성을 간단하게 논의할 것이다.

피조물로서 자연

우선적으로 과학과 심리학에 대한 변형적 접근은 이른바 '자연'이라는 것이 없지만, 자연은 창조주가 계시 속에서 분명하기를 원했던 피조물이라는 사실로 시작한다. 하나님이 존재하고 세상이 피조물임을 알려면 이성의 조명을 통해서 가능하다. 그러나 하나님은 계시에서 이러한 점을 분명하게 하기를 모색했고, 그래서 그는 우리를 창조하셨고, 또한 우리와의 관계를 원하며, 그러한 지식을 책임 있게 설명하도록 우리를 붙잡고 있음을 우리가 알기를 원하신다.

이러한 점에서 현실의 기원과 설계가 창조주로부터 기인하는 한 모든 현실은 영적으로 시사되어 있다. 그래서 우리는 하나님 안에서 목적을 지니고 창조됨으로 하나님의 인공물의 맥락 속에서 이해될 때 진정으로 충분히 감사할 수 있다. 어떤 인공물(예, 도끼)을 가장 잘 이해하기 위해서는 우리는 그것의 목적을 알기 위해서 그것을 만든 자에게 간다. 마찬가지로, 우리는 창조주와 관계 속에서 우리 자신과 다른 사람들을 이해할 수 있다. 이것은 우리의 과학을 위한 계시의 주요한 부분이다. 계시의 이러한 부분이 없다면, 세속심리학은 하나님의 목적을 위해 하나님에 의한 피조물로서 하나님 안에서 사람의 의미나 진정한 중요성을 부여하는 데 실패할 것이다.

하나님 형상 속에 있는 사람들

둘째, 성경은 인간이 하나님의 형상대로 지음받았기에 세상을 다스리고 지배할 수 있음을 우리 변형심리학에 알리고 있다(창 1:26-31). 하나님은 우리가 창조에 있어서 특별한 위치에 있음을 분명하게 하기를 원하신다. 우리는 부분적으로 동물과 연속성 안에서 지음을 받았고, 하나님의 창조적 디자인에 따라 흙으로 만들어졌다. 하지만 우리는 동물과 달리 몸으로부터 분리와 죽음으로부터 살아남는 자의식과 개인적 정체성을 지닌 영을 소유하면서 동물과 불연속성에서 또한 창조되었다. 다음 장에서 논의하겠지만, 지구상의 모든 창조물 중에서 유일하게 인간만이 자유, 자기결정, 자신의 상황에 대한 자기인식을 가능하게 할 수 있다. 이 경우에 따르면, 심리학은 다른 동물 연구를 통해 인간을 포괄적으로 이해할 수 없다. 이것은 항상 생략되거나 환원된다.

인간은 고유하며, 자연을 압도하고 지배할 특권과 책임 그리고 권리를 우리에게 주는 것은 곧 하나님의 형상 속에 있는 우리의 고유성이다. 우리 인간은 자연을 착취할 권리는 없지만, 왕의 작품(King's work) 안에서 이웃사랑을 위하여 청지기로서 그것을 활용할 수는 있다. 이것이 우리 정체성의 근본이다. 계시로부터 이러한 이해가 없다면, 많은 사람이 그러하듯, 우리도 다른 동물들보다 더 나은 본성과 운명 또는 가치가 없는 동물들과 같은 존재로 생각하도록 유혹받을지 모른다. 그러한 경우에 사람의 가치는 폄하되어 우리는 삶의 시작과 끝에서 인간 존재를 버리게 되도록 유혹을 받을 수 있고, 그러한 경우에 그들은 자신을 가치 있게 만드는 어떤 목적의 예정된 설정에 기여하지 않게 된다.

사탄적 갈등의 맥락에서 창조

세 번째, 인간 존재의 창조는 합리적으로 다르게 선별하는 인간적 형태인, 말하자면 천사들의 반항과 창조의 맥락에서 일어났다고 성경은 분명히 하고 있다. 우리는 욥의 이야기를 통해 인간은 창조되었고 놀라운 의지를 가지고 있는 피조물이 하나님과 대항해서 자유를 행사하였다고 듣게 되고, 그래서 지금은 그러한 무서운 반역 속에서 그들은 인간의 행복과 존재를 방해하여 무력화하려고 한다(욥 2:4-7). 진정으로 무엇이 진실인지 또는 선택의 가치가 있는가의 본질에 대해서 하나님과 악마들의 갈등 속에 있는 무대 위에서 우리의 삶이 진행된다. 이러한 악마들은 특정 또는 모든 민족에게 어떤 방식으로 붙어 있어서 그들의 전반적 복지를 악으로 물들게 하거나 그들을 잘못되도록 인도하고 있다고 우리에게 말하고 있다(단 10:13-21).

우리가 존재하기 전부터 하나님은 이미 다른 천사들의 반역에도 불구하고 무한히 아름답고 강건하고, 자유로운 천사라고 불리는 영혼들과 확고한 관계를 가지고 있었다는 것에 주목한다는 것은 흥미롭다. 그렇다면 왜 하나님께서는 인간이라고 불리는 미약하고 낮은 수준의 영혼의 형태를 창조하셨을까? 몇몇 신학자들에 따르면, 하나님은 무엇이 선택에 가장 가치가 있을까에 대한 우주적이고 도덕적 질문을 해결하기 위해서 부분으로 인간성을 창조하였다. 그것은 하나님의 사랑과 자기사랑이다.[1] 하나님은 악마들을 단순히 파괴하여 힘으로 이슈를 해결하기보다는 도덕적 선택의 쟁점을 만들어서 선으로 이슈를 해결하기로 결정하셨다. 그리고 인간은 하나님의 선

1) 신적-천사 드라마 내에서 일어나는 창조의 견해에 대한 흥미로운 논의를 위해서 에릭 소어(Eric Sauer)의 *The Dawn of World Redemption*(Grand Rapids: Eerdmans, 1952)을 보라.

택에 의해 문제를 해결하도록 지음을 받았다. 물론 하나님의 사람인 예수 그리스도인 두 번째 아담만이 하나님의 의지를 지속적으로 선택함으로써 이 질문을 확정할 수 있었다.

　결과적으로 우리가 심리학을 발전시킬 때 사탄은 인간사의 일에서 현실과 사람을 이해하기 위해 탐구할 주요한 영역이다. 이러한 문제상에서 성경 없이 우리는 사탄적 현상과 관련된 경험, 죄, 분투, 유혹 모두를 취해서 단지 심리적 역동으로만 축소하려는 유혹에 빠지게 된다. 현대 세속심리학에서 이것이 정확하게 발생하고, 또한 현대 기독교 심리학이 살아가기 위한 설명, 이해, 지혜의 전체 왕국을 무시하는 유혹을 받기도 한다.

원죄와 구속

　네 번째, 타락, 원죄 그리고 구속의 본질은 심리학에 대한 우리의 변형적 접근에 있어 유일하고 중요한 역할을 한다. 노르웨이인, 스웨덴인, 멕시코인, 미국인, 이란인, 팔레스타인 등과 같이 많은 문화와 사람들은 그들의 기질적–역사적–문화적 정체성에서 그들의 정체성에 근거를 두기 쉽다. 즉, 그들은 정체성을 자신이 땅 위에서 가지고 있는 즉각적 영향과 창조에서 근거하려고 시도하고 있다. 그러나 기독교인의 정체성은 자의식적으로 언약적 상태이며, 이는 원죄를 심각하게 받아들이기 때문이다. 사람은 하나님의 이미지를 잃어버리지 않았다. 그럼에도 불구하고 사람은 원죄로 인해 그 핵심에서 충분히 역기능적으로 되었다. 결과적으로는 수치심과 죄의식을 초래하여 구속으로 인한 하나님의 일을 빼고는 그 어느 것도 진정한 건강과 기능하는 사람으로 되돌릴 수 없다.

　한 걸음 더 나아가서, 우리가 하나님의 형상으로 창조되었고, 그래서 잘 살고 심리학을 하도록 만들었지만, 우리는 원죄 속에서 태어났고 우리의 죄를 덮고 숨기면서 정신병리를 향한 선천적 경향을 가지고 있음을 하나님은 성경에서 분명하게 하고 있다. 하나님의 계시나 예수 그리스도 안에서 용서의 가능성과 마찬가지로 하나님의 드러나는 계시가 없다면, 어떤 인간도 이러한 내재적 휘어짐을 이해조차 못한다. 죄의 이러한 사실과 그리스도의 십자가상에서 대속적 작업은 성경에 분명하며, 인간 조건을 명확하게 언급하고 이해하는 데 중심적이다. 우리가 하나님의 사랑의 충분성과 우리 죄의 실상과 우리의 필요에 대해서 깊게 눈을 뜰 때, 우리 자신과 이웃을 있는 그대로 기꺼이 볼 수 있게 되는데, 이는 정직한 심리학을 하기 위한 기초다. 우리는 하나님 앞에서 끓어오르는 가마솥 같은 죄책감, 수치심과 외로움으로부터 숨으려 할 것이기 때문에 구속이 없다면 완전히 노출된 자신을 볼 수 없을 것이다(죄에 대해서는 제14장을 참고하라).

하나님 앞에서 삶의 주요한 논제들을 다루기를 반대하는 심리적이고 이론적인 방어 때문에 이것은 죄의 본질과 구속에 대한 하나님의 계시를 거부하는 세속적 심리학이 처음부터 실패하게 될 이유다. 세속심리학은 인간의 관계적 이슈(전형적으로 건강하지 못한 부모관계)에 대한 죄책감과 수치심을 줄여 줄 것이다. 인간의 죄는 신의 관계적 모체로부터 제거되고 정신병리로 축소된다. 구속과 대속에 대한 필요는 유아적이고 신화적으로 해석되어 사라지고, 그것은 인간관계나 개입 그리고 불굴의 정신으로 달성될 수 있는 것으로 대체된다. 물론 이러한 세속심리학자들로부터 배울 것이 아직도 많이 있다. 부분적이기는 하지만 그들은 자연을 바르게 반추하고 관찰할 수 있다. 이전에 말했듯이, 그들의 통찰은 하나님의 현실, 죄 그리고 구속을 고려하는 적절한 세계관 속으로 다시 세례를 받을 필요가 있을 것이다.

사람의 역량, 본성 그리고 피조물의 현실보다 죄와 구속(언약)의 현실이 변형심리학을 위해서 근본적인 해석적 시작점이라는 사실은 하나님으로부터 부여받은 자율성을 향한 인간의 성향 때문이다. 이것을 위한 이유는 그/그녀가 당위적으로 되어야 할 것이 더 이상 없으며, 하나님의 일이 아닌 그 어떤 것도 그/그녀 자신을 위해서 이러한 곤경을 변경시킬 수 없기 때문이다. 우리가 원죄의 현존하는 인간의 곤경을 가지고 시작하지 않는다면, 우리의 인간성의 미묘한 왜곡을 오해하게 될 것이다. 우리가 하나님으로부터 떠난 인간 본성의 가능성을 무시하지 않도록 하기 위해서는 하나님의 형상이 무엇인지와 타락 속에서 무엇인지 둘 다를 또한 적절하게 이해해야 한다. 구속과 창조의 현실 둘 다는 우리의 이해에 결정적이다. 이러한 복잡성의 중요성은 아무리 강조해도 지나치지 않다.

교회와 변형에서 영의 작업

다섯 번째, 성경에 계시된 대로 교회에서 사역과 변형에 있어서 내주하는 성령의 작업과 역할은 우리의 변형심리학에서 지나치게 강조될 만큼 중요하다. 우리가 제13장과 제15장에서 토의하겠지만, 성령은 기독교인의 삶에 있어서 변화의 주요한 대행자이며, 성령의 갱생 및 성화 사역이 없이는 우리가 해야만 하는 하나님의 사랑과 이웃의 사랑을 실천할 수 없고, 뿐만 아니라 하나님의 사랑과 능력을 다른 사람들에게 전하는 사역도 할 수 없을 것이다.

세속심리학은 분명히 모든 성령의 현상을 둘러대어 자연적인 심리적 역동으로 축소시키도록 유혹해 왔다. 특히 우리 자신의 성령 경험이 너무 모호해서 그의 일을 해석하는 데 어떤 참조도 할 수 없다면, 기독교인인 우리조차 인간의 건강과 정신병리에 대해 환원적으로 설명을 하려는 유혹에 빠질 때가 있다. 물론 반대적 문제 또한 있다. 하나님이나 사탄이라는 견지에서 모든 인간의 역동을 해석하는 신자들은 인간 영의 심리적 역동과 피조물을 위한 어떤 여지를 두지 않는다. 성령과 인간의 영, 둘 다의 역동은 정신병리와 성장에서 시사점을 갖는다. 성경이 성화와 성장의 중심으로 성령의 작업을 결정적으로 말하고 있다는 사실은 의문의 여지가 없다. 하지만 교회에서 많은 혼란과 논쟁이 되어 온 이러한 작업의 정확한 본질을 명료화하기는 변형심리학의 과업이다.[2] 아마도 변형심리학을 위해서 이보다 더 중요한 연구영역은 없다.

천국이나 지옥에 대한 인간의 운명

여섯 번째, 하나님은 모든 사람의 운명에 대해 성경을 통해 아주 분명하게 말씀하고 계신다. 많은 불신자들은 의식적으로 사후세계에 대해 무시하고, 몇몇의 영혼 절멸론자들의 견해를 인정하거나, 또는 선함에 대한 인간의 노력과 경우에 따라서 악을 행한 사람들에게는 벌을 준다는 바탕 위에 사후세계를 만들어 낸다.

그러나 그리스도에 대한 신앙에서 한 사람의 결정에 근거한 두 가지 운명과 하나님의 은혜로 그 사람에게 주어진 계시가 있음을 하나님은 크리스탈처럼 분명하게 하였다.[3] 비록 모든 사람이 죄에서 태어났을지라도, 그들이 도덕적으로 살든 그렇지 않든, 불신자 모두에게 임하게 될 하나님의 진노와 지옥으로부터 피할 길을 하나님은 그리스도 안에서 제공하였다. 이것은 비합리적이고 환상적인 것과 희망과 목표의 가치가 있는 것에 대한 생각을 갖도록 한다. 하나님의 계시로부터 따로 떨어져서 인간은 자연계시가 불신자

---

2) 변형의 과정에서 성령의 연구는 교회를 위해서 중요하고, 그것은 변형심리학의 시계뿐만 아니라 영적 신학의 활발한 접근에 있어서도 중요한데, 영적 신학은 성경과 신자들의 삶에서 완전한 진지함으로 데이터를 취한다. 이것에 대해 더 알려면, 존 코우(John Coe)의 「Spiritual Theology: A Theological-Experiential Methodology for Bridging the Sanctification Gap」, *Journal of Spiritual Formation and Soul Care* 2 no. 1(2009): 4-43을 보라.

3) 이것은 구원이 분명하게 예수님에 대한 믿음에 근거하는지 또는 하나님이 사람에게 보여 주신 계시에 의한 믿음인 것인지에 대한 문제를 제기한다(예, 예수님에 대한 메시지를 듣지 않고 자연에 주어진 계시의 조명에 하나님의 은혜를 신뢰하는 마음을 열고 행동하는 사람). 이것은 이 책의 범주를 넘어서는 인식론적인 질문이다. 그러나 성경에서 논쟁이 되지 않는 것은 구원은 예수님 안에서 존재론적으로 예수님에 근거하고 있고, 비록 하나님이 반응하도록 마음을 여는 계시의 어떤 조명의 매개체를 통할지라도(모세, 욥, 예레미야의 경우), 구원받은 모든 사람은 십자가에서 예수님이 하신 일 때문에 구원받는다는 사실이다.

에게 말하고 있는 것을 억압하려고 한다. 말하자면, 하나님이 존재하고 그의 진노가 불신자에게 임한다는 사실이다(롬 1:18-32). 그래서 소망, 목표, 운명에 대한 불신자들의 접근은 억압으로 인한 환상에 근거한다. 변형심리학은 사람을 위한 운명의 바른 이해를 확립하고 또한 내생의 진정한 고향을 위한 이생에서 심중을 준비하기를 구할 것인데, 이러한 모든 것이 우리의 희망이고 목표일 만한 적절성을 갖는다.

결론

성경에 나타난 하나님으로부터 만들어진 진리는―창조, 하나님의 형상으로서의 인간, 사탄, 원죄, 구원, 사후세계―심리학에 대한 변형적 접근의 발달에 결정적이다. 인간이 진정한 행복을 경험하고, 알도록 하고, 우리에게 결정적인 것을 분명히 하기 위해 자신을 낮추신 하나님께 감사드린다. 지혜와 현실의 이러한 부분들이 없었다면, 우리는 불행, 환상, 거짓에 처할 운명이었다. 이 진리들은 진짜인 것에 관한 자유에 우리가 열리도록 하기 위해서 자기기만의 가장 필요한 위치에서 우리를 직면시킨다. 우리의 변형심리학과 심리학자들은 사람에 대해 성경에서 영이 무엇을 가르치고 있는지부터 시작한다. 하나님의 놀라운 계시에 감사드린다.

제11장

영으로서의 사람
개인적 정체성, 본성, 자유 그리고 관계성

John Coe

> "사람이 무엇이기에 주께서 그를 생각하시며,
> 인자가 무엇이기에 주께서 그를 돌보시나이까?
> 그를 하나님보다 조금 못하게 하시고,
> 영화와 존귀로 관을 씌우셨나이다."
>
> 시 8:4-5

우리는 사람의 본성에 대한 몇몇의 윤곽을 탐구함으로써 변형심리학의 내용을 시작한다. 심리학의 우리의 모델이 사람의 본성에 관한 요약적 설명을 한다면 그것은 다음과 같을지 모른다.

우리는 영이라는 사실은 인간 정체성에 있어서 가장 근본적이며, 인간 영으로서 우리는 하나님과 다른 사람들과 관계를 위하여 창조능력의 모든 것 속에서 자유롭게 우리 자신을 훈련할 수 있는 성질이 있는 개인적 정체성을 가진 사람들이다.

사람을 이해하기 위한 몇몇의 중심요소들이 이 요약적 설명 안에 들어 있다. 다른 영에 의해서 창조된 영으로서 인간은 스스로 우리를 만드신 영에 열려 있고 기반을 두고 있을 때 모든 창조적 능력과 현실을 진실되고 풍요로운 방법으로 이해하고 경험할 수 있다. 우리가 인간의 영역에서 심오하게 관계하는 동안—그리고 사람의 본성을 이해하기 위해 이 영역에서 많은 통찰을 가져올 때—인간 관계성의 경험이나 어떤 개념을 넘어서 우리가 매우 근본적으로 관계적임이 드러난다. 우리가 다른 사람들과 관계를 하도록 만들어진 동안, 우리는 또한 영 그 자체의 내부 속에서 다른 영과 연합 속에, 그리고 연합에 의해서 거주하도록 만들어졌다. 과학과 종교 그리고 기독교와 심리학 사이에 알려진 영역 안에서 분리나 분기가 변형심리학에서는 없음을 주목하라. 사람을 이해하기에 적절하고 알려질 수 있는 모든 현실은 이러한 시계 안에 있다. 변형심리학자는 사람에 대한 진짜 또는 진정한 것을 추구함에 열려 있고, 정직함으로써 심리학의 고결함을 보존하도록 돕는다. 다음의 세 장들은 사람의 이러한 복잡한 변형심리학 열기를 시도할 것이다.

⚐ 사람에 대한 현대 세속심리학

현대 세속심리학의 맥락에서 자기에 대한 변형심리학의 견해를 설정함으로써 우리의 논의를 시작하면 도움이 될 것이다. 여기서 우리는 시작부터 사람을 이해하는 세속적 견해에서 깊은 문제에 직면하게 되는데, 이러한 문제는 전체 심리학에 걸쳐 있다. 그 문제는 우리가 제6장에서 간략하게 다루었던 것과 관련이 있다. 그것은 근대주의의 방법론을 따르는 현대 세속심리학은 과학적 학문에서는 '사람'을 위한 집(home)은 없었다는 점이다. 질문은 다음과 같다. 우리의 방법론이 보편적 수량화나 움직임 속에 있는 물체들을 측정하고 있을 때 우리는 사람을 어떻게 연구를 하는가? 그러한 경우에 (a) '사람'은 우리가 자유를 생각하듯이 자유의 실재를 위한 어떤 여지도 남기지 않으면서(측정될 수 있는 다른 물체–사건을 결정하고 원인이 되면서 자유는 물체–사건으로 환원된다.), 전적으로 인과적 태도로 이해되고 측정될 수 있는 물질–뇌 또는 다른 요소들로 환원될 수 있거나, (b) '사람'은 과학적으로 연구할 수 없는 그 무엇이다. 또는 사람을 과학적으로 연구하는 방법의 복잡하고 헛갈리는 혼합의 중간에 무엇인가 있을지 모른다. 문제는 현대 심리학이 가진 요소들을 수량화의 보편적 방법과 공간적 실재들(예, 개인적 정체성, 자유 그리고 정신경험)과 같이 측정할 수 있도록 보이지 않고 전형적으로 사람과 연합된 현실을 결합할 때 발생되어 나온다.

사람에 대한 현대 세속심리학의 선택: 환원주의와 의미심장한 것

근대 과학은 실존적—인본주의 이론과 실천—지향적 접근을 제외하고, 동시대 이론의 대부분을 위해 현실과 앎에 대한 보편적 언어를 제공했다. 그래서 일반적으로 현대 세속심리학은 그들이 사람에 대해 의미심장하다고 생각하는 것과 과학과 관련된 접근에 기초해서 사람에 대해 다음과 같은 견해를 인정하는 경향이 있다.

1. 환원주의적 신경심리학 전통: '사람'은 물질–두뇌로 환원되며, 진보된 신경심리학에 의한 신경망을 측정하는 견지에서 인과적으로 이해될 수 있다. 사람은 단지 육체와 신경의 망, 하드웨어와 컴퓨터 두뇌('wet-ware')의 인과적 집합체다.
2. 철학적 행동주의 전통: 꽃이 완전히 핀 유토피아적 신경심리학을 기다리는 동안, 우리가 할 수 있는 최선은 측정할 수 있는 행동의 견지에서 사람을 이해하기다. 사람은 몸–신경망 속에 있는 행동들의 인과적 집합체다.
3. 환원주의적 인지–행동주의 전통: 꽃이 완전히 핀 유토피아적 신경심리

학을 기다리는 동안, 우리가 할 수 있는 최선은 측정할 수 있는 행동과/또는 인공지능 스키마 또는 인지 – 중립 기제 또는 어떤 다른 물질주의적 스키마의 모델상에서 기능할지 모르는 인지적 과정들의 입장에서 인과적으로 사람을 이해하기다. 사람은 단지 인지 – 스키마와/또는 몸 – 신경망 내에 있는 행동의 인과적 집합체다.

4. 프로이트 학파 – 정신분석 전통: 사람은 궁극적으로 몸 – 신경망들로 인식되어 인과적으로 이해됨이 분명한 반면, 사람의 과학이 인간역동을 이해하는 데 있어서 '유심론적 언어'(감정, 느낌, 불안, 죄의식, 원욕, 초자아, 양심, 의식)를 제거할 수 있는지의 여부는 분명하지 않다. 그래서 우리는 앞에서 작성한 목록들과 같이 명백하게 유심론적 현상을 말하고 있을 때, 탁상공론적 철학이나 관찰에 엇비슷하며 비과학적이라는 비판을 받기 쉬운 경우에도 과학적으로 되려고 노력하는 긴장 속에서 살고 있다. 이러한 경우에 사람은 사람을 구성하는 단순한 인과적인 심리학적 또는 내적 역동의 입장에서 이해되지만, 이러한 역동은 언젠가는 뇌의 활동으로 측정될 수 있을 뉴턴 물리학의 전통 속에 있는 기계적 에너지의 힘으로 보인다. 단지 사람은 아직은 발견되지 않았지만 궁극적으로는 환원될 뇌 기제들을 옹호하는 몸 – 신경망 내에서 심리학적이고 내적 역동의 인과적 집합체다.

5. 관계 – 애착 – 정신역동 – 가족체계 전통: 사람은 궁극적으로 몸 – 신경망들로 인식되어 인과적으로 이해됨이 분명한 반면, 사람의 과학이 함의되어 있는 관계적이고 유심론적 언어(예, 감정, 사랑, 죄의식, 시기, 정서적 애착)를 제거할 수 있는지의 여부는 분명하지 않다. 그래서 우리는 앞에서 목록을 작성하였듯이 명백하게 유심론적 현상을 말하고 있을 때, 탁상공론적 철학과 관찰에 엇비슷하며 비과학적이라고 비판받기 쉬운 동안에도 과학적으로 되려고 노력하는 긴장 속에서 살고 있다. 이러한 경우에 사람은 여전히 관계적, 가족적이거나 애착(즉, 환경적) 역동과

사건의 입장에서 인과적으로 이해된다. 사람은 단지 몸 – 신경망 내에 있는 관계적, 가족적이고 애착 역동과 사건의 인과적 집합체다.

6. 철두철미한(thoroughgoing) 실존주의적 – 인본주의 전통:[1] 근대 과학은 세상, 몇몇 인간들, 사회적 현상들에서 비인간적 대상을 이해하기 위해서 대부분 적절할지도 모른다. 그러나 인간현상(자기, 자유, 양심, 죄책감, 불안, 느낌, 관계)의 충분한 관찰과 반추를 좀 더 설명하는 사람 – 관련, 비인과적 방법론이 필요하다. 사람은 비인과적으로 이해된 "자기"인데, 자기는 단지 물리적 사건 이상이고 몸 – 신경망 속에서 자유로운 자의식의 출현과 같이 설명하기 어려운 진화의 산물이다.

7. 실제 – 지향적 심리학자들: 훈련된 다수의 심리학자들이 있는데, 이들의 주요 선호가 치료하는 임상적 작업이고, 인간역동과 사람에 대한 깊은 이론을 가질 수 있지만 철학적 함의와 과학의 사업에 깊은 헌신이 없을지 모른다. 그들은 사람이 단지 인과적으로 이해된 몸 – 신경망의 설정인지의 여부에 대해서 판단을 보류한다. 오히려 그들은 자연적으로 실용적 접근을 갖는 경향이 있으며, 이 속에서 통찰을 제공하는 어떤 다른 자원, 내적 성찰, 반추, 임상적이고 상식적인 관찰, 탁상공론적으로 이론화하기, 이론, 과학으로부터 사람에 대한 약간의 이해를 모은다. 그래서 사람은 다른 것들(예, 관계적 렌즈, 가족체계 렌즈, 정서적 렌즈, 행동적 렌즈, 인지적 렌즈, 신경심리학적 렌즈, 실존주의적 인본주의 렌즈)보다 더 중요한 몇몇인 여러 렌즈를 통해 이해될 수 있다. 특정한 심리학자가 사람에 대해서 무엇이라고 생각하느냐와 관계없이 사람은 그 자

---

1) 나는 이러한 실존주의적-인본주의 사상가들이 기독교와 동떨어진 꽃이 완전히 핀 세속주의 내에서 자유와 개인적 정체성을 위한 설명에 대한 심리학을 원한다는 느낌으로 '철두철미한'의 의미를 사용하고 있다. 즉, 그들은 어느 정도로 전통 7에 있는 좀 더 실제 – 지향적 실존주의적-인본주의 사상가들보다 더 철학적이고 세계관적으로 관련되어 있다. 비록 그것이 기독교적 이해 내에서 급진적으로 다시 소화되어야 하지만 그러한 개인으로부터 배울 것은 많이 있다.

체로 돕고 이해하는 것이 중요하다. 이러한 접근은 근대 과학에 대한 이전의 헌신 때문이 아니라 무엇이 강조되고 무시되는가에 따라서 다소간 사람에 대한 환원주의적 견해일 수 있다.

각각의 경우에 있어서 사람에 대한 이론을 동강 내는 정도와 헌신에 따라서 근대 과학에 대한 의존성과 비의존성이 달려 있게 됨을 주목하라. 과학의 근대적 견해에 헌신된 사람들의 경우에 있어서 비록 그들이 유토피아적 과학이 입수될 때까지 아직도 몇몇 유심론적 언어를 보유하고 있을지 모르지만, 그러한 이론은 사람을 측정가능한 육체적 물질로 환원하고 사람을 몸과 사건 사이의 인과적 관계의 견지에서 이해하고 싶어 하는 경향을 갖도록 할 것이다. 전통 1-3(이론적으로 헌신된 신경생리학, 행동주의 그리고 인지-행동주의)에서 사람은 단지 행동-사건들, 신경-사건들 그리고/또는 인지적 유형의 신경사건들의 집합체다. 과학의 근대적 견해를 받아들였지만 아직도 정신적-관계적 언어의 분명한 환원을 갖고 있지 않은 사람(프로이트-정신분석적이고 관계적-애착-가족전통, 4와 5)은 아직도 내적이고 환경적 사건들의 집합체라는 견지에서 사람을 이해하는 경향을 가지고 있지만 이들은 유심론적 언어를 환원시키려는 과학적 엄격성이 결여되는 경향이 있다. 이러한 경우에 사람은 단지 심리역동적-느낌 과정들, 가족-체계 과정의 인과적 집합체이거나 누군가의 초기 대상관계/애착과정의 인과적 집합체다.[2]

---

2) 이러한 관계적, 가족체계와 애착이론이 이론적으로 더 '과학적'일수록, 유심론적 언어는 줄어들고, 가족 '체계' 또는 '대상' 관계 또는 애착 '과정'에 대한 언어가 더 '기계적'이 되는 것은 흥미롭다. 이론적 헌신이 적을수록(이론에 덜 근거할수록), 사람에 대한 접근이나 언어는 더 상식적이 되거나 '유심론적'이 될 것이다.

심리학에서 현대 세속적 선택으로 인해서 출현하는 문제: 정체성과 자유

그래서 현대심리학적 전통 1-5에 따르면, 사람은 단지 일단의 사건의 설정인 집합체인데, 이는 다른 물리적 사건을 유발하는, 단지 물리적 사건을 측정하는 수량화의 보편적 방법에 대한 그들의 헌신의 결과다. 하지만 다음과 같은 명백한 문제들이 출현한다.

1. 사람이 단지 어떤 사건의 인과적 집합체라면, 다른 인과적–내적–환경적 사건의 근거가 되면서 그 이상인 개인적 정체성을 가진 자기나 사람이 존재한다는 우리의 상식적 견해는 어떻게 되는가? 개인적 정체성은 다른 사람과 다른 개인을 만들게 된다. 어떤 경험을 가진 '토드'의 핵심과 다른 경험을 가진 '존'의 핵심은 어떻게 다른가?
2. 사람이 단지 어떤 사건의 인과적 집합체라면, 단지 이전의 신체적–내적–환경적 사건의 인과적 결과가 아니라, 내가 즐기면서 선택하여 원인적–대행자로 행위하도록 움직일 수 있는 '이성들'과 '나'의 결과라는 개인적 자유에 의해서 이루어진 행위에 대한 우리의 상식적 견해는 어떻게 되는가?

물리적 사건을 측정하면서 과학에 대한 이러한 전통들을 고수하게 되면 결과적으로 정체성과 선택에 대한 기계론적 원인적 견해를 초래하게 되는데, 이는 단지 어떤 원인적 집합체 이상인 나의 자기가 있고 이전에 결정된 원인적 사건의 이상인 나의 선택이 있다라는 상식적 견해에 반한다. 흥미롭게도, 6에 있는 실존적–인본주의 전통은 정확하게 1-5에 있는 좀 더 환원주의적 전통에 반대하여 반응한 심리학에 대한 접근이다. 그들은 아직도 비물질(사물의 비물질적 특성, 천사, 하나님, 영혼의 부존재)을 배제하는 환원주의적 물질주의와 환원주의적 인식론을 향한 근대성의 기호를 수용하려는 경향을 가지고 있다. 그러나 그들은 적어도 개인이 자유로운 자기로서 자기를 경험하기 위해서 이러한 사건을 초월할 수 있고 몸이나 내적 – 환경적 사건의 원인적 집합체 이상인, 의식의 상식적이고 일인칭 경험, 자기의식과 자유를 위해서 설명하기를 원했다.

일반적으로 실존주의자 심리학자들과 철학자들은 자유의 이러한 현실과 개인적 정체성을 보존하려는 바른 경로상에 있었지만 그들은 물질주의와 세속주의에 대한 그들의 헌신을 가지고 있었으므로 이러한 비물질적 현실과 화합할 수 없었다. 그들은 또한 과학으로부터 과학이 아니라는 비판을 받기 쉬웠다. 그들의 전반적 문제는 이러한 유심론적 실재들이 비물질적 대상의 존재로 설명되는 기독교세계관을 포용할 의지가 없는 한 그들은 철두철미하고 일관성이 있는 견해를 가질 수 없다는 점이었다.

상식적 관찰 – 반추와 수량화의 방법론 사이의 긴장

어떤 면에서 7번에 있는 실용적 임상가들은 방법론적 · 존재론적 · 인식론적 문제에 대해 적어도 철학적이고, 흥미롭게 사람을 이해하는 데 대해서 아마도 가장 상식적이면서 도움이 된다. 왜? 그들은 수량화의 방법론과 환원주의적 철학적 이론에 대한 맹목적 헌신이나 거짓된 '과학적'이 아니면서 사람에 대한 그들의 견해를 안내하는 — 제7장에서 논의되었듯이 하나님에 의해서 주어진 과학의 기본요소인 — 관찰과 반추를 허용하고 있기 때문이다. 이것은 각각의 전통 요소들을 유지하고 있는 많은 실용주의적 심리학들에게 적용된다. 몇몇은 그 전통들 중 하나에 기울어져 있거나 그 전통들의 몇으로부터 조금씩 수집한다. 몇몇은 아주 이론적으로 동기화되어 있고 다른 사람들은 덜 그러하지만 기저에 흐르는 전통 1-5의 수량화의 방법론적 철학에 깊게 헌신되지 않고 있다.

흥미롭게도 근대주의자 방법론에 헌신된 심리학자들조차도 때때로 훌륭한 관찰과 반추로 이론에 대한 그러한 헌신을 배신하게 되는데, 이는 인간의 현실을 탐구하는 데 있어서 정직하려는 인간의 의지로 확장된 일반은총에 의해서 가능하도록 만들어졌다. 프로이트는 자신의 헌신에 있어서 분리된 이론가의 한 예로서, 그는 내담자들에게 적합한 관찰과 반추에 좀 더 가깝게 머물고 있을 때, 임상에서 그리고 임상적 저술에서 최선을 다하고 있었다. 그러나 임상적 반추를 과학적이고 방법론적이며 철학적 이론과 통합하려고 애를 썼던 그의 이론적 저술모드에서는 최악이었다.

그래서 그러한 반추상에서 상식적 반추와 관찰에 가까이 머무르려고 할 때 그들은 일곱 전통 모두로부터 배울 것이 존재한다. 그들이 이러한 것들로부터 멀어지려고 하고 그들의 관찰–반추를 수량화의 과학적 방법론에 대한 그들의 철학적 헌신과 일치시키려고 시도할 때, 그들은 종종 도움이 덜 되고 해롭기조차 하고 거짓된다.

즉, 그들이 그들의 상식적 관찰–반추를 축소된 방법론과 통합하려고 할 때, 반추는 축소되고 환원되면서 점점 더 축소된 아이디어로 이끌게 된다. 그들이 잘못된 방법론과 세계관에 헌신되었기 때문에 문제가 발생된다.

그러나 실용주의적 임상가들의 약점은 그들이 내담자들과 실제에서 상식적 접근을 일반적으로 고수하는 반면, 전체 인생에서 사람을 이해하고 그들의 견해를 끼워 넣을 인식론과 존재론 그리고 방법론의 조화롭고 철두철미한 이론이 없다는 점이다. 즉, 그들의 통찰은 대롱거리고 아이디어를 이해할 좀 더 지구적 세계관, 이름하여 기독교세계관으로부터 멀어지게 된다. 우리는 우리의 변형심리학이 이러한 전통으로부터 많은 것들을 배울 수 있다는 것을 안다. 그러나 모든 경우에 있어서 우리가 그들로부터 배울 수 있는 것을 기독교세계관과 신앙의 맥락에서 주의 깊게 그리고 기도하면서 급진적으로 다시 소화시킬 필요가 있다.

🦅 사람에 대한 변형심리학의 견해

세속적 전통과 대조적으로, 변형심리학은 사람에 대한 상식적 견해를 설명하기 위해서 또한 우리가 항상 직면하기에 편안하거나 명백해 보이지는 않지만 우리를 진리에 눈을 뜨도록 하기 위해서 성경과 인간 존재의 연구로부터 통찰을 함께 가져온다. 변형심리학자는 '종교적'인 사람의 과학의 시계 밖에 있는 방식으로 세상을 '자연스러운'과 '종교적'이라고 보장되지 않게 나누는 어떤 방법론적 동기도 가지고 있지 않다. 사람에 대해 알려진 모든 것은 심리학의 변형적 접근의 시각에 있다. 그 근거로, 다음과 같이 사랑을 비공식적으로 정의하거나 이해할 수 있다.

> 한 인간 사람은 하나님의 내주하는 성령의 사역에 의해서만 실현되지만 우리의 본성에 의해서 가능하도록 만들어진 관계와 궁극적으로 하나님과의 연합과 이웃에 대한 사랑 안에서 관계적 목적을 발견하고, 하나님과의 연합과 이웃에 대한 사랑에 의해서 빚어진 자유에 의해서 본성과 조화를 이루면서 번창하거나 본성에 반대하여 역기능으로 인도할지도 모르는 표현과 수많은 육체적, 정서적, 인지적, 의지적이고 성(gender)적 역량을 가진 구체화된 영(한 '영혼')이다.

이것은 매우 길고 압축된 정의다. 사람을 이해하는 데 열쇠가 되는 요소들은 다음과 같다. 그것은 구체화된 영(an embodied spirit)으로서 영혼(soul)이 됨과 근본적으로 관계적이며 자유에 의해서 행복이나 역기능에 따라 잘 살거나 비참하게 살 수 있는 다양한 역량을 소유한 본성을 가진 것이다. 이 책의 나머지는 앞에서 개괄된 사람의 윤곽을 단지 스케치하려고 하며, 제12장부터 제15장에서 이러한 몇몇의 스케치를 더 전개해 나간다.

구체화된 영 또는 영혼으로서 사람

인간 정체성의 핵심은 우리가 전인적 영혼으로 구체화된 영이라는 사실이다. 변형심리학은 성경으로부터 이러한 특징에 대한 정보를 얻게 되는데, 그러한 정보가 없이는 인간에 대한 명료성을 얻지 못한다.

특히, 창세기 2장 7절은 하나님이 아담의 몸 – 물질 속으로 생기(Heb., nishmath hayyim)를 불어넣었다고 기록하고 있는데, 이는 인간을 움직이게 하는 활기의 원리와 관련이 있고, 또한 사람에게 고유한 그 무엇과 관련이 있을지도 모른다. 보다 특별하게, 영(Heb., Ruakh)은 사람의 내면이나 핵심 요소를 나타내며 사용되곤 하는데(잠 20:27), 영(Ruakh)은 구약에서 보통 바람, 호흡, 하나님의 영 그리고 인간 존재의 영혼을 위한 전형적 단어다. 사람의 영은 존재론적으로 인간을 짐승과 구별한다. 이것은 하나님의 형상 내에 존재하는 것과 모든 인간 존재는 인간 자손에게 전해지거나 착상 중에 새롭게 창조되는 것과 관련이 있다(창 5:3).[3]

창세기 2장 7절에서 육신과 영이 하나가 된 결과로 첫 번째 사람은 살아 있는 영혼(Heb., nefesh hayyah, NASB에서는 living being)이 되었다. 구약에서 영혼(soul)을 위해서 사용된 표준단어인 히브리어 'nefesh'가 창세기 2장 7절에서는 비물질을 위해서가 아니라 몸 – 영혼의 전인적 유기체를 위해서 사용되었다는 것에 주목하는 것이 중요하다. 흥미롭게도, 동물도 또한 살아 있는 영혼(Heb., nefesh hayyah, 창 1:21, 24)이라고 불린다. 그래서 구

---

3) 창세기 5장 3절에 따르면, 아담은 "그의 형상에 따라 자기와 같은 아들의 아버지가 되었다고 한다." 각 사람의 영이 존재하게 되는 방법과 하나님과 같은 형상이 한 세대에서 다른 세대로 전달되는 방법으로 논쟁이 모아진다. '영혼 전이론자(traducian)'의 견해는 영 – 됨(spirit-ness)은 정자와 난자의 만남에서 시작된 착상으로 인해서 새로운 영 – 사람을 창조하면서 아담의 신체물질로부터 어느 정도 전달된다고 언급한다. '창조주의자'의 견해는 몸 – 물질의 착상에서 하나님은 전체 영혼(신체 – 영) 유기체로서 그러한 물질이 거주하도록 새로운 영 – 사람을 창조한다라고 말한다. 이러한 견해들에 대해 찬성과 반대가 있지만, 우리의 설명에서 이러한 상세함을 모두 다루는 것은 필요하지 않다.

약과 히브리 세계관에서 '살아 있는 영혼'은 '움직임의 중심으로서 전체 유기체(whole organism as a center of motion)'인데, 이는 식물이 아니라 동물과 인간에게 사용되었다.[4] 비록 신약은 '영(GK., pneuma)'과 동의어인 비물질적 실체로서 '영혼(Gk., psyche)'이라는 용어를 가끔 사용하지만, 창조와 기원의 창세기 구절은 전인적으로 구체화된 영인 영혼이라고 부를 수 있는 전체 유기체의 개념에 대해 우리에게 가장 분명한 이론적 견해를 제공한다.[5]

비록 동물들이 인간과 비슷할지라도, 그들은 인간과 천사들이 가진 것보다 모자라 보인다. 이름하여, 유한하거나 또는 제한된 영(Heb., ruakh)을 가지고 있다.[6] 동물도 하나님에 의해서 창조되었듯이, 그들의 본성을 위해서 존재하는 고도로 조직화된 물질로 존재하는 한 그들 역시 존재론의 부분은 인간과 공유한다. 동물이 (a) 그들 존재의 청사진으로서 기능하는 존재하지 않는(nonsubsisting)(즉, 자체적으로 실질적인 것으로 존재하지 않는) 필수적 본성이나 (b) 죽을 때까지 지속되는 존재하는(subsisting) 필수적 본성을 가지고 있는지의 여부는 분명하지 않다. 죽음을 이기는 동물 영의 성경적 증거는 없을지라도, 그들 자신의 자산, 힘 그리고 역량을 설명하는 본성을 가지고 있음은 분명하다. 이것은 원숭이의 삶이 왜 그러하고 기린의 삶이 왜 그러한지를 설명하는데, 각각의 본성은 다른 종의 본성과 다르게 존재한다. 각

---

4) 인간 사람을 구성하는 부분들의 더 철저한 논의를 위해서 마거릿 콜(Margaret Kohl)에 의해 번역된 아주 훌륭한 한스 볼프(Hans Wolff)의 『구약의 인류학(Anthropology of the Old Testament)』, (Philadelphia: Fortress, 1974)을 참고하라.

5) 전체 사람을 육체와 영으로가 아니라 사람의 비물질적 부분을 나타내기 위해 '영혼'의 사용을 변형시킨 사람은 데카르트였다.

6) 이것에 대한 예외는 작가가 "인생의 호흡(ruakh)은 위로 올라가고 짐승의 호흡(ruakh)은 아래 곧 땅으로 내려가는 줄을 누가 알겠는가?"라고 언급한 전도서 3장 21절의 불분명한 본문이다. 새 미국표준번역은 생기를 주는 힘 또는 호흡에 대한 아이디어를 바르게 포착하고 있다. 아마도 계시를 제외하고, 사람은 본성의 근본적 구성요소와 사람과 짐승의 운명을 모른다는 점은 단지 그의 생각 실험에서 즉석에서 이루어진 코멘트다.

종들은 자신의 본성을 갖는데, 이는 하나님의 마음에 있는 아이디어로 기원
되면서 한 종의 각 개체 속에 본성으로 예시되어 있고, 이번에는 본성을 가
진 고도로 조직화된 물질로서 움직임의 중심인 '영혼이 있는(souled)' 개체
로 존재한다.

동물과는 달리, 인간 사람은 영 – 몸의 전인적 유기체이고 움직임의 중심
으로 구체화되거나 결합된 존속하는 영(즉, 자신이 개체로서 스스로 존재할 수
있는 영)이다. 인간과 동물 모두의 경우, 몸은 유기체를 위해서 존재하나 사
람의 경우에 있어서는 영이나 본성을 위해서도 몸이 존재한다.[7] 인간의 영
은 사람의 진수이고, 영의 한 차원은 몸의 실질적 DNA인 본성을 가지고 있
다. 즉, 물질주의적 견해와 대조적으로, 영의 본성은 전체로서 유기체와 몸
을 위한 청사진이 되는 한 몸은 영을 위해서, 그리고 영 때문에 존재한다. 몸
이 전체 유기체를 위한 DNA 속에 있는 청사진을 담고 있다는 사람에 대
한 근대주의자, 물질주의적 견해와 전적으로 대조된다. 좀 더 성경적 견해
는 종의 개인 또는 사람 영의 본성 속에서 선천적인 비물질적 청사진 때문
에 DNA가 몸을 인도하듯이 DNA가 존재하고 발달하는 방식은 DNA를 구
조화한다는 점이다. 그래서 DNA조차도 우리의 영 본성의 이익을 위해 존
재한다. 이것은 몸을 부적절하게 만들지 않는다. 오히려 이것은 몸이 사람의
전인적이고 '영혼 있는(souled)' 본성 속의 인간 영을 가진 통합적이고 더욱
더 통합된 현실이 되도록 한다.

본성을 가지고 대행자로 존재하는 변증으로서 인간의 영

그러나 영이란 무엇인가? 나는 하나님의 영이 아닌 인간의 영을 지칭하

---

7) 육체는 사물의 청사진 또는 본성, 마음속이나 '영혼'을 위해서 존재한다는 점은 아리스토텔레스의
심리학을 따르면서 아퀴나스의 견해와 조화를 이룬다.

고 있다. 우리의 변형심리학에 따르면, 인간의 영은 (a) 다른 모든 인간 사람 (본성으로서의 영)에게도 있는 보편적 본성을 가지고 있지만, (b) 개인적 정체성(대행자 정체성으로서의 영)의 핵심으로서 고유한 실체다.

대행자의 존재는 개인적 정체성 속에 내재하고 있다. 이것은 토드 또는 독자인 당신 같은 의식의 중심이거나 나 자신을 다른 나로부터 구별하여 나라고 말할 때 지칭되는 그 나다. 사실적으로, 본성으로서 영과 대행자 정체성으로서 영은 다음 문장에 자명하게 드러난다. "나는 현재되어 있는 나를 좋아한다."

비록 단지 하나의 존재적 나일지라도, 우리는 두 개의 현상적 또는 경험적 나가 있다는 것을 그 진술의 '현상적 분석' 속에서(즉, 그 진술 속에서 포함된 경험상의 반추 속에서) 발견하는 것에 주목하라. 이는 관찰하는 나(Observing I)와 관찰된 나(Observed I), 대행자 정체성으로서 영(spirit-as-agent)과 본성으로서 영(spirit-as-nature)이다([그림 11-1]을 보라).

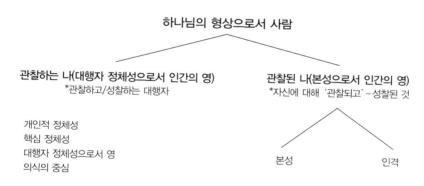

하나님의 형상으로서 사람

관찰하는 나(대행자 정체성으로서 인간의 영)
*관찰하고/성찰하는 대행자

개인적 정체성
핵심 정체성
대행자 정체성으로서 영
의식의 중심

관찰된 나(본성으로서 인간의 영)
*자신에 대해 '관찰되고' – 성찰된 것

본성   인격

실존주의적 외로움과 자율성
(내부에 있는 어떤 다른 존재가 아니라 타락으로 인해 대행자-로서-나와 하나님과의 연합을 위해 만들어짐.)

[그림 11-1]

[그림 11-1]에서와 같이, 하나님의 형상 속에 있는 영으로서 사람은 누 군가의 본성으로서 영과 대행자 정체성으로서 영, 관찰하는 나와 관찰된 나, 또는 본성과 대행 사이의 일종의 변증이 있다.

본성으로서 사람과 관찰된 나(The person-as-nature and Observed I)

한편으로, 관찰된 나는 우리 자신에 대해 관찰할 수 있는 우리의 본성으 로서 영이다. 우리가 성찰할 때, 우리는 하거나 될 수 있는 역량과 잠재력의 세트나 본성이 있음을 발견한다. 나는 친절해지고, 아버지가 되고, 1마일을 잘 달릴 수 있고, 생각하고, 즐거울 수 있는 자신에 대해 '관찰한다'. 이런 점 에서 나는 나의 본성 또는 적어도 본성의 능력과 잠재력 등을 성찰할 수 있 다. 나는 습관화된 본성인 나의 인격을 또한 성찰할 수 있다. 즉, 나는 내가 친절하고 즐거울 수 있는(나의 본성) 나 자신에 대해서 상상할 수 있지만 나 는 일반적으로 불친절하고 기쁨이 없는(나의 인격) 나의 원통함을 인식할 수 도 있다. 물론 (앞에서 토론된) 1-6에 있는 심리학적 전통들은 대부분 기능 하기, 역량 또는 역동의 몇몇 생각을 유지하려고 하지만 유물론적 세계관에 대한 고수로 인해서 일반적으로 '본성'의 실재를 거부한다.

사물의 본성에 대한 생각의 중요성은 상당한 정도로 존재론적 설명력을 가지고 있다. 즉, 사물의 본성은 원숭이가 왜 그러하고 사람이 왜 그러한지, 그리고 한 종 내에서 그러한 개체들이 왜 공통적 특성을 공유하는지, 그리 고 종들 사이에 차이가 왜 존재하는지, 사물이 왜 그러한지에 대한 이유를 설명하는 창조된 청사진을 제공한다. 본성에 대한 이러한 생각 없이 동물과 인간이 종의 경계선 내에서 왜 그렇게 기능하는지 그리고 이러한 경계선을 넘어서서 행동의 커다란 변량을 보이지 않는지를 설명하는 데 심리학은 어 려움을 겪는다.

한 걸음 더 나아가서, 사물의 본성은 한 개별적 유기체가 자신이 속한 종에 따라 왜 건강하거나 건강하지 않은 유기체인지를 존재론적으로 설명한다. 우리가 제7장에서 구약의 현자와 논의한 바와 같이, 자신의 본성에 깊이 새겨진 본성과 지혜의 질서 있는 구조에 따라 행위를 하게 되면 일반적으로 어떤 종류의 안녕과 번성을 결과적으로 초래한다. 즉, 자신의 본성에 거슬러서 행위를 하게 되면 어떤 형태의 정신병리, 비애감 또는 자기손상을 결과적으로 초래한다. 우리는 이것을 동물의 본성과 기능하기에도 또한 적용할 수 있는데, 왜냐하면 동물을 돌보는 사람들은 종의 기준에 근거해서 건강하지 않은 기능하기로부터 건강한 기능하기를 규정할 수 있기 때문이다. 우리의 심리학에서 본성에 대한 이러한 생각과 별도로 인간의 가치와 윤리, 정신병리와 번창하기 등을 기초하고 이해하는 규범이나 기준이 없다.

마지막으로 하나의 본성에 대한 개념은 인격의 구조나 존재를 존재론적으로 길들여진 본성으로서 설명한다. 길들여진 본성으로 인격을 보는 관점은 개인의 욕망에 따라서 개인의 본성의 기질을 거스르면서 취약하게 길들여진 우리 본성의 역량으로 인해 나쁜 습관(악)이 왜 변화되기 힘든지와 결국에는 그것들이 왜 고통과 자기손상을 초래하는지 설명한다. 이러한 견해는 또한 본성에 따른 습관이나 덕은 최종적으로 유쾌하고 안녕과 행복으로 인도하는지 설명한다. 제13장과 제14장에서 우리는 변형심리학에서 심리적 건강과 덕뿐만 아니라 정신병리, 죄 그리고 악을 이해하기 위해서 '본성'과 '인격'에 대한 이러한 견해의 중요성으로 다시 돌아올 것이다.

그래서 우리는 인격과 본성을 갖는 실재를 동물들과 공유한다. 인간이 자신의 덕과 악을 갖듯이, 자신의 부류에서 역기능적 동물도 있고 훌륭하게 기능하는 동물도 있다. 동물의 본성과 인간의 본성의 아주 예리한 차이 중 하나는 본성적으로 자기를 인식하고 자의적이며 자유로운 대행자로서 영의 존재 여부다. 대행자로서 나의 본성 부분은 자기 자신, 나의 본성, 나의 인격을 관찰할 수 있어서 나의 의식 속에서 나는 나의 행동들이 나의 본성이나 인격에 의해서 미리 결정되지 않았음을 발견하지만, 이는 나의 대행으로 인해서 나를 단순한 동물과 구분하는 활동이고 나의 진정으로 비범한 재능이다. 이러한 것들은 나의 '관찰하는' 기능이다.

대행자로서 사람과 관찰하는 나(The person-as-agent and Observing I)

'관찰하는 나'는 영으로서 개인적 정체성과 나의 영의 실재 또는 핵심적 차원이다. 이는 자기의식이나 자기인식을 할 수 있는 대행자로서 나 자신이다. 나는 단지 의식, 좀 더 말하면 자기의식의 움직임이 아니라 중심이다. 이것이 대행자 정체성으로서 나의 영의 진정하게 비범한 재능이다. 관찰하는 나는 내가 나 자신을 다른 사람과 구분할 때 지칭하는 사람이다. 이것은 내가 아주 익숙한 핵심적 '나'다. 이것은 내가 나 자신에게 "존, 너는 진정으로 누구니? 너는 행복하니? 너는 무엇을 느끼고 있니? 너는 무엇을 원하니?"라고 물을 때 내가 곰곰이 생각하는 것이다. 사실상, 이러한 핵심적 자기는 질문을 하고 있는 바로 그 나다.

나는 익숙함을 통하여 나 자신에 의해서 경험될 수 있는 관찰된 내가 있음을 분명히 자각하고 있다. 나는 이러한 나가 존재함을 알지만 나는 그것이 나인 것보다 나를 더 잘 알지 못한다. 우리의 개인적 정체성은 어떤 철학자들이 '원초적 생각(Primitive notion)'이라고 부르는 것이다. 우리는 익숙함으로 그것이 존재하면서 그러함을 알고 그것이 존재하는 핵심적 나 – 됨(core I-ness)임을 알지만 그것이 무엇인지는 모른다. 우리는 그것 – 됨(that-ness)을 알지만 그것의 무엇 – 됨(what-ness)을 알지는 못한다. 이러한 경우에 관찰하는 나는 항상 충분히 주관적으로 남아 있고 결코 객관화되지 않는다. 핵심에서 나는 누구이고 무엇인가? 나는 인격과 본성으로서 나 자신을 관찰할 수 있는 핵심적 대행자인 영이지만, 핵심적 대행자는 그 자체로는 관찰될 수 없다. 나는 내가 무엇인지는 알지 못하지만 내가 존재함은 안다. 나의 무엇됨은 나의 본성과 관련이 있다. 내가 이 장의 나중에 토론할 때, 대행자로서 나를 객관화할 이러한 무능력은 우리가 우리 본성의 많은 부분을 실현화할 수 있지만 여전히 '우리가 누구인지'를 의아하게 여기는 이유를 설명한다.

심리학적 전통들과 관찰하는 나: 실재에 좀 더 가까운 실존주의.   이런 점에서 실존주의 저자들은 부분적으로 옳다. 나는 느낌, 인지, 행동과 관계성을 가지고 있지만, 이들 중 어떤 것도 나를 정의하지는 않는다. 나의 본성과 인격의 일부이기는 하지만, 그것이 내가 나의 본성과 인격보다 더 많이 나를 나타내지는 않는다. 나는 본성과 인격을 소유한 대행자다. 이러한 경우에 주요 심리학적 전통은 자기를 이러한 본성이나 인격 또는 이러한 본성의 어떤 역량으로 자기를 확인하려는 잘못을 범한다. 이러한 전통은 개성(person-hood)에서 가장 중심적인 것과 개성을 어떻게 정의하는지에 관해 다음과 같은 내용으로 구성한다(나는 데카르트의 **자아의 지적 작용**(cogito)의 논의형태인 "나는 생각한다, 그러므로 나는 존재한다."를 각각의 사고가 개성의 가장 중심적인 것에 이르기 위한 기발한 모델로 사용한다).[8]

1. 환원주의적 신경심리학 전통: 신경 – 조직 기능을 가지므로 그 '사람' 이 존재한다.[9]

2. 철학적 행동주의적 전통: 나는 행위를 하므로, 나는 존재한다.

3. 환원주의적 인지 – 행동주의 전통: 나는 생각하므로, 나는 존재한다.

---

[8] 나의 이 반영의 형태들은 로즈미드 대학의 심리학 교수였던 존 카터 박사(Dr. John Carter)의 수업 덕분이다.

[9] 나에 대해서 말할 수 있는 대행자도 없고 나도 전혀 없는 환원주의적 신경심리학 전통의 기괴한 견해를 주목하라. 대행자 나는 '신경망 기능하기를 가지고 있음'으로 환원된다. 우리는 그러한 견해에 의해서 함의된 철학적 어리석음을 보여 주기 위해서 일반적으로 물질주의와 이러한 견해의 완전히 완성된 비판으로 들어갈 시간을 가지고 있지 않다.

4. 프로이트 – 정신분석학적 전통: 나는(원초적 충동을) 느끼므로, 나는 존재한다.

5. 관계 – 애착 – 정신역동적 – 가족체계 전통: 나는 느끼고 관계하므로, 나는 존재한다.

6. 실존주의적 – 인본주의 전통: 나는 나이기 때문에, 나는 존재한다.

우리는 실존주의자들이 인간의 대행자 또는 정체성을 설명하는 데 있어서 다른 전통들보다 진리에 더 가깝다고 다시 생각한다. 나는 신경조직을 가지고 있지만, 나는 그것들과 동일하지 않다. 나는 행위, 인지, 느낌, 관계를 갖지만, 나는 그것들과 동일하지 않다. 나는 그것들 이상이다. 그것들은 나의 본성의 일부분이지만, 나는 나의 본성 이상이다.

실존주의적 견해와 부분적으로 동의하면서, 나의 바로 그 본성은 나는 결코 완전히 객관화될 수 없는 주체임을 인식하기 위해서 본성 자체 또는 본성의 객관적 역량과 힘을 초월하고 있다. 나는 오직 일인칭 주관적 자각으로 이러한 '있음 – 됨(am-ness)'을 인식하고 존재한다. 내가 아주 익숙한 이러한 있음 – 됨은 내가 사실적으로 존재함을 나에게 알도록 한다. 나는 있으므로 나는 존재한다(I am, therefore I exist). 나의 핵심적 나에 대한 이러한 인식은 나의 존재에 가장 중심적인 것과 나에 대해서 다른 사람들의 나 – 됨과 구별되는 것이 무엇인지에 대해서 나에게 알게 해 준다. 내가 인식하고 있는 실체가 있고, 실체에 대한 그러한 인식 속에서 나는 내가 존재하고 있음을 안다. 나에 대한 중심적인 것이 결코 충분히 객관화 될 수 없는 주체라고 한다면, 심리학을 위한 흥미로운 함의가 나온다. 결코 진정으로 충분히 과학이나 탐구의 대상이 될 수 없는 자기의 차원이 있게 될 것이지만 그러한 자기의 차원은 단지 자기에 대한 일인칭 경험들이 갖는 자신에 의해서 경험될 것이다. 개인적 정체성을 가진 대행자로서 영이 됨은 영이 되는 자연적 신비의 하나의 요소다. 우리는 이 장의 마지막에서 심리학적 신비를 다시 언급할 것이다.

인간의 자유를 설명하는 변증으로서 사람

우리 변형심리학은 대행자 정체성으로서, 영과 본성으로서, 영 사이의 변증으로 실존주의자들이 근대주의 심리학에서 잃어버렸다고 바르게 믿는 인간의 자유를 설명한다. 이러한 관점에서 최소한의 자유는 자의식 속에 있는 지각적 간극이며, 있는 대행자인 관찰하는 나(Observing I)는 본성과 인격에 단순히 동일시되지만은 않는다고 자각한다. 즉, 나는—내가 나의 인격 속에서 고집스러운 하나의 방식 또는 다른 방식을 가지고 있을 때조차—내가 내 이웃을 사랑할 수 있었고, 친절할 수 있었고, 나의 이웃을 미워할 수 있었지만—자유의 그러나(but)가 여기에 있다—나는 그러한 어떤 하나를 하지 않음을 자각한다. 나는 사랑하거나 미워하고, 친절하거나 그렇지 않도록 결정되어 있지 않다. 나는 나의 본성에서 많은 가능성들을 인식하고 있으며 나의 인격에 의해서 한 방식으로 경향이 잡혀 있을지는 모르나 반드시 그렇게 하도록 되어 있지는 않다. 나의 자유는 나를 관찰하는 나가 질문하는 자의식의 장소에서 나를 직면한다. "맞아, 나는 친절할 수 있었지만 나는 무엇을 해야 하지? 나는 통상적으로 친절하지만 이러한 경우에 그렇게 될까?"

자의식에서 불확정성으로서 최소한의 자유.　나의 의지 또는 대행자로서 나의 영의 불확정성에 대한 자각은 자유에 대한 나의 자의식적 경험의 일부가 된다. 이 경우에, 나의 본성(존재의 가능성)과 나의 인격(내가 된 것, what I have become)은 나의 의지나 대행자로서 영이 선택을 할 때까지 결정되지 않은 미래의 가능성을 가지고 나를 직면한다. 나는 이렇게 저렇게 할 수 있다. 나는 전형적으로 이렇게 저렇게 한다. 하지만 나는 무엇을 할까? 나의 자명종이 울린다고 상상하라. 일어날까? 만일 내가 인간보다 동물처럼 행위를 한다면 그 사건의 중요성에 대한 생각 없이 체념한 고역 속에서 일어날지 모른다. 그러나 내가 실존적으로 자각한다면, 자기로서 영과 같이 행위를 하고 있다면, 나는 직면을 허용할 것이다. 나는 무엇을 원하지? 일어날까? 나는 왜 다른 것을 하기를 원하지? 이러한 경우에 나의 자유는 직면되는데, 대행자로서 나의 나-됨(I-ness)은 선택하도록 직면을 당한다. 여기서 나는 동물보다는 더 인간 같게 된다.

덕스러운 습관들 속에 있는 최대한의 자유. 물론 모든 자유가 행위의 불확정성의 직면으로 요약되어 있지 않다. 좋은 습관의 경우에 자유의 행위는 습관화되어 있어서 그러한 행위의 중요성에 대한 생각 없이 습관으로부터 선을 행할 수도 있다. 그러한 행위에 대해서 생각이 없는 이유는 나의 인격에 있어서 이제 자동적이 된 태도로 자유롭게 행위를 하도록 많은 선택들을 이미 했기 때문이다. 이것은 아이들에게 인내심을 가지고 있는 나의 반응, 자명종에 따라 일어나는 나, 야구공을 치는 나의 능력에 대해서 사실일지 모른다. 신학적으로 말하면, 이것은 바울에 따르면 죄에 종이 되는 것(롬 6: 6-7)의 반대에 있는 최대한의 자유다. 최대한의 자유는 최대한의 효능감이나 번창하기와 풍미를 가진 누군가의 본성에 따라서 행위할 기호나 경향을 갖는 한 덕에 있어서 자명하다. 우리가 제15장에서 보게 되겠지만, 번창하는 속에서 자유의 충분한 연습은 하나님과 이웃과 관계의 맥락 속에서 행위하고, 만들고, 알게 될 누군가의 역량을 실현하기로 나타날 것이다.

자유의 부족과 왜곡으로서 악. 다른 한편으로, 나의 악들은 자유의 바로 그 반대다. 예를 들면, 내가 습관적으로 게으르다면, 나는 자명종에 의해서 거의 직면되지 않을 것이고 내가 잠으로 다시 빠져들어 갈 때 생각이 거의 없을 것이다. 이러한 경우에 나의 빈약하게 습관화된 본성은 선택과 자유를 잠들도록 어른다. 또는 나는 내가 선을 생각하고 바라는 것을 하지 못하게 방해하는 내적 전쟁이 있는 덕과 악 사이의 중간 상태를 경험하게 될 것이다.[10] 어떤 점에서 나는 선택에 의해서 직면될 나 자신을 허용할 필요가 있을 것인데, "존, 일어날 거야?" 여기서 나의 게으름의 악한 습관화는 실질적으로 나의 의지와 자유에 반하여 작동한다. 그러한 습관화는 잠을 자려고 하는 나의 욕망에 거슬러서 행위를 하거나 결정을 고무할 꿋꿋함이나 노력의 정도를 잡아 갈 것이다. 그러한 느낌으로 볼 때, 악은 자유를 왜곡하면서 썩게 한다.

'원시형태의 결정(primordial decision)'으로서 자유.   그러나 나의 악들에서조차, 대행자 정체성으로서 나의 영은 가장 최소한의 자유에 관여되거나 직면될 수 있다. 악이 나를 전적으로 동물과 같은 방식으로 예속시키지 않는다면, 여전히 다르게 행동할 나의 욕구라는 사실에 나를 열 수 있다. 아침에 일어나는 경우에 나는 일어날 나의 필요에 열리게 할 수 있고, 나는 그렇게 결정할 수 있고, 그래서 내가 일어날 필요의 마음을 가진다면 나는 정욕에 거슬리는 행위를 하여 일어날 수 있다. 나는 처음에는 나의 인격에 고통스러울지 모르지만 그렇게 될 수 있다. 이러한 '열림'은 예수회 실존주의 심리학자인 에이드리언 반 캄(Adrian van Kaam)이 '원시형태의 결정'을 위한 역량이라고 부르는 것인데, 우리는 그 속에서 행위를 위한 다른 가능성의 열림 속에서 우리의 미래를 기꺼이 직면할 수 있다.[11]

자기자각 속에 있는 절망으로서 원시적 최소한의 자유.   비록 내가 나의 원시형태의 결정으로 행할 것 같지 않을 때조차, 내가 나의 게으름이나 우울에 너무 노예가 되어서 다르게 행할 나의 결정에 거스르면서 거기에 누워 있을 때조차, 자유의 나의 가장 원시적 감각은 그 문제의 자기자각과 절망의 형태 속에서 출현할지 모른다. 나의 자유는 내가 할 수 있었던 것, 내가 습관으로 하는 것을 관찰하기와 내가 어떤 수준에서 다르게 행하기를 좋아

---

10) 고대철학자들과 신학자들이 무절제(incontinence)와 절제(continence)로 불렸던 악과 중간 상태에 대해서 더 많은 논의를 위해 제14장을 참고하라.

11) 에이드리언 반 캄(Adrian van Kaam)의 *The Art of Existential Counseling*(Wilkes-Barre, Penn.: Dimension Books, 1996).

하는 것 사이의 자의식적 간격 속에서 다시 한 번 최소한으로 자명하게 된다. 즉, 나를 관찰하는 나 또는 대행자로서의 영은 나의 관찰된 나 또는 나의 본성/인격으로서 영을 관찰한다. 그 관찰하는 나는 "오, 하나님 도와주소서! 나는 달라지기를 원합니다." 또는 "오, 나는 도움이 필요합니다."라고 가장 최소한의 자유로 울부짖고 있는 나의 대행자로서 영을 가지고 내가 될 수 있었던 것과 내가 되는 것을 인식한다. 이러한 절망적인 도움을 위한 절규는 아마도 가장 최소한의 자유의 가장 원시적 형태이고, 그 속에서 대행자 정체성으로서 영은 그것의 본성과 인격을 인식하고 후자가 달라지기를 바란다. 자유의 이러한 가장 최소함은 궁극적으로 주님에게, 전환점에, 치료에, 그들의 삶에 있어서 주요한 결정들을 대부분의 삶에게 불러온다.[12]

　　자기에 대한 세속적 실존주의 견해의 부적절성.　　비록 세속적 실존주의자들이 관찰자와 피관찰자로서 자기와 정체성, 대행과 자유에 대한 우리의 변형적 이해에 약간의 통찰을 제공할지라도, 그들은 자기를 아주 바르게 잘 이해하지 못한다. 한편으로, 그들은 이러한 주체 또는 대행자로서의 나는 자기 자신에 의해서 전적으로 간파될 수 없다고 주장한다. 우리는 자의식 속에서 우리 자신에 대해서 우리 자신에 대한 어떤 것들―나는 본성을 가지고 있고, 나는 인격을 가지고 있으며, 나는 존재한다―을 알지만, 나는 아직도 이러한 관찰하는 나에 대해서 더 알기를 원한다. 즉, 나는 내가 누구인지를 더 알기 원한다. 그래서 실존주의자들은 이러한 핵심적 대행자인 나는 어떤 의미에서 잘 간파되지는 않지만 알려져 있는 꾸며지지 않은 특성인 원시적 생각이다. 이것은 자기가 그것의 본성과 역량에 대해서 그리고 그것의 인격에 대해서 많은 것들이 알려져 있지만 아직도 "그래요, 그러나 나는 진정으로 누구지요?"라고 의아해하는 이유다. 사실상, 누군가의 역량과 인격("나는 의

---

12) 여기서 인간의 자유와 하나님의 섭리와 주권(신학적 결정주의 자리) 사이의 관계를 논의할 자리는 아니다. 이 최소한의 자유는 단순히 우리 경험의 현상학적 부분을 의미하며, 하나님의 전능, 섭리, 예지 등에 적합한 좀 더 깊은 형이상학적인 질문을 다루지는 않는다.

사, 어머니, 어떤 종류의 사람이다.")에 의해서 자기를 정의함으로써 "나는 누구
지?"라는 탐구와 수수께끼에 종지부를 찍으려 한다면 이는 거짓자기의 부분
이다. 진리는 나는 항상 나 자신의 힘으로 내가 할 수 있는 것, 성취한 것 이
상이라는 점이다. 이것은 실존주의자들의 통찰이다. 그러나 세속적 실존주
의자들에게 이것은 나의 인간 진화의 증표다. 나는 "나는 누구인가?"의 근본
적 수수께끼를 해결할 능력도 없으면서 자신에 대해서 의아해하는 본성의
설명할 수 없는 산물에 불과하다. 여기서 우리는 그들 모델의 약점의 일부
분을 소개하려고 한다.

물질주의와 무신론에 대한 그들의 헌신의 결과로서 '본성'을 가진 인간에
대한 부정은 곧 세속적 실존주의자의 견해의 약점의 중심에 있다. 인간 본
성은 본성을 가지고 인간을 창조하는 하나님의 실존에 달려 있는데, 하나님
이 없기 때문에 그들의 견해상에서 인간 본성과 같은 그러한 것은 없다. 그
리고 우리는 하나님으로부터 청사진이나 본성을 가지고 있지 않기 때문에
건강하지 않은 삶으로부터 심리적으로 건강한 삶이나 심리학적 덕과 악을
결정할 윤리나 표준이 없다. 그러한 속성에 거스르거나 따라서 살아갈 청사
진을 갖고 있지 않다. 물론 근대주의 심리학의 세속적 전통의 대부분은 이
러한 점을 또한 동의하고 있다.

그래서 세속적 실존주의자들을 위한 자유는 본성과 떨어져서 정의되고,
따라서 자신의 본성에 따라 행하는 데 있어서 진정한 자유와 자신의 본성을
거스르면서 행함으로 죄에 노예가 됨을 정의하는 것에 대한 방향성이 없다.
오히려, 실존주의자들은 그들의 인격이나 방향과 관계없이 자유를 단지 자
신의 선택에 대한 책임을 갖거나 소유함으로 생각한다. 이것은 인간이 하나
님의 지혜에 의해서 구조화된 본성을 가지고 있다는 우리의 변형심리학이
나 구약의 현자 모델(제7장을 보라)에 전적으로 반한다. 우리의 모델에서 속
성에 따라서 살기는 일반적으로 행복, 증가된 자유나 인간 선의 수확을 초
래하게 되고, 반면에 속성에 거스르면서 살기는 전형적으로 나쁜 습관에 대

한 노예와 자기손상(잠 5:22)을 초래하게 된다. 거기에 있는 하나님에 대해서 열려 있지 않으려는 마음 때문에 세속적 실존주의자들은 어떤 주의 깊고 도움이 되는 심리학에 중심이 되는 인간 행복, 덕과 악, 사랑, 악마, 의미의 상식적 견해들을 설명할 어떤 방식을 몰수해 왔다.

　마지막으로, 세속적 실존주의자들은 대행자 또는 관찰하는 나로서 자기의 바른 이해를 갖는 데조차 실패한다. 비록 그들의 진화론에 대한 헌신이 "나는 누구인가?"의 근본적 수수께끼를 해결할 능력이 없으면서 그 자체에 대해서 의아하게 생각하게 하는 본성의 설명할 수 없는 산물이라고 사람을 믿도록 이끌지만, 그들은 이러한 주체나 대행자인 나는 그 자신에 의해서 전적으로 간파될 수 없다라고 주장하고 있다. 비록 세속적 실존주의자들이 이러한 대행자로서 나를 부분적으로 이해하고 있지만, 대행자가 존재하는 것을 위해서 목적이나 목표가 되는 것, 즉 자기의 진정한 존재론과 목적론을 잘못 취하고 있다. 얄롬[13]과 사르트르[14]와 같은 세속심리학자들에 따르면, 그 어느 누구도 진정으로 우리의 이야기에 들어올 수 없고, 이 우주에서 우리 인간의 근본적 혼자됨을 우리의 심리적 역동 속에서 가져갈 사람이 아무도 없기 때문에 궁극적으로 우리는 혼자라는 점이 인간의 증표다. 그들은 이 문제에서 더 잘못될 수는 없는데, 왜냐하면 사실 우리는 이 상태로 창조되었기 때문이다.

근본적으로 관계적인 인간의 변증법적 본성

　사실상, 자기의 변증법적 본성은 실질적으로 자기가 얼마나 근본적으로 관계적인지를 노출시킨다. 기독교 실존주의의 '아버지' 쇠렌 키르케고르[15]

---

13) 어빈 얄롬(Irvin Yalom)의 *Existential Psychotherapy*(New York: Basic Books, 1980).
14) 장 폴 사르트르(Jean-Paul Sartre)의 *Existentialism*, *trans*. Bernard Frechtman(New York: Philosophical Library, 1947)

에 따르면, 우리는 변증법 속에서 자기를 이해시키려고 자기를 자기 자신과 관계를 시킨다. 우리가 정직하고 진정한 자기자각 속으로 들어가기를 원한 다면, 얄롬이나 사르트르와 달리 우리는 우리 자신에 기초를 하고 있지 않음을 겸손 속에서 발견하게 된다. 오히려 우리 모두는 우리의 존재에 기초를 제공하고 조건을 만들어 준 그분(the One)과의 관계, 모든 관계를 초월하는 관계를 위해서 창조된 각각의 피조물들이다. 그리고 그는 자신이 만든 다른 사람들 그리고 자신과 있도록 우리를 만들었다. 이러한 솔직함과 통찰은 인간의 통찰만이 아니며, 십자가상의 그리스도의 일을 받아들이고 사랑을 깊이 받아서 회개와 겸손으로 우리가 하나님도 아니고, 우리 존재의 근거도 아니며, 우리는 외부에 근거가 있다는 현실에 기꺼이 마음을 개방할 때 가능해진다.

겸손함으로 나는 예수님 안에서 하나님께서 나를 나의 홀로됨에서 새로운 관계로 부르고 있음을 발견한다. 자기의 새로운 언약개념은 사람은 관계로 만들어졌고 자기는 단지 하나님과 이웃과 관계에 있을 때 완전한 자기가 된다는 의미에서 우리가 급진적으로 공존재(Mitsein, a being-with)다. 나는 내가 다른 사람 없이, 특히 내 안에 거주하도록 만들어진 바로 그 사람인 하나님의 영 없이 살기를 선택했기 때문에 혼자다. 이러한 경우, 자기는 완전히 이웃 사랑과 다른 사람들과 연합하는 관계성 너머에 있는 하나님으로부터 그리고 하나님의 사랑의 맥락에서 실현된다. 우리는 하나님의 영 안에서 기원을 찾는 영인 이래, 우리는 삼위일체인 영과 같고, 우리가 아버지, 아들, 성령인 영과 함께 절대적으로 연합하는 속에서 영일 때 유일하게 우리 자신을 간파할 수 있다.

---

15) 쇠렌 카르케고르(Søren Kierkegaard), *Sickness Unto Death: A Christian Psychological Exposition for Upbuilding and Awakening*, Ced. and trans. Howard V. Hong, and Edna H. Hong(Princeton, N.J.: Princeton University Press, 1980), pp. 13-14.

결론

　지금까지 사람의 본성에 대한 우리의 논의는 자유 안에서 본성과 대행자의 변증이 되는 구체화된 영으로서, 개인으로서 자기에 초점을 맞춰 왔다. 분명히 대행자 정체성으로 이해된 자기는 결정적이다. 우리는 단지 우리가 하거나 되는 것, 우리의 본성이나 인격이 아니다. 모든 다른 자기와 우리를 다르게 만드는 우리 자기의 핵심에 개인적 정체성의 자기가 있다. 그러나 우리가 본성과 대행자의 변증으로서 이러한 자기를 논의해 왔듯이, 우리의 토론은 자기의 내적 논리가 우리가 우리 자신의 근거가 아니고 정직하게 하나님이 우리 존재의 기초임을 발견하도록 인도하여 왔다. 즉, 자기의 이러한 변증 속에서 우리는 모든 관계를 넘어서 존재하는 한 관계를 위해서 만들어졌음을 발견한다. 우리는 우리 영의 가장 깊은 구조 속에 바로 살고 있는 성령에 의해서 하나님의 사람을 갖도록 하기 위한 연합을 위해서 만들어졌다. 이것은 우리 변형심리의 경계선 밖에 있지 않으면서 변형심리학에 중심적이다. 우리는 이제 대행자(agent)로서 사람으로부터 관계를 위해서 만들어진 철저히 수용적인 인간의 요소이며, 다른 사람들에 의해서 철저히 영향을 받게 되는 대행자-수용자(agent-receiver)로서 사람으로 초점을 옮긴다.

제12장

영으로서의 사람
인간애착과 관계성

Todd W. Hall

> "당신의 어린 시절이 목가적이었든, 학대적이었든 도전은 있다
> 하나님이 온전하게 사랑하신 존재로 자신을 받아들이고 있는가?"
>
> 브레넌 매닝(Brennan Manning)

이 절에서 영적 심리학의 내용을 언급할 때, 존 코우는 인간의 본성(제10장), 한 사람의 본성(제11장) 그리고 인간 본성에 대한 우리의 이해의 틀을 잡아야 하는 성경의 주요 해석적 카테고리에 대해 논의했다. 우리는 사물의 종류가 그러하다고 결정하는 본성이나 진수를 가진 구체화된 영이나 영혼이 되는 한 사람의 주 요소를 제안했다. 우리가 인간인 '사물의 종류'를 풀어낼 때 우리에게 알려 주는 중심적인 성경적 카테고리는 사람이 하나님의 형상 속에서 창조되었다는 개념이다.

하나님은 그의 선함 속에서 우리를 그의 형상대로 창조하기로 결정하셨고(창 1:26), 그래서 우리의 인간됨은 하나님의 본성을 반추한다고 우리는 알고 있다. 우리가 하나님의 본성을 반추하는 방법에 대해 의심할 여지없이 다른 면들이 있는 반면에, 이것의 한 가지—아마도 유일한—근본적 측면은 우리가 관계적 피조물이라는 점은 분명하다. 우리가 지니고 있는 그분의 형상인 하나님 자신은 삼위일체에서 세 사람으로 존재하지만 신격의 세 사람

모두는 하나의 진수로서 완전한 조화 속에 존재한다. 이 개념을 우리 생각으로 완전히 소화하기는 아주 어렵지만 그 기본적 아이디어는 분명하다. 하나님은 바로 그 진수에 있어서 철저히 관계적이다. 그래서 그가 자신을 반추하기 위해서, 즉 그가 누구인지의 그림을 보여 주기 위해서 우리를 철저히 관계적 존재로 창조했음은 이해할 만하다.

만일 당신이 제4장을 회상해 보면, 우리의 변형심리학 모델이 지어진 근본적 주장 중 하나는 기독교의 궁극적 목적 논제인데, 이는 우리 삶의—성화 과정의—궁극적 목표는 십자가상에서 그리스도의 대속하는 일에 근거한 하나님과의 관계(연합)다. 이 논제는 또한 하나님과 깊어지는 관계의 부분이 그리스도의 형상에 적응임을 강조하는데, 이는 하나님과 다른 사람들을 향해서 더 사랑하게 되는 것을 의미한다. 이러한 것들은 같은 궁극적 목표의 모든 다른 면—그것들은 서로 연결되어 있다—이다. 우리의 동료 인간을 위한 사랑으로부터 하나님을 위한 사랑을 끊을 수 없음이 신약성경 전체를 통해서뿐만 아니라 요한복음에서 분명히 드러난다.

우리는 또한 영적 변형의 궁극적 목표인 기독교의 최종 목적 논제(Christian Final-End Thesis)가 바리새인들이 예수님에게 어떤 계명이 가장 크냐고 물었을 때 분명히 언급되었다고 본다. 예수님은 우리의 삶에서 영적 성장의 최종 목적을 이러한 방식으로 요약하신다. "네 마음을 다하고 목숨을 다하고 뜻을 다하여 주 너의 하나님을 사랑하라 하셨으니 이것이 크고 첫째 되는 계명이요, 둘째는 그와 같으니 네 이웃을 내 몸과 같이 사랑하라(마 22:37-39)." 사랑은 관계에 대한 모든 것이고, 우리가 다른 사람들과 관계하는 방식이다. 그리고 우리가 관계하는 방식은 예수님이 분명히 하였듯이, 우리의 심중으로부터 기인한다(마 12:34-35). **심중**(heart)은 사람 안의 기본적으로 중심을 의미하는 성경적 용어다. 우리의 심중은 단지 우리의 행동, 우리의 의지 또는 우리의 의식적 머리 지식보다 훨씬 더 깊게 도달한다. 우리는 사랑을 통해서 관계적으로 연결되고 우리의 삶을 통해서 이러한 역량들 안에서 성장하도록 하나님에 의해서 설계되었다.

　하나님은 일반적 방식으로 관계들을 바라도록 우리를 설계하였듯이, 그는 우리 인생을 통해서 인간 영혼의 규범적 발달이 다른 사람들과 하나님과의 깊어지는 관계들을 포함하도록 우리를 설계하였다는 점을 나(토드)는 여기서 당신들이 알아차리기를 바란다. 다른 말로 하면, 인간발달의 최종 목적은 관계적 최종 목적이다. 이 장에서 내가 원하는 것은 인간 본성의 관계적 이론의 윤곽에 살을 붙이는 시도다. 최근 여러 분야(예, 애착이론, 발달심리, 정서신경과학, 관계적 정신분석)에서의 발달은 암시적인 관계적 의미의 이론으로 모이고 있다. 다른 말로 하면, 우리가 실질적으로 관계를 하는 방법을 움직이게 하고, 알기의 이러한 형태는 근본적으로 암시적 '부호'나 '언어'—감정의 현대 과학적 이해에 대한 꾸러미나 부분인 언어—속에 있는 애착관계를 통해서 전달되고 있는 관계 속의 자기(하나님과 인간)에 대한 의미구조나 지식의 유형이 있다. 이러한 이론의 충분한 풀이는 이 장의 범주를 훨씬 넘어서고 있지만 나는 다음에서 이 이론의 윤곽을 개괄하려고 시도할 것이다.

두 종류의 기억

　어제 당신의 날에 대해서 당신이 기억하는 것은 무엇인가? 잠시 생각을 한 후 그것을 적어 보라. 이제 어제로부터 당신이 한 사건을 회상하고 있을 때, 당신이 그것을 회상하고 있다는 사실을 자각하고 있음을 주목하라. 당신이 무엇을 기억하고 있을 때, 당신은 항상 알고 있는가? 그것은 이상한 질문이다. 그렇지 않은가? 당신이 기억하고 있을 때, 물론 당신이 그것을 기억하고 있음을 자각하고 있다고 생각하고 있을지 모른다. 자, 우리는 우리가 무엇인가를 기억하고 있을 때 실질적으로 항상 알지는 못한다. 그 이유를 이해하기 위해서 우리는 사랑할 역량과 우리의 관계성을 이해하기 위한 결정적 함의를 가진 뇌 속에 기록된 기억의 두 가지 유형을 풀어내야 한다.

제9장에서 논의된 알기의 두 가지 형태(머리 지식과 직감―수준 지식)가 있듯이, 우리는 뇌 속에 다른 회로(명시적이고 암시적 기억)에서 처리된 아주 다른 기억의 두 종류가 있다는 것을 신경과학에서 배웠다. 이러한 기억의 두 가지 유형은 알기의 두 가지 방식을 지지하면서 이들과 지도처럼 연결된다.

명시적 기억

"나는…… 기억한다."를 말하고 경험을 상술할 때마다, 이것은 신경과학자들이 '명시적' 기억(더 구체적으로, 일화적 기억이라고 불리는 명시적 기억의 하위유형)이라고 부르는 것이다. 이것은 대부분의 사람들이 기억으로 생각하는 것이다. 일화적 기억은 본질적으로 당신이 사건을 경험하기와 같은 것의 기억이다. 대니얼 쉑터(Daniel Schacter)는 이러한 일화적 기억체계가 "우리가 우리의 삶을 고유하게 정의하는 개인적 사건들을 **명시적으로** 회상하는 것을 허용한다."[1]라고 분명히 언급하였다. 이런 유형의 기억은 주관적이면서 의식적이다. 이러한 기억들은 과거 경험을 풀어 주는 것을 포함하기 때문에 의식적이고, 우리는 의식적 상태에서만 무언가를 풀어낼 수 있다.

이러한 경험의 순간들은 외부세계 속에 있는 동시적으로 일어나는 사건들과 연결된 자기의 상태다.[2] 정보를 이런 방식으로 부호화하기 위해 우리 대뇌는 (a) 이전에 지각된 사건들을 대표하는 대뇌피질의 신경연결망에 저장되어 있는 패턴과 (b) 몸에 저장되어 있는 감정상태와 연관된 행동경향

---

1) 대니얼 쉑터(Daniel Schacter)의 *Searching for Memory*(New York: Basic Books, 1996), p. 17. 강조는 저자.
2) 마크 솜즈(Mark Solms)와 올리버 턴불(Oliver Trunbull)의 *The Brain and the Inner World* (New York: Other Press, 2002).

성(대뇌의 중간 부분과 상위 부분의 구조)을 연결시켜야 한다. 이러한 연결망의 주소는 해마에 주로 부호화되어 있다. 전두엽과 해마 모두 생후 2년 동안 잘 발달되지 않아서 우리의 대뇌는 2세 이전의 명시적 형태의 기억들을 부호화할 수 없다. 누군가 18개월 이전의 경험을 기억한다고 말한다면, 그것은 그들이 '기억하고 있는' 사건의 재구성이다.

명시적 기억의 또 다른 하위형태는 의미기억이라 불린다. 예를 들어, 당신이 알래스카의 주도(궁금한 사람을 위해 주노)를 기억한다면, 그것은 의미기억이다. 의미기억은 언어적이다. 즉, 그것은 단어들로 꾸려진 정보다. 명시적 기억에 대해서 구별되는 요인은 이런 종류의 기억을 대뇌에 부호화하기 위해서 의식적으로 주의를 기울이고 있어야 한다는 점이라고 신경과학자들은 우리에게 말한다. 우리가 이미 언급했듯이, 일화적 기억은 그 정의상 의식적으로 살았던 경험이기에 무의식적으로 부호화될 수 없어 보인다.[3] 명시적 기억에 대한 또 다른 중요한 특징은 명시적 기억이 작동하고 있을 때 당신은 무언가를 기억하고 있음을 항상 알아차린다는 점이다.

암시적 기억

대조적으로, 직감적 기억—신경과학자들이 암시적 기억이라 부르는 것—은 직감-수준 알기를 지지하는 완전히 다른 형태의 기억이다. 직감-수준 지식을 지지하는 대뇌구조는 직감-수준 기억을 지지하는 대뇌구조와 관련이 있다. 이러한 구조들은 태어나자마자 연결되어 있고, 15개월까지 충분히 발달한다.[4] 직감-수준 기억은 언어적이지 않다. 우리가 의식적으로(명시적

---

3) 위의 책, p. 161.
4) 앨런 쇼어(Allan N. Schore)의 「Interdisciplinary Developmental Research as a Source of Clinical Models」 in *The Neurobiological and Developmental Basis for Psychotherapeutic Intervention*, ed. M. Moskowitz, C. Monk, C. Kaye and S. Ellman (Northvale, N. J.: Jason Aronson, 1997), pp. 1-71.

으로) 회상할 수 있는 우리 삶에 있는 사건이나 단어로 오직 포착될 수 있는 사실의 기억이 아니다. 대신에 이런 종류의 기억은 다른 '언어', 즉 언어 외의 '부호'로 기록되고 저장된다. 그것은 감정, 지각, 신체감각 그리고 어떤 방식들로 반응하려는 우리 몸의 '준비'로 기록된다. 암시적 기억의 한 유형은 '절차적' 기억이라 불리는데, 본질적으로 '신체' 기억이다. 이것은 자전거를 어떻게 타는지 또는 피아노를 어떻게 치는지와 같이 운동기술에 대한 기억이다. 우리는 자전거를 어떻게 타는지 말로 기억하지(또는 '알지') 않는다. 우리 몸이 기억한다. 직감-수준 기억이 우리의 영적 변형에 얼마나 중요한지 그리고 동시에 얼마나 오해받는지에 대한 놀라운 사실은 (a) 대뇌에 부호화되는 데 의식적 집중을 필요로 하지 않고,[5] (b) 직감-수준 기억이 작동할 때 우리가 알아차리지 못한다는 점이다.

    이제 당신이 관계적 경험들에 대해서 생각한다면, 가까운 친구와 얘기할 때 어떤 종류의 '알기'가 진행되고 있는가? 그것은 "하나님은 절대적 권력을 지닌 창조자다." 또는 "내 친구는 유머감각이 뛰어나다."와 같은 언어적 명제 형태의 지식이나 정보가 아니다. 우리의 관계경험은 대뇌가 경험의 의미를 평가하는 방식에 기초한, 즉 감정에 기초한 직감-수준 지식으로 구성된다. 다른 말로 하면, 관계적 경험들은 의식적 자각의 밖에서 진행되는 직관, 느낌, 직감-수준 감각으로 꾸려진 지식이나 정보를 포함한다. 대뇌는 실제로 관계경험으로부터 정보가 처음에 기원했던 것과 같은 꾸러미나 '부호'로 이런 종류의 정보를 기록한다. 이것은 또 다른 하위유형의 직감-수준(암시적) 기억이다. 이것은 절차적 기억에 관계적으로 유사성이 있다. 대니얼 스턴(Daniel Stern)과 그의 동료들은 '암시적 관계지식'이라고 지칭하였는데, 이는 암시적 관계 기억에 기초한다.[6] 이런 기억이 '감정적 의미'의 형태

---

5) 실제적 부호화는 그 자체로 단순한 대뇌사건이 아니고, 마음과 대뇌의 상호작용이다.
6) 대니얼 스턴(Daniel Stern) 「Non-Interpretive Mechanisms in Psychoanalytic therapy: The 'Something More' Than Interpretation」, *International Journal of Psychoanalysis* 79, no. 5

로 저장되기 때문에 의식적이고 언어적 꾸러미 또는 살았던 경험에 대한 의식적 기억으로(일화적 기억 속에서와 같이) 접근이 가능하지 않다. 다른 말로 하면, 우리는 우리 삶의 중요한 사람들이 우리에 대해서 어떻게 느꼈는지를 말이 아닌 감정과 몸, 이미지—알기의 직감 - 수준 방식으로—로 기억한다. 이것은 직감 - 수준 기억으로 첫날부터 우리의 관계적 경험의 모든 것을 기억하고, 이러한 기억은 또한 우리가 그것을 알아차리지 못한 채로 우리에게 작동함을 의미한다.

그렇다면 우리의 의식적 자각 없이 진행되는 이런 강력한 형태의 기억은 어떻게 우리의 알아차림과 협조 없이 우리에게 작동하는가? 우리의 대뇌는 관계적 경험을 처리하여 직감 - 수준 기억으로 부호화하듯이, 대뇌는 패턴들이나 논제들을 찾는데, 그러면 우리는 익숙한 상황을 만날 때마다 그 상황들을 이해하기 위해 처음부터 시작할 필요가 없게 된다. 우리 대뇌는 '예상하는 기계'다.[7] 시간이 지나면서 의미의 주관적 감각이라는 견지에서 비슷한 애착관계에서의 경험은 덩어리로 함께 뭉치고 애착여과기—유아가 생후 1년까지 발달시키는 기대 모델—로 기능한다. 대뇌는 계속해서 경험에서 패턴을 찾아내기 때문에 경험에 꼬리표를 붙인 의미는 애착여과기를 통과한다. 다른 말로 하면, 우리의 애착여과기는 우리가 관계를 자동적으로 그리고 부지불식간에 경험하는 방법에 선입견을 갖게 한다.

〈트루먼 쇼(The Truman Show)〉라는 영화에서 배우 짐 캐리(Jim Carrey)는 자기에게 알려지지 않은 채로 수백만 명의 사람들에게 방송되어 자신의 삶의 전부가 TV쇼가 된 한 남자를 묘사한다. 그는 단지 하루하루 그의 삶을 살았다. 한 장면에서 한 무리의 기자들이 에드 해리스(Ed Harris)가 연기한, 신과 같은 인물인 감독을 인터뷰하는데, 그는 트루먼의 미래를 결정한

(1998): 903-921.

7) 대니얼 시걸(Daniel J. Siegel)의 *The Developing Mind*(New York: Guilford, 1999).

다. 기자들 중 한 사람이 감독에게 질문한다. "트루먼은 그의 삶의 전부가 단지 TV쇼라는 사실을 결코 파악하지 못한다는 것을 어떻게 설명할 수 있겠습니까?"라고 질문하자, 그 감독은 "우리는 모두 우리에게 주어진 대로 현실을 수용합니다."라고 대답했다. 우리는 트루먼처럼 여과기 자체가 아닌 여과기를 통해 우리가 보고 있음을 알아차린다. 우리는 단순히 현재 경험의 현실로서 이 여과기를 경험한다. 우리의 애착여과기는 각자의 트루먼 쇼와 같다. 간단하게 말하면, 감정적으로 중요한 사람과의 관계경험에 대한 기억이 우리의 영혼에 새겨져 있고, 우리의 자신과 하나님, 타인에 대해서 어떻게 느끼는지, 그리고 우리 삶의 사건의 의미를 어떻게 결정하는지를 정해 주는 여과기가 된다.

애착여과기

우리는 모두 독특한 관계 역사를 가지고 있기 때문에 어느 정도 독특한 애착여과기를 가지고 있다. 그러나 애착관계 영역에서의 연구에 의하면, 4개의 공통적 애착여과기가 확인되었다. 이것은 소수의 친밀한 애착관계에서 형성되지만 하나님과의 관계를 포함한 모든 관계에서 직감-수준 처리과정에 어느 범위로 영향을 미친다. 애착체계와 애착여과기가 우리 삶을 통해서 얼마나 강력한 영향을 미치는지, 4가지의 애착여과기를 각각 더 자세히 살펴보자.

애착체계

애착체계는 중요한 양육자와 관련된 우리의 기억, 동기, 감정에 영향을 미치거나 조직하는 대뇌에 있는 체계다.[8] 하나님은 유아가 양육자와 물리적으로 가까이 있고 의사소통하도록 동기부여하기 위해 이 체계를 설계했다. 이 체계는 평생 작동하지만, 유아기의 물리적 근접성의 필요는 우리가 성인기에 들어서면서 정서적 친밀성 또는 '느껴진 안정감'에 대한 필요로 바뀐다.

애착관계는 아기가 곤경에 처했을 때 안전처와 세상을 탐색할 안전기지를 제공할 양육자를 찾도록 하는 관계다. 대부분의 유아들은 3개월쯤이면 다른 사람들에 비해서 엄마에게 다르게 반응한다. 이것은 애착발달의 시작이다. 6개월에서 9개월쯤에 대부분의 유아는 주양육자에게 애착된다.[9] 이것은 그들이 양육자와 특정한 유대감을 발달시켰고, 그 외에 누구도 안전한 안식처와 안전기지를 제공할 수 없음을 의미한다. 아이가 양육자에게 애착되었을 때, 사람들은 정서적 안정을 제공하는 데 있어서 서로 바꿀 수 없다. 어떤 아이들은 전혀 애착되지 않지만, 거의 대부분은 누군가에게 애착된다. 애착은 손에 꼽을 만큼의 소수의 사람들과 발달하지만 많은 면에서 우리가 관계하고 기능하는 우리의 능력에 깊은 영향을 미친다.

애착체계의 주 기능 중 하나는 유아의 미성숙한 대뇌가 자신의 기능을 조직하고 조절하는 데 도움을 주기 위해 글자 그대로 부모의 성숙한 대뇌기능을 사용하는 관계를 구축한다는 점이다.[10] 안정된 관계환경에서 이것은 조율되거나 그에 따른 의사소통으로 이어진다. 안정 애착관계에서 부모는 아이의 정서적 의사소통에 민감한 방식으로 아이에게 반응하게 되는데, 이는 긍정적 감정을 확장시킬 수 있고, 부정적 감정을 달래 줄 수 있다.

예를 들어, 이런 장면을 상상해 보라. 12개월 된 아이가 엄마가 가까운 방에 있는 동안 바닥에서 놀고 있다. 아기가 훌쩍이기 시작하더니 울어 버린다. 그 즉시 엄마의 심장은 가빠지고, 엄마의 마음상태는 아기의 울음소리를

---

8) Siegel, *The Developing Mind*.
9) 존 보울비(John Bowlby)의 *Attachment*, 2nd ed., vol. 1 of *Attachment and Loss* (New York: Basic Book, 1982), p. 200.
10) Siegel, *The Developing Mind*.

들으면서 변한다. 그녀의 생리학은 아기의 고통을 기록한다. 아기의 울음이 커지면서 그녀는 긴장감이 커지고 위에서 쪼임을 느낀다. 당신은 그녀의 비언어적 신호 속에서 이것을 볼 수 있다. 그녀의 얼굴 표정이 아기의 고통을 그대로 비춰 주고, 그녀의 목소리 타이밍과 톤이 아기의 정서적 신호와 맞아떨어진다. 그녀는 아기를 안아 들고, 눈을 들여다보며, 그녀의 얼굴은 아기 얼굴의 고통스러운 모습을 반추하고, 아기의 울음의 강도에 조율된 톤으로 말하기 시작하고 공감을 전달한다. "무슨 일이야?" 그녀는 이 표현을 목소리 톤의 강도를 낮추면서 리듬 있게 반복하고, 말의 리듬은 그녀가 아기를 안고서 흔들어 주는 움직임과 일치한다. 마치 압력 밸브가 열린 것처럼 위의 긴장감이 풀린다. 그녀는 세상이 다시 한 번 괜찮음을 감각적으로 경험한다.

　이것은 의사소통에 '동기화된' 또는 조건으로 하는 예다. 이것은 단어로 교환될 수 있는 것보다 훨씬 더 깊다. 이것은 한 사람이 다른 사람의 마음상태에 의해 자신의 마음상태가 영향을 받도록 허용함을 의미한다. 또 다른 표현으로 감정은 전염된다.[11] 우리가 누군가에게 있는 감정을 등록하면, 대뇌회로는 그 감정을 우리 몸에 흉내 낸다. 이 사례에서 어머니는 아기의 감정신호에 대해 민감해서 자신의 마음상태가 아이의 것과 일치되었다. 그녀의 내면세계의 변화는 아이가 보낸 미묘하고 빠르고 비언어적인 신호를 직감-수준 체계로 알아차리게 된 주요 방법 중의 하나다. 이것 때문에 엄마는 아기가 경험하고 있는 것에 대해서 내부인의 시각을 갖게 되었다. 에드거 앨런 포(Edgar Allan Poe)는 이 아이디어를 잘 이해하고 다음과 같이 말했다. "내가 어떤 사람이 얼마나 선하거나 악한지 또는 그 순간 그가 무엇을 생각하는지를 알고 싶을 때, 나는 마치 그 표현에 일치되게 하려는 것처럼

---

11) 대니얼 골먼(Daniel Goleman)의 *Social Intelligence: The New Science of Human Relationships*(New York: Bantam Books, 2006).

가능한 한 정확하게 그의 표현과 일치되게 내 얼굴 표정을 만들고, 내 마음에 어떤 생각이나 기분이 드는지 기다려 본다."[12]

　아기가 경험하고 있는 것을 글자 그대로 느끼기에 덧붙여서, 엄마 자신의 내적 변환은 그가 이해받고 있음을 비언어적으로 아이에게 전달한다. 이것은 그들이 경험하고 있는 것을 이해하고 있다고 단순히 말로 하기보다 더 깊은 의미의 이해다. 분명히 12개월의 아기는 이러한 언어적 메시지를 어찌 됐든 이해하지 못할 것이다. 그러나 하나님이 창조한 이런 아름다운 체계는 아이가 이해받고 있음을 느끼기 위해서 언어적이고 이성적인 지식체계가 필요하지 않다. 엄마의 상태는 직접적으로 비언어적 의사소통을 통해서 아기의 상태에 영향을 미친다. 아기는 엄마가 자신이 경험하고 있는 것을 이해하고 있음을 직감수준으로 안다. 다른 말로 하면, 아기는 그녀에 의해서 '느껴진 느낌'이 있다.[13]

　감정적 신호의 민감성은 안정 애착의 증거인데, 다음에서 보게 될 발달의 거의 모든 측면에 긍정적 효과가 있다. 이런 종류의 조율의 진수는 연결과 또는 때에 따라서 분리의 필요를 지칭하는(대부분 비언어적) 신호를 읽을 수 있는 역량이다. 이런 방법으로 애착대상의 대뇌활동은 다른 상대방의 대뇌활동에 직접적으로 영향을 미친다. 이것에 대해서 놀라운 사실은 조건이 되는 감정적 의사소통은 글자 그대로 아동에게서 의사소통과 정서적 안녕의 건강한 패턴을 촉진시키는 대뇌회로를 만들어 낸다는 점이다. 우리는 정서적 의사소통을 통해서 우리의 대뇌회로망을 아이에게 전달한다. 그러나 애착체계의 정서적 의사소통은 양날의 검이다. 조건이 되지 않는 정서적 의사소통 또한 의사소통과 역기능의 일정한 패턴과 연결되어 있는 대뇌회로의 발달로 이어진다. 이것이 우리가 다음에서 검토할 다른 유형의 불안정 애착

---

12) 골먼(Goleman)의 *Social Intelligence*에서 재인용하였다.
13) 대니얼 시겔은 조건이 되는 의사소통을 묘사하기 위해서 이 표현을 사용한다. 시겔의 *The Developing Mind*.

이다.

알기의 직감-수준 방식은 평생 계속되며, 관계에서 알기의 근본적 방식임을 여기서 덧붙이고 싶다. 마찬가지로, 비언어적 조율, 조건이 되는 의사소통에 대한 필요는 평생 지속된다. 성인으로서 의사소통에서 많은 단어를 사용하지만, 하나님과 다른 사람들과 연결되는 핵심은 더 깊은 형태의 정서적 의사소통이다. 애착관계는 다른 패턴들이 있지만, 나는 여기서 '애착여과기'로 지칭하겠다. 이런 패턴들은 우리가 기억에 접근하고, 감정을 조절하고, 다른 사람들과 관계하고, 우리 자신을 반추하고, 이야기할 때 영속적 방식으로 구성된다. 우리가 다른 친밀한 관계 속에서 다른 애착여과기를 가질 수 있지만, 가끔은 위계의 가장 꼭대기에서 두드러진 하나의 중심적 애착여과기가 있다.

이러한 애착여과기는 가끔 덜 이상적인 관계적 환경에 직면했을 때 애착대상과 관계적으로 연결되기를 유지하기 위한 조직화된 전략이다. 이런 조직화된 각각의 전략에서 애착여과기는 우리 자신에 대한 다양한 본능적 느낌과 정서적으로 중요한 타자들이 우리에 대해서 어떻게 느끼는지에 대한 다양한 본능적 기대로 구성된다. 여과기의 이 두 측면이 당신 자신을 중요하지 않게 느끼고 다른 사람들이 당신에게 무관심하다는 기대와 같이 서로 잘 들어맞는다. 여전히 4가지의 애착여과기 내에서 약간의 다양성이 있다. 4가지 주요 애착여과기를 살펴보자.

안정 애착여과기

안정 애착여과기는 당신이 직감-수준에서 정서적으로 중요한 타자들을 필요로 할 때 그들이 당신 옆에 가까이 있고 반응해 줌을 믿는다는 의미다. 다른 사람들은 기댈 만하고, 당신은 그들을 믿을 수 있다. 안정여과기를 가진 사람들은 이것을 과거에 충분히 경험하였고, 의식적으로 생각하지 않고서도 애착대상에게 이것을 기대한다. 그들은 전형적으로 타인을 향한 그들의 필요에 열려 있고, 타인들의 필요에도 열려 있다. 필요할 때 정서적으로 중요한 사람들이 자신을 위해서 함께함을 기대하기는 타인들의 필요에 초점을 두는 안전기지를 제공한다. 이것은 우리로 하여금 하나님과 타자들을 사랑할 수 있도록 자유하게 한다. 안정 애착여과기에 대한 연구결과와 안정 애착 스타일이라고 지칭할 수 있는 것에 대해서 살펴보자.

안정 애착여과기를 가진 사람들은 자신의 감정을 조절하는 특별한 방식을 발달시킨다. 감정적 어려움을 의식적으로 인정하고, 친밀한 관계에 있는 타인에게 자신의 어려움을 보여 주고, 자신의 문제를 적극적이고 효과적으로 해결하는 경향이 있고, 필요할 때 타인으로부터 지원받기를 적극적으로 구한다. 이는 자신의 감정을 어떻게 유지하고 사용하는가 하는 관점에서 안정 애착여과기를 가진 사람들의 전형적 특징이다. 이러한 일은 그들의 관계 경험이 직감-수준에서 안정 애착여과기를 통해서 발생하기 때문에 자동으로 일어난다. 이것은 직감-수준 알기의 긍정적 측면이다. 부정적 측면은 당신이 생각한다고 해서 이러한 안정된 관계전략을 발달시킬 수 없다는 점이다.

안정되게 애착된 사람들은 쉽게 고통스러운 감정적 기억에 접근할 수 있고, 감정적 어려움에 대한 인내력이 높다.[14] 다른 말로 하면, 안정 애착을 가진 사람들은 높은 수준의 고통을 경험하지 않고서도 부정적 감정적 기억에 쉽게 접근할 수 있다.[15] 게다가 안정된 개인은 그들이 부정적 기억을 회상할 때 다른 이차적 부정적 감정의 유발을 경험하지 않는다. 안정된 개인은

---

14) 에릭 헤세(Erik Hesse)의 「The Adult Attachment Interview: Historical and Current Perspectives」in *Handbook of Attachment: Theory, Research and Clinical Application*, ed. Jude Cassidy and Phillip R. Shaver(New York: Guilford, 1999), pp. 395-433.

15) Mario Mikulincer & Israel Orbach, 「Attachment Styles and Repressive Defensiveness: The Accessibility and Architecture of Affective Memories」, *Journal of Personality and Social Psychology* 68, vol. 5 (1995): 917-925.

고통스러운 감정을 접촉하면서도 다른 부정적 감정의 폭포가 유발되지 않기 때문에 이러한 발견의 조합은 아주 의미심장하다.[16] 예를 들면, 그들은 불안을 자극하지 않고서도 특정 상황에 대한 슬픔을 처리할 수 있다. 그렇기 때문에 그들은 압도되지 않으면서 고통스러운 사건이나 기억을 작업할 수 있다.

또 다른 재미있는 특징은 안정되게 애착된 사람들은 감정을 공개적으로 표현하거나 중요한 타자들에게 개인적 정보를 공개하는 경향이 있다. 예를 들면, 그들은 특정한 관계적 맥락에서 얼마나 많이 공개해야 할지 결정해야 할 때, 상황적 단서를 잘 지각한다. 그들은 남들이 자신에게 한 것처럼 대충 똑같은 양을 공개하는 경향이 있고, 보통은 다른 사람들에게 공개한 양에 대해서 기분 좋게 여긴다. 안정된 사람들은 또한 많이 공개하고 자신의 개인적 정보를 공개하는 사람에게 애착되는 경향이 있다.[17] 안정된 사람들은 타자에게 얼마나 많이 밝힐지를 결정할 때 많은 지혜를 보이고, 감정적으로 재충전되고, 타자와 유대감을 조성하게 해 주는 방식으로 이러한 것을 한다.

안정된 사람들은 스트레스를 다루고 문제를 해결하는 효과적 방식을 개발한다. 이들은 호기심이 많고 자신이 성장하도록 돕는 새로운 정보들을 적극적으로 구한다.[18] 또한 안정 애착여과기를 가진 사람들은 고지식하게 특정 정보에 고착되어서 애매함이나 혼란을 불러올 수 있는 새로운 정보들을 무시하지 않는다. 새로운 정보가 물을 흐린다 하더라도, 안정 애착을 가진 사람들은 여전히 새로운 정보와 실랑이를 벌일 것이다. 그리고 이것은 또한 관계에 대한 정보를 포함한다. 그들의 내면 안전기지 덕분에 그들은 타인과

---

16) 이것은 외상 후 스트레스와 함께 일어나는 현상이다.

17) Mario Mikulincer & Orna Nachshon, 「Attachment Styles and Patterns of Self-Disclosure」, *Journal of Personality and Social Psychology* 61, no. 2 (1991): 321-332.

18) Mario Mikulincer, 「Adult Attachment Style and Information Processing: Individual Differences in Curiosity and Cognitive Closure」, *Journal of Personality and Social Psychology* 72, no. 5 (1997): 1217-1230.

함께하는 그들이 누구인지, 타인에게 그들이 누구인지, 그리고 타인에 대한 그들의 본능적 기대에 대한 본능적 감각을 업데이트시킬 수 있다. 그 결과, 안정 애착을 가진 사람들은 전형적으로 새로운 정보를 수용할 수 있도록 자신의 신념을 융통성 있게 조정할 수 있는 자신의 능력에 대해서 더 확신한다.

안정된 사람들이 효과적으로 다루는 방식 중 하나는 자신의 감정을 유지하도록 도와줄 수 있는 타인이 필요할 때 지원을 요청하는 것이다. 예를 들어, 안정된 여성들은 불안하면, 덜 안정된 사람들보다 지원을 요청할 가능성이 많다.[19] 게다가 안정된 여성들은 낭만적 파트너로부터의 지지를 편안하게 느끼는 경향이 있는 반면에, 덜 안정된 여성들은 그들이 힘들 때 파트너로부터 정서적으로, 그리고 물리적으로 철수하는 경향이 있다.

안정된 사람들은 성인 애착 인터뷰(AAI)에 대한 이야기를 할 때 특정한 이야기 패턴을 보인다. 그들의 이야기는 일관적이고 협력적 경향이 있다. 그들은 인터뷰 질문 그리고 인터뷰 맥락과 궤도를 같이하는 경향이 있다. 게다가 자신의 이야기를 할 때, 안정된 사람들은 이야기의 정서적 의미에 접근해서 전달할 수 있지만, 여전히 논리적이고 일관성 있는 방식으로 구조화한다. 그들이 감정적으로 참여하고 있기 때문에 그들의 이야기는 믿을 만하다. AAI 연구에서 흥미로운 사실 중 하나는 안정된 사람들의 초기 애착경험에 대해서 긍정적 기억만 보고할 필요가 없다는 점이다. 그들은 부정적이고 고통스러운 경험도 보고할 수 있지만, 그들 자신의 이야기를 하는 방식은 그들이 안정되었음을 드러낸다.

이것은 애착연구자들에 의해서 '획득된 안정 애착'으로 불린다. 그들은 과거의 애착관계에 대해 얘기하면서 관점과 균형에 대한 감각을 보여 주는 경향이 있다. 다른 말로 하면, 그들은 애착대상과의 고통스러운 경험을 회

---

19) Jeffry A. Simpson, William S. Rholes & Julia S. Nelligan, 「Support Seeking and Support Giving Within Couples in an Anxiety-Provoking Situation: The Role of Attachment Styles」, *Journal of Personality and Social Psychology* 62, no. 3 (1992): 434-446.

상할지 모르지만, 자신을 포함하여 자신에게 기여했던 다양한 요인을 인정할 수 있다. 이 점에서 그들은 종종 암묵적 의미의 용서를 전달한다. 그들은 고통스러운 사건을 회상할 때 고통에 압도되지 않는다. 그들은 그런 사건을 묘사하는 동안 현재에 머물 수 있으면서 감정적으로도 함께할 수 있다. 이 모든 것에서 밝혀진 것은 사람의 애착과 관련된 정보를 다루는 조직화된 패턴이다. 안정된 이야기는 건강한 관계를 발달시키는 능력과 연관되어 있다.

요약하면, 안정 애착 또는 애착여과기에 대한 많은 연구에 의하면, 관계에 접근하기와 정서적 의미에 대한 조직화된 전략을 보여 주는 놀랍게도 일관된 그림이 있다. 안정 애착여과기는 초기에 시종일관 감정으로 반응적이고 수용적 양육자와의 경험이 반복될 때 발달한다. 아이들은 이 경험으로부터 자신의 감정을 조절하는 전략을 학습하는데, 그것은 자신의 감정을 알아차리게 하고 타인을 균형적 방식으로 지지해 달라고 이용할 수 있게 해 준다. 그들은 감정 때문에 압도되지 않을 것이고, 감정을 타인에게 표현하기가 유대감을 긍정적으로 경험할 수 있게 함을 배웠다. 그들은 자신이 위로가 필요할 때 타인이 위로해 줄 수 있음을 배우며, 타인의 도움으로 고통을 관리할 수 있음을 배운다. 이런 경험은 직감-수준 기억에 모두 기록되고 모든 관계적 경험을 여과한다. 특별히 어느 정도 유대감과 애착을 가진 사람들에게 말이다.

이것은 안정 애착여과기를 가진 사람들이 하나님과 그들의 관계로 가지고 오는 것이다. 어떤 사람의 '하나님 여과기'는 사람과의 애착여과기와 똑같은 복제품이 아니다. 이것은 자신과 애착대상에 대한 직감-수준 지식이며, 애착대상 중 한 명이 하나님이다. 우리가 이미 논의했듯이, 우리는 이런 유형의 지식을 통제할 수 없다. 그래서 안정된 애착여과기를 가진 사람들은 느껴진 안정감을 향해서 하나님과 그들의 경험이 기울어지도록 하면서 이러한 경험과 기대가 하나님과 그들의 관계 속에서 작동하리라고 추론하게 한다. 이것은 하나님과의 관계에서 어렵고 고통스러운 시간이 있다는 의미가 아니다. 오히려, 그들은 하나님이 가까이 계시고 반응적일 것이고, 그들에게 순수하게 관심을 갖고, 부정적 감정을 포함하여 감정적 표현을 환영할 것이라고 기대하는 경향이 있음을 의미한다. 나와 내 동료들은 경험적 연구를 통해서 이에 대한 강력한 지지를 발견했다. 우리는 안정된 사람들이 다른 3가지 애착그룹보다도 영적 공동체에 더 강한 유대감을 보임을 알아냈다.[20] 게다가 그들은 하나님과의 관계에서 몰입적이고 회피적인 사람들보다 불안을 덜 경험함을 알아냈다. 이것 때문에 안정된 사람은 하나님과의 관계에서 어려운 경험을 처리할 수 있고, 어둡고 어려운 시간 속에서도 하나님께 연결되어 있음을 유지할 수 있다. 이러한 계절은 하나님이 응답하지 않으실 때 삶의 상황과 시간에서 기인할 수 있는데, 십자가의 성 요한이 '영혼의 어두운 밤'이라고 묘사한 것이다.[21] 어려운 경험의 성격과 상관없이 안정 애착여과기는 시련을 통해서 다루고 성장할 안전기지를 제공한다.

몰입형 애착여과기

몰입형 애착여과기를 가진 사람은 타인에게 의지할 수 없다고 생각한다. 즉, 어떤 때는 타인이 가까이에 있고 반응적일지 모르지만, 다른 때는 그렇지 않을 것이다. 그들은 이것이 어떻게 펼쳐질지 예측할 것 같은 느낌이 들지 않는다. 이 애착여과기를 가진 사람들은 힘들어졌을 때 타인에 대한 필요를 과잉으로 높은 기어로 변속하는 전략을 발달시켜 왔다. 여기서 전략은

20) 토드 홀(Todd W. Hall)의 「Attachment to God and Implicit Spirituality: Clarifying Correspondence and Compensation Models」, *Journal of Psychology and Theology* 37 no. 4 (2009).

21) 십자가의 성 요한(Saint John of the Cross)의 *The Dark Night of the Soul*, trans. E. Allison Peers(New York: Image Books, Doubleday, 1990). 십자가의 성 요한은 두 가지 주요한 어두운 밤의 경험을 묘사했지만, 나는 여기서 일반적으로 하나님이 어디에서도 보이지 않는다고 느낄 때를 지칭하기 위해서 그 용어를 사용하고 있다.

애착대상으로 하여금 위로와 돌봄을 하도록 끌어당기는 노력이다. 이런 여과기를 가진 사람들은 해결되지 않은 감정적 고통에 몰입되어서 다른 사람들에게 그 고통을 돌보도록 요구하는 경향이 있다. 이것 때문에 다른 사람의 필요—즉, 다른 사람을 사랑하는 것—를 알아보고 다른 사람의 필요에 주의를 기울이기가 어렵다. 방향을 돌려서 몰입형 애착여과기에 대한 연구 결과를 더 자세히 살펴보자.

몰입형 애착 스타일은 유아의 물리적이고 정서적 필요에 비일관적으로 접근하고 반응하는 양육자로부터 발달한다.[22] 이런 관계적 상황에서 유아는 유대감에 대한 강한 필요를 가지지만, 거절과 분리에 대해 동일하게 강한 두려움을 가진다. 비일관적인 환경 때문에 유아는 안정감에 대한 내적 감각이 없기 때문에 양육자와 물리적으로 가까이 있음에 몰입하게 된다. 그들에게 물리적으로 홀로 있음은 감정적으로 홀로 있음과 동일하다. 그래서 그들은 괴로움을 다루는 조직화된 전략을 발달시킨다. 애착체계 또는 다른 사람에 대한 필요를 과잉으로 활성화시킨다. 그 결과, 그들의 정서적 괴로움은 더 상승하고, 양육자로부터 지지와 위로를 얻는 일에 전적으로 집중한다.[23] 당신은 엄마로부터 떠나 멀리 여행하는 데 놀라 매달리는 아이에게서 이 여과기를 볼 수 있다.

몰입형 사람들은 고통스러운 감정에는 쉽게 접근하지만 그들의 감정을 조절하는 데는 어려움을 겪는다. 예를 들면, 몰입형의 사람들은 부정적 기억을 다른 애착여과기를 가진 사람들보다 더 빨리, 더 강하게 회상한다.[24] 몰입형의 사람들은 또한 그 감정이 특정 기억과 관련된 일차 감정인지에 상관

---

22) Jeffrey D. Green & W. Keith Campbell, 「Attachment and Exploration in Adults: Chronic and Context Accessibility」, *Personality and Social Psychology Bulletin* 26, no. 4 (2000): 452-461.

23) Philip Shaver & Mario Mikulincer, 「Attachment-Related Psychodynamics」, *Attachment & Human Development* 4, no. 2 (2002): 133-161.

24) Mikulincer & Orbach, 「Attachment Styles and Repressive Defensiveness」, pp. 917-925.

없이 모든 감정을 아주 강렬하게 경험한다. 예를 들면, 그들은 아주 슬픈 기억을 회상하면, 이것은 불안과 연결되어 있는 다른 부정적 감정을 불러와서 감정의 홍수를 야기할 것이다. 그들은 전반적으로 부정적 감정에 압도되지 않고, 한 가지의 부정적 감정만을 경험할 수 없는 것처럼 보인다. 이것은 초기 관계경험의 결과로서 깔려 있는 대뇌회로망 때문이다.

몰입형의 사람들이 자신에 대한 정보를 공개하는 방식은 그들의 관계와 감정을 다루는 조직화된 전략과 딱 들어맞는다. 예를 들면, 그들은 안정적으로 애착된 사람들처럼 똑같은 양의 개인적 정보를 공개한다. 그러나 그들은 자기공개의 수준을 상황적 단서에 맞추는 데는 어려움이 있다. 게다가 안정된 사람들과 달리, 그들은 일반적으로 똑같은 논제에 관한 것을 공개함으로써 다른 사람들에게 반응하지 않는다.[25] 그러나 재미있는 것은 그들은 공개를 많이 하는 대화를 좋아하는 경향이 있다. 그래서 우리는 여기서 친밀한 애착관계, 감정과 고통을 다루는 조직화된 전략을 대표하는 자기공개의 복잡한 패턴을 본다. 몰입형 사람들은 자신만의 필요와 느낌에만 집중하는 경향이 있고, 그들은 정보를 공개하고 있는 사람이 누구인지 그리고 다른 사람이 공유하고 있는 것에 대해 어느 정도 의식하지 못한다.

먼저 언급했듯이, 안정된 사람들은 새로운 정보를 구하고, 새로운 정보를 수용하기 위해서 자신의 신념과 기대를 조정하는 경향이 있다. 몰입형의 애착여과기를 가진 사람은 이런 경향을 보이지 않는다. 대신에 애매성을 야기할 것 같은 정보는 거절하거나 무시하는 경향이 있고, 새로운 정보에 기초해서 자신의 직감–수준 신념을 수정하는 데는 어려움이 있다.[26] 사실, 몰입형의 사람들은 자신과 타인에 대한 직감–수준 신념을 수정하는 데는 특별히 어려움이 있다. 예를 들면, 자신을 평가할 때 그들은 약점에 집중한다. 이 때

---

25) Mikulincer & Nachshon, 「Attachment Styles and Patterns of Self-Disclosure」, pp. 321-332.
26) Mikulincer, 「Adult Attachment and Information Processing」, pp. 1217-1230.

문에 내적 고통이 시작되고, 자신에 대한 부정적 시각이 더 악화된다.[27) 게다가 몰입형의 사람들은 파트너가 자신의 직감 – 수준 기대와 맞지 않는 방식으로 행동할 때조차도 안정된 사람들보다 자신의 파트너에 대한 지각을 수정하지 않을 가능성이 있다.[28) 몰입형의 사람들은 그들의 파트너에 대해서 새로운 정보를 흡수하는 데 저항적으로 보인다.

몰입형의 사람들은 타당성이 부족한 방식으로 AAI에서 이야기하는 경향이 있다. 이것은 그들에게 종종 감정적 고통이 홍수처럼 밀려오기 때문에 특정 논제나 질문으로부터 벗어나려는 것을 의미한다. 그들은 인터뷰를 하는 동시에 감정을 관리할 수 없다. 그들은 또한 아주 길고 모호하게 묘사한다. 이 때문에 그들의 생각을 따라가는 것은 어렵다. 그들은 감정적 고통에 쌓여서 그들이 무엇을 하고 있는지에 대한 맥락과 그들이 말하고 있는 상대방이 누구인지 놓친다. 이것이 관계에서 어떤 어려움을 야기하는지, 그리고 어느 정도 그들에게 기여하는지를 살펴보는 것은 어렵지 않다.

요약하면, 양육자가 그들에게 일관성 있게 정서적으로 조율해 주지 않았기 때문에 몰입형의 사람들은 그들의 감정을 효과적으로 조절하는 데 어려움을 겪는다. 그들은 이것을 하는 조직화된 전략을 가지고 있기는 하지만, 그것은 애착관계에 연관된 사고, 느낌, 행동을 과하게 활성화시키기를 포함하고 있고, 이는 대부분 부정적이다. 그들은 긍정적 기억보다 부정적인 기억에 더 잘 접근하고, 그들의 고통을 반추하는 경향이 있다. 이전에 언급했던 것처럼, 이는 다른 고통스러운 기억들을 활성화시키는 경향이 있으며, 고통스러운 감정을 모두 섞어 버린다. 따라서 이 때문에 몰입형의 사람들은 다

---

27) Mario Mikulincer, 「Adult Attachment Style and Affect Regulation: Strategic Variations in Self-Appraisals」, *Journal of Personality and Social Psychology* 75, no. 2 (1998): 420-435.

28) Mario Mikulincer & Daphna Arad, 「Attachment Working Models and Cognitive Openness in Close Relationships: A Test of Chronic and Temporary Accessibility Effects」, *Journal of Personality and Social Psychology* 77, no. 4 (1999): 710-725.

른 사람들의 필요를 알아차리기가 더 어렵다.

　이것은 몰입형 사람들의 하나님과의 관계에 대해서 무엇을 의미하는가? 안정된 사람들에게서처럼, 앞에서 묘사한 애착여과기는 하나님과의 관계에서 작동한다. 그래서 이런 사람들은 하나님에게 버림받았다고 느끼고 하나님과의 관계를 불안정하게 경험하는 경향이 있다. 예를 들면, 나와 동료들은 이들이 안정된 사람들보다 영적 공동체에 대한 유대감을 적게 느끼고 하나님과의 관계에서 불안을 더 많이 느낀다는 것을 밝혀냈다.[29] 게다가 몰입형의 사람들은 자신을 긍정적으로 보는 사람들보다 하나님을 덜 사랑스럽게 본다.[30] 그들은 매달리고 도움을 강청하는 형태의 기도를 하는 경향이 있고, 취약하다고 느껴질 때 유대감에 붙어 있으려고 애쓴다.[31] 그들이 하나님과의 관계에서 경험하는 고통은 그들의 생애에서 전체 정서적 고통의 일부가 된다. 삶의 한 영역에서 고통의 신경을 건드린다면, 그것은 종종 하나님과의 관계의 어떤 측면까지 흘러넘치게 될 것이고, 반대로도 가능하다. 몰입형의 사람들은 자신의 감정을 조절하는 데 도움이 되도록 하나님과 영적 공동체를 활용하는 경향이 있다. 이것은 어떤 한계 내에서는 정상적이고 건강하지만, 몰입형의 사람들은 보다 극단적이다. 감정을 조절하는 것에 있어서 도움은 그들이 발달시킬 필요가 있는 부분이고, 건강한 영적 공동체에서 제공될 수 있는 것이다.

---

29) Hall et al., 「Attachment to God and Implicit Spirituality」.
30) Lee A. Kirkpatrick, 「God as a Substitute Attachment Figure: A Longitudinal Study of Adult Attachment Style and Religious Change in College Students」, *Personality & Social Psychology Bulletin* 24, no. 9 (1998): 961-973.
31) Kevin R. Byrd & AnnDrea Boe, 「The Correspondence between Attachment Dimensions and Prayer in College Students」, *The International Journal for the Psychology of Religion* 11, no. 1 (2001): 9-24.

회피형 애착여과기

안정 애착여과기를 가진 사람들과는 대조적으로, 회피형 애착여과기를 가진 사람들은 타인이 자신에게 가까이 오지 않고, 반응하지 않기를 기대한다. 그들은 중요한 타자들과 정서적으로 황폐한 관계를 기대하고, 관계에서 감정적으로 거리가 먼 경향이 있다.[32] 결과적으로, 그들의 대뇌는 하나님과 타인에 대한 필요를 비활성화시키거나 닫아 버리는 특정한 전략을 발달시켜 왔다. 이로 인해서 그들은 타인에게 연결되어 있다는 것을 느끼고, 자신의 느낌을 알아차리고, 타인의 필요를 돌보는 데 어려움을 겪는다. 이 애착여과기에 대한 연구결과를 자세히 살펴보자.

회피형 애착 스타일은 유아의 정서적·물리적 요구에 대해서 양육자가 정서적으로 가깝지 않고, 반응하지 않아서 발달한다. 예를 들면, 회피적 부모는 유아의 감정에 조율되어 있지 않다. 다른 말로 하면, 그들은 그들의 아기가 느끼거나 경험하는 것을 직감적으로 느끼지 않는다. 그 결과, 그들은 유아의 필요에 반응하지 않는 의사소통을 한다. 그들의 언어나 비언어적이고 감정적인 의사소통은 유아의 비언어적 의사소통과 어울리지 않는다. 이 때문에 그들의 아이는 감정적 경험(직감-수준 지식)과 언어(머리 지식) 사이가 분리된다. 그렇게 되면 두 가지의 이어지는 지식체계가 아주 매끄럽게 작동하는 대신에, 좌반구의 논리적 체계가 유아와 양육자의 관계를 주도하게 된다. 머리-지식 체계는 직감-수준 지식체계와 정보를 교환하기보다 대뇌의 한 하위체계로서 독립적으로 기능한다.[33] 따라서 아이는 직감-수준 기억으로 이러한 경험을 기록하기 때문에 정서나 감정적 필요를 표현하지

---

32) Jeffrey D. Green & W. Keith Campbell, 「Attachment and Exploration in Adults: Chronic and Context Accessibility」, *Personality and Social Psychology Bulletin* 26, no. 4 (2000): 452-461.

33) Siegel, *The Developing Mind*.

않는 경향이 있다. 대조적으로 그들은 타인에 대한 필요를 비활성화시킨다.

그들은 양육자와의 관계에서 느껴지는 안전감에 대한 감각을 발달시키지 못하기 때문에 자신을 위로하는 대안을 찾는데, 그것은 긍정적인 관계적 환경을 요구하지 않는다. 타인에 대한 필요를 비활성화시킴으로써 그들의 대뇌는 자기 혼자서 감정을 조절하기 위해서 연결된다.[34) 다른 말로 하면, 이들은 고통의 출처와 잠정적으로 좌절시키는 애착대상으로부터 자신을 멀리 위치시키고, 부정적 감정과 사고를 차단한다. 마찬가지로, 그들은 자신에 대해 강하고, 아주 자립적이고, 타인을 필요로 하는 것을 넘어서는 의식적 이미지를 만들어 낸다. 그들은 사람들을 필요로 하는 타인을 약하다고 본다. 한쪽 시각에서 보면, 이것은 감정적으로 혼자라고 느끼기에 대한 창조적 적응이라고 볼 수 있다. 그러나 이런 전략은 감정을 처리하고, 관계에서 기능하고, 일반적으로 정보를 처리하는 능력이라는 관점에서 보면 뒷통수를 치는 격이다.

고통스러운 감정을 연결해서 쉽게 참아 내는 안정적으로 애착된 사람이나, 연결되면 홍수와 같은 고통스러운 감정들을 경험하는 몰입형 사람과 달리, 회피형의 사람은 모든 감정의 접근을 막음으로써 내적 감정 세계로부터 한 걸음 떨어진다.[35) 이것은 '앞쪽의(front end)'(자동적) 방어전략이다. 예를 들면, 회피형의 사람들은 안정형이나 몰입형의 사람들보다 슬픔이나 불안에 대한 기억에 덜 접근한다. 흥미로운 것은 회피적 사람들이 회상하는 기억들은 감정이 없다. 이것은 아마도 감정적 정보에 집중하지 않는다는 사실과 관련이 있다.[36) 이것은 감정이 메마른 기억이 된다. 다시 말하면, 회피형의

34) Shaver & Mikulincer, 「Attachment-Related Psychodynamics」, pp. 133-61.

35) Mario Mikulincer & Israel Orbach, 「Attachment Styles and Repressive Defensiveness: The Accessibility and Architecture of Affective Memories」, *Journal of Personality and Social Psychology* 68, no. 5 (1995): 917-922.

36) R. Chris Fraley, Joseph P. Garner, & Phillip R. Shaver, 「Adult Attachment and the Defensive Regulation of Attention and Memory: Examining the Role of Preemptive and Postemptive Defensive Processes」, *Journal of Personality and Social Psychology* 79, no. 5 (2000): 816-826.

사람들은 몰입형의 사람들이나 안정형의 사람들보다 초기부터 감정적 정보를 조금 덜 입력함으로써 친밀한 관계에서의 감정적 경험에 대해서 본능적으로 선제공격을 가한다.

감정에 대한 전면 공격에 덧붙여, 회피형의 사람들은 또한 '말미의(back end)' 방어전략을 사용한다. 그들은 화 경험하기를 부인하는 경향이 있으나 분노나 적의에 대한 더 강렬한 생리적 표시를 한다. 여기에 커다란 분리가 있는데, 정확하게 말하면 이것은 애착전략에 대한 비용이다. 그들에게 분노에 대해서 물으면, 그들은 주변의 사람들은 화가 났지만, 자신은 아니라고 말할 것이다.[37] 이것은 심리학자들이 '해리된 분노'라고 부르는 것이다. 또 다르게 설명하면, 회피형의 사람들은 의식적 불평과 무의식적 역동 사이에 해리를 보여 준다. 예를 들면, 그들은 자기보고식 측정에서는 죽음에 대한 낮은 수준의 두려움을 보고하지만, 감정적 삶에 대한 의식적 알아차림을 건너뛰는 측정방법에서는 죽음에 대한 높은 수준의 불안을 보인다.[38]

이 방어유형은 회피형의 사람으로 하여금 자신의 (깨질 것 같은) 자아감에 위협이 되는 감정을 알아차리지 못하게 해 준다. 그러나 생리적 각성과 같은 이러한 감정에 대한 본능적 지표는 여전히 거기 있다. 그들은 또한 본능적 정보를 알아차리지 못하기 때문에 심각하게 불규칙적이 되고, 왜 이런 일이 발생하는지 알지 못할 것이다. 이 유형은 또한 편집적이고 적의에 찬 자세를 부추기는데, 이는 감정적으로 소원한 관계의 부정적 사이클을 유지한다.

회피적 사람들은 친밀한 관계를 회피하기에 일관성을 보이면서 개인적

---

[37] Mario Mikulincer, 「Adult Attachment Style and Individual Differences in Functional versus Dysfunctional Experiences of Anger」, *Journal of Personality and Social Psychology* 74, no. 2 (1998): 513-524.

[38] Mario Mikulincer, Victor Florian, & Rami Tolmacz, 「Attachment Styles and Fear of Personal Death: A Case Study of Affect Regulation」, *Journal of Personality and Social Psychology* 58, no. 2 (1990): 273-280.

정보를 타인들에게 공개하지 않는 경향이 있다.[39] 우리가 예상하듯이, 회피형의 사람들은 안정형의 사람들보다 관계에서 만족하는 게 적다.[40] 여성들에게 관계 만족도에 대해서 질문하면서, 파트너의 위로수준과 감정적 친밀도가 관계만족도를 예측한다.[41] 우리는 또한 회피형의 사람이 안정형의 사람보다 갈등을 더 많이 회피하고 남녀관계에서 의사방해(의사소통 단절)를 더 많이 보여 줌을 안다.[42]

감정을 조절하기 위해 회피 전략을 사용하는 사람들은 – 감정을 비활성화시키기 위해 – 또한 사고에도 부정적인 영향이 있다. 예를 들면, 긍정적 느낌을 불러일으키는 상황은 종종 상황에 대한 새로운 방식의 사고—새로운 아이디어, 문제해결의 새로운 방식 등—로 이어진다. 회피형의 사람들은 긍정적 감정에 동반되는 정보를 놓친다.[43] 그들은 또한 다른 영역에 있는 정보들도 놓친다. 회피형의 사람들은 호기심을 없애고, 새로운 정보를 찾지 않고, 애매함을 야기할 새로운 정보의 중요성을 무시함으로써 감정적 어려움을 회피하는 경향이 있다.[44] 회피형의 사람들은 새로운 정보에 열려 있지 않기 때문에 자신과 타인들 그리고 세상에 대한 직감-수준의 신념과 기대를 변형시키고 업데이트하지 않는 경향이 있다. 이것 때문에 그들은 부정적 사이클에 머물게 된다. 자신에 대한 회피형의 사람들의 견해는 또한 비활성

39) Mario Mikulincer & Orna Nachshon, 「Attachment Styles and Patterns of Self-Disclosure」, pp. 321-332.

40) Jeffry A. Simpson, 「Influence of Attachment Style on Romantic Relationships」, *Journal of Personality and Social Psychology* 59, no. 5 (1990): 971-80.

41) Nancy L. Collins & Stephen J. Read, 「Adult Attachment, Working Models, and Relationship Quality in Dating Couples」, *Journal of Personality and Social Psychology* 58, no. 2 (1990): 644-663.

42) M. Carole Pistole & Frank Arricale, 「Understanding Attachment: Beliefs about Conflict」, *Journal of Counseling & Development* 81, no. 3 (2003): 318-28.

43) Mario Mikulincer & Elka Sheffi, 「Adult Attachment Style and Cognitive Reactions to Positive Affect: A Test of Mental Categorization and Creative Problem Solving」, *Motivation and Emotion* 24, no. 3 (2000): 149-174.

44) Mikulincer, 「Adult Attachment Style and Information Processing」, pp. 1217-1230.

화시키는 그들의 감정조절 전략과 일치되는 방식으로 왜곡되었다. 예를 들면, 그들은 타인과 유사하게 안정형과 몰입형의 사람들보다 자신을 더 낮게 평가한다.[45] 그들은 특별히 고통스러울 때 그들이 다른 사람과 얼마나 유사한지에 대해서 평가절하한다. 이것이 작동하는 방법은 회피형의 사람들은 자신에 대한 긍정적 견해는 부풀리고, 타인들은 다르다고 지각함으로써 위협적 상황에 반사적으로 반응한다는 점이다. 그래서 기본적으로 그들은 "나는 위대하고 타인들은 나와 다르다(즉, 그렇게 위대하지 않다)"고 생각한다. 그들이 이런 심리적 속임수를 성공하는 방법 중에 일부는 자신의 부정적 측면을 다른 사람들에게 귀인시킴으로써 가능하다.[46] 이것은 세 가지 기능을 한다. 고통에 직면했을 때 자기확신을 증가시키고, 거리감을 증가시키고, 그들과 타인들 사이의 유대감을 떨어뜨린다. 간단히 말하면, 회피형의 사람들은 자기의존적으로 자신에 대한 의식적이지만 깨지기 쉬운 견해를 유지하면서 다른 사람들을 팔 정도의 길이만큼 떨어트리면서 감정을 짧게 순회시킨다.

AAI에 대한 이야기를 하면서 회피형의 사람들은 지지할 수 없는 진술들을 하기 때문에 일관성에 대한 감각이 부족해 보이는 경향이 있다. 예를 들면, 그들은 종종 긍정적 유년 시절을 보냈다고 보고하지만 이를 지지할 만한 기억을 말할 수 없다. 그들은 또한 유년 시절부터 무엇이 됐든 기억이 많이 나지 않는다고 주장하는 경향이 있다. 이것은 회피형의 사람들이 애착과 관련된 정보에 대한 직감-수준 지식을 비활성화시킨다는 아이디어와 딱

---

45) Mario Mikulincer & Victor Florian, 「The Relationship Between Adult Attachment Styles and Emotional and Cognitive Reactions to Stressful Events」 in *Attachment Theory and Close Relationships*, ed. Jeffry A. Simpson and W. Steve Rholes(New York: Guilford, 1998), pp. 143-165.

46) Mario Mikulincer & Netta Horesh, 「Adult Attachment Style and the Perception of Others: The Role of Projective Mechanism」, *Journal of Personality and Social Psychology* 76, no. 6 (1999): 1022-1034.

맞는다.

회피형의 사람들은 하나님과의 관계에서도 똑같은 패턴을 보이는 경향이 있다. 그들은 의식적으로 하나님이 필요함을 인정할지 모르지만, 어려운 상황에 놓이게 되면 실제로 좀처럼 그를 의지하지 않는다. 그들은 어려우면, 하나님에 대해 머리 지식에 초점을 두면서 하나님과의 영적 공동체는 주변부로 밀어내고, 일반적으로 자립적 대처전략을 계속한다. 예를 들면, 나와 동료들은 회피형의 사람들이 안정형의 사람들보다 영적 공동체에 소속감을 적게 느낀다는 것을 알아냈다.[47] 그들은 또한 안정형의 사람들보다 영적인 교제권, 즉 영적 격려의 의도적 요소를 조성하는 교제권이 거의 없다. 게다가, 회피형의 사람들은 그들이 개인적 하나님으로 알고 있는 것에 대해서 믿거나 관계할 가능성이 적다.[48] 다시 말하면, 친밀한 관계는 바람직하지 않거나 위험스럽다고 믿는 회피형의 사람들은 하나님과의 친밀한 관계가 가능한 일이라고 생각하지 않는다. 이것은 그 경험을 걸어 둘 경험적 고리가 없기 때문에 그들의 레이더스크린에 나타날 때조차 별것이 아니다.

주목할 만한 가치가 있는 재미있는 발견은 회피형의 사람들은 가끔 종교적 행동과 참여를 높이면서 중요한 관계에서의 붕괴에 반응한다는 점이다. 이것은 그들의 정상적 전략과 대치된다. 그들은 초기에는 친밀함에 대한 필요를 비활성화시키는 전형적 전략으로 반응할지 모른다. 그러나 스트레스가 아주 심해지고 질서가 심하게 깨어지면, 고통스러운 감정을 단락시키는 정상적 대처 메커니즘이 무력화되면서 고통스러운 감정이 홍수처럼 밀려온다. 이것은 그들로 하여금 지지와 위로를 위해서 하나님과 영적 공동체로 나가도록 밀어낼 수 있다. 우리는 과잉활성화와 비활성화 전략 둘 다 감정을 조절하는 데 똑같이 도움이 되고, 자신의 정상적인 대처방법을 사용할 수 없

---

47) Hall et al., 「Attachment to God and Implicit Spirituality」.
48) Kirkpatrick, 「God as a Substitute Attachment Figure」, pp. 961-973.

게 하는 높은 수준의 스트레스에 압도될 때 각각의 전략은 다른 전략의 백업으로 기여함을 안다.

우리는 또한 애착렌즈를 통해 기도를 살펴본 연구들을 통해서 회피형 사람들의 하나님과의 관계를 들여다볼 매력적 창문을 가지고 있다는 것을 안다. 회피형의 사람들은 하나님과 가깝다는 감각을 최소화하는 유형의 기도에 참여하는 경향이 있다.[49] 사실 그들은 더 어려워지고 지지가 필요할 때 (그들이 그것을 보여 줄 수 없다 하더라도), 하나님과의 정서적 유대감을 조성하는 유형의 기도에는 훨씬 더 적은 시간을 보낸다. 간단하게 말하면, 하나님을 한 발자국 떨어뜨려 놓음으로써 회피형의 사람들은 하나님과 머리 지식으로 관계하는 경향이 있다.

두려운 애착여과기

두려운 애착은 몰입형과 회피형 애착유형의 결합으로 보일 수 있다.[50] 몰입형 애착여과기처럼 두려운 애착여과기를 가진 사람들은 가까운 관계를 원하고 타인으로부터 위로와 확신을 많이 필요로 한다. 그러나 회피형 애착여과기의 사람들처럼, 두려운 애착여과기의 사람들은 바라면서도 친밀한 관계를 회피하는 경향이 있다. 두려운 애착은 가까이에 있는 비일관적 경향을 가진 양육자로부터 발달한다. 게다가 이런 양육자들은 아이들 앞에서나 아이들을 향해서 부정적이고 놀라게 할 만한 감정들을 표현하는 경향이 있다.[51]

---

49) Kevin R. Byrd & AnnDrea Boe, 「The Correspondence between Attachment Dimesions and Prayer in College Students」, *The International Journal for the Psychology of Religion* 11, no. 1 (2001): 9-24.

50) Kim Bartholomew, 「Avoidance of Intimacy: An Attachment Perspective」, *Journal of Social and Personal Relationships* 7, no. 2 (1990): 147-178.

51) 위의 책, pp. 147-178.

이런 반복적 경험이 직감 – 수준 기억에 입력되면서 자연스럽게 이 아이들은 타인을 돌보지 않고 완전히 거절하고 적대적으로 보는 본능적 시각과 자신을 가치 없고 사랑스럽지 않은 존재로 보는 시각을 발달시킨다. 자신은 나쁘고, 타인들은 잠재적 위로와 안전감의 자원으로 보는 몰입형 사람들과 달리, 두려운 사람들은 타인들을 나쁘게 보고, 그들을 가까이하면 그들이 자신을 더 기분 나쁘게 하리라고 예상한다.[52] 타인에 대해 두려운 사람들의 시각은 몰입형과 다른 반면에, 자신에 대한 시각은 회피형의 사람들과 다르다. 회피형의 사람들은 적어도 표면적으로는 자신을 긍정적으로, 타인을 필요로 하지 않는 의식적 견해를 가졌다면, 두려운 사람들은 낮은 자존감을 가지고 타인의 위로를 많이 필요로 한다. 이것은 충돌하는 욕구의 아주 괴로운 조합이다. 간단하게 말하면, 재확신에 대한 필요 때문에 애착대상에게 나아가고, 거절이 본능적으로 예상되기 때문에 애착대상으로부터 지지를 구하기를 회피한다. 그들은 계속해서 관계적 딜레마에 갇힌다.

우리는 세 가지 다른 유형보다 두려운 애착여과기에 대해서 많이 알지 못한다. 그러나 요약하자면, 몰입형과 회피형 애착여과기가 겹치지는 몰입형 사람들의 감정처리 패턴과 회피형 애착여과기를 가진 사람들의 회피적 행동으로 이어진다. 예를 들면, 두려운 사람들은 (몰입형 사람들과 비슷하게) 폭포와 같은 분화되지 않은 고통스러운 감정을 야기하는 부정적 기억과 고통스러운 감정에 대해서 편향되었을 가능성이 있다. 그러나 그들은 회피형의 사람들처럼 타인에게 많이 공개하지 않는다. 마찬가지로, 괴로움 때문에 애착대상으로부터 위로를 확보하기 위한 시도로 매달리는 행동을 하기보다는 그들에게 자신이 거절당하리라고 예상하기 때문에 철수한다. 결국 자신을 고립시키고, 사랑스럽지 않다고 느끼고, 끊임없이 거절을 두려워하는 강력

---

52) Dale W. Griffin & Kim Bartholomew, 「Models of the Self and Other: Fundamental Dimensions Underlying Measures of Adult Attachment」, *Journal of Personality and Social Psychology* 67, no. 3 (1994): 430–445.

한 고통을 경험한다.

　우리는 하나님과의 관계에서도 두려운 사람들이 버림받는 것과 같은 고통을 경험할 가능성이 높은 똑같은 패턴을 보이리라고 예상한다. 그러나 두려운 사람들은 또한 하나님과 가까운 정서적 접촉을 회피할 가능성이 있다. 그들은 예를 들어서 기도에서 하나님께 그들의 고통을 호소하지 않을 것이다. 게다가 영적 공동체에서도 많이 드러내지 않을 것이다. 나와 동료들이 한 연구는 이러한 그림을 뒷받침한다. 두려운 사람들은 영적 공동체에서 회피형의 참가자들처럼 똑같이 보이지만, 하나님과의 애착에서는 몰입형 사람들과 똑같음을 발견했다.[53] 이것이 암시하는 바는, 그들은 영적인 공동체에 어떻게 참가하는가 하는 견해에서 보면 회피형의 사람들과 비슷한 행동 패턴을 보인다. 즉, 공동체의 주변부에 머문다. 그러나 몰입형의 사람들처럼 하나님과의 관계에서 똑같은 수준의 불안을 보인다. 이는 안정형 사람들보다 더 높다. 그래서 고통을 경험하고 하나님과의 관계에서 거절을 두려워하기는 몰입형의 사람들과 비슷함을 암시한다. 간단히 말하면, 두려운 사람들은 하나님과 영적 공동체에서 친밀한 유대감을 바라지만, 그들의 본능적 경험은 유대감을 구하기는 거절로 이어진다고 말하기 때문에 그들은 공동체의 주변에 머물러서 하나님과 한 발자국 떨어진 채 있다.

행위 속에 있는 애착여과기

　프레드(Fred)는 그의 결혼을 회복하고 싶은 희망을 가지고 나(토드)를 찾아왔다. 프레드와 보니(Bonnie)는 여러 해 다투었고, 그로 인해 위기에 봉착했다. 프레드는 보니에게 아주 화가 났다. 그가 느끼기에 그녀는 자신과 아이들에게 헌신하지 않은 채 자신의 관심사만을 추구해 왔다. 보니는 결혼생

---

53) Hall et al., 「Attachment to God and Implicit Spirituality」.

활에 노력하고 싶다고 말하며 분리했지만, 프레드는 그녀가 이것을 따르고 있다는 어떤 흔적을 관찰하지 못했다. 그는 그녀에게 더 화가 났고, 드러나도록 화를 표현하기 시작했다. 보니는 프레드와 의사소통을 거부하고 철수함으로써 마음속 깊은 곳에 있는 화와 실망을 수동적으로 표현하기 시작했다. 가끔씩 예고 없이 폭발하기도 했다. 이 시기 동안의 전형적 상호작용은 다음과 같다. 프레드는 약간 화가 난 톤으로 보니와의 결혼생활에 대해서 말하려고 노력하고, 그녀는 철수하고, 그와 의견을 달리하고, 질문하고, 결국에는 그 논제에 대해서 더 이상 얘기하기를 거부한다.

이제 좀 우회해서, 프레드가 어떻게 그리고 왜 이런 식으로 상호작용을 다루었는지를 이해할 수 있도록 프레드의 애착여과기를 탐색해 보자. 프레드의 애착여과기는 몰입형 여과기다. 그의 아버지는 그가 어렸을 때 돌아가시고, 어머니는 화를 냈고, 방임과 학대 사이를 오갔다. 때때로 프레드는 아주 어렸을 때조차도 홀로 남겨져서 인생을 이해해야 했고, 다른 때에는 엄마가 엄청난 적의에 차서 말로 공격했다. 그 결과, 프레드는 자신을 나쁘고 돌볼 가치도 없는 사람으로, 다른 사람들은 그에 대해서 극도로 비난하는 사람으로 예상하는 애착여과기를 발달시켰다. 그로 인해 프레드는 의식적이지 않았지만 보니에게 이것을 예상했고, 이 여과기 때문에 그는 보니와의 상호작용에서 이것을 경험하리라는 선입견을 자동적으로 갖게 되었다.

전형적 상호작용으로 다시 돌아가 보자. 어떤 면에서 프레드의 애착여과기 때문에 그는 보니로부터 제일 두려워했던 반응을 추출했지만, 그것은 가장 익숙한 철수와 비판이었다. 그는 그녀가 이런 방식으로 반응하도록 이끄는 기분 나쁜 감정을 유도하는 방식으로 의사소통을 하였다. (보니도 또한 자기 방식대로 똑같이 했다.) 게다가 일단 보니가 반응을 했고, 프레드는 자신의 여과기 때문에 그녀의 질문과 철수를 중대한 거절—엄마와의 관계에서 아주 익숙한 감정—로 지각했다. 그는 그녀가 그를 공격하기 위해 선택한 많은 것들을 경험하였다. 이것은 그의 애착여과기의 결과로 자동적으로 만들어진 감정적 의미다. 그가 그녀의 반응을 함께 만들어 낸 방법과 그녀의 반응과 선택에 포함되어 있는 더 유순한 동기들을 인정하기는 어려웠다. 한 차례의 이런 상호작용 후에 프레드의 몰입형 애착여과기는 그의 유대감에 대한 필요를 활성화시키는 전략으로 이어지고, 화나고 요구하는 목소리 톤이 더해졌다. 그는 거절의 고통 때문에 압도되었으며, 화난 방식으로 보니와 그 문제에 대해서 얘기하려고 하는데, 이는 불안정한 애착관계에서 외적 유대감을 유지하려고 노력하던 방식이었다.

프레드의 애착여과기는 또한 하나님과의 관계에서도 발현되었다. 그는 적극적으로 교회에 참석하였고, 하나님과의 관계에서 성장하고 있었다. 그러나 우리가 그의 하나님과의 관계에 대해서 토론할 때, 그는 하나님이 비판적이고 자신을 수용하지 않는다고 느꼈다. 때문에 그는 종종 기도와 다양한 영적 훈련에 참가하지 못하게 될 것이다.

결론

나는 철저하게 관계적 삼위일체 하나님의 형상으로 창조된 구체화되고, 관계적이고, 영적 존재로서의 사람 본성의 핵심적 윤곽을 개관했다. 다양한 분야에서 최근 발달한 내용을 종합하면, 관계하고 사랑하는 우리의 능력은 암시적이고 직감-수준 부호로 새겨져 애착관계를 통해서 전달되는 관계 속의 자기(self-in-relation)라는 의미구조를 통해서 전해진다. 다시 말하면, 우리는 삶의 중요한 사람들이 어떻게 우리에 대해서 느끼는지를 말로 아닌 감정, 몸, 이미지로 직감-수준 유형의 기억으로 기억한다. 이와 관련해서 정서적으로 중요한 사람과의 관계경험에 대한 기억은 우리 영혼에 새겨지고, 우리 자신, 하나님, 타인들에 대해서 어떻게 느끼는지, 우리가 삶의 사건들의 의미를 어떻게 결정하는지를 정해 주는 여과기가 된다. 우리는 동료와의 관계를 위해서 지음을 받았으나, 또한 관계 속의 우리 자신의 핵심에 하나님의 영이 거주하시기 위해서 지음을 받았다. 이는 우리가 의지하는 철저하게 관계적인 생각이다.

Psychology in the Spirit
제13장

영으로서의 사람
관계성을 넘어 연합으로

John Coe

"지식에 넘치는 그리스도의 사랑을 알고,
하나님의 모든 충만하신 것으로 너희에게 충만하게 하시기를 구하노라."
엡 3:19

"그가 나타나시면 우리가 그와 같을 줄을 아는 것은
그의 참모습 그대로 볼 것이기 때문이니."
요일 3:2

우리의 변형심리학은 (a) 물리적 · 내적 · 환경적 사건으로 환원될 수 없는 개인적 정체성으로 구성되는 대행자이고, (b) 하지만 이 대행자는 급진적으로 관계적인 영은 사람이라고 지속적으로 주장한다. 우리는 관계 속의 자기(self-in-relation)다. 제12장에서 토드가 논의한 바와 같이, 관계심리학자들과 애착이론가들은 유아기와 그 이후로부터 우리가 얼마나 관계적인지를 보는 데 있어서 아주 많은 도움을 주었다. 제14장과 제15장에서 논의된 바와 같이, 정신병리와 건강을 위한 관계성을 위한 함의들은 아주 극적이다. 이것은 아무리 강조해도 지나치지 않는다. 그러나 우리의 변형심리학은 성령에 대한 교회의 경험과 인간 존재가 단지 인간관계성만이 아니라 인간관계성을 넘어 하나님과의 연합의 경험을 위해서 지어졌음을 성경에 근거하여 지속적으로 주장한다. 이 장은 바로 우리의 영 안에 하나님을 받아들이고, 하나님과 영적으로 하나가 되기 위한 인간 메타역량의 고유한 특성을 논의한다. 이것이 변형심리학뿐만 아니라 인간 존재의 목적이고 목표다. 만일 심리학에서 하나님과의 연합과 사랑을 언급하는 것이 생소하다면, 이것은 근대심리학으로부터 받은 조건화 때문인데 근대심리학의 방법론은 인간 존재에 중심적인 것을 간과해 왔다. 변형심리학의 방법론은 그 범주 속에 하나님과 인간 실존의 목적 또는 목표 둘 다를 포함하기 때문에 심리학에 대한 변형적 접근은 인간됨의 이러한 차원을 탐구하기 위해서 의도되었다.

관계 속에서 '나'인 자기

우리는 사람이 철저하게 관계적이라고 받아들이지만, 이것은 사람들이 단순히 우리의 관계적 역사의 집합체이거나 환원될 수 있음을 의미하지는 않는다. 사실상, 만일 성인인 나 자신을 완전히 다른 사람과의 '무리'와, 엄마와 또는 엄마의 어떤 대체물과 동일시한다면 이는 일종의 융해병리다. 단순히 다른 사람들에 대한 나의 경험이 나는 아니다. 제11장에서 논의한 바와 같이, 실존주의자의 통찰은 나의 나-됨(I-ness) 또는 나의 '있음-됨(am-ness)'은 나의 관계성으로서 나라는 사람의 중심적 특징이다. 그것이 다른 사람들과 관련에서 자유로운 사람, 즉 다른 사람이 아니고 다른 사람들이나 단지 관계 속에서 원인적으로 또는 다른 사람들에게 충동적으로 노예가 되지 않게 하는 자기를 만든다. 나는 그 관계(키르케고르의 말)가 아닌 관련 속에서 나 자신을 발견한다. 나의 나-됨과 나의 관계성은 이나-또는(either-or)이 아닌 둘 다/그리고(both/and)다. 나의 관계적 역사가 크게 나의 경험에 영향을 미쳐 왔지만, 나는 단지 그러한 경험들의 집합체가 아니다. 그러한 관계적 경험들을 가진 나, 그러한 관계들보다 더 큰 나 그리고 내가 자기자각 속에서 성장할 때 의식 속에서 출현하는 나가 있다.

우리의 나-됨(I-ness)과 함께-존재함(being-with) 사이의 긴장

그래서 나로서 우리의 실존적 입장(plight)과 함께-존재(being-with)의 급진적 관계 사이에는 긴장이 있다. 나는 나 자신 밖에서 나의 진정한 근원이나 정체성을 발견할 수 없고(실존적 통찰), 나는 또한 나 자신 내에서도 그것을 발견할 수 없다(관계심리학자의 통찰). 나는 단지 무리(herd)가 아니다. 나는 단지 나의 관계도 아니다. 그러나 나는 고립된 개인도 아니다. 그러면 나는 누구이며 무엇인가? 얄롬(Yalom)에 따르면, 나는 어떤 다른 존재나 사물에 의해서 근거를 둘 수 없는 나의 존재의 근거로서 벌거벗은 나다. 이런 의미에서 자기이해를 탐색하는 과정은 수수께끼다.

세속적 실존주의자에 따르면, 이 수수께끼의 심리학적 구조는 무엇인가? 나의 관찰하는 나가 관찰된 나 또는 나 자신의 무엇-임을 탐구하고, 이러한 관찰된 나와 잠재성은 내가 진정으로 누구인가에 대한 질문을 대답하는 데 충분히 활성화되는가의 여부를 질문할 때 그 해답이 나온다. 관찰하는 나와 관찰된 나 사이의 변증에서 나는 자기이해를 위한 나의 탐구를 해결하기 위해서 이러한 질문을 대답하는 데 있어서 내가 할 수 있거나 될 수 있거나 관계할 수 있는 어떤 것도 없음을 발견한다. "너 자신을 알라."라는 플라톤의 격언은 실패하였다. 그것은 나에게 해결되지 않은 실존적 불안의 상태 속에 있게 한다. 이러한 불안은 미래에 있어서 어떤 구체적 이슈들에 대한 두려움이나 불안의 심리역동적 경험이 아니라 나의 해결되지 않은 정체성과 탐구에 대한 동요—내가 이것에 열려 있다면—가 좀 더 확산된 상태다. 자기의식의 이러한 탐구에서 나는 수수께끼를 풀 나의 무능력의 '벽,' 나 자신을 해결할 나 스스로의 유한적 실존의 한계를 발견한다.

🪧 자기자각의 목적:
하나님과의 연합으로 인도하는 참회

그러나 얄롬이나 사르트르가 인식한 그 어떤 것도 자기를 넘어서 자기를 데려갈 정직하고 철두철미한 자기-지식에 대한 초자연적 목표나 목적은 아니다. 자기의식(self-consciousness)에 있어서 지속성은 자기자각(self-awareness) 속으로 여정과 변증의 경험 내에서 깨달음이나 자유를 가져다주지 않는다. 그러나 이러한 여정의 지속된 정직함은 만일 내가 그것을 위한 심중을 가지고 있다면, 궁극적으로 나 자신을 발견할 나 스스로의 능력을 놓게 되는 결과를 초래할 것이다. 이러한 변증에서 자기가 담아내거나 해결할 수 있는 범위를 넘어서는 원죄와 수치심과 외로움의 깊은 경험에 자기가 개방될 때까지 꾸준히 통로로 인도된다. 나는 여기서 자기를 넘어서 있는 것에 나를 움직이도록 하는 하나의 '통찰'을 발견한다. 이러한 통찰은 누군가의 잠재성을 인식하는 플라톤식의 통찰이 아니다. 오히려 이것은 자기지식(self-knowledge)에 대한 플라톤의 견해와 자기의 놀랄 만한 절망으로 누군가를 인도하는 참회의 통찰이다. 여기서 사실상 나의 나-됨(I-ness)은 그 자체를 초월하여 예수님 또는 키르케고르의 용어로 '선생님(the teacher)'의 새로운 지평으로 열리게 하는데, 그는 외부의 시간과 공간으로부터 들어와서 나를 지으신 그 분에게로 다시 연결되는 길을 준비하셨고, 하나님의 바로 그 사람을 나의 사람 안으로 데려와 하나의 영으로 연결했음을 선포하신다.[1]

---

1) Johannes Climacus [Søren Kierkegaard], *Philosophical Fragment or a Fragment of Philosophy*, trans. David Swenson(Princeton, N. J.: Princeton University Press, 1962).

연합을 위한 인간의 메타역량

나 자신을 초월하기는 나 자신을 해결하고 다른 사람을 받아들이도록 하기 위해서, 나 자신에게 도움이 되도록 일하기 위해 침입하는 그 하나님을 받아들이도록 하기 위해서, 내가 신의 성품에 참여자가 될지도 모르는 메타역량에 대해 내부에서 열리도록 한다(벧후 1:4). 하나님을 받아들이는 이러한 메타역량은 우리를 순간적으로 초월자에게로 열리게 할 강렬한 사랑, 아름다움, 고통과 욕구의 순간들을 제외하고는 우리의 삶에서 종종 휴면 중에 있다. 이러한 반수면 상태는 깊은 사랑이 숨고, 채우고, 가리고자 하는 나의 욕구를 해결할 때까지 오랫동안 지속될 수 있다. 십자가상에서 그리스도의 대속하는 일을 통하여 하나님에게 화해되면서 성령과 연합 속에서, 하나님의 사랑 속에서, 빛 속에서, 나의 정체성은 해결된다. 여기서 나는 샬롬, 온전함, 평화, 안녕에—또는 적어도 이 생의 평생에 해결할 가능성에—있게 된다. 나는 하나님의 품에 있고, 하나님은 내 안에 계신다. 나는 그리스도의 품에 있고, 그리스도는 내 안에 계신다. 나는 성령님의 품에 있고, 성령님은 내 안에 계신다. 나의 정체성을 어딘가 다른 곳에서 찾으려는 유혹이 아직도 많이 남아 있겠지만, 이렇게 나의 정체성 탐구는 끝이 난다. 이것이 바로 제5장에서 논의된 '회상된 심중(recollected heart)'으로의 여정이다.

하나님과의 연합 속에서만 실현되는 자기로서의 자기

그리스도 안에서 회상된 자기의 가능성은 자기에 대한 새 언약 개념의 심중(heart)에 있는데, 이는 자기가 관계를 위해서 만들어진 단지 그런 의미에서가 아니라 자기는 자기의 핵심 속에서 하나님과 절대적 연합 속에 있을 때 충분히 자기가 되는 그런 의미에서 철저한 '함께–존재함(Mitsein, a 'be-ing-with')'으로 이해된다. 즉, 하나님에 의해서 거하지 않는 자기는 충분히 실현화된 자기가 아니며, 실존적으로 혼자되면서 자기 가운데 관계적 공백을 경험하는 상태인 일종의 반-사람(half-person)이다. 성경은 이러한 근본적 병폐가 인간관계로 해결되지 않고 오직 자기가 다른 사람에 의해서 문자적으로 거하게 될 때—사실상, 성령으로 가득 찰 때—십자가상에서 그리스도의 완성된 작업에 근거한 절대적 연합 속에만 치료되는 상태(롬 5:12-17, 엡 2:1-5)인 '영적 죽음(spiritual death)'이라고 부른다.

결과적으로 자기의 변형적 모델은 세속이론들이 제시해야 하는 관계성의 개념을 넘어선다. 이러한 연합에 미치지 못하는 어떤 것으로 자기 자신을 경험하기는 어느 정도까지 실존적 외로움과 정신병리로 인해 고통을 겪게 된다. 대부분 세속심리학자들이 규범이라고 부르는 것—이름하여, 자기와 다른 사람들의 경험이나 표상 그리고 자기를 제외하고는 내부에 아무도 없는—은 사실상 단지 통계적으로 정상일 뿐 비정상적인 피조물이다. 제14장에서 토론하겠지만, 사실상 이러한 실존적 외로움은 아마도 원죄로 인류를 오염시키는 핵심적 죄의 조건이고 병리성이다.

우리의 나-됨과 함께-존재함을 넘어서 긴장의 해결: 하나님과의 연합

하나의 나로서 실존적 입장과 우리의 급진적 관계성 둘 사이의 이러한 긴장이 해결되면서 우리가 알 수 있듯이 인간관계성을 넘어서 하나의 현실 속에서 목적을 가져다준다. 나 자신 밖에서 어떤 다른 인간관계와 나 자신의 나-됨을 넘어서 있는 자기에게 근거가 존재함이 드러난다. 나는 사랑을 위해서 지음을 받았기 때문에 나는 나 자신의 근거가 될 수 없다. 나는 내 아내와 딸들에 대한 경험 이상이기 때문에 내 아내나 딸들이 나의 근거가 될 수 없다. 해답은 무엇인가?

우리 변형심리학에서 '나는 누구인가?'라는 질문에 대한 대답은 간단하게 이것이다. '내가 이것을 의식할 능력이 있든 없든 관계없이, 중심에서 나의 영과 연합하고 내 영 속에 거하면서 나의 영을 창조한 영과 하나님에 의해서 사랑받는 존재다.' 하나님은 그리스도 안에서 자기를 낮추어 나의 존재의 바로 그 핵심에, 단지 나 자신 밖에서 사랑하는 자로서가 아니라 나의 정체성에 대한 나의 질문에 해답으로써, 나의 자기 내부에서 사랑하는 자로서 나와 연합하신다. 여기서 나는 나 자신에 대한 모든 것―사랑 속에서 다른 자기에 의해서 거하도록 만들어진 자기―을 발견한다. ([그림 13-1]을 보라.)

나는 그리스도 안에서 내가 나의 존재의 근거가 되지 않지만, 나 자신 밖에서 자기로서가 아닌 나와 한 영으로서 내가 하나님의 자녀임을 증거하면서 나를 사랑하는, 나의 관찰하는 나의 핵심 속에 살고 있는 내주하는 성령인 다른 근거가 있음을 발견한다(롬 8:15-16, 26). 주님과 연합한 사람들은 '주와 한 영'이다(고전 6:17). 그게 바로 나의 모습이다. 나는 모든 인간관계를 넘어서는 관계 속에 있고, 이러한 관계는 나의 존재의 근원이자 근거가 되시는 하나님의 그 영인 타자를 나의 핵심적 나-됨에 불러들인다.[2] 하나님과 한 영이 되면서 영으로 함께하는 우리의 연합은 기독교인의 삶을 구성하는 일단의 목적에 대한 인식을 가능하게 만든다. 시간이 지나면서 우리의 전체 심리적 구조를 채우게 될 하나님의 현존과 사랑을 허용하면서(엡 3:17-19), 성령으로 채워지고 그리스도 속으로 동조하며, 이웃과 하나님을

---

2) 하나님과 신자와의 연합은 불신자의 실존과 한 자기로서 경험을 보는 방법에 대한 질문을 야기한다. 그들 속에서 존재론적으로, 그리고 창조에 의해서 신자들이나 불신자들은 동일한 인간 잠재력, 힘 그리고 대행을 모두 공유한다. 차이는 이것인데, 성령이 그 사람을 개심시킬 때까지 하나님을 사랑할 불신자의 메타역량은 작동되지 않는다. 그러나 바울이 아테네에서 그의 변론 중에 "우리는 그를 힘입어 살며 기동하며 존재하느니라(행 17:28)."라고 말하였듯이, 불신자는 전적으로 하나님으로부터 분리되지 않는다. 다시 여기서 논의되는 주요한 차이는 누군가의 인간 영과 관계적 연합 속에서 하나님 바로 그 사람을 받아들임으로써 하나님을 사랑할, 이름하여 가장 커다란 인간 잠재성 또는 메타역량은 가장 예리한 종류의 실존적 외로움이나 '관계적 구멍'을 남기면서 불신자 속에서 발동되지 않고 있다. 우리는 제14장부터 제16장에서 원죄가 불신자에게 영향을 주는 방법과 불신자가 심리적 건강, 자연적 선함과 덕을 추구할 수 있는 어떤 정도, 이것이 치료자의 작업에 영향을 미쳐야 하는 방법에 관한 함의를 논의할 것이다.

사랑하며 변형된 심중으로부터 하나님을 영화롭게 하기가 바로 그것이다. 이것은 이러한 목표 중 어느 것도 참 포도나무인 그리스도 안에 거하지 않으면 가능하지 않고 그와 별도로 우리가 아무것도 할 수 없다는 사실을 부각시킨다(요한 15:5).

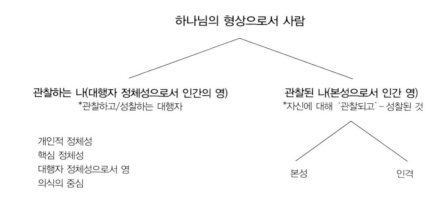

[그림 13-1]

예수님 그리고 성령과의 연합

예수님은 스스로 모든 인간적 관계를 넘어서는 이러한 성령 체험의 필요에 대해서 제자들에게 분명히 알려 주신다. 그는 (a) 성육신에 의한 아버지와 자신의 관계와 (b) 이것이 미래에 내주하게 될 성령에 의해서 되는 것 사이의 차이점을 부각시키기 위해서 이 둘을 바로 옆에 놓으면서 이러한 연합의 필요를 그리고 있다. 그의 떠나심을 제자들에게 알려 줄 때, 그들의 슬픔을 아시면서 예수님은 그들에게 삼위일체의 하나님과 관련된 좀 더 친밀한 방식을 드러냈다. 그는 다음과 같이 분명히 언급하였다.

지금 내가 나를 보내신 이에게로 가는데 너희 중에서 나더러 어디로 가는지 묻는 자가 없고 도리어 내가 이 말을 하므로 너희 마음에 근심이 가득하였도다. 그러나 내가 너희에게 실상을 말하노니 내가 떠나가는 것이 너희에게 유익이라. 내가 떠나가지 아니하면 보혜사가 너희에게로 오시지 아니할 것이요, 가면 내가 그를 너희에게로 보내리니……. 그러나 진리의 성령이 오시면 그가 너희를 모든 진리 가운데로 인도하시리니. 그가 스스로 말하지 않고 오직 들은 것을 말하며 장래 일을 너희에게 알리시리라. 그가 내 영광을 나타내리니 내 것을 가지고 너희에게 알리시겠음이라. 무릇 아버지께 있는 것은 다 내 것이라. 그러므로 내가 말하기를 그가 내 것을 가지고 너희에게 알리시리라 하였노라. (요 16:5-7, 13-15, 강조는 저자)

성령은 신자들을 아버지와 아들과의 새로운 경험으로 인도하리라고 약속했는데, 이는 성육신한 그리스도마저도 아직 성취해 본 적이 없는 새로운 경험이었다. 그가 승천하시기 전, 그리스도와의 관계는 여느 인간관계의 일반적 한계에 의해서 묶여 있었다. 예수님은 사람의 감각과 자기인식에 대한 외적 대상으로서 '저기 밖에' 계신다. 그는 일종의 표상적 방식으로만 '여기에' 계신다. 성육신한 예수님과 관계의 결과로서 이러한 관계적 경험들과 애착들이 선한 만큼, 그는 그와의 관계의 가능성을 오순절에 입수할 수 있도록 만들어진 성령 안에 있는 아버지와 비교하지 말라고 우리에게 말한다. 내주하는 성령의 오순절 후 사역은 신자의 영 안에 그들의 가정을 만드는 삼위일체 전체를 포함한다(요 17:20-23). 이런 의미에서 성령 하나님은 항상 자신만의 방식으로 우리와 함께 계신다. 우리의 심리적 구조의 깊이와 숨겨진 마음의 범위 내에서 살아서 우리를 사랑하고 계신다. 우리가 거의 알지 못하는 우리의 마음속에 그가 내재하시고 우리 마음의 일부를 경험하시기 때문에 그는 우리가 할 수 없는 우리를 위한 기도를 드릴 수 있다(롬 8:26).

예수님께서는 이렇게 내재하시는 성령의 인도하심이 우리를 삼위일체 하나
님과 관계를 맺게 할 뿐만 아니라 온전한 하나를 구성하여 다른 사람들과 사
랑을 나눌 수 있도록 역사할 것임을 믿고 있었다(요 17:23). 그래서 예수님께
서 가는 것이 제자들의 이익을 위한 것이었다(요 16:7). 부활하신 후에 제자
들은 예수님께서 떠나시는 길에 성령님이 그들에게 임할 때까지 기다리라는
그의 말씀을 들었다. 그때에야 비로소 성령님께서 그들에게 교회 전도를 수
행할 수 있는 권능을 부여하실 것이기 때문이다(행 1:8ff, 2:1-4).

개성과 공동체의 실현으로서 하나님과의 연합

이런 의미에서 하나님은 개인과 공동체의 가장 깊은 관계적 욕구를 부합
하는 데 충분한데, 이는 왕국의 충분함 속에서는 그렇게 완벽하게 그리고
오순절에서는 가능하게 되었다. 영이 오심으로 그리스도 안에서 정죄가 없
는 한 각 구성원이 성령에 의해서 연합되고 진정으로 서로에게 열려 있듯
이, 각 교회와 인간관계성의 진정한 공동체가 실현될 수 있게 되었다. 하나
님의 사랑 안에서 우리는 서로에게 사랑과 필요 속에 열려 있도록 하기 위
해 은신처에서 충분히 나올 수 있게 되었다. 성령 안에서 자기, 하나님, 그리
고 이웃 사이의 친밀감은 오순절 이전에 가능할 수 있었던 관계성을 넘어서
있게 된다. 하나님이 우리 속에 그의 집을 만든 성령의 내주하시는 사역은
우리가 하나님과 그의 백성 그리고 세상에 관계하는 모든 다른 방식을 위한
근거나 기초가 된다. 이 점이 바로 세속관계심리학자들조차 사람의 '다른
세속적 관계성(other-worldly-relationality)'을 이해하지 못하거나 이해하기
를 거부하는 점이다.

세속적 관계와 애착심리학의 통찰과 근시안

세속적 관계 및 애착심리학들은 개성의 관계가능성과 관련하여 근시안적이다. 그럼에도 불구하고 이러한 세속적 이론들은 인간관계에 관해 대단한 통찰력을 제공하고, (a) 하나님의 형상으로 창조된 관계를 맺을 깊은 필요성과 (b) 원죄로 인해 인간 실존에 있는 우리의 깊은 고독에 대한 성경적 통찰에 대해서 가리키는 자로서 행한다. 교육학적 관점으로부터 일반적으로 건강한 관계와 이러한 이론들 모두는 성도들을 위한 건강한 자원을 제공한다. 어떤 경우에는 삶과 기도 중에 하나님에게 전이되는 새로운 건강한 관계에 대해 이론들이 신자에게 성육신의 모델링되기를 제공한다. 나 자신의 진리 속에서 사랑받고 있으면서, 내가 다른 사람들을 더 신뢰하게 됨에 따라서 이러한 경험은 기도 중에 내가 하나님이 나를 사랑하고 돌보신다고 신뢰하도록 격려하면서 성령에 의해서 사용될지 모른다. 이것은 특히 부모되기에서 중요하다.

다른 경우에 있어서 이러한 이론들과 건강과 관련된 것으로부터 얻어진 통찰과 경험은 선하고 좋기는 하지만 인간의 노력, 통찰과 관계는 궁극적으로 완벽한 사랑과 친밀감을 위한 우리의 갈망을 만족시킬 수 없다는 인식과 깊은 좌절에 성령에 의해서 나를 열게 할지 모른다. 이러한 것은 오직 하나님과의 연합 속에서만 실현될 수 있다. 그런 의미에서 만일 초대교회를 위해 내주하는 성령님에 의해서 실현될 개성과 사랑의 충분한 실현을 하기 위해 예수님이 가야만 한다면, 치료자와 공동체는 현재의 교회 속에서 우리를 위해서 '가야'만 한다. 기독교 치료자들, 영혼의 친구들 그리고 공동체는 인간영혼에 선하다. 그러나 어떤 점에서는 이러한 육체화된 가는 사람들이 하나님과 함께 고독한 장소나 '독방'에 길을 내어야 하고, 그 속에서 성령이 우리에게 사랑을 위한 새로운 가능성을 열도록 한다. 초기 사막 교부인 압바 모세(Abba Moses)가 "가서 너의 독방에 앉아라, 그리고 너의 독방은 너에게 모든 것을 가르칠 것이다."[3]라는 지혜로운 말씀을 했는데, 이는 우리의 생명이신 하나님에게 우리가 개인적으로 그리고 직접적으로 열 수 있기 때문이다(골 3:1-4).

그래서 우리의 변형심리학에 따르면, 친구 관계와 치료에서 다른 사람들과 건강한 관계적 경험과 함께 관계심리학으로부터의 통찰은 누군가를 그에게 깊은 의존과 좀 더 심오한 이웃 사랑으로 인도할 수 있는 성령의 비밀스러운 작업이 될지도 모른다. 이러한 관계들은 성령에 의해서 그의 일을 모델링하거나 무엇인가를 위한 필요에 누군가를 더 열도록 함으로써 사용될 수 있다. 이러한 관계이론과 치료 그리고 건강한 모든 인간관계는 조금의 모자람도 없이 진실을 가리킨다. 이것들은 기쁨을 주는 교사이고 조력자다. 이것들은 삶의 향미이고 기쁨이다. 그러나 그것들은 결코 다시 목이 마르지 않도록 우리가 마실 수 있는 생수의 강이 아니다(요 7:38). 그러나 완벽하게 사랑받기를 갈망하는 동료 여행자들로부터 무엇을 더 기대할 수 있을 것인가. 내주하시는 하나님의 성령에 대해서 아무것도 모르면서 그들 자신의 심리학적 '벌거벗음(즉, 하나님에 의해서 거주하지 않는 상태)'을 병리학적이 아니라 규범적으로 해석하는 개인에 의해서 생성된 세속적 관계 이론으로부터 무엇을 더 기대할 수 있을까. 실존주의자들의 경우에 그들은 그들 자신의 존재의 근거가 되기를 추구한다. 관계심리학자들을 위해서는 건강한 인간과 관련된 것들이 그들이 소집할 수 있는 최상이다. 둘의 해결책 어느 것도 우리가 갈망하는 사랑과 외로움에 대한 깊은 해결을 제공할 수 없다.

---

3) *The Desert Fathers: Sayings of the Early Monks*, trans. Benedicta Ward(New York: Penguin, 2003), p. 10

결론: 모든 사랑을 넘어서 한 사랑으로서 삶의 모든 것

우리의 변형심리학은 모든 사랑을 넘어서 있고, 모든 삶의 활동—운동, 엔지니어링, 심리학 하기 등—은 사랑의 형태로 변형시킬 역량이 있는 하나의 사랑을 위해서 우리가 만들어졌음을 알려 준다. 우리는 관계적이지만 그것은 우리가 아는 모든 인간관계성을 넘어서 있는 관계성이다. 그것은 관계성을 넘어서 사랑 안에서 하나님의 사람의 바로 그 현존과 연합하기다. 세속 관계심리학자들은 이러한 급진적 관계성을 위한 자리가 없다. 우리의 관계적 역사나 경험을 포착하기 위한 '내적 표상들' '애착들' 그리고 '대상관계'의 좀 더 과학적이고 차가운 언어들을 선택함으로써 이러한 인간적이고 따뜻한 언어를 피하는 경향을 보이는 그들의 이론에는 '사랑'을 위한 자리는 거의 없다. 그러나 기독교 전통은 이 점에 있어서 분명하다. 사랑은 우리 서로와 하나님과의 관계뿐만 아니라 사람들과 하나님의 본성을 표현하고 포착할 가장 지배적이고 개인적인 방식이다. 우리의 변형심리학은 사람 되기의 여정을 해결하고 이해하기 위한 모든 심리학적 전통보다 더 개인적이고 전인적임을 나타낸다. 하나님의 충만함과 광대한 사랑으로 우리 대행자 정체성으로서 영은 평화(shalom)에 최종적으로 안식을 할 것이다(엡 3:16-19). '나는 누구인가?'라는 수수께끼는 풀릴 것이다.

정신병리, 죄 그리고 사탄에 대한 변형심리 접근

John Coe

"그는 허물과 죄로 죽었던 너희를 살리셨도다.
그때에 너희는 그 가운데서 행하여 이 세상 풍조를 따르고,
공중의 권세 잡은 자를 따랐으니
곧 지금 불순종의 아들들 가운데서 역사하는 영이라."

엡 2:1-2

하나님과 이웃의 사랑이 인간이해의 핵심이라면, 사랑이나 그것의 부재는 가차 없이 건강, 성장, 행복뿐만 아니라 죄, 병리, 멸망에 대한 이해와 연결될 것이다. 현대심리학에서 거의 사라진 하나의 개념이 있다면 그것은 사랑[1]이다. 하지만 교회―교회의 신학자들과 신비주의자들―는 사랑이 하나님, 이웃, 변형 그리고 행복을 경험하는 왕도임을 이구동성으로 주장해 왔다. 따라서 변형심리학은 죄와 심리적 건강이 우리가 진정으로 누구인지, 우리가 무엇이 되었는지, 그리고 우리가 무엇이 되려고 하는지 등과 어떻게 연결되며, 이러한 각각이 어떤 방식으로 인간관계성과 하나님의 사

---

1) 애착 관련 심리학 이론들이 타인과의 관계적 연결을 기술하기 위해 온갖 종류의 용어를 사용하는 경향이 있지만, 정작 '사랑'은 눈에 띄게 사라진 용어임을 주목하기는 매우 흥미롭다. 나는 적어도 과학적으로 보이려는 열망이나 근대 과학에 대한 기저에 흐르는 고수는 그들이 이러한 형태의 유심론적 언어를 빠트리도록 한다라고 느끼고 있다. 그러나 결국 사람을 이해하기 위해 반드시 설명되어야 할 것은 바로 이 사랑의 개념과 경험이다.

랑과 관련이 되는지를 조사하려고 한다. 우리 변형심리학과 심리학자는 사랑과 죄가 하나님과 다른 사람들과 관련되듯이 이것들을 탐구함에 있어서 아주 편안한데, 왜냐하면 이러한 현실이 우리의 인간됨을 이해하는 중심이기 때문이다. 이 장에서 우리는 사랑의 중심적 이슈를 죄, 정신병리 그리고 사탄에 대한 변형심리학의 기초적 윤곽의 몇몇에 연결할 것이다.

정신병리의 세속적 견해들

자기를 다룬 장과 같이, 현대의 세속심리학의 맥락에 죄와 정신병리에 대한 변형심리학의 견해를 놓게 되면 도움이 될 것이다. 여기서 다시 우리는 전체 심리학을 관통하게 될 인간들이 황폐를 겪게 되는 이유와 방법을 이해하는 데 있어서 처음부터 깊은 곤경에 직면한다. 근대의 방법론을 따르는 현대심리학은 성경에서 인정하는 자기에서 근거를 발견하지 않았다. 즉, 사람은 태어날 때부터 원죄 속에서 왜곡하고 황폐하게 되는 성향이 있는 대행자로서 영이다. 정신병리에 관하여 세속심리학에서 나타나는 질문들과 관심들의 몇몇은 다음과 같다.

1. 자기의 원인적 견해에 대한 관심: 우리의 방법론이 사람은 경험이나 현상의 어떤 모음의 원인적 결과라고 미리 정해져 있다면, 우리는 정신병리적 역기능의 특성을 어떻게 연구하는가?

2. 과학의 순전히 기술적 견해에 대한 관심: 우리의 방법론이 인간 본성(덕)이나 속성(악)의 심리학적 구조와 조화를 이루는 삶에 관한 가치과학을 제공하는 연구인 인간 '본성'이나 자연적 규범이 없다는 식으로 순전히 기술적이라면 (좋고 나쁜, 덕과 악, 건강함과 건강하지 않은) 역기능의 생각을 우리는 어떻게 발달시키고 정당화하겠는가?

3. 대행관심: 우리가 단지 환경 속에 원인적 연결로서가 아니라 대행 속에 정신병리의 부분을 위치시킬 수 없다면, 어떻게 사람의 삶에 있어서 정신병리의 원인과 기원을 이해조차 하겠는가?

우리 변형심리학이 이러한 이슈에 대한 적절한 답을 제공하는 방법을 더 잘 부각시키기 위해서는 현대 세속심리학 속에 있는 이러한 곤혹들을 분명히 하는 것은 중요하다.

정신병리의 규범 제공이 갖는 세속심리학의 문제

다음에서도 논의되겠지만 현대심리학은 정신병리의 이해에 많은 통찰을 제공한다. 그러나 현대심리학의 근대주의 방법론의 고수는 심리적 역기능과 건강하지 않음의 이해에 대한 상식적 접근의 어떤 요소들을 간과하는 대가를 치르게 되었다. (a) 사람의 원인적 견해 그리고 (b) 순수하게 과학의 기술적 견해 속에 있는 관심사의 각각을 보면, 죄와 정신병리는 단지 원인적 사건과 현상의 단순한 기술로 환원되고 있다(예, 물질-뇌 사건, 또는 행동, 또는 내적 역동, 또는 가족체계). 그럴 경우, 단지 개인적으로-사회적으로 바람직하지 않고, 부적응적이며, 역기능적이고 부적절하다고 명기하지 않는 한 이러한 이론들이 무슨 근거로 건강하지 못한 심리적 기능하기로부터 건강한 기능하기를 구분할 수 있는가를 알기가 어렵다. 즉, 건강하지 못함으로부터 건강함이 무엇인지를 측정할 어떤 기준을 설명하기 위한 깊은 철학적-심리학적 이론이 없다. 사실상, 제6장과 제7장에서 논의되었듯이, 과학의 근대주의 모델은 가치판단을 위한 자리가 전혀 없다.

심리적 역기능과 건강을 위한 평가의 기준을 발견하는 이러한 문제에 대해 심리학자는 다른 반응들을 보인다. 철학자와 심리학자 중 이론적으로 좀더 일관성 있는 몇몇의 근대주의자, 실존주의자 그리고 후기근대주의자들은 병리라는 언어 자체가 사회학적으로 무관용과 비인간성을 나타내는 낡은 개념이므로 사용하지 않는다. 하지만 대체로 대부분의 심리학자가 좋고 나쁨, 옳고 그름, 선함과 악함이라는 도덕적 언어를 뺀다고 할지라도, 심리적 역기능에 관한 최소한으로 동의된 또는 암묵적 견해를 유지하고 있다. 대신 그들은 '정신병리' '역기능' 또는 '장애'와 같은 좀 더 과학적으로 중립적 용어를 사용하는 경향이 있다. 이러한 교묘한 언어학적 속임수는 '나쁘다' 또는 '좋다'라고 표현하지 않고, 건강하지 않은 그리고 자기에게 이롭지 않은 인간의 행동, 특성, 경험이 있으며, 더 좋은 행동, 특성, 경험이 있다는 어떤 상식적 직관을 유지하기 위한 일종의 철학적 속임수인 셈이다.

많은 실용주의적 심리학자들은 이론과 세계관에 깊이 내재하는 비일관성에 주의하지 않은 채, 도덕주의적으로 위장된 용어를 지속적으로 사용해 오고 있다. 사실은 종종 그들의 관찰, 성찰, 이론이 도리어 더 낫다. 즉, 자신의 도덕적 언어를 완전히 정립된 어떤 한 이론의 방법론과 세계관에 연결해 보려고 하면 그들은 아마도 혼란스럽고 당혹하게 되는 통찰을 갖게 된다. 어쨌든 속임수는 속임수이고, 그들은 그러한 사기를 해명해야 한다. 덕과 악, 기능적이고 역기능적인 인격, 건강과 건강하지 않음, 좋음과 나쁨 같은 생각들을 존재론적으로 설명하는 인간 '본성', 영 그리고 하나님에 관하여 호사스러운 형이상학들로 가득 채워진 기독교적 세계관에 살고 있듯이, 그들이 글을 쓴다는 점이 문제다. 하나님에 대한 헌신이 없는 그러한 세상의 도덕성과 존재론에 대한 헌신도 없으면서 그러한 호사스러운 세계관의 열매를 그들은 원한다. 이러한 속임수는 언제나 언어의 도덕적 누그러뜨림에서 보여질 수 있다. 우리는 심리적 건강과 역기능에 관한 상식적 생각이 근대 세계관이 아니라 기독교 세계관이 가지고 있는 바탕에 근거하도록 분명히 도와야 한다.

정신병리의 기원과 대행이 갖는 세속심리학의 문제

현대심리학에 대한 염려와 난문(어려운 문제)을 앞의 3번에서 논의하였다. 이는 전적으로 환경에서가 아니라 대행자에서 문제를 찾지 않기 때문에 한 사람의 삶에서 정신병리의 기원과 원인을 이해하는 방법과 관련이 있다. 주목할 만하게 프로이트와 클라인 그리고 그들의 몇몇 추종자들인 소수의 현대심리학자들은 정신병리에 대한 설명의 일부인 선천적 요인들(예, 유아의 공격성, 타나토스 또는 죽음 본능 그리고 유아의 질투)이 있음을 수용해 왔다. 그들이 정신병리를 설명하기 위해 전형적으로 '대행자'가 아닌 물리적 또는 환경적 '사건'에 눈을 돌리는 물질주의적, 기계주의적, 그리고 인과적 견해로부터 일하고 있다는 사실에도 불구하고 그러했다.

우리는 유아의 공격성과 정신병리상에서 초기 정신분석학적 관찰과 반추로부터 조금씩 주워 모은 지혜가 많이 있다고 믿는다. 하지만 그들은 사람이나 '대행자'가 나오는 인과적 · 환경적 매트릭스 내에서 유아를 결과물이나 피해자로 보는 심리학공동체의 합의를 흔들 만큼은 아니다.[2] 대부분의 세속심리학 이론은 유아의 경험 속에 어떤 선천적 선함의 형태 또는 정신병리적 중립성이 있음을 수용하게 되었다. 좀 더 철학적으로 일관성이 있는 이론들은 사람에 대한 그들의 원인적 · 물질주의적 견해의 견지에서 일반적으로 유아 또는 태아 속에 '대행자'도 있다는 아이디어를 거부한다. 그런 경우에 발달 초기에 정신병리에 대해 책임이 있는 내적 대행자가 유아 속에 있을 수 없다.

일반적으로, 세속심리학 이론은 사람 또는 대행자는 내적 · 환경적 요인들(몸－신경망, 경험, 행동, 느낌 역동) 또는 외적 · 환경적 요인들(초기 애착, 관

---

2) 물론 근대주의적 견해상에서 그 역동들이 단지 '자연스러운' 현상일 때, 기계적 심리학자들조차도 그 역동을 '병리적'이라고 부르는지에 대해서 아직도 의문으로 남아 있으며, 그것은 모든 이론에서도 의문이다.

계, 또는 몸-밖의 환경요인) 이전의 원인적 모체 속에서 출현한다고 지속적으로 주장하게 되었다.[3] 사람 내부에서 병리를 위한 어떤 설명을 찾고 싶어 하는 이론조차도 자기에 대한 그들의 원인적-기계적 견해가 책임있는 선천적 실질적 대행자의 가능성을 배제했고, 대행이나 자기를 단지 환경적이거나 내적 사건과 과정의 집합체로 환원하려는 경향이 있었음을 주목해야 한다. 세속모델에서는 내적 대행자가 없고 오직 원인적 사건의 내적이고 외적 환경들만이 있다. 그러한 경우에 정신병리는 단지 이러한 환경적 요인들(우리가 '정신병리의 환경적-원인적 이론'이라고 부르는 것)의 원인적 결과일 뿐이다.

정신병리의 환경적-원인적 이론에 관한 문제. 정신병리의 환경적-원인적 이론의 실제적 문제 중 하나는 설명과 책임의 일차적 자리로서 사람 대신에 환경상에 좀 더 초점을 놓으려는 경향이 있다는 점이다. 나는 이 점에 대해서 오해를 받고 싶지 않다. 정신병리를 경험한 나의 지난 20년은 환경, 특히 초기 관계적 환경이 나의 삶에 있어 놀라울 만한 영향을 이론적으로 그리고 경험적으로 알려 주었다. (내적이고 외적인) 환경에 대한 연속적 주목은 인간 정신병리를 이해하는 데 있어서 중요하다. 그러나 정신병리를 이해하고 나아가 정신병리에 미치는 환경의 영향을 이해하기 위해서는 훨씬 더 근본적인 무엇인가가 있다. 정신병리의 근본적 문제와 원인은 태어날 때부터조차 대행자로서 사랑 속에 자리를 잡고 있으며, 그 대행자는 이후에 환경에 의해서 좋게 또는 나쁘게 영향(우리가 더욱이 원죄 아래에서 그리고 거슬러서 죄를 짓게 됨을 논의하는 지점에서)을 받게 된다.

정신병리의 설명에 관한 퇴보의 문제. 한 걸음 더 나아가, 정신병리의 환경적-원인적 이론을 수용하는 많은 심리학자들은 특히 초기 양육자와의 건

---

3) 심리학자들이 사람의 고유한 차원을 어떻게 이해해 왔는지 그리고 대행, 정신병리, 개성을 이해하는 데 있어서 가장 설명력을 가진 차원이 무엇인지에 대한 다양한 이론에 대해서 더 알고 싶으면, 제12장의 사람의 본성에 관한 나의 논의를 보라.

강하지 않은 애착관계가 정신병리의 원인이 됨을 주장하고 있다. 여기서도 얻을 수 있는 많은 통찰이 있다. 하지만 정신병리에 대한 그러한 원인적-환경적 이론의 사회적 유형은 원인 설명의 무한한 후퇴라는 철학적 문제를 더 하게 된다. 다시 말해, 정신병리에 대한 원인이 항상 그리고 오직 타인들에게만 있다면, 어떤 사람 또는 대행자도 그 정신병리의 본래 원인이 되지 않는 원인론은 설명의 무한후퇴처럼 보인다. 아마도 다음의 공식은 이 점을 표현하고 있다.

> 사람 P 속에 있는 정신병리의 원인이 오직 사람 S에 의해서만 악영향을 받게 됨으로 항상 조회된다면, 정신병리를 위한 설명의 기원에 대한 질문에 관하여 S-1, S-2, S-3, …, S-N 속에서 이전 원인을 찾게 되는 무한한 퇴보가 있게 된다.

병리에 관한 이러한 사회적 이론은 누가 그 병리의 본래 원인에 책임이 있는지에 대하여 어떠한 설명도 제공하지 않는다. 오히려 사람들은 희생자이며, 그래서 타인을 다치게 하거나 또는 우리 자신의 정신병리에 대해서도 비판이나 책임지게 하기는 어려워 보인다. 우리가 정신병리의 일차 대행자-원인으로 출발할 때에만 정신병리를 위한 개인적 원인이나 시작점, 그리고 '비난'이나 '책임'에 대해 적법하게 말할 수 있다.[4] 그러나 만일 어떤 일차 대행자-원인이 있다면, 이것은 모든 사람에게 한 차원으로 포함되어야 한다. 우리는 (개인적 정체성을 가진 내부 영의) 대행자로서 태어나고, 그러

---

4) 이 논쟁으로부터 하나의 방식은 모든 정신병리가 외부적이고 비관계적인 환경적 요인 때문이고 초기 양육자들 때문이 아니라고 말하는 것이다. 이 경우 정신병리는 단순히 지리적, 경제적, 그리고 다른 환경적 요인의 결과일 뿐이다. 비록 대부분이 초기 양육자들이 가장 중요한 요인이라는 옳게 보이는 상식적 견해를 지속적으로 주장하지만 몇몇은 이러한 방향을 취한다. 이러한 논의의 모든 것이 영향력이 있기는 하지만 우리가 논의할 중심적 요인인 대행자로서 자기를 배제하지 말아야 한다.

한 대행자는 아이가 발달함에 따라 서서히 출현하고, 그래서 우리는 거슬러서 죄를 짓는 희생자와 또한 죄의 대행자 – 원인 둘 다인데, 이는 변형심리학의 입장이면서 동시에 기독교의 입장이다.

　　대행과 도덕적 책임의 문제.　　아마도 대부분 중요하게 환경원인적 견해는 우리의 변형심리학과 상식적 견해 속에 내재된 대행의 진정한 본성을 고려하는 데 실패한다. 수천 년간 우리 자신에게 고유한 대행을 우리가 소유하고 있다는 상식적 생각을 인간 문화는 받아들여 왔다. 분명히 사회적 그리고 물리환경적 요인들은 성격과 행위에 있는 발달을 빚어내는 데 있어서 큰 역할을 한다. 그러나 인간 대행은 우리가 무엇이 되는가에 책임을 지도록 하며, 그래서 우리의 인격이나 행위들이 도덕적 대행자로서 비난(정의)이나 칭찬을 받을 만하다. 그러나 정신병리의 사회원인적 견해는 이러한 대행이슈를 최소화시키고 사람을 출생 시 태아 속에 현존하는 선천적이고 발달하는 대행자가 없이 원인적 · 환경적 모체로부터 나오는 무언가의 집합체(신경선, 관계적 – 행동적 – 인지적 경험)인 '명백한 대행'으로만 해석한다. 이러한 이론은 타인들이 자신의 인격과 행위들을 책임지도록 붙잡는 논리, 자기 자신을 위해 책임을 지는 논리, 행위들을 위한 비난과 칭찬을 주는 사회적 기관과 법을 발달시키는 논리들을 거스르면서 철새처럼 이동한다.

　　정신병리에 관한 실존주의자 견해의 문제.　　가장 중요하게, 아마도 이러한 원인적 이론은 전적으로 성경 속에 담겨진 강력한 설명을 간과하고, 단지 프로이트나 클라인 같은 몇몇 심리학자들에게서 출발점에서부터, 심지어 출생 이전부터 이미 원죄에 의해서 심리적으로 상당히 손상을 입은 대행자가 있음에 힌트를 얻는다. 세속심리학자들은 우리가 초기 양육자들과 초기 환경으로부터 선함과 악함을 위해서 얼마나 급진적으로 영향을 받아 왔는지를 알려 주는 많은 작업을 해 왔다. 그러나 거의 예외 없이 대체로 그들은 정신병리의 원인이 대행자로서 사람 내부가 아닌 외부에 있다는 현상론적 모델을 포용하고 있다. 그러나 이 모델은 우리가 가장 어린 아이들에게서조차 보는 정신병리의 종류와 양을 설명하고 이해하기 위한 설명력을 제공하지 않는다. 세속이론들은 인간 상황, 즉 오직 하나님만이 그것을 충분히 치료할 수 있는 정신병리적 상황이 진짜로 얼마나 절망적이며 나쁜지에 대해서는 아이디어조차 없다.

🛠 변형심리학과 정신병리: 소개

죄와 정신병리에 대한 우리의 변형심리학적 접근에서는 정신병리를 설명하는 두 가지, 좋고 나쁜 대행자들과 좋고 나쁜 환경들이 있다는 상식적 생각을 설명하고자 한다. 정신병리에 대한 우리의 변형심리학적 접근을 위한 설명은 대행자-지향적이자 환경-지향적이고, 그래서 인간대행자에서 정신병리를 위한 세 가지 설명 또는 '원인'이 있다.

1. 태어나면서부터 역기능과 죄를 향한 소인을 가지고 있는 죄인으로서 대행자
2. 의지적으로 죄를 짓는 대행자
3. 타인과 환경으로 인해 거스르면서 죄를 짓는 대행자

이러한 요소들의 각각은 좋게 되고 나쁘게 되는 우리의 인격을 설명해 주는 내용의 일부를 구성한다. 그러나 성경에서 강조는 일차적 원인으로서 대행자상에 있다. 그래서 우리의 변형심리학은 삶의 출발부터 이미 현존하는 대행자로서 사람이 있고, 그 사람은 이미 환경과 어떠한 상호작용을 하기 전에 죄에 의해 악영향을 받았음을 인정한다. 심리학에 대한 이러한 접근은 방법론에서 전인적이고, 이러한 방법론의 시계 내에서 하나님과 원죄, 거스르면서 짓는 죄, 죄, 도덕성, 환경, 인간대행을 포함하면서 인간들이 왜 잘못

가는지를 이해하는 데 있어 모든 현실을 가질 수 있다. 한 걸음 더 나아가서, 심리학은 죄와 왜곡의 진리 보기를 두려워하지 않는 성령에 의해서 배우는 변형심리학자들이 보존한다.

기독교적 견해는 '좋은 그리고 나쁜(심리적으로 건강하고 건강하지 않은)' 사람들, '좋은 그리고 나쁜(덕스럽고 악한)' 인격, 그리고 '좋고 나쁜(옳고 그른)' 행위들이 있음을 분명히 인정한다. 앞에서도 논의되었듯이, 구약의 현자는 인간 본성과 경험의 연구와 성경의 연구로부터 뛰어난 심리적 번창하기와 (심리적 역기능) 인간의 좋음과 나쁨의 생각을 이해할 수 있음을 분명히 한다.[5] 창세기는 인간 본성이 선을 향한 인격적 방향을 갖고 있어서 만일 인간이 그들의 본성에 따라서 행하기를 지속했다면, 하나님 사랑 안에서 개인적 행복과 훌륭한 인격/기능하기의 견지에서 실현된 선을 경험하게 되는 인간 존재는 본래는 선하게 창조된 방식으로 규범적임을 인정한다.

최초의 인간 커플은 사랑에 대항하여 행동했고, 그로 인해 불행과 멸망으로 들어갔으며, 결과적으로 인간 본성에 반하여 행동하려는 유사한 성향을 전체 인류에게 전수하는 초래를 낳았고 정신병리와 죄의 결과로 이어졌다. 이 장의 나머지 지면에서 최초의 죄, 원죄, 죄를 범하는 마음의 결과, 거스르면서 죄를 짓는 방법 그리고 우리 영혼의 적인 사탄이 우리 삶의 현재와 종국의 멸망을 어떻게 노리고 있는지와 같은 요소들의 관점에서 이 파멸에 관해 간단히 살펴보고자 한다. 이 이야기는 슬프지만 선택에 있어서 어떠한 소망도 없는 악마들과는 달리, 우리가 들어선 잘못된 길은 우리가 요구하거나 생각할 수 있는 것을 넘어서는 소망과 사랑의 길을 열어 줄 수 있다.

---

5) 인간에 관한 연구와 인간의 건강함과 역기능, 좋고 나쁨, 옳고 그름에 대한 이해를 가능하게 하는 자연법에 관한 연구에 대한 이러한 접근에 대해 더 자세히 알아보기 위해서는 제7장을 보라.

정신병리를 이해하기 위해 성경에서 제공되는 최초의 죄

변형심리학에 따르면, 최초의 역사적 죄는 아담 이후 원죄를 가진 인류의 삶, 즉 사랑을 거스르고 사랑을 위해 창조된 인간 본성의 순리를 거스르는 삶이 어떻게 될 것인지에 대한 본질을 이해하는 데 있어 아주 유용한 정보를 제공한다. 태초에 아담과 이브는 그들의 본성을 추구할 수 있도록 선하게 지음 받았고, 그 본성을 다스리고 함께할 역량들을 포함하면서 최대한의 자유를 부여받았다. 땅을 다스리고 번성하고 널리 퍼져 나가 서로 합하여 도우라는 명령을 제외하고는 지시사항이 많지 않았다(창 2). 그러나 특정한 나무의 열매는 따 먹지 말라는 금지명령은 그들의 활동을 제한하였으며, 하나님, 본성 그리고 선을 행하려는 성향에 반항할 수 있었다(창 2:17).

그래서 그 최초의 커플은 자신의 유한성과 한계를 수용하거나 선악과 관련하여 작은 신처럼 될 수 있는 자유를 그들 속에 가지고 있었다. 다시 말해, 그들은 (a) 창조 속에서 하나님에 의해 세워졌듯이, 선하고 악한 것을 수용하고 발견하는 그들의 유한한 인간 본성과 조화를 이루어 행할 수 있었거나, (b) 그들 스스로의 선하고 악한 것의 카테고리를 지배하고 창조하면서 하나님 같이 될 수 있었다. 그들은 결과를 예언하고 파멸을 초래할 수 있는 작은 신처럼 좋고 악한 것, 진정으로 바람직하고 아닌 것들을 결정할 수 있었다. 하나님은 그렇게 하는 것은 나쁘다고 말씀하셨다. 그러나 "여자가 그 나무를 본즉 먹음직도 하고… 지혜롭게 할 만큼 탐스러운 나무인지라(창 3:6, 강조는 저자)"라고 하면서 그들은 그것을 선이라고 해석하기로 선택했고, 그렇게 함으로써 자신의 본성에 반하는 행동을 했으며, 그 결과 자신의 본성을 타락시키고 그들 자손의 본성을 타락하게 만들었다(원죄).

죄의 진수에 대한 통찰을 제공해 주는 이 최초의 죄가 가능하도록 동기화한 것에 대해 교회의 역사에서 많은 논쟁이 있어 왔다. 우리 변형심리학의 경향은 죄의 근원을 이해하는 데 있어서 거짓되고 반자연적 동기의 한 꾸

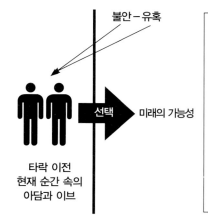

불안–유혹

현재 순간의 자유에서 그들의 인식
1. 불안을 초래하는 미래의 불확정성
2. 불안을 고조시키는 금지
3. 그들은 정직한 개방으로 불안에 들어가야
   했으며, 자기 혼자의 희망을 포기하고, 그들
   편에서 도우려는 하나님의 돌보심과 개입을
   신뢰했어야 함.
4. 그 유혹: 증가된 불안, 하나님을 의심하기,
   하나님을 질투, 자신 스스로의 선을 창조
   하려는 자만과 자율성(우상숭배) 속에서
   하나님으로부터 멀어져서 사랑을 받지
   못하는 행위의 결과를 초래함.

선택   미래의 가능성

타락 이전
현재 순간 속의
아담과 이브

[그림 14-1]

러미로 통찰을 묶는 것이다. 이것은 개인적 죄와 원죄의 본성이 무엇인가에
대해서 우리에게 알려 줄 것이다. [그림 14-1]에서 처음 죄의 역동을 예시
하도록 시도한다.

처음에 아담과 이브는 최대한의 자유를 경험했고 하나님의 사랑 안에서
선함으로 향하고 있었다. 그러나 그들의 미래 행위들은 예정되어 있지 않았
지만 그들의 과거와 현재 행위들과 습관들에 의해서 결정되는 가운데 있었
다. 그래서 그들은 사랑, 본성, 선을 추구하려는 성향에 반하여 행할 수 있었
다. 선악과를 따 먹지 말라는 금지명령은 이러한 가능성의 자각을 고조시켰
다. 그래서 그들은 '우리가 무엇을 할까?'라는 질문에 직면했다.

무한하고 풍성한 자원을 가지시고 미래의 행복, 축복과 사랑을 안전하게
보장해 주는 하나님과 달리, 아담과 이브의 인간적 유한성은 미래의 결과와
선택을 불확실하게 만든다. 그들의 선에 대한 미래의 불확정성과 함께 그
유한성은 심리적으로—그들의 미래의 행복은 그들의 현재 습관에 의해서
안전하게 확보되지 않는다는 것을 인식하고, 어떤 의미에서 그들의 삶이 그

들의 자유로운 선택에 놓여 있고 그들 자신의 해를 가져올 수 있는 죄성이 없는 상태— '자연적 불안'을 초래하게 되었다.

결과적으로 아담과 이브는 '자연적 불안'—그들 영혼의 계기판 위의 일종의 '어리석은 빛(idiot light)'으로서—을 자신들에게 실패를 안길 수 있는 진리와 선택의 거대한 본성에 대해서 가르치도록 놓아두면서 그것을 따르게 되었다. 그들은 자기 스스로 유혹을 다룰 수 없음에 대해서 절망에 이르렀고, 그 판단에 압도되어 하나님이 자신들을 대신하여 그 상황에 사랑으로 개입하시길 요청하면서 믿음과 사랑으로 하나님께 다가가는 결과를 가져와야 했다. 그러나 유혹하는 자는 아주 불안을 증가시켜서 불안으로 하여금 그들 마음에 창조주가 금지 속에서 그들의 선을 추구하고 있었다는 의심을 그들 마음에 자리 잡게 만들면서 해결로서 병리적으로 그들 자신을 향하도록 몰아갔다. 그 경험이 강해지면서 그들은 하나님을 불신하게 되었고, 그들의 미래 행복에 관하여 불안을 경험하지 않고 하나님 같이 되기를 원하면서 그의 무한성을 시기하기 시작했다. 이것이 이번에는 자신들의 삶을 자신들의 손에 맡기고 나무로부터 열매를 먹음으로써 그들 자신의 선과 행복을 만들기(우상)를 취하면서 사랑 없음과 자율(자만)로부터 기인하는 행위로 이끌었다.

이러한 최초의 죄로부터 전해 내려간 죄의 결과, 죄의 결과로 인한 상태, 그리고 최초의 죄를 포함한 정신병리의 이러한 꾸러미는 인간상태에 아주 극적이다. 종종 거슬러서 죄를 지음으로부터 발생되는 정신병리와 결과적 고통 그리고 그에 수반해서 일어나는 병리적 습관에 대해서 세속심리학자들은 끔찍한 그림을 그린다. 그리고 이것은 너무도 옳다. 그러나 그들은 왜곡되고 역기능적이 된 사람들이 얼마나 죄 지은 존재인지 뿐만 아니라 첫 부모로부터 물려받은 상태에 대해서도 아이디어가 전혀 없다. 인류도 마찬가지라는 것이 놀랄 만하다. 인간성에 대한 이 최초 죄의 놀라운 영향을 더 탐색해 보자.

정신병리의 다양성과 그 원인에 대해 이해하기

변형심리학에 따르면, 원죄, 개인적 죄, 거슬러서 짓는 죄와 사탄에 의한 타락의 역동으로부터 기인하는 정신병리의 다양성이 있는데, 이 모두는 마지막 것만 제외하고 어떤 의미에서 원죄로부터 기인한다. 우리는 정신병리에 관한 다양한 역동과 결과를 다음과 같이 요약할 수 있다.

1. 존재와 심중의 상태로서의 원죄: 인류의 근원적 병리는 다음을 구성한다. (a) 실존적 외로움, 생리적 역기능 그리고 전인적이면서 영혼이 있는 실존의 궁극적 쇠퇴와 사망이 되는 물려받은 죽음과 (b) 수치심을 일으키는 본성의 물려받은 타락, (c) 두려움과 저주를 일으키는 물려받은 죄의식, 이 모든 것은 인간 심중의 중심적인 방어와 병리적 전략을 만든다.

2. 모든 행위 속에 있는 의지의 방향성 상실(개인적 죄): 인간 사랑과 갈망(본성)은 우상숭배, 자만심, 질투, 불신으로 방향성을 상실해 왔고, 이러한 것들은 하나님의 사랑으로부터 멀어진 채로 자신의 행복을 담보하기 위해서 다른 사람, 환경 그리고 인간 역량의 실현을 통하여 삶을 통제하려고 하며, 부적절한 자기사랑 속으로 우리의 의지를 움직이게 한다.

3. 타인과 사회에 대하여 죄를 짓는 삶과 타인과 사회에 의하여 거스르는 죄와 그 삶으로부터 초래되는 조건들: 인간관계의 무질서와 문화 속에 있는 인간활동의 방향 상실은 원죄와 어두운 심중의 열매다.

4. 이 세상의 중간적 신(사탄)의 부패시키는 영향: 삼위일체 하나님이 진정하게 하늘과 땅의 주인이지만, 그는 이 세상의 중간적 신처럼 모든 사랑을 왜곡하고, 모든 선함을 파괴하고, 인간 실존에 세속됨을 낳게 하려는 유혹자에게 많은 힘을 주었다.

정신병리의 처음 세 가지 발현은 원죄의 유전된 상태로부터 기인한다. 우리가 주장하였듯이, 원죄는 우리 변형심리학에 있어 우리가 아이들과 어른들에게서 보는 정신병리의 많은 다양성과 양을 해설하는 설명력과 죄의 탄탄한 존재론을 제공한다. 더군다나, 사탄은 한 걸음 더 나아간 설명력을 제공한다. 슬프게도 세속심리학은 이러한 현실들의 둘 다를 거부하면서 그들의 설명을 왜곡한다. 이 장의 나머지는 간단하게 우리 변형심리학의 윤곽과 일반적 기초로서 정신병리의 이러한 영역들의 각각을 분명하게 언급하게 될 것이다.

정신병리의 이해를 위한 기초로서 원죄

기독교와 변형심리학 모두는 타락의 첫 결과인 원죄가 환경이나 어떤 다른 특질보다 인간의 조건에 더욱 실질적으로 안 좋은 영향을 미친다고 지속적으로 주장하고 있다. 누군가의 심리학적 역동의 이러한 유전된 조건은 세속 근대주의 심리학에서 가장 크게 간과한 것 중 하나다. 비록 대부분의 세속심리학들이 이것을 사람에 대한 아주 염세주의적 접근이라고 간주하지만, 실제로는 그 반대다. 근본적 정신병리는 환경이 아니라 사람에게 전염되고, 구원 속에서 그리스도의 일과 성화와 성장이 근본적으로 사람의 변형을 다루고 있기 때문에 기독교세계관과 변형심리학은 사람의 변형을 위한 낙관적 가능성과 가장 커다란 약속을 유지해 나간다.

원죄는 사람에게 세 가지 근본적인 병리적 방식 속에서 일정한 경향이 생기게 한다. 그것은 죽음, 유전된 타락 그리고 유전된 죄책감이다. 그다음에 오는 것은 이러한 병리적 소인들의 본성, 경험 그리고 죄의 경향에 대한 간단한 기술이다.

죽음

첫째, 인간은 최초의 죄 때문에 하나님이 경고한 벌인 죽음의 상태 속에서 태어난다(창 2:17, 롬 5:17). 죽음의 근본적 개념은 신체적 죽음인 몸으로부터 인간 영의 분리 그리고 영적 죽음인 하나님의 영으로부터 인간 영의 관계적 분리인 '분리'다. 이러한 죽음 요소는 하나님의 핵심적 이미지인 생의 본능 또는 살고 성장하고 번창하려는 인간 본능과 근본적으로 갈등 상태에 있다. 이는 프로이트의 삶과 죽음의 본능과 일정 부분 공명한다.

죽음과 정신병리: 육체적 죽음. 타락 이후, 우리는 동시에 궁극적 쇠퇴와 죽음의 과정과 방향으로 머리를 향하는 동안 신체적으로 성장하려는 경향을 가지고 태어난다. 이것은 죽음이 확실하다는 최종적 자각과 부인뿐만 아니라 병적·생리적 역기능과 쇠퇴를 지닌 인간의 연약함을 야기한다. 이것은 전인적이고 영혼이 있는 존재로서 몸과 영인 우리를 닮아서 서서히 없어지게 한다.

생리적 쇠퇴와 역기능이 정신병리와 심리적 발달의 역할상에서 발휘하는 영향은 신체적 죽음과 심리학 사이의 관계이해를 위한 특정한 관련성으로부터다. 우리는 신경생리학이 발표한 연구내용을 통해 육체와 정신 간에 일어나는 깊은 상호작용을 이해하기 시작했다. 심리학은 정신장애의 생리학적 그리고 신경생리학적 메커니즘의 이해를 통한 치료 가능성에 더욱더 매료되고 있다.

물론, 늘 그렇듯이 정신장애의 원인을 밝히는 것은 결정하기 어려운 일이다. 현대 의학과 신경심리학은 물질주의적 경향이 있고, 따라서 신체가 정신병리의 뿌리라는 생각을 하는 경향이 있다. 그러나 변형심리학은 신체와 정신 간에 상호작용이 존재하며, 따라서 원인론도 일차적으로는 신체 또는 정신 둘 중 어느 하나와 관련하지만 개인의 신체와 정신 모두와 관련한다. 다시 말해, 시간이 흐르면서 고착되는 정신적 역기능은 생리적 상태를 바꾸는 결과를 가져올 수 있고, 이는 결국 피드백 고리 내에서 정신에 악영향을 미친다는 의미다.

　수많은 정신병리와 정신장애에는 생리학적 그리고 신경생리학적 충돌이 있는데, 이는 궁극적으로 원죄에서 물려받은 육체의 죽음이 주는 영향에 뿌리를 두고 있다(예, 몇몇의 해리장애 유형, 우울, 불안, 발달지체, 치매, 약물 남용, 섬망).[6] 결국, 이 장애들 중 많은 수가 정신과 (신경)생리학 영역을 모두 다룸으로써 치료될 수 있다. 몇몇 정신과 전문의들이 어떤 정신병리에 대해서 너무 서둘러 약물치료를 권해 왔다고는 하지만, 심리학자들은 어떤 약물들이 우울, 불안 등과 같은 몇 가지 문제를 치료하는 데 상당히 효과적이었다는 증거가 있기 때문에 그러한 치료유형의 잠재적 혜택과 필요를 곧바로 인정하고 있다.[7] 타락과 원죄는 인간의 부패와 죽음의 과정에서 영혼으로서 온전한 유기체(신체 – 영, 뇌 – 마음 사이에 일어나는 상호작용)인 인간에게 주는 영향을 고려해 볼 때, 심리학자들의 그러한 태도변화는 변형심리학에서도 예상할 수 있는 내용이다.

　죽음과 정신병리: 영적 죽음.　　시간이 흐르면서 일어나는 육체의 죽음과 더불어 인간은 영적으로 죽은 상태에서 태어난다. 이는 우리의 생명이 시작될 때부터 몸을 입고 태어난 영 또는 혼이 들어 있는 생명체로서 잉태된 순간부터 계속되며, 과정이기보다는 하나의 존재상태. 비록 우리의 본성이 하나님의 인격과 연합을 위해 창조되었다 할지라도 영적으로는 죽은 상태, 즉 신학적 교만[8]과 실존적 외로움으로 이루어져 있는 상태에서 태어난

---

6) 미국정신의학회가 발간한 『정신장애의 진단 및 통계 편람』을 참조하라(*DSM-IV-TR*, Washington, D.C.: APA, 2000).

7) 나(존)는 탈봇신학교의 영성 형성연구소에서 교편을 잡고 있는 나의 동료이자 심리학자인 벳시 바버 박사(Dr. Betsy Barber)가 성찰했던 정신병리에 관한 생리학적 함의에 대해 감사의 마음을 표하고 싶다.

8) 원죄의 병폐는 인간의 '교만(arrogance)'으로, 자만의 상식적 사용으로부터 구별하기 위해서 '신학적' 자만(pride)이라고 한다. 오히려, 신학적 자만은 영이 없이 살아서 자신의 모든 활동이 자기의 힘에 있도록 사는 자율성과 관련이 있다. 이것은 '교만'으로 특징되거나 그렇지 않을 수

다. 이 유전된 '신학적 교만'의 상태는 인간의 영과 심리학적 구조 내에 하 『나님이 부재함을 가리키며, 이는 하나님으로부터 분리되어 모든 인간의 행 동과 경험을 자기의 지배하에 두고자 하는 바로 그 자기에 의해 만들어지는 자율성의 상태를 낳는다. 유전된 '실존적 외로움'의 상태는 하나님이 인간 의 영 속에 부재하는 경험을 가리키며, 결과적으로 다른 모든 관계와 애착 에 영향을 미치는 관계적 구멍, 결핍 또는 필요를 초래한다.

인간의 모든 심리적 능력이 하나님을 사랑하고 하나님의 사랑과 임재로 가득하게 되면 하나님 안에서 기능하도록 맞추어지는 반면, 관계에서 하나 님의 임재가 없으면 인간이 심리적 능력을 발휘할 때 방향을 상실하게 한 다. 하나님이 인간의 영혼 속에 부재하심은 우리의 본성에 따라 그리고 사 랑과 조화되어 모든 심리적 능력을 기능하도록 유지하게 하는 심리적 아교 를 상실한 것에 비유될 수 있을 것이다.[9] 결과적으로, 인간의 능력은 더 이 상 하나님 안에서 기능하지 않으며, 자율적이고, 역기능적이며, 서로 다른 능력들이 불협화음을 내고, 애정, 욕구, 열정의 불균형을 이루게 된다. 이는 인간의 죄와 정신병리의 가장 근본적 원인이다.

우리의 영혼 속에는 영적 죽음으로 인해 자율성과 관계적 공백이 초래된 다. 이러한 자기의 관계적 공백을 인간의 욕구가 불균형적 자기애로 전향 하면서 무한하신 하나님의 유한한 대체물인 인간과의 관계, 음식, 돈, 소유 물 그리고 그 외의 다른 많은 우상들로 채우려고 시도한다. 이는 우상숭배 의 본질이며, 사랑의 부재, 불신 그리고 인간의 의지 속에 잉태되어 있는 신

있는데, 그 이유는 하나님에게 의지하며 사는 견해 없이 양선, 온유 그리고 본성적 겸손과 같이 본성에 따른 수많은 미덕들로 구성되어 있기 때문이다. 이에 관해서는 이 장의 뒷부분에서 더 논의될 것이고, 제15장에서는 불신자의 심리적 건강의 본질에 관해 논의될 것이다.

9) 이것은 모든 인간 역량에 악한 영향이 수반되게 하는 영적-심리적 방향상실과 원래의 의로움의 상실로서 원죄라는 토마스 아퀴나스의 견해와 유사하다. 이것은 또한 인간의 모든 능력이 그러한 타락에 의해 영향을 받는다는 인간의 만연된 부패(pervasive human depravity)라는 개혁주의적 관점을 설명하고 있다.

학적 교만, 또는 하나님으로부터 자율성이라는 핵심적 죄에 의해 동기화된다. 이러한 자율성의 상태에서 인간은 자기를 자체적으로 가득 채우고, 자기의 능력으로만 삶을 살아가고, 내주하시는 하나님의 임재가 있는 관계 밖에서 자신의 존재의 외로움과 공허함을 다루려고 한다.

이러한 우상과 교만의 역동은 인간의 영을 타락하게 만들어 종국에는 인간의 모든 능력을 부패하게 만드는 죄의 본질을 형성한다. 이 일단의 악은 인간의 핵심적 방어기제와 신경증적 전략을 낳는다. 즉, 우리는 심연의 실존적 외로움을 인식할 때 만나게 되는 고통을 피하기 위해 관계적 공백을 유한한 것으로 채우려 하고, 오직 하나님만이 채우시고 충족시킬 수 있는 외로움과 필요에 깊숙이 마음을 열지 않는다. 음식, 가족, 로맨스, 약물, 여흥 그리고 쾌락을 하나님의 대체물로 사용함으로써 더 많은 외로움을 느낄 뿐만 아니라, 그 대체물이 줄 수 있는 이상의 것을 억지로 얻어 내려고 함으로써 그 유한한 대체물마저 파괴하게 된다.

유전된 타락

원죄의 두 번째 요소는 유전된 타락이다. 이것은 앞에서 논의되었던 영적 죽음의 첫 번째 요소와 관련한다(롬 5:19). 유전된 타락은 만연된 부패(pervasive depravity), 수치감 그리고 방어(또는 '숨기기')의 형태로 발현된다.

유전된 타락: 만연된 부패. 나는 하나님의 사랑 안에서 생각하고, 느끼고, 감정, 사랑, 자녀 돌봄을 경험하도록 만들어졌다. 그러나 인간의 영 안에 하나님의 관계적 임재를 상실했기 때문에 인간적 모든 능력은 자기에 대한 불균형적 사랑에 의해 부패하거나 방향을 상실하게 되었고, 그러한 자기를 채우기에는 유한한 존재가 되어 버렸다. 이것은 '만연된(pervasive)' 또는 '전적(total)' 부패의 본질이다. 하나님의 일반적 은총이 타락 후에도 인간에게 닿아 있어서 생명을 경험하고 창조적 선함(creation goods)의 몇몇을 계속

해서 경험할 수는 있지만, 그럼에도 불구하고 인간은 마땅히 따라야만 하는 방식, 즉 하나님의 사랑 안에서 자신의 능력을 경험할 수 없다. 인간은 기능에 있어서 약간의 '본성적' 선을 행할 수 있고 훌륭하게 번영할 수 있지만, 그들의 능력은 결코 온전히 선하거나 번영할 수 없다(이는 다음에서 논의될 것이다). 인간의 모든 능력은 방향을 상실하여 이기심, 불신앙, 자율성, 우상숭배 그리고 하나님을 향한 사랑의 부재로 향하게 된다.

유전된 타락: 수치심.　타락의 상태로 태어난 존재의 결과로 어떤 면에서 인간은 내면의 나쁜 속성을 인식하게 되고 그 결과 수치감을 경험한다. 인간의 자기인식이 증가함에 따라 자기에게 어떤 잘못된 것이 있다는 진정한 깊은 신념도 만들어진다. '내가 나쁘다는 것, 나에게 무엇인가가 잘못되어 있다는 것, 본래대로 되어야 하는데 지금의 나는 그렇지 않음을 안다.' 인간은 그러한 생각이나 느낌을 의식적으로 인식하지 않기 원하는 전형적 반응을 하며, 보통 그러한 반응은 비난에 대해 방어하는 모습 속에서 나타난다. 그리고 수치심의 경험은 사람들이 있는 그대로 보여짐에 대해 불편함을 느끼는 결과를 낳고, 최초의 커플이 그랬던 것처럼 수치심 경험을 감추고자 행동하게 된다(창 3:7).

유전된 부패(corruption): 병리적 '감추기(covering)'와 방어성.　유전된 타락의 결과로서 우리는 가면을 쓴 모습, 거짓자기, 필요하다면 도덕적 자기를 보여 주고 우리 자신과 타인으로부터 수치심을 덮으려 하는 경향이 있다. 그 결과, 있는 그대로 보이지 않을 것이고 또한 자기를 있는 그대로, 즉 악함으로 부패한 모습을 경험하지 않을 것이다. 감추려는 성향 뒤에는 내가 나쁘면 나를 정말로 어느 누구도 사랑하지 않을 것이라는 깊은 신념이 있다. 그래서 나는 착한 사람이 되고 중요하거나 성공한 사람이 되어 나의 수치감을 감추게 되는데, 이는 방어이며, 충동적으로 우리를 따라다니며 괴롭히다가 모든 삶을 고갈시킬 것이다. 이 얼마나 인간의 에너지 낭비인가. 아니면 아예 감추기를 포기하고 수치심으로 충동적이고 병리적으로 살다가 자신이 비참해지든가 타인을 비참하게 만들게 된다.

유전된 죄책감

셋째, 유전된 죄책감은 타락하고 내적으로 나쁜 상태에서 태어난 결과이기 때문에 우리는 하나님으로부터 단절된 채로 태어나고 그분의 진노와 심판 아래에 있게 된다(롬 5:18). 어떤 순간에는 자연적 계시 속에서(롬 1:18-32), 아니면 제시된 복음 속에서 하나님의 임재를 알게 되어 하나님의 진노와 심판이 죄인인 인간에게 임하게 됨을 인식하게 된다. 인간은 자신의 죄와 악함을 깊이 인식하게 되고, 자신이 범한 행동이 죽어야 마땅한 죄임을 양심을 통해 인식하게 된다(롬 1:32). 그러한 인식은 사회에서 행하는 인과 응보적 사형이 아니라 하나님의 '명령(Gk., dikaiōma)'에 대한 양심의 지식으로서 더 근원적이며, 죽음 이후 그들을 기다리고 있는 최후의 심판과 형벌에 대한 깊은 인식과 관련한다.

유전된 죄책감: 두려움, 숨기 그리고 정신병리.   최후의 심판에 대한 인식의 결과로 두려움은 불신자들이 실재 하나님에 대한 인식을 억압하거나 하나님에 대한 시각을 제사나 그 어떤 다른 인간의 행동에 의해 회유될 수 있는 하나의 신으로 눈을 돌리게 한다(롬 1:21-23). 그 결과, 인간은 신에 대한 반응으로 하나님의 임재를 두려워하고 하나님으로부터 숨었던 최초의 인간 커플을 따라 하게 된다(창 3:8-10). 이에 대해 알려 주는 창세기의 구절은 성경에서 가장 슬픈 구절이다. 왜냐하면 우리를 사랑하시고 진정한 행복으로 이끌어 주실 수 있는 유일한 분이신 우리의 창조자로부터 숨으려는 성향을 그리고 있기 때문이다.

원죄 속에 있는 병리적 습관: 채우기, 숨기 그리고 감추기

모든 인간이 삶을 시작할 때 타고나는 존재 상태가 얼마나 슬픈가. 그들은 살고 있지만 죽어서 썩는다는 저주를 받고 궁극적으로 만족시키지 못하는 것들로 자기를 채우려 하게 되고, 거짓된 것 또는 반쪽만 진리인 것으로 그러한 현실을 덮으려 하고, 하나님, 죄책감, 타인 그리고 자기 자신에 관한 그 진실로부터 숨기로 결정하며, 그 결과 거짓된 악한 자기 그리고/또는 타락한 인간의 영에 실제로 내재하는 것들의 단면으로서 부분적 선함을 보이려 한다. 하나님의 형상은 인간의 노력과 인내력으로 훨씬 더 아름답게 될 수 있는 여전히 너무나 생명력으로 가득 차 있고 훌륭한 선물임에도 불구하고, 인간은 그 중심부가 썩어서 거룩한 분의 개입이 없이는 자신의 영광을 실현할 수 없다. 이는 성경이 원죄를 가지고 태어난 모든 인간의 마음의 심연에 광범위한 부패 또는 타락에 대해 말해 주고 있음을 설명해 주고 있다.

채우기, 숨기 그리고 감추기로부터 변형된 정신병리의 필요

원죄가 미치는 심리적 영향에 관한 이 토론을 살펴볼 때 본격적으로 정립된 변형심리학이라면 그러한 채우기, 숨기 그리고 감추기라는 방어적 역동이 어릴 때부터 사춘기를 거쳐 청년, 성인기로 어떻게 이어지고 그 후로도 계속해서 발달적으로 어떻게 나타나는지에 대한 세부적인 설명을 제공할 수 있을 것이다. 탄탄한 변형심리학은 그러한 현상들을 이해하기 위한 방법을 설명할 뿐만 아니라 어떻게 건강한 부모의 양육, 우정, 영혼돌봄(치료와 영적 방향 제시)이 타락이 주는 악영향의 문제를 악화시키지 않고 경감시킬 수 있도록 도울 수 있을지에 대해 다루게 될 것이다. 아마도 독자 중 어떤 분은 그러한 도전에 응할지도 모른다. 이 절의 소논제에 관해 제15장의 심리적 건강에 대한 논의에서 더 많이 이야기될 것이다.

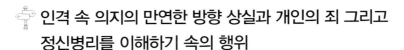 인격 속 의지의 만연한 방향 상실과 개인의 죄 그리고 정신병리를 이해하기 속의 행위

우리의 변형심리학은 타락과 원죄(이름하여 개인적 죄)의 두 번째 근본적 결과는 인간대행 또는 의지가 모든 행위 속에서 방향을 상실하게 된 것이라고 인정한다. 영적 죽음(앞에서 논의되었듯이)으로 인한 유전된 타락의 함의는 우리의 본성, 즉 인격의 모든 인간 역량은 불신, 시기심, 우상, 교만, 숨기 그리고 감추기에 의해 어느 정도 방향을 잃게 되었다는 점이다. 이러한 근본적 악은 우리가 하나님의 사랑과 별도로 우리의 행복을 담보하기 위해서 다른 사람과 환경 그리고 인간 역량을 통해서 삶을 통제하기를 추구하는 방식으로 모든 사랑, 갈망 그리고 감정을 왜곡시키면서 의지를 불균형적 자기애로 움직이게 한다. 이것이 인간부패의 만연이다.

인간 행위의 복잡한 도덕적-영적 본질: 잠재성과 타락

인간 사람이 여전히 하나님의 형상으로 창조되었기 때문에 인간의 행위는 그 의지에 있어서 복잡한 다양성의 동기적 구조다. 그럼에도 불구하고 하나님의 사랑을 떠나 인간의 의지로 하는 행위는 인간의 본성과 그것의 창조된 잠재성과 역량에 따라서 부분적으로는 기능할지 모른다. 즉, 그러한 행위는 몇 가지 덕이라고 이름을 붙이는 인간적 친절, 관용, 자비, 사랑, 그리고 온유와 일치할 수 있다. 그러나 불신자의 의지 속에 있는 행위의 핵심에 불신, 자만, 우상숭배 그리고 시기에 의해서 야기된 어떤 타락과 왜곡이 있다. 각 행위의 의지 속에는 하나님에 대한 불신, 오직 자기의 능력으로 얻은 에너지로만 조직된 행동의 자율성(자만) 그리고 하나님을 차지하고 가지거나 소유하고 싶은 다른 어떤 것이 있다는 깊은 불만족이 어느 정도 심어져 있다(시기심과 우상숭배). 같은 맥락에서, 그러한 각 행위는 어느 정도 자기에 대한 신뢰이며, 자율적 자기애이고, 또한 자신이 이미 가지고 있는 것보다 더 나은 어떤 경험을 가지려는 우상숭배 형태의 선망이다. 결국, 이 모든 행위는 현실을 감추고 현실로부터 숨는 방식이 되고 있다.

결과적으로, 하나님의 사랑을 떠나 있는 불신자의 모든 의지 행위는 부분적으로는 인간 본성과 조화를 이루고 있을 가능성을 가지고 있으나 동시에 항상 그 중심에는 왜곡된 속성을 따라갈 가능성도 가지고 있다. 하나님의 형상에 따라 지음받았기 때문에 인간은 불굴의 용기를 발휘할 수 있고, 어려움을 받아들이고, 상황을 견뎌 내는 능력을 행하고 그 결과 어떤 미덕을 발휘할 수 있게 된다. 그러나 의지가 자동적으로 그러한 능력을 반드시 발휘하지는 않는다. 모든 인간이 본성과 조화롭게 미덕을 개발할 기회를 가지고 있지는 않다. 사실, 많은 경우에 인격적으로 건강하지 못한 우리의 습관과 좋지 못한 환경과 조건은 본성을 거스르며 행동하는 여러 악한 품성에 대해 우리를 취약하게 만든다(이것에 관해 좀 더 알아보기 원하면 이 장의 뒷부분에 숨겨진 마음에 관한 논의를 보라).

본성적 덕 또는 악 둘 중 어느 경우이든, 인간의 의지 속에 하나님께서 심어 놓으신 것을 제외하면 불신자들에게서 온전한 덕이 발휘될 가능성은 없다. 그 이유는 그들의 행위 속에 담긴 의지에는 하나님의 사랑이 항상 빠져 있기 때문이다. 이 복잡한 상황은 [그림 14-2]에서 보여 준다.

[그림 14-2]에서 변형심리학에서 주어진 덕과 악에 포함된 역동적 관계를 주목하라. 수직축은 모든 것에서 하나님을 사랑하는 인간의 메타능력을 나타낸다. 수평축은 다른 모든 인간의 역량을 나타낸다. 제1사분면에서 제4사분면 위의 어떤 역량에 적합한 덕과 악을 우리가 측정할 수 있다고 상상해 보자. 물론, 실제 삶에서 인격의 현실들은 다음 그림보다 분명히 훨씬 더 복잡하다.

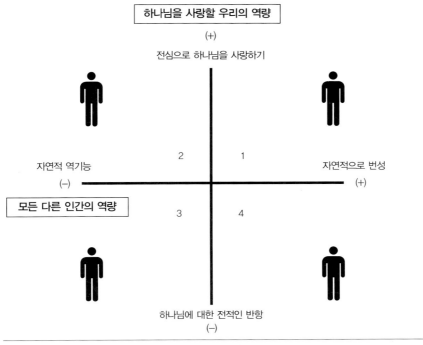

[그림 14-2]

제1사분면의 사람은 가장 이해할 수 있다. 나머지 역량 속에서 가장 높은 덕에 상응하는 하나님을 사랑하는 데 있어서 가장 높은 덕을 가진 사람이다. 이것이 바로 우리가 기대하는 것이고, 우리가 하나님의 사랑 안에서 성장하듯이 우리의 모든 창조적 특성 안에서 성장하는데, 이는 역으로도 성립한다. 제3사분면 또한 이해 가능한데, 그 속에서 하나님을 사랑할 능력과 관련하여 역기능적 사람은 그들의 다른 역량들과 마찬가지로 건강하지 못하다. 일관적이고 철저하게 역기능적 사람이며, 이는 심리적으로 그리고 영적으로 일리가 있어 보인다.

그러나 제2사분면과 제4사분면도 사실상 많은 사람의 인격의 내적 심리적이고 영적 복잡성을 나타내는 인간 실존의 가능성이다. 제2사분면을 보면, 한 개 또는 많은 영역에서 높은 정도의 하나님의 사랑을 지닌 사람이지만, 그 밖에 자신의 본성적 특성과 역량에 관하여는 역기능적 사람이다. 이는 우리가 기대하거나 '정상'이라고 생각하는 바가 아닐지도 모른다. 그러나 우리가 잠깐 멈추어 구원은 병들어 건강하지 않은 자에게 있다는 사실에 대해 생각해 볼 때, 이것은 상당히 가능하며, 아마도 생각보다 더 흔한 경우일지 모른다. 아주 힘든 삶을 살았고, 감정, 생각, 가족과 타인과의 관계에 있어서 자신의 능력을 아주 건강하지 못하게 발휘하는 사람들을 쉽게 생각해 볼 수 있고, 실제로 그런 사람들을 교회에서 만날 수 있다. 그러나 하나님은 구속의 역사를 통해 그들의 삶에 개입하시고 가장 위대한 선과 사랑이 되셨다. 아마도 하나님은 그 순간 그들에게 유일하게 좋은 분일 것이고, 그들이 타인을 향해 갖는 사랑과 그들의 전반적인 심리적 건강이 꽤 약하다는 사실에도 불구하고 하나님을 향한 그들의 사랑은 클 것이다. 물론, 기독교인의 삶을 살면서 그들은 일련의 분투들을 분명히 겪겠지만 우리는 이것이 시간이 지나면서 변화되리라고 희망한다.

제4사분면에 속한 개인은 타락한 상태에서도 일반은총으로 인해 가능한 또 하나의 부자연스러운 시나리오를 나타내고 있다. 여기서 사실상 하나님에 대한 큰 미움을 가지고 있을지 모르는 사람이 다른 면에서는 꽤 '자연스럽게' 덕스러울지도 모른다. 그 또는 그녀는 아주 친절한 사람, 희생적 부모, 사랑을 베푸는 배우자, 충성스럽고 책임감 있는 피고용인일지도 모른다. 이런 경우, 그의 덕은 아직 '형성되지 않았거나' 하나님의 사랑에 의해서 완벽하게 형성되지 않았거나(아퀴나스) 죄인의 삶에서 하나님의 일반은총의 선물로서 성령의 완전하지 않은 열매들(칼뱅)이다.

흥미롭게도 불신자의 건강한 특성들은 선하지만 동시에 죄가 있다. 그러한 특성들도 인간의 본성과 어느 정도 조화를 이루는 길들여진 역량인 선에서 덕스럽다. 한편, 하나님의 사랑에 미치지 못하고 알지 못하는 한 그것들은 악이다. 하나님을 사랑하고 하나님의 사랑을 받는 이러한 메타역량은 가장 중요한 인간의 역량이며, 이는 다른 모든 역량에게 알려 주어서 충분한 덕으로 완벽하게 하면서 다른 모든 역량 위에 있다. 제4사분면에 속하는 사람은 본성과 기질상 축복받은 경우이지만, 결국 자신의 삶에서 무엇인가가 빠져 있음을 알게 된다. 자신을 충분히 탐색하고 정직하다면, 자기의 중심에 있는 가장 깊이 뿌리 박힌 역기능과 필요—깊은 외로움, 죄책감, 수치감, 교만, 질투 그리고 우상숭배—를 인식할지 모른다.

한 걸음 더 나아가서, 제4사분면에 속한 사람이 신자가 되면, 이러한 자연스러운 덕조차 변형될 필요가 있는데, 이는 그 덕이 하나님 안에서 신념이 부족하고 우상숭배와 질투를 가진 자율성에 의한 의지로 길들여져 왔기 때문이다. 결국, 하나님으로부터 멀어져서 자신의 힘으로 번성하기가 이러한 사람의 기독교인 삶에 있어서 가장 큰 유혹이다. 그 사람은 당분간 그들이 선을 행하기가 하나님을 위한 사랑과 신앙의 행위인지 아니면 단순히 그들의 힘으로 삶의 방향에 있어서 신중한 행위인지의 여부를 가지고 분투할 것이다. 그럴 경우, 우리는 기독교인 또는 비기독교인으로서 자연스러운 미덕을 잘 훈련받은 제4사분면에 속하는 한 사람이 자연스럽거나 창조와 함께 부여받은 미덕의 증거를 보여 줄지는 모르지만 여전히 믿음, 소망, 그리고 사랑의 미덕은 아주 부족할 수 있다. 따라서 일반적으로 사람은 두 가지 방식으로 죄를 지을 수 있다. 첫째, 자신의 자연스러운 능력에 반하여 행동하는 죄를 지을 수 있으며(예, 불친절, 지나친 화, 과도한 두려움), 둘째, 첫째 방식과 더불어(또는 첫째 방식은 아니라 하더라도) 하나님과의 관계 그리고 사랑에 반하는 행동을 함으로써 죄를 지을 수 있다.

정신병리를 이해함에 있어서 거슬러서 짓는 죄

타락의 세 번째 결과는 타인과 사회에 대하여 죄를 짓는 삶과 타인과 사회에 의하여 거스르는 죄와 그것의 삶으로부터 초래되는 조건과 관련이 있다. 이것은 인간 관련의 무질서 속에 자명하고(창 4:1-10, 19, 23), 문화를 만드는 데 있어서 인간 활동에 자명한 왜곡이다(창 4:17-26). 특히 부모와 초기 애착장애인 건강하지 않은 관계는 사람의 건강하지 못하고 죄된 역동을 위한 주요 설명이라는 것이 제12장에서 자기에 대한 변형심리학으로부터 분명해야 한다. 이것은 성경에서 최초의 가족과 관계를 보면 드러난다(예, 창세기 4장 1-10절에서 가인과 아벨의 관계와 창세기 4장 19, 23절에 나오는 라멕의 오만, 두 아내를 취하는 행동).

원죄가 역기능의 가장 근본적 이유이고 대부분의 죄의 기저에 작동하고 있을지라도, 초기의 손상된 관계, 무질서한 애착 그리고 시간이 가면서 그것들에 의해 길들여진 반응들은 종종 우리의 정신병리와 죄의 습관에 대한 지향성을 부추긴다. 다시 말해서, 아마도 원죄로부터 기인하는 마음속의 악과 장애의 특정한 양상이 건강하지 못한 관계에 대한 건강하지 못한 반응에 의해 결정될지 모른다. 원죄 때문에 우리는 모두 부적절하게 채우려 하고 있고, 감추려 하고 있고, 숨고 있다. 그러나 원죄가 지나친 화, 지나친 두려움, 걱정, 불친절, 인색함, 무자비적 태도, 지나친 아부, 무관심, 공격성, 그리고 맹종과 같이 더 진척된 악의 양상을 띨 것인가는 관계에 대한 우리의 반응을 담고 있는 소프트웨어에 의해 결정된다.

거슬러서 짓는 죄에 대하여 다른 전통으로부터 배우기

변형심리학은 정신병리를 이해하기 위한 관계의 영향에 대해 성령 안에서 새롭게 배우기와 특히 초기 관계가 정신병리를 어떻게 설명하는지에 대한 대상관계, 애착이론과 같은 관계심리학으로부터 배우기 둘 다에 전념하고 있다. 정신병리의 사회문화적 – 원인적 이론에 빠져 있는 세속의 전통들은 정신병리상의 관계의 영향에 대해서 무언가를 말하고자 하는데, 왜냐하면 이것이 관찰하고 반영하고 있는 일차적이거나 유일한 장소이기 때문이다. 변형심리학이 다른 전통으로부터 어떻게 배울 수 있는가에 대한 예로서 우리는 초기 관계심리학자인 카렌 호나이(Karen Honey)를 살펴볼 수 있다.

호나이[10]에 따르면, 우리는 세 가지 기본적인 관계적 욕동(drives)을 가지고 태어난다. (a) 타인을 향하여 움직이는 역량 또는 타인에게 애착하는 능력, (b) 타인으로부터 떨어지거나 혼자 있는 역량, 그리고 (c) 타인에게 맞서는 역량 또는 '아니오'라고 말하고 잘못된 일 또는 불의에 반하여 화로 정서적 반응을 하는 능력이 있다. 호나이에 따르면, 그녀의 정신병리의 사회 환경 – 인과 이론을 고려해 볼 때 우리가 완벽하게 공감적이고 수용적인 환경에서 양육받으면 이 세 가지 능력들은 정상적으로 발달할 것이며 상황에 따라 적절한 방식으로 반응하게 될 것이다. 타인과 함께 있을 때, 혼자 있을 때, 그리고 악에 반해서 맞서 싸울 때가 있다.

하지만 우리가 관계적으로 건강하지 못한 환경에서 양육받고 요구적이고, 판단적이며, 무관심하고, 고압적인 부모에 의해 거스르면서 죄를 짓도록 하면, 앞에서 언급한 모든 욕구를 탐색하는 데 필요한 소속감을 느끼지 못하게 되는 전형적 결과를 맞는다. 오히려 우리는 안전, 안정감 그리고 중요성의 필요를 충족시키기 위해 정작, 욕구 중 한두 개에 초점을 두고 나머지는 무시하는 방식으로 그 욕구들을 왜곡하는 경향을 보이게 될 것이다. 그러므로 아동의 '~을 향하는' 역량은 병리적으로 길들여질 수 있고, 그 결과 맹종하는 사람이 되어 언제나 착하거나 타인에게 애착을 느끼기 위해 필요한 것은 무엇이든 하려 함으로써 필요를 충족하게 된다. 또는 아동의 '~으로부터 멀어지는' 역량은 빈약하게 길들여져서 그 또는 그녀는 무관심한 사람이 되고 가족과 관계의 변두리에 남아서 '유령'이 되면서 안전을 찾아 안

---

10) Karen Honey, *Neurosis and Human Growth: The Struggle Toward Self-Realization*(1950. reprint, New York: W.W. Norton, 1991), pp. 17-39.

전감의 욕구를 충족시키게 된다. 아동의 '~에 반대하는' 역량 또한 병리적으로 길들여질 수 있는데, 그 결과 싸우기 좋아하는 사람이 되어서 초기에는 말, 위트, 유머와 같이 심리적 혹은 신체적으로 공격하는 법을 배우다가 나중에는 안전감과 안정감을 느끼기 위해 주먹으로 공격하게 된다.

그러한 각 병리적 관계 성향이나 경향은 일종의 심리적 가격표를 달고 있다. 맹종하는 사람은 자신이 타인의 사랑과 수용을 잃지 않기 위해 타인에게 '아니오'라고 절대로 말할 수 없는 탈진하도록 만드는 부담감을 지닌다. 무관심한 사람은 여러 상황에서 유령인 것처럼 사는 내내 결코 떨쳐 버릴 수 없는 외로움이라는 대가를 지불한다. 호전적 사람은 끊임없이 공격하면서 타인을 자신으로부터 멀어지게 하여 고통스럽게 소외된다. 시간이 지나면서 이 초기의 신경증적 전략들은 결국 본격적으로 거짓자기 패턴으로 전개되고 살기 위한 전략으로 굳어진다. 이러한 신경증적 전략들은 사실상 내면에 일어나는 일에 관한 고통스러운 자기인식을 뒤로하기 위해, 안전하고 안정적으로 느끼게 하는 자기의 요소들만 경험하기 위해서 만들어지고 또 계속 사용된다. 심리이론과 그것의 기본적 진단도구인 DSM-IV-TR은 거스르면서 짓는 죄와 그 결과로 생기는 죄에 길들여짐의 다양한 정신병리의 형태를 초래하는 수많은 방식들을 설명해 놓았다.[11] 어떤 의미에서 초기에 경험하는 건강하지 못한 관계는 우리가 원죄에서 물려받은 채우기, 숨기, 그리고 감추기라는 근원적 죄들이 삶 속에서 발현되는 다양한 방식을 가시화하는 소프트웨어가 되고 있는 셈이다.

---

11) 이와 같은 중요한 진단적 도구의 가치와 문제에 관해 많은 점들이 논의될 수 있다. 특히, 신학교에서 제공하는 훈련에서도 그러한 도구를 사용하는 것은 학생들에게 자신의 회중(그리고 자신에게서도!) 속에서 보게 되는 다양한 정신병리의 형태를 이해하기 위한 범주를 제공하도록 할 수 있어서 유익하다. 다시 한 번 더 다짐해 두고자 하는 점은, 그 도구를 정신병리의 본질에 관한 이해와 철학적 토대의 관점에서 심층적으로 분석하는 것은 우리로 하여금 본서의 경계를 한참 넘어서게 한다.

전통들을 비평하기

호나이가 부모가 아동 초기에 잠재적으로 미치는 영향력을 설명하는 아주 통찰력 있는 방식을 제공한다 할지라도, 그녀의 이론은 원죄의 영향을 설명하지 못한다. 따라서 그녀는 모든 정신병리가 관계적-환경적 원인을 가지고 있다고 잘못 믿고 있다. 그러나 예수님과 성령님에 의해 양육될 때조차도 우리를 위해서 거짓자기의 창조와 우리의 관계적 본능의 왜곡으로 인도하는 부적절한 채우기, 숨기기, 그리고 덮기의 삶을 피하기가 사실상 충분하지 않음이 곧 진리다. 원죄의 효과가 분명히 어느 정도 줄어들었을지라도 여전히 영향을 미치게 된다. 하지만 십자가를 통해 받은 용서에 비춰 볼 때, 내주하시는 성령에 의한 사랑의 능력만이 숨기와 감추기의 기제로부터 벗어나서 진정한 우리가 되도록 그리고 사랑 안에 있을 수 있도록 하기에 충분하다.

경고: 문화상의 거슬러 짓는 죄와 거스르는 죄의 영향   서로에 의해서 거슬러 짓는 죄와 거스르는 죄의 결과로서 이러한 죄의 습관들은 문화와 세계에 엎질러져 있다. 인간은 건강한 문화를 발전시키면서 땅에 대한 돌봄을 제공하는 자연을 다스리는 청지기가 되었다(창 1:26-30). 그러나 라멕에서 노아 그리고 바벨에 이르는 최초의 사회부터 오늘날까지 인간은 하나님의 형상으로 지음받았으므로 가능해진 천재적 성향을 보여 주었고, 뿐만 아니라 어리석은 성향도 함께 보여 주었다. 자연은 인류의 이득을 위해 파헤쳐졌고 탐욕과 허영심을 위해 폭행도 당해 왔다. 뿐만 아니라 문화는 아름다움, 박애 그리고 숭고함이라는 관점에서 볼 때 유의미한 성취를 보여 왔지만, 다른 한편 타락한 것, 부패한 것 그리고 사악한 것이라는 증거를 보여 주기도 했다. 문화와 인간의 행동하기는 그저 마음 안에 있는 것의 확장이고, 인간이 해 왔던 많은 것들은 전 방위적으로 채우고, 숨고, 감추기 위해 사용되어 왔다. 래리 크랩(Larry Crabb)에 따르면, 도덕성 다음으로 인간의 문화는 우

리 손의 작품을 통하여 우리가 하나님으로부터 숨는 데 가장 과도하게 사용되는 은폐적 행동이 되어 왔다.[12] 흥미롭게도 이 시대에는 문화가 하나님을 향한 명시적이고 직설적 분노와 반항을 표현하기 위한 수단이 되어 왔고, 부분적으로 그 반항은 극단적으로 무질서한 초기 애착의 결과다.

⚓ 원죄, 개인적 죄와 거슬러서 짓는 죄가 인격과 숨겨진 심중에 미치는 영향

변형심리학은 사람의 심중과 전체적 인격상에 원죄, 개인적 죄 그리고 거슬러 짓는 죄의 합쳐진 효과를 이해하는 데 민감하다. 현대심리학이 우리에게 죄와 병리의 기원과 원인을 완전히 설명해 주지 않는다 할지라도 그들은 인간의 마음속에 있는 현재 상태로서 정신병리의 결과에 대한 심오한 통찰결과를 가지고 있다. 현대심리학의 통찰결과와 마음에 대한 기독교적 관점들을 결합시키면, 우리가 왜 그토록 죄와 싸우는지에 관한, 그리고 뒤에서 간단히 다루겠지만 마음으로부터 선을 행함에 관한 풍부한 정보를 얻는다.

심중과 죄의 다루기 어려운 본질

정신병리의 다루기 어려운 본질을 이해하는 데 종종 가장 많은 도움을 주는 이들은 심리학자이지 신학자가 아니라는 점은 흥미롭다. 신학자와 철학자는 죄의 기원, 원인과 급진적 본질에 대해 할 이야기가 많을지 모른다. 하지만 인간의 마음속에 죄와 정신병리가 어떻게 작용하는지, 그리고 왜 우리

---

12) 문화 속에 숨고자 하는 인간의 성향에 관한 강의에서 이와 같은 코멘트를 해 준 래리 크랩(Larry Crabb)에게 고마운 마음을 표하는 바다.

가 참여하는 수많은 죄와 악행들이 사라져 버리면 좋겠다고 마음속으로 바라기만 해서는 없어지지 않는지에 대해 통찰력 있는 이해를 제공하는 데 있어서 탁월했던 이들은 심리학자다. 이는 심리학자들과 치료사들은 죄와 분투로 종종 압도당하는 사람들을 치료하면서 더 많은 시간을 보내는 반면, 대부분의 신학자는 전문적 커리어를 위해 죄와 변화에 대한 생각을 더 많이 연구하는 데 투자하게 되는 것을 볼 때 이에 대해 이해될 수 있다. 또한 신학자는 사람과 일하지 않는 게 아니라, 오히려 더 건강한 집단의 사람들을 자주 대한다.

　불신자와 헌신된 신자들 모두 해마다 같은 죄와 악행과 싸워 오고 있다는 것은 분명하다. 나(존)는 수년 동안 걱정과 지나친 두려움과 싸웠다. 그러한 걱정과 두려움이 사라지길 원하는 나의 단순한 욕구가 정말 그렇게 되도록 만들 수 있다면 멋지지 않겠는가? 그러나 그렇게 되는 경우는 없다. 실은, 그 정반대의 경우가 발생한다. 나는 종종 내가 내리는 더 나은 판단을 거슬러 행동하면서 동시에 걱정하지 않기를 원한다. 이러한 분투는 다음의 기술에 설명되어 있다.

　　도덕적 무절제(moral incontinence): S라는 사람은 선을 알고, 선을 원하고, 선을 택하지만, 선을 행하지는 못한다.
　　도덕적 절제(moral continence): S라는 사람은 선을 알고, 선을 원하고, 선을 행하지만, 기쁨이 전혀 없이 선을 행한다.
　　덕(virtue): S라는 사람은 선을 알고, 선을 원하고, 선을 선택하고, 기쁨으로 선을 행한다.

　나는 선을 알고 원한다. 그러므로 걱정하지 않고 하나님을 신뢰해야 한다. 그러나 내가 도덕적 무절제를 나타내면서 걱정하는 한 내가 아는 것과 원하는 것은 아무 능력이 없는 것처럼 보인다. 선에 대한 나의 지식과 원함에서 무엇인가가 빠져 있다는 결론이 드러난다. 즉, 내가 진심으로 또는 모든 상황에서 걱정하지 않음을 기뻐하고 있지는 않다는 말이다. 행위를 할 때 기쁨은 선함의 표시이며, 나의 인간적 경험에 따르면 그 행동이 '매력 있게' 느껴지기, 그리고 나의 심리적 구조들이 그 선에 매우 익숙해지고 선이야말로 내가 진심으로 원하는 것이 되고 마음으로부터 즐거워하는 것이 됨의 표시다. 그러나 기쁨이 나의 무절제 또는 절제에서 빠져 있다면, 내면 깊이 다른 어떤 것에서 기뻐하고 있거나 아니면 진정으로 선한 일을 할 때 기쁨을 잃을까 봐 두려워하고 있음에 틀림없을 것이다. 틀림없이 나에게 더 많은 기쁨을 가져다주고 내가 실제로 원하는 것을 나타내 주는 일련의 또 다른 신념과 욕구들이 있다는 의미다.

숨겨진 심중상에 심리학적 전통과 기독교를 같이 놓기

수많은 심리학적 전통으로부터 무절제와 절제의 역동을 살펴보고 이해하기가 가능할 수 있겠지만, 여기서는 심층적 – 인지적 접근(depth-cognitive approach)을 하나의 보기로 가져올 것이다.[13] 이 관점에 따르면, 나의 무절제하거나 절제한 삶의 영역들 속에 두 가지 신념과 욕구 세트가 틀림없이 있다고 한다. 한 세트는 내가 인식하고 있는 표층수준의 신념과 욕구이며, 다른 한 세트는 표층의 아래에 있어서 내가 덜 인식하게 되고 알게 되면 심지어 놀라게 되고, 더군다나 표층신념과 욕구와 마찬가지로 강력한 힘을 가지고 있다. 심리학자들은 경험에 영향을 주어 표층수준 또는 의식적 수준에서 바라고 믿는 바에 거슬러 행하도록 만드는 심층차원의 어떤 무엇인가가 있다는 인간의 내면적 역동을 이해하려고 많은 글을 써 왔다. 이 더 깊은 수

---

13) 마이클 버나드(Michael Bernard)의 논문을 참조하라. 「Private Thought in Rational Emotive Psychotherapy」, *Cognitive therapy and Research* 5, no. 2 (1981): 125-142.

준이라는 말은 다양한 이름을 부여받았는데, 프로이트는 '무의식', 인지적 전통에서는 '핵심신념', 대상관계모델에서는 '손상된 대상관계', 인지 – 정서 애착이론에서는 '암시적 기억'이다. 이 현상은 너무나 많은 우리의 죄에 대해서 그리고 왜 우리가 그토록 많이 알고 있는데도 죄를 짓는지를 설명해 주고 있기 때문에 중대하다. 성경은 이것을 마음속에 있는 하나의 문제인 '숨겨진 심중(hidden heart)'으로 간주한다.[14]

심중은 성경에서 개인과 그의 심리적 활동에 가장 중심적인 것을 함축하기 위해 사용된다. 그 마음으로 우리는 느끼고, 사랑하고, 미워할 뿐만 아니라 또한 우리는 생각하고, 행동하고 기억한다(잠 23:7-8). 심중은 우리 인간의 중심을 나타내고, 우리가 하는 생각, 정서 그리고 의지의 집합체를 나타내고 있다(잠 27:19). 우리가 하고 있는 행동에서 우리는 종종 우리 자신의 심중을 볼 수 있다. 특히, 그 행동이 우리가 내린 더 나은 판단에 거스를 때거나, 우리가 원하지 않는 어떤 것을 할 때 느끼는 경험 속에서 우리의 심중을 볼 수 있다. 예수님은 우리의 보물이 어디에 있는지, 우리의 심중이 어디에 있게 될지를 말씀하셨다. 그 마음은 우리가 실제 사랑하는 것, 우리가 실제 암묵적이고 직관적 수준에서 실제로 믿고 있는 것을 향하게 된다.

심중을 이토록 복잡하고 심오하게 만드는 것은 표면 아래에 놓여 있는 층에 대해 우리가 바로 자각하지 못할 수 있는 심중에 감추어진 차원이 있다는 점이다. 다음의 잠언을 고려해 보라.

웃어도 마음이 아플 때가 있고, 즐거워도 끝에 가서 슬플 때가 있다.

(잠 14:13)

---

14) 우리가 바이올라 대학의 탈봇신학교에서 '인간 본성의 신학'이라는 과정을 팀이 되어 함께 가르치면서 14년이 넘도록 찾아 왔던 개념을 표현해 주는 '숨겨진 심중'이라는 용어에 대해 로버트 소시 박사(Dr. Robert Saucy)에게 공을 돌리고 감사하는 바다.

이 구약의 현자는 사람이 표층수준에서 한 가지를 경험하면서 동시에 완전히 다른 감정이 마음의 표층 아래에 있음을 인식하고 있다. 한 아이가 처한 상황을 생각해 보자. 그를 티미(Timmy)라고 부르고, 그의 부모님은 티미에게 극단적인 신체적 학대를 가했고, 지금은 마약을 판 혐의로 감옥에 있는 상황이다. 티미는 그의 부모님에 대한 혼란스럽고 고통스러운 느낌과 신념을 수없이 많이 가지고 있을 수 있다(예, "나는 아빠와 함께 살고 싶어요. 하지만 함께 있을 때마다 아빠가 나에게 상처를 줘요.""아빠와 떨어져 살게 하는 그 사회복지사가 싫어요. 하지만 아빠와 같이 있을 때는 무섭기도 해요.""나는 왜 나를 사랑하는 아빠를 가질 수 없나요?"). 티미는 '아빠'에 대한 일련의 심층적 신념과 욕구들을 가지고 있지만 정작 자신은 자세히 살펴볼 수가 없고, 그 결과 그 신념과 욕구를 경험하는 것을 원하지도 않는다. 티미는 그 신념과 욕구들을 억압해 왔고, 이제 그들은 숨겨진 마음의 일부가 된다. 티미가 놀이터에서 놀다가 다른 아이가 "야, 우리 아빠랑 나는 오늘 밤에 다저스게임에 갈 텐데 너도 아빠랑 같이 올래?"라고 말한다고 상상해 보자. 어느 한 순간, 티미는 웃다가 슬픔, 혼란, 무감각으로 옮겨 가게 될 것이다. 그는 잠언의 말씀처럼 행할 것이다. 즉, 숨겨진 심중 속에 고통이 있기 때문에 기쁨의 끝이 슬픔이 된 것이다.

앞의 이야기와 숨겨진 심중의 본질에 관해서 많은 점들이 제시될 수 있다. 첫째, 숨겨진 심중 속에는 항상 표층에서 경험되는 것보다 더 많은 욕구와 신념 그리고 느낌이 있다. 숨겨진 심중은 우리 자신에 대해서 우리가 보거나 경험하기를 원하지 않는 억압된 재료로서 심중의 습관 속에 새겨져 있는 수집된 신념, 갈망 그리고 느낌의 저장고를 나타낸다. 티미는 이제 '아빠'에 대한 자신의 경험에 반응하며 어떤 개발된 성향을 가진다. 언제나 우리가 표층에서 자각할지 모르는 것보다 우리 심중에 더 많이 있다.

둘째, 더 심각하게, 숨겨진 심중 속에 있는 깊은 신념과 갈망이 의식적 자각에 끌어올려지지 않고 다루어진 정도는 누군가가 그러한 신념들과 갈망

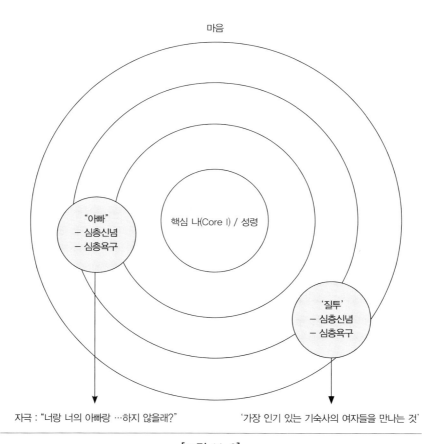

[그림 14-3]

들을 제어하지 못하는 정도다. 모든 방어기제가 그렇듯이, '아빠'에 대한 고통스러운 감정을 억압하는 티미의 능력은 생존을 위해 유익하다. 그러나 고통스러운 자기인식을 계속해서 멀리하게 만드는 모든 방어기제는 대가를 요구한다. 그 방어기제는 습관을 촉발시키는 자극이 주어지면 도리어 당신을 다시 지배할 수 있다. 숨겨진 심중에 관한 [그림 14-3]을 보라.

'아빠'에 대한 티미의 심중 속에는 분류되지 않은 심층의 신념과 욕구의 연속물이 수많은 깊은 감정에 담겨 있다. 사실상 티미는 자신을 그 심층으로 들어가지 못하도록 하는 작은 걸림돌, 즉 방어기제를 가지고 있다. 왜냐하면 심층으로 들어가는 일은 너무나 고통스럽기 때문이다. 오히려 그는 그러한 깊은 감정들을 계속해서 억압되도록 하고 있다. 그러나 문제는 티미가 더 이상 자신의 그러한 깊은 느낌들을 제어하지 못하게 되는 것이다. 그 감정들을 표층으로 끌어올리게 만드는 이유는 티미의 환경 속의 어떠한 것이 '아빠'가 가지고 있는 심중 속에 있는 것들을 자극하거나 연상하게 만든다. 그러면 급기야 심층의 내용물이 튀어나오게 되는데, 티미는 바로 더 깊은 내면의 감정과 혼란한 생각들을 마음속에 다시 억압하려 할 것이다. 그러한 노력에도 불구하고, 그 암묵적 기억들은 티미를 지배한다. 왜냐하면 그 기억들은 적절한 자극이 있을 때마다 다시 나타날 수 있기 때문이다.

수집된 경험과 기억에 대해서 진실인 것은 우리의 반복되는 모든 죄에 대해서 진실임이 우리의 논의에 있어 가장 중요하다. 시간이 지나면서 마음의 그러한 악한 습관은 우리의 관계적·환경적 과거사로부터 형성되는 심층 신념과 욕구로 구성된다. 무의식적이거나 의식수준에서 알지 못하는 신념과 욕구가 언어 이전의 역사와 관련되는 한, 그 신념과 욕구는 아주 심층적이고 원시적이다. 다시 말해서 그 신념과 욕구는 어떤 순간에 어떤 방식으로 행동하려는 성향을 갖도록 만드는 감정의 저장고에 들어 있는 정서적 의미다.

개인이 통제하지 못하는 심층의 신념들과 욕구들을 담고 있는 심중의 악습의 예로 시기심을 들어 보자. 거절과 상처의 과거사를 가지고 있는 젊은 여성 수잔(susan)이 있다고 상상해 보자. 수잔은 자신이 친구를 가질 만큼 가치가 없고, 사랑스럽지 않으며, 자신이 사람들에게 다가가면 그들이 거절하리라는 심층 신념을 가지고 있으며, 수잔은 그 심층 신념을 인식하고 있을 수도 있고 인식하지 못할 수도 있다(그림 [14-3]을 보라). 수잔이 대학 기숙사에 들어왔는데, 그곳의 '인기 있는' 여학생들이 수잔을 그들의 무리에 넣어 주지 않는다고 상상해 보라. 그 여학생들과의 접촉은 수잔의 마음속에 들어 있는 것들—상처와 거절의 고통—을 끄집어 낼 것이다. 이제 수잔이 아침 수업시간을 마치고 점심을 먹으러 나와 있다고 상상해 보라. 그런데 식당에서 수잔은 그녀를 피했던 바로 그 인기 여학생들을 우연히 만나자— 아뿔싸!—시기심, 질투 그리고 거절로 인해 상처받은 느낌들이 나온다. 수잔이 이것을 요청하지도 않았고, 원하지도 않았다. 그녀는 일부러 질투하려고 하지도 않았다. 하지만 다음 한 시간 동안 수잔은 경험할 의도가 전혀 없었던 감정으로 동요될 것이다. 이러한 왜곡된 감정들을 통제하지 못하는데, 왜냐하면 그 감정들이 적절히 돌봐지지 않아서 숨겨진 마음속에 묻혀 있는 상태이기 때문이다.

셋째, 대부분의 독실한 신자들은 죄를 지으려고 의도하지 않는다. 그러나 오랫동안 살아오면서 많은 원인들이 축적되어 건강하지 못한 심층 신념과 욕구의 일정 패턴들이 만들어졌고 그 속에 길들여져 온 숨겨진 마음으로부터 죄가 '새어 나온다(leak)'. 나는 책임을 최소화하려는 의도로 '새어 나온다'는 표현을 사용하지 않고 기저의 심층 신념과 욕구가 통제하는 상황이 얼마나 어려운 상황인지를 강조하기 위해 사용한다. 우리는 죄가 아닌 그 반대를 의도하고 바라기 때문에 그러한 상황이 훨씬 더 어렵다는 의미다. 우리는 경험, 의식적 욕구와 신념의 표면 아래에 동면하는 죄에 대한 습관을 가진다. 그리고 적절한 자극이 생기면 밖으로 나타나 우리를 통제할 수 있다. 그 때문에 대부분의 헌신된 신자들과 심지어 불신자들은 죄를 짓거나 잘못을 하려고 의도하지 않지만 결국 그 죄와 잘못 한가운데 자신들이 처해 있음을 알게 된다. 우리는 인내하지 않고, 시기하고, 극도로 두려워하거나 화를 내고 싶어 하지 않지만 우리의 마음으로부터 그러한 감정 경험을 하게 됨을 알게 된다. 우리가 깨닫기 전에도 우리는 그 죄의 한가운데 있게 되고, 그다음에는 후회하게 되는데, 그것은 무절제의 표시이거나 표층수준에서 인식되는 욕구와 신념에 거슬러 행동하고 있다.

넷째, 아무리 의지력 또는 정확한 생각 또는 빠른 행동의 변화를 해도 심중 속에 있는 심층수준에 있는 죄의 습관을 바꾸지 못할 것이다. 여기서 우리는 특히 브루스 내러모어(Bruce Narramore)가 '마법의 기도'라고 부른 것을 깨달아야 하는데, 즉 우리가 하나님께 "나의 시기심을 가져가 주세요." "나의 화를 가져가 주세요."라고 요구하는 식의 기도다.[15] 그러한 기도들은 아이일 때는 괜찮지만, 우리는 성장해야 하는 때가 있다. 그러한 죄들은 요구하거나 바란다고 없어지지 않는다. 하나님께서 그 상황에서 그 사람의 화를 가져가시려면, 하나님이 그러한 인간의 능력을 제거해야 할 것이고, 그러면 그 사람을 인간보다 조금 못한 존재로 만드는 결과가 있게 될 것이다.

오히려 하나님은 우리가 사랑으로 그러한 죄와 심층의 신념과 욕구를 다룰 수 있도록 돕고, 그리스도 안에서 그리고 타인들과 함께 옛사람을 벗어 버릴 수 있게 하기 위해 우리 자신의 죄와 신념과 욕구에 대해 인식할 수 있는 여정으로 우리를 인도하시기 원한다(엡 4:22-24). 그러나 이렇게 숨겨진 심중에 대한 죄는 인간이 가진 능력의 심층구조에서 단지 일부에 지나지 않기 때문에 우리는 그러한 신념과 욕구를 가진 자신이 재경험을 시작하기 위해, 의도적으로 그러한 심층 신념과 욕구를 표출하게 하여 하나님 그리고/또는 타인을 의식수준에서 경험하게 한다. 그렇게 하지 않으면 이러한 마음의 죄 된 습관은 곪아 터지게 될 것이고, 나아가 우리를 악과 무절제의 노예로 만드는 심층 욕구, 욕정 그리고 신념을 작동하게 만들 것이다. 이에 관해서는 건강한 자기가 되기가 무엇인지에 관한 절에서 더 많이 언급될 것이다. 지금은 감추고 숨는 행위 속에 일어나는 원죄의 역동이 숨겨진 마음을 낳고, 그 숨겨진 마음이 우리의 심중 속에 들어 있는 내용물에 대해서는 자기를 속이게 만들고 또한 왜 우리가 욕구하는 바와 선하다고 알고 있는 바와는 반대로 행동하고 있는지를 알지 못하게 한다. 이는 많은 신자들과 심지

---

15) 이토록 유익한 은유는 로즈미드대학의 심리학과 교수인 브루스 내러모어 박사(Dr. Bruce Narramore)의 덕이 크다.

어 불신자들이 같은 죄와 악을 반복해서 짓기 원하지 않음에도 불구하고 그렇게 하게 되는 이유에 대해 어처구니없이 혼동하는 이유를 설명해 준다.

 ## 정신병리를 이해하는 데 있어서 사탄

변형심리학에 따르면, 타락과 저주의 네 번째 결과는 이 세상의 생명과 문화 속에 역사하는 악령의 지속적 존재를 하나님께서 허락하심에 관련한다. 하나님 자신의 주권적 지혜로 그렇게 명하셨고, 타락한 세상의 현 상태는 아직 완전한 질서와 디자인과 완전한 아름다움의 장소로서의 온전히 웅장한 피조물이 아니다. 오히려 그 피조물은 어떠한 무가치한 상태를 갖게 되었고, 자신의 타락과 저주의 비애(창 3:17-19), 혼돈과 무질서의 아픔(롬 8:20-21)으로부터 고통을 겪게 되었다. 피조물의 이러한 저주와 타락의 결과로서, 인간은 땅의 위대한 군주적 통치자로서 의도된 완전한 지위를 더이상 유지하지 못하고, 사실상 땅에 내려진 그 저주와 쓸모없는 상태의 영향하에 놓여 있게 된다. 힘들게 일하여 땀과 눈물을 흘려 가며 우리가 창조되었던 흙으로 돌아갈 때까지 땅을 일구어야 하는 처지에 놓인다.

인간은 자신의 비극의 잿더미 속에서 허우적대고, 이 세상에 사는 동안 땅을 온전히 소유할 수 없는 상태에서, 하나님께서는 당신의 지혜로 사탄과 악령들에게 고린도후서 4장 4절에 나오는 이 세상의 중간 신에게 그들의 뒤틀린 힘을 행사하도록 허락하시자 그들은 이 땅에서 사악함을 부추겨 하나님의 영광과 사랑에서 벗어나도록 인간의 문화를 왜곡하려 하였다(단 10:13, 20-21, 계 12:3). 특히 요한계시록은 그 점에 대해 보여 주고 있다. 종말이 이를 때, 하나님은 악마들이 인간의 많은 문화의 배후에 있는 힘으로 드러나게 하시고, 그 문화가 보여 주는 유린하고 파괴하는 모습 속에서 악마가 가진 인간과 문화에 대해 철저한 경멸과 혐오를 드러나게 하실 것이다

(계 17:1-6, 17-18, 18:1, 24).

사탄은 문화를 속이는 데 관심이 있을 뿐만 아니라, 인간이 세상에서 일어나는 일들을 있는 그대로 보지 못하도록 하는 데도 관심이 있다. 사탄과 악마들은 (a) 불신자를 복음의 자유케 하는 진리를 못 보게 하고 어둠 속에 있게 하며(고후 4:4), (b) 불순종의 영에게 노예가 되어 "이 세상의 풍조"를 따라 살게 하고(엡 2:1-2), 그리고 (c) 유혹과 그릇된 죄책감으로 그리스도인을 유린하려고(약 1:14, 4:7) 한다. 사탄은 처음부터 지금까지 거짓의 아비이며, 인간의 멸망을 의도하고 있다. 사탄은 또한 우리가 그의 어둠의 역사를 보지 못하게 하기 위해 빛의 천사로 위장하기도 한다(고후 11:14). 따라서 견고한 변형심리학이 되려면 사탄의 권모술수를 이해하고, 개인적 차원에서뿐만 아니라 문화적 차원에서도 사탄을 거부하는 영적-심리적 전략을 개발해야만 한다(엡 6:11-18). 치료에서 그러한 영적 전략과 영혼돌봄 간의 관계를 이해하기 위해 특별한 지혜가 특히 필요하게 될 것이다.

결론

변형심리학에 따르면, 죄와 정신병리는 인간의 의지가 하나님과 이웃을 사랑하는 마음을 갖지 못하게 하는 실패와 많은 관련이 있다. 사랑하지 않는 삶은 일련의 악들로 구성되어 있는데, 그 악들로 인해 사람은 불신앙, 시기심, 우상숭배 그리고 교만이라는 타락상태에 젖어 들어 유혹하는 자에 의해 이끌려 진리로부터 숨고, 거짓된 것으로 진리를 덮기 위해 온갖 건강하지 못한 어둠의 전략들과 함께 유한한 것들로 자기를 부적절하게 채우려 하게 된다. 이런 경우, 건강과 온전함을 얻으려면 어둠으로부터 나와서 사랑에 마음을 열게 됨을 필요로 할 것이다. 건강한 부모와 친구들이 그 과정을 훌륭하게 시작해 줄 것이다. 그들은 유한하지만 좋은 연인으로서 궁극적으로는 우리를 격려하여 진정한 인간이 되게 하는 유일한 사랑, 십자가와 성령님을 통해서 가능해진 사랑을 가르쳐 준다. 심리학에 대한 변형적 접근은 이 모든 것을 그 연구방법의 범주 내에 둘 수 있다.

Psychology in the Spirit

제15장

신앙 안과 밖에서의 건강과 전인됨의 변형심리학 모델

John Coe

"우리가 다 수건을 벗은 얼굴로 거울을 보는 것같이
주의 영광을 보매 그와 같은 형상으로 변화하여 영광으로 영광에 이르니
곧 주의 영으로 말미암음이니라."

고후 3:18

신학, 철학과 영성 형성에 관한 모든 장서들은 심리적 성장의 특성과 지시에 관해 저술되어 왔다.[1] 그러나 변형심리학자는 단지 이러한 전통에서 배울 뿐만 아니라 신앙 안에서 심리학 하기와 고대의 현인들로부터 배울 수 있는 것으로부터, 그리고 신앙 안에서 심리학 하기로부터 대화에 많이 기여하고자 시도할 것이다. 일반적으로 우리 변형심리학자들은 심

---

1) 인간의 성장과 심리적 그리고 영적 건강에 관한 주제들을 말하려는 목적으로 영성 형성 분야에서 씌어진 최근 몇 개의 작업을 독자들에게 언급하고자 한다. 예를 들어, 댈러스 윌러드(Dallas Willard)의 *Hearing God: Developing a Conversational Relationship with God*(Downers Grove, Ill.: IVP, 1999), *The Divine Conspiracy: Rediscovering Our Hidden Life in God*(San Francisco: Harper San Francisco, 1998), *Renovation of the Heart: Putting on the Character of Christ*(Colorado Springs: NavPress, 2002), *The Spirit of the Displines: Understanding How God Changes Lives*(San Francisco: Harper & Row, 1988) 등이 있고, 데이비드 배너(David Banner)의 *Care of Souls: Revisioning Christian Nature and Soul Care*(Grand Rapids: Baker Books, 1998), *Desiring God's Will: Aligning Our Hearts With the Heart of God*(Downers Grove, Ill.: IVP, 2005), *The Gift of Being Yourself: The Sacred Call to Self Discovery*(Downers Grove I11.: IVP, 2004); *Sacred Companions: The Gift of Spiritual*

리학에서 얻은 통찰이 자기(self), 병리와 성장, 특히 영적이고 심리적 변형 작업이 어떻게 일어나는지, 그리고 이러한 과정에서 무엇이 방해가 되고 도움이 되는지에 관한 내적이면서 깊이 있는 역동성을 이해하는 것과 관련한 것들이 신학과 영성 형성에서 놓친 주요 요소라고 믿는다. 제11장에서 제14장에 걸쳐 사람의 본성, 인간과 병리에 관한 논의에서 이러한 역동을 많이 다루었다. 우리가 심리적 건강과 변형으로 고개를 돌리자, 사랑의 논제가 덕, 가치, 도덕성과 같은 동시대의 심리학적 전통에서 사라진 개념과 함께 다시 전면으로 나타났다. 심리적 건강 측면에서 덕, 가치, 도덕성 그리고 사랑을 탐구하기 위한 방법론적 망설임이 없는 범위 내에서 우리의 심리학에 대한 변형적 접근은 특히 이 분야에서 매우 유용할 것이다. 변형심리학자는 현실이 어떻게 개방적으로 인간의 안녕에 관해 말하고 있는지에 대해 성령 안에서 배움으로써 방법론적 온전함을 유지한다.

Friendship and Direction(Downers Grove, Ill.: IVP, 2002) *Surrender to Love: Discovering the Heart of Christian Spirituality*(Downers Grove, Ill.: IVP, 2003) 등이 있다. 또한 래리 크랩(Larry Crabb)의 *Soultalk: The Language God Longs for Us to Speak*(Nashville: IVP, 2003), *Shattered Dreams: God's Unexpected Pathway to Joy*(Colorado Springs: WaterBrook, 2001), *The Safest Place on Earth: Where People Connect and Are Forever Changed*(Nashville: W Publishing, 1999, *The Papa Prayer: Discover the Sound of Your Father's Voice*(Nashville: Integrity Publishers, 2006), *Connecting: Healing For Ourselves and Our Relationship: A Radical New Vision*(Nashville: W Publishing, 1997), 리처드 포스터(Richard Foster)의 *Celebration of Discipline: The Path to Spiritual Growth*(San Francisco: HarperSanFracisco, 1998), *Prayer: Finding the Heart's True Home*(San Francisco: Harper san Francisco, 1992), *Streams of Living Water: Celebrating the Great Traditions of Christian Faith*(San Francisco: HarperSanFracisco, 1998). *The Challenge of the Disciplined Life: Christian Reflctions on Money, Sex, and Power*(San Francisco: HarperCollins, 1985) 등이 있고, 브루스 디머레스트(Bruce Demarest)의 *The Cross and Salvation: The Doctrine of Salvation*(Wheaton, Ill. Crossway, 1997), *Satisfy Your Soul: Restoring the Heart of Christian Spirituality*(Colorado Spring: NavPress, 1999) 등이 있다.

심리적 건강의 세속적 견해

　'자기와 정신병리'에 관한 장(chapter)에서와 같이, 현대 세속심리학의 맥락에서 심리적 건강에 대한 우리 변형심리학의 견해를 설정하면서 시작하면 도움이 될 것이다. 전과 같이, 우리는 세속심리학의 이해에 있어서 시작부터 일단의 깊은 문제들과 직면한다. 근대주의 심리학이 사랑에 대해서 거의 말하고 있지 않을 뿐만 아니라 심리적 건강에 대해서도 거의 언급하지 않았다. 심리학에서 이러한 간과는 심리학이 기독교 성경과 자연법에 대한 고대의 견해와 서로 결별하고 수량화와 측정의 근대주의자 과학적 방법론과 손잡은 이후에 주요 문제가 되었다. 우리가 논의할 바와 같이, 비록 아직도 심리학을 지지하기 위한 적절한 이론과 방법론이 없을지라도 최근 조금 나은 방향으로의 움직임이 있어 왔다.

　근대주의 심리학과 심리적 건강의 문제.　우리가 제6장, 제7장, 제11장과 제14장에서 논의하였듯이, 수량화의 보편적 방법론은 대상과 물리적 사건의 기술을 단지 제공할 뿐 처방이나 가치를 제공하지 않은 것을 고려하면, 근대성은 평가의 기준을 분명하게 언급할 길을 제공하지 않았다. 하지만 내과의사들이 질병을 치료함에 따라 장애를 치료하듯이, 프로이트 이후부터 일반적으로 의학적 모델을 따라왔기 때문에(제14장에서 토의했듯이), 철학적으로 속이고, 제기된 문제와 정신병리의 치료에 대한 진단을 의학적 언어로 제공하는 경향을 보였다. '나쁨'과 '악'은 의학적으로 '역기능'과 '정신병리'로 살균되고 도덕적으로 중립화된 언어로 환원되어 번역되었다.

　근대주의 심리학은 순수하게 기술적 과학의 경계를 명백히 넘어서 가는 것처럼 보였으며, 심리적 건강을 논의하는 데 훨씬 더 과묵해졌다. 더군다나 근대주의 치료자들은 또한 근대성을 그토록 칭찬을 하고 치료에 대한 새로운 접근이 치료받는 내담자들에게 적용되도록 의도한 환자의 자율성과 자유를 번창하는 삶에 관한 도덕적 지도가 침해하는 듯 생각했다. 일반적으로 로마 가톨릭 계급제도, 자연법 이론, 성경과 신앙에 대한 보수적 개신교 접근에서 자명하게 도덕적으로 만드는 속박으로부터 서구문화를 해방하기 위해 격렬하게 노력한 근대성의 바로 그 기풍이 인간의 건강, 덕 그리고 악에 대한 주장으로 인해서 침해받는 듯 보였다.

근대주의 철학자, 고전적인 자유주의 윤리와 심리적 건강의 문제

근대와 현대심리학자들은 일반적으로 칸트, 흄, 밀, 루소, (초기)홉스와 같은 철학자들의 윤리에 대한 근대주의 '고전적 자유주의' 접근을 따르는 경향이 있다. 그들에 대한 특정한 차이에 관해 자세히 살펴보지도 않고, 다음에 있는 책무로 구성된 근대주의 고전적 자유주의 윤리에 관해서 합의가 출현되었다고 논의할 수 있다.

1. 과학이 단지 기술적이고 다음과 같은 정보를(그리고 과학이 객관적인 지식의 언어로) 제공하지 않는다면, 과학은 선하거나 나쁜 삶(선한 또는 나쁜 가치), 혹은 덕이나 악(선한 또는 나쁜 인격)에 관한 객관적인 관점은 아니다.
2. 오히려 선한 삶, 선하고 나쁜 가치 그리고 인격은 개인이나 사회에 의해 결정된다.
3. 그러나 객관적 최소한의 도덕은 있다. 사람은 다른 사람들이 타인의 자유(올바른 행동의 최소의 도덕성)를 침해하지 않는 한, 자신의 선한 삶이라는 개념을 추구하려는 기회들(권리, 자유, 자율성)을 옹호해야만 한다. 따라서 사람은 타인에게 해를 주지 않는 범위(최소의 도덕적 금지)에서 자신의 자유를 추구하기 위해 타인의 기회를 침범해서는 안 된다.

여기서 우리의 요점은 고전적 자유주의 윤리학을 비평하는 것이 아니라 단지 근대주의 심리학에 대한 고전적 자유주의의 영향력을 이해함에 있다. 이러한 신조는 로마 가톨릭의 자연법에 대한 고수와 성경에 보수적인 개신 교도의 헌신으로 육성된 선한 삶에 있어 좁은 견해의 '사슬들'을 벗어 버리고자 노력했던 근대주의와 계몽주의 지성들에게 중심이 되었다.[2] 보편적으로 인간의 자유와 자율성은 인간의 선이라고 여겨지지만, 이 자유를 사용하는 방법에 대한 객관적 로드맵은 없다. 이러한 자유를 어떻게 사용할지는 개인 혹은 공동체에 달려 있다.

그러나 이런 고전적 자유주의 윤리사상가들은 타인의 상호적 추구의 한계 내에서 자율적 선택과 인간 선함의 추구 간의 균형을 잡기 위해서 도덕성의 최소한의 견해를 제공했다. 따라서 사람은 다른 사람의 추구를 침범하지 않는 한에서, 선한 삶에 대한 자신의 개념을 추구하는 데 자유롭다. 그러한 경우에는 사람이 해야 할 것이 무엇인지를 처방하는 적극적 윤리가 아니라, 금지되어야 하거나 도덕의 경계를 넘어가는 것이 무엇인지(살인, 고문, 절도, 비즈니스 계약과 선서 파기와 같은)를 알려 주어야 하는 소극적 윤리다.

고전적 자유주의 윤리와 건강에 대한 근대주의 심리학

고전적 자유주의 윤리의 선두를 따라, 프로이트 이후부터 근대주의 심리학자들은 도덕적 가치, 선한 삶과 인격이 과학적 심리학의 범위를 넘어섰고 실제로 인간의 자율성을 건강하지 않게 제한한다고 보는 경향이 있었다. 일반적으로 그들은 인간의 선함이 개인적 자율성과 자유였다는 근대주의 윤리에 동의한다. 따라서 정신병리는 강박과 충동의 신경증적 형태, 신경증적

---

2) 포스트모던 반응뿐 아니라 서양 사회와 교육을 위한 광범위한 적용을 한 윤리에 대한 전통적 자유주의 견해들이 있다. 이러한 이슈에 연료를 제공한 과학철학의 몇몇 이슈에 대해 제6장, 제7장을 보라.

죄책감, 자기거부와 쌍을 이루는 전체적으로 지나친 도덕주의와 같이, 개인적 자유와 자율성을 방해하는 것으로 종종 취급되었다. 치료는 타인의 자유에 의해 합리적으로 구속된 개인의 자유와 자율성을 추구하는 능력에 지장을 초래하는 역동적 조건들로부터 사람을 해방하도록 돕기였다. 그 외에도 일반적으로 그들은 추구해야 할 선한 삶에 대한 견해를 내담자들에게 제시하기가 치료업무라고 생각하지 않았다. 사실 이러한 도덕성은 점점 더 치료자와 내담자 사이에 개방적 관계를 방해한다고 생각되었다. 치료자는 칸트와 APA 윤리를 따르면서 내담자의 자율성을 존중하고 보호해야 했다.

근대주의 심리학과 건강에 대한 미니멀리즘의 견해

결과적으로 선한 삶, 가치, 인격에 대한 미니멀리즘의 견해는 치료에서 사람이 자신의 자율성에 자유롭게 관여할 수 있게 하는 자질들로 부각되었다. 이러한 삶과 관련된 최소한의 덕은 선택하는 능력(자율성과 개인 책임), 강박성 혹은 충동성보다는 오히려 자발적으로 행동함으로 삶에 참여하는 능력(심리적 자발성), 그리고 자신이 추구하는 (최소한 정의, 공평함, 관용) 것을 방해하지 않는 한 다른 사람을 향한 관용과 존중, 다른 사람의 좋고 나쁨을 수용하도록 발달시키는 능력들을 포함한다. 따라서 심리적 관용, 정의, 자유, 자율성, 공평, 개인의 책임, 자발성과 모호함의 수용은 근대정신과 일맥상통하는 심리치료의 최소한의 가치로서 그 일부가 되었다.

후기근대심리학과 건강

21세기에 들어와 후기근대심리학자들이 개인적 가치에 대해 덜 침묵하면서, 치료적 덕의 목록이 확대되었다. 이러한 새로운 전통에 의하면, 과학을 포함한 모든 일은 어떤 세트의 가치들이 진정으로 옳은지 결정할 수 없는 채로 어떤 일에서든지 자신의 주관적 가치들이 있음을 인정했다. 더욱이 실용적 사고를 가진 심리치료사들은 근대의 순수 기술과학이 철학적으로 일리가 있다는 점에 대해 관심을 적게 갖고, 일반적으로 건강한 관계와 건강한 사회로 이끄는 속성과 행동에 대해서 상식적 지혜를 제공하는 데 관심을 더 많이 갖는 사람들로 부각되었다. 일반적으로 심리적 건강을 논의하기 위한 심리학 내 움직임에 대한 최근의 증거들이 있다.[3]

어떤 면에서 심리학 분야는 순수하게 기술적인 과학적 심리학을 맹종하는 근대주의를 고수하기보다 지혜를 얻기 위해 관찰과 반성을 하는 구약의 현자 모델을 반추하는 실용적 접근방법에서 더 유익을 얻어 왔다. 인격과 덕이라는 면에서 심리적 건강에 관한 논의가 있는 반면에, 여전히 건강과 변형에 대한 유용한 심리학을 발달시키기보다는 고전적 자유주의 윤리, 관용, 정의, 자유와 같은 근대주의 심리학의 도덕적으로 중립적 언어를 채택하는 경향이 더 많다.

심리적 건강에 대한 변형적 접근

반대로, 이 프로젝트가 신적 계시뿐 아니라 자연법으로부터 존재론적이고 인식론적 장치를 보유하고 있는 한, 심리학에 대한 변형적 접근은 선한 삶과 선한 인격의 온전한 견해를 발달시키려고 시도할 것이다. 그러나 변형적 치료자는 인간 선택과 치료자-내담자 사이에 신경을 쓰면서 그러한 견

---

3) 제인 길햄(Jane Gillham)의 긍정심리학에서 심리적 건강에 대한 연구와 논의를 보라. *The Science of Optimism and Hope: Research Essays in Honor of Martin E. P. Seligman*(Randor, Penn,: Templeton Foundation Press, 2000), 마틴 셀리그먼(Martin Seligman)의 *Authentic Happiness: Using the New Positive Psychology to Realize Your Potential for Lasting Fulfillment*(New York: Free Press, 2002)와 피터슨(C. Peterson), 셀리그먼(Seligman)의 *Character Strengths and Virtues: A Handbook and Classification*(Washington, D.C.: American Psychological Association Press, 2002)을 보라.

해를 발달시킬 것이다. 인간이 하나님의 형상으로 창조되었고, 창조주가 성경에서 제시하고 있는 목적인 자기와 변형을 이해하는 지침을 담고 있다고 전제된다면, 성장하기 위해서 이것을 충분히 이용하기는 자명해 보인다. 하나님은 또한 '내재적 목적론' 혹은 자연적 방법과 성장을 위한 건강한 발달 방향성(자연법)을 지닌 본성을 가지도록 우리를 만들었기 때문에 삶에 대한 지혜를 얻기 위해서 인간 본성의 자연법 역학을 연구하는 것은 명확하고 유익해 보인다.

심리적 건강의 변형적 견해: 방향성과 지혜를 위한 필요

변형심리학자는 성경 연구 자료와 인간의 심리적 건강에 대한 견해를 개발하기 위해서 창조세계를 충분히 이용하기를 원함에도 불구하고, 이것을 특정 사례에서 어떻게 치료에 적용하는지에 대한 지혜를 더 필요로 할 것이다. 즉, 이는 특히 치료 초기에 내담자에게 선한 삶의 특성을 단순히 교육하지 않으면서도 매우 좋은 교훈적 전략이 될 것이다. 이런 유형의 도덕적 훈련은 치료자의 도덕적 로드맵에 대해 내담자가 알지 못한 채 치료자를 기쁘게 하고자 하거나 동화하고자 하는, 또는 치료자를 독단적이며 냉담한 자로 대항하며 행동하도록 하는 자신의 유아적 욕구에 접근할 수 있다. 치료자로부터 수용의 관계를 경험하는 동안, 그들이 누가 되고 싶은지, 그들이 하는 것을 왜 하는지, 그리고 이러한 과정에서 무엇이 좋고 나쁘다고 믿는지를 탐색하려는 욕망들이 종종 나타난다.

치료자가 선한 삶에 대한 확고한 견해를 가지지 않고 이를 치료에 사용하지 않는 것은 중대한 실수다. 이는 내담자가 치료자와의 관계에서 자신을 탐색하도록 이끄는 치료과정을 이해하려는 필요에서뿐만 아니라 세계관 관점에서 볼 때도 실수다. 심리적 건강에 대한 이해는, 비록 그것이 특정 상황에서 어떻게 직접적으로 작동하게 될지를 알려면 지혜와 경험이 필요하겠지만, 한 사람의 삶과 치료에 방향성을 제공하게 된다. 성장과정을 이끌고 포함하는 전반적 경계를 제공하는 건강한 방향성이 없다면, 치료에서 내담자는 죄와 부패, 자해에 대한 내성과 좀 더 개방되고 자발적인 생활의 방향으로 향할 수 있다.[4]

다른 한편으로는, 신학과 목회상담에 약점이 있다면, 그것은 깊은 정신병리가 보여 주는 바를 탐색하는 데 대한 방어로서 도덕적 성장카드를 너무 빨리 사용하고, 오히려 성장속도를 관리하기 원하는 데 있다. 이것은 특별히 치료자가 보험료를 받고 내담자를 만나는 회기 수를 제한하는 현재의 돌봄 건강체계에서 너무 빨리 움직인다고 생각되는 행동주의와 인지적 접근에 대한 부분적 비판일 수 있다.

그럼에도 불구하고 근대주의 심리학자들은 분명하고 유용한 방향성 없이 병리만을 끊임없이 탐구하는 경향이 있다. 그러한 측면에서 심리학계는 신체의 병리에 관해 많은 것을 말할 수 있으나, 사람을 건강하게 하고 성장하게 하는 것에 관해서는 별로 할 말이 없는 전문적 의료분야와 비슷하다. 현재의 세속주의 치료도 비슷하게 기능한다. 즉, 사람이 정신병리를 이겨 내도록 돕는 데는 유익하고 심리적 건강과 건강한 관계에 눈을 뜨게 해 주지만, 심리적 번성이라는 완전한 삶에 대한 이해나 도움은 그다지 많이 제공하지 못한다. 심리학은 전통적으로 스스로 반쪽짜리 도움에 그치고 있다.

심리적 번성하기에 대한 변형적 접근의 윤곽

현재의 심리학과 심지어 기독교적 접근까지도 아직 방법론적으로 인간의

---

4) 개방성－즉흥성과 악과의 관계는 복잡하다. 어떤 심리학자들은 이러한 방향성은 내담자가 완전히 개방하지 않는 한 필요하지 않다고 주장하기도 한다. 완전히 급진적 개방성은 거짓자기, 불안, 하나님 앞에서의 죄책감과 수치감에 대한 진실을 자세히 살펴보게 한다. 그러나 내담자는 언제나 완전한 개방에까지 이르지 못하고 좀 더 자발적 생활, 타인에 대한 관용과 사랑으로 이끄나 하나님을 향하지 않는 개방성 정도에서 타협하고 만족한다.

안녕을 분명히 언급하기를 꺼려하는 데 반하여, 심리학에 대한 변형적 접근은 심리적 건강을 분명히 언급하는 데 있어서 진정한 '방법론적 근육'을 보여 준다. 우리의 모델은 가치과학을 포용한다. 따라서 덕, 가치, 도덕 그리고 하나님과 이웃의 사랑의 견지에서 인간의 번성하기를 탐구하는 데 주저하지 않는다. 사실상 변형심리학자들의 인격과 인식론적 용기는 인간의 안녕에 대한 이해 추구를 보장한다. 변형심리학 모델의 심리적 건강을 위한 근본적 사고와 윤곽을 제공하기 위해서 우리가 제11장에서 논의하였듯이, 자기에 대한 정의로부터 시작해야 한다. 이것은 번성하는 자기를 향해 일할 물리적 내용을 제공해 줄 것이기 때문이다. 존재론은 목적론을 위한 결정요인이거나 심리학과의 관계에서 인간의 본성이 건강하거나 풍요로운 사람을 결정하는 요인이기 때문에 우리는 이것을 한다.

> 인간은 그 본성에 수많은 정서적 · 인지적 · 의지적 · 성적 역량과 자유에 의해 자신의 본성과 조화를 이루는 풍요에 이르거나, 본성을 거스르는 역기능에 이르는 표현을 가진 육신을 입은 영(한 '영혼')인데, 그 본성은 내주하는 하나님의 영의 사역에 의해서만 인식되지만 우리의 본성에 의해서 만들어진 관계, 하나님과의 연합과 이웃의 사랑 속에서 그들의 관계적 목적을 찾으면서 그 목적에 의해서 빚어진다.

우리는 자기의 정의 안에서 이러한 주요 요소들의 각각에 어떤 치료를 제공하고, 이것들이 진정으로 번성하는 것이 무엇인지 질문할 것이다. 심리적 건강을 위한 결정요인이 하나님의 사랑임이 분명해질 것이다. 이러한 메타역량이 다른 인간의 역량이 어떻게 기능하는가의 질을 결정하기 때문이다. 하나님의 사랑에 대한 우리의 반응은 인간이 영적 죽음 또는 영적 생명의 상태에서 생활하는지, 하나님의 현존으로부터 분리되었는지 또는 부착되었는지의 견해에 대해 분기점이 된다. 이러한 존재의 질적 상태는 자기실존,

자기역량의 연습에 대한 특성과 질, 자기의 영원한 미래의 본질과 같은 전체를 결정한다.

기독교인과 비기독교인의 '번성하기'에 대한 변형심리학

우리가 제11장에서 언급하였듯이, 인간은 적어도 부분적으로 하나님의 사랑 밖에서 혹은 영적 죽음의 상태에서라도 하나님의 일반은총에 의한 역량과 삶에 참여하기 위한 불굴의 용기라는 창조의 덕을 가지고 있다. 신앙이 없는 사람들은 자신의 창조능력(타고난 덕) 혹은 자신의 본성(타고난 악)에 따라 살기를 선택한다는 우리들의 논의를 기억한다. 그러나 두 가지 경우 모두 성령에 의해 하나님의 사랑으로 알게 되지 않으면 완전한 덕이 아니다. 성령에 의한 하나님의 사랑은 모든 덕을 완전하게 하고 하나님 안에서 인간을 자신의 목적으로 인도한다. 따라서 우리는 하나님 안에서 살아가고 번성하도록 의도되었다. 비록 영적 죽음 안에서 하나님의 사랑과 삶으로부터 단절되었다 할지라도 부분적이나마 자연적으로 번성하기는 가능하지만 말이다.

그러나 비신자의 타고난 덕 상태가 하나님의 사랑의 부재 때문에 역기능적만은 아니다. 타고난 덕의 구조를 자세히 살펴보면, 그 핵심에 상당한 억압과 방어가 있음이 드러난다. 인간 본성이라는 곡식을 근면하고 지혜롭게 파종하는 삶으로 살면, 전형적으로 하나님과 분리되어 있어도 부분적으로 선한 인격이라는 유익과 행복과 자연적 선함 속에 있는 몫을 일부분 수확하게 된다. 확실하게 특별히 세속적 서양사회는 선한 사회와 삶을 위해서 기독교/그리스/로마의 덕을 흉내 내는 수많은 비신자들의 삶과 업적으로 유익을 얻었다. 그러나 더 깊은 심리적 수준에서 보면, 이러한 도덕적 삶은 또한 하나님과 분리된 영적 죽음의 결과로 원죄와 죄책감의 내적 타락에 대한 방어적 은폐로 기능한다. 사실상, 세속의 윤리와 심리학의 전 역사는 궁극적으로, 우리가 이 둘로부터 배울 것이 많이 있지만 죄책감, 수치, 공포, 타락과 고독의 원죄라는 인간 조건의 진실로부터 숨는 방어적 방법들이다.

따라서 하나님으로부터 분리된 인간의 선함은 비신자가 자신의 가장 깊은 통찰, 정직으로 향한 가장 깊은 내적 여행, 자신이 되는 가장 깊은 자유, 사랑과 하나님에 대해 인간의 목마름에 대한 대답으로서 가장 깊은 사랑을 하지 못하게 막는 어떤 공허함을 가지고 있다. 자연의 미덕의 열매는 분명히 하나님의 섭리 안에서 그로부터 온 축복이다. 더 나아가, 이는 비신자가 신자보다 실제로 어떤 영역에서는 심리적으로 더 건강하게 보이거나, 더 건강함을 의미하지 않는다. 그러나 이것들은 모든 방어와 같이 하나님과 분리된 도덕과 심리적 건강이라는 방어는 수치감, 죄책감과 고독의 깊은 욕망으로부터 진정한 자유를 제공하지 못하는 값을 치르고 있다.

변형심리학, 원인과 건강: 양육하기와 아동기

인간의 심리적 건강에 대한 논의를 소개하기 위한 또 다른 방법은 원인론으로 혹은 발달적으로 문제를 들여다보기다. 제11장과 제13장에서 초기발달에 관해 언급하였듯이, 아이들이 행복과 선한 삶을 추구하며 직면하게 되는 자신의 인격과 문제를 점차 자각하기 전에 이미 그들 인격의 많은 부분은 타고나서 발달된다. 즉, 우리가 스스로 자기를 자각하는 시점에는 우리가 이미 되어 버린 것에 '들러붙은' 듯 보인다. 사실상, 들러붙은 이러한 상태는 종종 많은 사람들이 행복과 정체성을 찾는 시작점이기도 하다.

그런 경우에 한 사람의 초기관계 역사는 인간의 건강을 이해하고 깨닫는 데 매우 중요하다. 우리는 인간의 자유와 가능성을 붙잡기 때문에 우리는 과거에 의해 결정되지 않지만, 초기관계 역사는 우리가 되어져 버린 것에 주요한 영향력을 끼친다. 이는 신학과 철학에서 간과하는 중요한 부분이다. 신학과 철학은 성인의 관점에서(비난과 책임에 관해) 인간의 죄와 악, 성장과 심리적 건강에 대해서 주로 이야기를 하나, 인격에 영향을 미치는 초기 아동기의 관계와 경험에서 작용하는 발달역동에 관해서는 별로 말하지 않는다. 따라서 풍요로운 삶의 발달에서 부모의 양육과 아동기의 역할에 대해 간단히 살펴보는 것은 중요하다.

분명히 아동들의 부모와 초기 양육자는 아동이 실로 건강한 인격과 풍요로운 인생을 향해 가도록 돕는 데 매우 중요하다. 부모가 아동을 사랑하고 수용하는 애착은 대체로 아동에 대한 원죄의 영향을 감소시키거나 완화시키고, 이는 차례로 아동 스스로 성육신적으로 하나님에게 건강하게 반응하는 삶을 향하도록 돕는다. 불행하게도 실제로 많은 부모들이 문제를 악화시킨다. 아동에게 미치는 원죄의 영향을 감소시키기를 돕기 위해서 부모들은 전인적 영혼으로서 아동의 육과 영을 다루고 사랑할 필요가 있다.

몸을 양육하기. 몸을 양육하기는 어느 정도 아동의 훈련을 포함한다. 이는 아동들이 태어날 때부터 마음에 있는 어리석음이(잠 22:15) 육체를 통해 충동적으로 지배하지 못하도록 돕기를 포함한다. 어리석음은 아동을 자신의 본성과 반대로 행동하게 하고, 결과적으로 아동을 예속시킨다. 그러나 자연의 법칙과 인간 본성의 결에 따른 현명한 아동 훈련은 자신의 잘 개발된 욕망에서 나오는 선과 덕을 선택함에서 오는 자유와 자발성에 아동이 개방적이 되도록 한다. 서구사회와 교육제도는 대체로 윤리에 대해 전통적 자유주의 접근을 따라왔고 더 이상 다음의 젊은 세대를 훈련하지 않는다. 우리는 복음주의적 부모들이 이러한 점에서 조금 나은 경향이 있음을 발견한다.

인간의 영과 심중을 양육하기. 그러나 육체만을 양육함은 영에 대한 논제, 특히 다룰 필요가 있는 아동의 마음속 깊이 있는 논제들을 다루지 못한다. 아이가 발달하면서 죄책감, 두려움, 수치감, 고독과 같은 원죄에서 비롯한 깊은 논제들은 다루어질 필요가 있다. 아이와 부모 사이의 관계역동은 변형을 위해서 하나님의 사랑을 보여 주기 위해 신성하게 제정한 자리다. 아이와 부모 사이의 관계는 숨고, 덮고, 그리고 부적절하게 쾌락을 채우려는 아동기의 병리를 적절하고도 사랑스럽게 다루는 과정을 시작할 수 있는 완벽한 자리다.

　세속심리학의 전통들은 인간 미래의 심리적 건강과 건강하지 않음을 결정함에 있어 초기 양육자의 역할에 대한 통찰을 제공한다. 우리는 한 가지 모델, 대상관계이론을 사용할 것이다. 대상관계이론은 타인과 하나님과의 관계에 대한 아동의 건강한 역동을 격려하기 위해 양육에서의 건강한 관계역동이 어떻게 원죄의 병리적 역동을 감소시키는가에 대해 우리의 이해를 도울 수 있는 좋은 보기가 된다. 대상관계심리학에 따르면, 우리는 부모 혹은 초기 양육자가 경험한 관계역동을 내면화한다. 그런 다음에는 이러한 관계역동은 우리가 다른 관계를 경험함에서 내면화한 대상표상이 된다. 이는 우리가 무의식적으로 초기 양육자와의 경험에서 우리의 미해결된 관계와 감정들을 현재 타인과의 경험에서 전이하는 방법에 대해 프로이트가 말했던 방식과 비슷하다. 예를 들어, 당신의 부모가 아이인 당신에게 냉담하고 관심을 보여 주지 않는다고 상상해 보라. 당신이 다른 사람을 경험하면서 내면화된 표상들은 전반적으로 당신에게 관심이 없는 타인이거나, 당신은 혼자라는 표상, 타인들은 자기만 보살피기 때문에 당신은 스스로 자신을 보살펴야만 하는 표상일지 모른다.[5] 또는 대상관계는 아마도 사람이 다른 사람을 원하는 가장 깊이 자리 잡은 욕구들을 만나는 방식으로 어떤 그리고 모든 대상에게 애착을 구함으로써 사실상 보상적인 것이 될 수도 있다. 또는 당신이 실수할 때마다 당신의 부모가 지나치게 가혹하고, 판단하고, 처벌적이었다고 상상해 보라. 그 결과, 당신은 부모를 기쁘게 하려고 필사적으로 노력했을 것이다. 자기와 타인을 경험한 결과로서 생기는 내면화된 표상들 혹은 손상된 대상관계는 삶과 타인들이 항상 비판적이고 평가적일 수 있으

---

5) 제14장에서 논의했듯이, 이러한 '대상표상' 각각은 우리의 숨어 있는 심중에 심어진 깊은 신념 혹은 감정구조의 의미로 작동함에 주목하라.

며, 당신의 행동은 항상 감시당하고 있으며, 당신은 타인과 당신 자기의 기대를 맞추기 위해 인생에서 열심히 일을 해야 한다는 것일지 모른다. 이런 것은 의식적인 신념은 아니지만 타인과 세상을 어떻게 경험했는가를 말한다. 즉, 이는 우리가 인생을 어떻게 경험했는가를 의미하고, 반추적인 탐색에 의해 의식적이 될 수 있다.

우리의 대상관계는 우리가 다른 사람에게 반응하는 방식뿐만이 아니라 어떻게 우리가 하나님과의 관계에서 반응하는가에 대한 적용이기도 하다. 안나-마리아 리주토(Anna-Maria Rizzuto)에 따르면, 하나님과의 관계에 관한 내담자의 언급은 초기 양육자와의 대상관계를 반추하는 것처럼 보인다.[6] 사람이 신학적으로 올바른 하나님-개념 또는 성경에 기초한 의식적 신학을 가졌을지라도, 한 개인의 하나님 이미지(그녀의 용어)는 초기 아동기의 대상관계 집합체이고, 이는 지금의 그가 하나님과의 관계에 대해 경험하고 말하는 방식이다. 예를 들어, 치료에서 하나님과의 관계가 실패하여 하나님이 멀리 느껴지고, 그 실패 때문에 기도조차 하기 부끄럽고, 하나님이 계시지 않는 것 같기 때문에 기도하기를 원하지 않는다고 말한 내담자는 지금 우리에게 하나님에 대한 경험을 말하지 않고 자기의 손상된 대상관계에 대한 자신의 경험을 말하고 있다. 우리가 이것을 어떻게 알 수 있을까? 기독교 치료자는 하나님이 내담자가 기술한 것과 같지 않음을 잘 안다. 진실로 하나님은 우리가 어떻게 느끼든 항상 가까이 계시며, 실패 안에서도 우리는 그에게 갈 수 있고, 우리는 그리스도의 십자가를 통해 문제들을 이미 해결하신 그에게 우리의 수치감과 죄책을 가져갈 수 있다.[7] 리주토에 따르면, 이러한

---

6) 안나-마리아 리주토(Anna-Maria Rizzuto)의 *Birth of the Living God: A Psychoanalytic Study*(Chicago: University of Chicago Press, 1979)를 보라.
7) 물론 먼 옛날 하나님이 그의 현존을 느끼는 아기의 위안을 가져가 버리셨을 때의 '영혼의 어두운 밤'이라고 불린 손상된 대상관계를 경험하도록 허락하신 분이 하나님이시다. 이런 시기 동안에 하나님은 실제 우리 자신을 볼 준비가 되었다고 생각했다. 우리는 이에 대해 이 장에서 간단히 논의할 것이다.

경우에 내담자는 손상된 대상표상과 양육자와의 초기경험에 관한 어떤 것을 치료자에게 말하고 있다. 비록 앞의 설명이 대상관계이론의 피상적 개관일지라도 우리가 전달하고자 하는 목적에 충분하다.[8]

원죄의 효과를 감소시키는 양육하기.   결과적으로 인간의 이해에 대한 대상관계적 접근은 아동의 심리적인 미래에 대한 양육의 영향을 평가하는 하나의 통찰적 모델이다. 앞에서 언급하였듯이, 양육의 근본적인 과업의 하나는 원죄의 심리적 영향을 상쇄시키거나 줄이는 것을 돕는 일이다. 아이는 일정의 병리적 역동을 가지고 태어나 심지어 유아기에도 그렇고, 후에 의식적인 생활에서도 나타날 것이다. 이것은 아이가 자신의 세상, 내적 세상과 타인과의 상호작용을 언어적 표상으로 참여할 수 있으면서 더욱더 분명해진다. 유전된 타락, 죄책감과 영적 죽음 때문에 아동들은 자신의 나쁨과 죄를 알아차림으로부터 숨고, 자기가 나쁜 것이 아니라 나쁜 것은 어디에나 있다고 덮으며 방어하고, 자신의 관계적 공허를 채우려고 유한한 것(쾌락, 대상, 엄마)을 사용하려는 유혹을 받을 것이다.

사도 바울에 따르면, 이런 아동의 악한 경향성은 자연계시에서 손상된 대상관계에 의해 더욱 악화된다(롬 1:18-25). 하나님이 자연을 통해 중재되는 경험들 안에서 인간에게 자신을 알려 주려고 했을 때, 자신의 죄로 인해 받을 심판에 대한 두려움을 경험하는 한 비신자들, 심지어 아이들까지도 종종 자신의 알아차림을 억압하며 반응한다. 이는 비기독교인들이 복음을 들을 때 어떤 경험을 하는 것과 비슷하다. 이는 죄에 대한 하나님 심판의 명백한

---

8) 흥미롭게도 리주토는 내담자의 하나님-대화에 접근하기 위한 의미 있는 방식을 비신자인 심리학자에게도 제공했다. 관계심리학자는 프로이트, 스키너, 엘리스의 경우처럼 신앙을 병리적으로 해석하기보다 오히려 하나님-진술의 존재론적 상태에 대한 판단을 보류하기를 선택할 수 있도록 하고, 초기 대상관계 경험에 관해 내담자들이 말하는 것에 비추어서 그것들을 해석할 수 있다. 대상관계와 우리의 하나님의 경험 간의 관계에 대해서 좀 더 보려면 마이클 세인트 클레어(Michael St. Clair)의 *Human Relationship and the Experience of God: Object Relations and Religion*(Eugene, Ore.: Wipf & Stock, 2004)을 참고하라.

메시지가 아니면 암묵적이다. 물론 들을 귀를 가진 사람들에게 복음은 성령에 의해 그리스도 안에서 하나님의 용서와 사랑을 경험함으로써 손상된 대상관계를 극복하는 힘을 가진다.

신자에게 원죄의 효과에 대항할 하나님과의 관계를 모델링으로서 양육하기. 양육의 근본적 과업은 원죄의 영향을 반감시키는 방식으로 하나님이 아이들을 향해 가지고 계시는, 사랑하고 수용하는 하나님의 사랑의 경험을 언어 이전(즉, 언어가 시작되기 전)의 유아와 아이에게 모델링하기다. 만약 나(존)와 아내가 신학대학 졸업 직후, 혹은 대학원에 다닐 때 우리 자녀를 양육하였다면, 우리 부부는 제자훈련 모델의 양육을 사용했을 것이다. 그 양육방법에서는 성인들에게 적용하는 비슷한 방법으로(기도, 경건시간, 성경 읽기, 설교 듣기 훈련을 통해서) 아이를 하나님과의 관계로 이끄는 제자로 대우한다. 나는 아동이 성장하면서 이러한 훈련이 필요한 경우도 있다고 생각한다.

그러나 관계심리학은 하나님의 용서, 아동의 애착과 수용을 모델로 하는 초기의 건강한 양육이 어떻게 원죄의 부정적 영향을 상쇄시키는 데 도움이 되는지를 이해하는 강력한 모델을 제공하였다. 생애 첫 7년과 그 이후의 초기 십대 동안, 부모의 중요한 책임은 하나님이 성인 신자들과 개발시키고자 했던 건강한 대상관계를 아이들에게 관계적으로 보여 주는 듯하다. 따라서 부모들은 하나님과의 경험과 성경으로부터 하나님이 신자들에게 반응하는 방식을 관찰하고, 이어서 이것을 아이들에게 보여 주어야 한다. 우리 변형심리학은, 비록 여기에서 단지 중심이 되는 몇몇 논제만을 다루겠지만, 상세한 내용에 아주 관심이 많다.

원죄의 효과에 대항하는 양육하기: 영적 죽음과 애착. 우리는 단지 양육에 대한 관계적 모델링 접근이 원죄의 역동에 반응하며 어떻게 보이는지 소개할 것이다. 부모는 아이의 영적 죽음의 영향을 상쇄시키기 위해 무엇보다도 먼저 아이와 사랑하는 애착을 형성해야 한다. 부모의 사랑은 아이가 보호를 받고 있고, 다른 사람은 아이의 필요에 책임을 지고 있다는 깊은 소속감을 아이에게 주어야만 한다. 부모는 아이와 함께 있음을 즐기고, 아이가 매우 가치 있는 존재이며, 아이의 고통과 변덕스러움(crankiness)이 관계 안에 포용될 수 있으며, 아이의 신체적 기능이 수용될 수 있음(특히, 유아와 아장아장 걷는 아이들의 경험)을 아이가 알도록 돕는 데 하나님의 사랑을 모델로 할 필요가 있다. 어떤 면에서 어느 누구도 아이의 관계적 허전함과 하나님에 대한 필요를 채울 수 없다. 그러나 부모는 아동들이 건강하게 부모에게 애착하고, 부모를 받아들이도록 허용해야만 한다. 그렇지 않으면 성장하는 아이는 덜 적절한 대상에게 이것을 하게 될 것이다. 하지만 아이와 부모 사이의 건강한 관계를 형성함으로써 아이는 사랑받고, 사랑스러우며, 타인을 신뢰할 수 있고, 소속되고, 그리고 고통스럽고 불편한 감정을 포용하고, 인생에서 새로운 경험을 시도하는 것도 괜찮다는 내면화된 경험을 통해 자신의 세상과 타인을 경험한다.

아이가 사랑받는 것뿐 아니라 사랑받고 있음을 아는 것이 중요하다. 나는 많은 신자들이 부모님으로부터 사랑을 받았지만 사랑받고 있음을 알지 못한 사람들을 많이 만났다. 아이가 발달하면서 부모는 아이들에게 사랑받고 있고, 사랑받고 있음을 아는 관계적 경험을 주어야 한다. 그래야 아이는 다른 사람이 자기를 알기를 원하고, 다른 사람이 자기에 대해 발견한 것이 무엇이든 간에 자기를 사랑할 것이라는 것을 부모와의 경험과 관계에서 알게 된다.

원죄의 효과에 대항하는 양육하기: 수치심, 죄의식과 악함 속에서 사랑받음을 알게 되기. 아이들이 자신의 선함뿐만 아니라 나쁨도 알려지고 사랑받는 존재임을 경험하는 것이 특별히 중요하다. 아이가 선함 안에서 더욱 사랑을 받으려는 희망으로, 자신의 나쁨을 선함으로 숨기거나 덮고 싶은 원죄의 영향에 대항하는 데 있어서 아이가 자신의 나쁨도 알려지고 사랑받는 존재임을 경험함은 매우 중요하다. 아이로 하여금 자신의 나쁨에도 나이에 적절한 방식[9]으로 마음을 개방하고, 그 자리에서 알려지고 사랑받는 존재임을 경험하게 함으로써 부모는 아이들이 진짜 자기 그대로 사랑받을 수 있음을 확신하도록 도울 수 있다. 이는 아이가 숨지 않고 나와 두려움 없이 자신을 보고, 선함으로 나쁨을 덮기를 포기하도록 설득할 수 있다.

하지만 만약 내면화된 관계역동이 아이가 나쁠 때보다 좋을 때 좀 더 사랑을 받았다면, 원죄의 병리적 역동은 악화된다. 나쁨보다 선함에서 더욱 사랑받는 존재가 되었던 손상된 대상관계는 아이가 강박적으로 숨고 덮으며, 선함으로 사랑을 얻어 내려고 하거나, 너무나도 지쳐서 사랑스러운 존재임을 투사하기를 포기하도록 아이를 몰아갈 것이다. 이런 경우에 원죄 안에서 숨고 덮는 악한 습관은 심화되고 강화된다. 얼마나 인생을 낭비하는 것인가! 반면에 건강한 양육은 미래 관계와 하나님과의 관계를 위해 아동의 마음을 준비하는 데 매우 유용할 수 있다.

영과 육 모두를 가진 영혼이 깃든 아동을 양육하는 목적은 두 가지다. 아이가 부모와의 건강하고 사랑하는 애착관계뿐 아니라 자연법 훈련으로부터 얻은 혜택을 즐길 수 있도록 함이다. 어느 날 아이들이 우리들에게 다음과 같이 말하는 것이 우리의 희망 혹은 환상이다.

> 엄마와 아빠, 우리는 두 분이 우리를 도덕적으로 훈련시켜 주셔서 우리가 자연법의 축복을 얻을 수 있어서 매우 기뻐요. 우리는 기숙사 친구들에게 많은 어려움이 있었던 것을 보았어요. 그리고 우리는 우리가 갖고 있는 심리적인 건강에 감사해요. 우리는 부모님의 사랑을 경험했고, 우리의 인간미와 다른 관계들을 탐구하도록 격려받았고, 그렇게 하는 것을 좋아했어요. 부모님이 우리와 함께 있는 것을 두려워하지 않으시고 우리의 잘못까지도 사랑해 주시고 우리 마음의 어두운 부분까지도 우리를 데리

---

9) 경험과 행동을 이끄는 아이의 부정적 역동의 마음을 연령에 적절한 방법으로 어떻게 열 수 있는지 지혜를 얻는 것은 매우 중요한 일이다. 즉, 아동이 어떤 가치 없음, 자기거부, 무시함의 부정적 감정을 완화시키고 진정으로 알려짐으로 용서와 수용함에 아이들을 개방할 수 있도록 할 수 있는 어른과 함께 이해하고 경험할 수 있는 방식이다.

고 여행하셨던 사랑 안에 있었던 것이 더욱 감사하답니다. 당신은 우리를 선한 작은 소녀들로만 만드시지 않으셨죠. 오히려 우리는 우리 안의 선함에 있는 나쁨을 다룰 수 없다는 걸 알아요. 오직 십자가 위의 그리스도의 사랑만이 용서와 수용 안으로 들어갈 수 있어요. 우리에게 그런 본보기가 되어 주셔서 감사해요.

우리는 이러한 모델링이 되는 데 실패한 것을 알고 있기 때문에 분명히 여기에는 많은 환상이 있다. 그래서 우리는 이미 우리 아이들을 위해 치료 기금을 모으기 시작했다!

그럼에도 불구하고 근사치의 과정 속에서 이러한 관계현실은 하나님과의 연합과 이웃 사랑으로 가는 여정 안에 있는 아이들을 도와주기가 우리의 희망이다. 최소한 우리 관계는 함께 우리가 가능하다고 생각했던 것 이상으로 우리들을 대화와 경험으로 이끌었다. 대체로 신앙에 의해 변형된 대상관계 접근 덕분에 내가 아이들과 함께한 나의 대화를 아이들 기도에 귀를 기울이고 있었던 것처럼 관찰할 수 있었다. 부분적으로 우리가 함께한 긍정적 경험은 아이들을 다른 사람과의 건강한 관계뿐만 아니라 기도 속에서 하나님과의 의미 있는 관계를 위해 준비시킨다.

우리의 변형심리학은 초기에 손상된 대상관계를 보수하기를 도울 수 있는 사람들과 긍정적인 관계적 돌파가 가능하다고 가르쳐 준다. 이것은 부모, 치료자, 건강한 친구들과의 관계에만 적용되지 않고 하나님에게도 적용된다. 즉, 인격체로서의 하나님은 우리를 재양육하고, 완전히 새로운 대상관계를 제공하기 위해 우리의 손상된 대상관계를 극복하시고, 그 이후에 연속되는 모든 인간관계에 영향을 미칠 수 있다. 사실상, 이는 하나님의 사랑이 우리의 마음에 흘러 우리가 다른 사람을 사랑할 수 있다(엡 5:2, 요일 4:19)는 사도 바울과 사도 요한의 신학에서 취한 수정된 대상관계의 방향이다. 물론 이 과정은 시간이 걸린다. 그럼에도 불구하고 리주토는 우리가 계속 만나는 인간관계를 변화시킬 수 있는 기도에서 하나님의 사랑의 잠재적인 힘을 이해하기 위한 비유 혹은 모델을 우리에게 제공하였다.

변형심리학과 성인의 심리적 건강

심리적 건강에 대한 인간의 초기발달의 병인학에 대해서 살펴보았는데, 성인기의 건강한 자기 되기는 어떤 것인가? 우리는 심리학과 복음서에 나온 그리스도의 삶에 대해 생각했다. 심리적 건강은 우리가 그릴 수 있는 환상과 같이 항상 밝고 환하지 않을 것이다. 하나님 나라의 완성은 우리 다음 생에서 우리가 상상할 수 있는 모든 것이 될 수 있다. 우리 자신의 목적론이나 우리 본성의 가능성에 대해서 상상한 것을 꿰뚫어 보면, 우리는 완벽한 평화, 사랑, 기쁨, 즐거움, 우리 역량의 실현, 완전한 관계와 사회로 이루어진 삶을 상상할 수 있다.

그러나 현실에서의 삶은 원죄, 저주, 우리의 죄로 인한 습관과 다른 사람의 죄로 인해 깊이 영향을 받아서 조금은 뒤섞여 있다. 애통에 익숙하고, 주변에 있는 사랑받지 못한 사람들을 다루고, 외부의 유혹자와 내부의 육신의 연약함을 지닌 슬픔의 사람인 예수 그리스도의 삶조차도 복잡해 보인다. '좋아지기 전에 더 악화된다.'라는 치료의 옛 속담이 있다. 우리는 그 속담이 어느 정도 더 건강해지는 과정을 반추한다고 생각한다. 그 말이 가능성이 있다는 말로 들리지 않는가? 사실 그렇다.

정신병리와 건강에 대한 기독교 관점을 가진 우리의 변형심리학은 아주 무서운 세계관과 낙관적인 세계관을 제시하는 죄, 구원, 성장의 현실에 대한 강력한 현실주의와 강조를 반추한다. 죄와 타락, 사탄, 인간에게 책임이 있는 많은 것들의 가장 끔찍하고 가증스러운 실재를 수용함에 아무런 문제가 없다. 그러나 변형심리학은 회개, 용서, 구원 그리고 하나님 안에서 옛 옷을 벗고 새 옷을 입을 가능성에 개방적이다. 우리의 나쁨과 죄, 악을 왜곡됨 없이 그리고 다르게 부르지 않고 진리 안에서 다룰 방식이 실질적으로 있다. 그리고 그 과정은 진리뿐 아니라 다른 사람을 사랑하고 하나님을 사랑하기를 포함할 것이다. 하나님은 우리가 충분히 알게 되고 사랑받는 우리의 심리적 구조로부터 우리를 사랑하기로 선택하셨다. 따라서 기독교의 완전한 성장과정은 현실, 우리가 진짜 누구이며, 진리와 다른 사람의 사랑 안에서 우리가 진짜 누구인지를 보고 경험할 수 있다는 사실에 기반을 둔다.

변형심리학과 성장의 '뒤섞임'. 심리적 성장의 과정은 실제로 인생에서 어떨까? 아마도 매우 혼란스러울 것이다. 잘 알고 있는 기독교 심리학자가 기억난다. 그는 나에게 대부분의 사람들이 환상이나 마술 세계에서나 있는 것이라고 생각하는 변형 혹은 변화를 믿지 않는다고 말한 적이 있다. 오히려 그는 변형이란 우리가 아닌 다른 존재가 되는 환상이 아니라 우리가 있는 현실에서 시작할 수 있으리라고 생각한다고 보였다. 변형이란 우리가 그렇게 되리라고 가정된 대로 될 수 있기 전에 우리가 실질적으로 누구이고 무엇인지를 처음으로 경험할 수 있음에 대한 것이다.

그의 심리적 성장에 관한 통찰은 이것이다. 진정으로 실재인 자기만이 성장할 수 있고, 사랑받을 수 있으며, 진리를 들을 수 있다. 거짓자기는 숨고 덮으며 빛나 보이려고 가장하고, 실제로 사랑할 수도 없고 사랑받을 수도 없다. 왜냐하면 그것은 현존하는 진짜 자기가 아닌 단지 자기의 유령이기 때문이다. 물론 성장 안에서 우리 자신을 경험하는 과정은 단지 근사치 안에 있는 것이다. 우리의 부분은 진짜이기를 바라고 사랑을 알기를 원한다. 그러나 다른 부분은 꿈에서 빛이 나고, 그 안에서 살기를 원한다. 솔직히 신자들의 성장욕망조차도 많은 경우 자기를 경험하지 않기를 바라고 환상적 상상에서의 행동을 하고 '좋고 빛나는' 무엇이 되어 다른 자기가 되고자 하는 거짓자기의 욕망의 일부분이다. 이것은 선해짐으로써, 선하다고 상상함으로써 고통스러운 자기인식과 자기의 역사와 환경에 대한 고통스러운 알아차림을 회피하고자 하는 자기유형이다. 그런 면에서 변화와 성장을 위한 갈망은 진정한 성장에서 요구하는 것에 대항하고자 하는 방어다.

　이것이 바로 내 친구 심리학자의 요점이다. 실제 자기를 **경험함**은 변형된 실재 안에 관련된 것의 기반이자, 진리를 인식하고 개방되는 과정의 첫 시작이다. 이 과정은 우리가 상상할 수 있는 것보다 훨씬 고통스럽고 심오하고 궁극적으로는 흥미로울 것이다. 이것은 진정한 악의 동기와 심지어 우리의 근거 없이 주장되는 덕과 성장하고 중요한 사람이 되려는 갈망의 거짓 동기들을 보기 위해 일종의 죽는 것, 깊이 아래로 내려가는 것이 될 것이다. 그러나 동시에 우리 자신과 하나님께 정직하고, 우리의 의식적 경험에 대한 신비로움이었던 실제 자기를 경험한다는 열정을 갖게 될 것이다. 우리의 허위는 어마어마하고, 다른 사람들과 궁극적으로 하나님의 사랑과 진리 안에서 이것에 개방되기는 변형과 행복의 시작이다.

　변형심리학, 원죄와 건강.　결과적으로 다른 사람의 성육신적 사랑 또는 자신의 나쁨도 사랑받는 소망으로 시작되었던 것은 사람의 깊은 곳에서 연합하여 하나님께 사랑받는 데에서 그 목적에 도달한다. 구원에서 보면, 우리는 영적 죽음의 실존적 고독으로부터 갱생과 새로운 탄생 안에서 하나님에게 한 번 더 애착되는 영적 삶으로 이동한다(요 3:5, 딛 3:5). 우리는 유전된 죄책에서 비롯된 두려움으로부터 예수님에게 전가된 죄의 현실 속에서 죄책으로부터의 자유로 이동하고, 더 이상 하나님의 정죄함 아래에 있지 않다(고후 5:21, 롬 8:1). 마침내 우리는 유전된 타락으로 인한 수치감으로부터 십자가 위에서 우리에게 전가된 하나님의 칭의에 기초하여 하나님 안에 수용됨으로 이동한다(고후 5:21). 이것은 그리스도 안에서 믿음으로 의롭다 함을 받는 것의 핵심이고, 바울에 따르면, 이는 신자들의 중심이 되는 정체성이다(빌 3:8-9).

　그러나 죄로 인한 마음의 습관은 쉽게 죽지 않고 그리스도인의 생활에 바로 찾아온다. 구원받은 사람은 여전히 만족시키지 못한 관계적 공허감을 채우고, 죄책감으로부터 숨고, 선하게 되고, 성공하거나 화를 냄으로써 실패에 대한 수치스러운 마음을 덮으려는 유혹을 받을 수 있다. 이것은 아동기부터 쌓여진 숨어 있는 마음의 죄된 습관과 걱정, 지나친 분노와 조바심과 관련해서 우리가 발달시킨 악한 습관들의 소프트웨어나 방향성을 제공하는 다른 사람들의 죄와 관련이 있다. 이에 덧붙이자면, 궤도를 이탈한 심리학자들처럼 그들이 알고 있는 장소에서 우리를 유혹하는 사탄은 습관적으로 존재하는 마음의 죄를 이용한다.

변형심리학, 성화와 지속되는 성장

구원에서 시작한 것은 지금 성장을 위해 깊어져야 한다. 즉, 심리적 – 영적 성장과 성화의 과정은 우리를 구원에서 시작되었던 마음의 현실로 더 깊숙이 인도할 것이다. 신학적으로 언급하자면, 성화는 인간의 행위와 행동이 성장의 과정에서 성령과 연합하는 차이가 나는 존재로서의 구원을 요약해 준다. 우리가 믿음으로 살아가면서 숨기고 은폐하기가 건강, 자유 그리고 사랑의 삶을 제공하지 않음을 더 깊이 보게 될 것이다.

따라서 하나님은 성령으로 마음을 열고, 우리를 숨기고 은폐하는 것에서 나오게 하고, 우리를 그리스도의 용서와 덮으심에 좀 더 깊이 개방되도록 돕기 위해 다양한 은혜의 방법을 사용할 것이다. 그러므로 성경 말씀(히 4 : 12-13), 환경(롬 8:28), 다른 사람들(엡 4 : 14-15)과 주님이 기도하는 마음을 찾도록 허락하기(시 139 : 23-24)는 우리가 숨기고 은폐하는 것으로부터 나오도록 하기 위한 성장의 방법이 될 수 있다. 이러한 은혜의 수단들은 그 자체로 우리를 성장시키지 않으나 사랑과 진리 안에서 성령에게 우리를 개방하는 방법이다.

변형심리학, 성화와 옛사람을 벗기.　더욱이 이러한 영적 훈련은 우리가 덕을 입기를 도울 뿐 아니라 종종 우리의 욕망, 고통, 환상 그리고 나쁜 것과 실패의 자리에 더 개방되게 도울 수도 있다. 이런 훈련들은 만약 우리가 그것을 마음에 두고 있다면, 그리스도, 십자가의 용서, 성령에 대한 의존의 필요성이 진리임을 훨씬 더 깊이 경험하게 할 것이다. 우리는 우리의 깊은 욕구에서 그리스도가 우리의 가장 깊은 사랑과 갈망이 됨을 발견하게 될 기회를 갖고, 그래서 우리는 더 이상 숨고 은폐할 필요가 없다. 사랑과 용서 안에서 죄가 있다 하더라도 정죄함이 없다는 사실에 다시 한 번 노출되면서 우리는 숨기로부터 나올 수 있다. 진실과 사랑 안에서 우리의 마음을 그리스도와 다른 사람들과 나눌 수 있다. 나의 경우에는 나의 죄를 덮어서 좋은 소년이 되고 싶지 않다. 나는 기도로 나 자신을 청소하고 싶지 않다. 기도로 내 모습 그대로 그리스도에게 나오고 싶다. 그래서 그가 나를 깨끗하게 하실 것이다. 나는 은폐가 아니라 나의 나쁨을 비춰 보며 순종할 것이다. 치료와 심리학은 우리를 다른 사람과 하나님 앞에 정직하고 약한 그대로 드러낼 수 있는 자리로 가도록 돕는 매우 훌륭한 도구일 수 있다. 물론 마음의 죄된 습관들이 너무 깊기 때문에 이러한 진실과 사랑의 반복된 경험들을 확신하는 데 평생 걸린다.

이 장에서 지금까지 언급한 것들 중 많은 부분들은 변형의 부정적인 측면, 즉 변형에서 우리의 죄를 벗는 것과 관련된다. 자기에 대한 진실을 들여다보고 다루기가 고통스러운 한, 변형의 복음주의적 관점에서 이것은 종종 간과된다. 그러나 성경은 이를 명령한다. 사실상, 우리 마음의 죄의 습관과 '이전의 생활방식'은 그리스도인임에도 불구하고(엡 4:22) 자신과 다른 사람을 속이고 싶은 욕구로 인해 계속 타락되어 간다. 변형의 벗어 버리는 부분은 더 이상 강조될 수 없을 만큼 중요하다.

변형심리학, 성화와 새사람 입기. 또한 신자들의 삶에서 그리스도의 덕을 입으라는 내용이 있다(엡 4:23-24). 이 내용은 의로운 삶에서 자신을 훈련하거나 다시 습관화되는 것을 포함한다(딤전 4:7-8).[10] 말씀을 듣기와 좋은 의

---

10) 댈러스 윌러드(Dallas Willard)는 하나님의 명령이 마술로 누군가의 인격의 부분이 될 거라는

도만으로 우리가 변형되리라고 희망하는 것은 비합리적이고 마술적 사고다. 우리는 그런 방법으로 컴퓨터를 숙련되게 사용할 수 없고, 그런 방법으로 야구를 배울 수 없다. 오히려 육신의 습관화된 악과 덕을 하나님 안에서의 덕으로 변형하기를 시도하는 훈련, 육과 영을 가진 영혼의 훈련을 해야 한다. 영성 형성에서 모든 책이 이런 논제로 씌어졌고, 변형심리학은 영성 형성으로부터 혜택을 받을 것이고, 또한 영성 형성에 기여할 것이다.

　아동기의 덕을 위한 훈련에서 새사람 입기.　가장 최상의 상황에서 의로움과 선함에 대한 건강한 훈련은 아동기에 몸과 마음 모두를 돌보는 부모와 함께 시작한다. 이 훈련은 단지 행동적이고 인지적일 수만은 없다. 왜냐하면 우리는 사랑받기 위해 만들어졌기 때문에 인간의 영혼을 건강하게 훈련하기는 아이에게 깊이 있는 소속감을 경험하게 하기 위해서 애착이라는 맥락에서 이루어질 필요가 있기 때문이다. 자신과 다른 사람에게 익숙해지는 관계적 맥락에서 자연법 덕에 따른 전인적 사람의 훈련은 심리적으로 더 '유익할' 수 있다. 부모가 잘 알고 사랑해 주면 아이와 초기 성인은 다음과 같은 행동을 할 수 있는 심리적 용기와 동기부여를 받기 때문이다.

1. 실패에 대한 두려움과 실패에 대한 경멸이 덜한 상태에서 인간의 능력을 탐색하고 연습한다.
2. 사랑을 잃어버릴 두려움 없이 실제 자기의 진실에 마음을 개방한다.
3. 실패, 부적절성 그리고 죄책감과 수치감의 감정을 숨기고 은폐하려는 방식이 아니라 선으로 덕을 개발한다.

사랑받고 친밀한 경험을 한 아동들은 작은 불행도 견디지 못하는 불안

소망적으로 사고하기에 단지 의존하지 않고 하나님의 명령을 반추하는 덕들에 있어서 누군가 이러한 훈련을 하는 데 큰 도움이 되어 왔다. 그의 책 『훈련의 영(Spirit of the Disciplines)』을 참고하라.

하고 초조해하고 비판적인 부모 때문에 실패를 두려워하는 아동들보다 자신의 역량을 좀 더 탐구하고 연습할 수 있다. 이는 기꺼이 위험을 감수하고 자신의 역량과 인간됨을 겨루기는 덕 안에서 성장하는 데 중요하다. 사랑받고 친밀해지는 경험은 또한 자신의 진실을 볼 수 있는 용기를 준다. 그 이유는 자신의 나쁨에도 불구하고 이미 사랑받는 존재의 경험을 했기 때문이다. 이것은 사랑받는 중에 더 큰 사랑을 얻으려거나, 잃어버린 사랑에 대한 두려움 안에서 덕을 실천하기보다는 덕의 발달에 기름을 부어 주는 격이다. 이 훈련은 충분히 즐거운 요소를 가지고 있기에 평생 지속되리라는 희망이 있다.

이러한 아동기의 훈련은 또한 광범위한 아동 창조역량을 수용하고 탐구하기와 관련이 있다. 건강한 사랑과 애착은 인간 본성의 가능성을 탐색하기 위해 인간의 능력, 단점과 강점을 보는 것을 두려워하지 않는 자신감과 용기를 제공한다. 이러한 역량은 창조적인 만들기(실용적이고 예술적인 미술)에서 창조적인 **활동**(덕, 스포츠, 레크리에이션, 직업 안에서 자신을 창조함), 행함과 만들기를 위한 관심 있는 지식과 앎의 순수한 기쁨을 위한 지식의 추구에까지 전 범위에 이른다.

물론 인간성에 대한 광범위한 탐구는 인생에서 항상 가능하지 않다. 사실상 전 세계에서 많은 아동이 빈곤한 환경, 땅을 황폐화시키는 저주, 하나님의 통치와 사탄 때문에 자신의 인간성 전부를 탐색하는 기회를 가지지 못한다. 그런 경우에 덕은 타락한 세상에서 다른 형태를 취한다. 그들에게는 자신의 역량을 충분히 탐색하는 것은 불가능하고, 궁핍(겸손, 약함 가운데서 강함 발견, 영의 빈곤)과 관련된 덕을 발달시킨다. 분명히 이런 궁핍의 미덕은 자신으로부터 하나님께로 돌아서기 위해서는 누구에게나 어느 정도 필요하다. 그러나 어떤 삶은 환경적으로 이러한 '힘든' 덕에 넘겨진다. 그들이 그것을 위한 마음을 가지고 그 경험 속에서 고통스럽지 않음에도 말이다.

게다가 인간 역량의 발휘는 그 사람의 성별을 충분히 수용하고 탐색한 가운데 이루어져야 할 필요가 있다. 하나님 안에서 자신의 성별을 충분히 포용하는 것은 우리의 역량 강도와 역동에 영향을 주고, 우리들을 타인과 하나님과의 우정과 연애의 다양한 형태에 이르게 한다.[11] 다시 한 번 부모에게 알려지고 사랑받은 아이들이 자신의 성별을 수용하고 자신의 성별을 책임질 것이다. 그렇지 않으면 두려움과 비판적인 자기거부감이 성별지향적인 느낌과 성향을 이해하는 데 있어 정상적인 성장을 방해할 수 있다.

덕에 대한 성인 훈련하기에서 새사람을 입기.   아이들이 청소년과 성인으로 발달하면서 필요로 하는 성장영역에 대한 인식과 의식들이 증가하면 사람들은 여러 방향으로 움직일 수 있다. 좋거나 나쁘거나 혹은 그것의 조합으로 된 자기에 대해 우울과 좌절감으로 향하거나, 자신의 삶과 성격을 변화시키고자 하는 욕구로 향하거나, 자기의 성격에 그대로 정착한다. 어떤 경우이든 간에 나이와 경험과 함께 우리는 우리 자신의 힘만이 아니라 하나님 안에서 변화를 이루고자 할 때 변화가 그렇게 간단한 일이 아님을 알게 된다. 신자들은 인간의 영과 성령 그리고 타인의 영 사이의 역동적인 긴장 안에 거한다. 바울의 말씀에 따르면, 당신은 "항상 복종하여 두렵고 떨림으로 너희 구원을 이루라. 너희 안에서 행하시는 이는 하나님이시니 자기의 기쁘신 뜻을 위하여 너희로 소원을 두고 행하게 하시나니(빌 2:12-13)," 이는 개인적이고 통합적 함의를 가진다.

성인 덕의 재훈련과 성령에 의한 심리적 건강.   결과적으로 성인은 창조 세계의 덕을 훈련하면서 하나님과 이웃의 사랑 안에서 이러한 덕을 재훈련하는 변형의 여정을 갈 필요가 있을 때가 있다. 아동기부터 많은 자연덕목을 개발해 온 사람에게는 자기의 힘으로 덕의 삶을 발휘하고, 자신의 노력의

---

11) 성별 주제와 남성성과 여성성을 수용하는 능력에 대해서는 로버트 소시(Robert L. Saucy)와 주디스 텐엘스호프(Judith K. TenElshof)가 편집한 *Women and Men in Ministry: A Complementary Perspective*(Chicago: Moody Press, 2001, PP. 185-228)에 있는 존 코우(John Coe)의 「Being Faithful to Christ in One's Gender: Theological Reflection on Masculinity and Femininity」를 보라.

결과로 오는 개인적 열정과 행복을 경험하고자 하는 유혹이 있다. 아동기의 덕은 전형적으로 자기의 힘으로 길들여져 있다. 이는 대부분의 아동들이 어떻게 성령을 의지하는지를 아직 배우지 못했고, 여전히 자신의 역량을 발휘하는 방식을 배우려고 하는 한, 이것은 발달적으로 적절하다.

하지만 덕이 성령의 열매가 되기 위해서는 이러한 덕이 하나님 안에서 삶으로 열리는 성숙의 때가 있다. 이는 어느 정도 이러한 덕을 하나님을 의존하며 경험하려는 새로운 동기부여를 포함할 것이다. 그리고 새롭게 발견된 의존성은 우리가 약함과 그리스도 없이는 아무것도 할 수 없음을 깨닫는 필요로 들어감을 요구한다(요 15:5). 물론 이것은 우리로 하여금 대부분의 생애 동안 진실로 이를 믿고, 자기 혼자 힘으로 그리스도인의 삶을 살고 싶어 하지 않는 그 지점으로 인도한다. 변형심리학은 악을 벗어 버리고 그리스도 안에서 덕을 입는 세부사항을 작업하도록 시도할 것이다.

비록 심리학에 대한 변형적 접근은 의로움에 대한 훈련에서의 인간과 하나님의 협력적 역할을 받아들이지만, 이는 우리가 하나님에 참여하기는 단순한 노력의 합성이 아니고, 오히려 우리의 일은 하나님의 일에 이차적이다. 하나님은 기꺼이 그의 기쁘신 뜻에 따라 통치하고 작업하시는 분으로서 우리 안에서 일하시는 분이기 때문에(빌 2:12-13), 우리는 '두려움과 떨림으로' 작업한다. 하나님은 이 춤을 이끌고 있다. 우리는 우리 안에 계신 성령님이 하시는 것을 발견하기 위해 그의 인도하심을 따라가고 있다. 따라서 우리의 일차적인 과업은 두렵고도 신중하게 하나님이 하시는 일을 지켜보고 경청하기인데, 그는 복종함으로 반응하는 수용적인 모드로부터 항상 우리의 영혼 안에서 일하신다. 우리는 그의 사역에 관심을 가지고 참여하고 협력한다. 우리가 이끌지 않는다. 그렇다. 우리는 결정하고 어떤 방향으로 가지만, 그런 방식으로 우리를 개방하고, 비록 하나님의 의지를 완전히 확신하지 못하지만 그의 의지에 협력하려고 노력한다. 때때로 우리는 어둠에 있을 때에도 살아가고 선택해야만 한다. 그래도 괜찮다. 왜냐하면 성공을 보장하기는 우리의 일이 아니라 하나님의 일이기 때문이다. 하나님은 예수 그리스도가 재림하실 그날 우리를 완전하게 할 것이다(빌 1:6). 우리는 이 일에서 파트너가 있을 뿐 아니라, 앞장서서 모든 자비와 능력을 가진 분이 있다. 우리의 사역은 심리적으로 그리스도에 깨어 있고, 성장과 성령의 사역을 위한 우리의 빈곤함에 대한 진실에 깨어 있음을 배우는 것이다. 우리의 복종은 우리의 삶에서 그의 사역을 분별하고, 그가 이미 하고 있는 일에 우리가 참여하고, 사랑 안에서 그의 인도와 의지에 공개적으로 반응하기다.

성인 덕의 재훈련에서 성령의 사역.   우리의 변형과 선함이 이루어지기 위해서 삶의 모든 상황에 계속해서 하나님이 역사하시도록 성령께서 우리를 위해서 중보하심은 신자들에게 엄청난 위로다(롬 8:26-29). 하지만 고대의 영적 작가들은 우리가 직면하는 영적-발달적 장애물에 따라서 우리가 시간을 통과하면서 성령의 사역이 우리 삶에 다른 방식과 모양으로 나타남을 아주 잘 알아차렸다. 때때로 성령은 우리를 격려하고, 그것을 추구하도록 격려하기 위해 우리들에게 그의 현존 또는 위로의 경험을 제공한다. 이따금 이런 위안 또는 성령 충만은 단지 우리의 덕만이 아니라 사랑, 믿음, 성령의 열매들이 되는 우리의 인격과 일치한다(엡 5:18, 갈 5:22). 이런 위안과 성령 충만은 우리 자신과 우리의 욕구, 소망, 기쁨으로 충만해 있는 우리의 인격보다 앞서지만, 성령은 우리를 격려하거나, 다른 사람들에게 우리를 통해서 우리의 어떠함보다 더 앞서서 인격적으로 일하시고자 하는 목적을 가지고 있다(행 4:8).

신성한 모임 속의 성령님은 위로가 우리 삶의 특정한 시절에는 필요하지 않음을 아실 때가 있다. 오히려 그는 성장과 사역을 위한 우리의 동기를 좀 더 깊이 보기 위해 우리가 누구이고, 되고자 하는 것이 무엇인지에 관해 현실검증이 필요할 때를 안다. 그는 또한 언제 우리가 지금까지의 우리 자신을 알아볼 만큼, 얼마나 우리 자신으로 채워지는지를 알아볼 만큼 충분히 준비되고 성숙한지를 안다. 이 시기에 하나님은 우리가 실제 자기를 경험하도록 하기 위해 우리를 영적 위로의 젖으로부터 이유시킨다.

'영적 현실 검증'을 하는 시기는 영혼 혹은 영적인 황량함의 어두운 밤이라고 불린다. 우리의 성품보다 먼저 있는 그의 현존에 대한 경험을 별도로 하더라도, 이는 하나님이 우리로부터 철회하는 때가 아니라 오히려 우리에게 진실로 관계적으로나 심리적으로 더 가까이 다가오시는 때다.[12] 하나님은 우리가 단지 느껴지는 그의 존재를 위해서, 위로 안에서 그와 함께할 준비가 되었다는 것뿐만 아니라, 진실로 우리 자신이 그와 함께 있을 준비가 되었고 기꺼이 원한다고 생각한다. 하나님의 바람은 우리가 있는 그대로의 우리를 보고, 깊이 그에 의해 사랑받고 가르침을 받기 위해서 현실 속으로 그와 함께 여정을 떠나는 것이다. 시간이 지나면서 우리는 위로받는 느낌이 없을지라도 그의 현존에 개방되고 그의 현존을 분별하는 것을 배울 수 있다. 황폐하고 어두운 밤의 시간 동안에는 영적 멘토와 지도자들이 매우 도움이 될 수 있다. 치료 또한 어두운 밤에 대하여 하나님과 다른 사람과 함께 우리를 진실에 개방하는 일에 훌륭한 동료가 될 수 있다.

물론 이러한 성장을 위한 여행의 목적은 황량함이 아니라, 그리스도와의 연합이라는 영광스러운 위로와 이 연합과 성령 충만으로 발생하는 그리스도의 형상에 전폭적 순응이다. 우리의 인생에서 연합을 위한 훈련은 우리의 실제 자기에게 개방적으로 살아가는 것이 길들여지면서 시작한다. 실제 자기만이 그리스도의 사랑의 높이와 깊이를 경험하고 하나님의 완전함으로 충만해질 수 있다. 연합의 경험은 인간이 그리스도의 형상으로의 변형이고, 사랑하고 하나님과 이웃들에게 사랑받는 마음을 열게 한다. 이러한 연합의 경험은 마음이 만들어지고 갈망했던 것이고, 이 세상에서 가능하고, 다음 세상에서는 확실한 경험이다.

---

12) '어두운 밤'에 대해 존 코우(John Coe)의 「Musings on the Dark Night of the Soul: St. John of the Cross on a Developmental Spirituality」 *Journal of Psychology and Theology* 28, no. 4(2000): 293-307을 보라

결론

이 장은 단지 심리적 건강의 관점을 개발하고자 하는 틀과 방향을 잡는 데 도움을 줄 변형심리학의 기초적인 사고와 윤곽을 제공하였다. 많은 세부 사항들을 다루지는 못했으나, 변형에서의 이 논제는 아마도 교회를 위해서 그리스도 안에서의 성장의 과정과 결과에 대한 통찰이 필요한 이상, 모든 심리학 중에서 가장 중요할 것이다. 비록 우리의 변형심리학은 인간의 사랑, 덕을 훈련하기, 영적 훈련과 인간의 삶을 풍요롭게 하는 본성에 대해 상세한 설명을 구체화하는 데 할 일이 많지만, 그 일로부터 물러나지 않을 것이다. 우리는 이 가장 중요한 프로젝트에 독자들이 함께하기를 기대한다.

Section IV

영적 심리학과
영혼돌봄의 실제 (수준 4)

Spiritual Psychology and the Praxis of Soul Care
(Level 4)

제16장

심리치료와 우리가 살아가는 영적 이야기

Todd W. Hall

> "우리의 개인적 신화를 통해서
> 우리는 우리가 살아가는 세상을 만드는 데 도움을 주고 있으며,
> 동시에 세상은 우리를 만들어 가고 있다."
>
> 대니얼 맥애덤스(Daniel McAdams)

우리는 이제 이 마지막 부에서 폭넓게 '영혼돌봄(soul care)'이라는 용어로 볼 수 있는 영적 심리학의 적용(또는 실제)에 와 있다. 즉, 심리영적 성장과정 중에 있는 다른 사람들을 돕기 위해서 우리 삶에서 성령의 사역과 우리 자신의 영적 형성에 기초한 인간 본성의 이해를 적용하는 방법에 대한 질문을 이 부에서 고려하기 원한다. 이것은 변형심리학을 전문화된 형태의 사역, 심리치료와 가능하게는 영적 지도의 전문영역 정도까지 가져옴을 나타낸다. 그러나 이들은 전통적으로 교회에서 제자도라고 지칭된 사역의 중요한 논제들이었고, 지금은 종종 영적 형성으로 언급되고 있다. 사실상, 오늘날 교회가 요구하는 가장 큰 필요는 좀 더 도움이 될 만한 전문인 양성이나 훈련이 아니라 우리가 가지고 있는 심리영적 성장의 지식을 교회의 사역에 합치기라고 믿는다. 다시 말하면, 심리치료를 가능하게 하는 일들을 전문적 심리학자들만의 배타적 도메인으로 보이지 않게 해야 한다. 심리학자들은 이러한 원리들을 교회에 던져 줄 필요가 있고, 이러한 원리들이

심리영적 성장과정에 통찰을 제공하는 한, 신학교, 목사, 사역자들은 이것들을 아주 많이 활용할 필요가 있다.

우리는 이것이 대부분의 독자들에게 영적 지도보다 좀 더 익숙하기 때문에 이 부는 심리치료에 초점을 두는 장으로 시작할 것이다. 그리고 다음 장에서 우리는 영혼돌봄의 오래된 형태로서 영적 지도에 대해서 짧게 논의하고, 심리치료와 대조할 것이다. 이 장은 영혼돌봄의 다른 유형들을 혼합함에 있어서의 위험성과 가능성에 대한 논의로 결론지을 것이다.

🔱 서문: 심리치료에서 영성에 대한 접근들

우리가 심리치료라는 논제를 만날 때, 나는 두 가지를 위한 맥락을 설정하기를 원한다. 첫째는 심리치료에서 영성을 다루기 위한 나의 접근이고, 둘째는 다른 접근들과의 비교에서 심리치료에 대한 관계적 패러다임이다.

첫째, 심리치료를 통해서 누군가를 심리정서적으로 성장하도록 도울 때 영적이라고 명백하게 드러나는 것은 아무것도 없다. 그렇다면 이것이 어떻게 내담자의 영성과 관련이 될 수 있는가? 이것은 치료에서 영성을 어떻게 접근할 수 있는지 그리고 어떻게 접근해야 하는가에 대한 판도라 상자를 여는 것이다. 이것을 우리의 모델에 적용해 보면, 수준 1은 경험적 지식을 다루고, 수준 2는 개념적 원리를 발달시키는 과정을 다루고, 수준 3은 개념적 진실의 내용을 다루고, 수준 4는 부분적으로(이 장에서) 동료와 내가 '임상적 통합'이라고 명명한 것을 다룬다.[1] 우리는 '종교적이거나 영적 신념, 가치, 그리고 방법을 심리치료의 과정 속으로 합체하여 결과적으로 다른 방식의 치

---

1) 심리치료 하기에서 보여 주듯이, 이 절의 주제인 영혼돌봄은 통합보다 더 광범위하기 때문에 부분적으로 언급한다. 그러므로 이 장은 수준 4의 한 면을 다루며, 다른 장에서 영적 지도하기에서 나타나는 것으로서의 통합을 다루게 된다.

료자가 되어서 내담자를 이해하고 치료하도록 함'을 임상적 통합이라고 정의한다.[2] 여러분들이 볼 수 있듯이, 임상적 통합의 길은 심리치료에 있어서 영성에 대한 많은 접근을 허용하는 5차선의 넓은 고속도로다. 그 다양한 접근들에 대한 많은 논란과 토론이 분명히 있다. 진행되고 있는 토론을 더 언급하는 것은 여기서 내 범주를 넘어선다. 다음 장에서 영혼돌봄의 다양한 유형을 살펴보고, 영적 지도와 영혼돌봄이 심리치료와 어떻게 다른지에 초점을 두겠다. 그러나 이 장의 여분을 고려하여 임상에서의 변형심리 스펙트럼의 간략한 개관을 제시하고, 나의 전반적인 접근이 그 스펙트럼의 어디에 위치하는지(있는지)를 제시하고 싶다.

영성을 치료에 포함하는 개략적인 스펙트럼에는 은밀하고 암시적인 접근부터 분명하고 명확한 접근까지 있다. 스펙트럼은 종교적 신념들과 가치들을 암시적으로 인정하는 끝에서부터 전통적 치료의 틀에 영적인 논제들을 포함시키려는 의도적인 노력까지, 그리고 종국에는 영적 주제뿐 아니라 영적인 목표와 기술들을 포함하는 것에 이르기까지 퍼져 있다. 이 세 영역은 겹쳐지기도 하지만, 이것들은 치료에서 영성을 다루는 다소 독특한 접근을 보여 준다.

내 접근은 개략적인 스펙트럼의 중간에 해당한다. 이 접근에서는 종종 영적인 논제들이 전통적 기술을 활용하는 전통적 치료양식의 틀 안에서 다루어진다. 다른 말로, 어떤 사람의 특정 치료양식의 '틀' 또는 내적 논리가 온전하게 보존된다. 이러한 접근은 데이비드 베너(David Benner)에 의해서 옹호되어 왔다. 그는 심리치료에서 영성의 역할에 대한 유용한 토론을 제시하였다.[3] 베너는 영적인 논제들이 심리치료에서 적절한 자리를 차지하지만, 여느 다른 주제처럼 다루어져야 한다고 주장하였다. 다른 말로 하면, 영적

---

2) M. Elizabeth Lewis Hall & Todd W. Hall, 「Integration in the Therapy Room: An Overview of the Literature」, *Journal of Psychology and Theology* 25, no. 1 (1997): 86-101.

3) David G. Benner, *Care of Souls*(Grand Rapids: Baker, 1998).

논제의 심리적 의미와 경험을 다루어야 한다.

나는 영혼돌봄의 다른 유형들을 사려 깊게 그리고 조심스럽게 혼합함에 있어서 여지가 있다고 믿는다(이 논제에 대해서 제17장에서 다시 언급하겠다). 그러나 나는 치료자로서의 내가 내담자의 영적 삶에 기여할 특정 역할이 있다고 믿는다. 영적 이슈들을 다루는 기회를 환영하고 찾지만, 관계적 정신분석과 애착에 근거한 치료접근이라는 맥락에서 그렇게 한다. 심리치료의 틀은 내담자가 하나님을 직감-수준에서 경험하기를 다루는 강력한 방식이다. 하나님을 본능적으로 경험하기는 그들의 삶에서 애착하는 인물을 경험하는 것과 유의미한 정도로 평행함이 밝혀졌다. 그래서 내담자의 애착여과기(attachment filters)에 접근할 때, 우리는 하나님과의 친밀하고 연합할 수 있는 능력을 우리가 하나님과의 관계에 대해서 말하고 있지 않더라도, 적어도 간접적으로 다루고 있다. 이것은 그들의 영성을 명백하게 다루지 않더라도 그들 영성의 핵심이다. 치료작업의 많은 부분은 하나님과 더 명백하게 관계하는 길을 준비하기로 이루어진다. 하나님은 이러한 치료적 애착 가운데서 일할 수 있고, 일하며, 그의 목적을 위해서 그것들을 활용한다고 나는 믿는다. 이런 작업의 영적 열매를 항상 볼 수 있는 건 아니지만, 내 마음속에 있는 치료는 아주 실제적 의미에서 신성한 공간이다. 더욱이 내담자가 하나님과 관계하는 경험을 직접적으로 다루는 사례가 많이 있다. 어떤 그리스도인 내담자들에게는 이것이 치료의 초점이 되고, 우리는 함께 치료관계의 맥락 안에서 내담자가 하나님을 경험하는 의미를 탐색하고, 언어로 표현하고, 변형시킨다.

둘째, 이 장에서의 나의 목표는 심리치료의 이론을 완벽하게 평가하는 것이 아니다.[4] 그것은 이 책의 범위를 훨씬 넘어선다. 오히려 나의 목표는 심

---

4) 심리치료 이론에 대한 개관과 기독교적 평가를 위해서는 스탠턴 존스(Stanton Jones)와 리처드 부트먼(Richard Butman)의 *Modern Psychotherapies: A Comprehensive Christian Appraisal*(Downers Grove, Ill.: InterVarsity Press, 1991)을 참고하라.

리치료의 가장 매력적이고 유망한 비전이라고 믿었던 것의 윤곽을 개발하는데 있어서 앞에서 개관하였던 인간의 본성에 대한 관계적 시각 위에 심리치료를 위한 폭넓은 관계적 패러다임 세우기다. 이 패러다임이 어떻게 다양한 영역과 학문들의 수렴현상을 보여 주고, 다른 몇몇 치료전통에서 빠졌던 변화에 대한 현대적인 과학적 시각을 제공하는지에 대해서 한마디 하고 싶다.

오늘날 수많은 심리치료 전통(또는 '양식')이 행해지고 있다. 가장 일반적인 것은 인지 – 행동(CBT), 정신역동의 몇몇 이론, 정서중심 치료(EFT, 게슈탈트 전통에 뿌리를 두고 있다), 가족체계, 특정 진단을 위해서 경험적으로 지지되었던 치료방법에 의해서 결정된 절충적 결합이다. 나는 수련 초기부터 관계적 치료접근에 끌렸는데, 그것이 인간의 본성에 대한 성경적 시각과 가장 일치한다고 믿었기 때문이다. 그러나 성경적 정당화가 근본적이지만 성경적 정당화에 덧붙여서, 다양한 분야의 과학적 증거도 최근 20년간 심오한 방법으로 수렴되고 있다. 이는 세 가지 방식으로 명백하게 나타난다.

첫째, 사람을 치유하는 치료양식을 넘어서서 '공통의 요소'에 대한 광대한 문헌이 있다. 이 연구, 즉 일반적인 심리치료의 연구결과에 의하면 아주 강력해서 모든 심리학자가 공유하는 지식이 된 한 가지 굳건한 결과가 있다. (여러분이 심리학자를 안다면, 그에게 물어보라. 그러면 의심할 여지없이 이 답변을 듣게 될 것이다.) 모든 치료양식을 넘어서서 내담자들이 치료를 받으면서 그들이 성장하는 과정에서 도움이 되었다고 보고하는 한 가지 가장 중요한 요소는 **치료적 관계**다. 다시 말해서 CBT에서 자동적 사고를 기록하는 내담자가 있다면, 이것이 어떤 의미에서 유용하지 않았다는 것이 아니라, 내담자를 돕는 핵심이 아니라는 것이다.[5] 이것은 단지 치료적 관계를 위한 맥락이고, 내담자가 성장하는 정도까지 성장에 연료를 붓고 배움을 확인하게 하는 것은 치료자와의 관계다.

---

5) 나는 지금 여기서 단순히 증상의 소거가 아닌, 관계적 역량에서 깊은 변화와 성장을 지칭하고 있다.

둘째, 전통적으로 비관계적이었던 치료접근이 개념화와 치료기법에서 관계성을 향해 움직이고 있다. 예를 들면, 인지행동치료의 '구학파'는 의식적 사고와 신념이 감정을 결정한다는 기본 아이디어에 초점을 두고 있으며, 개입은 이 아이디어에 근거한다. 이 이론에 의하면 당신이 부정적이고 비합리적인 사고에 도전하고, 체계적으로 긍정적이고 합리적인 사고로 교체한다면, 사람들은 더 기분이 좋아질 것이다. 이 접근은 사람들이 어느 정도까지 더 잘 기능하고 대처하도록 하는 데 도움을 주며, 그래서 가치가 있다. 그러나 CBT 전통은 감정과 관계의 힘을 알게 되었고, 자기에 대한 의식적 사고와 신념을 강조하기로부터 도식과 핵심신념을 강조하는 쪽으로 옮겨 가고 있다. 이러한 개념들은 관계하는 패턴이나 암시적이고 본능적인 수준에서 관계 속의 자기(self-in-relation)에 대한 신념들을 내면화하는 관계적 이론의 핵심 아이디어와 놀랄 만큼 유사하다고 밝혀졌다. 이것들은 의식적 자기대화를 통해서는 바꿀 수 없는 깊은 신념이다.

내가 평가하기에 더 새로운 CBT 모델에서의 개입이 옳은 방향으로 움직이고 있을지라도, 그들이 계속해서 암시적 관계 의미를 다루는 명백한 과정적 기술을 강조하는 한, 암시적 관계지식에 대해서 우리가 알고 있는 함의를 충분히 고려하는 데는 여전히 부족하다. 문제를 이렇게 만든 장본인은 부분적으로는 심리치료 과정을 부호화하고 매뉴얼화하는 데 본질적으로 동기부여받은 보험산업에 의해 움직이는 의학적 모델이다. 그럼에도 불구하고, 관계적 패러다임은 내담자를 치유하는 데 도움이 되는 임상적 지혜가 그 본성상 치유가 일어나는 방법으로 내담자와 함께하기에 대한 임상가의 암시적이고 관계적 지식임을 시사한다. 이러한 종류의 '알기'는 순수하게 드러난 체계에서 부호화되거나 매뉴얼화될 수 없다.

셋째, 과학적 증거는 관계들이 관계할 역량과 자신에 대한 감각에서의 변화가 왜 그리고 어떻게 만들어지는지에 대해서 수렴하고 설명한다. 상승작용을 하는 몇몇 전통들이 있는데, 이들 모두는 이제 막 출현하고 있는 폭넓고, 과학적으로 근거가 있는 관계적 패러다임에 기대고 있다. 최소한 이것은 관계적 정신역동, 애착이론, 정서-중심 치료로부터의 통찰을 포함하고 있다. 이런 모든 전통과 다른 것들은 정서적 신경과학, 발달심리학, 영아연구, 임상적 심리학, 감정연구와 같은 다양한 학문으로부터 떠오르고 있는 인간 발달의 수렴된 한 장면 위에 세워지고 있다. 이러한 전통들과 이면에 있는 관계적 패러다임은 치료실에서 실제로 보이는 것에 대한 관계적 함의에 살을 붙이기 시작한다. 즉, 관계 안에서의 자기에 대한 가장 깊은 인식을 변형시키는 방법으로 내담자와 함께하는 것이다.

　　우리는 우리의 애착여과기가 어떻게 하나님과 다른 사람들과의 관계에서 우리에 대한 가장 깊은 경험을 형성하고 이끌어 내는지, 우리가 하나님과 다른 사람들과 실제로 어떻게 관계하는지, 우리가 자동적으로 우리 삶의 사건들의 의미를 어떻게 평가하는지에 대해서 토의해 왔다. 이것이 사실이라면, 진정한 삶을 찾기 위해서 변형되어야 할 필요가 있는 것은 애착여과기다. 단지 작동되지 않는 영적으로 손쉬운 길을 선택하면 직감-수준의 변화에 미치지 못하게 된다. 그래서 나는 이러한 이론적 관점으로부터 치료과정의 범주나 세부사항에 초점을 두지 않고 오히려 치료과정의 핵심에 초점을 둘 것이다. 하나의 새로운 종류의 관계적 치료에 대해서 부각되는 그림은 그 순간에 내담자들과 깊이 정서적으로 함께하기, 돌보는 이로서 내담자에게 애착되기, 아는 것과 내담자에게 깊은 영향을 받는 것에 우리 스스로를 오픈하기, 둘 사이를 끊임없이 통역하기, 심오하고 깊은 인간의 유대가 발생하는 '만남의 순간'을 촉진하기를 포함한다. 이 모든 것은 내담자와 공유하는 이야기를 공동으로 창작하기를 나타낸다. 공간 때문에 이런 요점을 일일이 나열할 수 없지만, 나는 암시적 관계의 의미에 대한 이론이 함축하는 내용들이 애착여과기가 어떻게 우리가 따라가고 있는 영적 이야기를 나타내는지, 새로운 관계적 이야기가 치료적 관계 속에서 펼쳐지면서 이런 이야기가 어떻게 변화하는지, 심리치료에 대한 이러한 접근이 우리로 하여금 치료과정에서 내담자의 영성을 어떻게 '돌보는지'를 보여 주려고 한다.

 생각해 본 적 없이 아는 것들:
우리는 말할 수 있는 것보다 더 많이 안다

크리스토퍼 볼라스(Christopher Bollas)는 단어나 생각에서 형성되지 않은 관계적 알기의 깊은 형태인 '생각해 본 적이 없이 아는 것들(unthought knowns)'의 개념을 제안했다.[6] 현대적 신경과학과 감정 연구가 이러한 생각에 대한 실질적 증거를 제공해 왔다. 우리는 알기를 위한 두 가지의 근본적으로 구분되는 방식으로 배선된 존재들이며, 그 속에 이야기를 담고 있다라는 사실은 이제 강력하게 지지받고 있다.

제9장과 제12장에서 나는 가치에 대한 과학에서 나선형 지식(제9장)과 인간의 본성과 발달에서 관계적 시각의 핵심으로서의 애착여과기에 대해서 토론할 때 암시적 관계의 의미에 대한 이론을 위해서 기초를 쌓았다. 짧게 다시 요약하면, 이 이론의 핵심 원리는 우리의 대뇌는 두 개의 정보처리 체계를 가지고 있으며, 그것은 두 가지의 다른 알아 가기의 방식을 지지한다. 의식적이고 직선적이며 이미지와 언어로 존재하는 지식인 명시적 지식은 신경과학자들에 의해서 대뇌회로의 '상위경로'로 지칭되는 것에 의해 지지를 받고 있으며, 이는 전두엽에 기반을 두고 있고(주로 좌뇌에), 분석적이고 추상적인 추리를 담당한다.[7] 대조적으로, 암시적 지식은 우리의 몸, 감정, 이야기에 전해지는 직감-수준 지식 또는 의미다. 이런 형태의 지식은 신경과학자들이 대뇌회로의 '하위경로(주로 우뇌)'라고 명명한 것에 의해 지지되

---

6) Christopher Bollas, *The Shadow of the Object: Psychoanalysis of the Unthought Known*(New York: Columbia University Press, 1987).

7) Joseph LeDoux, *The Emotional Brain*(New York: Simon & Schuster, 1996).

며, 일차 감정을 책임지고 있는 편도체와 다른 회로를 포함한다.[8]

다른 사람들과의 관계 속의 자기에 대한 지식과 의미라는 맥락에서 알아가기의 후자의 길은 스턴(Stern)과 그의 동료들이 '암시적 관계지식'으로 지칭했던 것이고, 다시 말하면 애착인물과 '함께하는' 본능적 감각이다.[9] 이 감각은 양육자와의 관계적 경험의 패턴이 내면화된다고 하는 일반적 인식과 유사하다. 이 아이디어는 스턴의 '일반화된 상호작용의 표상(RIGS)',[10] 감정도식,[11] 정신모델,[12] 대상관계이론에서의 대상표상,[13] 애착이론에서 내적 작동모델[14]에서처럼 수많은 이론가들이 정확하게 이해해 왔다. 이런 개념들은 각각 암시적(직감 - 수준) 기억에 암호화되어 있는 관계적 의미의 표상들을 지칭하고, 그래서 우리는 암시적 관계 의미에 대한 이론을 생각해낼 수 있다. 암시적 기억은 감정적 정보와 비언어적 의사소통의 정보처리, 표현, 규제를 책임지고 있는 대뇌의 변연계와 피질하부에서 작동한다.[15] 암시적 기억은 의식적인 알아차림 없이 작동한다. 다른 말로 하면, 암시적 기억이 재현될 때, 우리는 무언가를 기억하고 있다는 경험을 하지 못한다.[16]

우리는 암시적 기억이 언제 작동하고 있는지를 알아차리지 못하기 때문에 제12장에서 언급했던 것처럼 그것은 애착여과기로 기능한다. 우리는 여

---

8) 위의 책.

9) Daniel Stern et al., 「Non-Interpretive Mechanisms in Psychoanalytic Therapy: The 'Something More' Than Interpretation」, International Journal of Psychoanalysis 79 no. 5 (1998): 903-921.

10) Daniel J. Stern, *The Interpersonal World of the Infant*(New York: Basic Books, 1985).

11) Wilma J. Bucci, *Psychoanalysis and Cognitive Science*(New York: Guilford, 1997).

12) Daniel J. Siegel, *The Developing Mind*(New York: Guilford, 1999).

13) W. R. D. Fairbairn, *Psychoanalytic Studies of the Personality*(London: Tavistock Publications, 1952).

14) John Bowlby, *Separation, vol. 2 of Attachment and Loss*(New York: Basic Books, 1973).

15) Allan, N Schore, 「Interdisciplinary Developmental Research as a Source of Clinical Models」 in *The Neurobiological and Developmental Basis for Psychotherapeutic Intervention*, ed. Michael Moskowitz et al.(Northvale, N. J.: Jason Aronson, 1997), pp. 1-71.

16) Siegel, *Developing Mind*.

과기를 경험하지 않고, 다양한 방식으로 양육자에게 애착되는 여과기를 통과하는 관계들을 경험한다. 중요한 관계들을 경험하는 방법에 영향을 미치는 이러한 애착여과기들은 관계적 이야기들이 어떻게 끝날지에 대한 본능적 기대다. 전에 언급했던 것처럼, AAI 연구자들은 개인의 애착의 역사에 대한 암시적 관계 의미는 애착과 연관된 이야기들의 내용 그 자체가 아니라 이야기를 하는 방식에 전해짐을 발견했다. 다시 말하면, 암시적 관계 의미는 '행간'의 이야기에 있는 정서적 의사소통에 담겨져 있다. 뇌신경과학자들은 우리의 대뇌가 이야기들을 내장하고 있다는 더 심층적 증거들을 제공해 오고 있다.

🪧 생각해 본 적 없이 아는 것들을 이야기하기

좀 전에 나는 생각해 본 적이 없이 아는 것에 대한 개념을 알아 가기의 본능적 방식이라는 그림으로 소개했다.[17] 이것들은 우리가 알지만 생각해 본 적이 없고 충분히 형성되지 않은 채로 남아 있다. 그것들은 생각되고 다른 사람들에게 의사소통될 수 있는 언어의 형태로 존재하지 않는 감정적 의미다. 이것은 내담자의 애착여과기를 바꾸기가 왜 그렇게 어려운가에 대한 일부 이유다. 내담자의 애착여과기의 특성 때문에 그들은 말할 수 없고, 가장 고통스러울 때 그것을 알아차리고, 다른 사람들에게 그것에 대해 의사소통하기가 훨씬 더 어렵게 된다.[18] 내담자의 애착여과기가 말할 수 없는 상태로 남아 있게 되면, 통합적 방식으로 치료자, 하나님, 다른 사람들과 관계적으로 충분히 접촉할 수 없게 되기 때문에 변형시키기 어렵다. 그러나 내가

---

17) Bollas, *Shadow of the Object*.
18) Bucci, *Psychoanalysis and Cognitive Science*.

알기의 이러한 두 가지 방식을 통합하는 데 있어서 아래로 초점을 두는 동안, 치료에서 회복시키는 작업은 많은 부분들이 암시적(직감 – 수준) 수준에서 이루어졌음을 알기는 중요하다. 생각해 본 적이 없이 아는 것들의 대부분은 결코 통역되지 않는다. 우리는 단지 내담자의 감정을 암시적으로 알아차리고 무수한 비언어적 방법으로 그들에게 공감을 전달할 뿐이다. 그럼에도 불구하고, 알아 가기의 두 가지 방식들 사이에서 통역하기는 우리가 하는 치료에서 핵심적 기능이다.

내담자의 하나님과 다른 사람들과의 암시적 애착여과기를 통역하기는 직감 – 수준(암시적)이나 머리로 아는(명백한) 지식 중 하나의 기능이 아니라, 두 가지 알아 가기를 동시에 요구한다. 이 과정은 우리의 현재의 직감 – 수준의 기억에서 관계적 경험보다 다른 차원들을 따라 새로운 관계적 경험들을 구축하기를 포함한다. 대화를 할 때 우리의 명시적 체계는 이런 것들을 확인하고, 그 의미를 분석하고, 이렇게 하기는 우리가 직감 – 수준의 경험을 새롭고 더 깊은 수준에서 정보를 처리하고 변형시키는 데 도움이 된다. 새로운 경험들을 분명히 표현하는 우리의 능력은 나선형 같은 과정을 만들어 내며, 우리의 본능 수준의 정보처리과정에 새로운 연결고리를 선사한다. 이 과정은 부치(Bucci)에 의해 '참조적 활동(referential activity)'으로 명명되었는데, 이미지와 이야기를 통해서 일어난다.[19] 치료자로서 중심적 역할 중 하나는 내담자의 생각해 본 적이 없지만 아는 것들이 날경험의 직감 – 수준의 관계지식을 언어와 연결시키는 통역의 과정을 통해서 말해질 수 있도록 하는 관계적 환경 창조하기다. 이것은 내담자의 직감 – 수준 경험을 명시적으로 머리 지식으로 합하는 '아래로부터 위로'의 통합과정으로 그려질 수 있다. 아래로부터 위로의 통합에 대한 토론에 이어 우리는 제9장에서 토의되었던 나선형 과정 같은 체계는 치료과정에 적용되면 질적으로 새로운 지식

---

19) 위의 책.

을 발달시키기 위해서 상대방과 관련이 있는 왔다 갔다 하는 특성에 대해 상세히 말하려 한다.

우리의 직감–수준의 지식은 대뇌의 감정센터(변연계로 지칭되는 여러 개의 느슨한 구조들이며, 대뇌피질 밑에 있다.)에서 처음 정보처리가 될 때 아주 날것으로 시작된다. 이 정보는 쉽게 정의되거나 범주화될 수 없다. 이런 종류의 정보가 언어화되고, 다른 사람들에게 전달되고, 언어적 논리의 규칙을 이용해서 정보를 처리하려면, 먼저 통역되어야만 한다. 제12장에서 소개했던 프레드와 보니의 사례에서처럼 설명될 수 있는 통역과정에는 몇 단계가 있다.

여러분들이 회상하려 한다면, 프레드가 날 보러 왔을 때 프레드와 보니는 몇 년간 언쟁을 하고 있었다. 프레드의 애착여과기는 몰입형이었다. 그의 아버지는 어렸을 때 돌아가셨고, 어머니는 종종 소홀하고, 적대적이었고, 아주 예측하기 어려웠다. 종종 프레드는 삶을 혼자서 해결하도록 남겨졌고, 어떤 때는 어머니가 엄청나게 적대적인 말로 공격하곤 했다. 결과적으로 프레드는 자기 자신을 나쁘고, 돌봄을 받을 가치가 없는 사람으로 경험하는 애착여과기를 발달시켰고, 직감–수준에서 다른 사람들이 자신을 아주 비난하리라고 예상했다. 프레드는 보니로부터 비난받을 것을 대비하곤 했다. 의식적으로는 아니지만, 이 여과기는 자동적으로 그녀와의 상호작용에서 이것을 경험할 것이라는 편견을 그에게 갖게 했다. 그는 종종 나에게 "삶에서 내가 배운 한 가지는 나를 돌봐 줄 유일한 사람은 나 자신뿐이라는 거예요."라고 말하곤 했다.

어떤 한 경험이 애착여과기를 통과하게 하면, 암시적 감정의미가 만들어진다. 보니가 철수하거나 프레드와 의견이 맞지 않게 되면, 감각적이고 강한 정서적 경험, 생리적 흥분, 특정 방식으로 행동하려는 경향성, 유사한 감정을 수반한 본능적 수준의 기억과 같은 정서적 반응이 활성화된다. 이러한 느낌들은 프레드가 언어로 표현하기 어렵다.

이러한 경험들을 언어로 연결시키는 과정에서 첫 번째 단계는 대뇌에서 감정을 담당하는 센터가 정보를 유사한 감정적 의미를 가진 범주로 구분하는 것이다.[20] 프레드의 여과기는 그의 생리적 흥분과 안면에서 나온 정보를 거절이라는 정서적 의미로 해석해 버리고, 자신은 나쁘고 사랑받을 가치가 없는 존재라고 해석해 버렸다. 프레드가 이런 경험들을 회상할 때, 그의 정서적 의미는 일련의 복잡한 상호작용으로 이어지는 전형적 필요, 바람, 행동, 즉 하나의 이야기의 구조를 가진 이미지로 그의 대뇌의 감정센터에서 재현되었다. 따라서 나쁨과 거절에 대한 프레드의 직감-수준 감각은 그가 가까운 누군가와 연결하려고 노력했거나, 다른 사람이 관계에서 철수하거나 적대감을 보임으로써 그를 거절하였던 이야기를 가진 이미지로 처리되었다. 이것이 프레드의 행간의 이야기였다. 이는 암시적 관계기억이 삽화적 기억으로 통역되는 방식이다.

만약 프레드가 치료 중에 이런 감정적 의미를 나에게 (또는 다른 누군가에게) 의사소통하길 원했다면, 이걸 하는 중요한 방법은 감정적 의미가 활성화되는 삽화를 묘사하는 것이 될 것이다. 즉, 삽화적 기억을 묘사하는 것이 될 것이다. 우리의 관계에 대한 이야기들은 애착여과기와 관련된 감정적 의미에 대한 은유로 비춰질 수 있다.[21] 우리가 관계에서 있었던 우리의 경험을 이야기로 할 때, 이는 우리의 (암시적) 애착여과기에 대한 감정적 의미를 언어로 전달하는 한 가지 방법, 즉 통역의 과정을 통해서다. 게다가 프레드는 나와의 관계에서 그의 이야기를 재연하였고, 비록 더 암시적임에도 불구하고, 그의 이야기는 우리의 관계역동에 '들려졌다.'[22] 언어적 의사소통과 함께 이루어진 이것은 그의 이야기에서 전체적 지식과 우리 관계에서 더 깊은

---

20) 이것이 부치(Bucci)가 '하위상징적(subsymbolic)' 정보처리(언어 밑에서 정보처리되는)를 비언어적인 상징적 과정이나 어떤 방식으로 상징화되고 내던져진 정보와 연결시켰던 것이지만, 여전히 언어로 표현되지 않는다. 위의 책.
21) 위의 책.
22) 그런 재연은 정신역동 치료자들이 일반적으로 전이라고 부르는 것이다.

유대감을 촉진시켰다. 이것은 우리가 이제 의지하는 나선형 지식을 포함한다.

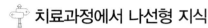 치료과정에서 나선형 지식

　이상적으로 처리하기는 암시적 관계지식과 명시적 언어지식을 연결시키기로 끝나지 않는다. 오히려 처리하기는 나선형으로 왔다 갔다 하는 모양으로 계속되고, 두 가지 알기로 처리하기가 계속해서 깊어져 간다. 이 나선형 지식은 내담자와 치료자에게서 평행하게 작동한다. 이것은 내담자가 하나님과 다른 모든 것에 대해서 생각해 본 적이 없으나 아는 것을 이야기하는 것을 촉진하기 위해서 그들의 암시적이고 명시적인 관계적 알기를 연결시키기를 관통하는 과정이다. 제9장에서 토의했던 나선형 지식단계들(준비, 잠재기, 깨달음과 반영/해석)은 가치관의 과학하기에 적용할 뿐만 아니라 이야기되는 심리치료의 관계적 과정에 매력적 그림을 제공한다.

　심리치료자에게 준비는 인간의 본성, 정신역동, 변화의 과정에 대한 암시적이고 명시적인 지식을 요구하는 평생이 걸리는 과정이다. 어떤 내담자가 와서 자신의 특정 문제나 문제 덩어리를 구체적으로 얘기한다. 그때 치료자는 문제를 암시적 지식으로 '역으로 통역한다.' 이것은 문제의 명시적 맥락을 포함하고 있지만, 더 중요하게는 이것은 내담자에 대한 어떤 이의 암시적 경험으로 변화된다. 치료자는 이 문제를 회고하고 이야기함으로써 이것을 자신의 직감－수준의 체계로 통역한다.

　내담자나 치료자나 마찬가지로, 준비는 자신을 상대방에게 개방하는 점진적 과정을 포함한다. 내담자는 하나님과 다른 사람에 대한 자신의 내적 세계를 탐험하도록 이상적으로 안전한 안식처를 제공하는 치료자에게 애착하게 된다. 치료적 관계는 내담자의 내적 세계에 대한 더 깊은 측면이 비춰질 수 있는 맥락이 된다. 이를 위한 지름길의 중요한 측면은 치료자가 내담자에게 영향받기를 허용하기다.

우리가 치료자로서 어떻게 개입하냐에 대한 방법에서는 과학자들마다 배양 국면에서 분명한 평행이 있다. 이 국면은 확인될 수 없는 규칙들인 우리의 암시적 처리체계의 조건에 따라서 우리가 자각 밖에 있는 내담자의 관계적 역동을 처리하는 곳이다.[23] 더군다나 우리가 익숙한 임상적 문제들로부터 돌아설 때 종종 치료적 돌파구가 생긴다. 우리가 그것에 대해서 의식적으로 생각하고 있지 않을 때, 내담자의 경험을 명확하게 표현하는 단어나 은유가 갑자기 생각날지 모른다. 내담자를 위해서는 소렌슨(Sorenson)이 알아차렸듯, 배양은 상담회기 사이뿐만 아니라 중대한 변형을 일으킬 수 있는 훌륭한 개입을 하고 있는 동안에도 종종 일어날 수 있다.

> 최근에 나는 환자에게 유용한 통찰이라고 생각했던 것을 제공하였다. 내가 말하기를 마쳤을 때, 그녀는 사려 깊은 눈길로 한쪽을 쳐다보며 "당신이 말하고 있는 동안에 재미있는 일들이 일어났어요."라고 말했다. … 나의 환자들은 내가 말하고 있는 동안 내 얘기를 반만 경청하기 때문에 가장 훌륭한 작업을 하는 것처럼 보인다고 나는 종종 어렴풋하게 혼잣말을 한다.[24]

마찬가지로 배양은 내담자 자신과 하나님, 다른 사람들에 대한 암시적 지식이라는 관점에서 영적 변형의 중대한 국면이다. 이는 아래로부터 위로의 통합의 시작이다. 암시적 경험이 알아차림에서 거리가 먼 비언어적 형태이다가 결국에는 이후에 의식적이고 언어적 형태로 명확해지는 단계다. 이 배양 국면에서 내담자의 암시적 처리체계는 하나님과의 연대감, 하나님과 다

---

[23] Bucci, *Psychoanalysis and Cognitive Science*.
[24] Randall Lehmann Sorenson, *Minding Spirituality*(New York: Analytic Press, 2004), p. 12.

른 사람들에 대한 직감-수준의 기대, 일상적 관계에서 이루려고 노력하기를 동기부여하는 뿌리 깊은 신념과 가치인 그들의 관계적 경험을 처리하고 여과한다. 이러한 처리과정을 지배하는 규칙들은 알려지지 않고, 이 모든 것은 장면 뒤에서 알아차리지 못한 채 일어난다. 이것은 내담자들이 그들의 경험의 의미에 대해서 하나님과 다른 사람들과 함께, 그리고 하나님과 다른 사람들에게 그들이 누구인지에 대해서 새로운 연결고리를 형성하는 곳이다. 이곳에서 새로운 이야기의 구상이 발달된다. 배양은 어떤 시점에서 다음 국면으로 그 형태를 바꾼다. 그것이 조명이다.

치료자에게 조명은 내담자의 분투나 경험에 대한 이전의 암시적 감각이 단어와 이미지로 결정체를 이루는 순간이다. 이것은 내담자의 분투를 바라보는 전적으로 새로운 방식을 초래하고, 전형적으로 자기 자신의 바깥으로부터 나오는 것처럼 경험될 것이다. 이런 과정들이 어떻게 작용하는지를 이해하기는 치료자들이 암시적 직감을 더 기꺼이 신뢰할 수 있도록 돕는다.

내담자의 애착여과기와 사랑할 수 있는 역량을 변형시키는 맥락에서 보면, 조명이란 자기 자신과 하나님, 다른 사람들에 대해 새로운 직감-수준의 의미가 결정화되는 전환점이다. 새로운 이야기 구상은 내담자의 알아차림 안에서 형성되기 시작한다. 이것은 자신의 영혼의 구조를 바꾸고, 하나님과 다른 사람들과 관계하는 방식을 변형시키게 된다. 이러한 새로운 의미들은 잠깐 좀 더 흐릿한 방식으로 찾아왔을지 모르나, 이제는 의식적 알아차림 속에서 더 분명한 초점이 된다. 어떤 새로운 조명은 이미지나 그림처럼 시작될 수 있고, 그 이미지들 안에 뿌리박힌 이야기를 가지고 있다. 그럼 이것은 반영와 해석의 다음 국면으로 넘어간다.

반영와 해석의 국면에서 치료자인 우리는 우리의 의식적이고 분석적(명시적) 지식을 활용하면서 새롭게 알아차린 것을 이용한다. 이것은 주로 조명 안에서 일어난다. 우리가 이렇게 할 때 새로운 직감-수준 돌파구는 더 정확해진다. 이제 우리는 이 새로운 자각을 우리 마음의 눈으로 있는 그대로 볼 수 있고, 조종할 수 있고, 다른 각도에서 볼 수 있고, 내담자에 대한 다른 지식들과의 관계를 점검할 수 있고, 어쩌면 내담자에게 언어로 소통할 수 있다.

마찬가지로 우리는 내담자의 영성 변형의 과정에서 조명 또는 전환점으로 이어지는 암시적 처리하기를 직감-수준 의미에 관련하여 활용한다. 우리는 내담자가 새로운 직감-수준 경험을 언어와 개념, 궁극적으로는 하나님과의 관계에서의 이야기로 통역해 내도록 도움으로써 이것을 한다. 우리와 내담자들은 조명에 대한 모양과 형태를 부여하고, 이는 하나님과 다른 사람들에게 새로운 이야기를 할 수 있게 하고, 그들 안에 있는 직감-수준의 의미들에 더 많이 접근하게 한다. 통역하는 과정은 직감-수준의 의미를 변형시켜서 진행 중인 이야기를 구성하는 암시적 관계 의미라는 더 큰 네트워크와 연결시킨다.

내담자의 영성을 마음에 품고 생각하는 데 있어서 다음의 한 사례가 나선형 지식을 예시하는 데 도움이 될 것이다. 나는 하나님과의 관계에서 물러나기 시작하고 영적 공동체에 참여하기를 그만둔 케빈(Kevin)이라는 내담자를 여러 해 동안 만나 왔다. 처음에 그는 이런 행동의 의미를 알아차리지 못했고 나와 얘기하기를 피했다. 우리가 이슈를 다룰 때, 케빈은 극도로 슬퍼했고, 하나님에 의해 버림받는 느낌을 알아차리게 되었다. 이러한 버림받음의 경험은 그의 직감-수준의 지식에서 작동하고 있었고, 하나님과 교회에서 철수하기로 이어졌다. 그것은 생각해 본 적이 없이 아는 언어가 없고, 알아차려지지 않는 일차적 감정경험이었다. 이러한 직감-수준 경험의 의미에 대한 결정은 그의 몰입된 애착여과기에 의해서 심각하게 영향을 받고 있었는데, 그 몰입된 애착여과기는 일관성이 없고 내팽개친 그의 주양육자들에 대한 수년간의 경험과 그 자신의 욕구의 독특한 결합에 근거하고 있었다. 이러한 직감-수준의 경험은 애착여과기, 즉 하나님과의 관계 패턴을 만들어 낸다.

　　일반적 준비단계는 자신의 경험을 탐색하는 그가 나에게 그의 이야기를 들려주고, 우리 둘이서 그의 이야기를 공유하기 시작하는 수년간에 걸쳐서 우리가 발달시켜 온 애착까지 포함한다. 우리가 함께한 작업에 대한 이야기가 그의 인생의 모든 부차적 줄거리들과 복잡하게 짜여진다. 이런 구체적 경험들은 여러 달에 걸쳐서 토론할 때 배양된다. 배양 국면의 일부분은 내가 그의 감정적 경험에 순수하게 관심을 갖게 되는 새로운 경험을 포함한다. 즉각적으로 돌파구가 생겨나지 않지만 토론하고 있을 때, 그리고 종종 다른 논제로 넘어갈 때, 새로운 연대감이 은밀하게 만들어진다. 시간이 지나면서 이러한 잠재적 유대감은 하나님에 의해서 버림당하는 애매한 느낌으로 이어지고, 의식적으로는 친근한 관계에서 최근 경험한 정서적 상처로 이어진다.

　　동시에 케빈은 나에게 점차 방어적으로 변해 갔다. 처음에는 무언가가 변했다는 것을 느꼈지만, 나는 그것이 무엇인지 확신하지 못했다. 나는 일정 기간 이것이 배경에 잠복하도록 허용했다. 나에게 방어하는 몇 주가 지나고 여러 관계에서 거절감을 느꼈던 것을 더 많이 듣고 나서 깨달음이 왔다. 나는 케빈이 그의 모든 중요한 관계가 어떤 수준에서는 '가까웠지만', 다른 수준에서는 동시에 '가깝지 않았음'을 알게 됐다고 말해 줬다. 이것이 그를 아주 혼동되게 한다고 말했다. 이것은 그가 이전에 언어로 표현해 본 적이 없는 자신과 그의 관계들에 대해 깊이 있는 경험을 언어로 표현해 낸 것이었다. 이러한 언급에서 심오한 의미를 단어로 결정화하기는 케빈이 경험했던 슬픔 속에 있는 아주 깊은 고통스러운 느낌을 깨닫게 하였다. 조명은 우리 둘 모두에게 일어났다. 이것은 정서적으로 중요한 관계라는 맥락에서 그 자신에 대한 경험인 그의 삶을 이해하는 데 도움이 되는 무엇에 스며들어 있는 그것을 이해하는 공유된 상호주관적 경험이었다. 이 통찰이 중요한 것만큼, 치료의 여정에 대한 이 새로운 방향 전환에 대해서 우리가 공유하는 케빈의 느낌이 동일하게 중요하다고 믿는다. 이러한 경험이 우리 관계에서

'가까운/가깝지 않은' 틀을 깨뜨리는 데 있어서 중요한 변화를 야기했다. 케빈은 표면적인 겉모습과 내면적으로 알려지는 느낌 사이에 근본적으로 단절되지 않는 관계를 나와 경험하기 시작했다. 이것은 내가 믿기로는 상당히 후에 일어날 하나님과의 또 다른 관계를 위한 길을 예비했다.

이런 일이 있고 나서 케빈은 곧 이면에서 일어나고 있었던 깨달음을 담아낸 것으로 보이는 몇 가지 이미지를 보고했다. 그는 사막에서 목적 없이 방황하는 자신을 보았다고 말했다. 거의 동시에 주위에 자신을 구할 사람이 없는데 익사하는 이미지가 있었다. 이러한 이미지들은 케빈을 혼란스럽게 하기도 하고, 깨닫게 하기도 했다. 그의 직감-수준의 처리하기는 그가 자신을 깊은 수준에서 어떻게 느끼는지에 대해서 새로운 연결고리를 보여 주었다. 그는 그의 삶에서 하나님과 다른 사람들에 의해서 버림받았다고, 다른 사람들이 돌보고 함께 머물러 줄 만한 가치가 없다고 느꼈다. 이러한 깨달음이 있기 전에는 그는 자기 자신과 하나님에 대해서 이렇게 느긴다는 것을 의식적으로 알지 못했다. 그저 그것은 모호하고 떠돌아다니는 불편감, 하나님으로부터 그리고 몇몇 친구들로부터 일정 거리를 유지하게 하는 인생의 배경에 있는 소음이었다. 모호하고 그의 의식적 알아차림에서 벗어난 이야기였기에 이야기의 구성을 바꾸기가 어려웠다. 활성화되기 전의 불안정한 상태로 배경에서 떠돌았다. 버림받음에 대한 그의 본능적 감각은 불편함의 기원이 되는 이야기를 알지 못한 채 종종 활성화되곤 했다.

우리가 여러 이슈들을 더 다루면서 케빈은 나의 도움으로 이러한 경험들을 성찰하고 해석했다. 이 시간 동안 그는 내가 그를 떠날지도 모른다고 두려워하기 때문에 당연히 나에게 더 방어적이 될 것이라고 넌지시 알려 주었다. 게다가 그는 모든 사람이 결국에는 떠날 것이라고 예상하고 있다고 말해 주었다. 그는 "사람들이 한 계절 동안만 나에게 관심을 가지던데요."라고 말했다. "그렇죠. 나라고 뭔가가 다르겠어요? 아주 가까워진다는 게 두렵다는 걸 이해할 수 있어요."라고 말해 주었다. 그는 점진적으로 그의 직감-수준 경험을 언어로 표현할 수 있게 되었고, 더 나아가 하나님과 다른 사람들에게서 버림받는 느낌의 의미를 구체적으로 표현할 수 있게 되었다.

가까운 관계에서 위로와 확인을 받으려는 욕구를 충족해 달라고 요구한 후에, 거절당했다고 지각하는 반응으로 하나님으로부터 버림받아서 철수하는 경험을 하게 된다. 그러나 이 여과기는 물리적은 아니지만 감정적으로 사람들이 종국에는 떠나는 관계가 작동하는 방법에 대한 그의 직감-수준 감각을 또한 반영했다. 그는 그의 인생의 모든 실마리가 되는 이야기를 더 잘 알아차리게 됐다. 케빈이 그의 인생의 다양한 측면에서 우리가 얘기해 왔던 논제들을 관찰하고 나서 '아하' 경험을 했다고 얘기했던 많은 사건들을 나는 기억한다. 그는 이 이야기를 단어로 말하기 시작했다. 직감-수준 경험을 단어와 이야기로 연결시키는 나선형 지식의 특성 때문에 그 자신 안에 있는 경험에 더 접근하게 되고, 그것을 나와 결국에는 하나님과 다른 사람들과의 관계와 통합함으로써 경험 자체가 변형되었다. 그다음 해 동안 나, 가족, 직장 동료들, 연인 관계 그리고 하나님과 그의 관계패턴이 실질적으로 변화되었다. 이 기간은 그의 인생의 여정에서 성장의 중요한 전환점을 보여 줬다.

치료과정에서 나선형 지식의 개요를 말하면서 나는 치료자와 내담자 사이의 관계적 연결이 어떻게 생겼고, 어떻게 기능하며, 어떻게 내담자의 영성을 돌볼 수 있는지에 대해서 알려 주는 애착이론의 특정한 통찰들로 논제를 전환하고 싶다.

애착이론의 렌즈를 통해 영성 살피기

애착이론은 우리가 내담자의 영성에 대해서 어떻게 생각하고 무엇을 개입하는지에 대해서 많은 것을 제공한다. 내담자의 하나님과의 관계는 부모-

자녀 관계와 가장 유사하고, 애착관계의 유형을 대표한다고 믿을 만한 충분한 증거가 있다.[25] 이것은 하나님과의 관계는 초기 관계의 잔해들에 의해서 영향을 받을 뿐만 아니라 애착관계인 하나님과의 관계는 특정한 목적과 일단의 기능들과 초기관계의 잔해들에 의해서 영향을 받는다고 이해하기 위한 골격을 제공한다.

　내가 제12장에서 언급했던 것처럼, 애착체계는 중요한 양육자, 이번에는 하나님과 관련된 우리의 기억, 동기, 감정에 영향을 미치고 조직화하는 대뇌체계다.[26] 하나님은 영아들이 신체적으로나 정서적으로 양육자와 가깝게 지내고 의사소통을 구축하도록 동기부여하는 이 시스템을 고안했다. 우리의 내담자들은 하나님으로부터 그들의 (내부와 외부) 세상을 탐험할 수 있는 안전기지와 힘겹고 상처받을 때 그들을 위로하고 달래 주는 피난처, 둘 다를 필요로 한다. 게다가 하나님과의 관계는 경험적이고 존재론적 의미에서 볼 때 비록 간접적이기는 하지만, 정서적 안전을 위한 근원으로서 애착관계가 아니라고 논쟁할 수 있다. 우리는 내담자들을 위해서 감정적 안전감을 제공하려고 노력하지만, 또한 하나님으로부터 직접 와야 하는 무언가가 있다. 우리가 어느 정도 그것을 조성하고, 촉진하고, 독려하고, 구현할 수 있지만, 궁극적으로 이것은 우리가 신성한 땅에 발을 들어놓은 것이다. 이런 이슈에 대해서는 어떻게 개입하여야 하는지에 대해서 임상적 규정들이 없지만, 우리는 하나님이 어떻게 일하는지에 대한 신비스러움을 경외하면서 이 신성한 영역에 들어갈 방법을 찾기 위해서 노력하고, 이 과정에서 내담자들에게 영향을 받는 일에 우리 자신을 개방하도록 노력해야 한다.

　애착이론은 또한 두 가지 의미에서 심리치료자의 성육신적 역할을 이해

---

25) Marie-Therese Proctor, 「The God Attachment Interview Schedule: Implicit and Explicit Assessment of Attachment to God」 (Ph. D. diss., University of Western Sydney, Australia, 2006)을 보라.
26) Siegel, *The Developing Mind*.

하는 준거틀을 제공한다.[27] 첫째, 치료자로서 우리는 내담자를 위해서 하나님의 사랑을 반영하는 돌봄을 직접적으로 제공함으로써 하나님을 대표한다 (represent). 우리의 내담자들은 하나님으로부터 안전기지와 안식처를 필요로 하지만, 한편 그들은 치료자로서인 우리로부터 직접 이것을 필요로 한다. 우리가 이것을 제공할 수 있는 유일한 방법은 내담자가 우리에게 애착하고, 우리는 내담자에게 애착되는 과정을 통해서다. 비록 그 영향이 양육자와 피양육자에게 질적으로 다르겠지만, 그러한 애착관계는 상호적 영향이 있다. 대니얼 스턴(Daniel Stern)과 그의 동료들이 '만남의 순간'이라고 지칭했던 것을 촉진하면서 우리가 내담자에게 진지하게 영향을 받을 수 있도록 하기 위해서는 돌봄제공자로서 우리 자신을 내담자에게 애착되도록 우리 자신을 오픈하기를 통해서만 가능하다.[28] 순수한 인간 연대감의 순간들은 내담자들이 자기 자신과 하나님에 대해서 경험하면서 '일상의 돌파구'를 만들어 내는 가장 분명한 표현을 나타낼지 모른다.

둘째, 돌보는 이로서 애착되기는 내담자의 고통을 책임지면서 그것의 독소를 제거하는 성육신의 역할을 위한 전제조건일지 모른다. 현대의 신경과학 관점에서 보면, 애착은 뇌와 뇌의 다리, '신경 와이파이' 연결[29]을 만들어 낸다. 치료자와 내담자의 대뇌는 피부와 두개골의 장벽을 넘어서서 기능적으로 연결된다. 각각의 뇌는 활발하게 의사소통하고, 서로에게 영향을 주면서 다른 쪽에 연결된다. 실제적 의미에서 두 대뇌는 치료자의 대뇌 출력물이 내담자 대뇌의 입력물이 되는(그리고 비율이 적지만 거꾸로도) 피드백 루

27) David Benner, 「The Incarnation as a Metaphor for Psychotherapy」, *Journal of Psychology and Theology 11*, no. 4 (1983): 287-294.

28) Daniel Stern et al., 「Non-Interpretive Mechanisms in Psychoanalytic Therapy: The 'Something More' than Interpretation」, *International Journal of Psychoanalysis* 79, no. 5 (1998): 903-921.

29) Daniel Goleman, *Social Intelligence: The New Science of Human Relationships*(New York: Bantam Books, 2006).

프를 형성하면서 '무선으로' 연결된다. 신경 와이파이에서 내담자의 대뇌는 치료자의 대뇌의 자원을 처리하는 정보와 정보를 처리하는 방법에 접근한다. 내담자에게 애착되기는 부분적으로 우리의 대뇌가 그들의 감정적 의사소통을 받아서 상징적 정보처리의 아래 (직감-수준) 과정을 통해서 관계적 의미로 통역함을 의미한다.[30] 이것은 신경생물학적으로 말하면, 우리가 내담자의 고통을 책임지는 방식이다. 다시 말하면, 우리는 우리 자신과 우리의 감정적 범주를 잃지 않으면서 내담자의 감정적 범주와 주관적 경험으로 들어가야 한다. 게다가 돌보는 이로서 우리의 대뇌는 정서적 의사소통을 통해 우리가 내담자들을 우리의 정서적 범주로 데려온다는 의미에서 이상적으로 내담자의 대뇌에 더 많은 영향을 미친다. 간단하게 말해서, 애착은 두 대뇌를 가로지르는 '치료적 대뇌회로'를 만들어 내는 대뇌 연결을 생성하는데, 그 회로는 내담자가 고통을 받는 기제이고 그것에 의해서 그들의 고통이 변형된다.

　돌보는 이로서 내담자에게 애착되기가 어떻게 보이며, 우리는 이것을 어떻게 조성하여야 하는가? 이에 대해 짧막한 사례를 들어 보겠다. 나는 애니카(Annika)라고 하는 내담자를 약 3년간 만나 왔는데, 그녀는 치료의 여정에서 어려운 문제를 통해서 상실과 불안의 문제들을 주로 다루고 있었다. 그녀는 직장에서 그리고 친한 몇몇 관계에서 심한 불안을 경험하고 있었다. 그녀가 깊은 불안을 경험할 때면 종종 또 다른 여분의 회기를 요청했다. 그러할 때쯤 한 회기에서 그녀는 나에게 여분의 회기를 요청하는 방식에 대해서 토론하기까지 했다. 나는 이 사건들이 나에게 영향을 미칠 것을 알았고, 전화를 받을 때면 그녀에 대해 긍휼한 마음이 많이 느껴졌다. 나는 이 전화에 대해 내가 느끼고 반응하는 것을 그녀가 어떻게 예상하는지가 궁금했다. 이것을 탐색해 보니, 애니카는 내가 신경이 쓰여서 반응하고 싶어 하지 않

---

30) Bucci, *Psychoanalysis and Cognitive Science*.

을까 봐 두렵다고 말했다.

내가 애니카의 힘겨움에 어떻게 영향을 받는지를 그녀에게 어떻게 표현할지 고민하면서 나는 그녀의 전화 뒤에 많은 의미가 있음을 알고 전화를 받을 때, 나는 가능한 한 그녀에게 접촉하는 데 집중하려고 하고 있음을 알게 되었다. 그 순간 다른 모든 것은 배경으로 물러난다. 나의 양육하는 체계는 활성화되었고, 내 아이들 중 하나가 다쳤음을 알게 되었을 때처럼 이러한 위기들을 많이 경험했지만 아직은 어떤 일이 일어났는지 정확히 알지 못함을 깨달았다. 강한 욕구가 나를 아이에게 가게 하고, 위로하고, 그가 안전함을 확인하게 한다. 이것은 애착관계에서 양육을 제공하는 동전의 한 면이다. 나는 이 기분을 애니카에게 표현했고, 이는 그녀 자신과 하나님에 대한 경험뿐만 아니라 우리의 치료관계에서 중요한 변화임을 증명했다.

임상작업을 하면서 나는 내담자들에게 "중요한 사람이 되자."라고 했던 현상을 확인하기 시작했다. 언제 일어나는지에 따라 시간은 달라지지만, 어떤 점에서는 6개월에서 1년 정도의 치료 사이에 무언가가 눈에 띌 만큼 달라지고, 그렇게 나는 내담자에게 정서적으로 중요한 사람이 되는 것처럼 느껴진다. 나는 더 이상 그들에게 '의사'가 아니고 '수요일 6시'가 아니다. 갑자기 나타난 것은, 이제 그들이 내가 그들에 대해서 생각하는 것에 관심을 갖게 된 것이다. 그들은 우리 중에 한 명이 상담 회기를 놓치게 되면 나를 그리워하는 새롭게 떠오르는 기분에 종종 놀랐다고 표현한다. 그들은 힘겨울 때 더 이상 다른 어떤 사람과 말하고 싶어 하지 않고, 특별히 나랑 얘기해야 하고, 얘기하고 싶어 한다. 애착으로 말하면, 그들은 나에게 애착되어 왔다. 이것은 애착이라는 치료의 동전에서 돌봄을 받는 쪽이고, 그것은 보통은 돌봄을 제공하는 쪽과 함께 일어난다. 사실 내 경험에 의하면, 우리가 내담자와 애착관계를 발달시킬 때는 돌봄을 제공하기와 받기 사이에 복잡한 춤이 있다. 임상적 예를 통해서 다시 설명하겠다.

나는 6개월 동안 로렌(Lauren)을 만나 왔고, 그녀의 아버지가 많은 면에서 그녀에게 정서적으로 가까이 있지 않았음에 대해서 얘기했다. 어느 날 그녀는 아주 속상하다며 만날 수 있는지를 문의하는 메시지를 남겼다. 나는 로렌에게 애착대상이 되기 시작하고 있었다. 스케줄을 확인하고, 그녀에게 전화를 걸어서 그날 오후에 만나기로 했다. 로렌이 들어왔을 때, 그녀는 아버지와 있었던 사건으로 아주 속상해했다. 눈물을 흘리면서 아버지가 그녀에게 상처를 주고 낙망하게 했던 것에 대해서 깊은 고통을 표현했다. 그 회기에 많은 말을 하지 않았지만, 나는 그녀의 말을 경청하고 그녀의 마음을 느끼며 눈물이 고였다. 다음 회기에 얼굴에 함박웃음을 띠면서 그녀가 그녀의 남편에게 "나와 통했다."고 말하면서, 그녀는 나의 얼굴 표정과 특히 나의 눈물을 보고 그녀가 나에게 영향을 주었음을 말했다고 하였다. 대니얼 시걸(Daniel Siegel)의 말로 하면, 그녀는 나에게 느껴졌음을 느끼고 있었다. 아주 우발적 또는 '동시에 일어나는' 의사소통이 우리 사이에 일어났다.[31] 나는 돌보는 이로서 애착되기 시작했다. 그녀가 이것을 비언어적인 감정적 의사소통으로 나의 얼굴에서 보았고, 이어서 이것은 그녀로 하여금 나에게 더 애착되도록 했다. 그녀는 전에는 나에게 이런 감정에 가깝게 표현하지 않았기에 이것은 우리 사이의 애착발달을 향한 전환점을 나타냈다.

이런 전환점에도 불구하고, 다가오는 몇 주 동안 로렌은 지적을 할 수 없을 정도로 미묘한 방식으로 더 방어적이 되었다. 모든 게 잘 돌아가고 있지만, 무엇에 대해서 말해야 할지 모르겠다고 말하곤 했다. 로렌이 실제로 나와 그 방에 있었지만 어떤 의미에서는 동시에 함께 있지 않다라는, 몇 주 동안에 나의 이면에 있는 직감 – 수준의 느낌에 대해서 심사숙고하고 있었다. 그녀의 남편이 직장을 바꾸기 때문에 5개월 정도 지나면 치료를 종결해야 한다고 그녀가 예상하고 있음에 대해서 얘기했다. 나는 이것이 내가 눈

---

31) 이것은 대니얼 시걸이 '우발적 의사소통'이라는 아이디어를 포착하기 위해 사용한 구절이다(시걸의 *The Developing Mind*).

치 채고 있는 것의 일부분임을 알고 있었지만, 그보다 더 많은 것들이 있었다. 나는 로렌이 이사 가기 전에 이 문제를 명확하게 표현하고 다룰 수 없을 수도 있겠다고 두려워하기 시작했다. 한 회기에서 로렌은 몇 개월이 지나서 치료를 그만두어야 함에 대해서 유감을 표현했다. 그녀는 계속해서 날 보러 와서 자신의 삶의 큰 사건들과 성취에 대해서 말할 수 있기를 바랐다. 그녀는 내가 그녀를 자랑스러워할 거라고 예상했다. 그녀가 상담 회기를 끝내고 나가자, 슬픔의 파도가 돌덩어리처럼 나를 스쳐 갔다. 놀라서 의자에 깊숙이 앉아 이 모든 것의 의미를 자세히 살펴보았던 것을 나는 기억한다. 이제 나의 생각은 초점이 더 분명해졌다. 나는 그것을 모두 말로 옮길 수 없었지만, 나는 아버지에 대한 로렌 안에 있는 깊은 슬픔을 느꼈고, 이것이 나와 애착되고 떠나는 것과 관련된 무엇임을 알았다. 로렌에 대해 내가 경험했던 이 슬픔은 돌보는 이로서 그녀에게 애착했던 느낌을 깊게 했고, 그녀가 나에게 애착하도록 돕고, 안녕이라고 말하는 것의 치유적 경험을 갖게 해 주고 싶은 나의 욕구를 강화했다.

몇 회기 이후에 로렌은 치료에 대해 그녀가 어떻게 느꼈는지에 관련해서 무언가를 말했다. 내가 느껴 왔던 이슈를 꺼낼 좋은 기회처럼 보였지만, 나의 생각, 이 모든 의미인 희망할 만하고, 실망할 만하고, 슬퍼할 만한 인생을 몇 문장으로 표현할 말들을 찾아낼 수 없었다. 시계는 똑딱거리고 있었다. 우리는 다른 몇몇 논제로 빙빙 돌았고, 나는 본질적인 것에 닿지 않을 것 같은 두려움이 커졌다. 마침내 회기가 끝날 무렵, 나는 "로렌, 치료를 끝내기에 대해서 복잡한 마음이 뒤섞여 있고, 이후에도 여전히 나와 연락하고 싶어 하는 걸 느껴요."라고 겨우 말했다. 이 말에 영향을 받은 그녀가 말했다. 그러고 나서 나는 "로렌, 당신이 나에게서 아버지에게서는 얻지 못했던 무언가를 얻기 시작했고, 끝내고 싶지 않다고 느끼는지 궁금해요."라고 말했다. 그녀의 얼굴은 정확하다고 즉각적으로 반응했다. 그녀는 이러한 감정들에 대해서 열거하면서 곧 울기 시작했다. 나는 그녀와 함께 앉아 있으면서 눈물이 고였고, 그녀는 이것을 알아차리고, '느껴지고 있음을 느끼고' 있으며, 나에게 애착이 더 촉진되었다고 나는 확신한다. 그녀는 멈췄고, 나는 내가 몇 주 전에 그랬던 것처럼 그녀의 감정의 파워에 놀라고 있음을 알았다. 그 회기에 애착은 공고화되었다. 우리 각자가 다르지만, 비대칭적 방식으로 깊이 상대방에게 영향을 끼치고 있고, 이는 서로에게 애착이라는 유대를 촉진시켰다. 나는 그것이 언제 발생했는지 정확하게 알 수 없지만, 함께하는 동안 어디쯤에선가 로렌과 나는 애착되었다. 애착되기는 내담자마다 다르게 보이고, 특별한 공식은 없지만, 근본적으로 내담자에게 영향을 받을 수 있도록 우리 자신을 열고, 그들이 적절한 방법으로 시기적절하게 이 영향을 지켜볼 수 있도록 허락하기와 관련이 있다고 믿는다.

🪔 반영적인 영적 기능

이런 사례들이 예시하듯이, 각자 자기에 대한 우리 느낌의 암시적이고 명시적 지식들이 상대방에게 의뢰하는 나선형 지식, 또는 참조과정과 애착이 우리 내담자들이 살아가는 영적 이야기를 수정하는 데 있어서 내담자와 치료자에게 모두 중요하다. 내담자에게는 이것이 다른 사람뿐만 아니라 하나님과의 관계에서 자기 자신에 대한 암시적 감각이 변형되도록 뒷받침해 주는 과정이다. 치료관계에서의 안식처는 내담자가 좀 더 명시적 차원에서 하나님과 다른 사람들과 '함께하는 방식'에 대해 직감－수준 느낌을 알아차리도록 관계적 환경을 제공한다. 암시적인 관계적 지식을 명시적으로 만드는 바로 그 행동인 그들의 이야기를 언어로 말하기는 그것을 변형시킨다. 게다가 이러한 암시적인 것과 명시적인 것의 연결은 더 풍성하고 일관성이 있는 의사소통을 촉진하고, 치료관계에서 행간의 이야기를 좀 더 안정되게 한다. 이것은 시걸이 '우발적 의사소통'이라고 지칭했던 것을 만들어 내고, 내담자는 치료자에 의해서 '느껴지거나' 보이는 것을 '느낀다'.[32] 이것은 '우리가 말하는 것 이상을 의미한다.'는[33] 공명이 일어나는 의사소통의 형태다.

치료자에게 내담자와의 그런 우발적 의사소통을 발전시키기는 또한 참조관계에 포함된 나선형 지식의 결과다. 그것은 치료자가 영적 경험을 포함한 내담자의 경험에 있는 암시적 의미에 조율하고, 이것을 내담자를 위해서 언어로, 이미지로, 은유로 통역하는 과정이다. 또한 그것은 치료자가 어느 한 시점에서 내담자가 필요로 하는 것에 대한 느낌을 정서적이고 언어적 의사소통으로 통역하는 과정이다. 우발적 의사소통은 피터 포나기(Peter Fonagy)가 내담자 안에 있는 '반영적 자기기능'이라고 부른 것을 향상시킨다.[34] 이것은 윌리엄 제임스(William James)가 개개인의 정신적 상태가 사고의 논제가 되는 발달적 성취를 묘사하기 위해서 '반영적'이라는 용어를 사용한 데서 유래한다.[35] 다시 말하면, 개개인은 애착과 관련된 이슈에 대해서 자신과 다른 사람들의 정신적 상태를 관찰하고 반성할 수 있다.

반영적 자기기능은 애착 안정성이 어떻게 세대 간에 전달되는지에 대해서 부분적으로 설명하는 것처럼 보인다. 포나기와 그의 동료들은 애착이 자녀들의 애착 안정성 문제에 대해서 어머니들 사이에서 박탈과 높은 수준의 스트레스에 대한 부정적 효과를 완화시켜 준다는 증거를 찾아냈다. 그래서 불안정한 애착이 세대 간에 전달될 가능성을 감소시키는 것처럼 보인다. 더군다나 상호 간의 관계가 있어 보이는데, 안정적 애착이 아동에게 있어서 반영적 자기기능이 발달하는 중요한 전조현상으로 보인다. 애착관계에서의 안전기지 덕분에 아이들이 양육자들의 마음을 탐색할 수 있고, 이는 정신상

---

32) Siegel, *Developing Mind*.

33) Jerome Bruner, *Acts of Meaning*(Cambridge, Mass.: Harvard University Press, 1990).

34) Peter Fonagy et al., 「Attachment, the Reflective Self, and Borderline States」 in *Attachment Theory: Social, Developmental, and Clinical Perspective*, (ed. Susan Goldberg, Roy Muir and John Kerr, Hillsdale, N. J.: Analytic Press, 1995), pp. 233~278.

35) William James, *Principles of Psychology*(New York: Holt, 1890).

태에 대한 평가가 발달할 수 있도록 촉진한다. 치료관계라는 맥락에서 분명한 병렬현상이 존재한다. 치료자가 안정적 애착관계를 제공할 때, 이는 내담자 안에 반영적인 자기기능이 발달하게 한다. 따라서 이 때문에 그들은 자신과 다른 사람들의 경험을 평가하고 처리할 수 있다.

반영적 자기기능은 제임스 파울러(James Fowler)의 4번째 신앙발달(개별적-반영적)과 닮아 있는데, 이는 자신이 어떤 세계관을 가지고 있고, 그것으로부터 한 발 물러나 그것과 상호작용할 수 있음을 알아차리게 된다.[36] 마찬가지로 반영적 자기기능은 우리와 다른 사람들이 '그런 대로' 똑같지 않은 정신상태를 가지고 있음을 알아차리게 해 준다. 그것은 대인관계 영역에서 인식론적 겸손의 형태를 가진다. 반영적 자기기능은 애착에 대한 우리의 정신상태를 다루어지고, 분석되고, 구성되고, 재구성되어야 할 정밀검토의 대상으로 여기게 해 준다. 그것은 우리의 자기에 대한 주관적 경험과 우리의 정신상태 사이에, 말하자면 쐐기를 박는다.

이런 반영적 역량은 안정적 애착관계가 충분히 발달되도록 요구하고, 관계적이고 영적 발달에 대한 엄청난 함의를 가진다. 영성이라는 맥락에서 이것은 우리가 '반영적 영적 기능'이라고 부르는 것을 발달시킨다. 반영적 역량이 부족하면, 내담자들이 하나님에 대한 주관적 경험을 정밀검토의 대상으로 여기기 어렵게 된다. 다시 말하면, 그들의 영성에 대한 새로운 이야기를 말하고 실행하기가 어렵게 된다. 내담자들이 충분히 안정적이어서 그들의 모든 '영적' 경험들(모두를 아우르지만, 성경과 기도 등을 통해서 직접적으로 하나님을 경험하는 것을 확실하게 포함해서)을 있는 그대로 평가할 수 있도록, 그리고 다루고, 분석하고, 구성하고, 재구성하기 위해 유지할 수 있는 그 무엇으로 평가할 수 있도록 돕는 것은 다른 수준의 경험 사이에서 전이되는 순간에

---

36) James Fowler, *Stages of Faith: The Psychology of Human Development and the Quest for Meaning* (San Francisco: HarperCollins, 1981).

참여하고 경험을 경작하는 의미 둘 다에서 내담자의 영성을 돌보기 위해 우리가 할 수 있는 가장 중요한 일들 중 하나일지 모른다.

지금은 고인이 된 동료 랜디 소렌슨(Randy Sorenson)은 "경의를 표하지만 조심스럽지 않은, 궁금하지만 환원주의적이지 않고, 환영하지만 독단적이지 않은 우리 환자들의 영성에 관심을 가지라."고[37] 우리를 독려했다. 그의 말에 주의를 기울이면서 우리는 내담자들을 위해서 그들의 영성에 접근해서 따라 살아갈 새로운 영적 이야기를 만들 수 있는 방식을 모델로 할 것이다.

⚑ 결론

심리치료는 우리 변형심리학의 실제인 영혼돌봄의 중요한 요인이다. 심리치료가 내담자의 영성을 항상 직접적으로 다루지 않을 수 있지만, 하나님, 자기, 다른 사람들에 대한 암시적 관계 지식을 다룸으로써 강력한 영향력이 있다. 성령 안에서 행해질 때 심리치료는 신성한 공간을 창조한다. 심리에 대한 우리의 변형모델은 우리가 하나님과 우리의 삶에 감정적으로 중요한 사람들과의 관계 안에서 그리고 관계를 통해서 변형됨을 함축한다. 우리의 모델에 의하면, 심리치료의 여러 면이 있지만, 그 핵심에는 관계적 패러다임이 존재한다. 이러한 변형적 관계치료의 핵심은 (1) 그 순간에 내담자와 감정적으로 깊게 함께하기, (2) 돌보는 이로서 내담자와 애착되기, (3) 알기의 두 가지 방식 사이에서 부단히 통역하기, (4) 내담자에게 영향받도록 우리 자신을 열기, (5) 깊이 있고 기본적인 인간적 유대감이 일어나고, 그 모든 것이 내담자와 이야기를 공동으로 만들어 내기를 대표하는 '만남의 순간'을 조성하기를 포함한다.

---

37) Sorenson, *Minding Spirituality*, p. 1.

제17장

고대와 근대의 영혼돌봄
마음과 영성 사이의 분리 개선을 향하여

Todd W. Hall and John Coe

> "십자가의 도가 멸망하는 자들에게는 미련한 것이요,
> 구원을 얻는 우리에게는 하나님의 능력이라."
>
> 고전 1:18

마지막 장에서 우리 모델의 실제 수준에 접어들었을 때, 토드는 관계 지향적 심리치료의 맥락 내에서 영적 이슈들을 위한 모델 하나를 명확히 표현했다. 우리는 이 모델이 심리치료에 영성을 통합하는 유일한 모델이라고 주장하고 있지 않지만, 이것은 그리스도인이 우리 모델에서 개관하였듯이 변형적 모양으로 기독교와 심리학을 함께 통합하는 방법을 보여주는 하나의 예다. 영적 이슈에 민감한 심리치료는 우리의 변형모델의 실제적 적용의 한 측면이다. 이것은 대부분의 독자들에게 가장 익숙할 것 같다. 그러나 우리가 알고 있듯이 근대 심리치료는 고대 히브리 문화와 초기 기독교에 뿌리를 둔 방법인 사람들을 위한 돌봄의 방법의 세속적 번역으로 궁극적으로 출현하였다. 이것은 라틴어 'cura animarum'의 영어 파생어인 '영혼돌봄(soul care)'으로 알려지게 되었다.[1] 이 구절은 영혼의 돌봄(타인의 안

---

1) David G. Benner, *Care of Souls: Revisioning Christian Nurture and Counsel*(Grand Rapids: Baker, 1998).

녕을 지원하며)과 치유(타인의 행복이 회복되도록), 두 가지 모두를 지칭한다.

오늘날 영혼돌봄에는 수많은 형태가 존재하지만 영혼돌봄의 연속선을 대표하는 세 가지 형태는 영성지도, 목회상담, 기독교 심리치료다. 영혼돌봄의 이러한 형태들은 서로 겹치기도 하지만 또한 별개로 구분되기도 한다. 우선 영성지도와 목회상담은 계몽주의 이전 기독교의 맥락에서 발전하였다. 이에 반해, 심리치료는 19세기 후반기 동안 형성된 새로운 과학의 등장과 함께 나타났다. 이는 계몽주의에 근본을 두고 있는 세계관이었다. 이렇게 서로 다른 역사를 걸어온 이유로 인해 우리는 현재 매우 상이한 형태의 '영혼돌봄'이 존재하는 상황 속에 살고 있다. 서로 다른 전문가와 일반인들에 의해 시행되고 있으며, 서로 다른 훈련을 받고 있는 서로 다른 형태의 영혼돌봄이다.

이러한 상황 속에서 자연스럽게 '영혼돌봄의 서로 다른 형태가 어떤 점에서는 통합되어야 하지 않을까' 하는 의문이 생긴다. 우리 모델의 실제 수준에서 이 질문은 일반적으로 말하는 '통합'이라는 주요 쟁점과 유사하다. 즉, 우리는 지금껏 (a) 분리된 학문으로 신학과 심리학을 발전시켜 왔기 때문에 이를 다시 의미 있는 모양으로 통합하기 위해 분투하고 있으며, (b) 우리 영혼의 바로 그 핵심을 변형시키고 또한 우리 모델의 그 점에 정확하게, 그리고 인간 본성의 우리 개념을 궁극적으로 변형시키는 하나님에 대한 더 깊고 함축적인 관계적 지식으로부터의 이론적 개념에서 나오는 명백한 알기를 분리시켰고, (c) 우리가 사람의 전인적 본성을 심각하게 고려한다면 어느 정도 모자랄 수밖에 없는 영혼돌봄의 분리된 형태들을 발달시켰다. 그러나 각 형태의 영혼돌봄 유형의 내적 논리에 이점도 있고, 그들을 합하기에는 위험도 있다. 그러므로 상이한 영혼돌봄의 형태 합하기는 논란이 많으며 확실히 간단한 문제는 아니다. 그럼에도 불구하고, 이것은 실제 수준(수준 4)에서 좀 더 영혼돌봄의 전인적 유형이 존재하는지 여부의 이슈를 제기하고 있다. 즉, 그러하다면 우리는 실제 수준을 가로질러서 영혼돌봄의 여러 가지 형태들을 어떻게 함께 가져와야 하는가?

더불어 우리 모델에서 수준들을 가로지르는 연관성을 더욱 탐색할 필요가 있다. 즉, 우리 모델에서 다른 수준들과 실제(수준 4) 사이의 관계를 탐색하기다. 알기에 대한 두 가지 방식의 분리와 근대 과학에서 '객관적 전문가'의 돕는 역할로 개념화해 왔던 돕는 역할로 인해, 우리는 돕는 자의 특성(수준 1)이 모든 형태의 영혼돌봄에서 어떻게 영향을 미치고 있는지에 대한 얄팍한 지식밖에 없다. 이것은 돕는 자의 역할에 대한 우리의 이해가 근대 과학의 패러다임에 의해서 광범위하게 영향을 받아 왔기 때문이다.

영혼돌봄에 대한 이러한 상황의 견지에서 본 장에서 우리의 목표는 두 가지다. (a) 독자들이 영혼돌봄의 현대적 유형과 친숙해지도록 돕기 위하여 심리치료와 영성지도를 비교하고, (b) 인위적으로 분리된 마음과 영혼이 각기 다른 형태로 발전된 영혼돌봄의 분리를 개선할 잠재적 방법을 논의하고자 한다. 이러한 논의와 관련하여 우리는 우선 영혼돌봄이 기독교[2]에서 어떻게 발전하였는지 그리고 어떻게 교회가 수백 년 역사의 기독교 영혼돌봄과 그 성찰의 결과물들을 뒤로한 채 새로운 과학적 심리치료를 받아들였는지를 간략하게 훑어볼 것이다.

🪧 영혼돌봄의 고대 형태로서 영성지도의 발달

물론 영성지도 또는 영성안내의 형태로서의 영혼돌봄은 초기 기독교에서 그 형태를 다듬었지만 실제 그것의 뿌리는 고대 이스라엘로 거슬러 올라간다. 네 가지 유형의 성인이 영혼돌봄에 관여하였는데, 당시에는 영혼돌봄이 전반적으로 타인의 영적 안녕을 회복시켜 주고 지지해 주는 활동으로 이

---

2) 여기서 영성훈련의 모든 전통에 대하여 체계적으로 검토하는 것은 우리의 역량 밖이다. 대신 독자들이 영성훈련이 고대 기독교에서 어떤 모습이었는지 대략적인 느낌을 얻을 수 있도록 몇 가지 주요한 영성훈련의 전통만을 강조할 것이다.

해되었다. 이들은 제사장, 서기관, 예언자, 현자들이었다.[3] 제사장들은 율법을 어기는 자들을 대신해 제물을 바치기도 했고, 율법의 해석을 돕기도 하였다. 서기관들은 백성들이 겪는 일상의 문제에 율법을 적용함으로써 영혼을 돌봤다. 우리는 오늘날의 영혼돌봄의 몇 가지 형태가 이와 유사하다고 보고 있는데, 아마도 종교지도자가 생활 속에서 생기는 문제를 처리하기 위해 성경의 가르침을 지도 삼아 안내하는 목회상담과 가장 근접할 것으로 보인다. 예언자들은 개인적으로 영혼돌봄에 관여하지는 않았지만 하나님의 대변자로서 나라 전체를 돌보았으며 민족이 하나가 되어 죄를 회개할 수 있도록 도와주었다. 이와 유사한 방식으로는 현대의 목회자들이 회중이 그들의 삶 속에서 하나님의 뜻을 분별할 수 있도록 그리스도의 지체들에게 하나님의 말씀을 선포하기다. 현자들(또는 지혜자들)은 왕에게 조언을 하고 또한 하나님의 계획에 따라 사는 방법을 이해할 수 있도록 돕기 위하여 개별적으로 백성들에게 조언을 하였다. '지혜(hokmah)'를 뜻하는 히브리어는 '삶의 기술'로 번역될 수 있다. 고대 이스라엘의 현자들이 말하는 능숙한 삶이란 번창하는 인간 존재가 무엇을 의미하든지 간에 하나님을 두려워하고(잠 1:7) 하나님의 원리를 따르는 것이다. 현자들은 토라에서뿐 아니라 인간의 본성에 대한 관찰, 고대 근동의 금언으로부터 지혜를 이끌어 내었다.

구약성경에 나오는 목자의 이미지는 또한 영혼돌봄의 구체적 모습을 제공하고 있다.[4] 목자는 자신의 양을 보호하고, 양을 음식물이 있는 장소로 이끌며, 때로는 양들의 행복을 위해 자기를 희생한다. 에스겔 34장 2-16절에서는 보호하고, 안내하고, 치료하고 잃어버린 양을 찾는 자로서의 목자를 보여 주고 있다. 이러한 목자의 모습은 요한복음 10장에서 그리스도가 선

---

3) 영혼돌봄의 역사에 대해 더 알고자 하는 사람은 베너(Benner)의 *Care of Souls*와 존 맥나일(John McNeil)의 *A History of the Cure of Souls*(New York: Harper & Row, 1951)를 참고하라.
4) Kenneth Leech, *Soul friend: An Invitation to Spiritual Direction*(San Francisco: HarperCollins, 1992).

한 목자로 묘사된 신약성경에도 지속되고 있다. 선한 목자로서 예수님은 자신을 문으로 나타내고 있다. 양들은 이 문을 통하여 구원으로 들어간다(요 10:7). 게다가 절도와 강도에 대한 그의 언급(요 10:8)은 바로 이전 장에서 하나님의 백성들을 이끌지 못한 무능력과 영적 암매로 비난받은 바리새인을 지칭하는 듯 보인다.[5] 영적으로 실명한 바리새인들과는 달리 목자는 그리스도와의 관계를 통해 영원한 삶으로 그들을 이끎으로써 타인의 영혼을 돌보는 자다. 목자의 긍정적 이미지는 요한복음 10장에서 계속되는데, 선한 목자로서 예수님이 양들을 위하여 목숨을 버렸으며(요 10:11,15), 아버지를 아는 것같이 양을 알고 있음으로 설명되고 있다(요 10:14-15). 선한 목자로서 예수님의 모습은 다소 광범위하지만 자기희생과 하나님과의 깊이 있는 관계를 촉진시키는 아주 개별적 돌봄의 이미지를 감동적으로 보여 준다.

데이비드 베너(David Benner)는 예수님이 영혼의 목자 모델로서 기능했다고 언급하고 있다.[6] 예수님은 사람들이 그의 가르침에 인지적으로 동의하는 측면뿐 아니라 예수님을 전적으로 신뢰하며 삶 전체를 재조명할 수 있도록 그들의 마음을 변화시키셨고, 이를 통해 사람들이 그들의 영적 여정에서 다음 단계로 나아갈 수 있도록 돕기 위해 노력하셨다. 예수님이 다른 사람들과 어떻게 소통하였는지에 대한 연구에서 베너는 예수님이 효과적 영혼돌봄(더욱 구체적으로는 영성지도)의 강력한 모습을 보여 주기 위해 사용한 27가지 특성을 강조하였다.[7] 이 중 몇 가지 대표적 특성은 다음과 같다.

- 그들의 필요에서 그들을 만나 줌.
- 그들이 요구하는 것이 아닌 그들에게 필요한 것을 줌.

---

[5] Howard Marshall의 *New Testament Theology: Many Witnesses, One Gospel*을 참조하라 (Downers Grove, Ill.: InterVarsity Press, 2004).

[6] Benner, *Care of Souls*, p. 26.

[7] 위의 책, pp. 27-28.

- 연민을 느꼈으며, 이는 항상 다른 이를 돕기 위한 어떠한 행동으로 이어짐.
- 도덕적 범주에서 행동을 취했지만 결코 비난하지 않음.
- 다른 이의 선택을 존중하고 결코 강제적이지 않음.
- 사람들의 행동뿐 아니라 마음의 중심에 관심을 둠.
- 자신의 필요로 인해 다른 사람의 필요가 방해받는 행동을 결코 허용하지 않음.
- 삶 속에 있는 영적 문제들을 정립함.
- 조언만 하지 않고 스스로를 기꺼이 내어 줌.

그리스도는 가르치시는 동안 탐색을 위한 질문들을 하였다. 예를 들어, "네가 어찌하여 나를 선하다 일컫느냐?(막 10:18)"와 같은 질문들이다. 그리고 질문자의 의도를 구체화하기 위한 방편으로 질문에 질문으로 답변하였다(막 10:17-23, 눅 10:25-37). 그는 사람들이 그들의 마음속 숨겨진 비밀장소를 깨달아 하나님과 더욱 깊게 관계를 맺도록 돕기 위해 노력했다.

영혼의 돌봄은 이미 1세기경에 교회의 주요 관심사였다. 영성지침을 위한 서신들이 성도들의 영적 발달을 촉진하기 위하여 씌어졌다. 우리는 이러한 지침의 증거를 신약의 서신서, 특히 바울의 글 속에서 찾을 수 있다. 수많은 예시 중 하나를 살펴보면, 에베소서 5장에서 바울은 성령의 능력 안에서 사는 방법에 대한 안내를 하고 있다(엡 5:15-20). 이렇듯 영적 지침으로 사용하는 전통은 영성훈련의 수많은 전통 속에서 서신서를 통해 계승되어 왔다.

사막의 교부들: 영성지도의 출현

고대 이스라엘과 1세기 기독교에서 영혼돌봄의 일반적 유형은 초대교회가 개개인의 영적 성장과정에 중점을 두며 더욱 발전되었다. 1세기부터 4세기경까지의 수도사 이전 영성은 금식, 금욕주의, 공동체 기도, 검소한 생활을 포함하고 있다. 우리는 사도행전에서 이러한 예를 발견하였다. "믿는 무리가 한마음과 한뜻이 되어 모든 물건을 서로 통용하고 제 재물을 조금이라도 제 것이라고 하는 이가 하나도 없더라(행 4:32)." 초기 기독교는 하나님 나라에 마음을 집중하는 방법으로 속세의 것들을 포기하였다. 더군다나 초기 교회는 박해를 당했기 때문에 세례를 받는 것은 순교자가 될 수 있다는 위험을 의미하였다. 예수님의 이름으로 고통받는 것은 대단한 영광으로 여겨졌다. 예수님의 가르침으로 인해 태형을 당한 후 "사도들은 그 이름을 위하여 능욕받는 일에 합당한 자로 여기심을 기뻐하면서 공회 앞을 떠나갔다(행 5:41)." 그리스도를 위하여 그리스도의 이름으로 죽는 것이 인간으로서 그리스도를 따르는 삶을 완성하는 것이었다.

박해는 콘스탄티누스 황제(285~337)에 의해 막을 내렸고, 정치적이고 물질적 세속성이 기독교인의 삶에 점점 영향을 미치기 시작했다. 이로 인해 이교도 문화로부터 벗어나고 기도를 통해 하나님을 더욱 순수하게 추구하고자 하는 일부 기독인들의 욕구가 생겨났고 이들은 사회를 벗어나 사막으로 탈출하기도 하였다. 영혼돌봄의 의미 있는 형태가 4~5세기경 이집트, 시리아, 팔레스타인의 이러한 '사막의 교부들' 사이에서 최초로 출현하였다.[8]

사막의 교부들에 대한 초기의 글은 제자들이 스승에게 영적 삶에 대한 조언을 구하기 시작하였다고 설명하고 있다.[9] 이러한 조언이 개인의 영적 발달에 중점을 두고 있는 구체적 영혼돌봄의 형태인 영성지도로 알려지게 되었다. 그러나 우리는 사막의 교부들이 제공하게 된 이러한 안내가 '지도'라

8) Leech, *Soul Friend*.
9) Philip Rousseau, 「The Desert Fathers, Antony and Pachomius」 in *The Study of Spirituality*, ed. Cheslyn Jones, Geoffrey Wainwright and Edward Yarnold(New York: Oxford University Press, 1986), pp. 119-130.

는 용어가 암시하는 만큼 권위주의적이지 않았음에 주목해야 한다.[10]

사막의 교부들은 안내를 받기 위해서 제자들이 좋은 것이든, 나쁜 것이든 모든 생각을 솔직하게 드러냄의 중요성을 강조하였다. 사막 영성에서 생각과 유혹을 쏟아 내는 연습은 끊임없이 회개하는 태도를 기르기만큼이나 중요했고 동시에 일어났다.[11] 흥미롭게도, '교부들' 역시 동일한 방식으로 고해했다는 증거는 없다.[12] 이 행위는 어린 제자들을 위하여 설계되어 온 활동으로 보인다. 우리는 여기서 분명히 현대의 심리치료와 유사성을 발견할 수 있다. 이 과정은 프로이트의 자유연상기법과 유사성을 가지고 있다. 사막의 교부들은 이 행위가 사람들의 무의식을 드러나게 하여 그들이 하나님에게 완전히 이끌릴 수 있도록 도울 거라고 생각했을지도 모르겠다. 사막의 교부들은 제자들이 완전히 알려지는 경험을 통해 수용을 경험하도록 하는 이점을 보았을 수도 있다. 이 또한 현대심리치료의 핵심적 치료요소다.

영적 안내자는 영적 삶에 대한 조언을 해 주었는데, 초보자(수련수사)가 집으로 돌아간 후 정신의 흐트러짐 없이 침묵하며 '아버지의'라는 단어를 숙고하기만으로도 충분히 영향을 미칠 수 있으리라고 여겼다. 그들은 지시를 하고 영적 훈련을 하게 하지만 단순한 가르침보다는 더욱 깊은 관계를 맺고 있었다. 영적 지도자는 영적 기술을 가르치는 단순한 교사가 아니었다. 그들은 제자들이 기도와 실제 생활을 통해 내면을 형성해 나가게 만들어 주는 영적 아버지의 역할을 하였다. 현대 용어로 말하자면, 우리는 그들이 영적 애착대상으로 기능했다고 볼 수 있을 것이다. 무엇보다도 그들은 삶의 본보기를 통해 가르쳤다. 한 제자가 포에멘 수사(Abba Poeman)에게 그가 그와 함께 살고

---

10) 다양한 전통 속 영성지도의 발전을 검토하는 동안 우리는 자연스럽게 영적 삶의 목표, 영성지도의 과정과 목표를 강조할 것이다. 이 주제는 본 장 뒷부분에 심리치료와 영성지도를 비교할 때 다시 언급하겠다.

11) Leech, *Soul Friend*.

12) Owen Chadwick, 「John Cassian」 in *The Study of Spirituality*, ed. Cheslyn Jones, Geoffrey Wainwright and Edward Yarnold (New York: Oxford University Press, 1986), pp. 145-148.

있는 형제들을 책임져야 하는지에 대하여 질문하였을 때, 포에멘 수사는 "그렇지 않다. 그들의 입법자가 아닌 본보기가 되어라."라고 말했다.[13] 사막의 교부들은 그들 자신의 영적 문제에 대하여 이야기하고, 읽고, 묵상하며, 그 문제의 해답을 찾을 수도 있는 초보자(수련수사)에게 영적 안내를 주기 위하여 스스로 준비하였다. 안토니(Antony, C. 251~356)와 파코미우스(Pachomius, C. 290~346)는 사막 영성의 전통과 관련하여 가장 잘 알려진 대표적 인물이다. 에바그리우스 폰티쿠스(Evagrius Ponticus, 345~399)와 존 카시안(John Cassian, 360~432)은 이 전통을 일으켜 세운 가장 영향력 있는 작가다.

동양에서의 영성지도

우리는 또한 동방의 교부에게서 영적 지도자들의 중요성을 찾아볼 수 있다. 4세기경, 세 명의 카파도키아 교부 중 한 명인 위대한 바실(Basil the Great, 330~379)은 영성지도의 중요성을 강조하였지만 사막의 교부들과는 영적 삶에 대하여 상당히 다른 시각을 가지고 있었다. 그는 고독한 삶을 위험한 유혹이라 여기며 이에 대하여 반대론을 폈다. 그에게 기독교인의 삶의 목표는 사랑이며, 반면 고독한 삶의 목표는 '개인의 필요에 대한 봉사'다.[14] 위대한 바실에 의하면, 기독교적 사랑은 오직 공동체를 통한 상호지지와 사랑을 통해서만 발전할 수 있다. 위대한 바실은 공동체의 연장으로서 영성지도의 중요성을 강조하였다. 공동체에서는 수도사들이 '친절하고 연민의 태도를 가지고 나약한 영혼을 돌보는 업무를 맡았다.' 게다가 제자들은 그들의 영적 지도자와 더불어 마음의 비밀을 포함한 모든 것을 나눴다. 다시 한 번

---

13) Leech, *Soul Friend*, p. 42.

14) Andrew Louth, 「The Cappadocians」 in *The Study of Spirituality*, ed. Cheslyn Jones, Geoffrey Wainwright and Edward Yarnold(New York: Oxford University Press, 1986), p. 165.

우리는 현대의 심리치료와 유사성을 발견할 수 있다. 이 행위는 고해성사만은 아니다. 제자들이 단지 죄만 고백하는 것이 아니었으며 고해를 들어 주는 자가 성직자로만 한정되어 있지도 않았다. 더 정확히 말하면, 이러한 행위는 죄로 인해 받은 상처를 치유하는 수단으로 간주되었다.[15] 그러므로 우리는 여기서 현대의 심리치료와 같은 영성지도의 명백한 치유기능을 발견할 수 있다.

5세기에서 8세기 사이에는 짧은 구문을 재차 반복하는 기도 방법이 나타났는데, 이는 동방 기독교에 지대한 영향을 미쳤다. 이 기도 방법은 우리가 초기 교부들의 영적 지도의 한 단면을 들여다볼 수 있게 해 준다. 예수기도의 표준구문은 "주 예수 그리스도여, 하나님의 아들이여, 나를 불쌍히 여기소서"다.[16] 그러나 수많은 영성안내는 이 표현에 변형을 가했다. 예수님에게 중점을 둔 영성은 차츰 네 가지의 주요 특성을 보이며 발전되었다. (a) 예수님이라는 거룩한 이름에 대한 헌신(능력과 은혜의 출처로서 기능한다고 생각됨), (b) 내적 애도(penthos, '영혼의 애통함'의 그리스어)를 강하게 강조하며 하나님의 자비를 구함, (c) 훈련으로서의 반복, (d) 무심상 또는 비언어적 기도와 동반되는 내면의 고요함과 평안의 추구다.

5세기 후반경 북부 그리스 포티케(Photice)의 주교 디아도쿠스(Diadochus)는 이러한 요소들을 통합하는 데 특히 책임의식을 가졌다. 그는 비언어적이며 무심상 기도상태로 들어가는 수단으로서 예수님의 이름을 끊임없이 반복하는 것을 지지하였다. 그렇게 함으로써 그는 에바그리우스가 강조한 '순수성', 단문기도 행위와 비언어적 기도, 또는 사막의 교부들에 의해 사용되곤 했던 같은 단어를 지속적으로 반복하는 기도를 하나로 결합하였다.

---

15) 위의 책, pp. 161-168.

16) Kallistos Ware, 「The Origins of the Jesus Prayer: Diadochus, Gaza, Sinai」 in *The Study of Spirituality*, ed. Cheslyn Jones, Geoffrey Wainwright and Edward Yarnold(New York: Oxford University Press, 1986), pp. 175-184.

그는 반복에 초점을 두어서 예수님의 이름을 강조하는 이러한 결합을 추가하였다. 영성지도가 5세기와 같이 이른 시기에 이미 우리가 현재 '암시적인 관계적 지식'이라고 부를 법한 기도형식을 지지했다는 사실은 매우 가치 있다. 예수기도의 언어적 간결성은 제자들이 하나님에 대한 외현적 지식을 넘어 내면에 암시된 깊은 지식을 알 수 있도록 돕기 위해 고안된 듯 보인다. 에바그리우스는 "중개자 없이 그와 교감하고 편향 없이 신에게 도달할 수 있도록 하기 위해서 지적 능력이 어느 수준으로 필요한가?" 하고 물었다.[17] 영적 지도자들은 제자들이 그리스도 알기의 즉각적이고 개인적 감각인 그러한 상태를 정확하게 성취하도록 돕기 위해 예수기도를 추천하였다.

6세기 초, 가자 밖의 수도원 가까이에 살았던 은둔자 바르사누피우스(Barsanuphius)와 요한은 수도원의 수도승과 성직자, 일반인을 포함한 많은 외부 방문객에게 영적 안내를 하였다. 그들은 오직 수도원장들만을 직접 만났으므로 영적 삶에 대한 모든 질문은 서면으로만 받았고, 서면으로 답을 주었다. 약 850여 개의 문답이 오늘날까지 남아 있는데, 이는 초대교회에서 행해진 영성지도를 살펴볼 수 있는 가장 생생한 자료 중 하나다.[18] 영성안내가 서신을 통해 집단에게 제공된 것처럼, 또한 개개의 제자들에게도 서신으로 주어졌다. 사막의 교부들이 주장한 바와 같이, 바르사누피우스와 요한도 기도와 하나님에 대한 생각이 되도록 끊이지 않아야 한다고 주장하였다. 이를 고려하여, 두 명의 '가자의 노인'은 동양에서 5세기경에 출현한 예수기도의 전통을 지속하여 짧은 구문을 반복하는 기도를 추천하였다.

시나이의 존 클리마쿠스(John Climacus of Sinai, 7세기)는 영적 삶에서 성

---

17) Ware, 「The Origins of the Jesus Prayer」, p. 184. 한 단어를 사용하는 기도의 간결성(예, '하나님' 또는 '예수님')은 생각과 이성으로부터 마음을 비우기 위한 기술로서 사용된 동양의 종교적인 전통인 'mantra'로 오해하면 안 된다. 오히려 한 단어를 사용하는 기도의 중점은 성도들이 한 단어가 가리키는 사람, 하나님, 또는 생활어의 의미를 경험하도록 돕다. 이것은 성령의 도움을 받기며 우리가 내면적 지식이라고 부르는 것과 관련되어 있다.
18) Ware, 「The Origins of the Jesus Prayer」, p. 184.

숙을 원하는 영성 초보자는 필히 영성 안내자가 있어야 한다고 주장하였다. 그는 또한 그의 저서 『거룩한 등정의 사다리(The Ladder of Divine Ascent)』에서 물론 이것이 핵심적 논제는 아니지만, 예수기도의 사용을 추천하였다. 그는 '단문기도(monologic)'라고 부르며 '예수기도'라는 문구를 사용한 최초의 그리스 저자로 기도의 간결함의 중요성을 강조하였다. 그는 "소박하게 기도하라. 세리와 탕자가 한마디로 하나님과 화합하였다"고 언급했다.[19]

사막의 교부들과 마찬가지로 '영적 아버지'의 개념은 후기 동방 영성에서 다시 발생한 논제다. 11세기경 신약학자 시몬은 영적 아버지에게 복종하기를 강력히 권고하였다. "하나님에게 하는 것처럼 영적 아버지의 손에 모든 것을 맡기는 것은 완벽한 믿음의 행동이다."[20] 시나이의 그레고리(Gregory of Si-nai, 14세기)는 마찬가지로 "덕의 기술을 그 스스로 배우는 것은 누구도 불가능하다."고 믿었다.[21] 그는 기도의 성장을 추구하는 영적 여정에 더 많은 경험을 가진 자의 안내를 구하여야 한다고 강조하였다. 비슷하게 칼리스토스(Kallistos)와 크산토보울로스의 이그나티우스(Ignatios Xanthopoulos, 14세기)는 "무엇보다도 항상 정확한 안내와 선생을 찾기에 열심을 내어야 한다."고 하였다.[22] 현대심리치료와 같이, 영성지도는 영적 아버지와의 관계를 제공하며 그 관계를 통해 형성된 통찰력과 경험을 제공한다. 다시 한 번 '성장의 관리자'의 역할을 하는 영성지도와 심리치료 간에 유사점을 발견하였다.

15세기경, 영성지도에서 예수기도의 사용은 러시아까지 확산되어 그곳에서 위대한 영적 지도자는 교리강사(startsy)라고 불려졌다. 영적 안내자 또는 영성지도자(staretz, '노인'의 러시아어)가 되는 것은 평생 순박함과 겸손함의

---

19) 위의 책, p. 182.
20) Leech, *Soul Friend*, p. 45.
21) 위의 책.
22) Kallistos Ware, 「Symeon the New Theologian」 in *The Study of Spirituality*, ed. Cheslyn Jones, Geoffrey Wainwright and Edward Yarnold(New York: Oxford University Press, 1986), p. 237.

삶을 살아온 결과이며 성령에 스스로를 바치는 것이다. 가장 유명한 러시아의 영성지도자 중 한 명인 세라핌(Seraphim, 1759~1833)은 영성지도는 성령을 서로 공유하는 관계라고 하였다. 영적 아버지의 개념은 러시아 전통에서도 나타나 있다. 교구 사제이자 영적 지도자인 크론스타트의 요한 신부(Father John of Kronstadt, 1829~1908)는 영적 아버지의 역할의 중요성을 강조하였다. "성직자는 영적 의사다. 그의 아들과 같이 그를 신뢰하며, 부끄러워하지 말고 진심으로, 솔직하게, 그에게 당신의 상처를 보여라. 고해를 들어 주는 자는 당신 육신의 부모보다 더욱 당신을 사랑하는 영적 아버지이기 때문이다. 그리스도의 사랑은 그 어떤 자연스러운 사랑보다 높기 때문이다."[23] 우리는 이것이 현대 관계중심 심리치료의 주요소인 재양육 논제와 놀랍게 유사함을 발견하였다. 제자들이 그들의 영적 아버지를 신뢰하고 그들에게 자신의 상처를 보여 주도록 권고받는 것처럼, 내담자 역시 그들의 심리치료자와 함께 이와 유사한 과정에 참여한다. 사람들은 영성지도와 심리치료에서 모두 자신의 진짜 자기를 누군가에게 보여 준다는 정서적 취약성을 경험한다.

영적 아버지는 전통적으로 영성지도의 핵심요소인 분별력을 지닌 자다. 영성지도자는 제자의 삶에 성령의 움직임을 느낄 수 있는 자이며, 성령과 협력하여 그를 부드럽게 안내한다. 게다가 영적 아버지는 타인의 고통을 떠맡을 수 있는 능력이 있는 자로 간주되었다. 이런 대리고통의 개념은 영혼돌봄의 구체화된 모델을 반영하는데, 영성지도자는 그리스도의 수난과 죽음에 참여함으로 인해 그리스도 같은 깊이 있는 연민을 보인다. 영성지도자들이 그들이 돌보는 자의 고통에 전혀 영향을 받지 않는 것은 불가능하다. 이는 현대 심리치료사와의 명백한 접점이다. 대부분의 심리치료 형태, 특히 관계를 기반으로 한 심리치료는 치료자가 내담자의 깊은 고난의 정서적 핵심을 해독시키고 취함으로써 치유를 가져온다.

---

23) Leech, *Soul Friend*, p. 48.

서양에서의 영성지도

베네딕트(Benedict, C. 480~547)는 6세기경에 서양의 모든 규칙의 형태가 되는 수도사의 규칙(The rule of Benedict)을 만들었다.[24] 베네딕트 규율의 모델은 사막의 교부들의 전통 속에 있는 영적 아버지의 모델이었다.[25] 제자들과 영적 아버지 또는 영적 지도자들과의 도제관계는 베네딕트 영성의 핵심이다. 물론 이것은 공동생활에서는 제외되었지만 말이다. 베네딕트 규율의 서막을 여는 첫 번째 문장은 영적 아버지로서의 목소리를 들려주고 있다. "나의 아들아, 스승의 가르침을 새겨듣고 너의 마음의 귀로 이에 주의를 기울여라. 이는 너를 사랑하는 아버지의 충고이니 이를 기뻐하고 충실히 실천하라."[26] 순종은 침묵과 겸손의 미덕과 함께 베네딕트의 규율에서 아주 중요한 역할을 하였다. 수도원장과 영적 원로들에 대한 순종은 하나님에게 순종하는 내면적 태도의 구체적 표현으로 간주되었다.

켈트족의 전통에서 '영혼의 동반자' 또는 anmchara('영혼의 동반자'의 켈트어)는 왕의 최고 조언자로 등장하였다. 그러나 "영혼의 동반자가 없는 자는 머리 없는 육체다."[27]라는 켈트 속담에 드러나 있듯이, 켈트 교회의 일반적 견해는 모든 사람에게 영혼의 동반자가 필요하다는 점이다. 영혼의 동반자는 상담자나 지도자 같은 필수적 역할을 하였다. 물론 최초의 영적 안내자는 전형적으로 성직자나 수도자들이었으나 시간이 흐르면서 종교개혁 전기에는 일반인들도 영성지도를 하기 시작했다. 켈트인의 전통에서 가장 잘

---

24) 규율의 라틴어인 'Regula'는 고대 로마시대의 양식 또는 모델을 지칭한다. 수도원의 규율은 한 사람이 특정한 생활방식을 고수하기 위한 잣대가 되는 눈금자와도 같은 안내서다. 근대 시기 동안에는 고대 규율의 규정을 그들이 이루고자 하는 목적에 맞게 수도자에 의해 끊임없이 해석되고 적용되어 왔다.
25) Placid Spearritt, 「Benedict」 in *The Study of Spirituality* ed. Cheslyn Jones, Geoffrey Wainwright and Edward Yarnold(New York: Oxford University Press, 1986), pp. 148-156.
26) Benedict, *The Rule of St. Benedict* ed. Timothy Fry, New York: Vintage Books, 1998).
27) Leech, *Soul Friend*, p. 50.

알려져 있는 영적 안내자들은 여성이었다.

12세기 들어 수도원의 많은 제도들을 떠나 소박함과 고독함을 추구하는 '은자적'인 삶으로 회귀하려는 움직임의 일부로서 새로운 체제가 나타났다.[28] 시토 수도회(the Cistercians)는 이러한 움직임 속에서 나타났으며, 이 시기의 유럽의 강력한 영적 사상가였던 클레르보의 베르나르(Bernard of Clairvaux, C. 1090~1153년)와의 관계를 통해 광범위한 영향력을 떨쳤다. 베르나르는 수련수사들에게 영적 삶에서 자신을 이끌어 줄 수 있는 안내자 찾기를 강력히 권고하였다. 베르나르는 하나님과 영혼의 관계를 분석하였는데, 하나님을 사랑하는 심리를 네 가지 종류의 사랑으로 특성화하여 설명하였다. 이는 곧 자기를 사랑하는 육적 사랑, 하나님으로부터 온 것들 때문에 사랑하는 기복적 사랑, 의무감에서 비롯된 자식으로서의 사랑 그리고 그의 영혼이 하나님을 사랑하는 혼인적 사랑(wedded love)이다. 이러한 4가지 단계를 통해 하나님과의 연합을 이루는데, 이 속에서 그는 사랑의 행위를 하나님과의 넘치는 친밀감으로 받아들인다.[29]

영적 지도자들에 대한 제자들의 순종은 영적 여행의 진보를 가져올 수 있다. 특히 초기 수준의 단계에서는 더욱 그렇다. 말년을 시토 수도회에서 머무른 베네딕트파의 신학자, 성자 윌리엄 티에리(William of Saint Thierry)는 순종의 중요성을 주목하였다. "겸손과 사랑으로 권위에 순종하는 것은 영혼에 평안을 준다. 이는 성령이 오실 때까지 귀로 듣는 것을 이해하도록 하고, 눈먼 믿음에 대한 안도감을 준다. … 그러나 우리의 신앙생활의 시작점에서 권위에 의지하기를 게을리한다면 우리는 필연적으로 잘못된 길을 가게 될 것이다."[30]

---

28) Benedicta Ward, 「The New Orders」, in *The Study of Spirituality* ed. Cheslyn Jones, Geoffrey Wainwright and Edward Yarnold(New York: Oxford University Press, 1986), pp. 283-291.

29) Ward, 「New Orders」, pp. 238-291.

순종의 강조에도 불구하고 영적 아버지와의 관계는 전형적으로 다정함과 상호적 사랑의 모습을 보인다. '북방의 베르나르'로 불린 리보의 엘레드(Aelred of Rievaulx, C. 1109~1167)는 그의 저서 『자선의 거울(Mirror of Charity)』과 『영적 친구(Spiritual Friendship)』에서 영성지도에서 우정의 중요성을 강조하였다. 그는 『목회 기도(Pastoral Prayer)』에서 영적 아버지 됨의 핵심을 다음과 같이 표현했다. "한 사람 한 사람의 성격, 태도, 기질, 은사, 결점을 이해하도록 허락해 주소서. … 그들을 향한 나의 마음이 그들보다 우월해짐이 아닌 사랑하며 돕고, 겸손하게 섬기기 원하는 줄 당신이 아시나니 그렇게 되게 해 주시옵소서. 그들의 곁에서 그들 중 한 사람이 되게 하시옵소서."[31]

고해신부와 지도자들을 지도하기 위한 매뉴얼이 증가한 것은 15세기의 중대한 발전이다. 이 매뉴얼은 사제들에 의해 시행되는 종교적 고해와 영적 지도자들이 시행하는 일반적 고해를 구별하기 시작하였다. 우리는 여기서 사역자와 영적 지도자를 서로 다른 두 집단으로 분류하고, 서로 다른 일을 하기로 생각하는 오늘날의 사고방식이 시작되었음을 볼 수 있다. 이러한 발달이 영혼돌봄의 세속적 형태로 기능하는 현대심리치료의 발전을 조성하였다. 이 부분에 대해서는 후반부에 다시 다룰 것이다.

16세기에 로욜라의 이그나티우스(Ignatius of Loyola, 1491~1556)는 그의 저서 『영적 연습(Spiritual Exercises)』에서 영적 지도자들의 역할과 이를 훈련할 수 있는 학교의 기본개념을 설명하였다. 이 저서는 지도자들이 수련의 관점에서 관상기도를 통하여 사람들을 하나님께 인도할 수 있도록 하기 위해 저술되었다. 『이그나티안 수련(Ignatian retreat)』은 서방교회의 수준 높은 영적 수련법으로 자리매김하였다. 수도자는 회개와 정화부터 시작하여 하나님의 나라를 위해 헌신하고자 하는 갈망에 이르기까지 집중적인 영적

---

30) Leech, *Soul Friend*, p. 53.
31) Quoted in Leech, *Soul Friend*, p. 53.

훈련을 지도받는다.[32] 속세와 분리되어 이 훈련을 완료하기까지는 한 달가량이 소요되지만 일상에서 생활하며 수련을 한다면 이보다 훨씬 오랜 기간이 걸린다. 지도자의 역할은 전면에 나서지 않고 수도자들이 성령을 받아들일 수 있도록 격려하는 것이다. 지도자들은 전체적 과정을 지도하고 각 단계에 적당한 기간을 파악한다. 성 이그나티우스는 "지도자는 다양한 정신들이 불러일으키는 여러 가지 불안과 생각에 대해 충분히 알아야 한다고 하였다. 왜냐하면…… 이러한 지도자는 이와 같이 동요된 영혼의 요구에 적절한 영적 훈련을 제시해 줄 수 있기 때문이다.[33] 영적 분별은 이그나티우스 수련의 핵심이다. 규율의 한 측면은 유혹과 적막감을 다루며, 다른 측면은 악마의 속임과 하나님으로부터 받은 영감 구분하기를 다룬다. 이그나티우스에 따르면, 지도자는 이 훈련을 경험하여야 하며 이를 설명하기에 능숙해야 한다. 좋은 이그나티우스 지도자로서의 자질은 오직 기도의 경험으로부터 오는 영적 성숙에서 나온다.

16세기에는 카르멜회의 성인인 아빌라의 성 테레사(Teresa of Avila, 1515~1582)와 십자가의 성 요한(Saint John of the Cross, 1542~1591)은 영성지도를 강력하게 강조하였다. 이 분야의 위대한 학자들은 그들이 영성신학 분야에서 서방교회의 탁월한 권위자라고 인정한다. 성 요한은 '자신과 같은 누군가가 모든 사람을 통치하고 지도해야 할 필요가 있고' 이는 하나님의 뜻이라고 믿었다.[34] 마찬가지로 성 테레사는 "모든 기독교인은 할 수 있는 한 배운 사람들에게 자문을 구해야 한다."라고 제안하였다.[35] 둘 다 관상기도에 대한 경험적 지식의 중요성을 강조하였으며,[36] 두 성인 모두 무능

---

32) Michael Ivens, 「Ignatius Loyola」 in *The Study of Spirituality*, ed. Cheslyn Jones, Geoffrey Wainwright and Edward Yarnold(New York: Oxford University Press, 1986), pp. 357-362.
33) Leech, *Soul Friend*, p. 59.
34) 위의 책, p. 67.
35) 위의 책.

력한 영적 지도자의 부정적 효과에 대하여 논의하였다. 성 테레사는 관상기도의 시작 단계에서는 오히려 지도자의 부재가 나쁜 지도자보다 낫다고 믿었다. 성 요한은 영혼에 대한 경험적 지식이 부족한 지도자는 자신보다 그 문제를 더 잘 이해하는 지도자가 그 문제를 다룰 수 있게 위임해야 한다고 하였다. 두 성인 모두 영성지도에서 유연함이 중요하다고 가르쳤는데, 그 이유는 하나님께서 사람들을 모두 다른 방식으로 이끌었기 때문이다. 두 성인 모두 기도의 형식 또는 구조화된 방법을 제시하지는 않았다. 성 테레사는 "네가 할 수 있는 기도를 하라. 기도는 많은 생각으로 하는 것이 아니라 많은 사랑을 담아서 하는 것이기 때문이다."라고 설명하였다.[37]

성 요한에 의하면, 영성지도는 제자들이 성령에 거할 수 있도록 기도를 통해 마음을 열고 세상으로부터 구분될 수 있도록 격려해야 한다. 이 '어두움' 또는 세상으로부터의 궁핍함은 하나님과의 사랑의 관계를 맺을 수 있는 제자들의 능력을 증가시킨다. 이 능력은 그들이 궁극적으로 하나님과 연합할 수 있도록 이끈다. 하나님과 연합을 이루는 영성 성숙과정은 많은 시간과 노력이 필요하지만 그렇다고 영적 여행의 초심자에게 자기포기(self-renunciation)를 요청할 수 없다. 하나님과의 합일은 열망이 아닌 오직 하나님의 사랑에 응답받지 못함을 통해 이루어진다. 성 요한이 그의 저서 『영혼의 어두운 밤(The Dark Night of the Soul)』에서 상세하게 설명한 바와 같이, 하나님은 우리가 수준 높은 발달에 도달하기까지 모든 상황을 통하여 이끄신다.[38] 누워 있던 아이는 기기 시작하고 결국은 걷게 된다. 그러나 우리는 우

---

36) 관상기도는 보통 하나님에 대한 성스럽고, 비개념적이고, 사랑이 담긴 자각을 지칭한다. 그러나 성 요한은 이를 '어두운 밤(dark night)'의 4가지 범주로 구분하며 더욱 구체적 의미를 부여하였다. 능동적 대 수동적 밤의 개념을 포함하여 각 범주는 사람의 감각과 영혼에 영향을 준다. 더 자세한 설명은 십자가의 성 요한의 *Dark Night of the Soul*, trans. E. Allison Peers(New York: Image Books, 1990)을 보라.

37) E. W. Trueman Dicken, 「Teresa of Jesus and John of the Cross」 in *The Study of Spirituality*, ed. Cheslyn Jones, Geoffrey Wainwright and Edward Yarnold(New York: Oxford University Press, 1986), pp. 363-376.

리 자신의 발달적 필요를 판단하는 데 서툴다. 그러므로 영성지도의 목적은 하나님이 우리를 놓아둔 그 상황에서 제자들이 성장을 향한 하나님의 목적을 분별할 수 있도록 돕는 것이다. 기독교인은 능숙한 지도자를 필요로 한다. 특히 그들이 발달 과정에 있어 나아갈 방향을 잘못 해석한 경우에는 더욱 그렇다.

카르멜회의 성인이 그들의 영적 경험을 연대순으로 기록하기 전까지 기독교 영성발달의 '정상적' 패턴은 수천 년에 걸쳐 확립되어 왔다. 그동안 그들은 굉장히 세부적이고 체계적으로 이 패턴을 설명하였다. 결국 영적 여정에서 사람들을 안내하고 심오한 지혜를 제공하는 기초를 확립하는 것은 다름 아닌 성령의 역사에 대한 함축적-관계적-영적 지식이다.

종교개혁에서의 영성지도

로마 가톨릭과 정교회가 영성지도와 영적 삶을 뒷받침해 주는 신학의 구조를 발달시켜 왔던 반면, 개신교계에서 영성지도 훈련은 많은 관심을 받지는 못했다. 그러나 비록 가톨릭 형식과는 다를지언정 개신교 내에서도 영적 안내의 증거를 찾아볼 수 있다. 개신교 지도자들은 덜 권위적인 편으로 관계에서 영구성을 추구하지 않았고 위기에 대처하는 데 더욱 중점을 두었다.

루터는 직접 대면하여 영성지도를 하였지만 또한 서면으로도 하였다. 그의 『영적 상담의 편지들(Letters of Spiritual Counsel)』에 증거가 남아 있다.[39] 마틴 부서(Martin Bucer)는 그의 저서 『영혼을 돌보는 참된 목회자(On the

38) Saint John of the Cross, *Dark Night of the Soul*, Dicken, 「Teresa of Avila and John of the Cross」, pp. 363-376. John H. Coe, 「Musings on the Dark Night of the Soul: Insights From St.John of the Cross on a Developmental Spirituality」, *Journal of Psychology and Theology* 28, no. 4 (2000): 293-307.
39) Theodore Tapert, ed. and trans., *Luther: Letters of Spiritual Counsel*(Philadelphia: Westminster Press, 1955).

True Cure of Souls)』(1538)에서 에스겔 34장 16절을 바탕으로 기독교 목사를 위한 규율을 발전시켰다.[40] 칼뱅은 '영혼의 지도자'라고 불렸으며, 영적 안내에 관한 수많은 글을 남겼다. 그의 고전인 『기독교 강요(Institutes of the Christian Religion)』는 실제로 기독교적 삶을 위한 영적 안내로 구성되어 있다. 원판(1536)의 처음 네 개의 장은 루터의 교리문답서를 반추하고 있다.[41]

영성지도는 17세기의 경건주의와 청교도주의에서도 지속되었다. 경건주의 운동의 아버지 필립 야곱 스페너(Philipp Jakob Spener)는 영성안내에 관한 방대한 양의 서신을 남겼다. 윌리엄 퍼킨스(William Perkins), 임마누엘 본(Immanuel Borne), 리처드 백스터(Richard Baxter)와 같은 청교도 지도자들 또한 영성안내의 중요성을 강조하였다. 이 분야에서 가장 잘 알려진 청교도 저자인 리처드 백스터는 『기독교 사전(A Christian Directory)』(1967)과 『개혁적 목회자(The Reformed Pastor)』(1656)를 집필하였다. 그는 정말로 심각한 문제에 개인상담을 하는 사역이 필요하다고 주장하였다. 그는 영적 발달과정에서 도움이 필요한 사람을 네 부류로 나누었다. 이는 미성숙한 자, 은혜 속에 변질된 자, 믿음이 약해져 가는 기독교인, 굳건한 기독교인이다. 흥미롭게도 그는 굳건한 기독교인이 돌봄이 가장 필요한 대상이라고 주장하였다.

영성안내의 다양한 형태가 개신교 전통에 명백하게 자리 잡았음에도 불구하고, 계몽주의와 연관된 신학적 역사발달로 인해 영혼돌봄에서 내면적이고 관계적인 측면이 분리되어 갔다. 이러한 현상이 영혼돌봄의 분리, 즉 한 손에는 발달적 관계와 나머지 한 손에는 영성이라는 분리를 초래하는 발판이 되었다.

---

40) Leech, *Soul Friend*.

41) D. H. Tripp, 「Calvin」in *The Study of Spirituality*, ed. Cheslyn Jones, Geoffrey Wainwright and Edward Yarnold(New York: Oxford University Press, 1986), pp. 354-356.

영혼돌봄의 기독교적 형태와 세속적 형태의 발달

종교개혁은 개신교 전통 속에 영성안내의 실행이 들어올 수 있도록 깊게 영향을 주었으며 로마 가톨릭 전통에도 어느 정도 영향을 미쳤다. 역설적이게도 이 영향으로 인해 두 전통 모두 '영혼의 돌봄'에서 '마음의 치유'로 변화된 길을 가게 되었다. 곧, 영혼돌봄의 세속적 형태인 현대 심리치료로의 이동이다. 이로 인해 상대적으로 표면적 형식의 영적 영혼돌봄과 그보다는 좀 더 깊이 있는 관계를 다루는 세속적 형식의 영혼돌봄이 분리되었다. 후자를 심리치료라 부른다.

16세기 후반, 로마 가톨릭교회는 당시 세력을 키워 가고 있던 개신교의 교리를 규탄하고 논쟁 중이었던 자신들의 교리를 정립하기 위하여 트렌트 공의회(Council of Trent, 1545~1563)를 소집하였다. 그 결과, 영혼돌봄의 초점이 영적 발전을 이루기에서 직업적 소명을 결정하고 정통 가톨릭에 대한 믿음을 유지하기로 옮겨 갔다.[42] 전반적으로 영성지도는 사람들의 삶 속에 역사하시는 성령의 움직임을 분별하도록 돕고, 그들과 나란히 동행한다는 생각에서 멀어져 갔으며, 점차적으로 그 범위가 좁아지기 시작했고, 그 영향은 피상적이 되어 갔다. 수많은 성인들이 용감하고 정교하게 탐구한 내면의 영적 여정은 영성지도에서 중요한 자리를 잃어 갔다.

개신교가 영적 지도에서 떠나게 된 세 가지 중요한 요인이 있는데, 이로 인해 세속적 심리치료가 '새로운 제사장'이 되는 길이 마련되었다. 첫 번째 요인은 제사장의 중재적 역할과 이와 관련된 신학적 민감성이다. 일반적으로 개신교 신학은 인간과 하나님 사이의 유일한 중재자로서 그리스도의 역할을 중점적으로 강조한다. 그 결과, 개신교 안에서 '성직제도(sacerdotal-

---

42) Leech, *Soul Friend*.

ism)'에 대한 우려가 생겨났다. 바로 영적 지도자들이 중재자로서 그리스도의 역할을 대체하기에 대한 우려다. 물론 우리가 지금껏 살펴본 것처럼, 이 부분이 영성지도의 가장 주요한 강조점은 아니다. 하지만 영적 지도자들이 교회 안에서 신실한 삶에 대한 안내를 담당하였고, 영적 삶에 대한 지도 역시 제공했던 사제들이었다는 점을 고려해 볼 때 이와 같은 우려는 당연하였다.

두 번째 요인은 개신교 신학의 방향성이 점점 이론적으로 변해 갔고, 상대적으로 영성과 영혼돌봄에는 초점을 덜 맞추게 된 점이다. 종교개혁은 가톨릭교의 교리적 오류를 신학적이고 이론적으로 반박하고 수정하면서 발달되었다. 물론 개신교 신학자와 개혁가들도 영적 성장과 관련된 실천적 문제를 다루었다. 그러나 시간이 흐르면서 성화와 영혼돌봄과 관련된 더욱 실질적인 문제는 신학적 조명을 받지 못하고 목회자의 관심과 저작물로 점점 밀려나게 되었다. 세기가 지나면서 개신교의 신학은 계몽주의, 18세기에 등장한 새로운 과학, 19세기와 20세기에 등장한 다원주의에 의해 제기된 지적이고 세속적인 도전을 받게 되었다. 개신교는 이러한 새로운 도전에 대하여 두 가지 대응을 하였다. 일부는 도전에 지식적으로 연관되기를 주저하며 오히려 믿음의 삶에서 안식하고자 하였고, 세속주의를 멀리하였다. 일부 더욱 이론적으로 엄격하고 기민한 개신교 부류들은 믿음을 옹호하기 위해 지적 논의 및 토론을 시도하였다.[43)]

개신교 신학은 일반적으로 지적 문제에 초점을 맞추어 신학의 '과학적' 접근방법을 발전시키는 경향이 있었으므로 영성과 영혼돌봄이 분리되는 결과를 낳았다. 신학은 점점 학문적 영역이 되었고, 영성은 점점 목회자의 영역이 되어 갔다. 그러나 목회자는 정작 신학적 교리에 대한 훈련을 받은 자이지 영성과 영혼돌봄의 실천을 훈련한 자는 아니었다.[44)] 결국 영성훈련과

---

43) 개신교 신학의 발달에 나타난 역사적 연관성과 영향력은 매우 복잡하다. 이 책에서 말하고자 하는 요지는 오늘날 지적 기풍에 어느 정도 닮아 있고, 대응하고 있는 개신교 신학의 방향성을 짚어 보고, 영성과 영혼돌봄으로부터 떠난 관심을 다시 되돌리기다.

영혼돌봄의 영역이 얇아지게 되었고, 그에 반해 믿음 중심주의의 강력한 이론신학이 급성장하게 되었다. 그래서 (특히 보수 복음주의 분파와 같은) 개신교 신학은 영적 성장을 이루기 위한 발달적이고 관계적인 역동을 사려 깊고 경험적으로 이해하는 능력이 결여되어 있다. 그리고 영적 지도의 내면을 깊이 있게 다루는 접근법으로부터도 멀리 떨어져 있다. 기도 속에서 하나님을 깊게 경험하고 이 분야에 뛰어난 경험적 지식을 가지고 있는 영적 지도자들에게 훈련받기에 중점을 두기보다는 오히려 (외현적) 성경지식을 설교하고 가르치는 쪽에 무게를 두었다.

세 번째 요인은 현대 심리치료와 영성 간 분리를 가져온 역사적인 신학적 발전이다. 현대 심리학과 심리치료는 20세기에 들어서며 프로이트에 의해 발전하였다. 계몽사상의 영향으로 심리치료는 관찰과 계량을 통한 과학적 마음연구에 중점을 두었다. 이것은 영혼의 영역에서 심리학을 제거한 것이다. 초기 교부에게 심리학은 항상 영적 세계, 기도의 삶, 하나님과의 관계와 불가분하게 묶여 있었다. 프로이트 시대에 와서 이것은 상당히 극적 방식으로 변하였다. 심리치료가 교회의 중심이었던 영성지도를 대체하였다.

현대심리학이 발전됨과 동시에 개신교는 진보주의 진영과 보수주의 진영으로 분리되었다. 현대적 또는 진보적·신학적 운동은 인간성, 인간의 잠

---

44) 물론 이는 개신교의 발전에 있어 영성과 영혼돌봄의 통찰력이 전혀 없음을 의미하지는 않는다. 그러나 수세기에 걸쳐 발전하면서 개신교 신학의 가장 지대한 관심이 영성과 영혼돌봄의 실천적 영역보다는 이론적이며 복잡한 교리와 문화적이고 철학적인 도전에 더욱 초점을 맞춘 경향이 있었다는 의미다. 극단적 예를 들자면, 19세기 미국의 위대한 보수신학자인 윌리엄 셰드(William G. T. Shedd)는 그의 유명한 저서인 『교리 신학(Dogmatic Theology)』에서 약 1,000쪽가량에 걸쳐 성서학, 신학, 인류학, 기독론 등을 논하였지만 성화에 대한 주제는 단 6쪽만 거론하였다. William G. T. Shedd, *Dogmatic Theology*, ed. Alan W. Gomes. 1888~1894, reprint. Phillipsburg, N. J.: Presbyterian and Reformed, 2003), pp. 803-808. 원죄가 각 세대에 어떻게 전달되는지에 대한 이론인 '영혼 출생설(traducianism)' 교리를 설명하고자 44쪽이 소요된 것과 비교해 보라(셰드의 *Dogmatic Theology*, pp. 438-493). 이것은 원죄 전달 주제의 중요성을 다루기에 대하여 비판하기가 아니다. 단지 목회자가 될 위대한 신학자를 훈련시키는 영역에서 영성과 영혼돌봄의 자리가 얼마나 줄어들었는지를 설명하고자 한 것이었다.

재력, 사회적 복음의 진보를 강조하였다. 구원은 사회개혁과 개인의 건강, 복지의 용어로 재정립되었다. 진보주의자들은 개인의 구원문제를 떠나 그들의 관심을 점차 사회악을 개선하고 개인의 통찰력과 이해력을 증진시키는 방식으로 인류의 문제를 해결하는 데 중점을 두기 시작했다. 따라서 진보주의자들이 새롭게 출현한 심리학에 끌린 이유를 찾기는 어렵지 않다. 심리학이 인간의 성장과 진보를 이해할 수 있는 강력한 도구를 제공했기 때문이다.

1926년 안톤 보이센(Anton Boisen)이 인간의 감정적 문제를 치료하기 시작한 교회를 향해 도전적 글을 발행하면서 교회 안에 어떠한 움직임이 시작됐다. 그는 다음과 같이 말했다.

> 우리는 실로 주목할 만한 상황에 있다. 교회는 항상 아픈 자들에게 관심이 있고, 종교가 가장 적게 기여하고 걱정하였던 종류의 일에 [육체적] 노력을 국한시키고 있다. 그러면서도 반면 어디까지가 의료종사자의 범위이고 어디까지가 종교종사자들의 범위인지 판단하기가 가히 불가능한 [정신적 문제] 일들을 위해서는 교회가 아무것도 하지 않고 있다.[45]

보이센은 사회에서 정서적으로 상처받은 자를 보살펴 주자는 빠른 속도로 퍼진 이 운동의 주요 대변인이 되었다. 1930년까지 이 운동은 더욱 탄력이 붙어 임상목회훈련위원회(the Council for Clinical Pastoral Training)가 발족되기도 하였다.[46] 이 조직은 정서적 어려움을 겪고 있는 사람들을 돕기 위하여 목사들을 훈련시키는 데 힘을 썼다. 곧이어 신학대학원들은 학생들이 심리학적 훈련을 받을 수 있도록 하였다.

---

45) Anton Boisen, *The Exploration of the Inner World*(1926. reprint, Philadelphia: University of Pennsylvania Press, 1971).

교회의 진보진영은 빠르게 이 운동에 이끌렸다. 사람들의 정서적 문제를 다루는 것은 인간의 가능성을 실현하기 위한 방안이었고, 이는 진보적 세계관과 완벽하게 맞아떨어졌다. 또한 이는 현시점에서 사람들에게 당면한 필요를 다뤘으므로 사회적 복음에 대한 진보적 강조점과 맞았다. 진보진영이 이러한 방향으로 움직인 동안, 심리학은 점점 진보개신교의 인류학을 다시 보려고 노력했다. 프로이트 학설의 생각이 미국 세속사회에 스며들었던 것처럼, 이 운동은 진보진영 목회들이 사람의 문제를 바라보는 시각을 변화시켰다. 사람들은 이제 죄성이 있기보다는 '아프거나' 심리적으로 건강하지 않음으로 간주되었다. '죄책감'이 진정한 회심을 돕는 진짜 무언가로 여겨지기보다는 지나치게 엄격한 초자아 또는 양심의 징후가 되어 버렸다. 해리 에머슨 포스딕(Harry Emerson Fosdick)과 같은 진보적 신학자들은 인간 본성에 대한 이러한 견해를 전파하였다.[47]

진보주의자들이 현대심리학을 채택한 결과, '믿음의 근본'이라 칭한 핵심적인 신학적 문제와 관련해 진보주의자들로부터 떨어져 나간 보수주의자들은 그들 스스로 심리학으로부터 거리를 둘 필요를 느꼈다. 보수주의자 및 근본주의자들의 우려는 심리학의 이론이 비판적으로 평가되지 않았다는 점이다. 심리학은 비록 이 이론의 중요한 측면이 성경이 바라보는 사람에 대한 견해와 일치하지 않을지라도 거의 대부분 그대로 차용되었다. 그러나 이 경향의 일부는 단순히 진보주의가 보고 느끼고 경험한 것에서 분리하기 위한 움직임이다. 사회 악 다루기에 대한 개념 중에서 세속적 심리치료를 수용하기는 인간이 죄가 없고 그리스도의 대속을 필요로 하지 않는다는 진보적 견해를 지지하기로 해석될 수도 있다. 보통 심리학이 기독교와 상반되며

---

46) John D. Carter & Bruce Narramore, *The Integration of Psychology and Theology*(Grand Rapids: Zondervan, 1979).

47) Harry Emerson Fosdick, *On Being a Real Person*(New York: Harper and Row, 1943).

오직 성경만이 정확하게 생활 속에서 인간이 처한 상황과 지혜를 다룬다고 믿고 있는 많은 근본주의자들은 추가 조치를 취하였다.

이러한 경향은 영혼돌봄의 접근방법에 대한 개신교에 다양한 격차를 유발시켰다. 개신교의 한 분파는 현대심리학의 새롭고 강력한 지식을 영혼돌봄에 사용하였다. 문제는 이것이 우리가 고대 교부들의 심리학이라고 칭했던 기도의 삶, 하나님을 사랑하고 연합하는 삶을 통해 영적으로 성장하는 맥락 밖에서 진행된다는 점이다. 그들에게 영적 발전을 위한 심리학의 정의는 궁극적으로 인간의 본성을 이해하기였다. 진보주의 개신교의 영혼돌봄이 관계적이고 정서적 역동을 이해했을지는 몰라도 그들은 영혼을 잃었다. 기도의 삶과 하나님에 대한 사랑, 이웃에 대한 사랑을 지탱해 주는 영혼을 잃었다.

반면, 보수주의 개신교의 많은 영역들은 현대심리치료 발전을 기피했다. 그들은 그리스도의 대속을 통한 개인 구원의 중심적 역할에 초점을 맞추었다. 이 전통은 개인의 구원을 위해 그리스도가 십자가에 못 박힌 일을 믿고 받아들이기의 중요성을 훌륭하게 유지하였다. 보수적인 복음주의 진영의 영혼돌봄이 영혼의 일부(그리스도의 대리속죄를 받아들이기를 통한 하나님과의 관계)를 주장했지만, 고대 교회의 교부와 교회 역사에 이미 존재했던 관계적이고 발전적 통찰력의 깊이를 되찾는 데 실패했고, 또한 현대심리치료의 새로운 지식을 사려 깊게 사용하고, 하나님의 사랑에 이를 적용시키기에 실패했다.[48] 그래서 우리는 마음과 영혼 사이의 인위적 분리가 만들어 놓은 각기 다르고 개별적 형태의 영혼돌봄의 상태에 남겨져 있다. 현대의 영성지도와 심리치료를 간단히 비교한 후, 이런 분리된 상황을 개선하고자 하는 우리의 방안을 살펴볼 것이다.

---

[48] 이러한 매우 동일한 차이는 '심리학과 신학의 통합'으로 알려지기 시작한 학문 분야를 발전시키도록 자극했다. 우리가 논쟁하고 있는 인위적 분리는 '통합'이라는 인위적 방식으로 메워지고 있다. 통합 안에서 우리는 고대 교부들이 했던 것처럼 하나님의 사랑을 따르기가 심리학의 가장 큰 목적

영성지도와 기독교 심리치료를 비교하기

영성지도의 발전과 영혼돌봄에 대한 세속적이고 기독교적 형태의 발전에 대한 간단한 개요는 앞에서 다루었다. 지금부터는 분리를 개선할 수 있는 가능성과 위험성을 논의하는 장을 마련하기 위하여 영성지도와 심리치료를 비교·대조하여 볼 것이다.[49] 영혼을 돌보는 두 방식 모두 나름 저만의 뚜렷한 방법과 목표를 가지고 발달되었다. 그래서 그들을 결합하고 별개로 놓아두는 등에 대한 도전을 하기 위하여 공통점뿐 아니라 차이점을 이해하기도 중요하다. 우리는 두 가지 영혼돌봄의 전반적 목표와 과정을 살펴보겠다.

영성지도와 심리치료의 전반적 목표

영성지도와 심리치료가 이루려는 것은 명백하게 겹쳐지는 영역도 있지만 중요한 차이점도 있다. 영성지도와 심리치료 각각의 목표에 대하여 개략적으로 진술한 후 우리는 일반적 공통점을 강조할 것이다. 그리고 나서 두 가지 형태의 영혼돌봄을 구별할 수 있는 보다 세부적 목표를 논할 것이다.

영성지도의 목표에 많은 접근법이 있지만 대부분의 영적 지도자들은 사람들이 하나님께 응답할 수 있도록 도와야 한다는 데 공통적으로 동의할 것

임을 되찾음으로써 각기 다른 방식으로 분리를 메우려고 시도하고 있다. 우리가 언급한 것처럼, 이것은 본질적으로는 통합되어 있는 과학과 변형심리학의 다양한 비전을 주도하고 있다. 즉, 심리학의 과정(예, 방법)과 내용은 궁극적인 목적(하나님의 사랑)으로부터 결코 분리되지 않는다. 그러므로 통합이 필요한 두 개의 훈련이 존재하지 않고 오직 한 가지 훈련(psychology in the Spirit)만이 존재한다는 점이 우리의 입장이다.

49) 더 구체적 구분을 할 수는 있으나(예, 목회상담처럼), 이 책에 맞는 우리의 목적을 위해 우리는 영혼돌봄에서 마음과 영혼 간 두 가지로 명백히 나뉜 대표적 사례인 심리치료와 영성지도에 초점을 맞출 것이다. 더불어 우리가 '치료'라고 바꿔 부를 수도 있는 '심리치료'라는 용어를 매우 광범위하게 사용하고 있음을 주목할 필요가 있다.

이다. 예를 들어, 배리(Barry)와 코놀리(Connolly)는 기독교의 영성지도를 "하나님이 그 자신의 삶에 개인적으로 소통하기에 주의를 집중할 수 있도록 하고, 하나님의 이러한 개별적 소통에 응답하며, 하나님과 더욱 친밀해지고, 이러한 관계의 결과로서의 삶을 살 수 있도록 한 명의 기독교인이 다른 사람을 돕기"라고 정의하였다.[50] 마찬가지로 토머스 머튼(Thomas Merton)은 영성지도를 "한 기독교인이 그의 특별한 소명의식으로 이끌림과 장려를 받음으로써 그의 소명의 특정한 목적을 이루고 성령의 은총에 신실하게 응답함으로 인해 하나님과의 합일을 이루는 훈련과 안내의 연속적 과정"이라고 정의하였다.[51] 그렇다면 영성지도란 기도를 통해 성령에 참여하고 하나님에게 응답함으로 성도의 영적 변형의 과정으로 믿는 자를 돕도록 고안된 안내다.

심리치료로 돌리면, 우리는 비록 영성지도의 것과 연관이 안 되지는 않으나 전체적 초점의 차이를 발견하였다. 셀 수 없이 다양한 심리치료의 '모델' 또는 접근이 존재하는데, 각 접근은 모두 심리적 건강이나 성숙함에 대한 서로 다른 견해를 가지고 있고 이를 추구하고 있다. 그러나 우리의 목적을 위해서 우리는 우리의 변형모델과 일치하는 심리치료의 광범위한 관계적 접근에 초점을 맞출 것이다. 이러한 관점에서 심리치료의 목표는 개인이 점점 융통성 있고 다른 사람과의 성숙한 관계를 발전시킬 수 있도록 돕기다. 증상 완화하기, 효율적이고 효과적으로 기능하기가 모두 중요한 고려대상이지만 이 관점에서는 건강한 관계성 다음에 오는 부차적 목표다.

이러한 관계는 상호적 또는 성숙한 의존성[52]과 안전애착[53]으로 특징지

---

50) William A. Barry & William J. Connolly, *The Practice of Spiritual Direction*(San Francisco: HarperCollins, 1982), p. 8.

51) Thomas Merton, *Spiritual Direction and Meditation*(Collegeville, Minn.: Liturgical Press, 1960). pp. 14-15.

52) W. R. D. Fairbairn, *An Object Relations Theory of the Personality*(New York: Basic Books, 1954). Harry Guntrip의 *Personality Structure and Human Interaction*(New York: International Universities Press, 1961)을 참조하라.

을 수 있다. 매리언 솔로몬(Marion Solomon)은 최근 의존성은 부정적이지 않으며 인간 본성과 발달에 필수적 요소라고 주장하며 '긍정적 의존성'이라는 개념에 대해 설명했다.[54] 대상관계 이론가들이 설명하는 성숙한 의존성은 세 가지 요소가 특징이다. (a) 자기와 타인 간 분화, (b) 받아들일 수 있는 능력과 줄 수 있는 태도, (c) 타인의 긍정적 성격 특성의 내면화가 그것이다. 안정애착은 양육자에게 안정감을 느끼는 감각을 언급하는데, 이것이 정서를 조절하고 타인의 경험에 공감하는 능력에 기본이 된다. 이것은 다수의 긍정적인 발달적 결과와 관련된다. 그리고 각각의 목표차원에서 차이뿐 아니라 유사성도 발견되는 영성지도와 심리치료의 개념에서도 명백하게 드러난다.

넓은 의미로 심리치료와 영성지도의 목적은 의미 만들기 과정과 같은 성숙의 증진인데, 여기에는 분리와 연합, 상호 의존, 친밀함, 사랑을 자유롭게 주고받는 능력이 포함된다.[55] 이는 심리적·영적 성숙에 동등하게 적용된다. 유일한 차이는 심리적 성숙이 외현적으로 보기에 영적 성숙을 반드시 필요로 하지 않은 반면(예, 하나님과의 관계), 영적 성숙은 타인을 사랑하고 우리의 능력과 인격을 발달시키는 하나님을 향한 사랑의 일부이기 때문에 심리적 성숙을 꼭 필요로 한다. 그래서 넓은 의미에서는 심리치료와 영성지도가 둘 다 전체적 인간발달에서 친밀함과 사랑을 할 수 있는 능력을 추구했다는 점에서 매우 유사하다.

그러나 심리치료와 영성지도의 세부적 목표에는 다소 차이가 있다. 수많은 저자들은 영성지도에서는 하나님과 피지도자 간의 관계형성이 중요하다

---

53) 안심애착에 관하여 매우 읽기 쉽게 쓴 John Bowlby, *A Secure Base: Parent-Child Attachment and Healthy Human Development*(New York: Basic Books, 1988)를 보라.

54) Marion Soloman, *Lean on Me: The Power of Positive Dependence*(New York: Simon and Schuster, 1994).

55) S. G Miller, 「Reciprocal Maturities: Spirit and Psyche in Pastoral Counseling and Spiritual Direction」, *Pastoral Psychology* 40, no. 2(1991): 93-103.

고 한다.[56] 더욱이 영성지도는 그것의 인지적 이해를 가능하게 하는 데 초점을 맞추기보다는 하나님과의 관계에 참여하기를 강조한다.[57] 그러므로 영성지도는 하나님에 대한 개인의 실제 경험과 하나님과의 상호작용을 직접적으로 다루며 결과적으로 하나님에 대한 경험 지식을 발전시킨다.[58] 영성지도는 주로 내적 삶을 키우고 하나님의 뜻을 파악하기와 관련된다.[59] 이것은 하나님과의 관계를 가능하게 하는 데 명시적으로 초점을 맞추며, 지도자-피지도자 동맹의 근본이 되시는 하나님을 강조한다. 영성지도의 목표는 개인이 하나님이 그의 삶의 모든 면에 있어 얼마나 면밀하게 관련되는지 깨달을 수 있도록 돕는 것이며, 그래서 피지도자가 삶과 하나님과의 관계를 함께 엮을 수 있도록 돕는다. 이는 하나님의 응답을 알아차리고 그에게 귀기울일 수 있는 능력을 개발하여 신적 임재를 기뻐하고 즐거워하는 발달을 포함한다.

영성지도는 개입처럼 보이기보다는 오히려 여행의 동반자처럼 보이게 하는 특정한 목적을 가지고 있다. 이것은 삶의 방식으로서 특별한 위기가 없을 때 또는 사람들이 보다 깊은 명상적 자기성찰을 지향하기 시작할 때 더욱 중요하게 여겨지고 있다.[60] 영성지도는 문제를 파악하기보다는 사람들이 그들의 소명(아주 넓은 의미에서)을 이행할 수 있도록 돕기에 보다 많이 집중한다. 즉, 영적 지도자는 사람들이 하나님 안에서 완전한 사람으로 부

---

56) Barry & Connolly, *The Practice of Spiritual Direction*, J. W. Conn, *Spirituality and Personal Maturity* (New York: Paulist Press, 1989). Janet Edwards, 「Spiritual Direction: A Delicate Weaving of Life and Religious Experience」, *Studies in Formative Spirituality* 7, no. 2(1986): 177-191.

57) Barry & Connolly, *The Practice of Spiritual Direction*.

58) 위의 책, J. D. Driskill 「Pastoral Counseling and Spiritual Direction: Enrichment Where the Twain Meet」, *Pastoral Psychology* 41, no. 4(1993): 217-235.

59) J. A. Davies, 「Patterns of Spiritual Direction」, *Christian Education Journal* 13, no 3(1993) 49-66.

60) 위의 책.

르심받았음을 받아들일 수 있도록 그리고 그가 어떠한 상황에 처해 있든지 하나님의 뜻을 따르는 특별한 부르심이 있다는 사실을 받아들일 수 있도록, 하나님의 주권을 받아들일 수 있도록, 그리고 개인의 자유와 선택에 의해 제공되는 기회의 범위를 받아들일 수 있도록 현명하게 안내한다. '소명'은 물론 이를 포함하기는 하지만 단지 누군가의 일자리만을 말하는 것은 아니다. 더 정확히 말하면 소명은 환경 안에서 인간으로 살고, 자유 안에서 우리 스스로를 찾을 수 있는 부르심에 관한 것이다. 소명은 또한 우리의 창조자이신 하나님이 준 선물인 인간성을 수용하고 인간됨이 더 이상 혼자가 아니며, 하나님과 결합하여 살기 위함임을 깨닫는 것이다. 사실 이것은 우리가 의도한 것처럼 우리의 인간성을 수용하고 다른 사람과 함께 인간적으로 살아가도록 우리를 개방하는 것이다. 그런 면에서 영적 지도자는 문제의 증상과 병리를 경감시키는 일에는 관심을 덜 가지며, 우리의 인간성을 실현하며, 하나님의 뜻을 분별하는 여정을 돕기 위한 동반자가 되기에 더 관심을 가진다.

영성지도와는 달리 심리치료는 주로 정서적 고통과 생활 속 문제를 다루는 데 관심이 있다. 심리치료의 어떠한 이론(예, 실존주의, 정신역동)은 성장을 강조한다는 점을 눈여겨보아야 한다. 또한 이러한 형태의 심리치료의 중점 목표는 성숙하고 유연한 관계를 맺는 능력을 증진시키기 위하여 자기의 자각과 통합을 증진하기다. 그러므로 치료가 오로지 증상완화에만 중점을 두고 있지는 않으며, 치료과정이 문제 파악하기를 넘어선다면 성장과 발전을 향한 여정의 형태를 취할 수도 있다. 그러나 보통 심리치료는 여전히 영성지도보다는 정서적 고통을 완화하는 데 보다 더 중점을 두고 있다.

영성지도와 심리치료 과정 비교

이제 심리치료와 영성지도에서 구체적으로 무엇이 발생하는지를 살펴보

자. 심리치료와 영성지도 모두에서 일어나는 네 가지 요소가 있다. 그것은 (a) 작업동맹, (b) 내담자/피지도자가 바라는 것과 치료자/지도자가 제공하는 것에 대한 상호 동의, (c) 내면의 생각과 감정을 나누는 과정, (d) 자기와 타인에 대한 의미를 만들거나 하나님과의 성숙한 관계를 발전시키는, 즉 성장을 방해하는 방어기제 자각 및 평가다.[61] 두 가지 방법에서 나타나는 요소들의 구체적인 내용은 다르게 보일 수도 있음을 유의할 필요가 있다. 더불어 치료자와 지도자들을 향한 전이감정은 양쪽 모두에서 발생할 수 있다.[62]

그러나 한 가지 차이점은 영적 지도에서 전이는 심리치료에서 그러는 것처럼 의도적으로 조장되지 않는다는 점이다. 다른 차이점은 영성지도에서는 하나님에게로의 전이가 그 과정에 중점이 되는 반면, 심리치료에서는 비록 일정 기간 다룰 수는 있으나 이것이 반드시 필요하지는 않다. 영성지도는 하나님에 대한 개인의 경험을 다루기 때문에 의심할 여지없이 전이반응이 포함된다. 그래서 치료사에게로의 전이가 심리치료의 시작점이 되듯이, 영성지도에서는 하나님에게로의 전이가 하나님과의 진실한 관계의 출발점이 된다.

심리치료와 영성지도의 또 다른 유사성은 각각에 포함되는 '참여하기' 과정이다. 두 과정 모두 심리적 및 영적 성숙에 참여를 한다.[63] 영성지도자는 심리적 발달이 하나님과의 관계에 불가분하게 연결된다는 점에 있어 개인의 심리적 발달 과정에 주의를 기울인다.[64] 반면, 치료자는 내담자의 영성이

---

61) J. W. Conn, *Spirituality and Personal Maturity*(New York: Paulist Press, 1989).

62) 전이는 내담자가 부모 또는 다른 애착대상과의 관계의 일부였던 역동을 치료자와의 관계에서 경험하는 일반적 현상이다. 전이는 정서적으로 중요했던 양육자와의 관계패턴의 암시적(비언어적)기억을 바탕으로 한다. 영성지도에서 전이에 대한 논의는 배리(Barry)와 코놀리(Connolly)의 *The Practice of Spiritual Direction*과 장 라플라스(Jean Laplace)의, *Preparing for Spiritual Direction*(Chicago: Franciscan Herald Press, 1988)을 보라.

63) S. G. Miller, 「Reciprocal Maturities: Spirit and Psyche in Pastoral Counseling and Spiritual Direction」, *Pastoral Psychology* 40, no. 2(1991): 93-103.

심리적 성숙함을 촉진하거나 방해한다는 점에 있어 내담자의 영성에 주의를 기울인다. 그러므로 참여하기 과정이 두 영혼돌봄 과정에서 유사하게 나타나지만 그 강조점은 뒤바뀌어 있다.

심리치료사와 영적 지도자가 주의하는 방식은 같을지 몰라도 영혼돌봄을 위해 그들이 무엇에 관심을 두는지는 다르다. 영적 지도자는 기도와 영적 훈련, 하나님의 존재 또는 부재에 대한 의식, 일상생활에서의 의미 경험, 하나님에 대한 갈망 등에 대한 피지도자의 경험에 주의를 기울인다.[65] 심리치료사들은 하나님에 대한 내담자의 경험에 어느 정도 중점은 두지만 그것이 심리치료의 두드러진 중점은 아니다. 왜냐하면 내담자들은 그들의 주 호소 문제가 하나님과의 관계의 어려움일 경우, 심리치료사가 아닌 목회자를 찾아가는 경향이 있기 때문이다. 또한 심리치료사가 하나님에 대한 경험에 중점을 둘 때조차 기도가 성장에 중요한 수단으로 촉진되지는 않는다. 오히려 그들은 치료적 관계에서 새로운 경험을 하게 함으로써 문제를 다루는 경향이 있다. 이는 다른 사람과 관계하는 내담자의 자기감각에 영향을 줄 것이다.

심리치료와 영성지도에서 변화를 이끄는 근본적 조건이 상당히 유사함은 의심할 여지가 없다. 영적이고 심리적 영역에서 성숙은 성숙한 의존성과 안정적 애착관계를 촉진시키는 의미 만들기 과정과 유사한 부분이 있다. 그러므로 둘 중 어떠한 개입이든지 변화를 가져오는 과정은 필연적으로 서로 얽혀 있다. 하지만 변화를 초래하기 위해 심리치료와 영성지도에서 사용되는 방법들은 다소 차이가 있다.

영성지도에서는 피지도자와 지도자 간의 관계에는 덜 신경을 쓰며, 성령이 주신 은총을 통해 하나님과 피지도자의 관계에 초점을 맞춘다. 영성지도에서 관계는 안내자와의 신뢰를 형성하는 데 중요하다. 그러나 어떠한 상황

---

64) Benner, *Care of Souls*.

65) Gerald G. May, *Care of Mind, Care of Spirit: A Psychiatrist Explores Spiritual Direction* (San Francisco: HarperSanFrancisco, 1992).

에서도 하나님의 일하심과 목적을 분별할 수 있도록 피지도자와 하나님의 관계에 중점을 둔다. 결과적으로 영적 지도자는 피지도자들이 주어진 상황에서 그의 은혜가 드러날 수 있도록 하나님의 일하심을 분별하고 참여할 수 있도록 돕는다. 어떠한 병리적 역동에도 따르고, 그들이 기도로 묻고, 영적 훈련 그리고 전반적인 삶을 통해 견뎌야 함으로 이해한다.

영성지도와는 달리 관계중심(예, 정신역동, 애착기반치료)의 심리치료사들은 내담자-하나님이 아닌 내담자-치료자의 관계에 중점을 둔다. 우리가 지난 장에서 논의했듯이, 이 관계는 단계적으로 내면화되는데, 관계 안의 자기라는 새로운 느낌을 만들어 내고 타인과 상호작용하는 새로운 가능성을 제공한다. 영성지도와 심리치료 모두 본질적으로 관계적이나 영성지도는 하나님과의 관계에 의존하므로 자연스럽고도 명백하게 영적 영역을 포함한다. 보다 구체적으로는 기도에 초점을 맞춘다. 둘은 필연적으로 연관되어 있으므로 한 영역의 변화는 결과적으로 다른 영역의 변화를 야기할 것이다. 하지만 변화를 이끌어 내는 결정인자는 다르다.

영혼돌봄의 각 형태는 그 나름의 방식으로 인간의 상태를 다루는데, 각각의 내적 논리에는 명백한 이점이 있다. 그런데 그러한 똑같은 내적 논리는 또 각각의 영혼돌봄이 역사 속에서 정의되고 실행되어 오며 생겨난 본질적 결핍요소로 이어진다. 이제 각 형태의 영혼돌봄에 대한 결론을 내려 보자. 결론에는 우리가 다음 절에서 씨름하게 될 분리를 개선할 수 있는 가능성과 잠재적 위험성도 포함된다.

일반적으로 영성지도는 진실한 인간성을 실현하도록 하고 하나님과의 깊은 관계로 사람을 이끄는 강력한 형태의 영혼돌봄이다. 어떤 의미로 이는 변형을 이루기 위해 다른 사람과 의도적으로 '함께 있기'가 가장 중요하고 핵심이 되는 형태다. 이는 다양한 형태의 영적 우정을 형성할 수 있는 삶의 기본이다. 비록 어느 측면에서는 영성지도가 모든 종류의 영혼돌봄 중 존재론적으로 가장 중요하고 기본이라고 할 수 있지만, 발달적 측면에서는 가장 우세하거나 기본이 되지는 않는다. 다시 말해, 청소년기와 성인 초기에 셀 수도 없이 많은 심리적 역동이 존재하며, 이것은 종종 하나님과의 관계를 방해하기 때문에 관계적 역동을 치료하기 위해서는 명확하게 다루어져야 한다. 우리의 10대와 성인 초기 시기에 하나님과 우리 관계에 들어왔던 수많은 병리적인 요소들이 있기 때문에 이를 치유하고 회복해야 할 좋은 치료가 필요하다. 우리는 우리의 일터에서 학부생과 대학원생에게 영성지도를 하며 이러한 일들을 매일 목격한다. 생애 초 관계의 역동으로 인한 방어기제가 너무 강할 경우에는 심리치료가 영성지도를 훌륭하게 대체할 수 있다. 다루어야 할 심리적 요소들의 강도가 셀 경우에는 심리치료가 영성지도보다 우선적으로 제공될 것이다.

심리치료 역시 한 사람이 타인(하나님을 포함하여)에 대한 관계 안의 자기를 경험할 수 있도록 새로운 지평을 열어 주는 강력한 영혼돌봄의 형태다. 정신병리와 그것의 소인과 마찬가지로 인간관계를 주목하기는 과거의 삶을 극복하기 위해 매우 중요하다. 그러나 영성지도에서 목표하는 바를 잃은 심리치료는 영혼을 잃을 수 있다. 오직 하나님의 은혜와 사랑에 참여함으로써 온전한 인간이 될 수 있으며, 온전히 걸림돌 없이 타인을 사랑할 수 있고 사랑을 알 수 있다. 이러한 것들을 떠나서 하나님과의 연합을 이룰 때까지 인간의 마음은 결코 만족에 이를 수 없다. 성공적 심리치료의 과정은 여전히 무언가를 놓치고 있다. 그리고 그 무언가는 인간 존재 의미의 핵심에 있다. 이러한 핵심을 다루기가 영성지도의 궁극적 목적이며 탁월성이다. 결국 영성지도와 심리치료는 영혼돌봄의 전인적 과정에서 서로를 훌륭하게 보완해 줄 수 있다. 본 장의 마지막에서 다룰 내용은 영혼돌봄의 분리를 과연 개선할 수 있는지, 그렇다면 어떻게 할 수 있는지, 우리의 변형모델 속에 두 개의 유서 깊은 전통을 하나로 혼합할 수 있는 새로운 패러다임이 있는지를 고찰하는 일이다.

심리치료와 영성지도의 분리를 개선하기: 가능성과 위험성

우리는 지금껏 다른 형태의 영혼돌봄으로 분리된 마음과 영혼의 인위적 분리에 대하여 논의해 왔다. 심리치료와 영성지도의 분리로부터 야기되는 제한이 있다는 생각이 내포되어 있다. 서로 다르고 뿌리 깊은 전통으로 발전한 이러한 영혼돌봄의 분리가 가져올 문제에 대하여 간단히 대답할 수는 없으나, 우리는 이러한 잠재적 제약을 알기가 영성심리학을 실천해 나가는 데 중요하다고 믿고 있다. 또한 우리는 이러한 전통을 통합하는 새로운 방법에 매우 신중하고 사려 깊게 접근할 필요가 있지만, 분리를 개선하는 방법을 고려하기가 절대적으로 중요하다고 믿고 있다. 잠재적 제약을 더 잘 알기는 적어도 분리를 개선하기를 도우며, 영혼돌봄의 현재 구조 내에도 더욱 전체적 영혼돌봄을 제공할 수 있도록 우리를 도울 것이다. 다음 장에서 분리가 가져오는 제한점을 논하여서 본래의 논제로 돌아가기 위하여 맥락을 제공하며, 나머지 부분에서는 심리치료와 영성지도를 통합하는 다양한 방법의 가능성과 잠재적 위험성 모두를 다룰 것이다. 우리는 심리치료와 영성지도를 통합하는 세 가지 방식에 대하여 알아볼 것이다. 이는 골격은 분리된 채 놔두되 훈련은 통합하기, 한 영역 안의 문제를 서로 다른 골격에서 다루기, 새로운 심리영성 영혼돌봄으로 골격을 통합하기다.

심리치료와 영성지도의 분리의 한계

우리가 인간을 전체로 보는 대신 한 측면에 중점을 둔 결과, 영혼돌봄의 두 가지 형태 모두에서 여러 가지 제한이 나타났다. 첫째, 심리적 영역이나 영적 영역 중 한 가지를 표면상으로 다루는 영혼돌봄의 방법을 실시하기는 우리가 인위적으로 양분화한 방법으로 누군가를 도울 때 우리가 무엇을 하는지에 대한 우리의 생각에 기여할 수 있다. 내(토드)가 심리치료를 할 때, 내담자가 치료를 통해 무엇을 원하는지에 대한 기대뿐 아니라, 심리치료가 어떤 것인지에 대한 나의 모든 경험과 훈련은 암시적으로 내가 치료관계를 생각하고 병리적 증상에 관심을 기울일 수 있도록 도와준다. 그러나 이런 것들은 내담자와 하나님과의 관계 밖에서 일어난다. 내가 내담자와 하나님과의 관계에 대하여 생각하지 않거나 관심이 없는 것은 아니지만 요점은 현대심리치료의 전체적인 구조 자체가 성령님이 참여하도록 하는 나의 역할을 은근히 제외하거나 내담자의 삶 속에서 심리적 문제의 영적 중요성을 빼버리기다. 이렇게 하기가 나는 마음에 거슬릴 수밖에 없다.

내가 기독교 임상심리박사 프로그램에서 훈련을 받았고, 심리치료에 영성을 통합하는 광범위한 수련을 받은 사람으로서 말을 하고 있음을 밝힐 필요가 있다. 이러한 사실은 현대 서구심리학이라는 구조 속에 얽혀져 있는 분리와 세속적 현대성의 힘을 더욱 강조한다. 우리는 보통 우리 역할의 경계를 뚜렷이 유지하기 위해 엄청난 힘과 시간을 소요한다. 이렇게 하는 매우 중요한 이유에도 불구하고, 이것은 종종 구분된 사고로 이끄는 부정적 부작용을 낳는다. 이는 영혼돌봄의 다양한 형태가 과거 수십 년 동안 생겨나면서 경계가 불분명하고 혼란스럽다는 사실 때문이다. 우리는 영혼돌봄 제공자가 역할과 경계에 대하여 염려하지 말자고 제안하는 게 아니다. 이와는 반대로 새로운 방식으로 심리치료와 영혼돌봄을 통합하기 위해서는 각기 다른 전통의 영혼돌봄의 '역할'을 엄밀히 이해해야 한다.[66] 영혼돌봄 제공자가 더 전체적 영혼돌봄을 제공할 수 있는 새롭고 진실한 돕는 방식을 제공하는 일은 그 다음이다.

---

[66] 영성지도와 심리치료의 윤리적 문제에 대해 더 알고자 한다면 시앙-양 탠(Siang-Yang Tan)의 *Spiritual Direction and Psychotherapy: Ethical Issues,* ed. Gary W. Moon and David G. Benner (Downers Grove, Ill.: InterVarsity Press, 2004), pp. 187-204를 참조하라.

우리가 영성지도의 한계를 고려할 때, 우리는 하나님과 이웃을 사랑하라는 궁극적 부르심에 내포되어 있는 관계적 역동[67]을 회피하거나 파악하지 못할 가능성을 주목할 것이다. 적어도 이것은 일상생활과 인간관계라는 현실에서의 영성을 다루기보다는 '영성'의 매우 얕고 피상적 범주만을 다루는 영혼돌봄의 한 형태를 야기할 수도 있다. 더군다나 확실히 병리적 관계역동은 성령에 주의를 기울이고 하나님의 뜻을 파악하는 피지도자들의 능력을 상당히 저하시키거나 차단할 수도 있다. 때로는 정신병리의 강도가 상당히 크기 때문에 영성지도의 목표에 중점을 두기 어려워지는 순간도 있다. 그러한 관계역동이 어떤 식으로든 다루어지지 않는다면 영성지도가 그 사람에게 가장 적합한 방법이 아닐 수도 있다.

심리치료의 맥락에서 잠재적 제한점을 검토할 때 많은 한계점이 드러난다.[68] 첫째, 양분화된 사고를 다루고자 할 때, 심리치료사들이 하나님과의 관계와 전체적인 과정에서 성령의 역할은 제쳐 놓고 내담자가 정서적이고 관계적 건강을 추구하도록 돕는 일은 참 쉽고 자연스럽게까지 받아들여진다. 다시 말하자면, 심리치료사는 정서적 문제 속의 영적 중요성 또는 내담자가 성령을 인식하고 이에 응답하는 면에 결코 주의를 기울이지 않는다.

나(토드)는 수년간 많은 내담자를 만나 왔다. 내담자들과 나의 관계는 매우 돈독했으며 수년 과정의 심리치료 동안 우리는 놀랍기까지 한 엄청난 변화들을 지켜봤다. 일부 내담자들과 나는 영적 문제에 대하여 자주 이야기했고, 다른 내담자와는 이 문제가 가장 시급한 우려사항이라고 여기지 않았기 때문에 그런 대화를 하지 않았다. 영성이 치료에서 중요한 이슈가 아니라

---

67) 관계역동은 종종 '정신역동'으로 언급되지만 이것이 인간의 '심리적'과 '영적'의 형태 사이에 잘못된 분리에 영향을 준다. 관계역동은 확실히 심리적이나 그들은 또한 본질적으로 영적이기도 하다.

68) 우리는 여기에서 일반적 심리치료를 언급하고 있다. 그러나 심리치료의 세계관이 여전히 마음과 영혼을 분리하는 일부 양상에 일조하고 있을지라도, 변형심리학을 기반으로 한 기독교인의 영성 심리치료는 어느 면에서는 이러한 한계를 다룰 수 있다는 점을 주목해야 한다.

고 여겼던 내담자와 나는 이러한 분리의 영향으로 인해 어려움을 겪곤 하였다. 나는 비슷한 고심을 하고 있는 수많은 심리치료 임상가들과 대화를 해왔다. 한 치료자는 다음과 같이 말했다. "나는 진(Jean)이 공포증과 불안 때문에 도움을 받고자 나를 찾아왔음을 알고 있다. 나는 그녀의 심중(heart)에 더 관심을 가졌고, 그녀가 나에게 치료전략을 기대할 때 기도를 하곤 하는 나 자신을 발견하였다. 나는 때때로 진이 나에게 지불하고 있는 비용만큼 충분한 보상을 얻지 못한다고 생각한다. 나는 그녀가 바라는 것이 아닌 다른 무언가를 주고 있는 것 같다."[69]

오랫동안 치료를 받은 대부분의 내담자들의 인간관계는 그들이 처음 치료를 시작했을 때보다 더욱 건강해진다. 그들은 더 나은 선택을 하고, 경계선을 더 잘 유지하며, 더 이상 심각한 불안이나 우울을 경험하지 않고, 배우자와 친구들과의 유대감을 느끼게 되었다. 또한 더 나은 부모가 되었고, 일반적으로 더 삶을 즐기게 된다. 만약 내가 다시 치료를 해야 한다면, 그러한 변화는 엄청나기 때문에 나는 생각해 볼 것도 없이 당장 할 것이다. 그들 중 일부와는 영성에 대하여 논하거나 영성에 참여하는 면이 부족했음에도 불구하고, 이러한 변화는 그들의 삶의 모든 면에 영향을 준다. 그리고 이는 인간관계 안에서 내가 누구인지를 알아차릴 수 있는 핵심이다.

이러한 변화들이 외적으로 보기에 현저히 '영적'이지 않기 때문에 노력할 가치가 없다고 말하는 것이 어렵지는 않다. 오히려 나의 고심은 내담자들에 대한 깊은 관심에서 나온다. 이러한 강력한 변화에도 불구하고, 어떤 경우에는 치료의 마지막까지 내담자들이 하나님의 깊은 사랑에 연결되어 있지 않았다. 나는 우리가 심리치료라고 부르는 치료의 지평선 너머에 삶의 풍요로움이 있음을 알고 있다. 삶의 풍요로움은 내담자들의 삶의 모든 양상에 완전히 새로운 의미를 부여한다. 그러나 하나님과의 연합이 만들어지지 않으

---

69) May, *Care of Mind, Care of Spirit*, p. 201.

면 내담자들은 이러한 것들을 알 수 없다. 비록 내가 그들이 이러한 것을 경험하길 간절히 바란다 해도 그들 중 일부는 하나님의 사랑을 쫓기 위해 나를 찾아오지는 않을 것이다. 그들은 나를 찾아온 목적이 있다. 그렇다면 그들은 하나님이 자신을 위해 준비하신 것보다 훨씬 적은 것에 만족하기 때문에 나는 그들을 내버려 두어야 하는가?

예수님은 사람들에게 필요한 것을 주었지 꼭 요청한 것을 준 건 아니었다는 데이비드 베너의 말을 기억해 보자. 심리치료의 세계에서 일부 치료자들은 이러한 생각을 일축하기도 하지만 그러나 좋은 심리치료자들은 실제로 늘 그렇게 한다. 내담자들은 자주 자신에게 도움이 되지 않는 것을 밀고, 당기고, 바라며, 이런 자기파괴 성향은 바로 그들에게 도움이 필요한 문제 중 하나다. 좋은 치료사는 내담자가 그 필요를 인지하고 있는지 여부에 관계없이 내담자가 실제로 성장하는 데 필요한 것이 무엇인지 파악하고 그것을 제공할 것이다. 나 역시 그러하다면 내담자들이 그 필요성을 인지하지 못하더라도 내가 그들이 필요하다고 생각하는 것을 그들에게 제공하기 위하여 전통 심리치료의 영역을 넘어서야 하는 걸까? 전통 심리치료의 범위 안에 머무르려는 분명히 합리적 이유들이 있다. 하지만 내가 하고자 하는 말은 심리치료가 종종 치료에서 무언가를 빠뜨린다는 점이다. 그리고 이렇게 치료에서 빠진 것은 삶에 대한 의미와 바로 연결되어 있다. 그러나 이것을 다루기 위해서는 반드시 그것에 민감하고 그것에 대하여 고심해 보았어야 한다.

둘째, 먼저 언급한 한계에 대한 다른 시각은 데이비드 베너에 의해 잘 설명되었다. 그는 모든 심리학적 문제는 영적 중요성을 가지고 있으므로 문제의 본질적인 영적 측면을 떠나서는 내면의 영성을 형성하는 치료방안을 발견하지 못할 것이라고 주장하였다.[70] 이와 관련하여 제럴드 메이(Gerald May)는 심리치료의 내적 가치가 세속문화에 의해 형성되었기 때문에 심리

---

70) Benner, *Care of Souls*.

치료와 영적 지도의 가치가 분리되었다고 하였다.[71] 그래서 심리적 성장이 영성을 다루지 않는 심리치료에서 나타나는 경우, 우리는 부지불식간에 하나님이 우리의 물질적 안락함을 증진하고, 우리의 고통은 감소시키며, 하나님을 포함한 타인으로부터 우리의 독립성을 고취시키기 위해 존재한다는 견해를 장려하는 영성을 형성하게 된다. 기독교인으로서 우리는 당연히 치료절차에 나타나는 우리의 가치관이 세상의 심리학과는 다르기를 소망한다. 그러나 우리의 심리치료 이론 속에 만연하게 그리고 미묘하게 존재하는 세속적 가치관은 이러한 현상들을 더욱 가능하게 만들고 분별하기 어렵게 한다. 우리가 성실히 임하지 않는다면 비록 다양한 방식으로 내담자들이 건강하게 기능하도록 도울지언정 정작 내담자들이 하나님으로부터 멀어진 영성을 형성하도록 돕게 될 것이다.

심리치료와 영성지도를 통합하기의 가능성과 위험성을 논하기 시작하면서 우리는 먼저 시작점을 알아야 한다. 영혼돌봄이 둘로 분리되었을 때의 한계점에도 불구하고, 좋든 나쁘든 우리는 지금 근본적으로 뚜렷이 구분되는 두 가지 접근을 가지고 있다(현실에서는 이러한 두 접근이 변형된 것들의 연속적 형태로 나타남). 우리가 그것을 좋아하든 싫어하든 육체와 마음과 영혼의 구분은 우리 문화에 뿌리 깊이 자리 잡고 있다. 우리는 심리치료와 영성지도의 실천적 부분들 또는 사람들이 영혼돌봄의 두 형태를 이해하는 방식에 영향을 주었던 사회문화적 근원을 간단히 무시할 수는 없다. 마찬가지로 근대화에서 파생된 과학의 편협한 견해를 넘어설 필요는 있지만, 우리는 사람들이 어떻게 발달하고 변화하는지에 대하여 현대 심리학으로부터 얻은 방대한 지식을 간단하게 무시할 수는 없다. 그렇다면 영혼돌봄이 처한 현재 상황을 고려하면서 우리는 어떻게 나아가야 할까?

---

71) May, *Care of Mind, Care of Spirit*.

결합된 훈련, 분리된 골격

심리치료와 영성지도를 결합하는 방식에 대하여 생각해 볼 때, 가장 기본적 방법은 영혼돌봄 제공자들이 두 형태의 훈련을 모두 받기다. 비록 그들이 심리치료와 영성지도의 골격과 구조를 결합하지는 않더라도 말이다. 심리치료와 영성지도 모두에서 훈련을 받은 자는 각각의 골격을 온전히 유지할지라도 각각의 영혼돌봄을 모두 실행할 수 있다. 비록 이것이 기법이나 골격을 필수적으로 결합하지는 않더라도 두 영역 모두에서 훈련을 받은 경험은 영혼돌봄 제공자들이 자신의 심리영적 전체성을 향하여 나아갈 수 있도록 도와준다. 그리고 이것(우리 변형모델의 핵심)이 다른 사람의 심리영성 발달을 돕기 위한 핵심이다. 그러나 말은 행동보다 쉬운 법이다. 개리 문과 데이비드 베너는 다음과 같이 설명하고 있다. "영적 지도자, 목회상담자, 심리치료사가 내면의 삶의 심리학적 그리고 영적 영역 모두에 능통할 수 있도록 도와주는 길은 현재의 훈련모델에 교육과정이 아닌 오랜 시간을 첨가하기다."[72]

과외코스는 여전히 훈련에 도움을 줄 것이다. 그래서 우리는 영성과 치료, 영성지도 과정을 제공하고 있다. 예컨대, 임상심리학 박사과정 프로그램에서 그렇게 하고 있다. 이것이 영성지도를 전적으로 가르치는 과정은 아니지만 치료에서 영성을 더 잘 다루고 심리치료와 관련해서 영성지도를 잘 이해할 수 있도록 임상심리학 학생들을 도울 수 있다. 마찬가지로 존이 총괄하는 영성연구소의 영성지도훈련은 이상심리학과 정신역동이론 프로그램을 개설했고, 개인상담의 경험도 포함되어 있다. 5년의 훈련과 짧은 기간의 치료경험으로 비유할 수 있는 여러 훈련과정은 정식적인 임상심리학 훈련보다는 부족하지만, 이것이 학생들과 졸업생들이 제공하는 영성지도를 확실

72) Gary W. Moon & David G. Benner, 「Spiritual Direction and Christian Soul Care」 in *Spiritual Direction and the Care of Souls*, ed. Gary W. Moon and David G. Benner Downers Grove, III.: InterVarsity Press, 2004), pp. 11-28.

히 심화시켰다.

과외코스가 몇 가지 훈련과목을 포함하든 정규 교육과정을 포함하든 이는 훈련순서의 문제를 낳는다. 유사한 문제는 임상심리학에서 여러 심리치료 접근이론을 배우기다. 정신역동치료와 인지행동치료는 서로 다른 접근방법이기 때문에 이를 동시에 배우기는 학생들에게 어렵게 느껴진다. 학생들을 훈련시켜 본 나(토드)의 경험에 의하면, 학생들은 우선 한 가지 방식을 확실히 배우고, 그 이후에 새로운 방법으로 지식을 확장시켜 가기를 훨씬 쉽게 받아들인다. 영성지도와 심리치료를 배우기도 마찬가지일 것이다. 동시에 둘을 배우기는 어려울 것이다. 한 형태의 영혼돌봄 초보자는 그것을 순수하게 배우기 위해 다른 형태의 영혼돌봄을 분리하여 유지하기 힘들어한다. 그 결과 제공자는 사려 깊지 못하고 제대로 이해하지 못한 영혼돌봄의 즉각적인 혼합물을 제공할 수 있다. 윤리적이고 유익한 방법으로 그것을 초월할 수 있도록 각 영혼돌봄 분야의 수많은 전문지식이 요구된다.

한 도메인의 기법 또는 이슈를 다른 골격에서 통합하기

심리치료와 영성지도를 통합하는 다른 방안은 한 형태의 영혼돌봄 골격은 유지하되 다른 형태의 영혼돌봄에서 전형적으로 사용되는 기법이나 이슈를 도입하는 것이다. 심리치료의 맥락에서는 이것을 예를 들어 '영적으로 민감한 심리치료'라고 부를 수도 있다. 이는 영성을 암시적으로 다루기부터 명시적으로 다루기까지 넓은 범위에 걸쳐 연속체로 존재할 수 있다. 영적으로 민감한 심리치료는 광범위하게는 "종교적 또는 영적 믿음, 가치관, 방법을 심리치료의 과정에 적용함으로써 다양한 방식의 치료자가 되고, 다양한 방식으로 내담자를 이해하며, 그리고/또한 다양한 방식으로 치료를 하는 결과 낳기"로 정의된다.[73] 토드가 다른 곳에 썼듯이, 이 대략적 스펙트럼(암시적인 것부터 명시적인 것까지)은 종교적 믿음과 가치관에 대한 지식에서부터 전통적 심리치료 골격에 영적 문제를 포함하기 위해 의도적으로 노력하는데 이르기까지, 마침내 영적 문제뿐 아니라 영적 목표와 기법을 통합하는 범위까지 광범위하게 걸쳐 있다.[74]

　전통적 심리치료의 골격 안에서 영적 이슈를 분명하게 언급하기는 그의 전형적 접근에서와 같이 토드가 마지막 장에서 조명한 것이다. 하나님에 대한 누군가의 경험과 같은 영적 이슈를 확실하게 언급하기는 심리치료의 골격에 자연스럽게 아주 잘 들어맞는다. 데이비드 베너가 주목하였듯이, 심리치료의 골격 내에서 그것을 잘 들어맞게 하는 것이 그러한 이슈가 확실하게 언급되게 하는 방식이다.[75] 결합하기의 이러한 방법 속에서 하나님과 거리감에 관하여 성령의 움직임에 참여하도록 사람을 지도하기보다, 심리치료사는 하나님과 거리에 대한 내담자의 경험과 거부형 애착에 의해서 특징지어진 부모에 대한 초기 경험 사이의 평행선을 탐색할지도 모른다. 이렇게 하는 주된 목적은 그 사람이 성령의 움직임에 참여하고 이에 응답할 수 있도록 돕기 위해서가 아니라, 심리치료사와 새로운 관계로 맺고 그 결과 새로운 자기를 경험하고 하나님과의 새로운 경험을 형성시켜 주기 위해서다. 영성지도와는 다른 방법이지만 이것은 심리치료가 어떻게 개인과 하나님과의 관계에 영향을 줄 수 있는지를 보여 주는 좋은 사례다.

　심리치료사가 심리치료의 골격에 영적 목표와 기법을 가져올 때, 분명히 심리치료는 영성지도와 많은 부분을 공유하게 된다. 이는 가능성뿐만 아니라 위험성도 동시에 초래할 수 있다. 이러한 통합법에서는 일반적으로 치료에 '영적 방법'이 사용될 것이고 분명하게 영적 목표를 다룰 것이라는 내담자와 치료자 간의 상호적이고 명시적인 합의가 있다. 예를 들어, 이러한 방

---

73) M. Elizabeth Lewis Hall & Todd W. Hall, 「Integration in the Therapy Room: An Overview of the Literature」, *Journal of Psychology and Theology* 25, no. 1 (1997): 86.
74) 위의 책.
75) Benner, *Care of Souls*.

법은 내담자와 함께 기도하기, 영성을 형상화하도록 안내하기, 영성훈련의 효과를 논하고 권장하기 등을 포함한다.

심리치료사들이 영적 목표와 기법을 치료에 통합할 때, 치료자들은 (가령 내담자가 불안을 감소시키는 데 집중하기를 원하는데) 내담자들에게 영적 부분에 집중하라고 자신의 의견을 강요하지 않도록 신중을 기해야 한다. 내담자의 가치관과 치료결과에 대한 기대를 존중하기는 중요하다. 탠(Tan)은 심리치료에 영성지도나 영적 문제를 도입할 때 추가적으로 발생할 수 있는 몇 가지 위험을 다음과 같이 설명하고 있다.

1. 치료에 대한 충분한 정보를 제공하지 못함.
2. 영적 목표에만 중점을 두느라 치료계약을 어김.
3. 영적 목표를 다루는 능력이 부족함.
4. 교리를 명확히 하기보다는 교리적 쟁점을 두고 언쟁함.
5. 영적 자료를 남용하거나 오용하고 치료 시 고통스러운 문제 다루기를 회피함.
6. 치료적 관계를 유지하기 위해 필수적 경계선을 모호하게 함.
7. 성직자로 가장하거나 부적절하게 종교적 기능을 수행함.
8. 약물이나 기타 의료적 · 심리학적 치료가 필요한 문제에 영적 개입만을 적용함.[76]

심리치료사들이 그들의 치료에 영성을 좀 더 명백하게 가져오면 가져올수록 이러한 잠재적 위험성을 보다 면밀히 살펴보는 것이 중요하다.

이제는 명백하게 심리학적 문제에 집중하는 영성지도로 넘어가 보자. 지도자들은 성령의 움직임에 참여하기 위한 피지도자의 능력을 방해하는 것

---

76) Tan, 「Spiritual Direction and Psychotherapy」.

처럼 보이는 심리학적 역동을 주목할 것이다. 이는 영적 지도의 자연스러운 부분일 수 있으나 주안점이 되어서는 안 된다. 피지도자의 골격과 기대는 전체적 목표를 따라간다. 그러므로 주안점은 기도의 삶을 통해 하나님에게 응답하고 주의를 기울이기에 있어야 한다. 이 부분에서 한 가지 가능한 위험성은 정서적 고통과 심리적 증상이 지도자와 피지도자가 기도와 영적 훈련을 통해 성령에 참여하지 못하게 방해하기다.[77] 특히 정서적 고통이 존재할 경우 정서적 고통 자체에 주의를 집중시키기 쉽다. 이런 경우에 지도자는 피지도자를 심리치료사에게 보내는 것을 고려해야 하며, 피지도자가 영성지도를 동시에 받기가 나은지 아니면 치료를 끝낸 후에 돌아오기가 나을지를 신중하게 따져 보아야 한다. 적절한 판단은 정서적 고통과 장애의 심각성 수준에 따라 다를 것이다.

심리영적 영혼돌봄 속으로 골격을 통합하기

심리치료와 영혼돌봄을 통합하는 마지막 방법은 가장 급진적이다. 이것은 보통 '심리영적 영혼돌봄'이라고 언급되는 새로운 영혼돌봄의 형태를 개발할 수 있는 새로운 개척자들을 구축하기다. 이 경우, 돌봄의 전체적 구조는 심리치료와 영성지도의 새로운 혼합체로 대체된다. 사려 깊고 잘 기획된 통합체는 가능하나 데이비드 베너가 주목하였듯이, 우리는 이것이 현실에서 실제로 어떻게 보일지를 알려 줄 수 있는 모델을 거의 가지고 있지 않다.[78] 심리영적 영혼돌봄에 대한 주의 깊은 분석은 여전히 탐구 중에 있고 최대한 조심스럽게 지속되어야 한다. 버나드 타이렐(Bernard Tyrrell)은 그리스도 치료(Christotherapy)라고 지칭되는 모델을 개발하였다.[79] 데이비

---

77) May, *Care of Mind, Care of Spirit*.
78) Benner, *Care of Souls*.
79) Bernard Tyrrell, *Christotherapy II*(New York: Paulist Press, 1982).

드 베너는 퇴수(retreat) 골격을 사용하는 골격을 통합한 예를 제공하였다.[80] 그는 이러한 통합된 영혼돌봄을 '집중적 영혼돌봄 퇴수(intensive soul care retreat)'라고 언급하였다. 베너는 집중적 영혼돌봄 퇴수의 세 가지 요소에 중점을 두었다. 그것은 (a) 예수님을 깊이 알기와 그를 통하여 성부와 성령에 대하여 깊이 알기, (b) 우리가 하나님께 응답하기를 방해하는 '거짓자기'를 포함하여 자기에 대하여 깊이 알기, (c) 그리스도 안에서 참자기를 발견하고 실현하기다. 우리는 이러한 전인적 형태의 영혼돌봄을 고찰하는 사람들에게 배우기 위하여 더 많은 사례연구가 필요하다.

이러한 고찰과 함께 골격통합의 위험성을 고려해야 하는 근거도 있다. 일반적으로 우리는 영혼돌봄의 두 가지 형태의 통합이 무분별하게 짜깁기하는 방법으로 잘못 인도되어 왔다는 제럴드 메이(Gerald May)의 주장에 동의한다. 메이에 따르면 "정신적 - 심리적 - 영적 활동을 엉성하게 짜깁기하고 이것을 전인적이라고 부르기는 도움이 되지 않는다."[81] 이것은 두 영역을 통합하기 전에 두 영역 모두에 대한 충분한 경험을 해야 하는 중요성을 재차 시사한다. 이러한 경험 없이는, 그리고 영혼돌봄의 각 형태의 역할과 방법에 대한 견고한 이해 없이는 통합을 시도하는 모든 결과물이 짜깁기에 지나지 않을 것이다. 잘되어 봤자 이것은 무익하고 최악의 경우에는 사람들을 해롭게 할 수 있다.

또 다른 경고는 심리치료와 영성지도에는 사람과 함께하는 서로 다른 방식이 포함되어 있다는 점이다. 영성지도자가 사람과 함께하는 방식의 단점은 이것이 필연적으로 치료적 관계의 힘을 약화시키게 된다는 것이다. 치료적 관계는 집중적이기 때문에 그 자체만으로도 변화에 영향을 주는 힘이 있다. 이것이 꼭 나쁘지는 않다. 단지 가중치를 둘 필요가 있는 현실이 있을 뿐

---

80) Benner, *Care of Souls*, p. 200.
81) May, *Care of Mind, Care of Spirit*, p. 202.

이다. 심리치료사들의 사람과 함께하는 방법에서 발생 가능한 단점은 이러한 집중에서 비롯된다. 이것은 전이를 발생시키며, 하나님의 영에 주의를 기울이고, 응답하기로부터 초점을 흐릴 수 있다. 이는 영혼돌봄 대상자와 함께하는 방법에 대하여 신중하게 고려할 필요가 있음의 문제로 이끌었다.

새로운 길을 개척할 때에는 여러 구체적 이슈에 대해 사려 깊게 숙고하기가 중요하다. 첫째, 돌봄 대상자와 솔직하게 영혼돌봄의 본질에 대하여 논의하는 것은 중요하다. 돌봄의 성공 여부는 대상자가 영혼돌봄에 대하여 충분히 이해하고 동의하였는지에 달려 있다. 만약 대상자가 심리치료를 기대하고 있었기 때문에 기도에 중점을 두거나 성령에 주목하기에 놀란다면, 관계적 동맹은 손상될 것이다. 이러한 문제는 어떠한 형태이든 영혼돌봄을 진행하기 이전에 다뤄져야 할 필요가 있을 것이다.

둘째, 영혼돌봄 제공자는 돌봄에서의 역할을 일관되고 명백하게 제공하기 위해 충분한 조치를 취해야 한다. 함께하는 방식의 변화는 심각한 혼란과 피해를 일으킬 수 있다. 특별히 영혼돌봄 제공자가 그것을 인식하지 못하고 그것에 대하여 논의도 하지 않을 경우에는 더욱 그렇다. 정신병리적으로 심각한 사람들에게는 더욱더 심각하고 부정적 영향을 미칠 수도 있다. 이는 미지의 영역에 도전하는 일일 것이다. 그러나 중요한 점은 이러한 문제에 대하여 열린 대화를 하고 역할문제가 가져올 수 있는 혼란이나 어려움에 민감해지는 것이다.

셋째, 어떠한 심리영적 영혼돌봄이라도 치료대상자의 발달적 필요와 호소하고 있는 필요에 부응하는 것이 중요하다. 심리치료를 하려는 사람과 비교하자면, 심리영성 영혼돌봄의 수혜에 적합한 사람은 더욱 소규모일 것이다. 특히, 주요 정신병리 증상이 있는 사람들은 전체적 접근을 취하는 심리영적 치료형태에 적합하지 않을 것이다. 예를 들어, 임상적으로 심각한 수준의 우울증이 있는 사람은 성령의 움직임에 참여하기에 어려움을 겪는다. 이를 넘어, 치료대상자가 중점을 두길 원하는 그것이 이 형태의 영혼돌봄이 적절한

지 아닌지를 결정하는 데 지대한 역할을 해야 한다. 가령 어떤 사람은 주요 심리증상으로부터 비교적 자유로운 편인데, 그래도 인생의 어느 시점에서는 어린 시절에서 기인하여 인간관계에 영향을 주고 있는 분노를 다루고 싶어 할 것이다. 이러한 사람은 영성문제에 직접적으로 중점을 두기를 원하지 않을 것이다. 결과적으로는 그에게 심리영적인 영혼돌봄을 제공하는 것은 경솔한 판단이다. 그러나 이는 심리영적 영혼돌봄이 내담자와 피지도자에게 도움이 될지를 결정하기 위해 영혼돌봄의 기초단계에서 살펴보아야 할 문제다.

아마도 전형적으로 잘 맞는 적격자는 비교적 굳건한 자기인식을 가지고 있고, 정서적으로 건강하지만 일부 관계적 – 정서적 문제를 다루고자 하며, 하나님과 깊은 관계를 형성하기 위해 이러한 영성작업으로 하나님이 초대하셨음을 감지할 수 있는 자일 것이다. 우리는 보다 전체적이고 차세대 형식의 영혼돌봄에 적격자를 위한 일반적인 지침을 강화하기 위해 더 많은 작업과 학문 간의 대화가 필요하다. 앞서 말한 경고사항만큼이나 중요한 것은 하나님이 정신병리의 한가운데서 영성기도의 과정을 진행하실 수 있도록 이러한 경고들에 대해 너무 엄격해지지 말아야 한다는 점이다. 궁극적으로 이러한 판단을 하기 위해서는 분별력과 지혜가 필요하다.

넷째, 어떤 종류이든 통합된 심리영적 영혼돌봄을 제공하는 자는 심리치료와 영성지도 두 가지 영역 모두에서 적절한 훈련을 받아야 한다. 제럴드 메이가 주장한 것처럼, 영성지도자들은 믿음공동체 안에서 은사를 받고, 소명되었고, 이끌림을 받았으며, 확인받은 자들이다.[82] 그래서 그 사람의 은사와 소명을 받았다는 사실은 영성지도에 재능이 있고, 훈련받았다는 사실 못지않게 중요하다. 훈련이 그러한 은사와 소명의 결과여야 하지만, 은사와 소명은 결코 훈련으로만은 만들어질 수 없다. 그러나 관계중심 심리치료에서는 치료가 관계를 통해 생성된다 하여 치료자의 성품이 더욱 중요하게 강조

---

82) 위의 책, p. 215.

된다. 성품의 '은사 받음'을 필수적으로 요구하지는 않지만 심리치료 형태
와 통합 심리영성 영혼돌봄을 제공하기 위해서는 분명히 심도 깊은 수준의
성숙도가 필요하다.

다섯째, 영혼돌봄 제공자는 그들의 훈련과 능력과 관련된 윤리적·법적
문제들을 신중하게 고려해야 한다. (미국의) 많은 주에서는, 예를 들어 자격
증을 소지한 심리학자들이 전문적 심리치료와 비슷한 행위를 할 때, 윤리
적·법적 행동을 해야 하는 법적 책임이 있다. 한 가지 예를 들자면, 만약 내
(토드)가 영성지도나 일부 심리영적 영혼돌봄을 하고 있는데 대상자가 현재
접근가능한 사람(예, 초등학교 교사)으로부터 아동학대를 받았다고 보고했다
면, 주 정부의 법은 내가 하는 것이 영성지도라 불리든 심리영성 영혼돌봄
이라 불리든 내가 심리치료에 대한 법적 기준에 따라 이 상황을 처리하도록
요구할 것이다. 이것은 심리치료와 충분히 유사한데, 주 정부에서는 심리학
자로서 나의 훈련에는 아동학대를 보고해야 하는 의무가 포함된다고 여길
것이기 때문이다. 많은 주에서 성직자들과 교사는 동일한 법적 의무를 가진
다. 그러나 영성지도를 하는 평신도는 그렇지 않다. 그러나 동일한 상황이
벌어진다면 영성지도를 하는 평신도는 정신건강 전문가와 상의할 것이며
학대에 매우 민감하게 대처할 것이다. 법적·윤리적 문제와 관련된 또 다른
사례는 비용을 내기와 제삼자가 비용을 대기에 대한 전반적 문제다. 시앙-
양 탠은 영성지도와 심리치료 통합 시 발생가능한 윤리적 문제에 대한 탁월
한 주장을 하였다.[83]

마지막으로 계속적 협의가 진행 중인 사안으로, 영혼돌봄 제공자가 영혼
돌봄의 새로운 형태로 나아가기 위해서는 그것이 얼마나 잘 구조화되었는
지 상관없이 슈퍼비전과 책임이 필수적이다. 맹점은 우리의 개입과 개입하
는 방식이 부정적으로 영향을 주고 있는지를 알지 못하게 한다. 그러므로

---

83) Tan, 「Spiritual Direction and Psychotherapy」.

우리는 심리영적 영혼돌봄을 하는 자는 누구라도 동료에게 피드백을 구하고 지속적 자문과 슈퍼비전을 받기를 권고한다.

🏆 결론

심리영적 영혼돌봄의 전체 모델을 기술하지는 않은 채로, 이쯤에서 우리는 심리치료와 영성지도의 요소를 통합하는 방법에서 어떻게 그 사람과 함께 있을지 분별하는 것이 문제의 핵심이라고 말하려 한다. 이는 쉬운 작업이 아니다. 특히 한 사람의 훈련과 경험이 한 형태의 영혼돌봄에 뿌리 깊게 박혀 있는 경우에는 더욱 그러하다. 그럼에도 불구하고 우리는 여전히 사람들과 함께할 수 있는 새로우면서도 성령의 인도를 받는 방안들과 싸워 나가야 한다. 이것은 궁극적으로는 영혼돌봄 제공자의 성품과 영성에 기인한다. 그리고 이것은 우리를 변형모델의 전체 과정으로 인도하고 있다. 영혼돌봄 제공자로서 더욱 전체적 형태의 영혼돌봄의 형태를 이룰 수 있게 해 줄 유일한 희망은 우리 자신의 심리영적 전체성을 성장시키는 일이다. 우리가 훈련받고 경험한 모두를 활용하여 성령의 움직임을 분별하는 것만이 이를 이룰 수 있는 유일한 방법이다. 이렇게 함으로써 우리는 관계적 건강과 하나님의 사랑에 깊이 응답할 수 있도록 그 순간에 현존하고, 우리의 내담자와 피지도자와 함께 있는 방법을 알게 될 것이다.

지금까지 우리는 변형모델의 실제(수준 4)에 대하여 고려해 보았다. 이제 마지막 장에서는 심리학자의 변형에 대한 수준 5를 고찰할 것이다. 그리고 기독교 대학과 신학대학원 훈련에 우리의 변형모델을 적용하기 위한 함의를 살펴보겠다.

변형심리학의 궁극적 목표
(수준 5)

The Ultimate Goal of a Transformational Psychology
(Level 5)

제18장

기독교 대학과 신학대학원에서의
변형심리학

John Coe

"제자가 그 선생보다 높지 못하나
무릇 온전하게 된 자는 그 선생과 같으리라."

눅 6:40

롤로 메이(Rollo May)는 한때 치료를 위한 진정한 훈련은 치료 밖의 모든 시간에서 한다고 말했다. 즉, 누군가가 한 사람으로 되어 가는 것은 치료작업에서 아주 중요한 일인데, 이는 내담자가 자신이 되도록 용기를 주는 인격의 자질이기 때문이다. 이는 치료자에게뿐 아니라 이론가, 교사, 연구가와 같은 심리학자에게도 적용되는데, 이는 무엇이 진짜이고 사실(제5장에서 토의된 대로)인가를 발견하고 직면하는 부분에 인격이 어느 정도 정직하고 개방적이 될까를 결정하기 때문이다. 더욱이 사람됨의 종류는 특히 심리학을 하는 데 결정적인데, 이는 신학을 제외한 다른 어떤 분야보다도 우리가 하는 일에 우리 자신을 직접 투입하기 때문이다. 탐구의 분야는 '인간'일수록 인간을 이해함과 더 많이 관계가 있고, 실재하는 것에 대해서 우리가 죄로 인하여 왜곡하거나 우리 자신을 속이는 데 더 많은 책임이 있다. 결국 개방적이고 정직한 심리학자는 미리 결정된 한계를 갖지 않고 실재하는 것에 열려 있는 심리학의 방법론을 보존하게 된다. 인간 조건과 긴밀하게 일을 할 때, 우리 자신이 섞이는 일은 불가피하다. 치료자들은 자신을 치료에 가져오고, 연구자들은 자신을 사람에 관한 그들의 연구에 가져오며, 교수들은 교실에서 그들의 학생들에게 자신을 가져오게 된다. 그 목표는 이것을 잘하고 진정으로 하기다.

⚜ 심리학을 하고 훈련함에 있어서 인격의 중요성

심리학자들의 인격의 중요성에 대한 이러한 언급은 우리의 변형심리학에서 중심이 되어 왔다. 우리 개성의 자질은 다른 사람의 개성을 분명히 언급하는 것 속에 들어 있다. 결과적으로, 우리가 번창하는 심리학자의 본성을 이해하기 위해서라면, 변형심리학에서는 다음과 같은 질문이 나온다.

1. 다른 사람의 영혼돌봄과 우리의 변형모델에 따라서 사람의 연구에 잘 참여하려면 치료자와 심리학자는 어떤 종류의 사람이 되어야 하는가?
2. 이것을 촉진하기 위해서는 어떤 종류의 훈련이 필요한가?
3. 이 변형심리학이 대학이나 신학교에 어떤 영향을 미칠 수 있을 것인가?
4. 만약 대학에서 잘 이루어지면, 이러한 훈련은 어떤 모양이어야 하는가?

이러한 질문들은 성격과 훈련 그리고 심리학자들의 훈련의 맥락 사이의 관계를 다룬다. 변형모델의 관점으로부터 이러한 것들의 각각을 간략하게 다루게 될 것이다.

심리학자와 치료자의 고유한 탁월성: 건강한 사람 되기

첫째로, 어떤 직업이나 역할에서 탁월하게 되는 과정은 그 직업이나 역할의 특유한 기능에 잘 참여하고 깊게 동일시하는 것이다. 이는 건축가, 배관 공, 어머니에 있어서도 그렇다. 그러나 심리학자의 특이한 탁월성은 꽤 독특하다. 심리학자는 온전히 인간이 되어 가는 사람이고, 치료자, 교육자 그리고 연구자 또한 이것에 있어서 다른 사람들을 도울 역량이 있는 사람이다. 역으로 충분히 다른 사람들을 도우면서 온전히 사람이 되어 가는 사람이다. 심리학 하기는 사람으로 성장해 가기에 대한 많은 것이다. 우리의 변형모델에 따르면, 충분한 인간 사람은 성령으로 채워지고 연합의 수단에 의해서 하나님과 이웃을 사랑하는 그리스도의 형상을 따르는 사람이다. 이러한 사람은 온전하게 되기 위해 무엇이 필요한지, 여행하기 위해 필요한 길과 우회로 하고 싶은 과정이 무엇인지, 그리고 길을 따라 사람을 돕는 은혜의 다양한 의미에 대한 진정한 이해를 가질 것이다. 이렇게 심리학적으로 여행해 본 사람은 사람이 되어 가는 여행길에 있는 동료 여행자들에게 지혜와 용기를 줄 수 있을 것이다. 물론 다음과 같은 독특한 과업을 위해 배우게 되는 추가적인 특별한 기술이 있다. 그것은 (a) 치료에서 어떻게 여행 중인 다른 사람들과 함께하고 그들을 도울 수 있을지, (b) 성령과 진리 안에서 어떻게 연구를 잘할 수 있을지, (c) 다른 심리학자들이 그들의 일에서 온전한 인간이 되도록 훈련하는 데 어떻게 도울 수 있을지다. 그러나 이러한 특별한 기술이 발달한다 하더라도, 건강한 사람 되기는 모든 훈련의 기초다.

탁월한 심리학자 – 치료자 – 연구자 되기는 하나의 지속적 과정이다.   물론 온전한 인간이 되어서 살기는 근사치의 문제이기 때문에 성장은 결코 끝나지 않는 평생의 목표다. 그래서 심리학자, 치료자 또는 연구자는 온전한 인간이 되어 가는 여정에 있는 사람이거나, 적어도 풍성한 삶을 만들어 가는 다양한 덕들과 과업 속의 여정에 있는 사람이다. 삶 속에 있는 과업에서 현재의 역동과 인격, 관계적 역사에 관련하여 자기 자신에 대한 진실을 탐구하기 위해 개방될 마음은 심리학자의 발달에 근본적이다. 온전한 인간과 탁월한 치료자와 연구자가 되기를 방해하게 될 삶의 이전의 양식을 '벗기'는 아주 중요하다. 숨기로부터 나오고 더 이상 자신의 악함을 숨기지 않고 선하게 되는 데 실패하지 않으며, 만족하지 않은 것으로 더 이상 관계적 구멍을 메우지 않으려는 기꺼운 마음이 이러한 것에 포함된다. 그러나 이것은 금욕적인 외로움의 과정이 아니라 사랑에 대한 열망과 욕구, 역사의 진실 안에서 하나님과 서로에게 깊게 개방하는 과정이다.

탁월한 심리학자-치료자-연구자가 되기는 경건함 안에서의 훈련이다. 더구나 온전한 인간과 심리학자로 근접하는 성장의 과정은 성령으로 새사람을 '입는'의 방법에 의해서 그리스도 안으로 자신을 변형시킴을 포함한다. 이것은 외로움 안에서 자신을 긍정적 훈련에 내어놓도록 하며, 단지 일차원적이 아닌 둥근 인격을 만드는 인간 역량의 발달을 포함한다. 이것은 일반적인 영적 훈련 속에 참여할 뿐만 아니라 하나님 안에서 진리에 개방되도록 심리학자를 돕는 특수한 영적-인식론적 훈련들을 포함한다. 이것은 또한 새내기 심리학자들이 직업에서 진지한 욕구를 채우고자 자신의 일을 왜곡하고 싶어 하는 유혹을 저항하도록 도울 것이다. 결국 이는 하나님의 사랑 안에서 이러한 일을 하는 성장을 수반한다. 이는 보편적으로 연구의 대상이나 다른 사람, 일을 충분히 고려함으로써 하나님을 사랑하고 하나님께 개방되는 실제적 연습을 포함한다. 따라서 심리학자 훈련은 이 사랑의 과정을 돕게 될 것이다.

변형심리학에 포함된 훈련의 종류

둘째, 잘나가는 심리학자가 되기 위해 필요한 훈련의 종류는 오히려 대학이나 학교와 같은 한 장소에서 지속되는 일에서 찾아진다는 것은 너무도 분명하다. 롤로 메이(Rollo May)가 말했듯이, 우리가 사람으로 되어 가기는 심리학자가 되고자 하는 사람들의 준비에 중심적이다. 그래서 훈련하는 센터나 학교에서는 심리학자의 건강과 성장을 모든 다른 기술의 발달을 위한 기초로 받아들여야 한다. 그들은 앞에서 제안하고 있는 경험들을 개인적으로 입고 벗어 버리기를 격려하고 도와주어야 한다.

심리학에서 변형적 훈련의 기본요소들. 아마도 이러한 사랑과 의로움 안에서 심리학자들의 훈련하기는 다음과 같은 요소들을 포함할 수 있다.

1. 성령 안에서 삶과 성장의 과정, 성장에 대한 방어와 방해, 자기의 본성에 대한 심층적이고 이론적인 경험적 탐구를 제공하는 교육과정의 필요요건[1]

2. 다른 현명한 박사들과 하나님과의 관계에서 좀 더 집중적으로 성장의 삶(벗기와 입기)을 탐색하기 위해 교실 밖에서 학생들을 돕는 치료, 영성지도, 여러 가지 리트릿과 같은 교육과정 필요요건

3. 서로와 하나님 안에서 사람에 대한 전반적 탐색에 통찰을 제공하고 이해하며 돌봄을 추구하는 교수와 학생들 사이의 의미 있는 공동체를 육성하기, 학생들이 자신의 진실을 사랑의 맥락에서 탐색하는 동안, 교수가 학생들로 하여금 건강하지 못한 덮기를 떠나 보내고 숨기로부터 나오는 데 있어서 그들을 도울 때 개방성과 수용의 환경을 제공하기

4. 측정, 치료, 영성지도, 위탁, 연구 등등에 관한 훈련을 포함하는 치료자와 연구자의 작업에 필요한 특유한 기술훈련의 집중적 경험, 물론 어떤 이는 다른 것들보다 한 요소에 집중할 수도 있고, 어떤 훈련은 영혼돌봄이나 연구의 한 유형에 대한 도입일지도 모른다. 여러 영혼돌봄 접근과 연구에 좀 더 많이 노출될수록 전체적 사람을 이해하는 데 더 유익함.

---

[1] 심리학에 대한 많은 전통적 훈련이 시공간 안에 있는 사람에 대한 관찰과 반추 안에서 실제적 훈련보다 심리학에서 전통적으로 받아 온 교과서적 연구가 더 많다는 점은 흥미롭다. 하지만 다른 사람들과 일하는 실습경험과 그들 자신의 교훈적 치료에서 개인적 경험들과 개인적 성장에 대한 엄중한 강조를 제공하는 그러한 임상훈련 학교들은 사람에 대한 관찰과 반추, 첫 번째 순서로서 일을 진지하게 취하는 바로 그 훈련이 부족하다. 그러나 로즈미드 심리학교에서는 이러한 유형의 훈련을 목격하는 축복을 누려왔다.

세속학교들은 이러한 요소들 중 일부는 매우 잘할지도 모르지만 사람의 영적 차원을 무시함으로써 크게 실패하고 있을지 모른다. 비록 누군가는 많은 분야의 세속훈련이 유익하다고 생각할 수 있지만, 우리는 심리학 훈련을 위해서는 기독교 환경이 가장 중요하다고 믿는다. 우리의 추론은 간단하다. 학부와 대학원 훈련의 초기 단계는 하나님 안에서 치료자나 연구자, 사람이 되는 것이 무엇인지를 이해하는 학생의 삶에 있어서 매우 연약하고 민감한 시기다. 불행하게도 세속훈련프로그램의 기풍은 전체적 인간이 되기에서 너무나 많이 떠나고 있다. 심리학을 하는 어떤 기독교 학교들은 이러한 흐름에 따라 진짜 진행을 하고 있다. 미국심리학회(APA)의 승인을 위한 필요요건을 만족하면서 이러한 변형심리학의 목표 중 몇몇을 현실화시키기 위한 지혜와 생각이 필요함은 의심할 여지가 없다.

이러한 흐름에 따라 심리학 대학에서 심리학과 기독교를 연관시킬 때 방법론이나 데이터, 탐구에 있어 두 다른 분야라고 생각하는 어떤 분리나 이분법을 극복하도록 학부생들과 대학원생들을 돕기 위한 훈련이 중요하다. 제4장에서 제7장까지에서 우리가 논의를 하였듯이, 우리의 변형심리학은 사람을 이해하는 데 관련된 모든 현실을 아우르고 이러한 현실에 열려 있는 방법론을 가지고 있다. 성령 안에서 심리학 하기는 신앙과 성경의 견지에서 우리가 배울 수 있는 것으로부터 급진적으로 동떨어져서 이성과 관찰의 견지에서 알 수 있는 것은 고려하지 않는다. 오히려 우리의 변형심리학은 사람을 이해하기 위해서 우리에게 입수될 수 있는 모든 현실에 대한 하나의 통일된, 그러나 복잡한 과학 또는 연구다.

그런 경우에 학생들은 모든 피조물과 기독교 현실을 바라보면서 전인적으로 심리학을 공부하고 심리학의 범주를 근대주의 방법론을 따르는 현대 세속심리학에 의해서 놓인 조건에 제한시키지 않도록 격려받을 필요가 있다. 성령님이 하나님 안에서 사고의 통일된 분야와 사람 안에서 역사하는 방법에 대한 역동뿐만 아니라 자연적 인간 역동에서 우리가 관찰할 수 있는 것으로부터 건강과 성장, 죄, 성격의 역동을 공부하기가 특히 중요하다. 한 걸음 더 나아가서, 학생들과 교수들은 그들이 만나는 것의 진리에 열린 마음을 가지면서 사랑 안에서 이러한 연구를 하도록 격려받게 된다.

아마도 가장 중요한 것은 학생들이 심리적이고 영적 성장을 교수들과 함께 탐구할 수 있는 협조적이고 수용적인 환경을 조성하는 것이다. 물론 우리는 치료나 영성지도 회기에 대한 학문적 헌신을 줄이기를 원치 않는다. 특별한 기술이나 지식적 내용에 있어서 필요한 훈련이 있다. 그러나 이는 다른 사람에 대한 개방성과 수용성의 맥락이고, 그래서 성장은 우리 모두가 해야 할 목표다. 이는 평가적 요소를 배제하지 않고, 반드시 우리가 학위에 내포된 것을 할 수 있는 책임감 있고 유능한 학생을 졸업시키게 된다. 그러나 우리는 학생들이 (a) 좋은 학생이 됨으로써 실제 자기를 덮고 자신의 것을 숨길 유혹이 적고, (b) 진실 속에서 다른 사람들과 그들의 삶을 탐구할 경향이 더 많은 개방적이고 성장지향적 설정의 맥락 속에서 이러한 평가 환경을 개발할 필요가 있다. 교수들의 태도와 적절한 개방성은 여기서 가장 중요한 요인이다. 이는 학생들의 훈련경험에 있어서 모든 차이를 만들어 낼 수 있다.

이제 그들의 훈련프로그램의 본질을 재고해 볼, 임상심리학에서 기독교 대학원 훈련프로그램을 위한 시간이다. 지난 20년 동안, 이러한 프로그램들은 미국심리학회(APA)의 요건과 기준을 충족할 수 있으면서 중심적으로 탄탄한 기독교인 훈련프로그램을 발전시키려고 시도했다. 주목할 만한 것은 기독교 '요소'는 일반적으로 그들의 경건한 강조점(채플 출석, 강의실에서의 기도)뿐만 아니라 사람, 죄, 정신병리학, 건강에 대한 통합적 사고하기와 신학에 관한 그들의 훈련에서 분명하게 나타났다. 그러나 그동안 전형적으로 훈련에서의 가장 강력한 변형요소는 영적 – 신학적 부분이 아니었고, 치료에서 경험과 심리학적 부분이었다.

변형심리학에서 훈련을 위한 교육과정과 핵심 교육과정의 제안들.   심리학에 대한 우리의 변형적 접근은 치료뿐 아니라 초보 심리학자가 그리스도의 형상으로 변화되는 것을 목표로 한 교육과정과 교육과정 요건을 포함하는 전체적 프로그램도 주장한다. 다음은 학생들의 변형을 위한 표준코스와 치료에 더해질 수 있는 교육과정과 핵심 교육과정 요소의 몇 가지 유형이다.

1. 모든 과정이 '5분의 1 규칙'과 같은 것을 따라야 할 필요가 있다. 모든 과정에서 과제의 5분의 1은 본질적으로 누군가의 영혼, 하나님, 다른 사람들과 학습될 풍부한 내용에 관하여 그리고 공부하는 동기에 대한 마음 탐색을 경험하도록 한다. 이것의 목적은 우리의 공부에서 왕국 초점을 발달시키고 코스내용에 있어서 변형의 목적을 현실화하도록 돕는 것이다.[2)]

2. 초보 치료자의 삶의 기술에 특별히 초점이 맞춰진 코스들을 개발해야 할 필요가 있다. 그러한 코스들은 죄와 정신병리학, 성별 쟁점, 연애, 결혼, 가족, 통찰을 위한 양육, 회개, 변형, 삶의 모든 영역에서 잘 살기 위한 지혜를 고려하여 초기의 욕망관계와 관계적 역사를 이론적이고 개인적으로 탐구하도록 학생들을 도울 수 있다.

3. 하나님 안에서 성령 충만한 삶의 탐구를 위한 영성지도와 수행의 경험과 관련된 개인과 그룹 치료를 넘어선 정규코스와 병행한 요건이 필요하다.

4. 학생들이 구원과 성화 사역에 있어서 성령의 역동과 인간 영혼의 역동 둘 다를 경험적으로 탐색하고 이해하는 데 있어서 학생들을 도울 영적 성장의 특성 속에 있는 코스를 발달시키는 것이 필요하다. 이는 어떻게 십자가가 그 사람의 삶의 변화에 영향을 미치는지, 어떻게 성령이 영혼 안에서 역사하는지, 어떻게 우리가 성장에 있어서 성령께 협력하고 성

---

2) 존 코우(John Coe)의 「Intentional Spiritual Formation in the Classroom: Making Space for the Spirit in the University」, *Christian Educational Journal* 4, no. 2 (2000): 85-110을 보라.

령을 막는지에 대한 탐구를 포함한다.

5. 단지 누군가의 실제에서뿐만 아니라 의뢰의 목적을 위해서도 가능하면 현명하고 전인적 영혼의 박사가 될 수 있도록 하기 위해서 어느 정도 영성지도에 있어서 분별의 기술에 있어서뿐만 아니라 치료를 하기 위한 기술들에 있어서 훈련되는 것이 필요하다.

임상심리학에서 기독교 대학원 프로그램은 교회를 위해 영적인 박사들과 연구자들의 세대를 훈련하기 위한 놀라운 기회를 가지고 있다. 내 소망은 학생들이 사설/공적 실습과 대학에 갈 뿐만 아니라 교회에 목사로서 많이 가기를 바란다. 대학원 프로그램에 의한 핵심 교육과정과 교육과정 반영의 이러한 유형을 위한 시기는 심리학에서 과학적 요소의 어떤 기준을 충족하도록 임상하는 학교에 더 많은 요구를 하고 있는 APA의 동향이 있는 상황에서 한층 더 결정적이다. 특히 학교들은 신경심리학에서 과학적 연구로부터 유익을 얻을 수 있다. 그러나 지나치게 이러한 요건들을 맞추고자 강조한다면, 성령 안에서 심리학자를 훈련하기에 중점으로 둬야 할 필요가 있는 바로 그 요소를 몰아내 버릴 수 있다. 그러므로 학교들이 교육과정 개발을 고려할 때 여기서 주의해야 한다.

심리학의 기독교 학부와 대학원 학교들은 과학적이고 경험론적 의제를 밀고 있는 APA의 이러한 동향을 다루는 데 현명하고 신중해야 한다. 이러한 경향은 과도하게 기독교 학교들이 명백하고 완전하게 변형되고, 그리스도인되기의 에너지와 초점을 적게 쓰게 하고, APA 요건에 맞추기 위해 프로그램을 다듬기에 그들의 시간과 주의를 너무 많이 쓰도록 압박할 수 있다. 또한 이러한 경향은 학교가 수량화되고 측정될 수 있는 차원(예, 신경심리학)에 과도하게 초점을 맞추도록 영향을 미칠 수 있다. 이 안에서 얻을 수 있는 통찰이 있을지라도, 정신병리학과 건강(예, 성격의 역동과 정신병리학, 발전, 변화, 건강을 공부하는 다양한 학교에 더하여 관찰과 반추)을 이해하는 핵심에 있는 유심론적 현상의 초점을 잃어 가면서까지 하지는 말아야 된다.

어떤 교수들은 우리가 안내하는 변형적 훈련목표가 너무 개인적이고 교육사업이 아니라고 생각하기 때문에 APA의 전문적이고 '과학적' 경향에 박수를 보낼지 모른다. 누군가는 그러한 반응에서 지혜가 지식으로부터, 사람의 연구로부터, 개인적 사람이 신학으로부터, 영성이 분리되는 암시적 근대주의를 발견할 수 있어야 한다. 대학원 훈련의 이러한 관점은 심리학과 신앙으로의 더욱 튼튼한 접근에 비추어 재검토될 필요가 있다. 이러한 심리학으로의 변형적이거나 영성 접근에 따라 학생들의 삶과 성장은 교육사업이고, 교수의 일이다.

신학교와 대학에 변형심리학이 영향을 주는 방법

셋째, 우리는 변형적 또는 영적 심리학이 기독교 대학과 신학교의 목표를 이해하고 깨닫는 데 있어서 중심 역할을 해야 한다고 믿는다.[3] 변형심리학은 이러한 기관이 사람에 대한 이해와 그리스도 안에서 변화를 위한 과업을 지속하기 위해 필요한 가장 중점이 되는 요소 중 얼마를 제공할 가능성을 가지고 있다고 보고 있다.

신학 그리고 가끔은 철학마저도 기독교 대학과 신학교의 발전에 있어서 마땅히 중요한 역할을 맡아 온 반면, 심리학은 슬프게도 이 과정에서 곁다리로 있어 왔다. 사실상 심리학자와 치료자, 심리학과는 곧잘 고립되고 소외되었으며, 거의 기독교 신앙에 있어서 이질적 요소로 취급을 받았다. 이는 대체로 19세기와 20세기에 심리학의 세속주의와 시시덕거림에 거부하는 기독교인들의 반동에 의해서다.

---

3) 존 코우(John Coe)의 「An Interdependent Mode of Integration and the University」, *Faculty Dialogue* 21(Spring-Summer 1994): 111-137을 보라.

기독교 대학과 교회 안에서의 심리학에 대한 현재의 이 소외는 매우 불운하다. 우리는 이를 충분히 강조할 수 없다. 우선, 전인적 의미 속에 있는 심리학만이 기독교 신앙의 중요한 점유라는 점이 진리다. 우리만이 적어도 어떤 다른 사람의 사회보다 정신병리, 죄, 변화와 건강을 위한 역동을 충분히 이해할 가능성을 가지고 있다. 이러한 이유는 우리는 성경과 하나님의 성령과 교회 안에서 그리스도의 몸을 통하여 사람을 이해하고 보완하며, 신성하게 할 수 있는 가장 위대한 은혜의 수단을 가졌기 때문이다. 성경은 우리가 분명한 이해를 가지고 있지 않거나 모르는 것과 별도로 그것을 통해서 우리 마음을 여시는 개성의 차원에 대한 하나님의 바로 그 계시이고 해석이다. 하나님의 성령은 다른 모든 사람들보다 위에 계시면서 현실, 건강, 진리 속으로의 우리의 여정을 돕고, 우리가 속박으로부터 자유를 찾도록 돕고 사랑하는 그 자신 스스로 사랑이다. 서로 안에서 역사하시는 성령으로서 교회는 세상이 주어야 하는 어떤 것을 넘어서 교회 밖에 있는 사람들뿐만 아니라 서로를 위해서 성장과 사랑의 새로운 관계적 지평을 성육신적으로 열도록 하는 잠재력을 갖는다.

둘째, 기독교 대학과 신학교, 교회로부터의 심리학 소외는 심리학이 신앙에 제공할 수 있었던 것을 놓치기 때문에 불행한 일이다. 전문적 철학자-신학자로서 나(존)는 교회를 위한 우리의 신학교, 대학 그리고 신학교 훈련에 있어서 무기력한 심리학이 갖는 파국적 결과를 분명히 본다. 우리는 우리가 죄인이라는 것 그리고 우리가 되어 가고 있는 무엇인가를 알지만 우리는 성령과 영혼에 있어서 성장과 죄의 역동들 속에 있는 통찰과 이해를 조금밖에 가지고 있지 않다. 즉, 우리는 어떻게 죄와 성화가 현실 속에서 작동하는지에 대해서 진지하게 사고하도록 이해와 훈련을 하고 있다. 심리학자는 치료장면에서 늘 죄와 변화에 관한 실제 쟁점과 대면했다. 목사 또한 사역에서 그러한 쟁점들을 만나게 될 것이다. 서로 배울 수 있는 것이 많이 있다.

그러나 대학에서 일반 교육과정과 철학자들의 훈련을 따로 놓아둔 채로,

신학자들과 목회자들의 훈련은 항상 실존적 이유에 의해서 그렇게 강조되고 있지 않다. 더 많이 자주 그러한 훈련은 신앙 안에서 사람을 이해하기 위한 기초를 형성하고, 매력적이고 계몽적인, 과학적이며 지적이고 성경적 – 원문대로의 질문들로 구성되어 있지 않다. 더욱이 기독목회적 훈련은 그 방향성에 있어서 인지적이고 행동적 경향이 있고 튼튼하고 깊이 있는 변형심리학의 열매들로부터 충분하게 유익을 얻지 못했다. 우리는 이 실패가 지난 세기 동안 교회를 괴롭히고 있으며, 왜 세속적 심리학이 사회의 깊은 필요를 다루는 데 우선적으로 나타나는지 이유를 부분적으로 설명한다고 생각한다. 또한 우리는 성장과 하나님과의 관계 안에서 사람의 깊은 필요를 다루기 위한 영적 형성 운동의 출현을 부분적으로 설명한다고 생각한다. 대학과 학회, 교회에서 성령에 의해 변화된 심리학이 정당한 자리를 차지하는 것은 성장과 사람을 이해하기 위해서 필수적이다.

기독교 대학과 학회가 학생들을 변형시킬 목적을 위해서 변형심리학이 제공하는 실존적이고, 관계적이며, 실제적 문제를 수용해야 할 시간이 되었다. 그래서 대학 학문의 통합의 열쇠로서 철학자들과 신학자들과 함께 심리학자들을 보게 된다면 그것은 매우 흥미로울 것이라고 우리는 생각한다. 심리학자들이 그들의 특별한 연구를 계속할 뿐 아니라, 일부는 다양한 부서들과 섞여서 일할 수 있도록 맡겨지는 대학을 상상해 보라. 사회학, 신학, 문학, 선교학, 간호학 등등의 부서에서 가르치고 있는 이들과 상호작용하며, 그들로부터 심리학자들이 배워서 일으키는 통찰이 얼마나 많을 것인가! 그들은 교회와 세상을 위한 학생과 학부의 실제적 변화에 중대한 자기, 죄, 변형의 역동에 관한 풍요로운 통찰을 대학에 가져올 수 있을 것이다. 또한 그들은 대학에서 다른 학문들(특히 역사, 문학, 사회학, 인류학, 신학, 철학 그리고 비교종교학)과 활동하기 시작함으로써 많은 심리학적 관점을 설명하는 것에 도움이 될 수 있다. 유럽의 지도자들과 수도사들이 제1차 세계대전 속으로 인도했던 여러 가지 동기와 욥과 그의 상담자들의 경험, 바울의 죄와 수치심에 관한 견해에 대해 도스토옙스키의 『죄와 벌』에서 변형심리학자가 '가진 것'을 학생들과 교수가 얻는다면 얼마나 영적으로 풍요롭게 되겠는가!

정규과정과 비정규과정의 요인에 영향을 주는 변형심리학.   한 걸음 더 나아가서 우리는 심리학이 그리스도의 형상으로 학생들이 변화되는 것을 도울 수 있는 방법을 교과과정과 핵심 교과과정 모두에서 고려되는 것이 대학을 위해서 결정적이라고 생각한다. 첫째, 기독교 대학이 그리스도 안에서 대학 훈련을 위한 핵심 교과과정 필수요건을 재고하는 것은 매력적이다. 기숙사 생활은 훈련된 심리학 대학원 학생들과 소집단과 기도 속에서 심중을 심리학적으로 탐색할 나이에 알맞은 방식들을 포함하게 된다. 이것은 누군가의 관계적 역사와 현재 학생, 학급 그리고 하나님과의 관계에서 그것이 어떻게 작동되고 있는지 탐색하기를 포함할 수 있다. 기숙사의 부분들은 그들이 성장의 삶에서 일정 기간 동안 어떤 영적 훈련에 헌신하는 삶의 규칙에 자발적으로 주어질 수 있다. 아마도 이것은 나이에 적정하고 책임 있는 모양을 갖춘 훈련된 멘토들과 함께 그들 내면의 삶과 영성을 탐색하는 데 있어서 학생들을 도울 필수적인 치료와 영성지도를 포함할 수 있다. 이것은 특별히 임상 심리, 신학과 영성 형성 지도에 있어서 대학원 훈련프로그램을 가진 기독교 대학들에게 적용된다.

기독교 대학 역시 심리학이 대학의 교육과정을 어떻게 재구조화하도록 도울 수 있는지를 고려할 필요가 있다. 심리학에서 표준 입문코스는 때때로 심리학이 대학에서 할 수 있는 것들의 아주 빈약한 사례. 이러한 코스들은 학생들의 경험과는 동떨어진 채, 심리학의 역사를 단순히 설문조사를 하거나 겉핥기 지식으로 종종 구성된다. 사실상, 심리학에서 입문코스는 학생들이 심리학을 바라보게 되는 통찰력이 있는 내용을 포함하는 데 종종 실패한다.

분명하게 심리학 입문코스는 학생들의 관계적이고 가족적 역사, 현재 경험과 변형을 이해하는 데 실존적으로 관련된 자료들을 만드는 방식으로 가르쳤다. 모든 코스에서 학생들은 그리스도 안에서 성장, 숨겨진 심중, 정신병리와 관련된 자신의 역사를 탐색하는 영성 형성에 관심이 있는 신학자들, 심지어는 팀으로 배울 수도 있었다. 코스들은 하나님과 연관에 있어서 양육하기와 가족, 결혼, 연애의 이슈들, 성역할 등을 탐구하기를 포함할 수 있었다. 이러한 유형의 코스들은 지구상에서 하나님을 위해서 살기가 무엇인지와 인간 되기가 무엇인가의 심중에 놓여 있는 삶을 위한 기술과 지혜, 그리고 기초적 이해를 제공한다.

우리는 어떻게 읽고 쓰고 계산하는지를 배우고, 이러한 지식과 기술을 대학에서 역사, 과학, 철학, 문학 그리고 신학으로 설정하도록 향상시키기 위한 근대주의에 의해 구동된 교육에 너무 많은 시간을 소비했다. 그러나 우리가 삶의 대부분을 소비하게 될 실제적 영역들에 있어서 기술을 갖추고, 지혜롭게 되며, 성령 안에서 변형과 성장의 실존적 과제에는 너무 적은 시간이 주어진다. 틀림없이 기독교 대학의 몇몇 심리학자들은 이러한 방식으로 과정을 가르치려고 시도한 것이다. 그러나 기독교 교육자, 행정가, 심리학자는 심리학이 기독교 대학의 방안이 될 수 있는 방법에 시야를 단단히 붙잡을 필요가 있다. 우리의 변형심리학은 이 변혁을 만들 주요 도구가 될 수 있다.

신학교에서의 변형심리학. 더욱이 목회자와 신학자의 대학원 신학훈련에 있어서 진행할 수 있는 변형심리학의 역할에 대해서 급진적으로 재고하는 것이 필요하다. 만약 신학과 목회 훈련이 사람을 그리스도의 형상으로 변형시키기를 그 목적으로 가지고 있다면, 사람, 죄, 성장에 대한 이해는 이러한 훈련의 중심에 있다. 훈련 중의 신학자들과 목회자들은 성경적 본문 속에 그들의 눈앞에 있는 것과 자기 속에 그들의 눈 밖에 있는 것을 알 필요가 있다. 신학훈련은 개혁가들이 하나님과 자기의 이중지식이라고 부르는 것을 품을 필요가 있다. 칼뱅은 그의 저서『기독교 강요』첫 줄에 다음과 같이 진술했다. "자신을 알지 못하고는 하나님을 알지 못한다. 우리가 가진 거의 모든 지혜, 즉 진실되고 완전한 지혜는 두 부분으로 이루어져 있다. 그것은 하나님과 우리 자신에 대한 지식이다."[4] 하나님과 성경의 지식으로부터 자기에 대한 지식을 나누는 것은 신학적-지적 오만과 영적 피상성의 위험을 무릅쓴 것이다.

학부생 훈련의 경우에서와 같이, 대학원 신학대학 훈련은 실존적이고 실제적 삶의 문제를 다루는 교육과정과 핵심 교육과정 필수요건의 실질적 개정을 거칠 필요가 있다. 교육과정 변화에 관하여 학생들이 하나님과 다른 사람들과 함께 하나님과 숨겨진 심중, 정신병리에 관련하여 부모와 형제자매와 그들의 관계적 역사를 탐색하도록 요구하는 코스가 개발될 수 있다. 학생들로 하여금 성역할, 연애, 결혼, 가족, 육아에 대한 그들의 이해와 경험을 하나님과 서로 같이 탐구할 수 있도록 도와주는 코스가 개발될 수 있다. 탄탄한 변형심리학을 담을 수 있는 심리학적이고 영적 변화와 변형에 관한 심리학과 신학, 영성 형성의 접속 속에서 일반 코스가 개발될 수 있다. 핵심 교과과정 필수요건은 리트릿, 치료 그리고 영성지도를 포함할 수 있다. 나는 개인적으로 이러한 유형의 교육과정과 핵심 교육과정을 통해 신학교 학생들이 가질 수 있는 놀랍고 극적인 결과들을 목격할 수 있었다. 신학훈련의 삶 속으로 변형심리학의 삽입은 영 안에서 개인적 성장과 사역을 위해서뿐만 아니라 인간 조건의 이해를 위해서도 결정적이다. 이러한 변화들이 교회의 미래 지도자들이 급진적으로 극적 효과를 가질 수 있다고 우리는 생각한다. 이것은 우리에게 지금 아주 분명하다.

---

4) John Calvin, *Institutes of the Christian Religion*, trans. Ford Lewis Battles, ed. John T. McNeill (Louisville, Ky.: Westminster John Knox Press, 1960), p. 35.

🪧 결론

이 책의 소명은 교회와 신학교와 대학의 개혁을 도울 수 있는, 영적으로 변화시키는 심리학의 개발을 위해서 있어 왔다. 우리는 기초와 방법론, 윤곽의 몇몇 중심적 특징들을 탐색했다. 아마도 그것은 궁극적으로 우리가 개요를 서술한 것과는 달라 보일 것이다. 하지만 소명은 다음과 같다. 그것은 누군가의 궁핍함에, 진정한 것에, 말씀에, 십자가에, 성령에, 서로에게 열려지는 것이다. 그리고 그러한 기반에서 교회와 세상을 변형시키기 위한 목적을 위한 심리학을 개발하는 것이다. 아마도 당신은 이 변혁을 가져오는 데 있어서 우리와 동참할 것이다.

참고문헌

Adams, Jay. *Competent to Counsel*. Grand Rapids: Baker, 1972.

Aitken, K. T. *Proverbs*. Philadelphia: Westminster Press, 1986.

American Psychiatric Association. *Diagnostic and Statistical Manual of Mental Disorders,* 4th ed. Washington, D.C.: American Psychiatric Association, 2000.

Annas, Julia. 「Naturalism in Greek Ethics: Aristotle and After」, In *Proceedings of the Boston Area Colloquium in Ancient Philosophy*. Vol. 4. Edited by J. J. Cleary and D. C. Shartin, pp. 149-171. Lanham, Md.: University Press of America, 1988.

Barry, William, and William Connolly. *The Practice of Spiritual Direction*. San Francisco: HarperSanFrancisco, 1986.

Bartholomew, Kim. 「Avoidance of Intimacy: An Attachment Perspective」, *Journal of Social and Personal Relationships* 7, no. 2 (1990): 147-178.

Benedict. *The Rule of St. Benedict*. Translated and edited by Timothy Fry. New York: Vintage, 1998.

Benner, David. *Care of Souls: Revisioning Christian Nurture and Counsel*. Grand Rapids: Baker Books, 1998.

_____. *Desiring God's Will: Aligning Our Hearts with the Heart of God*. Downers Grove, Ill.: InterVarsity Press, 2005.

_____. *The Gift of Being Yourself: The Sacred Call to Self-Discovery*. Downers Grove, Ill.: InterVarsity Press, 2004.

_____. 「The Incarnation as a Metaphor for Psychotherapy」, In *Psychology and Christianity Integration: Seminal Works That Shaped the Movement*, edited by Daryl H. Stevenson, Brian E. Eck and Peter C. Hill, pp. 244-249. Batavia, Ill.: Christian Association for Psychological Studies, 2007.

_____. *Sacred Companions: The Gift of Spiritual Friendship and Direction*. Downers Grove, Ill.: InterVarsity Press, 2002.

_____. *Surrender to Love: Discovering the Heart of Christian Spirituality*. Downers Grove, Ill.: InterVarsity Press, 2003.

Bernard, Michael. 「Private Thought in Rational Emotive Psychotherapy」, *Cognitive Therapy and Research 5*, no. 2 (1981): 125-142.

Bobgan, Martin. *Competent to Minister: The Biblical Care of Souls*. Santa Barbara, Calif.: East Gate Publishers, 1996.

_____. *How to Counsel from Scripture*. Chicago: Moody Press, 1985.

_____. *Prophets of Psychoheresy*. Santa Barbara, Calif.: East Gate Publishers, 1989.

_____. *Psychoheresy: The Psychological Seduction of Christianity*. Santa Barbara, Calif.: East Gate Publishers, 1987.

Boghossian, *Paul. Fear of Knowledge: Against Relativism and Constructivism*. New York: Oxford University Press, 2006.

Boisen, Anton. *The Exploration of the Inner World*. Philadelphia: University of Pennsylvania Press, 1971.

Bollas, Christopher. T*he Shadow of the Object: Psychoanalysis of the Unthought Unknown*. New York: Columbia University Press, 1987.

Bouma-Prediger, Steve. 「The Task of Integration: A Modest Proposal」, *Journal of Psychology and Theology 18*, no. 1 (1990): 21-31.

Bowlby, John. *A Secure Base: Parent-Child Attachment and Healthy Human Development*. New York: Basic Books, 1988.

_____. *Attachment and Loss*. 2nd ed. Vol. 1, *Attachment*. New York: Basic Books, 1982.

_____. *Attachment and Loss*. Vol. 2, *Separation*. New York: Basic Books, 1973.

Brant, Edward. *The Foundations of Modern Science in the Middle Ages*. Cambridge, Mass.: Cambridge University Press, 1996.

Bruner, Jerome. *Acts of Meaning*. Cambridge, Mass.: Harvard University Press, 1990.

Bucci, Wilma. *Psychoanalysis and Cognitive Science*. New York: Guilford, 1997.

Byrd, Kevin R., and AnnDrea Boe. 「The Correspondence Between Attachment Dimensions and Prayer in College Students」, *The International Journal for the Psychology of Religion 11*, no. 1 (2001): 9-24.

Calvin, John. *Institutes of the Christian Religion*. Translated by Ford Lewis Battles. Edited by John T. McNeill. Louisville, Ky.: Westminster John Knox Press, 1960.

Carter, John D. 「Secular and Sacred Models of Psychology and Religion」, *Journal of Psychology and Theology 5*, no. 3 (1977): 197-208.

Carter, John D., and Bruce Narramore. 「Beyond Integration and Back Again」, *Journal of Pastoral Counseling 3,* no. 2 (1975): 49-59.

_____. *The Integration of Psychology and Theology.* Grand Rapids: Zondervan. 1979.

Carter, John D., and R. J. Mohline. 「The Nature and Scope of Integration: A Proposal」, *Journal of Psychology and Theology 4* (1976): 3-14.

Chadwick, Owen. 「John Cassian」, In *The Study of Spirituality,* edited by Cheslyn Jones, Geoffrey Wainwright and Edward Yarnold, pp. 145-148. New York: Oxford University Press, 1986.

Clark, Stephen. *Aristotle's Man: Speculation upon Artistotelian Anthropology.* Oxford: Clarenden Press, 1975.

Climacus, Johannes [Søren Kierkegaard]. *Philosophical Fragments or a Fragment of Philosophy.* Translated by David Swenson. Princeton, N.J.: Princeton University Press, 1962.

Clinton, Stephen M. 「A Critique of Integration Model」, *Journal of Psychology and Theology 18,* no. 1 (1990): 13-20.

Coe, John. 「An Interdependent Model of Integration and the Christian University」, *Faculty Dialogue 21* (1994): 111-137.

_____. 「Being Faithful to Christ in One's Gender: Theological Reflections on Masculinity and Femininity」, In W*omen and Men in Ministry: A Complementary Perspective*, edited by Robert L. Saucy and Judith K. TenElshof, pp. 185-228. Chicago: Moody Press, 2001.

_____. 「Intentional Spiritual Formation in the Classroom: Making Space for the Spirit in the University」, *Christian Education Journal 4* (2000): 85-110.

_____. 「Musings on the Dark Night of the Soul: Insights from St. John of the Cross on a Developmental Spirituality」, *Journal of Psychology and Theology 28* (2000): 293-307.

_____. 「Spiritual Theology: A Theological-Experiential Methodology for Bridging the Sanctification Gap」, *Journal of Spiritual Formation and Soul Care 2,* no. 1 (2009): 4-43.

Collins, Gary R. *The Biblical Basis of Christian Counseling for People Helpers.* Colorado Springs: NavPress. 1993.

_____. 「An Integration View」, In *Psychology and Christianity: Four Views,* edited by Eric Johnson and Stanton Jones, pp. 109-129. Downers Grove, Ill.: InterVarsity Press, 2000.

_____. *The Rebuilding of Psychology: An Integration of Psychology and Christianity*. Wheaton, Ill.: Tyndale House, 1977.

_____. *Psychology and Theology: Prospects for Integration*. Nashville: Abingdon, 1981.

Collins, Nancy L., and Stephen J. Read. 「Adult Attachment, Working Models, and Relationship Quality in Dating Couples」, *Journal of Personality and Social Psychology 58,* no. 2 (1990): 644-663.

Conn, J. W. *Spirituality and Personal Maturity*. Mahwah, N. J.: Paulist Press, 1989.

Crabb, Larry. 「Biblical Authority and Christian Psychology」, *Journal of Psychology and Theology 9,* no. 4 (1981): 305-311.

_____. *Connecting: Healing For Ourselves and Our Relationships: A Radical New Vision*. Nashville: Word Publishing, 1997.

_____. *Inside Out*. Colorado Springs: NavPress, 1993.

_____. *The Papa Prayer: Discover the Sound of Your Father's Voice*. Nashville: Integrity Publishers, 2006.

_____. *The Safest Place on Earth: Where People Connect and Are Forever Changed*. Nashville: Word Publishing, 1999.

_____. *Shattered Dreams: God's Unexpected Pathway to Joy*. Colorado Springs: WaterBrook, 2001.

_____. *Soultalk: The Language God Longs For Us to Speak*. Nashville: Integrity Publishers, 2003.

_____. *Understanding People: Deep Longings for Relationship*. Grand Rapids: Ministry Resources Library, 1987.

Crenshaw, J. L., ed. 「Prolegomenon」, In *Studies in Ancient Israelite Wisdom*. New York: KTAV, 1976.

Crombie, A. C. *Medieval and Early Modern Science*. 2 vols. Cambridge, Mass.: Harvard University Press, 1963.

Curtis, E. M. 「Old Testament Wisdom: A Model for Faith-Learning Integration」, In *Christian Scholars Review 4* (1986): 213-227.

Davies, J. A. 「Patterns of Spiritual Direction」, *Christian Education Journal 13*, no. 3 (1993): 49-66.

Demarest, Bruce. *The Cross and Salvation: The Doctrine of Salvation*. Wheaton, Ill.: Crossway, 1997.

_____. Satisfy Your Soul: Restoring the Heart of Christian Spirituality. Colorado Springs: NavPress, 1999.

Dicken, E. W. Trueman. 「Teresa of Jesus and John of the Cross」, In *The Study of Spirituality,* edited by Cheslyn Jones, Geoffrey Wainwright and Edward Yarnold, pp. 363-376. New York: Oxford University Press, 1986.

Dougherty, Rose Mary. *Group Spiritual Direction: Community for Discernment.* Mahwah, N. J.: Paulist Press, 1995.

Driskill, J. D. 「Pastoral Counseling and Spiritual Direction: Enrichment Where the Twain Meet」, *Pastoral Psychology 41,* no. 4 (1993): 217-235.

Eck, Brian. 「Integrating the Integrators: An Organizing Framework for a Multifaceted Process of Integration」, *Journal of Psychology and Christianity 15* (Summer 1996): 101-115.

Edwards, Janet. 「Spiritual Direction: A Delicate Weaving of Life and Religious Experience」, *Studies in Formative Spirituality 7,* no. 2 (1986): 177-191.

Eichrodt, Walther. *Theology of the Old Testament.* Vol. 2. Translated by J. A. Baker. Philadelphia: Westminster Press, 1967.

Entwhistle, David. *Integrative Approaches to Psychology and Christianity.* Eugene, Ore.: Wipf & Stock, 2004.

Evans, C. Stephen. 「The Concept of the Self as the Key to Integration」, In *Psychology and Christianity Integration: Seminal Works That Shaped the Movement,* edited by Daryl H. Stevenson, Brian E. Eck and Peter C. Hill, pp. 170-175. Batavia, Ill.: Christian Association for Psychological Studies, 2007.

Fairbairn, W. R. D. *An Object Relations Theory of the Personality.* New York: Basic Books, 1954.

_____. *Psychoanalytic Studies of the Personality.* London: Tavistock Publications, 1952.

Farnsworth, Kirk E. 「The Conduct of Integration」, *Journal of Psychology and Theology 10,* no. 4 (1982): 308-319.

_____. *Whole-Hearted Integration: Harmonizing Psychology and Christianity through Word and Deed.* Grand Rapids: Baker, 1985.

Fonagy, Peter, et al. 「Attachment, the Reflective Self, and Borderline States」, In *Attachment Theory: Social, Developmental, and Clinical Perspectives,* edited by Susan Goldberg, Roy Muir and John Kerr, pp. 233-278. Hillsdale, N. J.:

Analytic Press, 1995.

Fosdick, Harry Emerson. *On Being a Real Person*. New York: Harper and Row, 1943.

Foster, James D., Debra A. Horn and Steve Watson. 「The Popularity of Integration Models, 1980-1985」, *Journal of Psychology and Theology 16*, no. 1 (1988): 3-14.

Foster, Richard. *Celebration of Discipline: The Path to Spiritual Growth*. 1978. Reprint, San Francisco: HarperSanFrancisco, 1998.

_____. *The Challenge of the Disciplined Life: Christian Reflections on Money, Sex, and Power*. San Francisco: HarperCollins, 1985.

_____. *Prayer: Finding the Heart's True Home*. San Francisco: HarperSanFrancisco, 1992.

_____. *Streams of Living Water: Celebrating the Great Traditions of Christian Faith*. San Francisco: HarperSanFrancisco, 1998.

Fowler, James. *Stages of Faith: The Psychology of Human Development and the Quest for Meaning*. San Francisco: HarperCollins, 1981.

Fraley, R. Chris, Joseph P. Garner and Phillip R. Shaver. 「Adult Attachment and the Defensive Regulation of Attention and Memory: Examining the Role of Preemptive and Postemptive Defensive Processes」, *Journal of Personality and Social Psychology 79*, no. 5 (2000): 816-826.

Frankfort, Henri, H. A. Frankfort, John A. Wilson and Thorkild Jacobsen. *Before Philosophy: The Intellectual Adventure of Ancient Man*. Chicago: University of Chicago Press, 1946.

Gillham, J. E., ed. *The Science of Optimism and Hope: Research Essays in Honor of Martin E. P. Seligman*. Radnor, Penn.: Templeton Foundation Press, 2000.

Gilson, Etienne. *From Aristotle To Darwin and Back Again: A Journey in Final Causality, Species, and Evolution*. Notre Dame, Ind.: University of Notre Dame Press, 1984.

Goleman, Daniel. *Social Intelligence: The New Science of Human Relationships*. New York: Bantam Books, 2006.

Gotthelf, Allan. 「The Place of the Good in Aristotle's Natural Theology」, In *Proceedings of the Boston Area Colloquium in Ancient Philosophy*. Vol. 4. Edited by J. Clearly and P. Shartin, 113-139. Lanham, Md.: University Press of America, 1988.

Green, Jeffrey D., and W. Keith Campbell. 「Attachment and Exploration in Adults: Chronic and Context Accessibility」, *Personality and Social Psychology Bulletin 26*, no. 4 (2000): 452-461.

Griffin, Dale W., and Kim Bartholomew. 「Models of the Self and Other: Fundamental Dimensions Underlying Measures of Adult Attachment」, *Journal of Personality and Social Psychology 67*, no. 3 (1994): 430-445.

Guenther, Margaret. *Holy Listening: The Art of Spiritual Direction*. Cambridge, Mass.: Cowley Publications, 1992.

Guntrip, Harry. *Personality Structure and Human Interaction*. New York: International Universities Press, 1961.

Hadamard, Jacques. *An Essay on the Psychology of Invention in the Mathematical Field*. Princeton, N. J.: Princeton University Press, 1945.

Hall, M. Elizabeth Lewis, and Todd W. Hall. 「Integration in the Therapy Room: An Overview of the Literature」, *Journal of Psychology and Theology 25*, no. 1 (1997): 86-101.

Hall, Todd W. 「Christian Spirituality and Mental Health: A Relational Spirituality Framework for Empirical Researc」, *Journal of Psychology and Christianity 23*, no. 1 (2004): 66-81.

Hall, Todd W., et al. 「Internal Working Model Correspondence in Implicit Spiritual Experiences」, Paper presented at the 113th Annual Convention of the American Psychological Association, Washington, D.C., August 2005.

Hermission, Hans-Jürgen. 「Observations on the Creation Theology in Wisdom」, *In Israelite Wisdom: Theological Essays in Honor of Samuel Terrien*, edited by John G. Gammie et al., pp. 43-57. Missoula, Mont.: Scholars Press, 1977.

Hesse, Erik. 「The Adult Attachment Interview: Historical and Current Perspectives」, In *Handbook of Attachment: Theory, Research and Clinical Applications,* edited by Jude Cassidy and Phillip R. Shaver, pp. 395-433. New York: Guilford, 1999.

Hofer, Shawn L. 「The Impact of Life on Former Students' God Concepts: A Nine Year Longitudinal Study」, Psy. D. diss., Rosemead School of Psychology, 2004.

Horney, Karen. *Neurosis and Human Growth: The Struggle toward Self-Realiza-*

tion. 1950. Reprint, New York: W. W. Norton, 1991.

Ivens, Michael. 「Ignatius Loyola」, In *The Study of Spirituality*, edited by Cheslyn Jones, Geoffrey Wainwright and Edward Yarnold, pp. 357-62. New York: Oxford University Press, 1986.

James, William. *Principles of Psychology.* New York: Holt, 1890.

John of the Cross, Saint. *The Dark Night of the Soul.* Translated by E. Allison Peers. New York: Doubleday/Image, 1990.

Johnson, Eric L. *Foundations for Soul Care: A Christian Psychology Proposal.* Downers Grove, Ill.: IVP Academic, 2007.

Johnson, Eric, and Stanton Jones, eds. *Psychology and Christianity: Four Views.* Downers Grove, Ill.: InterVarsity Press, 2000.

Jones, Stanton L., and Richard E. Butman. *Modern Psychotherapies: A Comprehensive Christian Appraisal.* Downers Grove, Ill.: InterVarsity Press, 1991.

Jones, W. Paul. *The Art of Spiritual Direction: Giving and Receiving Spiritual Guidance.* Nashville: Upper Room Books, 2002.

Kaam, Adrian van. *The Art of Existential Counseling.* Wilkes-Barre, Penn.: Dimension Books, 1966.

Kidner, Derek. *Proverbs: An Introduction and Commentary.* Downers Grove, Ill.: InterVarsity Press, 1964.

_____. *The Message of Ecclesiastes: A Time to Mourn, and a Time to Dance.* Downers Grove, Ill.: InterVarsity Press, 1986.

Kierkegaard, Søren. *Sickness Unto Death: A Christian Psychological Exposition for Upbuilding and Awakening,* edited and translated by Howard V. Hong and Edna H. Hong. Princeton, N. J.: Princeton University Press, 1980.

Kirkpatrick, Lee A. 「God as a Substitute Attachment Figure: A Longitudinal Study of Adult Attachment Style and Religious Change in College Students」, *Personality & Social Psychology Bulletin 24,* no. 9 (1998): 961-973.

Langberg, Diane. 「The Spiritual Life of the Therapist: We Become What We Habitually Reflect」, *Journal of Psychology and Christianity 25,* no. 3 (2006): 258-266.

Laplace, Jean. *Preparing for Spiritual Direction.* Chicago: Franciscan Herald Press, 1988.

Law, William. *A Serious Call to a Devout and Holy Life.* 1728. Reprint, Grand Rapids: Eerdmans, 1966.

LeDoux, Joseph. *The Emotional Brain*. New York: Simon & Schuster, 1996.

Leech, Kenneth. *Soul Friend: An Invitation to Spiritual Direction*. San Francisco: HarperCollins, 1992.

Leijenhorst, C., Christoph Luthy and Johannes M. M. H. Thijssen, eds. *The Dynamics of Aristotelian Natural Philosophy from Antiquity to the Seventeenth Century*. Leiden: E. J. Brill, 2002.

Lindberg, David. *The Beginnings of Western Science: The European Scientific Tradition in Philosophical, Religious, and Institutional Context, Prehistory to A.D. 1450*. 2nd ed. Chicago: University of Chicago Press, 2007.

Lindberg, David, and Ronald Numbers, eds. *God and Nature: Historical Essays on the Encounter Between Christianity and Science*. Berkeley: University of California Press, 1986.

Longman, Tremper, III. *Proverbs: Baker Commentary on the Old Testament Wisdom and Psalms*. Grand Rapids: Baker Academic, 2006.

Louth, Andrew. 「The Cappadocians」, In *The Study of Spirituality,* edited by Cheslyn Jones, Geoffrey Wainwright and Edward Yarnold, pp. 161–168. New York: Oxford University Press, 1986.

MacIntyre, Alasdair. *After Virtue*. 2nd ed. Notre Dame, Ind.: University of Notre Dame Press, 1984.

Marshall, I. Howard. *New Testament Theology: Many Witnesses, One Gospel*. Downers Grove, Ill.: InterVarsity Press, 2004.

Maslow, A. H., ed. 「Psychological Data and Value Theory」, In *New Knowledge in Human Values,* pp. 119–136. South Bend, Ind.: Regnery/Gateway, 1959.

May, Gerald G. *Care of Mind, Care of Spirit: A Psychiatrist Explores Spiritual Direction*. San Francisco: HarperSanFrancisco, 1992.

McMinn, Mark R. *Psychology, Theology, and Spirituality in Christian Counseling*. Wheaton, Ill.: Tyndale House, 1996.

McNeill, John. *A History of the Cure of Souls*. New York: Harper & Row, 1951.

Merton, Thomas. *Spiritual Direction and Meditation*. Collegeville, Minn.: Liturgical Press, 1960.

Mikulincer, Mario. 「Adult Attachment Style and Affect Regulation: Strategic Variations in Self-Appraisals」, *Journal of Personality and Social Psychology 75*, no. 2 (1998): 420–435.

_____. 「Adult Attachment Style and Individual Differences in Functional versus

Dysfunctional Experiences of Anger」, *Journal of Personality and Social Psychology 74*, no. 2 (1998): 513-524.

_____. 「Adult Attachment Style and Information Processing: Individual Differences in Curiosity and Cognitive Closure」, *Journal of Personality and Social Psychology 72,* no. 5 (1997): 1217-1230.

Mikulincer, Mario, and Daphna Arad. 「Attachment Working Models and Cognitive Openness in Close Relationships: A Test of Chronic and Temporary Accessibility Effects」, *Journal of Personality and Social Psychology 77*, no. 4 (1999): 710-725.

Mikulincer, Mario, and Elka Sheffi. 「Adult Attachment Style and Cognitive Reactions to Positive Affect: A Test of Mental Categorization and Creative Problem Solving」, *Motivation and Emotion 24*, no. 3 (2000): 149-174.

Mikulincer, Mario, and Israel Orbach. 「Attachment Styles and Repressive Defensiveness: The Accessibility and Architecture of Affective Memories」, *Journal of Personality and Social Psychology 68,* no. 5 (1995): 917-925.

Mikulincer, Mario, and Netta Horesh. 「Adult Attachment Style and the Perception of Others: The Role of Projective Mechanisms」, *Journal of Personality and Social Psychology 76*, no. 6 (1999): 1022-1034.

Mikulincer, Mario, and Orna Nachshon. 「Attachment Styles and Patterns of Self-Disclosure」, *Journal of Personality and Social Psychology 61,* no. 2 (1991): 321-332.

Mikulincer, Mario, and Victor Florian. 「The Relationship between Adult Attachment Styles and Emotional and Cognitive Reactions to Stressful Events」, In *Attachment Theory and Close Relationships,* edited by Jeffry A. Simpson and W. Steven Rholes, pp. 143-165. New York: Guilford, 1998.

Mikulincer, Mario, Victor Florian and Rami Tolmacz. 「Attachment Styles and Fear Personal Death: A Case Study of Affect Regulation」, *Journal of Personality and Social Psychology 58,* no. 2 (1990): 273-280.

Miller, S. G. 「Reciprocal Maturities: Spirit and Psyche in Pastoral Counseling and Spiritual Direction」, *Pastoral Psychology 40*, no. 2 (1991): 93-103.

Moon, Gary W. 「Training Tomorrow's Integrators in Today's Busy Intersection: Better Look Four Ways before Crossing」, *Journal of Psychology and Theology 25*, no. 2 (1997): 284-293.

Moon, Gary W., and David G. Benner, eds. *Spiritual Direction and the Care of*

Souls: A Guide to Christian Approaches and Practices. Downers Grove, Ill.: InterVarsity Press, 2004.

Moon, Gary W., and David G. Benner. 「Spiritual Direction and Christian Soul Care」, In *Spiritual Direction and the Care of Souls,* edited by Gary W. Moon and David G. Benner, pp. 11-28. Downers Grove, Ill.: InterVarsity Press, 2004.

Moravesila, Julius. 「Aristotle on Adequate Explanations」, *Synthese 28* (1974): 3-17.

Moreland, J. P., and Scott Rae. *Body and Soul: Human Nature and the Crisis in Ethics.* Downers Grove, Ill.: InterVarsity Press, 2000.

Mullis, Richard. 「Minding and Measuring Changes in Graduate Students' God Images Across Three Years of a Religiously Based Program in Spiritual Formation」, Psy. D. diss., Rosemead School of Psychology, 2007.

Murphy, Roland. 「Wisdom-Theses and Hypotheses」, In *Israelite Wisdom: Theological and Literary Essays In Honor of Samuel Terrien,* edited by John G. Gammie et al. Missoula, Mont.: Scholars Press, 1977.

Myers, David. 「A Levels-of-Explanation View」, In *Psychology and Christianity: Four Views,* edited by Eric Johnson and Stanton Jones, pp. 54-83. Downers Grove, Ill.: InterVarsity Press, 2000.

Pearce, Rebecca. 「The Impact of Graduate School Training in Psychology on Students' Concept of God: A Qualitative Study」, Psy. D. diss., Rosemead School of Psychology, 1996.

Peterson, C., and M. E. P. Seligman. *Character Strengths and Virtues: A Handbook and Classification.* Washington, D. C.: APA Press and Oxford University Press, 2002.

Pistole, M. Carole and Frank Arricale. 「Understanding Attachment: Beliefs about Conflict」, *Journal of Counseling and Development, 81,* no. 3 (2003): 318-328.

Plantinga, Alvin. *Warranted Christian Belief.* New York: Oxford University Press, 2000.

Porter, Steve L. *Restoring the Foundations of Epistemic Justification: A Direct Realist and Conceptual Theory of Foundationalism.* Lanham, Md.: Lexington, 2006.

Powlison, David. 「A Biblical Counseling View」, In *Psychology and Christiani-*

ty: Four Views, edited by Eric Johnson and Stanton Jones, pp. 196-225. Downers Grove, Ill.: InterVarsity Press, 2000.

_____. 「Annotated Bibliography for Biblical Counseling: 1995 Additions」, *The Journal of Biblical Counseling 14,* no. 3 (1995): 51-52.

Proctor, Marie-Therese. 「The God Attachment Interview Schedule: Implicit and Explicit Assessment of Attachment to God」, Ph. D. diss., University of Western Sydney, Australia, 2006.

Rad, Gerhard von. *Wisdom in Israel,* translated by James D. Martin. Nashville: Abingdon, 1972.

Rawls, John. *A Theory of Justice.* Cambridge, Mass.: Harvard University Press, 1971.

Rizzuto, Anna-Maria. *Birth of the Living God: A Psychoanalytic Study.* Chicago: University of Chicago Press, 1979.

Roberts, Robert. 「A Christian Psychology View」, In *Psychology and Christianity: Four Views,* edited by Eric Johnson and Stanton Jones, pp. 148-177. Downers Grove, Ill.: InterVarsity Press, 2000.

Rousseau, Philip. 「The Desert Fathers, Antony and Pachomius」, In *The Study of Spirituality,* edited by Cheslyn Jones, Geoffrey Wainwright and Edward Yarnold, pp. 119-130. New York: Oxford University Press, 1986.

Ruffing, Janet. *Spiritual Direction: Beyond the Beginnings.* Mahwah, N. J.: Paulist Press, 2000.

Sartre, Jean-Paul. *Existentialism.* Translated by Bernard Frechman. New York: Philosophical Library, 1947.

Sauer, Erich. *The Dawn of World Redemption.* Grand Rapids: Eerdmans, 1952.

Schacter, Daniel. *Searching for Memory.* New York: Basic Books, 1996.

Schore, Allan. *Affect Regulation and the Origin of the Self: The Neurobiology of Emotional Development.* Hillsdale, N.J.: Lawrence Erlbaum Associates, 1994.

_____. 「Interdisciplinary Developmental Research as a Source of Clinical Models」 In *The Neurobiological and Developmental Basis for Psychotherapeutic Intervention,* edited by Michael Moskowitz et al., pp. 1-71. Northvale, N. J.: Jason Aronson, 1997.

Scott, R. B. Y. *Proverbs.* Garden City: Doubleday, 1965.

Seligman, M. E. P. *Authentic Happiness: Using the New Positive Psychology to Re-*

alized Your Potential for Lasting Fulfillment. New York: Free Press, 2002.

Shaver, Philip, and Mario Mikulincer. 「Attachment-Related Psychodynamics」, *Attachment & Human Development 4,* no. 2 (2002): 133-161.

Shedd, William G. T. *Dogmatic Theology,* edited by Alan W. Gomes. Phillipsburg, N. J.: Presbyterian & Reformed, 2003.

Siegel, Daniel J. *The Developing Mind.* New York: Guildford, 1999.

Simpson, Jeffry A. 「Influence of Attachment Style on Romantic Relationships」, *Journal of Personality and Social Psychology 59,* no. 5 (1990): 971-980.

Simpson, Jeffry A., William S. Rholes and Julia S. Nelligan. 「Support Seeking and Support Giving within Couples in an Anxiety-Provoking Situation: The Role of Attachment Styles」, *Journal of Personality and Social Psychology 62,* no. 3 (1992): 434-446.

Sokal, Alan, and Jean Bricmont. *Fashionable Nonsense: Postmodern Intellectuals' Abuse of Science.* New York: Picador, 1998.

Solms, Mark, and Oliver Turnbull. *The Brain and the Inner World.* New York: Other Press, 2002.

Solomon, Marion. *Lean on Me: The Power of Positive Dependence.* New York: Simon and Schuster, 1994.

Sorenson, Randall Lehmann. 「Doctoral Students' Integration of Psychology and Christianity: Perspectives via Attachment Theory and Multidimensional Scaling」, *Journal for the Scientific Study of Religion 36,* no. 4 (1997): 530-548.

_____. *Minding Spirituality.* Hillsdale, N. J.: Analytic Press, 2004.

_____. 「The Tenth Leper」, *Journal of Psychology and Theology 24,* no. 3 (1996): 197-211.

_____. 「Where Are the Nine?」 *Journal of Psychology and Theology 24,* no. 3 (1996): 179-196.

Spearritt, Placid. 「Benedict」, In *The Study of Spirituality,* edited by Cheslyn Jones, Geoffrey Wainwright and Edward Yarnold, pp. 148-156. New York: Oxford University Press, 1986.

St. Clair, Michael. *Human Relationships and the Experience of God: Object Relations and Religion.* Eugene, Ore.: Wipf and Stock, 2004.

Stern, Daniel. *The Interpersonal World of the Infant.* New York: Basic Books, 1985.

Stern, Daniel, et al. 「Non-Interpretive Mechanisms in Psychoanalytic Therapy: The 'Something More' Than Interpretation」, *International Journal of Psychoanalysis* 79, no. 5 (1998): 903-921.

Tan, Siang-Yang. 「Integration and Beyond: Principled, Professional, and Personal」, *Journal of Psychology and Christianity 20*, no. 1 (2001): 18-28.

_____. 「Intrapersonal Integration: The Servant's Spirituality」, *Journal of Psychology and Christianity 6*, no. 1 (1987): 34-39.

_____. 「Spiritual Direction and Psychotherapy: Ethical Issues」, In *Spiritual Direction and the Care of Souls*, edited by Gary W. Moon and David G. Benner, pp. 187-204. Downers Grove, Ill.: InterVarsity Press, 2004.

Tapert, Theodore, ed. and trans. *Luther: Letters of Spiritual Counsel*. Philadelphia: Westminster Press, 1955.

Thomas Aquinas. *Aquinas Ethicus: Or, The Moral Teaching of St. Thomas. A Translation of the Principal Portions of the Second part of the Summa Theologica*. Translated and with notes by Joseph Rickaby, S. J. London: Burns and Oates, 1892.

_____. *Summa Theologiae*. Edited by Thomas Gilby. Translated by Blackfriars. 60 vols. London: Eyre and Spottiswoode, 1972.

Toy, C. H. *Proverbs*. Edinburgh: T & T Clark, 1899.

Tripp, D. H. 「Calvin」, In *The Study of Spirituality*, edited by Cheslyn Jones, Geoffrey Wainwright and Edward Yarnold, pp. 354-356. New York: Oxford University Press, 1986.

Tyrrell, Bernard. *Christotherapy* II. New York: Paulist Press, 1982.

Veatch, Henry. 「Concerning the Distinction Between Descriptive and Normative Sciences」, *Philosophy and Phenomenological Research 6* (September 1945): 284-306.

_____. 「Telos and Teleology in Artistotle's Ethics」, In *Studies in Aristotle*, edited by D. J. O'Meara, pp. 279-296. Washington, D.C.: Catholic University of America Press, 1981.

Wallace, William. *Causality and Scientific Explanation*. 2 vols. Ann Arbor: University of Michigan Press, 1972.

Ward, Benedicta. *The Desert Fathers: Sayings of the Early Monks*. New York: Penguin, 2003.

_____. 「The New Orders」, *In The Study of Spirituality*, edited by Cheslyn Jones,

Geoffrey Wainwright and Edward Yarnold, pp. 283-291. New York: Oxford University Press, 1986.

Ware, Kallistos. 「The Origins of the Jesus Prayer: Diadochus, Gaza, Sinai」, In *The Study of Spirituality*, edited by Cheslyn Jones, Geoffrey Wainwright and Edward Yarnold, pp. 175-184. New York: Oxford University Press, 1986.

_____. 「Symeon the New Theologian」, In *The Study of Spirituality*, edited by Cheslyn Jones, Geoffrey Wainwright and Edward Yarnold, pp. 235-242. New York: Oxford University Press, 1986.

Weisskopf, W. A. 「Comment」, In *New Knowledge in Human Values*, edited by A. H. Maslow, pp. 199-223. South Bend, Ind.: Regnery/Gateway, 1959.

Willard, Dallas. *The Divine Conspiracy: Rediscovering Our Hidden Life in God*. San Francisco: HarperSanFrancisco, 1998.

_____. *Hearing God: Developing a Conversational Relationship with God*. Downers Grove, Ill.: InterVarsity Press, 1999.

_____. *Logic and the Objectivity of Knowledge*. Athens: Ohio University Press, 1984.

_____. *Renovation of the Heart: Putting on the Character of Christ*. Colorado Springs: NavPress, 2002.

_____. *The Spirit of the Disciplines: Understanding How God Changes Lives*. San Francisco: Harper & Row, 1988.

Willard, Dallas, and Don Simpson. *Revolution of Character: Discovering Christ's Pattern for Spiritual Transformation*. Colorado Springs: NavPress, 2005.

Wolff, Hans. *Anthropology of the Old Testament*, translated by Margaret Kohl. Philadelphia: Fortress, 1974.

Wood, W. Jay. *Epistemology: Becoming Intellectually Virtuous*. Downers Grove, Ill.: InterVarsity Press, 1998.

Worthingon, Everett L. 「A Blueprint for Intradisciplinary Integration」, *Journal of Psychology and Theology 22*, no. 2 (1994): 79-86.

Yalom, Irvin. *Existential Psychotherapy*. New York: Basic Books, 1980.

찾아보기

인 명

내용

저자 소개

존 코우 박사(John H. Coe, Ph.D.)는 얼바인에 있는 캘리포니아 대학교에서 공부했다. 그는 캘리포니아에 있는 바이올라 대학교 Institute for Spiritual Formation의 소장이자 로즈미드 심리학 대학원에서 영성 신학 및 철학 전공 부교수로 재직하고 있다.

토드 홀 박사(Todd W. Hall, Ph.D.)는 바이올라 대학교 Institute for Research on Psychology and Spirituality의 소장이다. 또한 바이올라 대학교의 심리학과 부교수이자 *Journal of Psychology and Theology*의 편집자이기도 하다.

역자 소개

김용태(Kim Yong-Tae)
서울대학교 사범대학 수학교육과 학사(B.A.)
서울대학교 사범대학 교육학과 상담전공 석사(M.A.)
미국 풀러신학교 신학부 목회학 석사과정 목회학 석사(M.Div.)
미국 풀러신학교 심리학부 결혼과 가족학과 결혼과 가족치료학 박사(Ph.D.)

상담실습
서울대학교 학생생활연구소(Student Guidance Center) 상담원
미국 밸리트라우마센터(Valley Trauma Center) 상담원
미국 아시아태평양가족상담소(Asian Pacific Family Center) 상담원
미국 트라이시티정신건강상담소(Tri-city Mental Health Center) 인턴

상담교수
전 청소년대화의광장(현 한국청소년상담원) 조교수
      한국가족상담학회(한국상담학회 내) 회장
      한국심리치료상담학회(한국상담학회 내) 회장
현 햇불트리니티신학대학원대학교 연구처장/교수
      한국상담학회 윤리위원장

저술
공저
청소년 가족상담(청소년대화의광장, 1997)
청소년 위기상담(청소년대화의광장, 1997)
상담학 개론(학지사, 2011)
부부 및 가족 상담(학지사, 2013)

저서
가족치료이론(학지사, 2000)
기독교상담학(학지사, 2006)
슈퍼비전을 위한 상담사례보고서(학지사, 2014)
가짜 감정(덴스토리, 2014)

변형심리학

Psychology in the Spirit:
Contours of a Transformational Psychology

2016년 1월 15일 1판 1쇄 인쇄
2016년 1월 20일 1판 1쇄 발행

지은이 • John H. Coe · Todd W. Hall
옮긴이 • 김용태
펴낸이 • 김진환
펴낸곳 • (주)학지사

04031 서울특별시 마포구 양화로 15길 20 마인드월드빌딩
대표전화 • 02)330-5114   팩스 • 02)324-2345
등록번호 • 제313-2006-000265호

홈페이지 • http://www.hakjisa.co.kr
페이스북 • https://www.facebook.com/hakjisa

ISBN 978-89-997-0847-3 93180

정가 22,000원

인터넷 학술논문 원문 서비스 **뉴논문** www.newnonmun.com

이 도서의 국립중앙도서관 출판시도서목록(CIP)은 서지정보유통지
원시스템 홈페이지(http://seoji.nl.go.kr)와 국가자료공동목록시스템
(http://www.nl.go.kr/kolisnet)에서 이용하실 수 있습니다.
(CIP제어번호: CIP2015032761)